“十二五”国家重点图书出版规划项目

Serial Handbooks of Highway-bridge Construction

公路桥梁施工系列手册

Pier and Foundation

墩台与基础

（下篇）

中交第二公路工程局有限公司　主编

人民交通出版社
China Communications Press

内 容 提 要

《公路桥梁施工系列手册》共八册,分别为:《基本作业与临时设施》、《施工组织设计》、《墩台与基础》、《桥梁钢结构》、《梁桥》、《拱桥》、《斜拉桥》、《悬索桥》。本书为《墩台与基础》的下篇,主要内容包括:沉井基础,地下连续墙,管柱基础,组合基础,其他基础,承台,桥墩与桥台,展望,基础、墩台施工安全环保方案等,反映相应内容最新的技术进步和发展趋势,并有大量的工程实例,突出手册的实用性;编写中,采用最新的国家和行业标准、规范和规程。本手册上下篇在内容上基本涵盖了当前我国桥梁建设中各种基础类型的施工技术工艺和方法,工程质量标准,施工设计计算的方法、公式,常用施工机具设备的规格性能,以及施工技术安全等,全面反映我国目前桥梁基础施工总体水平。

本书主要供从事桥梁施工、设计的技术人员使用,也可供大专院校相关专业师生参考使用。

图书在版编目(CIP)数据

公路桥梁施工系列手册. 下篇,墩台与基础 / 中交第二公路工程局有限公司主编. —北京 : 人民交通出版社, 2014.5

"十二五"国家重点图书出版规划项目

ISBN 978-7-114-11084-9

Ⅰ. ①公… Ⅱ. ①中… Ⅲ. ①公路桥 – 桥梁施工 – 技术手册②桥梁工程 – 下部结构③桥梁基础 – 桥梁工程 Ⅳ. ①U448.145.1-62②U443

中国版本图书馆 CIP 数据核字(2013)第 303003 号

"十二五" 国家重点图书出版规划项目

书　　名:公路桥梁施工系列手册　墩台与基础（下篇）
著 作 者:中交第二公路工程局有限公司
责任编辑:曲乐　王文华　刘永超
出版发行:人民交通出版社股份有限公司
地　　址:(100011) 北京市朝阳区安定门外外馆斜街 3 号
网　　址:http://www.ccpress.com.cn
销售电话:(010) 59757973
总 经 销:人民交通出版社股份有限公司发行部
经　　销:各地新华书店
印　　刷:北京市密东印刷有限公司
开　　本:787×1092　1/16
印　　张:28.5
字　　数:684 千
版　　次:2014 年 5 月　第 1 版
印　　次:2018 年 10 月　第 2 次印刷
书　　号:ISBN 978-7-114-11084-9
定　　价:86.00 元

《公路桥梁施工系列手册　墩台与基础》

编委会

前　言

preface

21 世纪桥梁发展将向大跨、轻型、高强、整体方向发展，桥梁工程的结构形式正在出现日新月异的变化。发展现状预示着 21 世纪将迎来世界桥梁更大规模的建设高潮，洲际跨海、建立全球交通网的构想——跨海工程不再是可望而不可即的宏伟蓝图。

近十年来我国大跨径桥梁的建设进入一个最辉煌时期，一大批结构新颖、技术复杂、设计和施工难度大且科技含量高的大跨径桥梁相继建成。标志着我国公路桥梁的建设水平已跻身于国际先进行列。近年建成的特大桥梁中，具有代表性的有润扬大桥、苏通大桥、西堠门大桥、九江大桥、杭州湾跨海大桥、泰州大桥、重庆朝天门大桥、万县长江大桥等，在这一系列大桥的建设过程中，形成了许多新结构、新技术、新工艺，与此同时，有关桥梁工程的技术标准、规范、规程的不断修订，使得现存的各类桥梁施工手册已不能完全满足我国目前及今后桥梁建设的需要，因此迫切需要重新编制能全面指导我国桥梁建设的施工手册。在此背景下，由人民交通出版社发起，组织国内 6 家大型施工企业开展了《公路桥梁施工系列手册》的编写工作。

《公路桥梁施工系列手册》主要定位为供施工一线技术人员使用的实用工具书，编写总体上达到先进性、实用性、系统性和权威性要求，重点突出实用性。该《手册》共设八册，各分册名称为：基本作业与临时设施、施工组织设计、墩台与基础、桥梁钢结构、梁桥、拱桥、悬索桥、斜拉桥。

受人民交通出版社邀请，《墩台与基础》分册由中交第二公路工程局有限公司负责编制。我公司接到邀请后，集全局之技术精英，立即组织成立了编委会和编审组并投入到该项工作中。该手册的编写得到了公司领导的关心和大力支持，举办了多次集中办公会议，保证参编人员的编写时间投入和书稿编写质量，公司内部先后共举办了四次专家评审会议，几易其稿，通过几年的辛苦劳动，终于完成该手册的编写工作。

近十年来伴随我国桥梁建设飞速发展，桥梁基础建设也有了很大的发展，体现在基础规模更加庞大，结构形式更加多样化，施工技术更加复杂，如打入桩基础施工，大跨径悬索桥锚碇基础中地下连续墙、沉井基础的广泛应用等。《墩台与基础》分册分为上、下篇，共 16 章，章名分别为：钻孔灌注桩，人工挖孔灌注桩，钻（挖）孔灌注斜桩，特殊地质地区钻孔灌注桩，大直径、超长桩施工，打入桩基础，明挖地基,沉井基础,地下连续墙,管柱基础,组合基础,其他基础,承台,桥墩与桥台,展望,基础、墩台施工安全环保方案。

《墩台与基础》分册编写主要参考了2000年版的《公路施工手册 桥涵》分册,吸收了该手册的精华和优点,在此基础上增加了很多近年来的新技术、新工艺和新方法,吸收了最新研究成果和成熟的应用技术,反映了最新的技术进步和发展趋势;增加了大量的工程实例,更加突出手册的实用性;编写中采用现行的国家标准,交通运输部行业标准、规范和规程,以及其他相关行业的标准、规范。本手册在内容上基本涵盖了当前我国桥梁建设中各种基础类型的施工技术工艺和方法,工程质量标准,施工设计计算的方法、公式,常用施工机具设备的规格性能,以及施工技术安全等,全面反映我国目前桥梁基础施工总体水平。

《墩台与基础》分册编写工作是建立在近年大量桥梁基础工程实践经验和科研成果的坚实基础上的,这些工程实践和科研成果是很多单位和个人辛勤劳动的结晶,谨向他们表示衷心的感谢。值手册出版之际,对为该手册编写、出版提供支持与帮助的所有人员表示衷心的感谢。

限于编者的学术水平,书中如有疏漏和不足甚至错误之处,请广大读者不吝指正。

中交第二公路工程局有限公司

2014 年 1 月

总目录

上　　篇

下　　篇

目　录

Contents

第八章 沉井基础

第一节 概 述

一、沉井施工技术发展情况

沉井基础因其整体性好，刚度大，下沉深度深等优点，在工程中较常采用，我国的南京长江大桥、江阴长江公路大桥、泰州长江公路大桥，日本明石海峡大桥，希腊里约—安蒂里奥大桥等桥梁均采用了沉井基础。

国外在 1944 ~ 1970 年间，先由日本采用喷射高压空气的方法降低井壁与土层之间的摩阻力，而使沉井下沉深度获得极大增加。到 1964 年，前苏联建造了两座 76.8m（长）×28.6m（宽）×26m（高）的大型沉井。1952 年在欧洲开始应用触变泥浆来减少沉井外壁与土层之间的摩擦阻力下沉沉井，这一重大改进，给工程建设带来很大的经济效益，并获得了推广。据统计，欧洲到 1961 年则已经下沉了多达 450 个沉井作为地下构筑物。

我国在沉井的施工技术方面至今也取得了很大的成就。在陆地上制作大型钢筋混凝土圆形沉井，直径已达 68m，最大下沉深度 57m，平面面积约 3 600m^2。在深水中，采用浮运沉井下沉方法，使平面面积达数千平方米的大型沉井的下沉深度已大于 50m，沉井总数量更是达到几百座。

从 20 世纪后半叶直到进入 21 世纪以来，由于科学技术突飞猛进的发展，材料、机械、施工工艺、土壤加固技术等相关技术的进步和发展，特别是由于计算机科学技术的发展、电子技术的应用及试验手段、监测技术和自动化程度的提高，使沉井施工技术在传统工艺和技术的基础上不断有新的发展与突破。总的来说，有以下几个方面：

(1) 由于沉井的深度越来越大，为克服下沉阻力，已由单纯依靠自重下沉发展到加外力压重下沉，同时利用空气幕和泥浆套来减少井壁与周围土体的摩阻力，以帮助下沉。

(2) 由于沉井的面积越来越大和内部使用空腔的要求，在沉井的结构设计与施工时为防止裂缝而施加预应力，采用抗渗混凝土和大体积混凝土温控防裂缝措施，内壁设置防结露涂层和井内除湿通风装置。

(3)为控制沉井下沉和减少沉井施工对周围环境的影响,在井壁和周围土体内埋设仪器,对土压力、地下水位、空隙水压力、深层土体位移、地面沉降进行全面监测,结合深井降水技术、土壤加固技术和设置隔离墙等措施,减小周围土体变形。

二、沉井的分类与构造

(一)沉井的分类

1. 按平面形状划分

按平面形状,有圆形、矩形和圆端形等;根据井孔的布置方式,又有单孔、双孔及多孔的分别。

(1)圆形沉井

圆形沉井[图 8-1-1a)]在侧压力的作用下,井壁只受轴向力作用(侧压力均布时)或稍受挠曲力矩作用(侧压力非均布时),沉井在下沉过程中易控制方向,承受水平土压力和水压力性能良好。

(2)矩形沉井

矩形沉井[图 8-1-1b)]在侧压力作用下,井壁受较大的挠曲力矩作用;在流水中阻力系数较大,冲刷深度较大。但具有制造简单,基础受力有利等优点,能较好配合墩台底部平面形状;四角一般做成圆角,可有效改善转角处的受力条件,减缓应力集中。

(3)圆端形沉井

圆端形沉井[图 8-1-1c)]下沉控制、受力条件、阻水冲刷均较矩形沉井有利,但沉井制造较复杂。

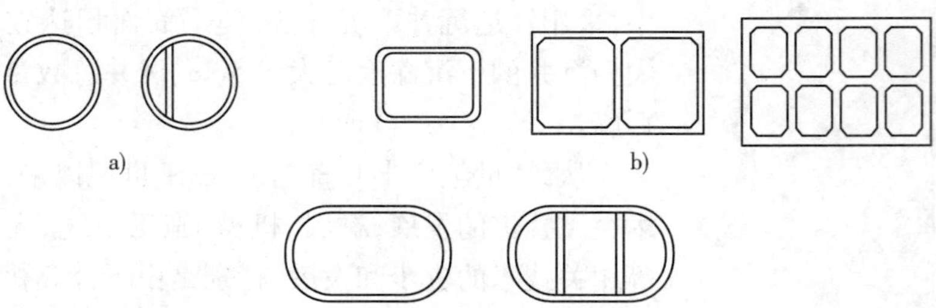

图 8-1-1 沉井平面形式

a)圆形沉井;b)矩形沉井;c)圆端形沉井

三种沉井平面尺寸较大时,可在沉井中设置隔墙,使沉井由单孔变成双孔或多孔。

2. 按竖直剖面形状划分

沉井竖直剖面形状,一般有竖直式、倾斜式、阶梯式三种类型。

(1)竖直式沉井

外壁竖直式沉井[图 8-1-2a)]在下沉过程中不易倾斜,沉井接长较简单,模板可重复利用,沉井周边的土层不易因沉井下沉而移动或下沉,对周边建筑物扰动较小。

(2)倾斜式沉井

倾斜式沉井[图 8-1-2b)]下沉时作用在外壁上的摩擦力不大,下沉容易,但容易发生倾斜、偏移,制造困难,在桥梁工程中采用较少。

(3)阶梯式沉井

阶梯式沉井[图 8-1-2c)]是介于竖直沉井与倾斜式沉井之间的一种形式,兼有竖直式与倾斜式的优缺点。其主要优点是可减少井壁与土体之间的摩阻力,缺点是下沉时对沉井周边土体扰动较竖直式沉井大。

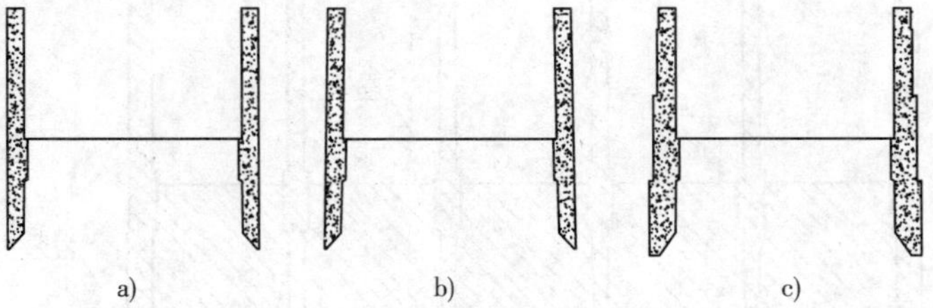

图 8-1-2　沉井剖面形式

a)竖直式沉井;b)倾斜式沉井;c)阶梯式沉井

3. 按制作条件与制作方式划分

(1)就地制作沉井

这种沉井是在基础设计的位置上制造,除土主要依靠沉井自重下沉。如基础在水中,需先在水中筑岛后制作、下沉沉井。

(2)浮运就位沉井

浮运就位沉井指在深水区筑岛有困难、限制通航或不经济时,采用岸边制造,浮运就位下沉的沉井。

4. 按制作材料划分

(1)混凝土沉井

混凝土的特点是抗压强度高,抗拉强度低,这种沉井宜做成圆形,并适用于下沉深度不大(4~7m)的软土层中。

(2)钢筋混凝土沉井

钢筋混凝土沉井抗拉与抗压强度均较高,下沉深度可达数十米以上,在桥梁工程中得到广泛应用。

(3)钢沉井

钢沉井指用钢材制造的沉井,其强度高、质量较轻,易于拼装、宜做浮运沉井,但用钢量大,造价相对较高,至今国内采用不多。

(二)沉井的一般构造

常规结构沉井主要由井壁、隔墙、刃脚、井孔、凹槽、封底混凝土、顶板等构成的,如图 8-1-3所示。

1. 井壁

井壁是沉井的主要部分。在沉井下沉过程中发挥挡土、挡水及提供重力克服土与井壁之间的摩阻力的作用。当沉井施工完毕后,它就成为基础或基础的一部分,并将上部荷载传递给地基。

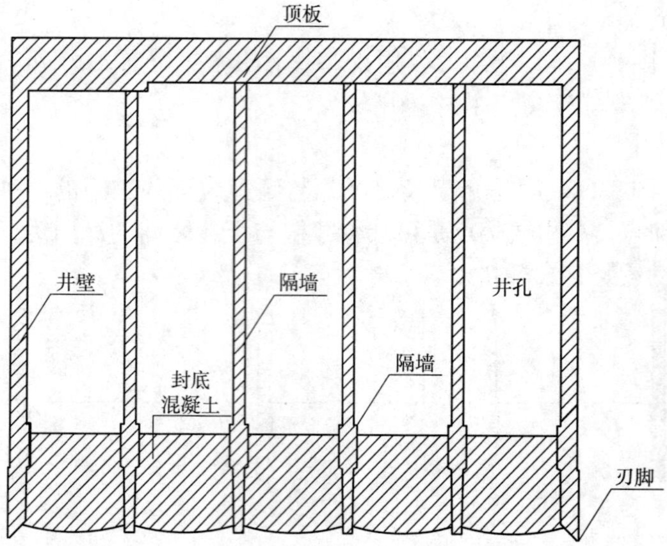

图 8-1-3 沉井一般构造图

2. 刃脚

井壁下端楔状的部分称为刃脚。其作用是易于切土下沉。刃脚底面(踏面)宽度一般为 0.1 ~0.2m。当下沉深度大且土质较硬时,刃脚底面应以型钢(角钢或槽钢)加强(图 8-1-4),以防刃脚损坏。

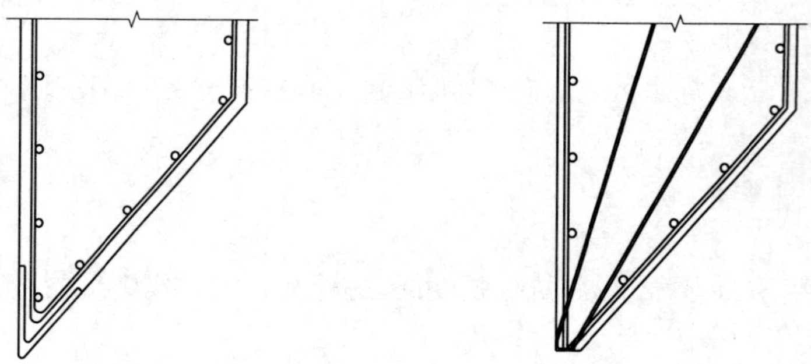
图 8-1-4 沉井刃脚结构图

3. 隔墙

沉井平面尺寸较大,应在沉井内设置隔墙,以加强沉井的刚度,使井壁的挠曲应力减小,其厚度一般小于井壁。

4. 井孔

井孔是挖土排土的工作场所和通道。井孔尺寸应满足施工要求,宽度(直径)不宜小于 3m。井孔布置一般对称于沉井中心轴,便于对称挖土,使沉井均匀下沉。

5. 井壁上凹槽或凸榫

凹槽或凸榫是为增加沉井封底混凝土与井壁之间的连接能力而设立的构造。

6. 顶板

顶板是传递沉井襟边以上荷载的构件,不填芯沉井的顶板厚度为 1.5 ~2.0m。

7. 底板(封底混凝土)

底板位于沉井底部,是提供承载力的主要构件。

第二节　施工准备

一、地质、水文资料的调查

1. 探明地层

对沉井所通过的地层，应事先委托勘察单位进行详细的钻探，根据钻探结果，查明地质构造、土质层次、深度、特性和水文地质情况，以利于制订沉井的下沉方案。

钻孔数量、孔位及深度应满足能够全面掌握地层情况。一般每个沉井至少应有两个以上钻孔。孔位应在拟筑基础范围以外 3 ~ 4m 处。大跨径和重要的桥梁基础，每个基础的钻孔数不得少于 4 个，如沉井下沉至岩层，至少应在沉井四角及中间各钻一孔。如岩层面倾斜较大时，应事先制作与岩层面倾斜相适应的高低刃脚的沉井。钻孔深度一般应达到沉井预定下沉深度以下 15 ~ 25m。

2. 调查水文、气象资料

水文、气象资料对于桥梁基础的施工非常重要，特别是对于浮运式沉井的基础施工尤为重要。因此，施工前必须对下列资料进行核对和补充。

(1)气象水文情况：如雨量的大小、风力强度、(潮)水位涨落变化、洪峰历时、河道变化、洪水季节、流量流速、漂流物的情况等。

(2)河道上游的自然面貌：如气象、植被、地貌以及桥位施工区段的河道地形及上游有无水库、人工调节设施等。

(3)河道情况：如航道级别、通航情况、航道疏通情况、码头、上游伐木场、储木场，及竹、木材放流情况等。

二、场地及设备准备

1. 清理场地

根据设计图纸，测量人员在施工前，首先将沉井的中心及轴线位置和基坑轮廓尺寸等放样到地面上。

通过测量放样，在已量出的沉井位置上进行地基清理、平整，并夯实场地。对软硬不均的地表应予以换土或加固，避免产生不均匀沉降。特别对土质松软或地下水位较高的地段，沉井易失去稳定平衡，难以控制，为此，宜采用轻型井点降水或注浆加固地基，以及将刃脚面适当加宽等措施，以免浇注好的沉井产生较大的倾斜或突沉事故。

2. 修筑施工便道(便桥)

沉井制作时所需的机具、设备、材料及混凝土等均需通过运输道路运至现场。应根据工程的大小、设备情况及现有的运输条件选择运输道路，运输道路可以为板车、汽车运输便道，也可用轻便轨道。岸滩和陆地上的运输便道，可就地挖填铺筑。如在水中修筑沉井，可视水深及流速情况，用土、草袋装土堆填或修筑栈桥；搭浮桥；用船只水上运输。不论是陆上还是水中修筑沉井，其运输路线的布置均应与混凝土生产运输设备、起吊设备相适应。

3. 施工机械准备

在场地布置时，对场内外运输道路、电力、水的供应线路，起重设备（浮吊）、混凝土拌和站（陆地、水上），北方冬季蒸汽养生的锅炉、管线等，都要统一安排。沉井施工设备一般可根据不同施工方案分别选用以下设施：

（1）空气吸泥机、气幕助沉用的压缩空气站及其配套的船只管线等设施。

（2）水力吸泥机及配套的高压水泵站、管线、船只等。

（3）井顶吊机：龙门吊。

（4）墩旁吊机：在沉井外侧距井外壁2～3m、不受沉井下沉影响，以满足沉井制作和下沉过程中吊装工作的需要。

（5）浮式沉井的导向船、定位船及工作船队、浮吊。

（6）取土抓斗：两瓣抓土斗、四瓣抓土斗和排水作业时用的开底门的弃土斗等。

三、沉井施工工艺流程

沉井施工一般工艺流程见图8-2-1。

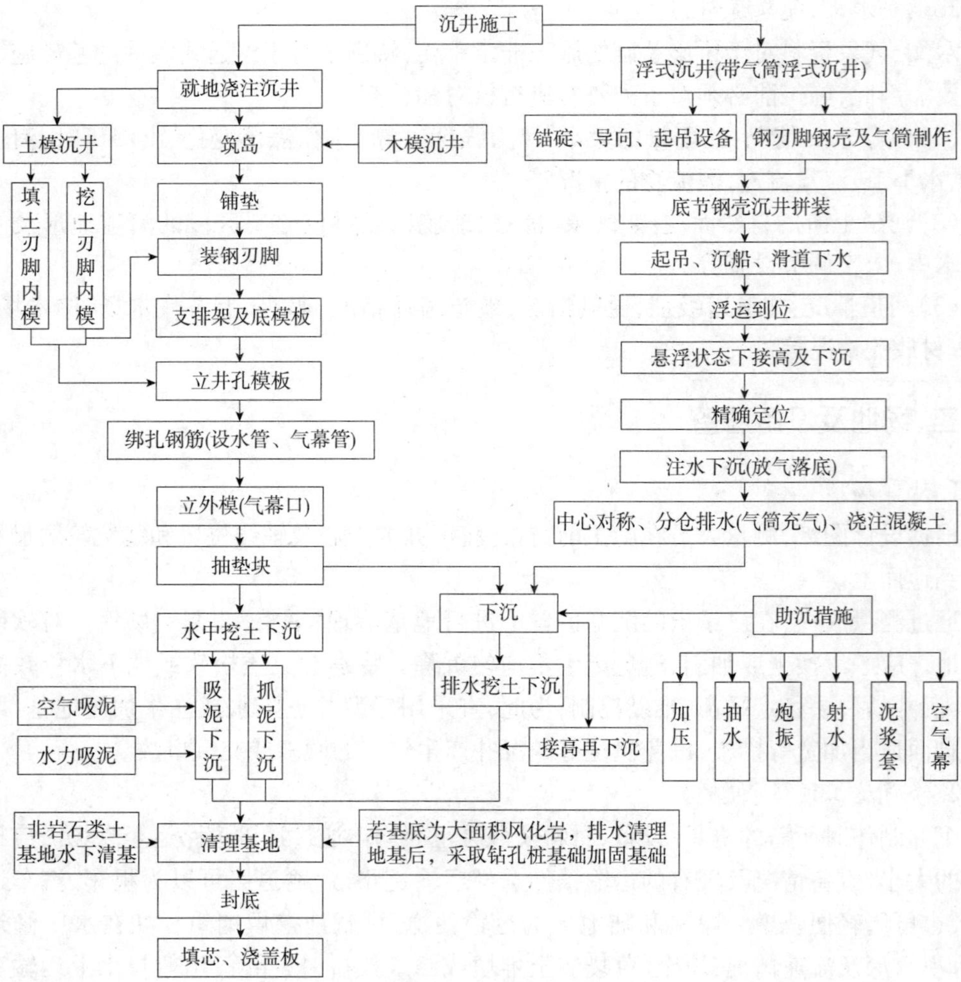

图8-2-1 沉井施工一般工艺流程图

第三节 原位下沉沉井制作

一、场地处理

(一)场地处理

制造沉井前,要挖除原有场地的松软土,换上好土,并要将场地夯实平整,以防在浇注混凝土过程中或撤除垫木时发生不均匀沉陷。按沉井位置放出准确的十字中线并整平。为了使垫木铺设平顺,受力均匀,垫木下要加铺一层厚度不小于5cm的砂层。

(二)水中筑岛

水中原位下沉沉井应根据土质、水流、风浪情况决定采用无围堰的土岛或有围堰的筑岛。岛面一般应高出最高水位加浪高不少于0.5m。有流冰的河流应再适当加高。

1. 土石围堰筑岛

在水深小于1.5m,流速又不大的条件下,可采用直接围堰填筑的土岛。土岛分凹形和凸形两种。凹形岛筑在无水的滩上,挖到见地下水后,填以砂砾,在其上筑造沉井,这样可以减少沉井的下沉深度。凸形岛筑在有水的河床上,常用的筑岛材料为细砂、粗砂、中砾石及卵石。土岛边坡一般不予加固。为避免冲刷(考虑岛对水流断面压缩的影响),水流速度不应超出表8-3-1的规定。水中土岛的边坡坡度视所用土质而定,但不应陡于1:2。

筑岛土料与容许流速　　表8-3-1

筑岛土料	容许流速(m/s)	
	土表面处	平均流速
细砂(粒径0.05~0.25mm)	0.25	0.3
粗砂(粒径1.0~2.5mm)	0.65	0.8
中等砾石(粒径25~40mm)	1.0	1.2
粗砾石(粒径40~75mm)	1.2	1.5

水深在3~5m之间,流速1.5~2.0m/s的砂卵石或密实土河床上,可用草袋或编织袋装砂砾堆筑成有迎水箭的围堰;当流速在2.0~3.0m/s时,宜用铁丝(木、竹)笼装卵石并连在一起筑成有迎水箭的围堰,在内层码起草袋或编织袋,然后填砂筑岛。

2. 板桩围堰筑岛

当水深在3~5m之间,河床为黏性土时,可选用木板桩围堰筑岛。支撑桩间距一般取3~5m,具体间距与岛面的高度有关,需通过计算决定,必要时木板桩可做成双层,板桩间距约1.5m,板桩间用石料填充之。水深流急、地层较硬地带可采用钢管板桩围堰。板桩围堰相关计算见本手册第十三章。围堰筑岛适用条件见表8-3-2。

围堰筑岛适用条件 表 8-3-2

围堰名称	适用条件		
	水深(m)	流速(m/s)	说明
草袋(麻袋)	<3.5	1.5~2.0	淤泥质河床或沉陷到达地层未经处理者不宜使用
石笼	<3.5	≤3.0	
木(竹)笼			水深流急、河床坚实平坦不能打桩者,有较大流冰者,围堰外无法支撑者
木板桩	3~5		能打入钢板桩的河床地层
钢板桩			能打入较硬地层,适于深水筑岛围堰

二、首节沉井的施工

(一)沉井分节

沉井分节高度应根据开挖方法、下沉进度、土层性质、沉井的平面尺寸决定,使其能保持稳定,顺利下沉。底节(第一节)沉井的最小高度视在拆除垫木或挖除土模时能抵抗纵向破裂而定。若沉井底节下为松软土时,则底节最大高度不得大于0.8倍沉井宽度,其余各节高度,在保证沉井稳定的同时,兼顾挖土除土机械设备的作业及施工效率进行确定。

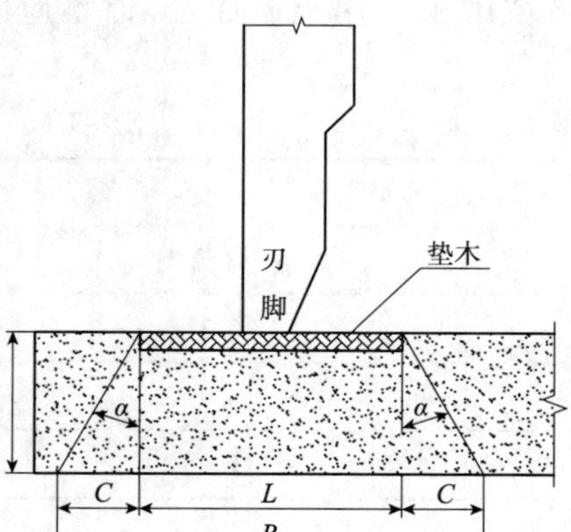

图 8-3-1 井壁及隔墙下垫层情况图

(二)垫层施工

1. 垫层的作用

由于沉井通常依靠自重下沉,质量较大,而刃脚支撑面较小,常沿井壁周边刃脚下铺设垫木(垫块),以加大支撑面积,如图8-3-1所示。为了便于铺设垫木,同时将第一节沉井重力扩散至更大面积,需在垫木下铺设一层砂垫层,以保证沉井浇注过程中的稳定性,使其下沉量控制在允许范围内。

2. 垫层尺寸确定

砂垫层厚度应根据沉井重力和地基承载力而确定,其计算如下:

$$p \geq \frac{G}{L + 2\tan\varphi h_s} + \gamma_{砂} h_s$$

式中:G——沉井下沉前单位长度重力;

L——垫木长度;

$\tan\varphi$——砂垫层内摩擦角的正切值;

h_s——井壁刃脚下砂垫层厚度;

$\gamma_{砂}$——砂的重度;

p——砂垫层容许承载力。

由于沉井一般平面尺寸较大，为减小砂垫层换填工程量，节约砂料，一般沿沉井井壁和内隔墙下挖成条形基础，基础宽度可根据砂垫层受力模式确定：

$$B \geqslant L + 2c = L + 2\tan\alpha h_s$$

式中：B——砂垫层地面宽度；

α——砂垫层扩散角，若缺少可靠数据，可保守取45°进行计算；

其他符号含义同前。

3. 垫层施工

待场地平整完成之后，首先进行基坑开挖，垫层分层摊铺，并以平板振动器振实，每次垫层厚度控制在50cm左右。用履带式推土机结合平板式振动器分层浇水压实，砂垫层干密度一般应达到1.56g/cm^{3}以上。

(三)垫木施工

1. 垫木铺设数量

垫木的数量由第一次下沉前沉井重力及砂垫层的允许承载力确定，当沉井分节制作一次下沉时，在接高第二节以上节段时，沉井因为自重在允许的沉降条件下砂垫层承载力可以提高，但不能超过垫木的强度。垫木的数量计算如下：

$$n \geqslant \frac{G}{A_0[\sigma]}$$

式中：G——沉井下沉前重力；

A_0——垫木与砂垫层的接触面积；

$[\sigma]$——砂垫层允许承载力；

n——垫木数量。

2. 垫木铺设

铺设垫木时，使刃脚踏面处在同一水平面上，平面布置要对称均匀，每根垫木的长度中心应与刃脚踏面中心线重合，每组之间至少要留出20～30cm的空隙，以方便抽垫。经验证明，立面铺设垫木既增强承载能力，又方便抽拔。垫木的铺设一般应满足表8-3-3的要求。沉井垫木布置如图8-3-2所示。

铺设垫木要求　　表8-3-3

序号	项目		允许误差
1	长		±0.5%(大于24m时，±120mm)
2	宽		±0.5%(大于24m时，±120mm)
3	两对角线偏差为其长的		1.0%
4	曲线段的半径		0.5%
5	倾斜度(不允许外倾)		1.0%
6	井壁厚	混凝土、片石混凝土	+40mm，-30mm
		钢筋混凝土	±15mm
7	在筑岛上制造的沉井，其中心纵横偏差		高度的1/50

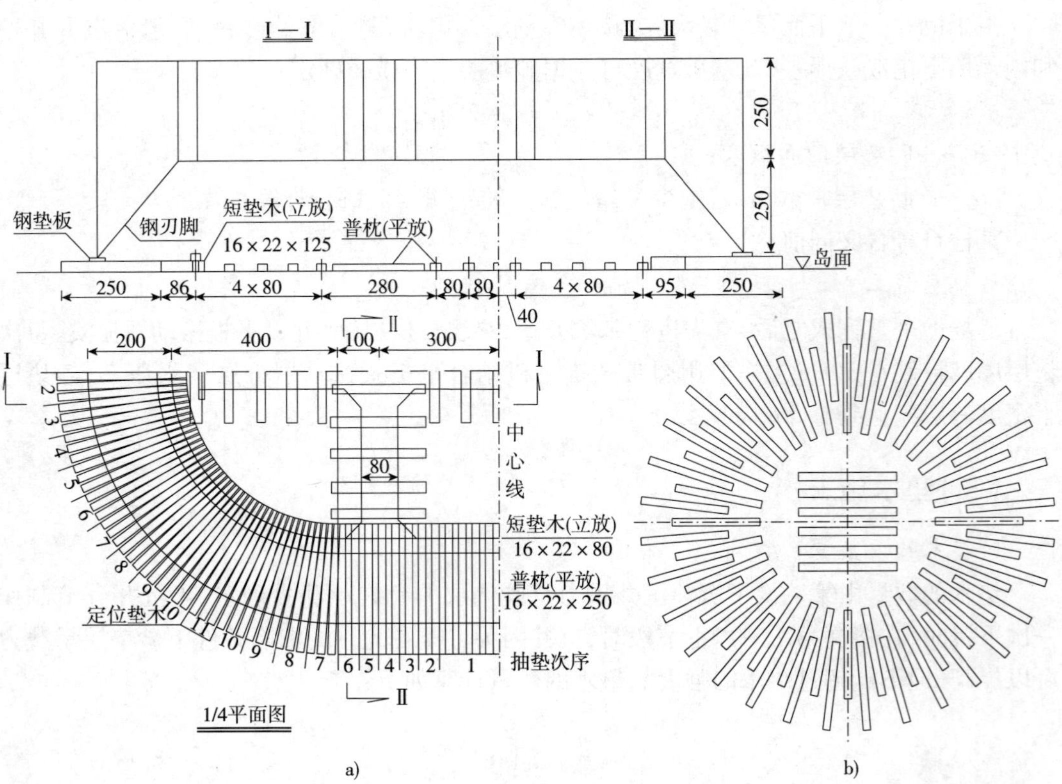

图 8-3-2 沉井垫木布置示意图(尺寸单位:cm)

a)圆端形沉井;b)圆形沉井

(四)首节施工

1. 首节混凝土沉井施工

(1)模板与支撑

①模板

沉井模板一般采用钢组合定型模板或木定型模板组装而成。采用木模板时,外模朝向混凝土的一面应刨光,并涂有脱模剂。内外模均应采取竖向分节支设,每节高一般1.5~2.0m。井壁模板支设示意图见图8-3-3。

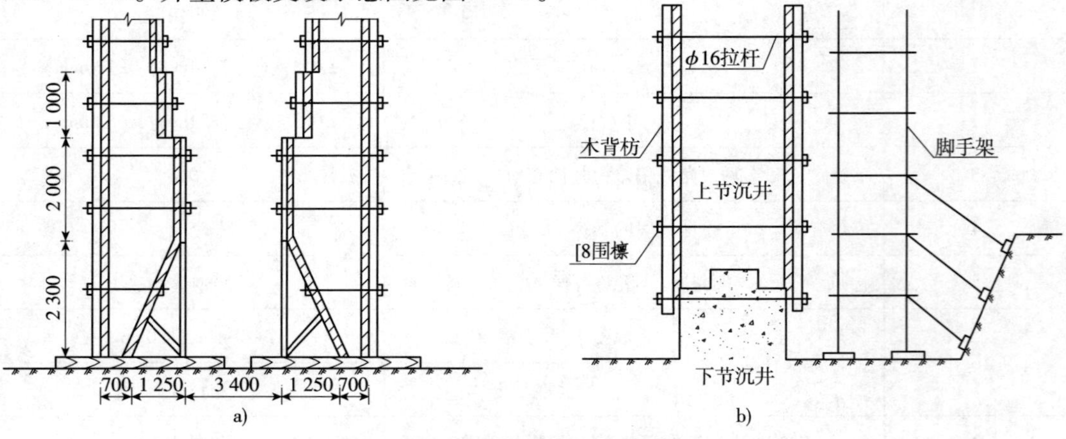

图 8-3-3 井壁模板支设示意图(尺寸单位:mm)

②支撑

沉井制作下部刃脚的支设可视沉井自重、施工荷载和地基承载力情况，采用垫架法、半垫架法、砖垫座和土模法，如图 8-3-4 所示。

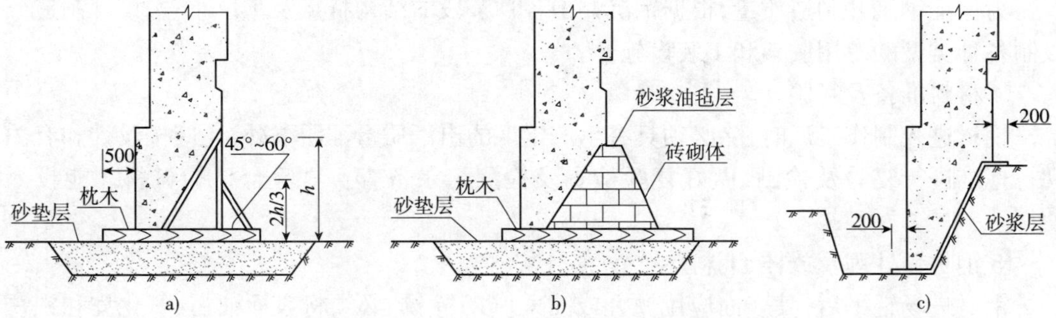

图 8-3-4　刃脚支设方法（尺寸单位：mm）

a）垫架法刃脚支设；b）砖垫座刃脚支设；c）土模垫层刃脚支设

直径（或边长）在 8m 以内较轻沉井，当土质好时，可采用砖垫座，沿周长分成 6 ~ 8 段，中间留 20mm 空隙，以便拆除。重量较轻的小型沉井，土质好时，可采用砂垫层、灰土垫层或在地基中挖槽做成土模等方法，其内壁用质量比为 1∶3的水泥砂浆抹平。

采用垫架法或半垫架法，垫架数量根据第一节沉井的重量和地基及砂垫层的容许承载力计算确定，间距一般为 0. 5 ~ 1. 0m。垫架铺设应对称，一般先设 8 组垫架，每组由2 ~ 3 个垫架组成，矩形沉井常设四组定位垫架，其位置设在长边两端 0. 15L（L 为长边边长）处，在其中间支设一般垫架，垫架应垂直于刃脚铺设。圆形沉井沿沉井刃脚圆弧部分对准圆心铺设。

（2）钢筋绑扎

刃脚踏面固定后即可进行沉井刃脚钢筋布设，再依次进行内壁钢筋和外壁钢筋的绑扎。沉井钢筋可用吊车垂直吊装就位，人工绑扎，或在沉井近旁预先绑扎钢筋骨架或网片，用吊车进行大片安装。

（3）混凝土的浇注、养生

沉井混凝土应沿井壁四周对称进行浇注，避免混凝土面高低相差悬殊，以防产生不均匀下沉造成裂缝。每节沉井的混凝土都应分层、均匀、连续地浇注直至完毕。分层厚度应考虑混凝土的生产能力，保证在初凝时间内完成一层浇注施工。

混凝土终凝前，应将探测管、压浆孔道等预留孔的芯管上拔 0. 5 ~ 1. 0m，以利拔出。浇注后 10h 即可遮盖浇水养护，气候炎热干燥时，终凝后即可遮盖洒水养护。底节沉井混凝土养生强度必须达到 100%，其余各节强度允许达到 70% 时进行下沉。混凝土强度达 2. 5MPa 时，混凝土顶面可凿毛。

2. 首节钢壳沉井施工

部分原位下沉沉井首节采用钢壳沉井，钢壳沉井的制作主要有专业钢结构加工厂内加工和现场加工制作两种方法。

（1）钢壳沉井加工

①图纸转化

根据施工图和技术要求及相关的标准、规范，进行钢沉井的三维放样，以获得各构件的准确数据，并完成施工图纸转化工作。

②工艺评定

钢沉井制造前按相关要求进行焊接工艺评定、切割工艺评定试验等。

③工装设计及配置

为保证钢沉井制造质量，根据钢沉井中各种节段的结构特点及工位布置，设计制造或改制各种类型的专用胎架和工装设施。

④材料准备及复验

钢材进入制作工厂时，除必须具有生产钢厂的出厂质量证明书外，还应按设计和有关现行标准进行复验及检测，做好复验检查及检测记录备查。复验合格的材料才能投入使用。

⑤钢材预处理及放样、下料

钢材进场辊平后，其表面应用抛丸或喷丸（砂）除锈，必须将表面油污、氧化皮和铁锈以及其他杂物清除干净。再用干净的压缩空气或毛刷将灰尘清理洁净。型钢进场后，表面处理要求达到钢材表面处理效果。对钢沉井各构件进行准确放样，绘制各构件零件详图，作为绘制下料套料图及数控编程的依据。放样时按工艺要求预留制作和安装焊接收缩补偿量、加工余量及线形调整量。

下料严格按工程设计所编制的下料图进行。钢板及大型零件的起吊转运采用磁力吊具，角钢、环向加劲板等采用专用吊具起吊，保证钢板及下料后零件的平整度。

⑥钢壳沉井制作

钢壳沉井的板单元制造一般按照"钢板赶平及预处理 → 数控精确下料 → 零件外加工 → 胎型组装 → 反变形焊接 → 局部修整"的顺序进行。板单元制作完成后在胎架上进行片体分段制作。胎架应根据钢沉井的重量、结构形式、外形轮廓、设计线形等因素进行设计和制作，胎架结构有足够的刚度，满足承载钢沉井及施工荷载的要求。

根据设计图纸线形，在胎架区的地面上设置供各单元件定位的（纵、横向）标记线以及中心线、角点定位控制线等，在胎架以外的钢柱上设置各单元件的高度定位基准标记线（即高程样杆）。在钢沉井组装过程中，由各基准线控制各单元件和构件的空间位置，以保证钢沉井整体尺寸精度。

（2）钢壳沉井运输

如果钢壳在加工厂进行加工，钢壳节段制作完成后，应根据钢壳沉井节段重量及道路交通情况选择车辆进行运输。若桥位处于江（海）沿岸，可通过运输船通过水路运输到现场码头，运输过程中应采用必要措施，加强对节段单元的保护：如根据节段重量设置垫块间距，避免运输过程中块件变形；运输过程中对节段进行立面固定，防止倾覆。钢壳节段运输全过程应严格遵守交通管理部门的有关法令、规定，保证交通的安全。

（3）钢壳沉井拼装

钢壳沉井拼装应根据钢壳节段重量、吊幅选择相应吨位的履带吊或汽车吊进行。拼装顺序宜从中心开始向周边拼装，以减少施工误差，如图 8-3-5 所示。

沉井刚开始安装的几个节段不能自立，为保证其精确度，需设置临时支撑，在拼装组合稳定后拆除。钢壳首片节段吊装到位后，可采用手拉葫芦调整节段的垂直度，然后用支撑架临时固定，如图 8-3-6 所示，或在刃脚处安装支撑，采用千斤顶调整垂直度，刃脚支撑构造见图 8-3-7。

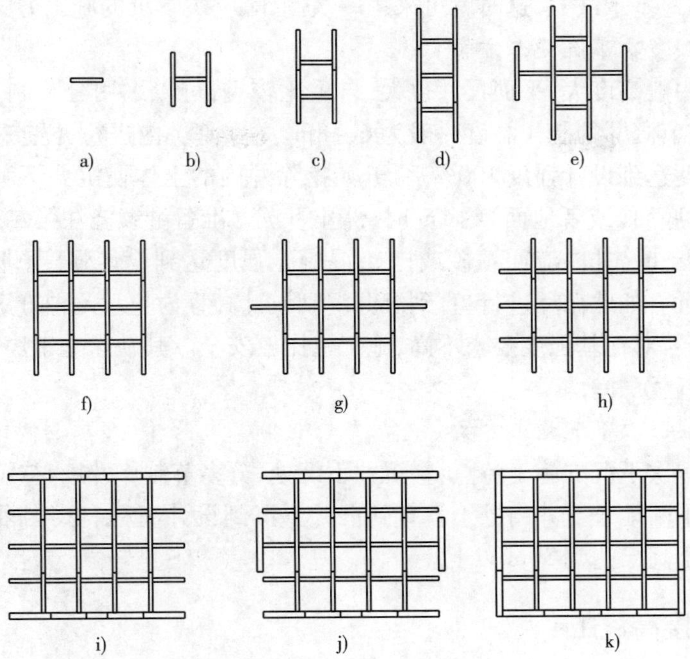

图 8-3-5　沉井钢壳拼装示意图

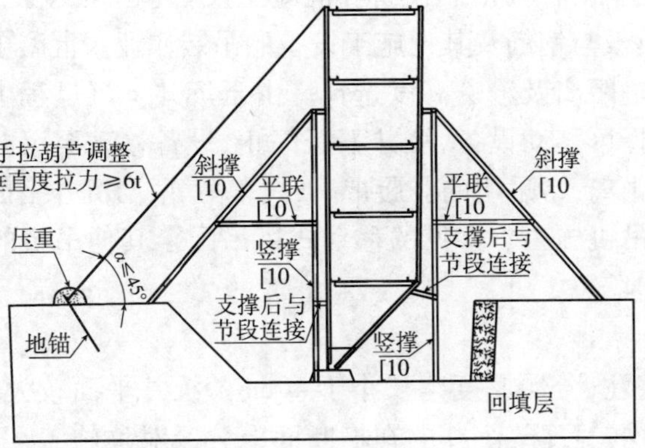

图 8-3-6　井壁节段临时支撑示意图

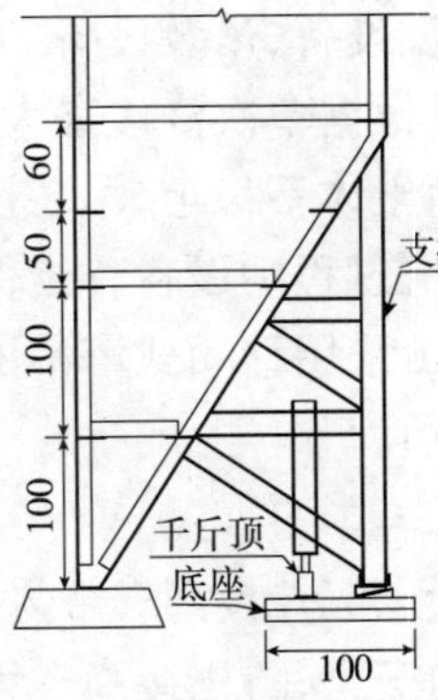

图 8-3-7　刃脚支撑结构示意图
（尺寸单位：cm）

现场拼装焊接环境应符合设计要求，雨天不能进行工地焊接，所有壁板和隔墙的焊缝必须进行煤油渗透检验，必要时可做超声波检验。

三、沉井的接高

（一）接高分节方案

在沉井制作之前，应编制详细的分节施工方案、沉井分节高度，首先应保证沉井的稳定性，一般不大于沉井宽度或直径长度，并且应具有一定的自重，使其能顺利下沉。一般沉井制作方案有三种：一次制作、一次下沉；分节制作、多次下沉；分节制作、一次下沉。

1. 一次制作、一次下沉施工方案

一般中、小型沉井，高度不大，地基较好，或者地基虽然不好，但进行地基加固处理后，也可得到较大的地基承载力，这时就可采用一次制作、一次下沉的施工方案。

2. 分节制作、多次下沉施工方案

大型沉井，一般高度大，平面尺寸也大，自重比较重，可以采用分节制作、多次下沉的施工方案。第一节沉井的制作高度一般为6~8m，先在基坑内进行井壁钢筋混凝土的浇注，待混凝土强度达到设计强度100%后，开始挖除井内的土体使沉井下沉。当第一节井墙顶面露出基坑底面(或者地面)约1m时，停止下沉。准备继续浇注第二节混凝土(浇注沉井第二节混凝土时，井内应回填砂或土)，混凝土强度达到设计强度，即可挖除井内土体，使其继续下沉。如此循环进行，直到沉井沉到设计高程为止。此种方案的优点是分节高度小，重量较轻，对地基强度要求不高，施工也比较安全。其缺点是工序多、过程中要停止下沉再浇制接高沉井。

3. 分节制作、一次下沉施工方案

分节制作、一次下沉的施工特点：在沉井下沉处，分多节制作井墙，待沉井全高浇注完毕后，即可连续不断地进行井内挖土。直到沉井下沉到设计高程。我国目前采用分节制作的大型沉井，全高已达到30m以上。

(二)沉井接高施工

1. 施工机具

沉井接高过程中的设备包括混凝土设备和吊装设备。混凝土设备包括混凝土生产、运输、浇注设备；吊装设备主要用于模板与钢筋及其他施工设备的吊装作业。混凝土生产运输设备根据单次浇注最大方量、运输距离及输送高度选择。由于沉井下沉过程中沉井周围地面土体不稳定，吊装设备宜选择可移动设备，沉井下沉停止，设备移动至沉井周边施工，下沉过程中设备移走保持安全距离，常采用的有履带吊、汽车吊等，当沉井平面尺寸较大时，可采用移动式塔吊配合其他吊机施工。常见的移动式塔吊配合其他吊机的布置见图8-3-8。

2. 施工工艺

混凝土沉井接高一般采用分层浇注，分层厚度建议小于40cm。沉井平面较大时，为保证结构安全，防止接高过程中的不均匀沉降，沉井的在横断面上分区对称施工，开始从中间往四周全断面分层均匀浇注隔墙与井壁，确保对沉井均衡加载。沉井全断面浇注顺序见图8-3-9。

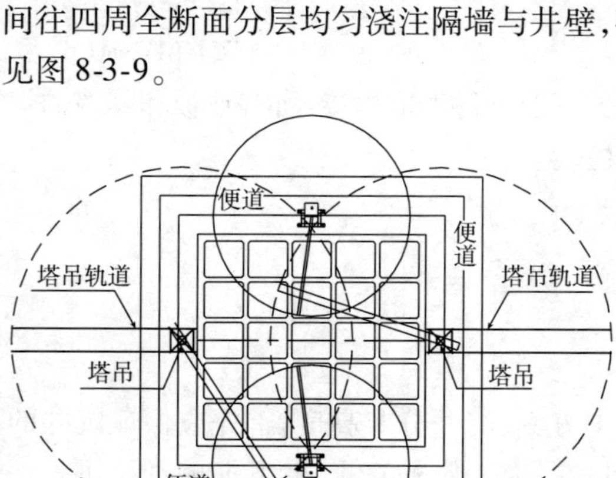

图8-3-8 沉井吊装设备布置图

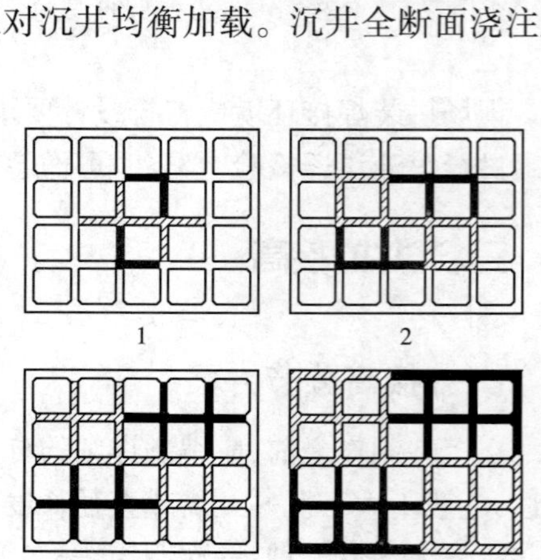

图8-3-9 沉井平面分区浇注

（三）接高注意事项

沉井若分节浇注与下沉，当其底节顶面高出地面0.5～1.0m时，应停止下沉和挖土工作。沉井若在水中下沉时，沉井的接高面应高出井内水面至少1m。接高前沉井底节应尽可能地正位直立而不偏斜，如有偏斜，应预先做好纠偏工作，保证沉井垂直偏差在规范允许的范围内。对于深埋沉井，无论是下沉偏斜总量还是相对偏差，在允许范围内应从严要求。施工时，应注意下列几点：

(1)当沉井底节在偏斜状态时，为保证施工质量和避免下沉困难，严禁竖直向上接高。应将底节沉井纠偏正位后，再行接高。接高时各节的竖向中轴线应与最底节沉井的中轴线相重合，外壁应竖直平滑。

(2)保证各节接缝间的混凝土紧密结合，浇注混凝土前，下层沉井井壁顶面应凿毛。逐节浇注时，应留好施工缝，以防沉井下沉后井壁渗漏。

(3)接高沉井前，先将底节沉井壁顶结合面清理干净，并将混凝土浮浆和松动的混凝土凿除，用清水冲洗干净后，再行接高施工。

(4)立沉井模板时，其支承不宜直接支承在地面上，以避免沉井因自重增加而有微量下沉，使新浇注混凝土井壁产生拉力而发生裂缝。

(5)沉井接高时高空作业多，需要大型起重设备，高空作业带来许多安全问题。所以施工时，对高空作业的安全问题应特别注意。

四、沉井制造质量检验

沉井各结构尺寸取决于模板制造与安装尺寸的精确程度。沉井模板支立好以后，要进行全面检查，确认各部尺寸均在允许偏差内。经监理工程师验收后方能浇注沉井混凝土。沉井制造允许偏差见表8-3-4。

沉井制造允许偏差　　表8-3-4

项目		允许偏差
沉井平面尺寸	长度、宽度	±0.5%，当长、宽大于24m时，±120 mm
	曲线部分的半径	±0.5%，当半径大于12m时，±60mm
	两对角线的差异	对角线长度的±1%，最大为±180mm
沉井井壁厚度	混凝土、片石混凝土	+40mm，－30mm
	钢筋混凝土	±15mm

第四节　沉井下沉

一、沉井下沉工艺

1. 下沉施工工艺

常用的下沉工艺包括两种：不排水下沉和降排水下沉施工工艺。不排水下沉即在沉井下沉过程中不对地下水进行处理，保持沉井内外水头一致，直接采用抓斗或吸泥机具进行取土下沉；降排水下沉即在沉井附近设置降水井或采用其他方式降低地下水水位，使沉井在无水的状态下取土下沉。两种下沉工艺的适用条件及优缺点见表 8-4-1。

沉井下沉方式比较表　　表 8-4-1

下沉方式	适用条件	优点	缺点
降排水下沉	用于渗水量不大、稳定的黏性土，或在砂砾层中渗水量虽大，但排水并不困难的情况	下沉速度快，下沉情况可见，易于控制。在沉井下沉起步节段宜采用	降排水对沉井四周的土体存在较大的扰动，易出现塌陷等现象，对周边的建筑物影响较大
不排水下沉	适用于地下潜水丰富、地基承载力相对较弱、下沉系数过大的地基	对沉井四周的土体无大的扰动，能控制沉井的下沉系数	下沉速度慢，下沉除土过程不可见，控制较难

2. 沉井下沉施工工艺确定

沉井的下沉工艺受沉井结构、桥位处水文、地质等多方面因素影响。若沉井高度小于12m，即可一次下沉到位，若沉井高度大于 12m，一般采取多次下沉。沉井下沉的初期不宜追求下沉速度，应保证沉井下沉垂直度，为后续下沉形成准确的导向，初期下沉若有条件，宜采用排水下沉。采用多次接高、多次下沉方案时，应考虑接高时沉井刃脚尽可能处于密实土层，保证接高稳定性。

沉井接高、下沉工艺根据沉井结构、地质水文等条件初步拟定之后，应对沉井下沉各种工况下的下沉系数进行计算，所采取的计算公式如下：

$$K = \frac{G + G' - F}{R_1 + R_2}$$

式中：G——已浇注沉井的总自重；

G'——施工荷载；

F——水的浮力；

R_1——刃脚及隔墙底面的正面反力，$R_1 = S \times P_u$；

S——与地面接触的沉井投影面积；

P_u——地基的极限承载力；

R_2——沉井的侧壁外摩阻力，$R_2 = \sum \tau_i \times A_i$；

τ_i——地基的极限摩阻力；

A_i——沉井进入土体的侧壁外接触面积。

沉井下沉所需的起动下沉系数 K 不得小于 1.05，沉井下沉到位进行接高时，在全截面支承时下沉系数 $K < 1$。

根据计算结果，对初步拟订的下沉工艺可行性进行评估，如拟订的下沉工艺在下沉中有困难，则应对拟订的下沉工艺进行调整或采取相应措施。

二、抽除垫木(垫块)

(一)准备工作

抽除垫木必须在第一节沉井混凝土已达到设计强度和其余各节沉井混凝土达到设计强度的 70% 之后，方可进行。抽除垫木之前，还应向参加操作的全体人员进行技术安全交底。

1. 场地清理

抽除垫木之前，应将沉井内外的所有杂物清除干净，并将沉井刃脚斜面及隔墙、框架、底梁、井壁的支撑和模板依次拆除，同时应备好回填时所需砂石料、止沉时所需要的材料设备，以及抽除承垫木时所需工具设备等。

2. 垫木编号

抽除垫木应该分区、依次、对称、同步地进行。抽垫前，需将所有的承垫木按设计拟订的次序进行分组编号。

分组编号的目的是为了在抽垫时，井壁内外能很好地配合，有条不紊地进行抽垫工作。分组方法一般是以沉井（方形）四角为第一组，跨中为第二组，然后应间隔对称进行分组，“定位垫木”是最后抽除。每组可由一根或数根枕木组成，如图 8-4-1 和图 8-4-2 所示。

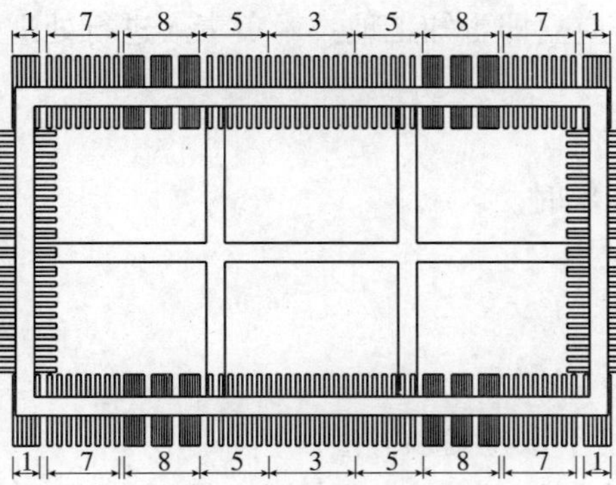

图 8-4-1　分组抽除法示意图

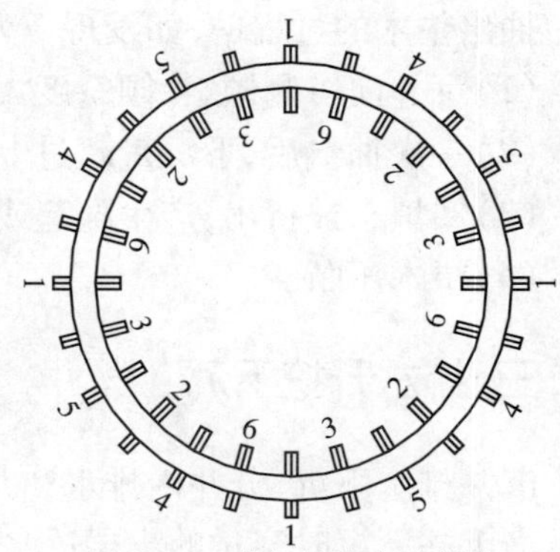

图 8-4-2　分组抽除法示意图

3. 劳动组织

劳动力的配备，应根据沉井构筑物的大小、承垫木的多少及分组情况来确定，一般可配备 2 ~ 4 个小组，每组 6 ~ 12 人，其他人员可根据工程的需要来定。

（二）抽除方法

1. 信号联系

抽垫工作的劳动强度大，突击性强。为使沉井稳妥地脱枕后坐落在基土上，在抽除承垫木时，凡参加施工的人员，必须服从现场指挥按规定统一信号联系，分组、对称、同步地进行抽垫工作，待同一编号的垫木抽完并进行回填后，方可抽除下一组编号的垫木。

2. 抽除垫木

抽垫时，先掏挖垫木下的填砂，再用大锤、撬棍等锤打撬动垫木，并在垫木上临时钉一扒钉，挂上绳钩，井内外互相配合，连敲带拖一鼓作气迅速地将垫木从里向外抽出。如向里抽，则必将抽出的承垫木及时运出井外，以免影响回填工作的进行，但一般以向外抽为宜。

3. 刃脚内外回填

开始几组可以不必及时回填，当抽出几组出现空挡后，应及时回填，以后每抽出一组均立即回填。回填材料可用砂或砂夹碎（卵）石。回填时应分层洒水夯实，每层 20 ~ 30mm，回填如图 8-4-3 所示。

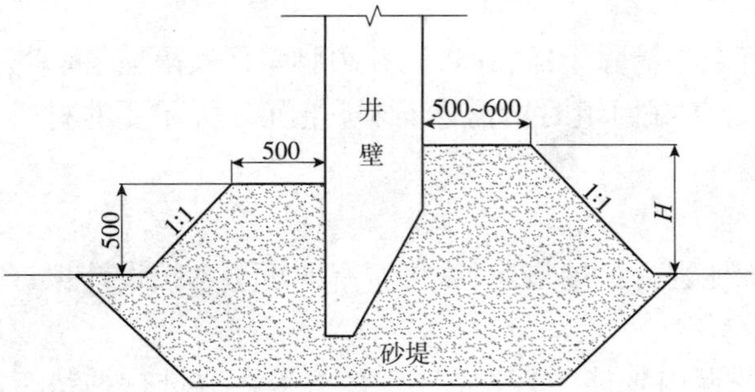

图 8-4-3　回填砂堤示意图(尺寸单位:mm)

回填材料填得越密实,则沉井下沉量也就越小,垫木折断数量越少。图 8-4-3 所示的回填尺寸是刃脚内外分层回填的砂堤,主要是起扩大刃脚踏面的支承面积,防止刃脚踏面下的地基土向外挤出,提高刃脚下垫层的承载力,稳定沉井的作用。砂堤高度 H 一般与刃脚斜面上缘齐平。必要时,可加高回填高度,在隔墙下也可进行部分回填,增加沉井稳定性。

(三)注意事项

抽出垫木的过程中,如发现下列情况时,应立即告知工地技术负责人进行处理:

(1)沉井向一侧倾斜,倾斜度大于 1% 时。

(2)一次抽垫后,下沉量超过上一次 1 倍时。

(3)回填土被挤出,产生隆起或裂缝等现象时。

(4)垫木压断。

三、排水开挖下沉

沉井排水下沉,分井内排水和井外降低地下水位两种方法。

当沉井下沉时穿过的土层透水性很低,土层比较稳定,或者渗水量不大,不会因排水而产生流沙,且不会发生井底土体大量隆起失稳时;或当井底土体不会被下面的承压水顶破时,下沉过程中应尽可能将井内的积水采用临时集水井抽排干,采用明挖法下沉。

当沉井在地下水位很高,或在丰富地表滞水的地段下沉,地层为粉土、粉细砂时,将会产生严重的翻浆、冒泥和流沙等现象,此时,应根据工程地质和地下水文的情况,采取在井外降低地下水的措施,使沉井下沉挖土时,井内处于无水状态,保持井底土体稳定。

(一)沉井降排水

降水方法很多,目前常采用的有单层轻型井点、多层轻型井点、喷射井点、管井井点、深井井点等。可根据土的种类、渗水层的厚度和位置、土层的渗透系数、水的补给源、要求降水的深度、相邻建筑物的位置、地下管线情况、工程特点、场地及设备条件以及施工技术水平等情况,选用一种或多种降水方法。

当沉井平面尺寸大、下沉深度深、降水持续较长时,必须考虑沉井降排水施工对沉井周边环境的影响,下沉过程中加强对周围附近建(构)筑物的观测,必要时应采取防护措施。降排水施工详见本手册(上篇)第七章明挖地基。

(二)人工开挖下沉

1. 沉井在软土中开挖

一般应从沉井中间开始逐渐挖向四周,每层挖土厚 0.4 ~ 0.5m,在刃脚处留 1 ~ 1.5m 宽台阶,然后沿沉井壁每 2 ~ 3m 一段,向刃脚方向逐层全面、对称、均匀地开挖土层,每次挖土 15 ~20cm。当土层不能承受刃脚的挤压时,沉井在自重作用下均匀破土下沉,如图 8-4-4a)所示。当在数个井孔内挖土时,为使其下沉均匀,孔格内挖土高差不得超过 1.0m。刃脚下部土方应及时清除外运。

2. 沉井在密实土中开挖

当土坡挖至刃脚,沉井仍不下沉或下沉不平稳,则需按分段的次序逐段、对称地将刃脚下掏空,每段开挖后用小卵石填塞夯实,待全部挖空回填后,再分层挖去回填卵石,使沉井均匀平衡下沉,如图 8-4-4b)所示。

3. 沉井在岩层中开挖

风化或软质岩层可用风镐或风铲按图 8-4-4b)的次序依次开挖,较硬的岩层可按照图 8-4-4c)所示次序进行,在刃脚附近打炮孔,进行松动爆破,一般炮孔深 1.0m 左右,以 1m×1m 梅花形交错排列,使炮孔伸出刃脚口外 15 ~30cm。

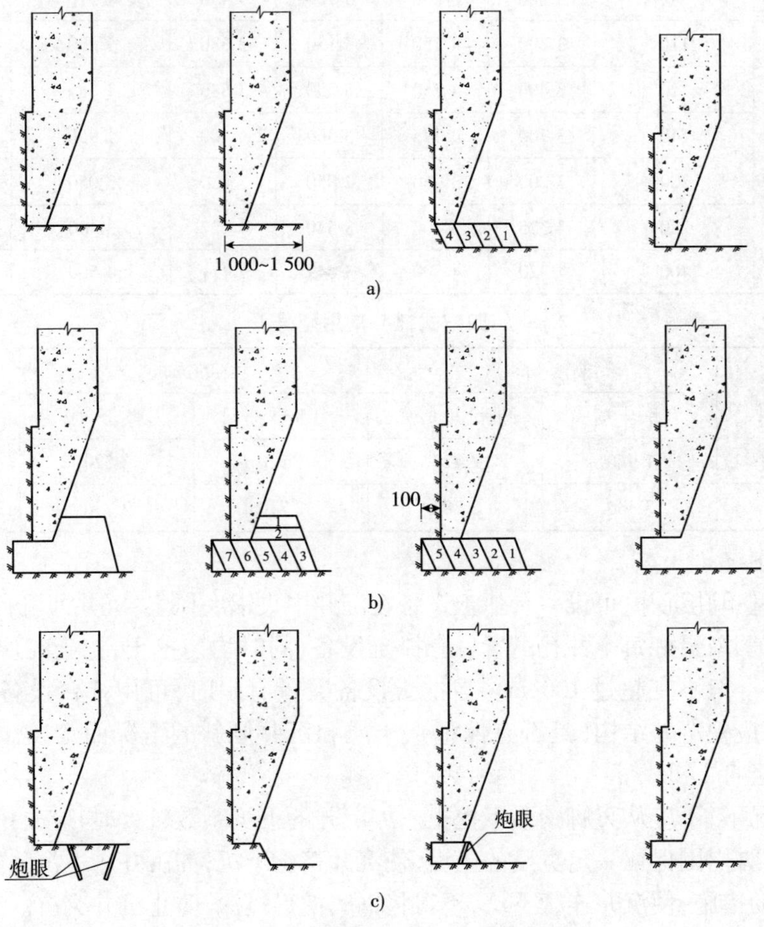

图 8-4-4 排水下沉开挖方法(尺寸单位:mm)

a)普通土层开挖;b)砂卵石或硬土层开挖;c)岩层开挖

(三)抓斗开挖下沉

1. 机械设备(增加抓斗的设备数量和型号)

抓斗尺寸必须满足能在井孔内自由开合和升降。抓斗的容量和重量关系视土质而定。同样容量的抓斗,在密实的土中应采用重量较大的抓斗。斗中央的开合平衡锤要有足够的重量，便于抓斗灵活开合密实上使用带掘齿的抓斗；不带掘齿的两瓣抓斗用来抓松散的砂质上；挖掘卵石宜用四瓣式抓斗。

两瓣式抓斗主要规格见表 8-4-2，四瓣式抓斗主要规格见表 8-4-3。

两瓣式抓斗常用型号 表 8-4-2

抓斗容量 (m^3)	起重能力 (kN)	高度(mm)		长度(mm)		宽度 (mm)	质量 (kg)
		闭合时	张开时	闭合时	张开时		
0.75	30	2 100	2 600	1 950	2 380	1 060	1 160
1.00	40	2 300	2 800	2 070	2 650	1 270	2 100
1.50	55	2 400	3 025	2 380	2 840	1 370	2 400
2.00	70	2 800	3 550	2 680	3 200	1 470	3 800
2.50	90	3 100	3 850	2 900	3 450	1 570	4 500
3.00	110	3 300	4 150	3 150	3 680	1 680	5 000
3. 50	120	3 400	4 250	3 250	3 880	1 780	5 700
4.00	140	3 700	4 575	3 360	4 100	1 960	6 500
10.00	200	3 200	3 050	2 850	3 700	3 050	7 000
15.00	280	3 325	3 400	3 540	4 027	3 400	12 000
22.00	400	4 320	4 500	3 849	4 471	4 500	18 000

四瓣式抓斗常用型号 表 8-4-3

抓斗容量 (m^3)	高度(mm)		长度(mm)		质量(kg)
	闭 合 时	张 开 时	闭 合 时	张 开 时	
0.6	1 920	2 420	1 520	2 520	1 900
1.0	2 300	2 780	1 710	2 730	3 000

2. 抓土下沉

对于小型单孔沉井，可设一台抓土设备在沉井中央锅底抓土，沉井即可自行下沉。对于大型多孔沉井，最好每个井孔配置一套抓土设备，同时均匀挖土，挖土时应控制各井孔的土面高差，一般不宜超过 100cm。当挖土设备数量有限时，可用几台设备逐孔轮流抓土，抓土次序应视沉井结构（是否有偏重）、土质和沉井倾斜的情况而定，总之，要保持沉井平稳均匀竖直下沉。

一般情况下，不应从刃脚踏面下挖土。如沉井的下沉系数较大时，应先挖锅底中间部分，沿沉井刃脚周围保留一定宽度的土堤，使沉井挤土下沉；如沉井的下沉系数较小时，可采取其他辅助措施，使沉井连续下沉，不得将锅底挖得过深，防止沉井突沉。

沉井采用抓土设备抓土下沉时，由于抓土机具的生产效率随沉井下沉深度的增加而降低，在黏性土中抓土时，泥土不易向坑底坍塌，往往形成深坑，使抓斗放下时不易落正，往往抓不到满斗，生产效率亦将下降。

(四) 水力机械开挖下沉

采用水力机械设备施工是利用高压水泵产生的高压水流冲刷、切割和运送土体，并形成相应稠度的泥浆，汇流向集水坑，由水力吸泥机排除。

水力吸泥机系由吸泥龙头、吸泥管、混合管、喷嘴、喉管和扩散管组成，如图 8-4-5 所示。喷嘴安装在混合管中，水泵送给喷嘴的有效水流以 30 ~ 50m/s 的速度喷出，带走原来存在于混合管中和吸泥管中的空气，因而产生了局部的真空。在真空的作用下，沉井内集泥坑的水流以 2 ~ 3m/s 的速度引入混合室，称为压入水流，有效水流和压入水流是两股不同速度的水流，它们接触时，在其接触表面产生紊流旋涡，彼此得到充分的混合，混合水流在有效水柱给予的动能作用下，进入喉管，喉管进入扩散管，将混合水流的动能均匀地转变为压能，水流在压能的作用下，经水管排出。

吸泥机的喷嘴很容易磨损和堵塞，施工时要注意清理和排除。吸水龙头的结构需保证在吸入泥浆的同时，能防止大的石块、土块、碎木块及其他夹杂物堵塞吸泥机，为此，在吸泥机龙头泥浆进口处装有网罩，如图 8-4-5b）所示。当吸水龙头的管口直径为 150mm 时，网罩最大尺寸应为 300mm，且每个网孔的尺寸小于 70mm，这样才能保证水力吸泥机的 100mm 直径的喉管不被堵塞。

在软土层中采用排水法下沉的沉井，当沉至距设计高程约 2m 时，应详细观测沉井挖土与下沉的情况，如沉井不挖土尚不断自沉时，则应向井内注水，阻止沉井继续下沉，并及时邀请设计和有关单位研究稳定沉井的技术措施，或改用不排水下沉。由排水法改为不排水法下沉施工时，必须经过设计单位核算后慎重进行。

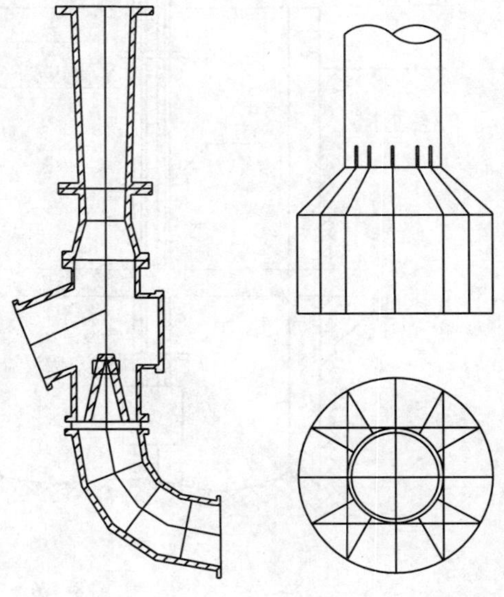

图 8-4-5　水力吸泥机构造图

a）吸泥机主要管路；b）带网罩的吸水龙头

四、不排水开挖下沉

当沉井穿过的地层为较厚的亚砂土或粉砂层，且含水率很大的土层时，或附近水源补给丰富，这时沉井下部土层不稳定，如采用排水下沉，抽水时易产生严重的流沙或涌土现象，或抽水时沉井周围的土体塌陷，严重时还会引起附近建筑物的下沉、开裂或破坏，造成安全事故，在这种情况下，沉井必须采用不排水除土下沉方法来进行施工，确保沉井下沉施工安全。

沉井在不排水下沉施工方法中，除水下抓土下沉外，目前常用的水下除土方法还有空气吸泥法和钻吸法等。用抓斗在水中挖土时，可遵照排水下沉有关规定并组织潜水员整理锅底冲刷土壤，待沉井下沉后继续用抓斗挖土，挖土时，锅底深度不得过多低于刃脚踏面，并严格禁止掏挖刃脚踏面外的土体。

（一）空气吸泥下沉

1. 空气吸泥原理

空气吸泥装置的构造比较简单，主要包括进气管路、空气吸泥器及排泥管路等，机具布置及空气吸泥器的构造如图 8-4-6 所示。

空气吸泥装置在进行工作时，压缩空气沿气管进入空气箱后，通过内管壁上的排水小孔眼进入混合管，在混合管内与水混合，形成相对密度小于 1 的气水混合物。当进入的压缩空气足够充足，空气箱在水面以下又有相当的深度时，混合管中的混合物在管外水头压力作用下，沿着排泥管上升排出井外。与此同时，吸泥管管口处的混合物被冲散形成泥浆，由于气水混合物沿着混合管向上流动被吸入管内，在混合管与压缩空气混合后排出井外，完成空气吸泥工作。

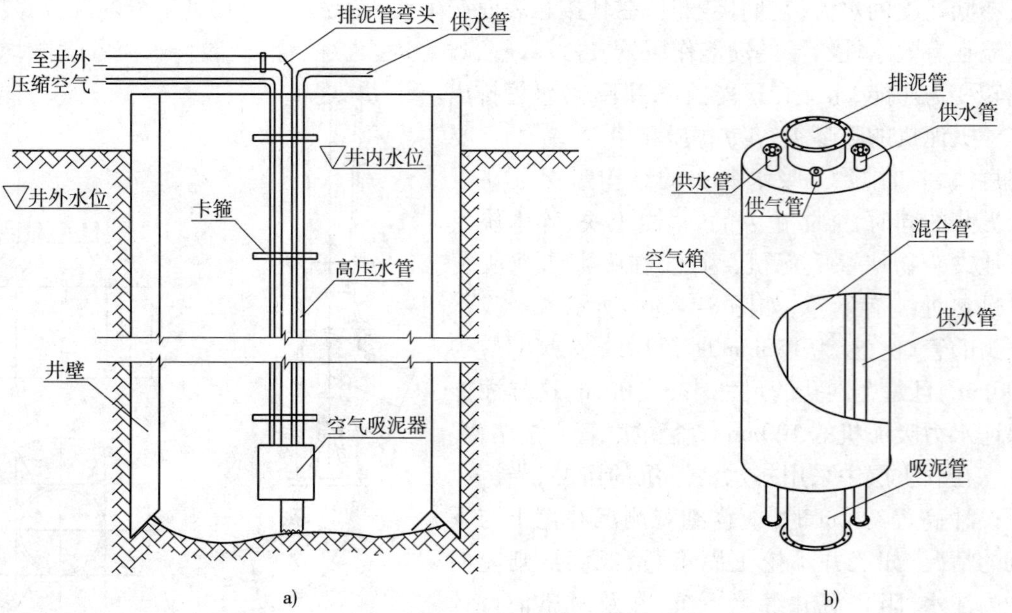

图 8-4-6　空气吸泥装置及吸泥器构造

a）空气吸泥装置示意图；b）空气吸泥器

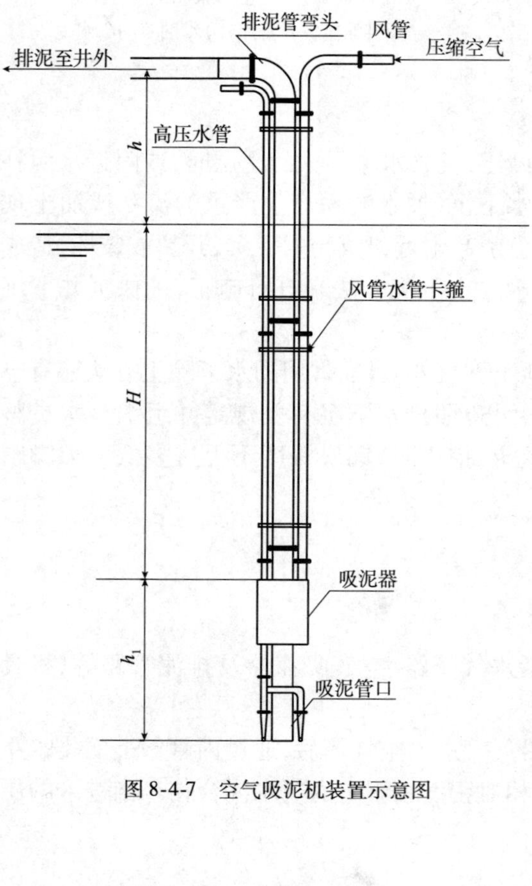

图 8-4-7　空气吸泥机装置示意图

由其原理可知，供气量越大，气、水、土混合物的重度越小，压力差越大，吸泥效果越好；当水深越大，压力差也越大，吸泥效果越好。但供气量过大，将使每单位体积空气的有效除土量降低。

为了获得良好的吸泥效果，吸泥机外应有足够的水压，因此，在水深超过 5m 的情况下使用，其效果较好。在浅水中不宜使用，但为了保证井内有足够的水压，亦可向井内灌水，以提高吸泥机工效。

2. 空气吸泥设备

(1)空气吸泥机构造

空气吸泥机包括：空气吸泥器、吸泥管、排泥管、风管及其配件（卡箍）。装置示意图见图 8-4-7。

空气吸泥机的型号一般以进泥管口内径(mm)的大小而定，常用的型号有 d100mm、d150mm、d250mm、d300mm、d420mm 空气吸泥机。常用吸泥机结构尺寸见表 8-4-4。

常用吸泥机各部尺寸汇总表 表 8-4-4

吸泥管内径 d_1(mm)	420	300	250	150	100
进气口内径 d_2(mm)	94	83	63	38	26
气包外径 D(mm)	950	700	600	274	206
ϕ5mm 气孔数(个)	840	470	234	110	64
气孔群中心至下端距离(mm)	640	605	605	450	307.5
全高 H(mm)	1 660	1 390	1 500	1 260	800
G(mm)	360	340	290	121	87
F(mm)	469	438	357	161	118
I(mm)	200	130	110	100	75
A(mm)	1 060	990	1 000	700	470
B(mm)	300	200	350	400	230
C(mm)	300	200	150	160	100
E(mm)	100	100			
进气口法兰盘(外径×板厚×螺栓数×螺孔直径×孔圆直径)(mm)	215×16×8×20×165	210×16×8×20×165	接胶管	接胶管	接胶管
吸泥孔法兰盘(外径×板厚×螺栓数×螺孔直径×孔圆直径)(mm)	550×16×20×20×500	650×16×16×20×395	360×16×12×20×310	290×16×8×20×240	220×16×8×20×180
管壁厚(mm)	6	6	6	6	6
气包上盖板厚(mm)	10	8	8	8	8
质量(kg)	385	220			

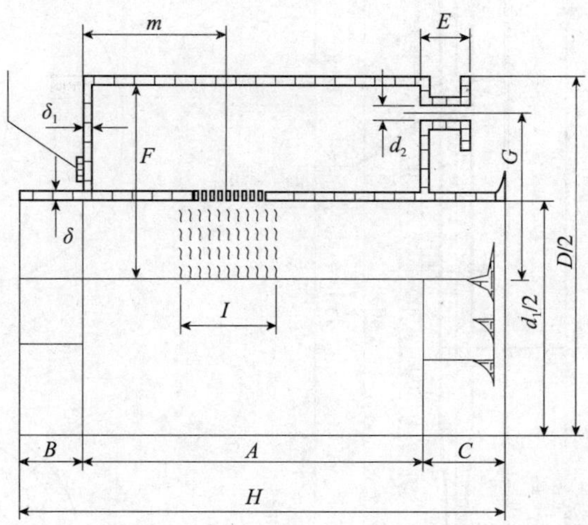

①空气吸泥机弯头、导管、风管及卡箍

吸泥机弯头、导管、风管、卡箍结构如图 8-4-8 所示，常见空气吸泥器有 d150mm、d250mm、d300mm、d420mm 四种型号。

②空气吸泥器

根据施工经验，常用简易 d300mm 空气吸泥器的构造形式如图 8-4-9 所示。

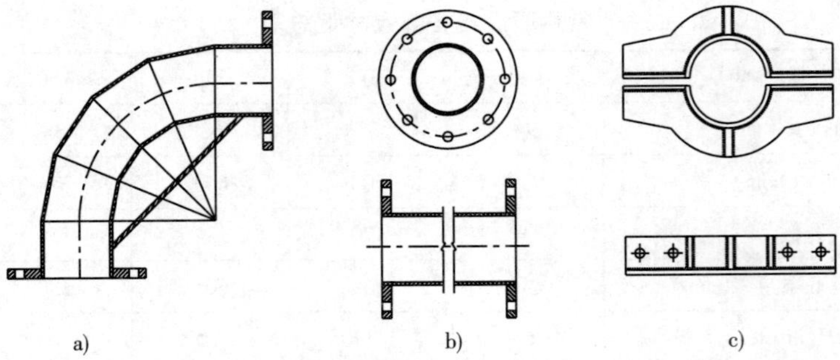

图 8-4-8　空气吸泥机弯头、导管、风管及卡箍图

a) 弯头；b) 吸泥导管；c) 卡箍

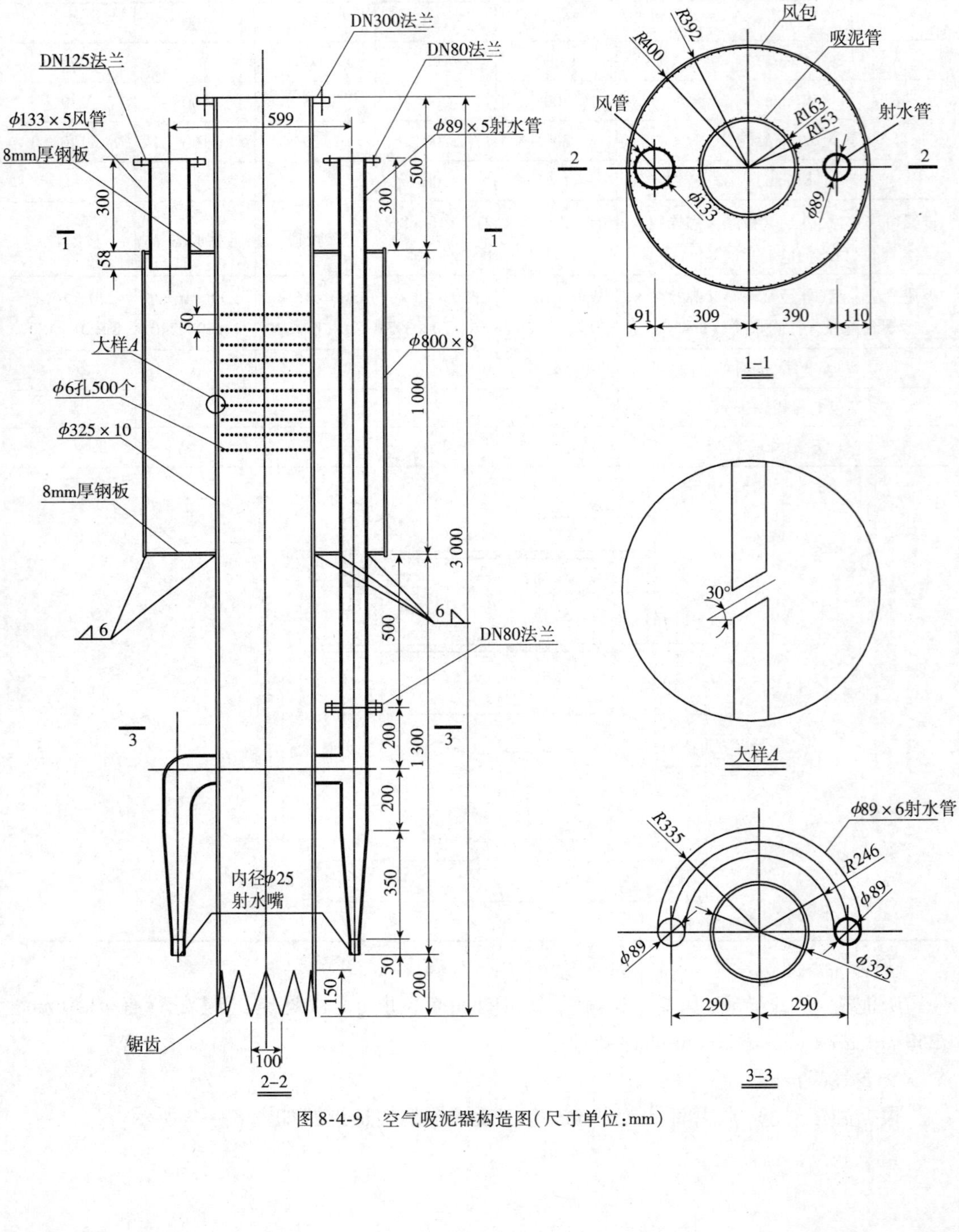

图 8-4-9　空气吸泥器构造图(尺寸单位:mm)

d100mm 与 d150mm 适用于一般砂类土或夹有小砾石的土，d250mm 可用于夹有较大粒径卵石土，能吸出 20kg 的大卵石。若地层中含有大量大直径卵石，宜选择大直径的吸泥机。图 8-4-10 为 d420mm 锥环形风口吸泥机，其吸取卵石效果甚佳。

③接力式空气吸泥机

当吸泥深度大，从井底吸泥一次排出井外效力不足时，可采用接力式空气吸泥机，如图 8-4-11 所示。

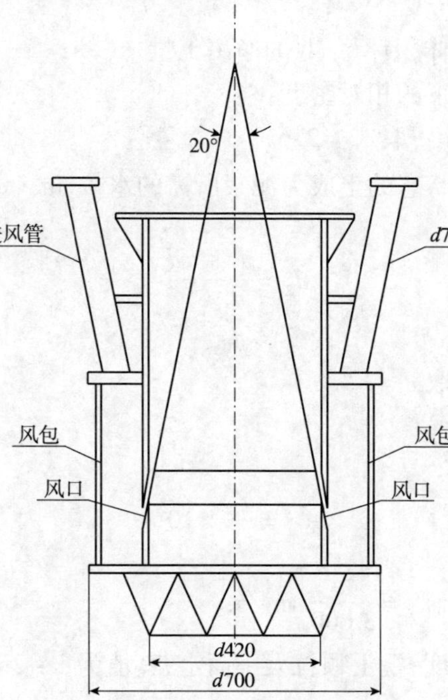

图 8-4-10　d420mm 锥环形风口吸泥机

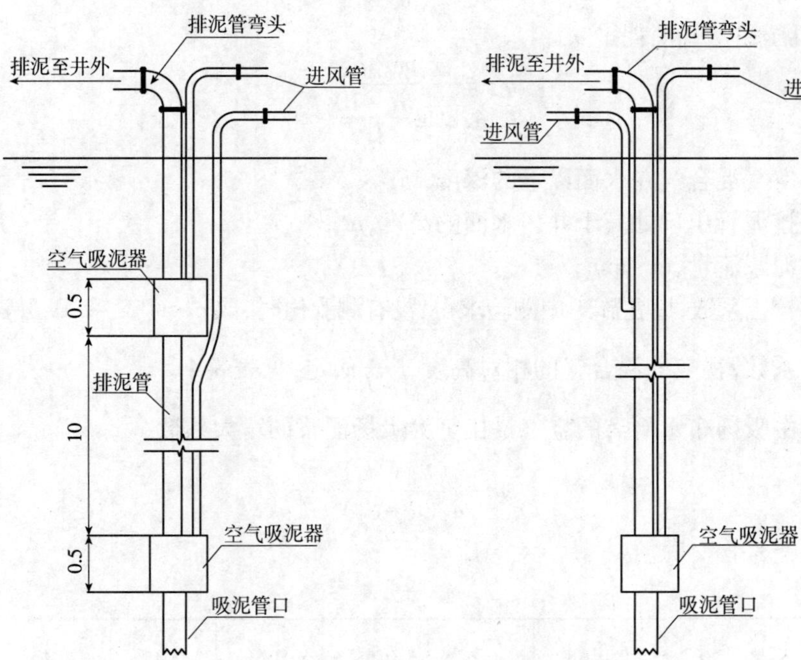

图 8-4-11　接力式空气吸泥机(尺寸单位:m)

a)带空气箱的接力式吸抛机;b)单孔式接力吸泥机装置

使用接力式吸泥机时，几台吸泥机风管宜同时送风，若逐个送风时，应自下面向上逐个送风，若上面先送风会造成泥沙倒灌，堵塞下面的气箱。

(2)空气吸泥机计算

①喷出泥浆流量计算

$$q_{v2}=q_{v1}\left(\frac{d_1}{d_0}+w\right)$$

式中：q_{v1}——按天然状态土体积计每1h的净出土量，m^3/h；

d_1——土在天然状态下的相对密度；

d_0——土颗粒相对密度，取 $d_0=2.6$；

w——每立方米天然状态的土成为泥浆所需的水量，m^3/m^3。

②泥浆相对密度 d_2

$$d_2=\frac{d_1+wd}{\dfrac{d_1}{d_0}+w}$$

式中：d——水的相对密度，取 $d=1$；

其余符号含义同前。

③吸泥管截面面积

$$A_{吸}=\frac{q'_{v2}}{v_{吸}}\times10^4$$

式中：q'_{v2}——每秒泥浆流量，$q'_{v2}=\frac{q_{v2}}{3\,600}$，$m^3/s$；

$v_{吸}$——吸入泥浆的速度，视土颗粒大小而定，其值为 1～2m/s。

④吸泥机排除水量 q_{v3}

$$q_{v3}=q_{v1}\times w$$

⑤吸泥机压缩空气消耗量 q_{v4}

$$q_{v4}=\frac{c_1mq''_{v2}h}{c_2\lg\dfrac{H+10}{10}}$$

式中：H——空气混合气在水面以下的深度，m；

h——排泥管出口处高于井内水面的高度，m；

q''_{v2}——泥浆流量，m^3/min；

c_1——校正系数，应在施工中测验求得，没有测验值时，取 $c_1\approx1.5\sim2.0$，并试算；

c_2——系数，视空气混合气的相对高度$\frac{H}{H+h}$而定，见表 8-4-5；

m——由吸扬净水所需的空气量换算为吸扬泥浆的增大系数，

$$m=\frac{d(d_1-d_2)}{d_1(d-d_2)}$$

d、d_1、d_2——符号含义同前。

c_2 查询表 表 8-4-5

$\frac{H}{H+h}$	0.75	0.7	0.65	0.6	0.55	0.5	0.45	0.4	0.35
c_2	14.3	13.9	13.6	13.1	12.4	11.5	10.6	9.6	8.4

⑥压缩空气压力(空气压缩机气压表读数)p

$$p=\frac{H}{10}+(0.2\sim0.5)$$

注:附加大气压值=实际大气压值-外界大气压值。

⑦扬泥管面积

在混合室(压缩空气喷口处)中,泥浆中的空气泡,承受$\frac{H}{10}$大气压的压力,所需截面面积为:

$$A_{混}=\frac{q'_{v2}+q'_{v4}\times\frac{10}{H+10}}{v_{混}}\times10^4$$

假设泥浆排泥口处泥浆中的空气泡受外界大气(常压)的压力,其体积较前扩大,所需截面面积为:

$$A_{出}=\frac{q'_{v2}+q'_{v4}}{v_{出}}\times10^4$$

式中:$v_{混}$——在混合室处的混合浆流速,取2~4m/s;

$v_{出}$——在排泥口处的混合浆流速,取6~8m/s;

q'_{v4}——每秒进入混合室的压缩空气量,$q'_{v4}=\frac{q_{v4}}{60}$,$m^3/s$。

⑧压缩空气管的截面面积

$$A_{气}=q'_{v4}\times\frac{10}{H+10}\times\frac{1}{v_{气}}\times10^4$$

式中:$v_{气}$——空气在管内的流速,可取10~20m/s。

⑨压缩空气总量

$$\sum q_{v4}=(1.2\sim1.3)nq_{v4}K$$

式中:n——吸泥机台数;

K——吸泥机同时工作时的系数。

n值与K值的关系见表8-4-6。

n值与K值的关系表 表8-4-6

n	1	2~3	4~6	7~10	11~20	25以上
K	1.0	0.9	0.8	0.7	0.6	0.5

(3)空气压缩机站

空气吸泥机的风源来自空气压缩机站。空气压缩机将压缩空气送进储气罐(风包),通过送风管路至墩位处,供吸泥机使用。各型空气吸泥机所需空气压缩机能力见表8-4-7。

空气吸泥机所需压缩机能力 表8-4-7

空气吸泥机型号(mm)	d100	d150	d250	d300	d420
需要空气吸泥机供应能力(m^3/min)	6	9	20	23	20(2~3台)

多台吸泥机同时使用时,应通过储风筒使空气量分配均匀,其布置示意见图8-4-12。

储风筒容积 $V(m^3)$ 应根据空气压缩机的生产能力 $q_v(m^3/min)$ 按下列经验公式来确定。

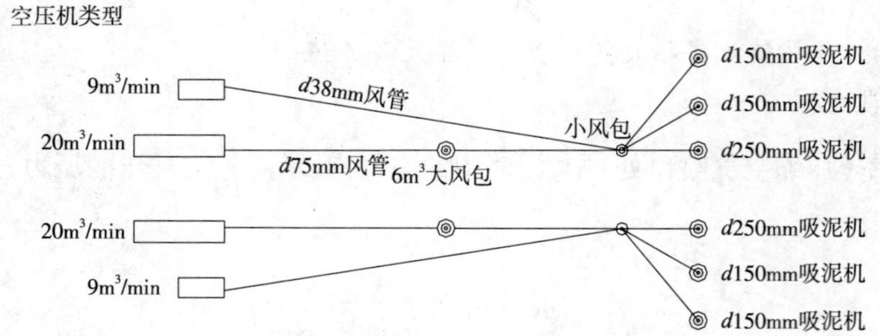

图 8-4-12　多台压缩空气吸泥机压缩空气管路布置示意图

大型固定式空气压缩机($q_v>30m^3/min$)：

$$V=1.6\sqrt{q_v}$$

中型空气压缩机($q_v=9\sim30m^3/min$)：

$$V=(0.8\sim1.0)\sqrt{q_v}$$

小型空气压缩机($q_v<9\ m^3/min$)：

$$V=(0.3\sim0.5)\sqrt{q_v}$$

移动式空气压缩机($q_v=1.5\sim9m^3/min$)：

$$V=(0.15\sim0.25)\sqrt{q_v}$$

每个储风筒上均装有安全阀、压力表和排出油、水的龙头。为避免发生油气爆炸，每天均需例行排油气一次。供应吸泥机的压缩空气正常压力一般为 0.3～0.5MPa，送风管直径可参照表 8-4-8 选用。

压缩空气管道的计算直径选择表　　表 8-4-8

必须输送的空气体积(m^3/min)	空气管道的长度(m)							
	10	25	50	100	200	300	400	500
4	33	37	37	43	49	54	54	58
5	33	37	40	46	54	58	58	64
6	33	40	43	49	58	64	64	70
7	33	40	43	54	64	70	70	76
8	37	43	49	58	64	70	76	76
9	37	45	49	58	64	76	76	82
10	40	46	52	58	70	76	82	82
15	43	52	64	70	82	88	94	94
20	49	58	70	82	88	100	106	113
25	54	64	76	88	100	106	113	119

3. 空气吸泥施工

在砂、砂夹卵石及亚砂土层中下沉时，比较适宜采用空气吸泥机除土。在黏土、胶结层中下沉时，应先用高压射水管冲碎土层后，再用空气吸泥器吸出碎块。

在沉井开始下沉时，最初的几米深度内，应用人工挖土或机械抓土的方法使沉井下沉。在下沉到一定深度时，或向井内灌水后，采用空气吸泥器除土。

使用吸泥机出土时,通常采用吊机或扒杆等起重设备维持其悬吊位置、状态,使管身垂直,并能在井孔内,根据需要作水平方向和竖直方向移动。吸泥管口距离井内土面为0.15~0.50m,以能经常有效地吸出最稠的泥浆为度。吸泥时应注意经常变动位置,保持平衡,使井内土面高低均匀,以防沉井下沉产生倾斜。靠近刃脚及隔墙的土如不能向锅底坍落时,可用高压水将土冲向锅底再行吸出,为了掌握吸泥情况,应随时用绳尺测量井底土面高度,吸泥管应根据此移动位置。

由于空气吸泥器排水量较大,为保持井内、外水位平衡,所以应备有一定数量的低压水泵同步向井内补水。在砂类土和黏砂土层中,井内水位一般不低于井外水位,在淤泥及流沙等软弱土层中,井内水位应高出井外水位1~2m。

为了提高吸泥效果,可将高压射水管与空气吸泥器固定在一起,同时进行下沉作业。射水喷嘴随吸泥管一起升降移动,边冲边吸。射水时,一般采用垂直射水喷嘴,但在坚硬的土层中冲土时,带倾斜角度的喷嘴可单独使用,用以冲散刃脚处的土体。

4. 空气吸泥施工注意事项

(1)停吸前应将吸泥机提升到一定高度后再关闭送风阀。

(2)沉井内壁表面不能留有凸出钢筋或其他障碍物,以免在提升空气吸泥器时损坏吸泥设备。

(3)经常注意风压,防止回风,避免导管内泥浆倒灌入吸泥器和风管内。

(4)弯头及异径排泥管的接头处易被堵塞,要避免木块、草袋等杂物掉入井内,必要时停机清理。

(5)随时注意井底面变化,防止周围土层坍落或涌水翻砂面埋住吸泥机。

(二)钻吸排土下沉

1. 钻吸排土下沉施工

钻吸法排土施工是目前在软土地层中不排水下沉的较新工艺,它是通过用两台潜水钻和一台潜水砂泵特制组装而成的钻吸机组,在水中对土体进行切削破碎同时完成排泥工作,从而使沉井顺利下沉到达设计高程,见图8-4-13。

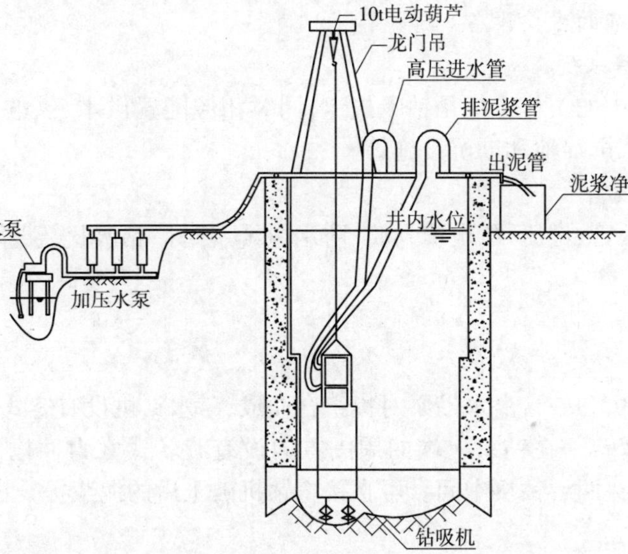

图8-4-13　钻吸法下沉示意图

(1)钻吸排土沉井法的基本原理

钻吸排土基本原理是以潜水钻机在水下对土体进行强制式的机械刀削,并辅以高压水枪将破碎土体混合成泥浆,再由潜水砂泵排泥。

沉井在不排水下沉时,采用提升吊机将钻吸机组作水平或垂直方向的移动,来控制沉井的垂直度,合理地按沉井下沉要求进行有序的钻吸破土吸泥,必要时选用辅助助沉措施,如在刃脚斜面上设置水枪和在沉井壁外采用触变泥浆护壁以提高下沉工效,使沉井按要求平稳地下沉到位。

(2)钻吸排上沉井的优点

①钻吸机具有切削破碎土体和高压水扩孔造浆的双重功能。加上潜水砂泵置于两台钻机中间,能连续不断地抽吸较高浓度的泥浆。集破土排泥于一个组合机组,是不排水下沉施工中最为简单有效的施工方法。

②能适应各类土质情况,并已得到广泛的应用,特别是在饱和含水的软土层中施工,或有环境保护要求的条件下,采用钻吸法下沉,能成功地减少地表沉降量,并能有效地控制下沉时对相邻建(构)筑物产生的影响。

③钻吸排土施工,机械化程度高,不需配置潜水员水下作业,大大地减轻了施工人员的劳动强度,改善了劳动环境,提高了水下作业的安全度。

④能在作业面上直接控制水下破土工作。施工中有序地分层破土排泥,使沉井平稳下沉,可避免沉井在施工下沉过程中,出现挖深锅底,产生突沉或超沉现象,从而保证下沉的施工质量。

⑤特别是对深大型沉井下沉的优越性和对环境保护的特殊作用,为不排水下沉施工提供了功效高、速度快的新施工方法。

⑥在不排水下沉的条件下,避免了沉井开挖面与地下水位的水头差,能较好防止下沉过程中产生流流、涌土和塌方等现象的发生。

⑦钻排土沉井施工能广泛适用于淤泥、淤泥质土、黏土、粉质黏土、粉土等软土地基中的不排水下沉井的施工,尤其适用于南方或靠近河、海地区城市的深、大型沉井工程的下沉施工。

2. 钻吸排土下沉的主要设备

(1)钻吸法设备系统

钻吸排土工艺中的工作主机是钻吸机组,同时相应配置供水、供电、吊机、输送管路、排放泥浆管路、泥浆沉淀池和助沉设施等。

(2)主要机具设备

取水泵、高压水管、增压泵、电缆卷筒、防水电缆、浮标、钻吸机、泥浆管、沉淀池、溢流槽及吊装设备。

(3)主要设备

①钻吸机组

由两台潜水钻机和一台潜水砂泵对称组合而成,潜水钻机设有笼式钻头,运转时两台钻机呈相反方向旋转,并在钻头上端的周围方向设有旋转式水力冲枪,扩大钻吸破土范围。潜水砂泵安装在两台钻机中间。可直接将钻机破土后的泥浆提升排出。

②供水设备

应视沉井所处的地质条件合理选用工作用水的压力,并按工程规模的大小确定钻吸机组的数量,再确定多级泵的设置台数,以满足施工的需要。

③供电设备

下沉作业面须设专用配电控制箱及反漏电保护装置,再经电缆转盘将防水电缆缓缓放入水中向钻吸机组供电。防水电缆应随钻吸机的工作位置不断变化。配电箱应设有电压和电流等仪表,可直接反映钻机在水下的工作情况,以便有效地控制钻吸机组的工作速度。

④提升设备

起重设备应有足够提升钻吸机的能力,并能有效控制钻吸机组的垂直和水平方向位置、下沉钻吸速度以及钻机作平面移动的能力。因此,应选择移动式吊车,也可根据施工单位的实际情况选用必要的提升设备,但提升力必须大于钻吸机组自重的1.5~2倍。

(4)钻吸机的构造与应用

每台钻吸机由两台潜水电钻和一台潜水砂泵组装而成。带刀盘的钻头上设置三个ϕ10mm喷嘴的高压枪,水枪随钻头转动而旋转射水形成旋转的射流,起扩孔破土的作用。

潜水钻机设有笼式钻,运转时,两台钻机呈相反方向旋转削土。同时刀盘上的三支高压水枪约以1.5MPa的压力(视土层特性调整)和50m/s的流速形成旋转水力射流,将钻孔再破土扩大。钻削和冲刷下来的土体与水混合,由砂泵连续的抽吸而排出井外,通过管道输送到沉淀池,进行泥、水分离后运走。

用两台钻吸机开挖的基本顺序是:先对称地开挖沉井中间底部土体,后对称地开挖沉井内部四周底部的土体(如沉井内分有若干区格时,应按对称分格进行),在对称开挖中,两台钻吸机要准确定位,并按测量确定的挖土深度来控制挖土,以达到沉井整体均匀地徐徐下沉。使用两台钻吸机进行沉井内部挖土的原则是:正确定位、控制深度、先中后边、对称挖土。

3.钻吸除土下沉的操作要点

(1)钻吸机组施工阶段操作要点

①钻吸机组制作完毕后,应按机组设计要求进行检查验收,同时对潜水电机、潜水砂泵、电缆接头等做好绝缘电阻的测试工作,验收合格后,方可使用。

②做好钻吸机组操作规程的技术交底工作,并按工种人员的配备分工明确,各司其职,严格按操作规程操作。

③机组就位正确后,启动钻机和砂泵。按钻进速度8cm/min缓慢吊放,待机组切入土层50cm后,打开高压水阀,并连续下放钻机,下放速度由电流监测表控制,工作电压不应大于额定值。但主吊钢索应始终处于受力状态,禁止在钻吸过程中放松主吊钢索。

④在钻吸机组的有效工作范围内,在沉井顶面做出钻吸移动定位标志,防止机组移位时同沉井结构相碰撞。

(2)钻吸除土下沉的操作要点

①钻吸下沉施工中,必须按"定位正确、先中后边、对称钻吸、深度适当"的原则来进行。操作过程中可按"沉多少钻、沉少多钻"的规律来实施;当达到预定钻深后,冲除刃脚斜面下的部分土堤,使沉井徐徐下沉。

②钻吸施工前,应正确掌握井内水位和锅底土面的高程,并认真控制好钻吸过程中进排水量对井内水位的变化,井内水面不得低于允许水位高程(一般井内水深超过5~10m时,方可采用钻吸法)。

③沉井钻吸下沉时,应对称分层均匀地钻吸,钻吸超前深度不得大于2.5m。多格(仓)沉井施工时,相邻格(仓)的锅底高差宜掌握在0.5~1.0m,使沉井保持均匀、平稳下沉。

④钻吸中应加强测量并利用量测数据指导钻吸下沉的施工,应合理配套使用助沉措施。

五、下沉辅助措施

(一)高压射水助沉

若估计到沉井下沉有困难时,可预先在井壁内埋射水管,或在井壁外侧插入射水管,用高压水冲松沉井四周的土体,减少井壁与土体的摩擦力,射水管在井壁四周要布置均匀,插入深度应高出沉井刃脚底面1.5m以上。

在较坚硬的土层中下沉时,可采用垂直射水嘴冲散土层,以便将土体抓(吸)出。处于刃脚斜面下的土层,可使用斜度同刃脚斜度一致的三角射水管冲射。高压射水冲射土层见图8-4-14。

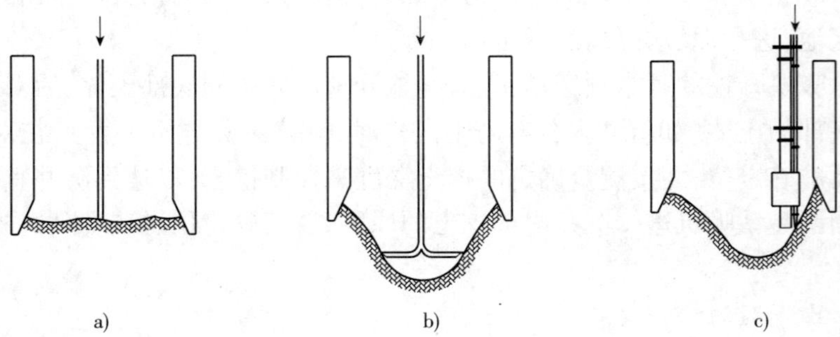

图8-4-14　高压射水冲射土层示意图

图8-4-14c)为射水管与吸泥机并联固定在一起,吸泥和射水同时进行,射水嘴随吸泥机一起升降或移动。采用垂直射水嘴时,可在侧旁设直径5mm的射水小孔,在砂黏土层内,一般吸至坑深1~2m后,坑周土层即行坍塌,随即吸出,效果良好。

高压射水作业,一般均在沉井顶面控制操作。当局部地段难于定点定向射水时,可由潜水员在水下掌握操作。为确保潜水员安全,在沉井内只能同时开动一套射水设备,也不应同时进行除泥或其他起吊作业。

射水压力与地层情况、沉井入土深度等因素均有关,一般为1~2.5MPa。

(二)利用空气幕下沉

空气幕由沉井外壁上布设的气龛、井壁内预埋的水平、竖向风管组成。当沉井沉入地面以后,取土井内吸泥,以排除沉井底部正面阻力,再由地面上的供风系统将高压风经预埋的竖向风管、水平风管、从井壁上的气龛孔向外喷射压缩空气,在沉井周围形成一层空气帷幕,气流沿沉井外壁上升带动砂粒翻滚形成液化(黏土则形成泥浆),从而减小土体对沉井外壁的摩阻力,以便沉井顺利下沉,停止送风后,井壁与土壤之间又恢复了原来的摩阻力。起用空气幕助沉也可达到不扰动基底,减小锅底高程,纠正偏位的目的。

1. 空气幕的构造和布置

气龛在井壁表面是高 10 ~ 20 cm、宽 10 cm 的长方形，在井壁上是个深约 6 cm 呈棱状的凹槽，凹槽底部与水平管相贴，在水平管上钻一个 ϕ1mm 气龛孔（图 8-4-15）。

气龛的主要作用：沉井在下沉中，保护喷气孔与土壤不直接发生摩擦，并且使喷出的气体能够较均匀地扩散出去。水平风管通向同一区段气龛的水平风管两端向下弯曲，端头堵死，向下弯曲部分主要储存从喷气孔挤入管内的少量泥沙。竖向风管常采用聚乙烯塑料管，每根竖管用三通和接头与同一区段的水平管相连。竖向风管上端伸出沉井顶部，以便与地面风管相接。每次沉井接高时，每根竖管都要相应加长。风管常采用聚乙烯塑料管。

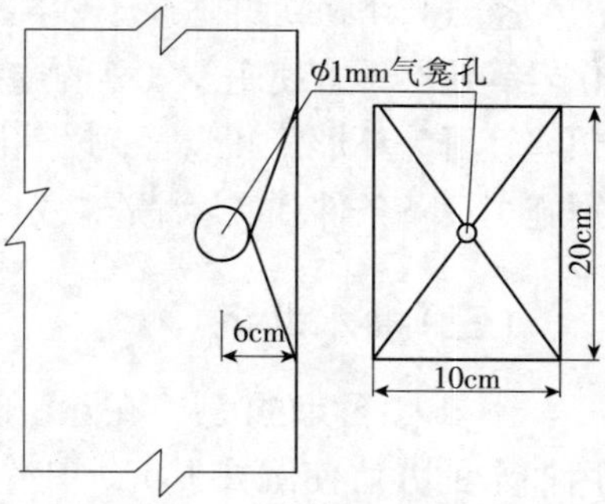

图 8-4-15　空气幕气龛结构示意图

2. 施工步骤

（1）在沉井立模板之前，用木料做成气龛木模，按设计要求在沉井外模板内侧放线，并且钉牢气龛木模。

（2）沉井内外模板立完后，首先在外模板内壁上安装水平风管，水平管中线与气龛木模水平线重合，与气龛木模底部密贴，将水平管固定在模板上，然后安装竖向风管。

（3）绑扎钢筋和灌注沉井混凝土。

（4）混凝土强度达到要求后拆除模板，用手电钻钻喷气孔。

（5）向预埋管内压风，检查喷气孔是否通畅。

（6）沉井开始吸泥，检查刃脚埋入深度。

（7）向竖管内送风，沉井下沉，再吸泥、再送风，直到沉井沉入预定高程后，接高沉井。

3. 利用空气幕助沉注意事项

（1）预埋风管的连接螺口要用胶水密封，并且在接头处用胶布裹缠。防止砂浆渗入或受到振动螺口处发生断裂。

（2）竖管上端伸出沉井的顶面部分要做标记，必须注明区段和相连水平管的层数。竖管上端口，从风管安装到连接地面风管之前，必须封闭，防止落入杂物堵塞管道。每次竖管接长都要做好检查工作。

（3）在绑扎沉井钢筋和浇注混凝土时，不得损坏、移动气龛木模和预埋风管。如发现损坏或移动，要立即修复或采取补救措施。

（4）钻喷气孔时要将孔边毛刺清除干净，以免堵塞气孔。

（5）连接相同土层水平管的竖向风管接在一个风力分配器上，以确保送风时沉井在同一平面上的气龛能同时喷气，使沉井平稳、均匀下沉。

（6）根据现场施工情况，定时向预埋管内送风。特别是开始下沉时，由于入土深度浅，井壁与土壤摩阻力小，吸泥时沉井会自动下沉，如果长时间不送风容易造成喷气孔堵塞。

（7）吸泥时，要注意测量沉井内的泥面高度，计算刃脚埋入深度。刃脚埋入深度一般控制在 80 ~ 100cm，沉井内外水位要相等，这时用空气幕辅助沉井下沉效果最好。如果刃脚埋入过浅或井内水位低于井外水位，容易造成沉井内翻砂。

（8）向预埋管内送风时，风压必须大于 0.5MPa。送风顺序：由上而下进行，直到全部开通，否则气体可能从刃脚下喷进井内而引起翻砂。停风时，从下到上停止，不得任意乱开、乱停。停风时要缓慢,避免突然停风,使气龛处形成负压,将泥土挤入风管内,堵死喷气孔。送风时间不宜过长,长时间送风,在气体的作用下会造成井壁土壤液化,容易堵塞喷气孔。

(9)防止压气时造成堵塞气龛,可采用在环形管的端头设储砂筒以消除故障。

空气幕下沉沉井适应于砂类土、粉质土及黏质土地层,对于卵石土、砾类土、硬黏土及风化岩等地层不宜使用。气龛的选型应以布设简单、不易堵塞、便于喷气扩散为原则。井壁内预埋管可为环形管和竖管,喷气孔设在环形管上;也可以只设竖管,喷气孔设在竖管上。根据施工设备条件和实际情况决定,但管尾端均应有防止砂粒堵塞喷气孔的储砂筒设施。

(三)抽水助沉

不排水下沉的沉井,在除土时,已将刃脚下的土掏空,但沉井仍不下沉时,可在井内采用抽水的办法使沉井下沉。其作用是使井内水位降低减少浮力,等于增加了沉井的重量。由于井内水位降低时,井外水将由刃脚踏面下进入井内,这就冲动了刃脚下的土坎,也减少了刃脚下的正面阻力。

对于易引起翻砂涌泥的地质,则不可用抽水助沉的办法。采用抽水助沉时,抽水不得过多过快,只要抽水抽到一定程度,沉井开始下沉,即可停止抽水,改用抓土斗开挖,如挖而不沉时,可以再抽。当采用空气吸泥机除土时,可利用空气吸泥机抽水。

(四)压重助沉

由于沉井一般质量很大,加载质量与沉井相比很小,且增加质量和卸压的工作量又很大,所以应视具体情况,考虑实际效果后采用。采用加载助沉时,可根据不同情况和施工条件搭设承重平台,将型钢、钢筋或其他重物,均衡对称地置于其上,使沉井下沉,加载平台应符合重物堆放方便和结构安全的要求。重物堆放的重心和加载的质量应根据施工助沉方案而定。加载时,应逐步分批进行,在加载施工范围内的其他工作应停止。沉井下沉达到预期目标后,应随即分批卸载,卸下重物应及时运走,不得堆放在沉井周边。若沉井尚未接高完成时,也可利用接高混凝土压重助沉。

(五)泥浆润滑套下沉

触变泥浆润滑套作为沉井下沉施工中的一种辅助措施,其工艺主要包括:泥浆的制备,利用管路压浆两个步骤。

1. 施工布置

在沉井附近设置黏土存放和风干场、碎土设备、拌浆机和储浆池。在储浆池旁边设置压浆机,通过输浆管路将泥浆压入泥浆套内。当水中筑岛沉井采用泥浆润滑套时,其拌浆机、储浆池和压浆机可设置于船上。

2. 压浆管路

(1)输浆管

输浆管可用 $\phi38 \sim 75$mm 钢管或胶管,一端连接压浆机,一端至井顶,并与三通管相连。三通管上装有胶管和闸阀,胶管可分别与井顶各压浆孔口的管头相连。当某一孔道需要压浆时,只需将连通胶管相应的闸阀开启即可压浆。

(2)压浆管

压浆孔道的设置可分为内管法和外管法两种。

①内管法

厚壁沉井采用内管法，即压浆管埋入井壁内或在井壁预留管孔。预留管是用缠有铅丝的旧胶管，内穿圆钢芯在井壁预制孔道，在温度25℃左右时，灌浇混凝土4h以后，将胶管拨动提起50cm左右，待1～2d后，再拔出胶管即形成压浆管道，如图8-4-16a）所示。

②外管法

薄壁沉井宜采用外管法，外管法又分为井外外管法和井内外管法，即压浆管置于井壁内侧或外侧，视施工条件而定。井外外管法是将压浆管顺井壁外侧直插入泥浆套内进行压浆。井内外管法是将压浆管从井孔内插在接近沉井台阶高度处，穿过井壁将压浆管出口引至泥浆套内。压浆管的直径一般为38～50mm，间距一般为3～4m，射口方向与井壁呈45°，如图8-4-16b）所示。

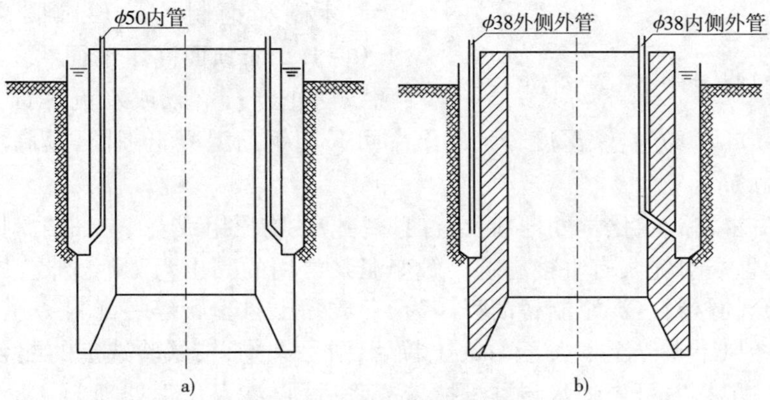

图8-4-16　压浆管布置示意图

a）内管法；b）外管法

沉井沉至设计高程后，为使沉井稳定，应及时恢复土对井壁的作用，速将泥浆套中的泥浆进行置换。置换方法有两种：一种是用砂浆直接置换泥浆，类似于水下浇注混凝土，将砂浆从隔离层底部压入，使泥浆被压进的砂浆所排出。另一种是预留排浆孔，在沉井下沉之前，先堵塞浆孔或安装阀门，如图8-4-17所示。待沉井下沉封底后，排除泥浆，再用砂浆置换填实。

3. *泥浆射口挡板*

射口挡板是防止泥浆射出时直冲土壁，也防止土壁局部坍落时堵塞出浆口，挡板用角钢或钢板弯制，置于出浆口处，固定在井壁的台阶上，如图8-4-18所示。

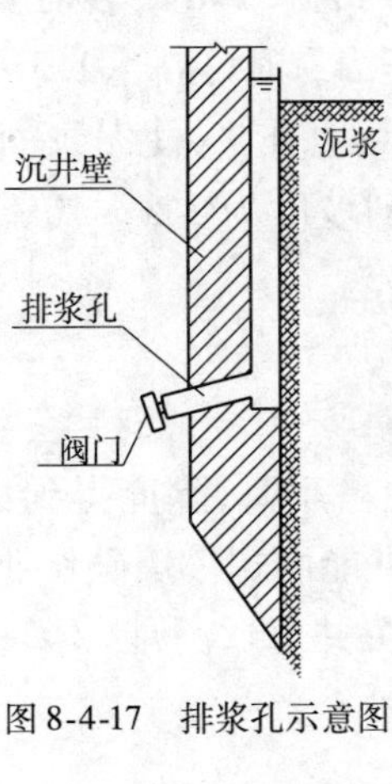

图8-4-17　排浆孔示意图

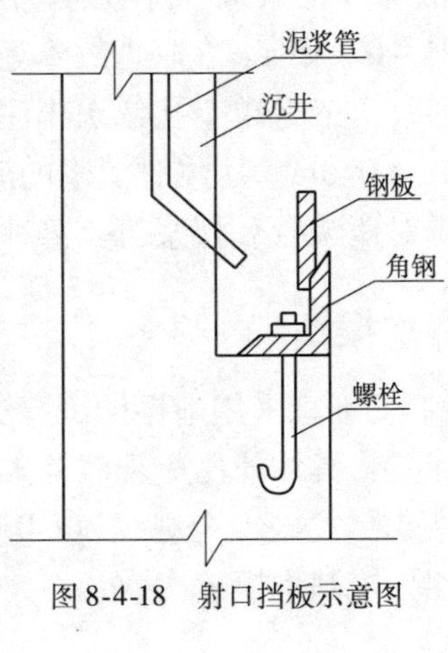

图8-4-18　射口挡板示意图

4. 井壁地表围圈

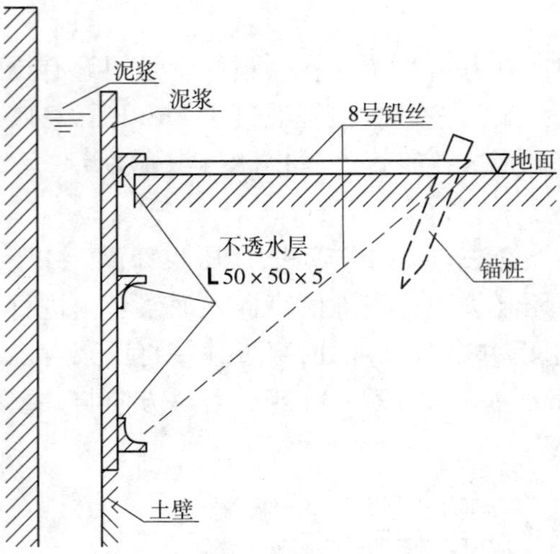

图 8-4-19 钢板地表围圈示意图

地表围圈(即套井)的作用是确保泥浆套的宽度,防止土壁坍落在泥浆套内;储存、补充泥浆及调整出浆的均衡。它可用木板、钢板或钢筋混凝土做成。木制的,可由 3 ~ 5cm 企口木板连接分块预制就地拼装而成。钢制的,可由 4 ~ 6mm 厚钢板和 50mm × 50mm × 5mm 角钢分块预制就地拼装而成。每块顶部与底部均用 8 号铅丝与周围埋设的锚桩固定,如图 8-4-19 所示。

木制和钢制的地表围圈高度一般在 1.0 ~ 1.5m,顶面高出地面约 0.5m,上面加盖以防止土石落入或水流冲蚀。外侧用黏性土(不透水)回填夯实。深度较大的沉井可采用钢筋混凝土围圈,其高度也较大。

5. 泥浆制备

泥浆是由水、黏土、化学处理剂及其他一些惰性物质组成。黏土是配制泥浆的主要材料,黏土的性质对泥浆有直接影响。触变泥浆常用的黏土为膨润土,它与淡水、纯碱作泥浆润滑套的材料。泥浆制备的程序为:存放黏土风干碾碎→配料→搅拌→筛滤→储浆。黏土经风干碾碎至不大于 5cm 土粒后,清除杂物,按试验选定的配合比配料,然后进行搅拌。搅拌时可先将水与黏土搅拌成浆后,再渗入化学处理剂。每盘搅拌时间视拌和机效能而定,一般约 30min,然后将拌好的泥浆经筛网过滤后流入储浆池备用。

储浆池的容量一般为每节沉井理论计算所需泥浆的体积,但泥浆实际耗用量为理论耗用量的 1.5 ~ 2.0 倍。

当储浆池内的泥浆存放过久,泥浆面出现老化起泥皮时,此时可少量洒水保养或进行搅动。冬季施工时,储泥池应有保温措施,管道也应有防寒措施,以免泥浆冻结,堵塞管道。

泥浆在制备、储存和使用过程中,均应做好取样试验工作,保证泥浆的质量达到所规定的各项指标。

6. 压浆

压浆可采用泥浆泵进行压浆。在一般情况下,启动时约为 0.7MPa;启动以后正常压注时应为 0.1 ~ 0.3MPa。在处理故障等特殊情况下,其启动压力有时可高达 1.5 ~ 2.0MPa。

压浆时,一般是单个孔依次压注,并随沉井下沉而不断地补浆,使泥浆面保持高出地面以上 0.1 ~ 0.3m。压浆时泥浆的流动半径约为 5m,流动坡度为 3% ~ 10%。每次压浆完毕后,应对压浆管和拌浆机具等冲洗干净,以备再用。

(六)炮振助沉

沉井下沉不宜采用炮振助沉方法,在特殊情况下必须采用时,除应得到批准外,应严格控制用药量,具体使用应视沉井大小、井壁厚度及炸药性能而定。爆破作业应严格遵守现行国家标准《爆破安全规程》(GB 6722)的规定。同一沉井每次只能起爆一次,并应根据具体情况,控制炮振总次数。

六、沉井下沉纠偏

(一)沉井下沉产生偏差的原因

沉井的偏差包括倾斜和位移两种。产生偏差的原因很多:由于土质不均匀或出现个别障碍物,以及施工时要求不严造成沉井下沉前就出现了倾斜,如砂垫层铺设不均匀,抽除垫木或混凝土垫层不对称,刃脚附近砂石回填不密实及灌筑混凝土时下料不对称等;在下沉挖土时,由于挖土不对称均匀,未从中间开始先挖,以及刃脚掏空过多,引起沉井突然下沉;抽水后(井内)造成涌沙,引起井外地层土面坍塌;井外弃土堆得太高、太近造成偏压等原因使沉井产生倾斜。沉井的位移主要与沉井四周土压不均匀及沉井倾斜有关,当沉井倾斜纠偏时,容易使沉井发生位移。

(二)防止沉井产生偏差的措施

在施工过程中一开始就应高度重视沉井产生偏差,严格按操作规程和施工规范施工,把好各个关口,贯彻"预防为主,纠偏为辅"的原则。

(1)沉井在下沉过程中,实际上是在摇摆中下沉,并非绝对平稳均匀,防止偏差就是使其控制在合理范围之内,做到基本均匀。因此在下沉中要根据测量资料随偏随纠。

(2)必须及时精确测量,把沉井各点的高差数据,及时告诉除土人员,以便及时纠正。

(3)沉井下沉初期,重心较高。井壁四周并无约束,下沉时必须特别注意,不使沉井倾斜。第一节沉井的重心不宜过高,沉井刃脚下的基础垫层(水下沉井的岛面)必须均匀密实。挖土时,宜采用抓土斗和人工均匀对称挖土,不宜采用吸泥机除土。

(4)无论采用何种下沉方法,在井内除土,应先从中间开始,均匀对称地、逐步地向四周刃脚处分层取土,以便沉井均匀缓慢下沉,防止倾斜。

(5)在下沉过程中,刃脚附近泥面不宜低于刃脚;中间井孔的除土泥面,应根据土质情况和沉井大小确定,一般不宜低于刃脚踏面1~2m;相邻井孔间泥面高差不宜超过0.5~1.0m。

(6)在不稳定的土层及砂土中采取不排水下沉时,应特别注意井内水位不得低于井外水位,流动性土壤除土时,应保持井内水位高出井外水位1m以上。施工过程中,应随时监测和控制井内水位、井底开挖的几何尺寸、下沉量和速度,以稳定井底、防止突沉、控制终沉。

(7)沉井下沉挖出的土方,应尽量及时运走,如确实来不及外运时,应远离沉井基坑(距离不小于1.5倍沉井下沉的深度),四周均匀堆放。

(8)分节下沉的沉井,当每次沉井接近下沉预定高程时,应注意调平沉井,准备接高。此时,沉井下沉应特别注意除土部位和深度,防止沉井下沉过快、过大而产生较大的偏斜。

(三)沉井下沉纠偏的方法

1. 偏心压重偏除土

偏心压重纠偏方法为当沉井向一侧倾斜时,可在较高一侧加偏心压重,并多挖较高侧井孔内的土,停止或少挖较低一侧井孔的土,使沉井逐渐下沉恢复水平后,再进行各井孔均匀挖土,使沉井顺利下沉。沉井偏压重纠偏过程如图8-4-20所示。

2. 井外射水或高压空气

可在沉井偏高的一侧的井壁外插入射水管或冲气管(也可预先埋设在井壁内适当的地方备用),进行冲水或冲气,以减少偏高一侧井壁与土层之间的摩阻力,同时用空气吸泥机在偏高一侧井内刃脚处偏除土,如图 8-4-21 所示,使偏高一侧下沉较快,达到纠偏的目的。

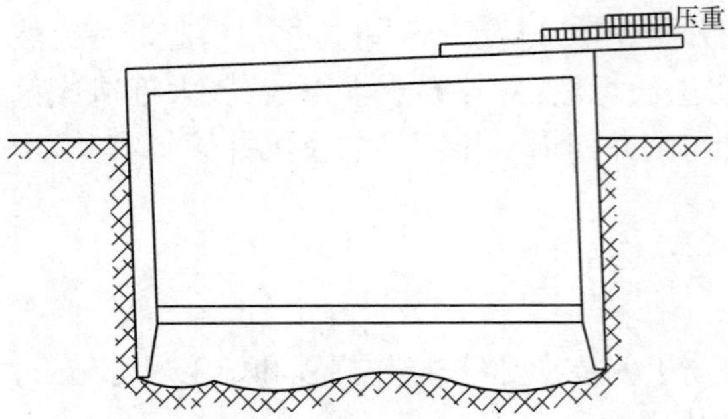

图 8-4-20 沉井偏压重纠偏示意图

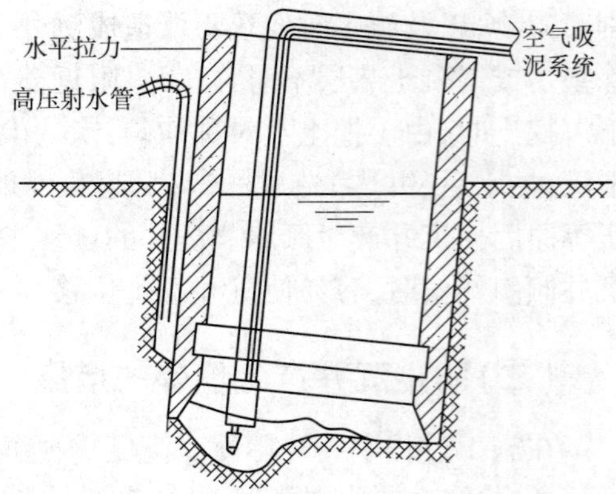

图 8-4-21 沉井外射水纠偏示意图

3. 沉井顶部施加水平力纠偏

水平力可采用在低的一侧由 4 ~ 6 组圆木作斜撑(应根据沉井的大小每组设多根),支撑在沉井外井壁上部,使其在沉井下沉过程中,对沉井产生水平推力,圆木与井壁间的夹角为 30°左右,下端用枕木垫牢在地面上;或采用在高的一侧设置滑车组及平衡重,用钢丝绳围绕沉井上部,滑车组一端拉于沉井顶部,另一端固定在附近地垄上,对沉井产生水平拉力。在斜拉钢丝绳上挂平衡重施加水平力,可以使作用力的大小保持不变,持续的效果较好,可保证结构在施工中安全,如图 8-4-22 所示。

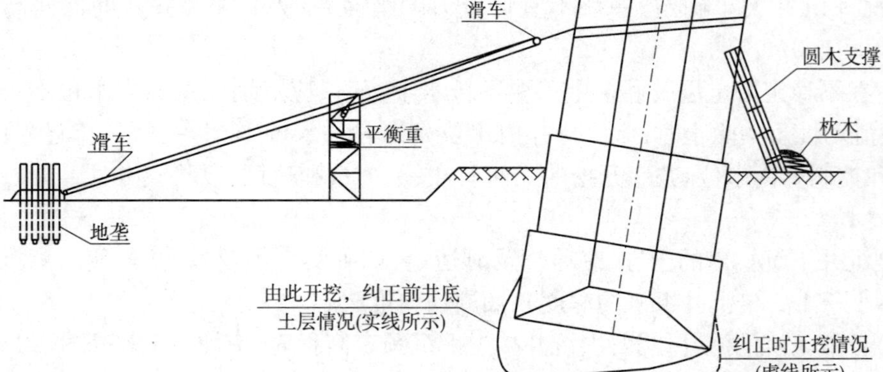

图 8-4-22 施加水平力纠偏示意图

4. 井内(外)偏除土纠偏

入土不深的沉井可利用此法使沉井在下沉过程中逐渐纠正偏差。

纠正偏斜时,可在刃脚高的一侧内(外)除土,刃脚低的一侧支垫,随着沉井的下沉,倾斜即可纠正,纠正位移时,可先有意地偏除土,使沉井向偏位方向倾斜,然后沿倾斜方向下沉,直至沉井底面中心与设计中心位置相重合(或接近)时再将其纠正。如位移量较大，一次完不成，可反复进行几次，使其逐渐移近中心位置，最后调整到使倾斜和位移都在允许偏差范围内为止。

5. 采用空气幕或泥浆套纠偏

采用空气幕或泥浆套下沉沉井时，若发生偏斜可开启部分空气幕或压浆，改变沉井侧面局部摩阻力大小以达到纠偏目的。

6. 沉井位移纠偏方法

当沉井中心线与设计中心线不重合时，可先一侧挖土，使沉井倾斜，然后均匀挖土，使沉井沿倾斜方向下沉到沉井底面中心线接近设计中心线位置时，再纠正沉井的倾斜，使其达到规范允许偏差的范围之内。其中下沉总深度是沉井下沉前刃脚底面高程与下沉完毕后刃脚底面高程之差。沉井位移纠偏方法如图 8-4-23 所示。

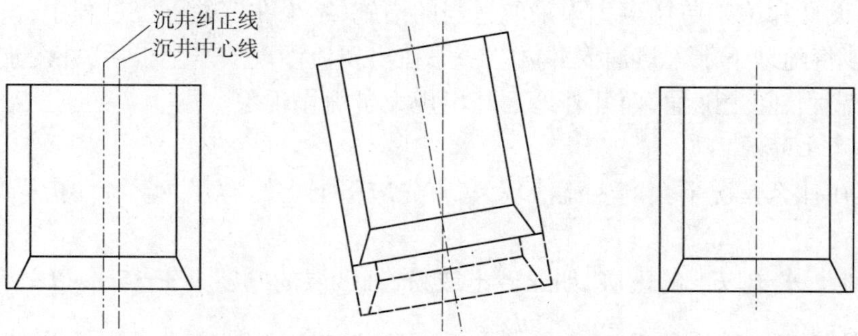

图 8-4-23　沉井位移纠偏示意图

对排水下沉的沉井，可在沉井一侧刃脚下加设支垫，使沉井绕支垫旋转并向有利方向倾斜，拆除支垫后，若沉井不能沿倾斜方向下沉时，则可将支垫移至对侧，落平沉井，如此反复进行，直至纠正偏移为止。

7. 平面位置扭转的纠偏

纠偏时，可在沉井的 A、C 两角偏除土，B、D 两角偏填土，借助刃脚下土压力不相等所形成的扭矩，使沉井在下沉过程中逐步纠正其位置，见图 8-4-24。

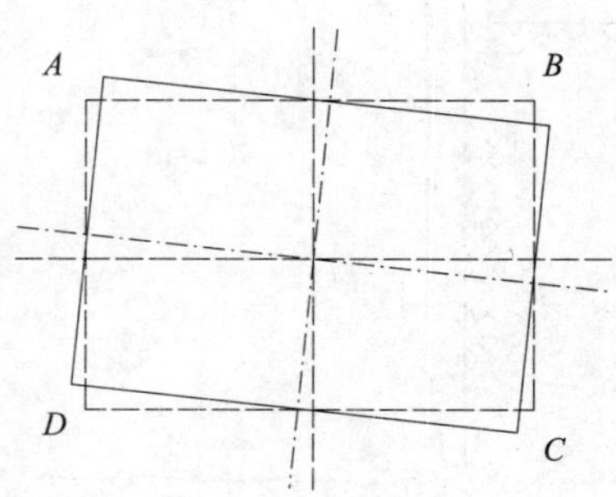

图 8-4-24　沉井平面位置扭转纠偏

以上所述关于沉井下沉过程中产生的倾斜、位移和扭转，在沉井下沉到距设计高程 2m 以上时，就应基本纠正好，纠正后的误差应达到施工规范的要求，然后谨慎下沉。当沉井刃脚踏面接近设计高程 50cm 以内，此时，测量出的倾斜、位移、扭转等各种数据不能再有超出施工规范的允许值，否则难以纠正，易造成质量事故。

七、沉井下沉过程中特殊情况的处理

（一）井壁摩阻力过大或过小

沉井设计时，一般情况下沉井依靠自重，在井内挖土就能顺利下沉到位。但随着下沉深度的增加，土层与井壁摩阻力增大，沉井可能出现下沉困难。此时，可采用增加沉井的质量或降低井壁与土层之间的摩阻力来解决。例如，当沉井为分节下沉时，可接高沉井或在沉井顶部加压；水力机械施工时，用水枪冲刃脚下的土层，减少其正面阻力；不排水下沉时，采用井内排水以减少浮力（不得出现涌沙）；用高压水冲射外壁或在井壁外表面抹光或涂油等，这些助沉措施在前面已经详细介绍。如果在沉井设计计算中已预见到摩阻力过大时，可在设计中就采用空气幕、泥浆润滑等施工措施来解决。

在沉井下沉到接近设计高程而因土层较弱而不能稳定时，或因为井壁与土层之间的摩擦力过小，即使停止挖土也不能阻止沉井自沉时，为避免沉井超沉，可向井内注水增加对沉井的上浮力，使沉井稳定下来，然后采用水下封底的方法，达到下沉到位的目的。

（二）流沙问题

由于地质情况的特点，在粉、细砂层下沉沉井时，经常会遇到流沙现象，对施工影响很大。有时因设计和施工单位事先未采取适当的措施，结果在沉井下沉过程中，由于井内大量抽水，流沙将随地下水大量涌入井内。一般在出现流沙现象产生以后，井内土面将始终保持一定的高程，随挖随涌，而井外地面却出现大量坍塌现象。

1. 流沙产生的原因

为了解在什么情况下会产生流沙现象，首先应根据土的物理力学特性指标来判断，具体条件如下：

（1）在地下水位以下的土层，如亚砂土或粉、细砂层的厚度大于25cm以上者。

（2）颗粒级配中不均匀系数 $K_u = \dfrac{d_{60}}{d_{10}} < 5$ 时（d_{60}：相当于粒度成分累计曲线上60%含量的直径；d_{10}：相当于同一曲线上10%含量的直径），可参考《土力学》书籍。

（3）含水量 $w > 30\% \sim 40\%$。

（4）土的孔隙率 $n > 43\%$。

（5）土的颗粒组成中，黏粒（粒径 $d > 0.005$mm）含量小于10%，粉粒（粒径 $d = 0.005 \sim 0.05$mm）含量大于75%。

土层具有上述性质是产生流沙现象的条件，但具有上述性质的土不一定都会产生流沙现象，还必须具有一定的地下水的动水压力。地下水的动水压力的水力梯度愈大，为产生流沙现象提供的条件愈充分，当水力梯度达到临界水头时，才会产生流沙。其临界水压差可按下式计算，如图8-4-25所示。

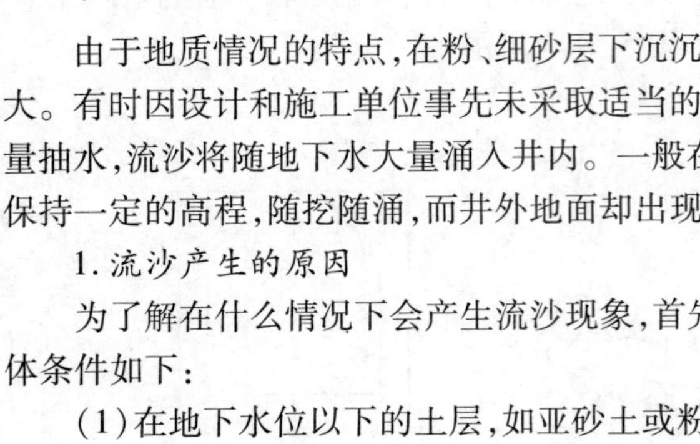

图8-4-25　水力梯度计算示意图

$$I_{KP} = \frac{H_1 - H_2}{l} > \frac{\gamma'}{\gamma_w}$$

式中：I_{KP}——临界水力梯度；

H_1——原地下水位高度，m；

H_2——井内水位高度，m；

l——地下水流动经过的路程，m，即 $l = H_1 + H_2$；

γ'——地基土的浮重度，kN/m^3；

γ_w——水的重度,kN/m^3。

2. 防止流沙的具体措施

(1)减小水头梯度的大小,使临界条件改变,使流沙转变成为稳定土。

(2)在少量非黏性土夹层中排水下沉遇流沙时,可采用草(麻、塑料)袋装砂土堵漏方法穿过夹层。

(3)当要穿过较深的大量流沙夹层时,应采用不排水下沉,且抓斗要稳抓慢提,以维持侧面土的稳定性。要避免深挖和排水造成非黏性土失稳而形成流沙。若使用吸泥机除土,要有较好的补水措施,保证侧面土的稳定。

(三)沉井突沉

沉井在淤泥质黏土层中下沉时,可能发生突然下沉,下沉量一次可达3m以上。在发生突沉之前,往往是一开始不下沉,然后发生突然下沉,此种现象称为突沉。

1. 突沉产生的原因

(1)地层中的淤泥质黏土具有触变性,摩擦力变化范围很大,是造成沉井突然下沉的内因。

(2)施工时在井内挖土不注意,掏挖锅底太深,这是造成沉井突沉的外因。

因此,沉井往往在下述情况下产生突然下沉:

沉井开始阶段将锅底挖得较深,但沉井被外壁的摩擦力和刃脚下的土体托住,沉井处于相对平衡状态。此时,井壁与土层的摩擦力数值相当大,有时可达40~50kPa,大大超过理论值10~20kPa,当继续掏挖沉井锅底,使刃脚下的土体已支持不住而发生挤出时,井壁外摩擦力达到极限值,沉井开始失去平衡而往下移动,此时,井外摩阻力因土的触变而突然变得很小,导致沉井完全失去平衡而迅速下沉,于是就产生突沉现象。

突沉容易使沉井产生较大的顺斜,且对操作人员的安全威胁很大,特别是沉井下沉将要接近设计高程时,如果发生突沉,将会使沉井超沉(即超过设计高程很多),造成严重的质量事故,给工程带来较大的损失。因此,在下沉过程中,特别是接近设计高程时,一定要防止发生突沉。

2. 防止突沉的具体措施

(1)适当地加大沉井的下沉系数,使沉井刃脚在下沉过程中始终埋在土中有一定深度,不会产生挖土之后沉井被外面井壁的摩擦力卡住的现象。

(2)沉井下沉过程中,要控制挖土,不要将锅底的土挖得太深,即使因土质关系产生突然下沉,其最大突沉的值也只有50~60cm。挖土时要均匀、对称,一般产生突沉情况不多。

(3)设计时合理分格,设置一定数量的下框架梁,承受一部分土的反力,也可减少沉井下沉时产生突沉的可能性。

(四)硬质土层处理

当遇到硬质胶结土层且抓斗的掘齿无法插入时,可作如下处理。

(1)排水开挖下沉时,可以人力打钢钎入土一定深度后撬动,或用尖嘴镐挖掘,或打眼爆破。

(2)不排水下沉时,用重型抓斗、射水和水下爆破联合作业,即用抓土斗在井中挖出约深 2m 的锅底坑，由潜水员用射水管在坑底向四角方向冲 4 个炮眼，各装适量炸药进行爆破。也可用重型钢钎（钢轨）冲击破碎后，用抓斗取出，还可利用高压射水破碎。冰冻层和永久性冻土层除上述办法外，还可采用热融法除土。

（五）倾斜岩层处理

当沉井设计需下沉至岩面，而岩面倾斜较大时，可采用高低刃脚沉井，使其刃脚和岩面吻合，即刃脚长短不一，刃尖不在同一高程上，但其沉井顶面却在同一水平面上。为此，应沿刃脚轮廓线布置足够的地质钻探孔，准确地探明岩面情况，绘出墩位处岩面等高线图和刃脚轮廓线处岩面高程展开图，以确定各点刃脚高低，见图 8-4-26。

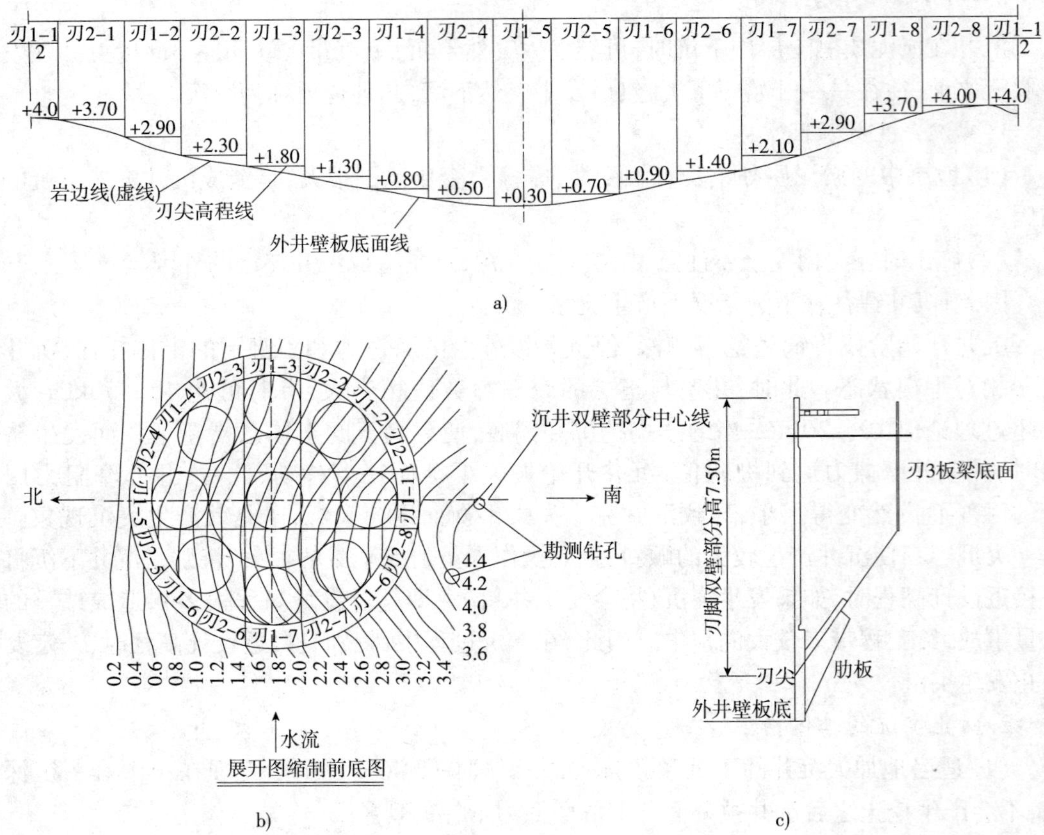

图 8-4-26　高低刃脚沉井展开图

1. 筑岛高低刃脚沉井的刃尖

高低刃脚沉井的刃尖为钢制的，其高度比平刃脚沉井的钢刃尖要高。在采用筑岛修建高低刃脚沉井时，其岛面应随刃脚的高低面填筑。最好采用土内模制造高低刃脚沉井，减少铺垫和支撑的困难。

2. 浮式高低刃脚沉井

一般多采用钢制双壁高低刃脚。为简化刃脚制造，其刃脚尖可分块制作成台阶变化，而外井壁板则完全随岩面情况而变化，如图 8-4-26 所示。为避免外井壁板下沉中局部卷边的产生，将该板适当加厚，并加密肋板。

为保持高低刃脚沉井在水中悬浮状态下的平衡，须在双壁钢壳内分段分块浇注混凝土。为此,各块钢刃脚间需用钢板隔成仓。高低刃脚分块制好后,应在与刃脚高低变化相适应的拼装台上组拼。

3. 高低刃脚沉井下沉

刃脚进入覆盖层后,因入土部分侧面积不同,摩阻力亦不同,以至长刃脚侧不易下沉,且易向短刃脚侧偏斜。故取土时应多在长刃脚一侧井孔取土,以减小偏斜。当偏斜较大时,还可在长刃脚外侧取土,填到短刃脚外侧,以平衡土压。

随着沉井在下沉中逐渐向短刃脚一侧偏斜,定位时需在长边侧预留一偏值,其大小应根据沉井入土深度、土质及刃脚高低差而定。

八、沉井顶防水围堰

由于沉井顶面往往置于最低水位或地面以下一定深度,为此,当沉井下沉到顶面在水面(地面)以上0.5m时,就要在井顶设置防水围堰,以便继续后续施工。井顶围堰视现场具体情况,因地制宜采用适宜的类型及方法。常用的井顶围堰有土围堰,钢围堰,混凝土、圬工围堰,现分别介绍如下。

1. 土围堰

在岸滩修建沉井,井顶距地面3m以内,地层较密实,地下水量又不大时,可往井顶用装土的草(麻)袋砌成围堰,随沉井下沉而接高。若土层密实性较差,土壁易坍塌,有挤坏围堰的可能时,可将围堰四周的土层随沉井下沉而逐步挖掉,减少围堰与土层的接触。

2. 钢围堰

浇注顶节沉井井壁时,在井壁顶面设置凹形环槽、支撑柱脚、预埋钢筋。

支撑柱脚多埋在沉井顶面混凝土内,支撑结构顶面为工作平台。拼装完支撑结构后再拼装钢导环,钢导环各层均平行于沉井顶面,各层导环的外侧应在同一垂直面上,其偏差不得大于±2cm。导环的平面尺寸误差不大于±2cm。在内导环外周定出各组钢板桩的位置,先从上游起插第一组,注意其位置的准确。再沿第一组两侧对称插其余各组直至下游合龙。插桩要正直,累计倾斜率应不超过0.5%。当合龙困难无法纠正时,可制作异形钢板桩加以调整。

钢板桩埋入凹槽内深度一般为40~60cm,为便于拔出,在插入部分钢板桩表面涂抹沥青或黄油,在凹槽下面20~40cm填黏土夯实,顶上20cm用混凝土封住,见图8-4-27。

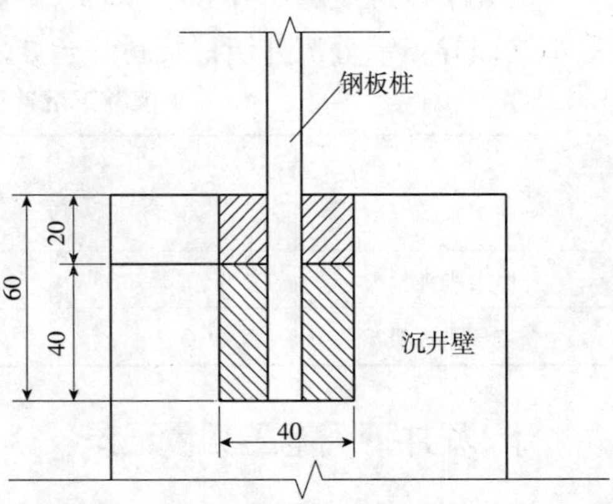

图8-4-27　钢板桩槽填料示意图(尺寸单位:cm)

为防止沉井下沉时因受土摩阻力作用致围堰脚上拔出槽,应将钢板桩与井顶预埋筋焊接。钢板桩应密贴于各道导环,如有间隙应用木块楔紧,确保导环均匀受力。

为防止因翻砂、涌水、下沉过程中井内补水超量或风浪、洪汛漫过围堰顶,使井内水位高出井外水位,造成围堰因受外向力面破坏,应视具体情况适当增设堰外侧导环或钢丝绳周箍。

当墩身出水后，将堰内水灌到与堰外水齐平，可从下游开始，向两侧逐块拔除钢板桩。应按照钢板桩施工有关规定事项进行操作。

3. 混凝土、圬工围堰

该类围堰多在浅水或岸滩处采用，其高度为 3 ~5m。

为增强砖砌围堰壁的抗渗能力和减小下沉过程中与土的摩阻力，围堰壁外侧用 1cm 厚水泥砂浆抹光。砖围堰与沉井顶部采用企口搭接（沉井顶部靠内侧设一高 10cm、宽 20cm 的小台阶，用水泥砂浆与砖围堰胶结），如图 8-4-28 所示。

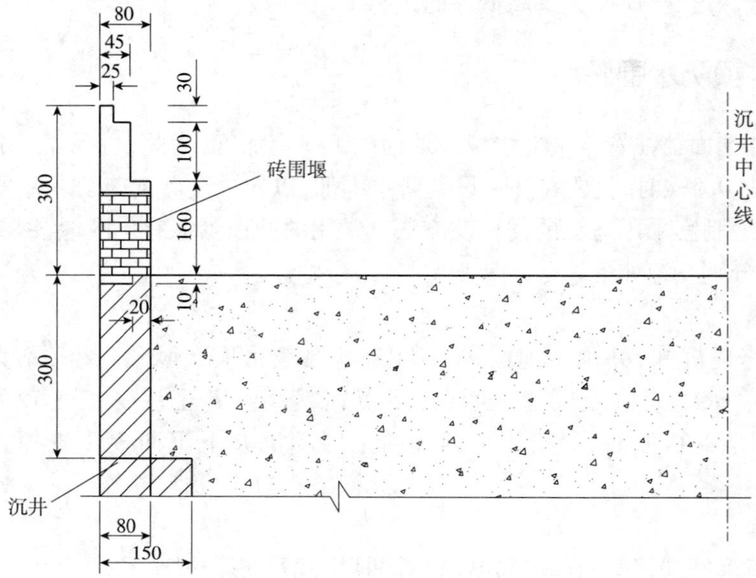

图 8-4-28　砖石圬工围堰示意图(尺寸单位:cm)

除仅受轴向力的圆形围堰外，其他形状的围堰（砖、混凝土）都要根据受力的需要加设适当的支撑，待墩身修筑出水后再清除掉。当没有砖石材料时，也可用低强度等级的混凝土修建混凝土围堰。与沉井的结合面需防渗漏，还应便于拆除。

九、下沉进度参考

沉井下沉进度随沉井大小、形状、地质情况、入土深度、施工机具设备能力、施工方法等不同而异。部分沉井统计资料综合如表 8-4-9，仅供参考。

沉井下沉速度参考表（单位：m/d）　　　　表 8-4-9

工艺 \ 土层	黏　土	砂黏土及黏质砂土	砂　土	卵 石 土
水力吸泥机	0.35	0.6	1	0.6
空气吸泥机	0.3	0.4	0.5	0.35

十、沉井下沉施工测量记录

沉井下沉施工测量工作包括：沉井底面中心位置、顶面中心位置、刃脚高程、下沉深度、偏斜及扭转情况、正位程度和沉井接高测量等。

沉井在施工过程中，其中线、高程是经常变动的，为及时、准确地测得下沉中沉井位置（中线、高程），须在制作第一节沉井时建立好中线桩和水准点，并保证第一节沉井中线在设计位置，刃脚（铺垫顶面）在同一水平面上。在沉井拆模后尚未撤除支垫前，在沉井内侧、外侧用红铅笔画出纵横中心线及以刃脚为水准基面的水准标尺。在沉井接高过程中每接高一节均需将纵横中心点转引到机井顶面，接长水准标尺。

沉井下沉施工测量记录如表 8-4-10 所示。

沉井下沉施工测量记录表 表 8-4-10

沉井名称： 抽水情况：	沉井平面尺寸： 除土方法：	沉井高度： 围墙情况及材料：	沉井材料： 沉井式样：

下沉时间						下沉情况	地层描述	下沉量（cm）		刃脚底面平均高程	泥面高程（m）		水面高程（m）		倾斜			位移（cm）		附注
日期		起		止							高点	低点	井内	井外	上下游高差（cm）	左右向高差（cm）	最大倾斜度（%）	顶面中心	底面中心	
月	日	时	分	时	分			本次	累计											

监理工程师： 施工技术负责人： 质量检查员： 施工员：

第五节 浮式沉井

能依靠自身浮力漂浮于水中的沉井均称为浮式沉井，在水深流急、筑岛有困难的情况下修建沉井基础，可采用浮式沉井。浮式沉井的浮力一般来自双层井壁的排水空间，或双层井壁间的空间体积所提供的浮力不足时，可在井孔处加设气密气筒，通过高压空气排水来增加浮力。浮式沉井就位并接高至足够高时，即可迅速消除浮力，使沉井落至河床并沉入土中一定深度，此后浮式沉井成为一般沉井或设置式沉井。浮式沉井的种类较多，比如双壁套箱钢壳沉井、临时井底浮式沉井、带钢气筒浮式沉井、钢筋混凝土薄壁浮式沉井、装配式钢筋混凝土薄壁浮式沉井等。

一、浮式沉井的类型

(一)双壁套箱钢壳浮式沉井

1. 双壁套箱钢壳浮式沉井的构造

双壁钢壳底节浮式沉井是浮式沉井中最常见的类型,特别是在水深流急河段。它可在工厂分段制作,现场拼装成型,下水浮运到位,缩短沉井制作时间。双壁套箱钢壳浮式沉井是采用型钢和薄钢板焊制成的沉井,其结构如图 8-5-1 所示。

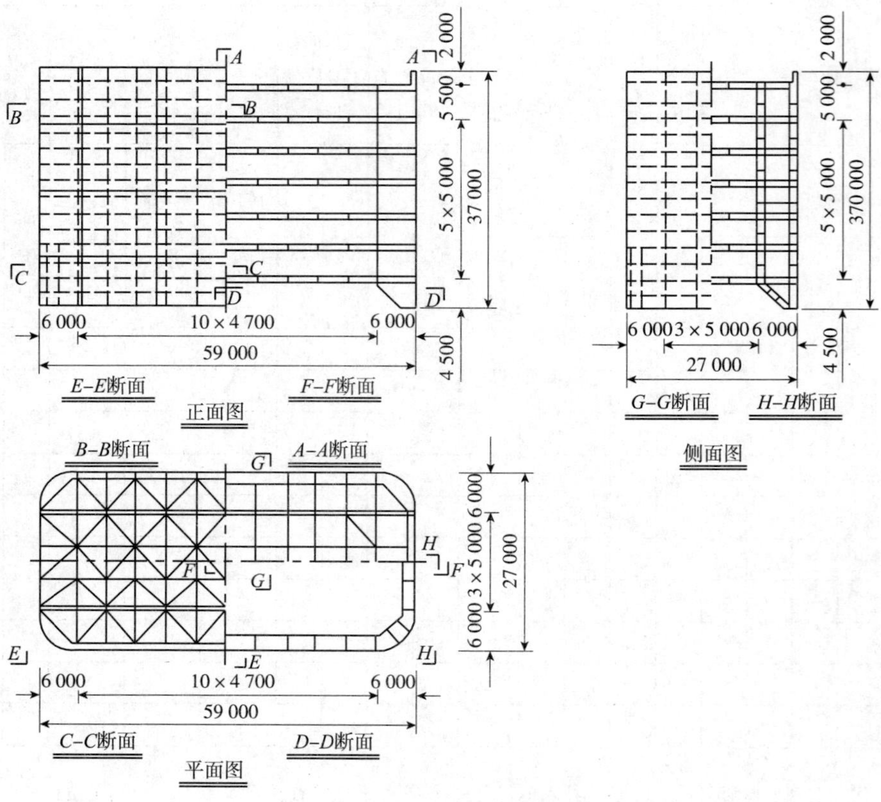

图 8-5-1 某大桥双壁钢沉井构造图(尺寸单位:mm)

2. 双壁套箱钢壳沉井的制作程序

双壁套箱钢壳沉井的制作与原位钢壳沉井的制作类似,但制作完成后,除了焊接质量检查外,必须进行水密检查,合格后方准下水。在沉井注水落床后,按中心对称的程序,分仓抽水浇注混凝土,待混凝土凝固后,再按程序下沉。

(二)钢筋混凝土薄壁浮式沉井

1. 钢筋混凝土薄壁浮式沉井的构造

钢筋混凝土薄壁浮式沉井的内外井壁及隔墙采用钢筋混凝土薄壁轻型结构,减小了吃水量,方便了施工浮运。井壁具有较好的强度和刚度,刃脚有足够抵抗侧土压力的强度。钢的混凝土薄壁浮式沉井见图 8-5-2。

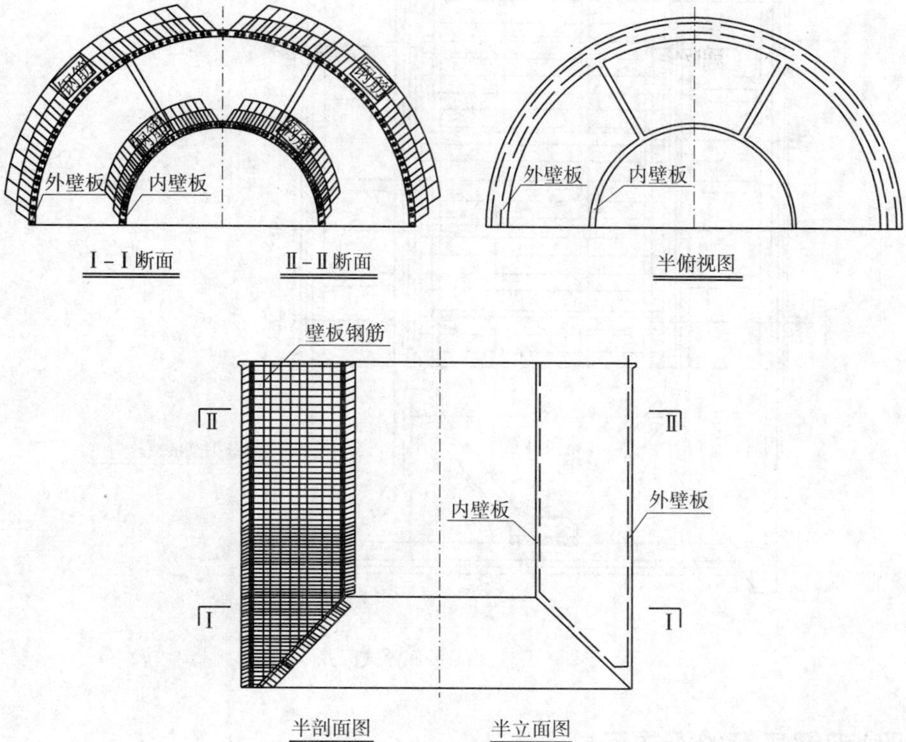

图 8-5-2　钢筋混凝土薄壁浮式沉井

2. 钢筋混凝土薄壁浮式沉井的制作程序

(1)预制场地的选择

制作前,首先应根据下水方案、施工设备等选择合适的场地。

(2)钢筋混凝土薄壁浮式沉井制作

①刃脚踏面角钢的成型:刃脚踏面角钢在弯曲机上进行加工。

②刃脚骨架钢筋与踏面角钢的焊接及其分布筋的绑扎与一般作业相同。

③内外井壁及隔墙钢筋的焊接与绑扎。

④立模:除腔室应留泄水孔外,还应留有浇注混凝土的侧窗,以便操作,并保证混凝土的质量,使之密实而不漏水。应注意外壁混凝土的平整和光滑,以便顺利下沉。故要求模板在制作、安装、浇注混凝土时须精细、坚固不易变形。

⑤浇注混凝土:对于混凝土的浇注工作,首要的是保证密实不漏水,同时还应做密实检查,否则会给浮运工作带来很大的困难。

(三)临时井底浮式沉井

临时井底浮式沉井(图 8-5-3)一般是在底节的井孔下端刃脚处装设底板及支撑。假底一般做成只需从水面抽出钢丝绳,撑紧底板的各个杆件就能很容易地自动松开。假底必须保证不漏水并能承受工作水压。装有假底的沉井底节就位后,即可接高井壁混凝土,使其逐步下沉。必要时也可向井孔内灌水。当沉到河床以后,应向井孔内注水,使其与井外水面齐平,即可拆除假底,继续下沉。

当河底为松软淤泥或其他易受冲刷的土体时,不宜采用设置假底的方法浮运沉井。

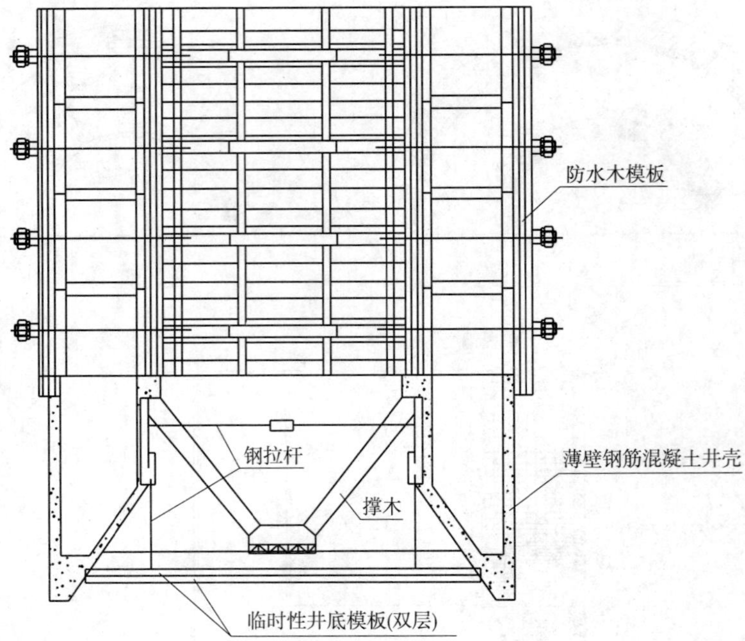

图 8-5-3　临时井底浮式沉井

(四)带钢气筒的浮式沉井

在建造特大型桥梁的深水墩台基础时,其他方案都不经济或技术还不太可能时,可采用带钢气筒的浮式沉井。沉井平面形状为圆形、矩形,公路桥梁多用圆端形。某大桥圆形自浮式沉井构造见图 8-5-4。

1. 带钢气筒的浮式沉井的构造

圆形沉井底节高约 6m,有能自浮于水中的双壁钢刃脚,圆环井壁内设有井字形(平面)板梁、八角板梁及扇形板梁,作为圆环井壁的内支撑。各板梁同底部形成 U 形隔仓壳体和空腔井壁,共同承受水压以浮托底节钢沉井。沉井在平面上设有 9 个井孔,其作用为:当底节钢刃脚入水后,在 9 个井孔位置安装钢气筒,向气筒内充压缩空气来浮托沉井,以便沉井接高及下沉;当沉井落至河底后,撤除气筒,即为取土井孔。

为减小沉井在悬浮状态下的重力,底节钢沉井顶部应根据具体情况,可用单壁钢壳或现浇薄壁钢筋混凝土井壁,逐层接高沉井。单壁钢壳或钢筋混凝土薄壁井壁既是防水围堰,又是填充井内混凝土的模板。钢气筒呈圆柱形,底端敞口,顶端为圆锥形或半圆形或其他曲面形状的顶盖。在顶盖中部装有法兰盘,以便与充气管路相接。气筒直径以能放入吸泥管或其他取土设备为宜。气筒制成后需经气密试验,合格后方可使用。

带钢气筒的浮式沉井需要一套较复杂的供气设备,并有较精细的技术要求,需要时可借鉴铁路桥的有关资料。

底节钢沉井,其钢气筒是在工地或工厂加工制成的,在岸边场地或船上平台组拼焊接成型后浮运到墩位,借助于锚碇、导向船等设备,将该节沉井悬浮锚碇于墩位上游适当位置。根据沉井在悬浮状态下的结构受力情况,综合考虑水位和稳定等诸因素,逐步分批安装钢气筒,浇注刃脚和井壁混凝土,接高沉井钢壳,浇注井壳内混凝土,同时逐步向气筒内充气，托起及调平沉井，待刃尖快接近河底时，经详细复核测量、精确定位后，气筒放气，使沉井准确地落入河底。

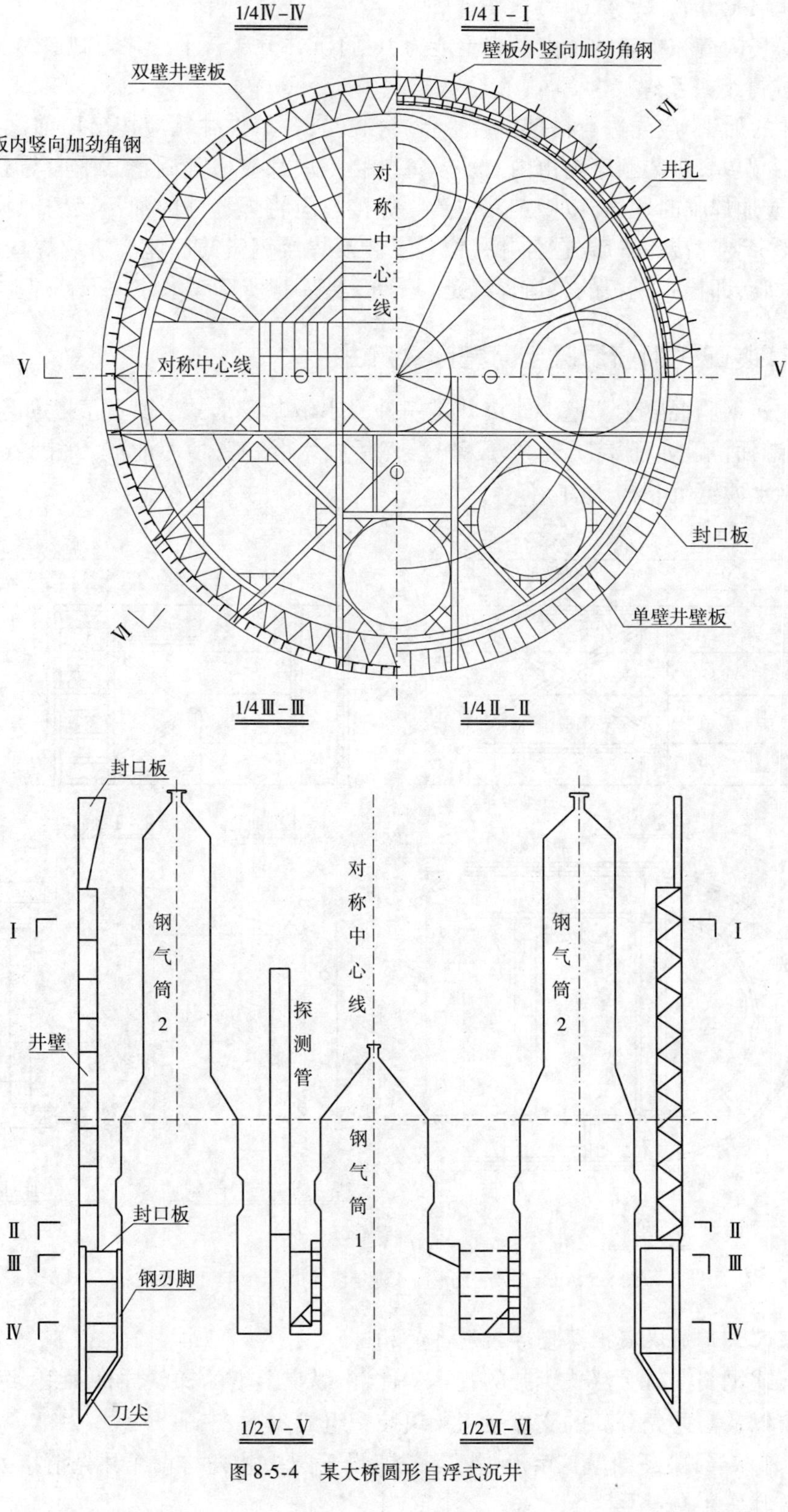

图 8-5-4　某大桥圆形自浮式沉井

沉井落入河底,开始切割部分气筒顶盖,在其井孔内取土,使沉井尽快下沉到稳定的深度,最后,水下切割气筒。此后,浮式沉井同普通沉井一样,继续接高下沉,直止设计高程。

2. 带钢气筒的浮式沉井的制作

根据其构造和拼装的特点及起重能力,可将沉井分成若干个井箱制造,然后在拼装场(船)上进行组拼及焊接。

沉井的加工,应先进行搭接拼装平台,拼装时,各单件井箱应按出厂前试拼编号对号入座,减少误差,拼装顺序为由内向外。每拼装一块都应检查调整其平面与立面位置,加撑、加垫或加焊临时联结,以固定其位置。焊接前应将焊缝处的油污及锈蚀物清除干净,当钢刃脚拼装焊接完毕后,在各井孔位置安装及焊接钢气筒底座。拼装焊接的钢刃脚需做水密试验,即检查钢板的各道焊缝是否漏水,最后将所有漏水处进行补焊。

(五)装配式钢筋混凝土薄壁浮式沉井

装配式钢筋混凝土薄壁浮式沉井是一种深水墩基础形式。其井壳犹如蒸笼,分层依次叠装,继而浇注水下混凝土,形成井壁,然后抽水、清基、填芯而成。图 8-5-5 为装配式钢筋混凝土薄壁沉井构造图。

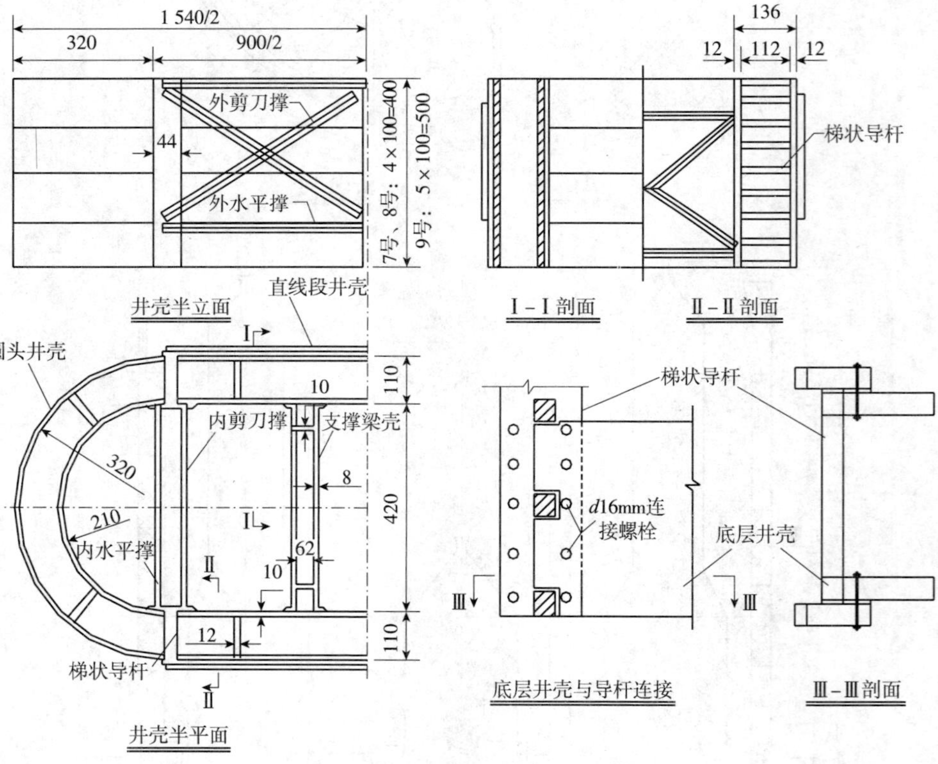

图 8-5-5 装配式钢筋混凝土薄壁沉井构造图(尺寸单位:cm)

1. 装配式钢筋混凝土薄壁浮式沉井的构造

装配式钢筋混凝土浮式沉井的基本构件:由纵贯上下的梯状导杆 4 根、每层 1m 高的井壳 4 块以及与井壳等高的支撑梁壳 4 块装配组成。

(1)梯状导杆:断面呈工字形,外形若梯,设于圆头井壳与直线井壳衔接处,长度随层次而异。其作用有:

①在拼装和沉放底层井壳时，起架直和承重作用。

②在安装其余层次时，起导向和连接作用，并通过它使分层安装的各层井壳在浇注水下混凝土前连成整体。

(2)井壳：其作用不仅为浇注水下混凝土的模板，而本身也是井壁的组成部分。

(3)支撑梁壳：它与井壳等高，设有横隔。

支撑梁壳浇注水下混凝土时也当模板用，浇注水下混凝土后形成支撑梁，用以加强抽水时井壁承受水压的能力。

2. 装配式钢筋混凝土薄壁浮式沉井的制作

(1)装配式钢筋混凝土薄壁浮式沉井的安装

①测量定位后清除覆盖层，平整基岩，安装定位框。

②定位框定位：定位框用角钢和钢筋焊成。底部尺寸应与沉井底节外缘相符，框高1.5m，用斜杆支撑稳定，并在四角设置高出水面的导杆标志，以便进行块件安装。

③底层井壳的拼装：可在两只船上拼搭成吊装工作船，并借助船上的两组门架吊放。底层井壳与导杆的拼装，用螺栓连接，精度要求较高，不得偏斜和对角扭动，否则会造成其他层次部件水下装配的困难。为避免吊放时因各点受力不均匀产生的变形，相邻导杆间用水平撑和剪刀撑加劲。

④底层井壳沉放就位：拼好底层井壳的吊装船，浮运至墩位，用经纬仪测定后，抛井字锚。吊装船的位置移动用四面锚索的松、紧来控制。定位后起吊，拆除两船间作拼装台用的工字钢、底梁木。然后四角徐徐均匀沉放，并由专人观测联系指挥，落至预定的落脚底，调整平稳且四角水平。继而安装上下游圆头底层井壳部件，用螺栓连接。其他层次构件沿导杆逐层依次安装。最后拆除井壳内水平撑、剪刀撑，再安装中间的支撑梁壳。至此水下装配作业结束。

(2)沉井的形成

当沉井块件安装就绪后，在井壳的空腔部分，浇注水下混凝土，使之形成井壁，成为完整的沉井。

在浇注水下混凝土前，应将刃脚下缘口垫平垫实，做好堵漏工作。外侧用干硬混凝土以麻袋封口，并高出井壳下缘30cm以上，注意不得伸入井内。内侧用黏土砂砾填塞，便于清基工作。

水下混凝土分两点进行，按横隔逐个对称浇注混凝土。浇好水下混凝土，待其凝固后拆除井外角钢支撑，装配式钢筋混凝土薄壁浮式沉井即告完成。

二、浮式沉井下水方案

(一)陆上建造浮运沉井的下水方案

1. 岸上制造滑道下水

岸边制造沉井后，常采用滑道式的下水方法。沉井下水前，应修筑水下滑道，并与岸上沉井制作地点的陆上滑道相连通。水下滑道由石凳、卧木和钢轨组成，如图8-5-6所示。先在水下用条石或砌块砌筑两排石凳，横向间距应根据沉井的横向尺寸而定。每排石凳上(纵向)铺两根30cm×30cm的方木作为卧梁，每根卧梁上放置一根钢轨，组成水下滑道，滑道总长应根据沉井与岸边的具体情况而定，一般为25～30m，滑道坡度在岸上为10%，在水中为15%，主要考虑沉井下水时，由自重产生的下滑力与摩阻力大致相等，便于沉井下滑和安全。在卧木间用 ϕ25mm 钢筋连接，并用 ϕ250 ~ 300 钢管加撑，使滑道成为整体。

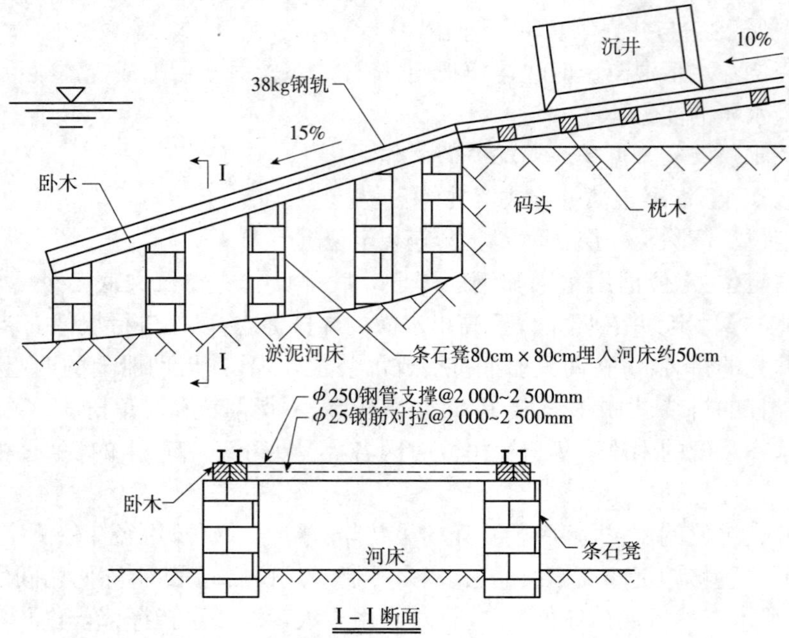

图 8-5-6　沉井滑道下水结构图

沉井下水用的牵引设备主要采用手摇绞车，其牵引设备和平面布置如图 8-5-7 和图 8-5-8所示。

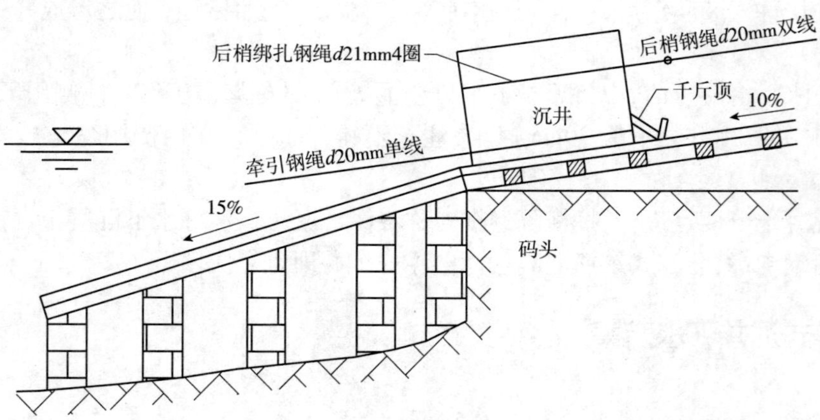

图 8-5-7　沉井下水牵引钢丝绳布置图

可在对岸布置两台 10t 手摇绞车，以便牵引沉井下水，如图 8-5-8 所示。在沉井后面布置一台绞车控制后梢；沉井两侧（滑道）备用一台绞车稳住沉井，防止滑偏。后梢钢丝绳绑在沉井顶部的吊环处。

为防止沉井滑偏，在沉井刃脚踏面与钢轨接触的四个地点，用 ϕ16mm 钢筋焊在刃脚处，卡在钢轨的外侧，防止滑偏。

沉井下水前，应将浮运定位钢丝绳绑扎牢固，检查无误后，方可下滑沉井。启动时，牵引绳、后梢绳及缆风绳均应事先拉紧吃力，然后用手摇绞车牵引，并在沉井后部刃脚处，用两台千斤顶辅助启动；一台千斤顶将沉井顶起，另一台千斤顶推动沉井下滑。当沉井启动下滑后，拆去千斤顶，使沉井在岸上10%的纵坡滑道上随着牵引绳的牵引，逐步缓慢地滑向水下滑道上。此时，沉井向下滑动，后梢已吃劲，当沉井滑移到15%的滑道上，牵引绳可以不必牵引，沉井就会自动下滑，这时后梢应徐徐放索，使沉井平稳入水起浮。

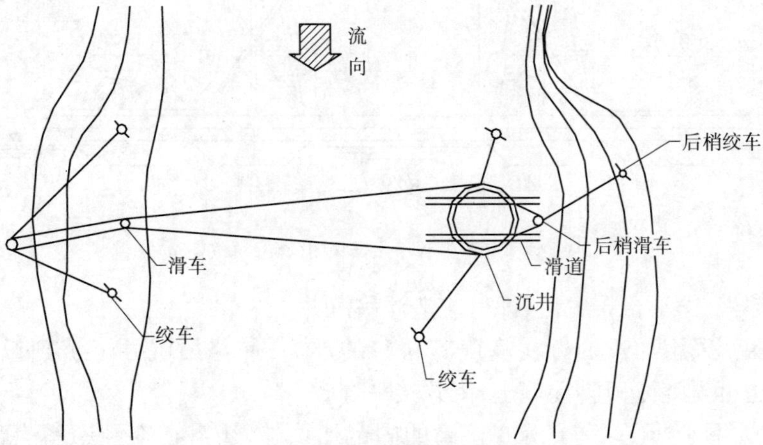

图 8-5-8　沉井下水牵引设备平面布置图

当沉井吃水一定深度时，沉井起浮，随后梢绳再放，沉井平稳地浮在水面上，随后可拆去下水时所需要的各种牵引钢丝绳及其他设备，即可对沉井进行浮运。

2. 岸边筑岛除土下水起浮

当岸、滩边有水不便施工，制作沉井有困难时，也可采用筑岛的办法来预制浮运沉井。浮运前，采用除土方法，下水起浮，浮运沉井定位沉放。也可在汛期到来之前，将沉井在岸边预制完毕，抢在洪水或常水位涨水期，利用涨水的浮力，将沉井浮于水中浮运到位。

3. 岸边制造吊机起吊下水

当具有一定起吊机械设备时，可以将沉井在岸边陆地上预制后，采用起重吊机将沉井起吊下水浮运到位。

总之，沉井下水的方法很多，在选择施工方案时，应根据沉井的大小（包括质量）、施工期限、施工设备、施工方法等因素因地制宜地择优而定。

（二）水上制造浮运沉井下水方案

1. 浮船塔架制造下水

根据沉井自重、船的载质量，选用2只或4只船成对地两边对称连组而成浮吊大船，称为浮吊沉井。两组大船间留下沉井空位，以横木临时拼联，构成水上工作平台，如图8-5-9所示。每组大船上架立木结构塔架。塔架高度视需要而定，一般不小于10m，两塔架间上端用工字钢作横梁，其根数和断面应根据载质量和需要而定。塔间中距应根据沉井的尺寸和需要而定。同时，还要根据构件尺寸的需要而选定塔架船间的净距，以保证浮吊沉井顺利下水。在横梁上安置起吊装置，在拼组大船的上游安设一根 ϕ38mm 的过河绳索，将墩位处组拼的“浮吊大船”系于过河绳索，以便沉井定位。

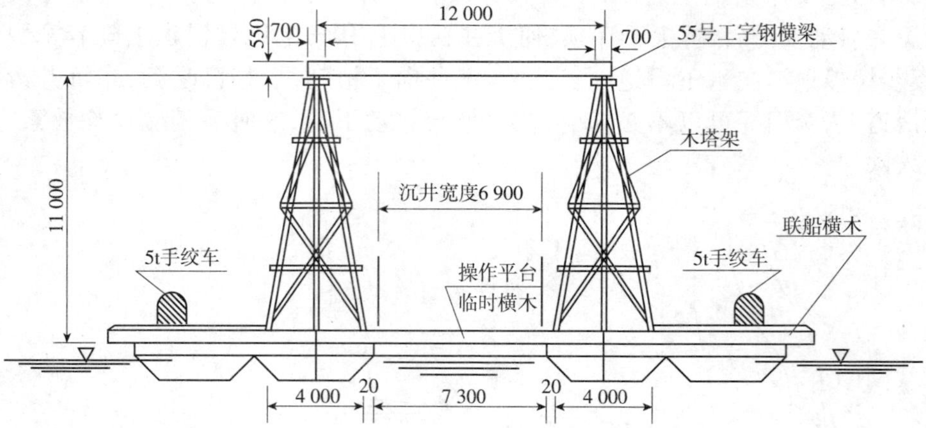

图 8-5-9　浮船塔架制作下水结构图（尺寸单位：mm）

当浮船塔架工作平台布置后，即可制造浮吊沉井。

沉井定位后，采用加重的办法克服其自身的浮力，使浮吊沉井下沉到设计位置（落床）。加重办法可先浇注刃脚混凝土、沉井接高等。

为便于掌握下水情况，除了沉井接高的固定加重外，还需在空腔中留有部分灌水腔壁，以便调节入水深度。当需要沉井上浮时，可以抽水减载来调节沉井的入水深度。

起浮定位后，准备落床工作。空腔中的水作为落床下沉质量时，可浇注水下混凝土。当质量足以使沉井（空腔）稳定落床时，也可抽水浇注普通混凝土。

2. 平台制作吊机起吊下水

起吊前应对起吊设备、吊点结构以及沉井与平台间临时连接是否全部拆除等进行详细检查。

起吊时应使沉井平稳吊起。起吊中沉井最大倾斜度不宜超过 2%，否则应予调整。

当沉井吊离拼装平台（船）之后，应全面检查起吊设备及沉井结构的受力情况，如有异常现象，须将沉井重新放下，经检查处理后再行起吊。

沉井起吊离开平台后，可放松吊点，使沉井缓慢平稳地下降入水，每下降一定深度后，全面检查是否有漏水情况，若发现漏水，须吊起焊补后再继续下降，直至吊点全部放松，沉井自浮于水中，经全面检查合格后，方可拆除吊点。

图 8-5-10　平台制作吊机起吊下水

沉井入水时，应注意带紧刃脚底部临时拉缆，防止沉井被水流冲斜。随着沉井的逐渐下降，应慢慢松放拉缆。至下水工作结束后，即可将沉井下游拉缆引渡至尾定位船上，并收紧全部拉缆，不使沉井受水冲动，安装导向船面联结系和沉井导向结构，补齐并收紧全部锚碇绳缆。

平台制作吊机起吊下水见图 8-5-10。

3. 潜水驳船自浮下水

(1)在流速不大、水深而平稳的情况下,浮式沉井可采用拼装潜水驳船下水的方式。根据具体情况,可将拼装船沉至河底或沉至脱离沉井一定深度。为便于调平沉井,也可在导向船上设置辅助吊点,采用半沉半吊的形式下沉入水。

(2)沉井在驳船下水过程中,当拼装驳船顶面沉至与水面齐平及刃脚平面沉至与水面齐平时,其稳定性最小。为增加其稳定性,可在拼装船面的四角及两边装设浮箱、枕木垛或其他增加稳定性的设施。此项设施的位置,应以不妨碍自浮后的沉井能拖出拼装船外为度。其高度宜大于拼装船总吃水深度0.5~1.0m,并在侧面装设水尺,以便在沉船过程中观测已被淹没的拼装船倾斜稳定情况及其后的打捞工作。

(3)沉井驳船下水,可分为三个加水阶段,并应计算各阶段的加水量及驳船体系的稳定性。

①拼装驳船顶面淹水前的加水阶段:当向隔仓内加水,直至拼装驳船顶面与水而齐平。这一阶段,驳船体系的稳定性较好。该阶段的加水量为拼装船顶面以下的排水量减去驳船体系的总质量。

②拼装船顶面淹水后,加水至沉井自浮阶段:这一阶段沉船体系的稳定性较差。加水过程中尤应注意均匀对称地加水,随时观测驳船的入水深度及倾斜稳定情况,及时予以调整,保证平稳下沉。该阶段的加水量为沉井自浮时计算吃水面至船顶面一段高度范围内全部物体的排水量。

③沉井刚自浮,加水至沉井与拼装船完全脱离阶段:为拖走自浮于水中的沉井,以便上浮潜水驳船,沉井刚好自浮后,需继续加水将拼装船继续下沉一定深度,使之与沉井完全脱离。其脱离开的净距离一般不宜小于0.2m。该阶段的加水量为驳船继续下沉至要求深度时的排水体积。

(三)船坞方案

在桥址附近或不远处有船坞,且能满足浮运条件,可在船坞内制造浮式沉井,开闸放水入坞,浮起沉井,拖运就位。当周围没有合适船坞时,可在岸边用围堰筑成临时干船坞,等底节沉井制好后,再破堰放水使沉井漂起自浮。

三、浮式沉井的浮运、定位及沉放

(一)浮式沉井的浮运

1. 浮运前的准备工作

(1)浮运前,应对设备进行全面检查。

除导向船的部分边锚及为沉井防洪时增设的锚碇外,其他锚碇抛设及调整工作均应在浮运前全部完成,所有拉缆均应调整好并盘放在规定的位置。一般是将拉导向船的拉缆盘放在定位船上,拉沉井的拉缆放在拼装船或导向船上。为拴系沉井拉缆,在预制沉井时,于上下游侧外壁处应设置锚柱,但对圆形沉井,亦可不设锚柱,而采取将拉缆围缠外周的办法,以简化构造。

(2)浮运前,应对导向船组及起吊设备进行全面检查。

(3)浮运前,应对沉井进行全面检查。

浮运前应全面检查钢刃脚的拼装工作，拆除每个井箱的临时吊点及支撑，检查水密试验后的补漏焊缝。对于混凝土、钢筋混凝土浮式沉井，除满足混凝土强度条件外，沉井下水浮运前应进行灌水，做水密性检验，如有渗漏，应修补完好。对于原有的养护排水孔口，也必须进行堵塞，水密试验合格后方可下水。

(4)对浮运船组经过的航道进行探测。

探明所经水域确无水下障碍，并有足够的吃水深度，以确保航行无阻。对主拖轮航道一侧的主定位船边锚绳应放松，以免妨碍主拖轮航行。

(5)检查导向船和拼装船。

将导向船与拼装船用绳缆连成一整体。其间用方木塞紧，同时要准备好潜水和沉井的排水、灌水等设施。

(6)备好拖缆、溜绳、沉井临时拉缆及安全锚。

拖缆用两根直径 22 ~ 28mm、长度大于 200m 的钢丝绳。溜绳为向下溜放沉井的绳缆，整理好后盘放在导向船上，其长度视溜放距离而定。为防止钢刃脚入水后被水冲动，在钢刃脚下水前，可在靠上游侧某一两个井孔内的临时吊鼻上或外壁锚柱上拴系临时拉缆，其另一端分别通过导向船上游的转向滑车至绞车。在每侧导向船前端各备安全锚及锚绳一套，以防在浮运途中拖轮发生故障时临时锚碇用。

(7)拖轮布置。

根据计算所需的拖轮功率，可在导向船组前方布置主拖轮一艘及导向船组后帮拖轮 1 ~ 2 艘。对于流速不大的中小河流，亦可利用在两岸设置的地垄绞车进行牵引浮运，或采用牵引和拖轮相结合的方式浮运。

(8)航运、气象方面的联系工作。

(9)沉井浮运的技术交底工作。

沉井浮运及下水是多工种联合作业的工作，除应事先做好周密的施工组织安排外，还应向全体参加人员进行技术交底。

(10)稳定性验算。

当浮运沉井的实际质量与设计质量不符时，应重新验算沉井沉入水中的安全可靠度和倾覆稳定性。在浮运过程中，倾斜后井顶露出水面的最小高度不宜小于 1m。

2. 沉井浮运计算

浮式沉井(不带气筒)在受到外倾覆力矩作用时，应保证其在各个方向倾斜后的稳定性。保持稳定性的条件有以下两条。

(1)倾斜中心 M_c 必须在重心 G 之上，如图 8-5-11 所示，即

$$\rho - a > 0$$

$$\rho = \frac{I}{V_s}$$

式中：ρ——浮体处于正浮状态下的定倾半径，定倾中心至浮心的距离为$\overline{M_cB}$；

I——沉井计算浸水线截面面积对倾斜轴线的惯性矩，m^4；

V_s——沉井的排水体积，m^3；

a——沉井重心至浮心的距离$\overline{GB}$，m。

G、B、M_c 的位置，由下式计算：

$$G = \frac{\sum^{n} \gamma A_{y}}{W_{t}}$$

$$B = \frac{\sum^{n} A_{s}(n) \gamma_{n}}{A_{s(全)}}$$

式中：A_y——沉井各部件的面积对有关水平轴的力矩；

γ——沉井各部件的重度；

W_t——沉井总重，包括为下沉所加的水及其他压重的重量；

A_s——浸水线处的截面面积。

沉井定倾中心 M_c 离重心 G 的距离用下式计算：

$$\overline{M_{c}G} = \overline{M_{c}B} \pm \overline{GB}$$

当 G 在 B 以上时，用（－）号，所以：

$$\overline{GB} = |B - G|$$

由图 8-5-11 可以看出：

M_c 在 G 以上（$\rho - a > 0$）时，浮体是稳定的；M_c 与 G 重合时，浮体是自由的；M_c 在 G 以下时，浮体是不稳定的。

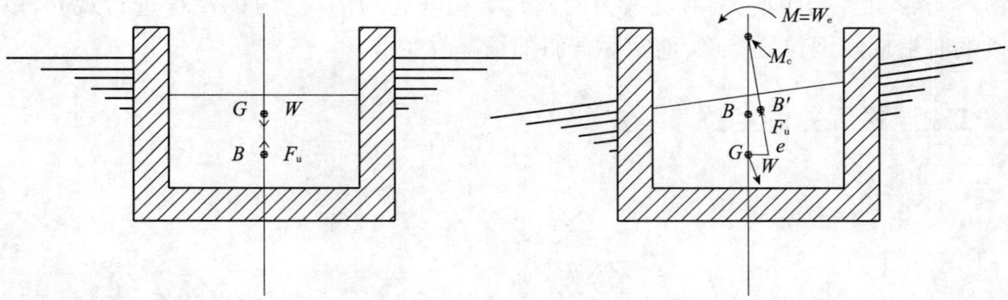

图 8-5-11　沉井浮运稳定性计算图式

（2）沉井的倾斜角 φ 应不大于 6°

φ 值用下式计算：

$$\varphi = \arctan \frac{M}{\gamma_{w} V(\rho - a)}$$

式中：M——外力矩；

γ_w——水的重度。

3. 浮运施工

浮式沉井，特别是钢丝网水泥薄壁浮式沉井多用在水深 6m 以内的中小河流上，可于两岸设置地锚、绞车拖拉浮运就位，或用拖轮牵引配合地锚、绞车控制浮运就位。如水深超过 10m，则以浮船装载沉井浮运就位为稳妥。

空腔井壁沉井浮运到墩位后，应在各仓内均匀对称地灌水，使沉井平稳地沉落于河床。沉井刃脚沉入河底以后，应尽快地向井壁各隔仓均匀对称地灌注水下混凝土，以稳定沉井位置。

如沉井落床位置偏移超过容许值，可用潜水泵对称地抽去少数隔仓内的水，使沉井重新浮起，校正沉井位置后，再灌水下沉落床。为加快施工进度，减少水泥用量，可将其中几个隔仓抽干水，在空气中灌注混凝土。

在采用临时性顶盖浮运沉井时，先在岸边做好沉井底节，并在各井孔顶装上顶盖，以便向里打进压缩空气，浮运就位。接高工作应按逐个井孔进行，先向不接高各井孔打进压缩空气，使沉井上浮一定高度，然后拆除接高井孔的顶盖，接高，再将顶盖装上，打进压缩空气后再接到另一井孔。在沉井到达河床覆盖层一定深度后，才可拆除全部顶盖，按一般方法继续下沉。

4. 浮运注意事项

(1)浮运沉井的时间，尽可能安排在枯水期、低潮水位和水流平稳时进行。

(2)沉井从开始起浮至沉至河底，均需有足够的稳定性，因此，沉井浮运就位后，要求备有多台轻便潜水泵等设备向井腔内灌水，使沉井能迅速下沉到河床底。如不就位，再行抽水起浮、下沉，反复多次直至准确就位为止。在此过程中，要防止沉井由于起浮、下沉速度快慢而引起摆动、转动而造成事故。

(3)沉井进入土层后，附属的结构物和设备均需拆除。在拆除时，不应使井身发生严重的倾斜或受到水压的冲击。

(4)在沉井入水定位时，应加强测量工作，测量时除注意井顶中线位置外，还应对井顶各点(方形沉井为四角，圆形沉井为两垂直直径与井边的交点)的高程进行观测，以防沉井倾斜，造成表面位置准确，而实际偏斜的情况发生。

(二)浮式沉井的定位

1. 沉井定位设备

(1)沉井定位设备

①定位船

定位船对浮运沉井起定位作用。定位船通过锚缆和导向船、沉井连系。单向水流且水流流速较小时，只需在墩上游设置定位船，就可对沉井进行可靠的控制。在有潮水影响的双向水流情况下，需在墩的下游各设定位船。

定位船与导向船组连系的缆绳为 2 根或 4 根，与沉井连系的缆绳一般不少于 4 根。作用在导向船组和沉井的水流冲击力和风力通过这些缆绳传到定位船尾的主锚上。沉井定位(包括水位变化调位)时，其上下游方向的位置及竖直度都是通过调整这些缆绳进行控制的。

定位船应有足够的工作面积布置马口、将军柱、绞车、滑车、钢丝缆绳和锚绳等，马口的作用是控制缆绳和锚绳的方向，并使缆绳和锚绳不与船舷摩阻受损。锚绳通过马口改变的方向不应大于 90°，否则会降低锚绳的容许拉力。将军柱在捆扎缆绳和锚绳时使用，直径至少为采用的最小缆绳或锚绳直径的 6 倍，缆绳和锚绳应捆扎成∞字形，缆绳和锚绳直径大于 25mm 时，可使用复式滑车组，便于收放缆绳或锚绳，调整船位。

定位船上设备平面布置见图 8-5-12。

②定位墩

沉井定位除了采用定位船之外，还可采用定位墩桩进行锚固定位。定位墩通过锚缆和导向船、沉井连系。单向水流且水流流速较小时，只需在墩上游设置定位墩，就可对沉井进行可靠的控制。在有潮水影响的双向水流情况下，需在沉井的下游各设定位墩。定位墩设计应考虑满足水流、波浪和定位沉井所承受荷载的要求。

定位墩上布置与定位船相似，应布置马口、将军柱、绞车、滑车、钢丝缆绳和锚绳等。

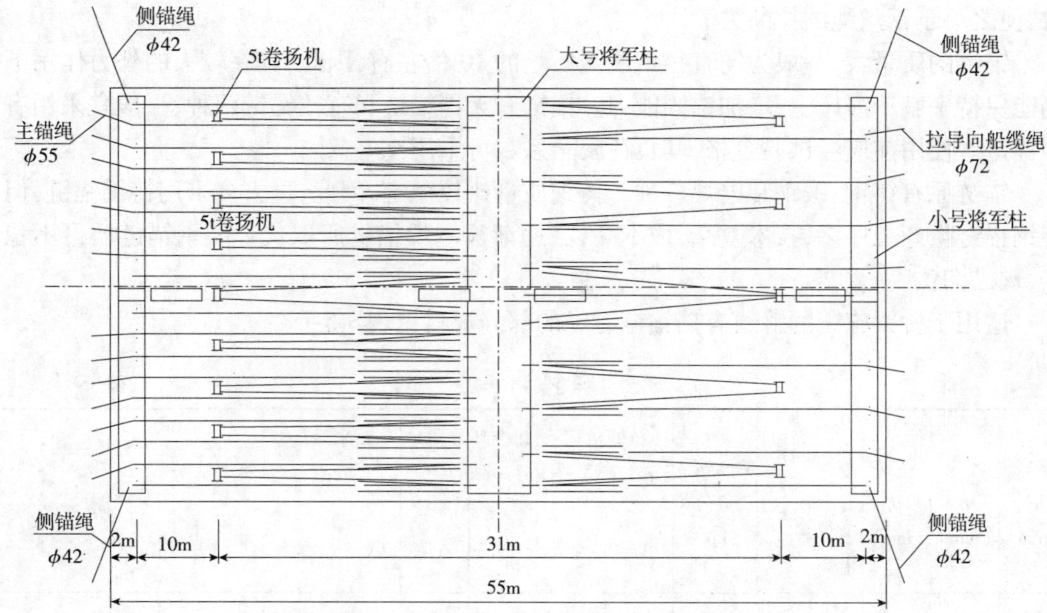

图 8-5-12 定位船上设备平面布置

③导向船

导向船是为了沉井定位、下沉时导向之用。在沉井两侧各设置一艘导向船，两导向船可采用公路装配式钢桥桁架片（或贝雷片）或万能杆件组成的连接梁连成一整体。沉井浮运时，导向船与拼装船作为一整体的沉井浮运船组浮运就位。导向船体除了应具有足够的吨位、强度和面积外，一般采用两只相同的船型，以利受力时对称平衡，但也可使用两只不同船型。

导向船的主要组成是两艘铁驳、连接梁、系缆、调缆设备等。导向船船面设备布置见图 8-5-13。

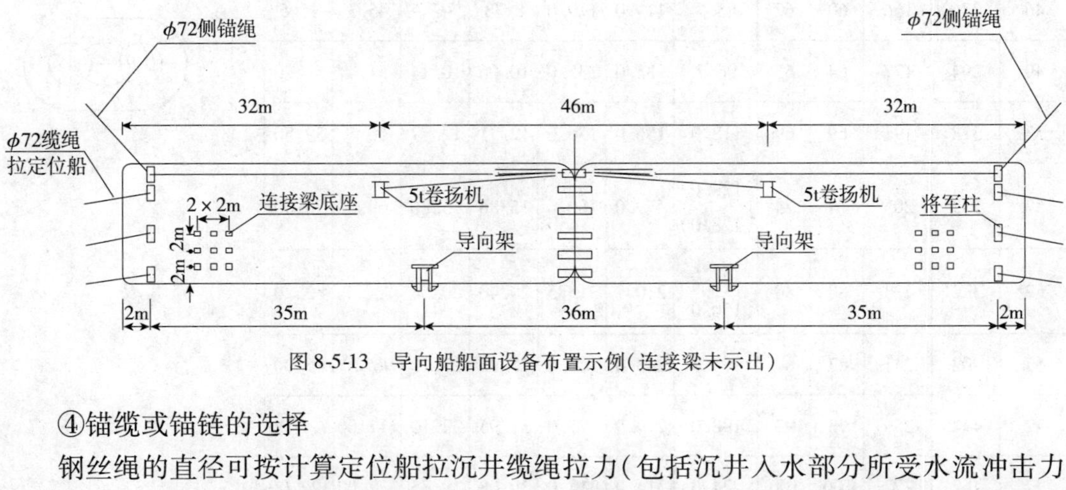

图 8-5-13 导向船船面设备布置示例（连接梁未示出）

④锚缆或锚链的选择

钢丝绳的直径可按计算定位船拉沉井缆绳拉力（包括沉井入水部分所受水流冲击力和水面以上所受风力而引起的缆绳拉力），定位船拉导向船缆绳拉力（包括风力、水流冲击力同向作用沉井所受的力和导向船组入水部分所受水流冲击力及船组水面以上所受风力而引起的缆绳拉力)以及定位船在水面以上承受的风力和水面以下承受的水流冲击力对锚绳增加的拉力,并根据具体情况进行组合,求得缆绳或锚绳的总拉力后乘以安全系数,使之小于钢丝绳的拉断力。

锚链的质量大,一般为同直径钢丝绳质量的10倍左右,因此,其在较大的外力作用下仍能保持平躺于河床上,增加锚固能力。锚链有无挡锚链和有挡锚链两种,一般宜采用有挡锚链。使用前应经试验台格,其负荷安全系数可采用4。

锚链原有铸钢、锻钢和电焊三种。铸钢质量比较稳定,因此,过去多采用铸钢锚链,但铸钢锚链生产工序多,技术复杂,成本高,已逐渐被电焊锚链所取代。锻钢锚链质量不稳定,现已淘汰。

适用于桥梁施工的普通有挡锚链链径的部分资料见表8-5-1。

锚 链 型 号 表8-5-1

链径 d (mm)	环长 L (mm)	环宽 D (mm)	t(mm)		试验负荷 (kN)	拉断负荷 (kN)		每个环节质量 (kg)		每米质量 (kg)		附 图
			锻焊电焊	铸造		电焊	铸造	电焊	铸造	电焊	铸造	
25	150	90	33	36	26.3	36.8	37.2	1.34	1.50	13.4	13.5	
28	168	100	36	41	32.7	45.8	46.7	1.88	1.90	16.8	16.97	
31	186	111	40	45	39.9	55.9	57.2	2.55	2.75	20.60	20.60	
34	204	122	44	50	47.7	66.8	68.8	3.37	3.42	24.7	24.00	
37	222	133	48	53	56.2	78.7	81.3	4.33	4.47	29.3	29.3	
40	240	144	52	56	65.3	91.4	91.4	5.48	5.50	34.2	34.2	
43	258	155	56	59	75.0	105.0	105.0	6.80	6.84	39.6	39.8	
46	276	166	60	62	85.3	119.0	119.0	8.33	8.37	45.3	45.5	
49	294	177	64	65	96.2	135.0	135.0	10.06	10.14	51.4	51.70	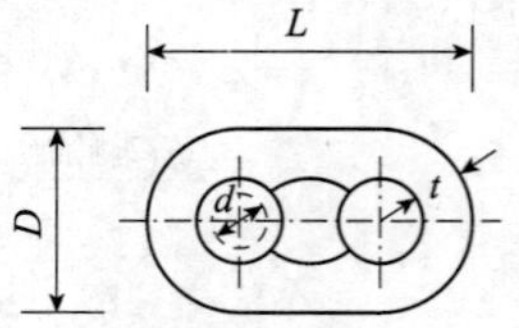
53	318	191	69	69	112.0	156.0	156.0	12.71	12.77	60.1	59.50	
57	342	205	74	74	129.0 (128.0)	179.0	180.6	15.86	15.86	69.5	70.00	
62	372	223	80	80	152.6 (150.0)	210.0	213.5	20.40	20.54	82.20	82.20	
67	402	241	87	87	174.0	243.0	243.0	25.75	27.20	96.10	96.00	
72	432	259	93	93	198.0	277.0	277.0	31.95	32.10	111.00	111.00	
77	462	277	100	100	224.0	314.0	314.0	39.08	39.35	127.00	127.00	

(2)沉井浮运就位设备的选择和布置

①布置边锚时,其锚身和锚绳长度要稍大于计算值,以免锚绳被拉断或锚碇被拔起,造成沉井移动偏位的后果。

②为使锚碇受力均等,在同一侧受力的锚绳规格、长度均应一致。

③定位船的主锚、边锚及导向船的前边锚应一根钢丝绳连一个锚。各墩的各边锚在立面不要互相交碰,以免钢丝绳互相磨损。

④海军锚和霍尔锚是常用的两种铁锚。海军锚在黏土中抓力大,结构简单,容易保养和制造。霍尔锚的抓力为锚重力的 2 ~4 倍,便于起锚和抛锚。

沉井浮运就位时所采用主要设备布置如图 8-5-14 所示。

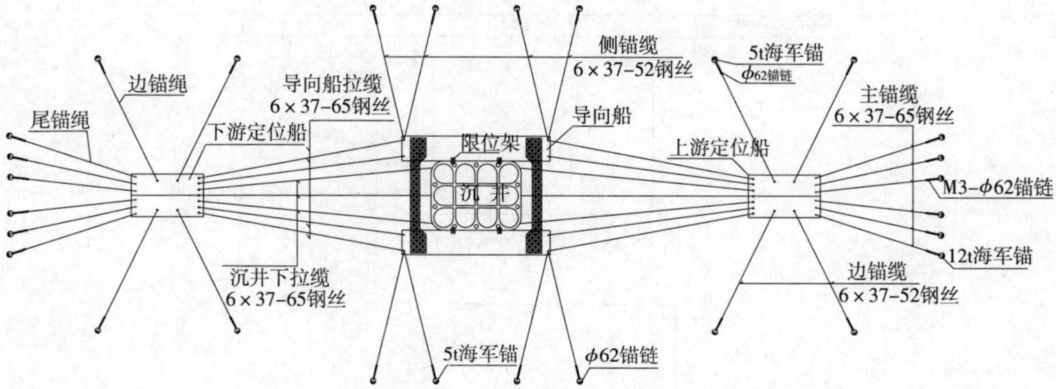

图 8-5-14 沉井就位设备布置图

2. 沉井定位锚固计算

(1)定位船拉沉井绳的拉力 F_b

$$F_b = \frac{F_1 h_1 + F_2 h_2}{h_3}$$

$$F_1 = \xi \gamma A \frac{v^2}{2g}$$

$$A = HD$$

$$F_2 = KA'p$$

式中: F_1——沉井入水部分所受水流冲击力;

ξ——挡水物形状系数,矩形为 1.0,流线型为 0.75;

γ——水的重度,取 10kN/m^3;

A——沉井挡水面积,m^2;

H——沉井下沉的水深,考虑到沉井下沉到河床时,河床可能受到冲刷,H 需增加 0.5 ~1.0m;

D——沉井宽度或外径,m;

v——水流速度,m/s;

g——重力加速度,取 9.81m/s^2;

F_2——沉井水面以上部分所受风力;

K——阻力系数,导向船上的沉井取 1.0,连接梁取 0.4,船只及建筑物取 1.0;

A'——沉井、导向船及各种设备的挡风面积，m^2；

p——单位面积上的风压力，kN/m^2；

h_1、h_2、h_3——各力作用点至沉井支点之距离，m。

定位船缆绳计算图式见图 8-5-15。

（2）定位船拉导向船缆绳拉力 F_a

定位船拉导向船缆绳计算图式见 8-5-16。

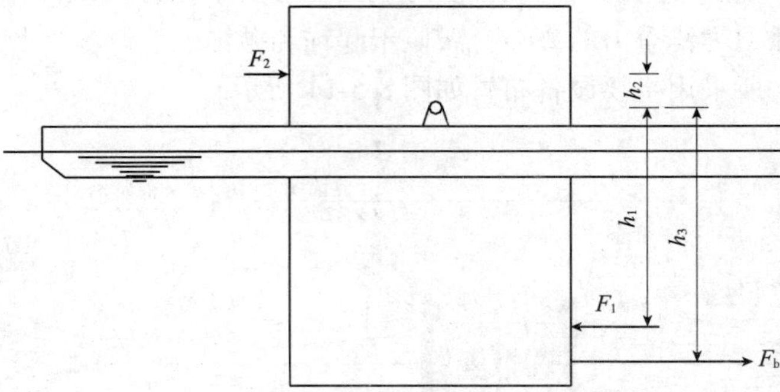

图 8-5-15　定位船缆绳计算图式

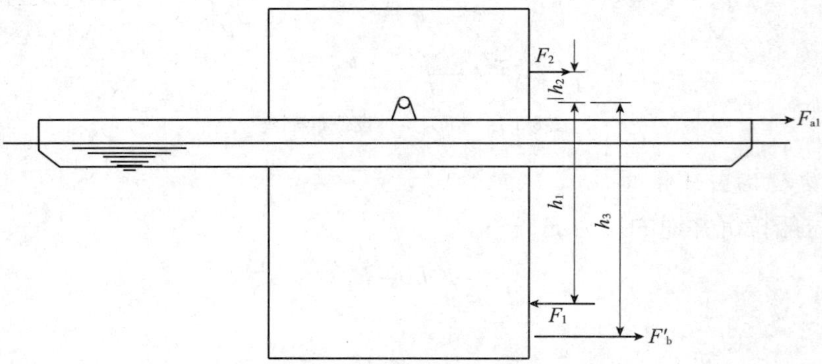

图 8-5-16　定位船拉导向船缆绳计算图式

①由风力、水流冲击力作用于沉井而引起缆绳的拉力 F_{a1}：

$$F_{a1} = F_1 + F_2 + F'_b$$

$$F'_b = \frac{F_1 h_1 - F_2 h_2}{h_3}$$

式中：$F_b{}'$——F_1、F_2 作用下沉井拉缆的拉力；

其余符号意义同前。

②由导向船组入水部分所受水流冲击力引起缆绳的拉力 F_{a2}：

$$F_{a2} = v^2 (fA'' + kA''') \frac{\gamma}{g}$$

$$A'' = l(2h + 0.85b')$$

式中：f——摩阻系数，铁船为 0.7，木船为 0.25；

A''——船舶沉入面积，m^2；

l——船长,m;

h——吃水深,m;

b'——船宽,m;

v——水流速度,m/s;

k——阻力系数,其值随船底形状而异,方头铁驳为10,曲线形船底为5;

A'''——船只入水部分垂直于水流方向的投影面积,m^2;

γ——水的重度,取 $10kN/m^3$;

g——重力加速度,取 $9.81m/s^2$。

(3)锚缆绳或锚链极限强度的计算

$$F = F_a + F'_b + F_c + F_d$$

式中:F_c——定位船所受风力(含建筑物);

F_d——定位船入水部分受水流冲击力;

其余符号意义同前。

待各种需要的缆绳受力数值计算出来后,查有关钢丝绳规格性能表及安全系数的规定来选择。

(4)锚缆或锚链长度的计算

在锚碇中最好采用长锚绳,只有受墩位地形限制才采用短锚绳。在同一侧受力系统的锚绳。不应长短混合使用,以免产生锚碇受力不均而致弱锚移动,强度集中,引起锚绳拉断等危险。

①长锚绳长度计算

锚绳是采用钢丝绳与锚链连接,锚链段平躺在河床上,其长度计算图式见图8-5-17,总长度按下式计算:

$$l = l_m + l_0$$

$$l_m = \sqrt{h^2 + \frac{2hF}{q}}$$

式中:l——锚绳总长度,m;

l_m——钢丝绳长度,m;

h——锚船马口至河床面的高度,m;

F——锚的水下拉力,kN;

q——钢丝绳在水中的重力,按在空气中重力的70%计,kN/m;

l_0——锚链平躺在河床上的长度,$l_0 = 2.5h \sim 5h$,m。

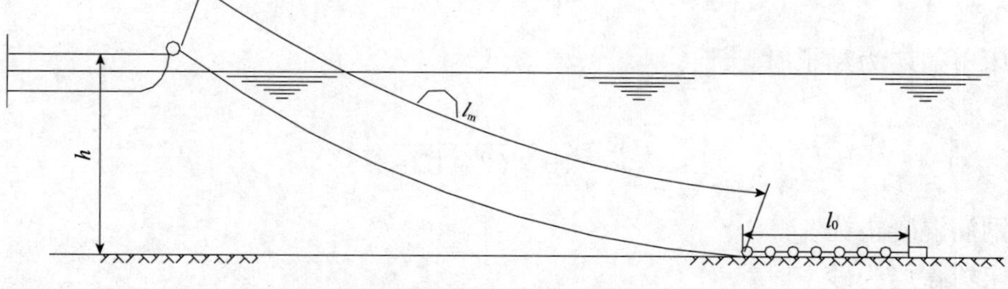

图8-5-17　长锚绳长度计算图式

②短锚绳长度计算

短锚绳不设平躺直线段的锚链，一般使用粗直径的钢丝绳或用锚链代替，以缩短锚绳长度。其长度计算图式见图 8-5-18，按下式计算：

$$l_m = l + \frac{1}{6}\left(\frac{q}{F}\right)^2 l^3$$

式中：l_m——锚绳长度，m；

F——锚的水下拉力，kN；

q——钢丝绳在水中的重力，按在空气中重力的 70% 计，kN/m；

l——锚船马口至锚的水平距离，m。

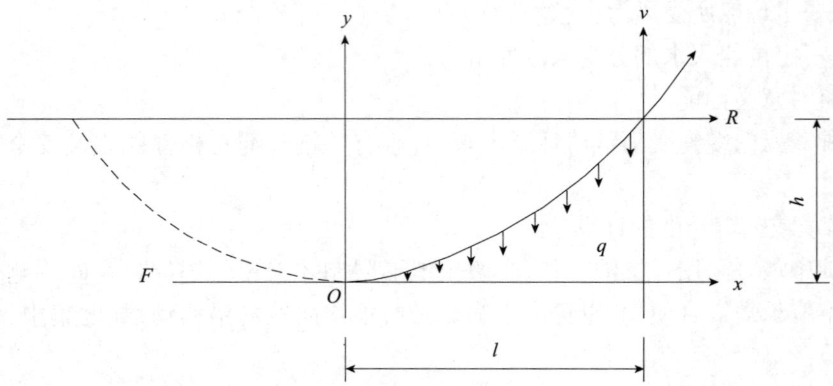

图 8-5-18　短锚绳长度计算图式

注：h 为锚船马口至河床面的高度。

(5)锚质量计算

施工中常用的锚有铁锚(海军锚、霍尔锚)和钢筋混凝土锚两类。铁锚与钢筋混凝土锚所需的质量根据河床的不同覆盖层，按下列各式进行估算。

①铁锚

河床覆盖层为卵石时：

$$W = \frac{F}{10 \times (4 \sim 5)}$$

河床覆盖层为砂土时：

$$W = \frac{F}{10 \times (5 \sim 6)}$$

河床覆盖层为黏土时：

$$W = \frac{F}{10 \times (8 \sim 12)}$$

②钢筋混凝土锚

河床覆盖层为砂土时：

$$W = (1 \sim 1.5)F/10$$

河床覆盖层为卵石或岩层时：

$$W=(2\sim3)F/10$$

式中：W——锚的质量，t；

F——锚的总拉力，kN。

钢筋混凝土锚比较笨大，抛投时不方便，锚鼻易于损坏，起锚时较困难，损耗率较大，在无覆盖层的河床还有滑动现象，在缺少铁锚时采用。

(6)拖轮功率计算

浮运船组所需拖轮能力可按下式计算：

$$P=Fv$$

式中：P——拖轮的拖曳功率，kW；

F——船组航行的总阻力，kN；

v——船组航行的航行速度，m/s。

3. 浮运沉井就位

下面介绍沉井装载在浮船上浮运就位的程序。

(1)拖轮就位，并与船组连牢后，解除在岸边临时锚碇的绳缆，并将绳头移至岸上，随着绳缆的逐根解除，其浮运船组可由拖轮控制。

(2)拖动船组在预定的航道上行驶，航速不宜超过3.6km/h。

(3)浮运中，应注意测量船组位置。当船组距主定位船200~150m时，即应减小航速，相距20~15m时，拖轮即应停车，并应做好两侧帮拖轮倒车准备，同时迅速用缆绳将预先盘放在导向船头之溜绳引渡到主定位船上系牢，并用导向船上之绞车慢慢绞紧。两侧帮拖轮协助使浮运船组逐渐移向墩位顺水流向的中线上，并慢慢接近主定位船，以便引渡绳缆及溜放船组。

(4)船组过缆及溜放顺序应视具体情况而定，其基本步骤如下。

①引渡导向船上游拉缆：将盘放在主定位船上拉导向船的拉缆，引渡到导向船上。

②溜放船组：溜放时宜仅让溜绳受力，其他拉缆可多放5~10m，以保持不受力为度，当溜放至预定的初步定位位置时即行停止。

③引渡导向船边锚绳：利用抛锚船或另备的船只，将预先抛设好的导向船边锚绳由船只上引渡到导向船上。两侧边锚绳可同时引渡，先上游后下游，引渡后并拉紧。其余4根边锚绳引渡后待导向船面连接系装好后再绞紧。

④引渡导向船下游拉缆：将盘放绳缆的船只拖至导向船尾部，将拉缆的一头引渡至导向船上，再将船只徐徐溜放至尾定位船头，将拉缆的另一头引渡至尾定位船上。

⑤沉井拉缆：沉井上游拉缆可在船组溜放就位后，利用溜绳引渡至主定位船上，也可在引渡导向船上游拉缆时一同引渡。而沉井下游拉缆需待拼装船退出拖走后，再由船只引渡。

⑥其他锚缆：导向船部分边锚、沉井边锚或妨碍拼装船退出拖走的绳缆，可在沉井下水，拼装船退走之后，再行拖设及绞紧。

(三)浮式沉井的沉放

1. 河床表面的检查

检查和清除河床表面的障碍物，如沉船、大块孤石、水下电缆、沉树等杂物。同时还要检查井位处河床的平整度，若高差较大，沉井沉放后必然产生倾斜，可先用砂袋或砾石砂把河床低处填高，或把高的部分挖除，整平范围应比沉井四周多出2～3m。

2. 沉井沉放

沉井定位后，在沉井上搭设平台，并架设双排人字架，作为灌注水下混凝土漏斗的起吊支架，对分格沉井空腔，应依次、逐格、对称地浇灌井壁水中混凝土，水中混凝土灌注高度，以不使井壁或横隔梁板发生变形为度。混凝土应灌注到井壁渗漏处以上，因上部井壁可能漏水，因此各腔壁的渗漏部位不同，浇注混凝土高度亦有所不同。一般根据河水深度而定。水中混凝土之上部可将水抽干，用普通灌注混凝土的方法，将沉井壁全部灌满。

当井壁混凝土灌注完毕之后，自浮式沉井即变成为一般重力式沉井，其下沉、开挖等各项后继工序与前述一般沉井施工方法相同，在此不重复。

第六节　设置式沉井

在跨大江大河及海湾海峡的大桥，桥址处水深、潮急、航运频繁，要修建深水基础，现场作业特别困难。为了尽可能减少上述不利因素对施工作业的干扰，就必须尽早使基础结构达到稳定状态，即采用陆上预制基础部件，然后在深水中直接设置施工，将大量现场水上工作改在岸上工厂预制。采用浮运就位直接安置在已整好地基上的沉井基础，简称设置式沉井基础。此类基础在日本明石海峡大桥、英国的达特福桥、丹麦大带海峡桥中都有采用，但国内目前没有类似工程。

采用此类桥梁深水基础，事前必须对桥梁墩位处的地质条件调查清楚。如果覆盖层有软土或承载力不足，应分别清除开挖、加固处理或采用打桩等方法作地基处理；如果基底是不平整的岩面，则应采取海底钻孔爆破及清底整平，且清底整平后，用超声波探测仪及水下电视等方法检测其平整度；有的工程采用水上工作平台和大直径钻机对岩面直接进行打磨，可使基底平面高差在10cm以下。基底清理完成后，就可以用大型浮吊吊装法或浮运法将工厂预制好的基础在深水中设置，甚至有的将墩身部件也一同设置施工，这样就能以较快的速度完成桥梁深水基础的修筑。

现在国外设置式沉井地基整平与清理施工作业的程序一般为：

(1)利用自升式平台在海床底水底钻孔。

(2)集中或分组炸碎风化岩和凸出的岩石面。

(3)用挖泥船挖掘并运走泥沙和碎石块。

(4)用大钻机磨平基岩。

(5)检查验收。

(6)设置式沉井就位。

设置式沉井一般施工工艺流程见图8-6-1。

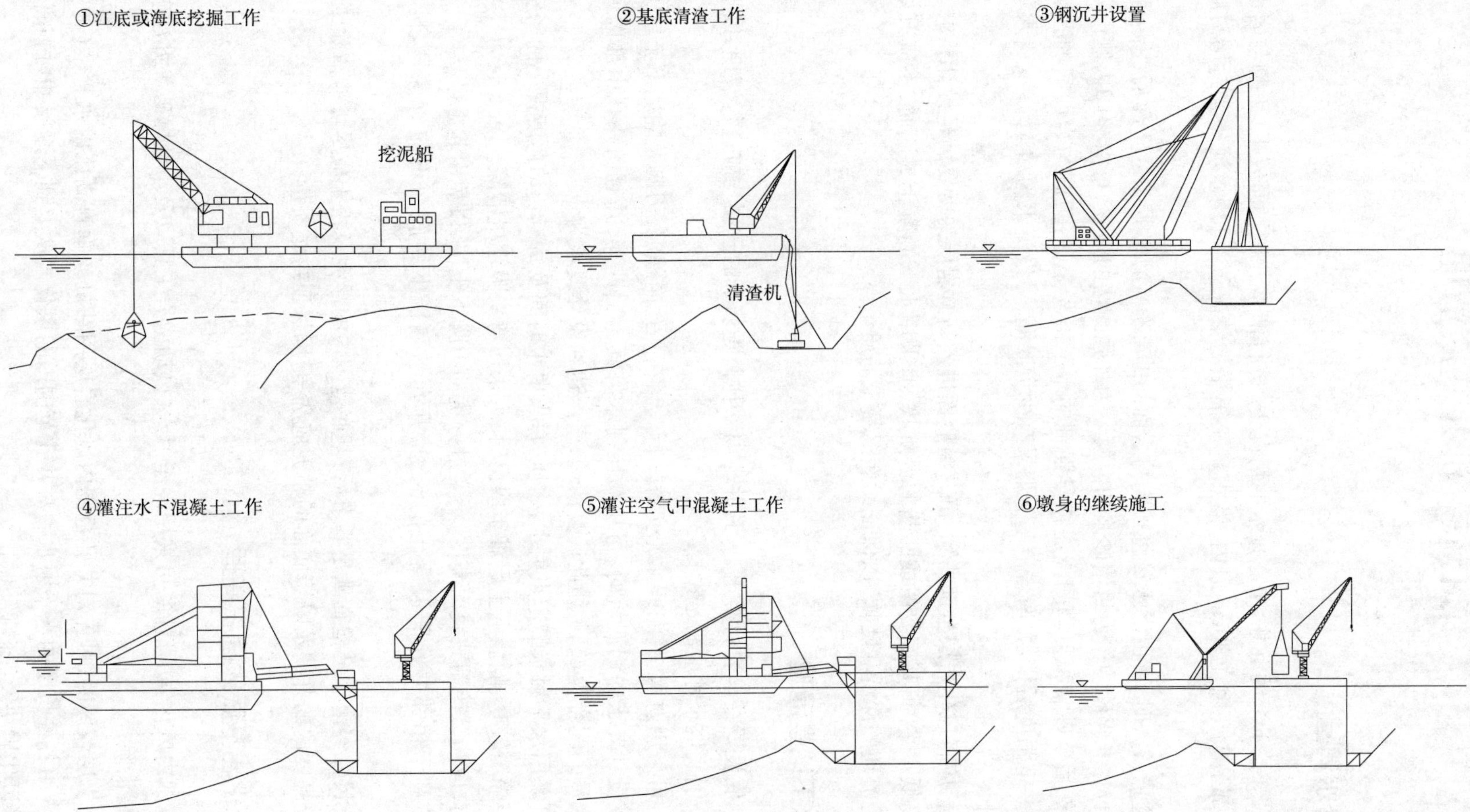

图 8-6-1　设置式沉井一般施工工艺流程图

第七节　沉井基底清理

一、排水清基

对排水开挖下沉的沉井，可在排水的情况下，进行清基。在岩面较平，刃脚与岩面吻合较好，局部最大孔隙在20cm以内，渗水量又很小的情况下，可用水泥砂浆封堵刃脚后排水清基。

当渗透量较大时，可由潜水员将刃脚与岩面间的部分泥沙软层清除干净后，沿刃脚内侧(30～50cm)堆码砂袋作为封堵砂浆的内模。为加强封堵的强度，可沿刃脚内侧设一圈环筋骨架，然后于砂袋和刃脚间浇注掺早强剂的水下混凝土，将刃脚与岩面间的孔隙封住，养生到一定强度后排水、凿岩清基。如果有少量渗漏，可设流水沟和汇水井，将水集中后排出井外。

清基时，应将风化岩层全部凿除，沉井封底面进入新鲜岩层深度要满足设计要求。当新鲜岩面高低不平时，基底要凿成凹凸的台阶状，但采用水下混凝土封底时，不应有妨碍水下混凝土流通的深坑和陡坎，以保证封底混凝土的质量。

二、水下地基清理

沉井基底设置在非岩石类土上，其井孔内、刃脚、隔墙下的土层均应进行清理，以形成封底锅底。锅底坑尺寸应满足设计要求。

清基时可采用射水、吸泥或抓泥交替进行。当在井孔内除泥，刃脚及隔墙下土层不能自行坍塌成设计要求的锅底坑时，可用高压射水将其土层冲碎，并赶向井孔中部以便清除。在潜水员的配合检查下，如此反复清理，直至达到设计要求为止。

射水可采用水平射水嘴定点射水，水压、每点射水时间及每点转动角度视土的密实程度而定。当隔墙较厚、隔墙下土层难于取出时，可采用弯头吸泥机清除。

清基时，应注意控制井底面高度，不要过分扰动刃脚下土层，以免引起翻砂。

为了有利于相邻井孔间混凝土的流通，井孔与隔墙下井底面不应有深坑、陡坡、陡坎。

锅底坑尺寸经潜水员检查满足要求后，基底范围内的浮泥及松土应尽可能清除干净。封底混凝土高度内的井壁及隔墙底面的粘泥应洗净，以保证封底质量。

三、风化岩基底大面积清理

井底范围内风化岩的清除，可采用高压射水、风动凿岩工具以及小型爆破等办法破碎后，用吸泥机清除。

当风化岩层较厚时，可先对井孔范围内风化岩层用钻机或垂直高压射水管钻(冲)一探孔，在孔内用各种长度的水平射水嘴对井孔范围内的风化岩从上到下逐层冲射剥离，再用吸泥机将风化岩块及泥砂吸出。

（一）主要设备

1. 冲击钻孔设备

详见本手册上篇部分。

2. 射水设备

射水设备包括高压水泵、输水管路、射水嘴、固定式射水弯头、旋转式射水弯头、射水管固定支架、水平旋转接头等。

（1）高压水泵

需要高压水的最大压力视风化岩层的强度而定。当一台不能满足所需最大压力要求时，可将同型号的两台串联使用，压力可增加一倍。

（2）输水管路

①钢管：采用直径为75mm、83mm、91mm、95mm、165mm的有缝或无缝钢管。

②胶管：采用高压胶管。也可用普通胶管，在管外密缠一道镀锌铁丝，两端法兰盘予以适当加固后代用。

钢管及胶管均应经压力试验合格后方可使用。

（3）射水嘴

射水嘴形式及制造的光洁度，对射流的有效长度及射流的冲击力有较大影响。射水嘴形式有圆锥形射水嘴和曲线形射水嘴。圆锥形射水嘴制造简单，一般多采用。根据试验，圆锥角以10°～13°为宜。射水嘴出口处以磨成圆角或锐角较好，射水嘴出水口直径以15～20mm为宜。

（4）固定式射水弯头

为冲射井底范围的风化岩，可根据需要，设计各种形式的射水弯头，使射流能作水平或各种倾角的冲射。

固定式射水弯头的长度及高低倾斜程度可根据具体需要而定。各种射水弯头两端均带射水嘴，以平衡射流的反作用力，避免垂直输水管承受过大的力矩。

射水弯头的水平投影总长度应能满足其自由出入井孔的要求。

（5）旋转式射水弯头

由于固定式射水弯头的水平最大长度受井孔尺寸的限制，当对井底边沿或隔墙下的风化岩冲射时，射水嘴射程增大，射流将大为减弱，不能有效地破坏风化岩时，可设计制作旋转式射水弯头。

图8-7-1为旋转式射水弯头，其最大旋转角为77°，旋转倾斜后可进入井孔，放至隔墙底面以下后，再旋转至水平状态，其最大水平长度可达4.8m。

（6）射水管固定支架

当沉井入土较深，垂直输水管较长时，由于射流的反力，输水管在井孔内将会往复摆动，从而对射水嘴的位置、方向、距风化岩的距离、每点冲射时间等难于控制，为此，可设置固定支架撑顶于井壁上，以固定垂直输水管，如图8-7-2所示。

（7）水平旋转接头

垂直输水管从井底通至沉井顶面以上，以高压胶管与水泵站的高压水管路相连。当垂直输水管绕垂直轴旋转时，为避免胶管一同旋转，可在垂直输水管与胶管间连一水平旋转接头。图8-7-3适用于垂直输水管内径为83mm的水平旋转接头。

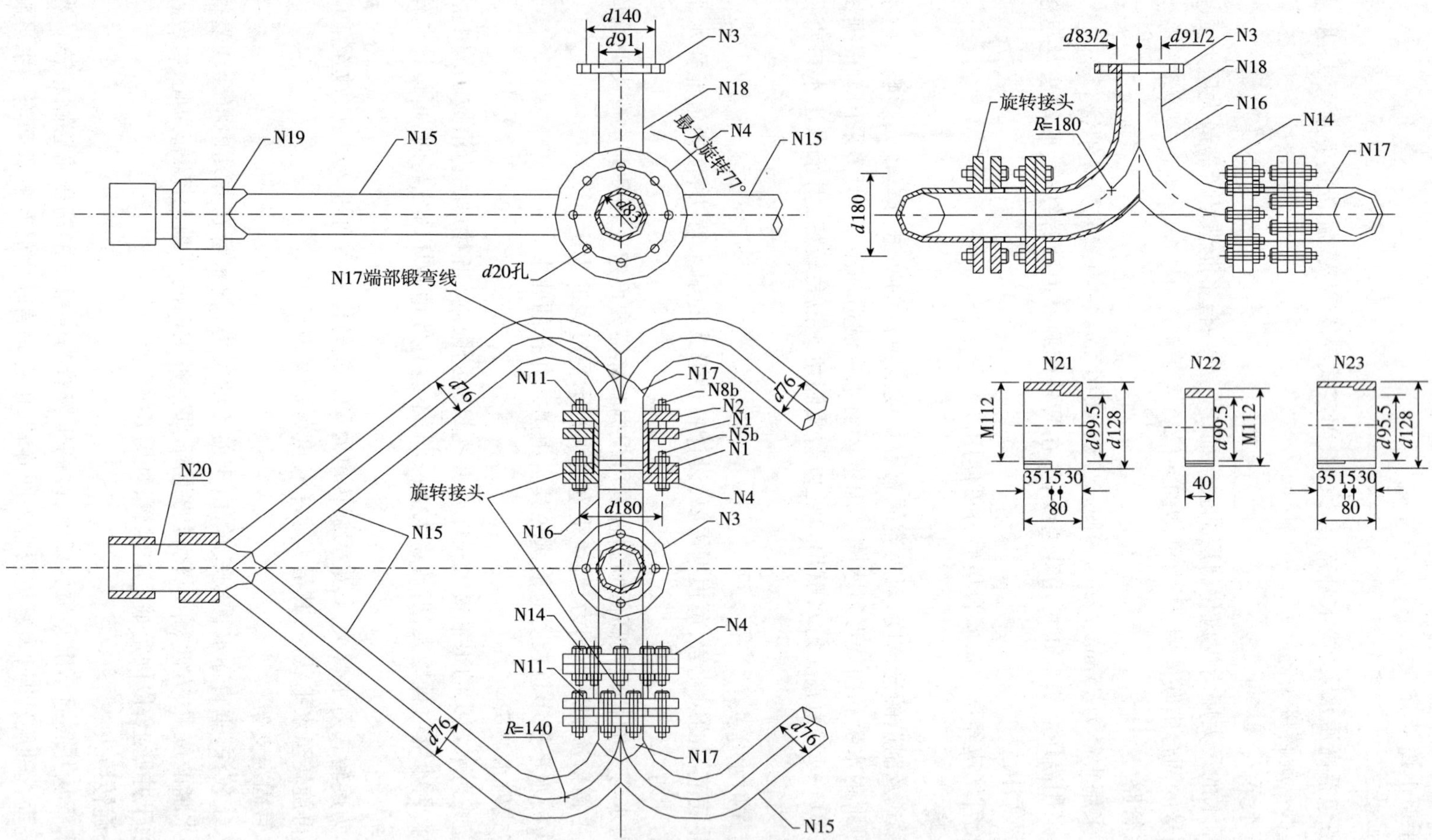

图8-7-1　旋转式射水弯头（尺寸单位：mm）

N1、N2、N3、N4-法兰盘；N5b-填料筒；N8b-填料筒盖楔；N11-普通螺栓；N14-填料（油浸石棉绳）；N15-无缝钢管；N16、N17、N18-钢管；N19、N20-无缝钢管；N21-钢套箍；N22-钢环；N23-钢套箍

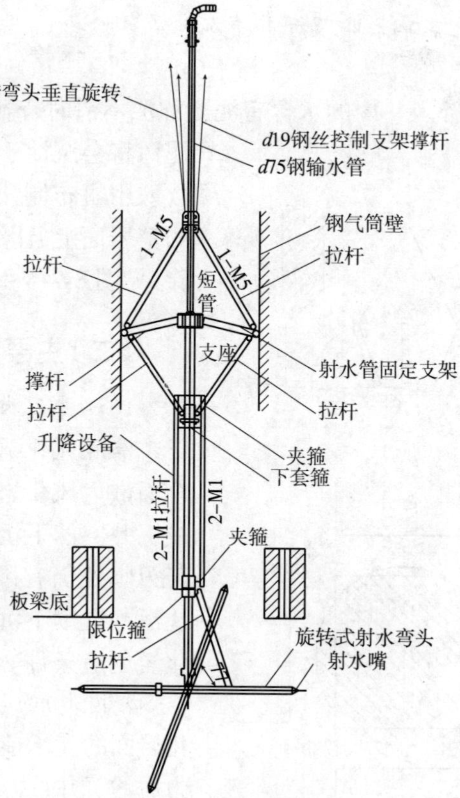

图 8-7-2 射水设备总体结构图

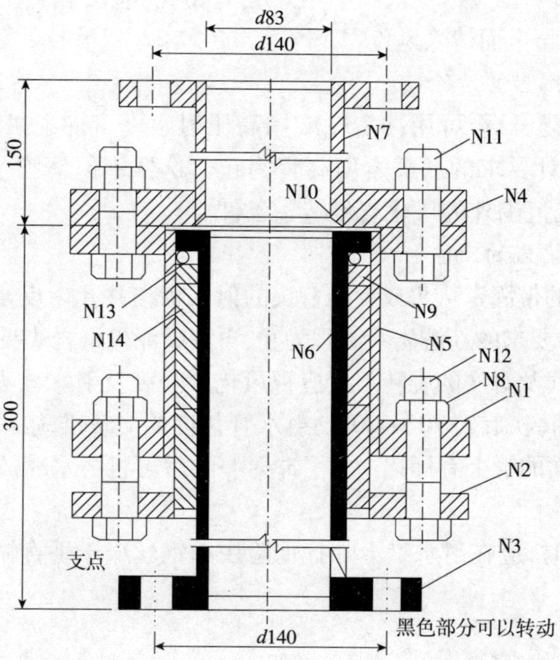

图 8-7-3 水平旋转接头(尺寸单位:mm)

N1、N2、N3、N4-法兰盘;N5-填料筒;N6、N7-无缝钢管;N8-填料筒盖楔;N9-下钢环;N10-上钢环;N11、N12-普通螺栓;N13-钢珠;N14-填料(油浸石棉绳)

3. 吸泥设备（见本章第四节沉井下沉）

4. 沉淀盘

当为了吸泥而补入井内的水含有泥污浑浊不清时，清除干净的基岩面若不加保护，则泥污将会沉淀于基岩面上，为此，在各井孔底可放入用帆布制成的伞形沉淀盘，摊放于刚清好的基岩面上，让泥污沉淀于盘内，再提出井外排除，见图 8-7-4。

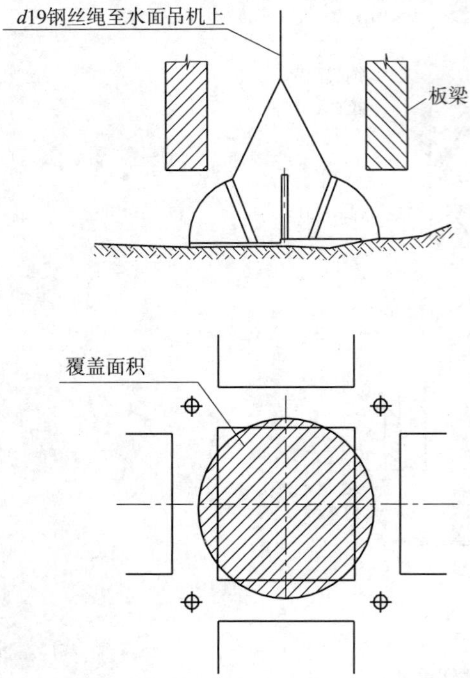

图 8-7-4　伞形沉淀盘示意图

（二）主要施工要点

1. 沉井刃脚应达到设计要求

清除风化岩前应使沉井尽量下沉，刃脚应全面嵌入风化岩，以免在清除风化岩时翻砂，造成沉井突然下沉而引起偏斜。在清除风化岩中若刃脚处仍有翻砂及沉井似有下沉现象时，宜让沉井继续下沉，嵌入风化岩中，为全面清除风化岩创造条件。

清除井底风化岩应满足以下要求：刃脚下风化岩面的支承能力要大于扣除浮力的外壁摩阻力后的沉井重力，以免因刃脚下风化岩被压碎而崩塌，致使沉井下沉发生偏斜。必要时可先在井孔四角处钻孔，灌注混凝土形成支柱，用此柱临时支承沉井部分重力，再全面清除风化岩。

2. 井孔范围内风化岩的清除

井孔范围内的风化岩石，可用冲击钻或用高压射水垂直冲射破碎后，再用吸泥机吸出。一直冲（钻）至设计要求的新鲜岩面高程为止。这样不但清除了井孔范围内的风化岩，而且也为清除井孔范围外的风化岩创造了条件。

3. 井孔范围外风化岩的清除

用各种水平长度的带固定弯头或旋转弯头的射水嘴在井孔内反复冲射，逐层剥离风化岩，一直冲（钻）到设计要求的新鲜岩石高程为止，再用吸泥机将岩块吸出井外。

水平定点冲射时间及每次的旋转角度应视风化岩强度及射水效力而定。一般情况下，每点冲射 10min 左右，每次旋转 10°~20°。射水管长度要丈量准确，其误差应小于 +5mm。射水嘴的方向要在地面的管上有标记。水平冲射一圈后可将射水嘴放低 30cm 左右再继续旋转冲射。

使用旋转式弯头时，应在射水嘴上加挂保险用的钢丝绳于垂直输水管上，以防在提升时被碰落。

4. 清除沉淀淤泥

用吸泥机将淤泥吸净后，随即放置伞形沉淀盘，待水中悬浮的泥砂沉淀后提至井外排除。刃脚下的淤泥，不宜用弯头吸泥机吸取，以防翻砂。可用水平弯头射水管，以 0.6MPa 左右的水压冲起后，同时用吸泥机吸出。

基底情况应详细测量，并应由潜水员进行水下检查。

四、基底清理后检验和处理

排水下沉的沉井，其基底检验工作可按敞坑基底验收办理；不排水下沉的沉井，当沉到设计高程时，要派潜水员进行检查。

1. 基底检测

基底属于隐蔽工程。在沉井施工完毕验收时，不可能再行检验，故基底处理完毕时，就应按《公路工程质量检验评定标准》（JTG F80/1—2004）有关规定进行检验，符合要求后，请监理工程师检查并签字。

2. 基底检验内容

（1）基底平面位置、尺寸大小，基底高程。

（2）基底的地质情况、承载力是否与设计要求相符。

（3）基底处理和排水情况是否符合规范要求。

3. 基底检验方法

（1）用测绳量测不排水下沉的井孔范围内岩面高程，必要时钻取岩芯复查基底岩层成分。

（2）水下潜水员量测隔墙下岩面高程；量测刃脚嵌入风化岩层的宽度；摸探残存风化岩块。

（3）在清除淤泥的最后阶段，观察其伞形盘上存积的淤泥量，或派潜水员探测。

第八节　沉井封底、填充和盖板

一、排水干封底

1. 施工准备

（1）制订封底方案，对基地渗水的上升速度不大于6mm/min的沉井，可采取排水干封底。

（2）准备好封底时所需的各种材料和机具（包括混凝土）。当沉井下沉到设计高程前（还应预留一定的高度），应及时进行准备工作，若拖延时间，有可能产生偏差或有土体涌入井内等，给封底带来很大的困难，因此，应抓紧做好封底的准备工作。

（3）沉井封底前，在井壁底部凹槽内和隔墙预留钢筋处，需要进行凿毛和将刃脚处凹槽内的污泥清理干净。

（4）封底前，在井底挖3～4道小水沟，沟内填大块碎石，再铺小碎石，将水引致采用管涵或无底铁筒围成的集水井，便于封底后抽除地下水之用。其深度、大小应满足水泵吸水要求。

2. 干封底施工

封底前按照设计规定，一般先铺一层碎石（或砾石砂），整平后，再浇注素混凝土封底，浇注混凝土时均需沿井壁四周向中央进行。素混凝土封底应分批、逐段、对称一次浇注完成，不得中途停顿，避免产生施工缝而造成渗漏，浇注封底混凝土时，保证井内排水工作能继续进行，以保证混凝土在终凝以前不浸水。

当封底混凝土强度达到设计强度时，经过计算当沉井能满足抗浮要求时，方可停止排水，并封填集水井。封填前应清洗干净，封填必须密实，严防渗漏。

二、不排水封底

(一)水下导管法浇注封底混凝土

1. 施工设备配置

(1)水下混凝土浇注机具

①混凝土集中料斗

混凝土集中料斗安放在灌注平台上，设有开启门，用溜槽与漏斗相接，其容量是依据首批灌注时能把导管底口埋入混凝土堆内深度而定。料仓底面有向开启门方向的斜坡，便于混凝土流动。

②漏斗

一种上口大、下口小的混凝土容器，其容量多在 0.8 ~ 1.5m^3，下口插入导管内。

③导管阀门

导管阀门的设置是为了增大首批混凝土储量(利用漏斗的容量)。导管阀门安装在最上节导管与漏斗之间。当浇注准备工作就绪后，打开阀门，使漏斗中的混凝土进入导管，直至埋住导管底口。

④导管

导管内径多为 260 ~ 320mm 的钢管，具有足够的抗拉强度和密水性，能安全地承受自重力和装满混凝土的重力。要求导管内径要一致，误差应小于 ±2mm，内壁要光滑无阻，导管组拼后要做水密试验，试验应力应不小于入水深度水压的 1.5 倍。导管底节长 4 ~ 6m，上节长 1m 或 2m 不等，导管间用带止水橡胶垫的法兰盘螺栓连接。法兰盘必须与导管轴线垂直，且应焊有加强肋块。导管组拼后要从下向上做长度和节数的标志。

⑤测锤

测锤可用钢板焊制成平底空心封闭的锥体，其相对密度为 1.5 ~ 2，亦可用混凝土制作，测锤要用尼龙绳悬吊。

(2)导管布置

当沉井水下封底面积较大时，需要多根导管同时按规定的顺序灌注混凝土，以达到预计的厚度。根据封底面积和每根导管的作用半径(混凝土流动半径)来确定平面上布设导管的根数和位置。

在封底混凝土施工前，要精确探明基底各部位的高程，先灌注低洼处的混凝土，以避免因高处导管内混凝土往低处流动，造成导管底口脱空或埋入的厚度过小，致使导管底口进水，发生质量事故。

通常每个井孔布一根导管，且置于井孔中央。若井孔尺寸过大或基底有难以清除的深坑陡坎，可适当增加导管数量。

2. 搭设封底施工支架平台及储料仓

在井顶搭设灌注支架，以悬挂减速漏斗及导管储存混凝土的料槽。为方便操作及扩大工作面，宜分层设置工作平台，平台设有拆导管平台、测量平台、导管提升平台及灌注平台，见图 8-8-1。

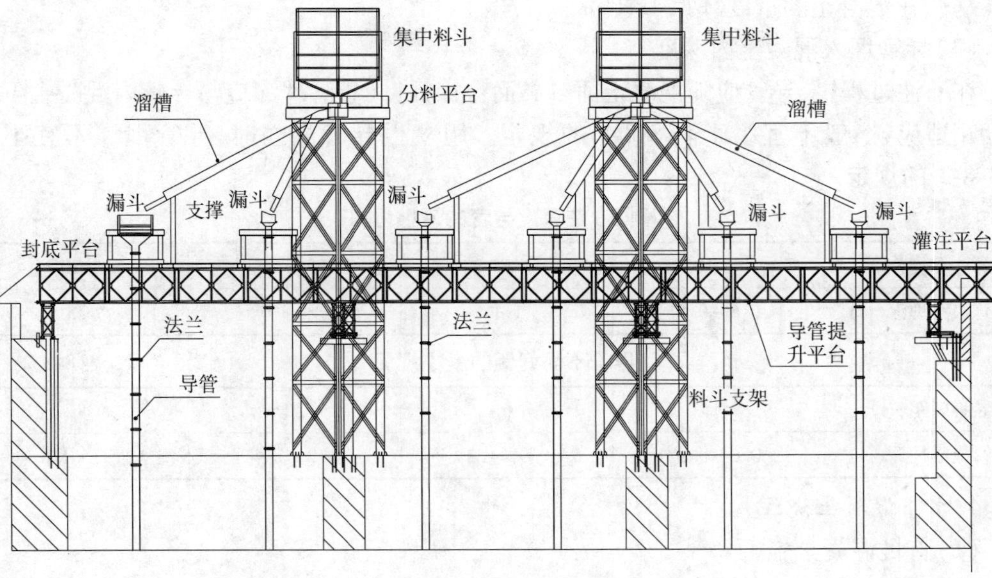

图 8-8-1　水下混凝土立面布置示意图

3. 施工控制要素

(1)混凝土生产

①混凝土性能要求

混凝土配合比通过试验对比优选,最终确定的配合比不仅要满足水下混凝土施工的各种要求,同时满足坍落度处于 18 ~ 22cm,一般初凝时间不小于混凝土浇注时间。

在生产和运输过程中,根据封底需要,进行相应调整:混凝土的拌制时间较普通混凝土稍加延长;出料到通过导管灌注时间不超过 30min;正常灌注时,混凝土在导管内停滞的时间不应超过 20min。

②混凝土生产量

混凝土的生产量应满足 30min 内生产储存的混凝土量,且自开阀灌注起,保证埋导管于混凝土 1.0m 以上。灌注沉井水下封底混凝土的上升速度不宜小于 0.25m/h。

(2)首批混凝土数量

在开始浇注时,通过导管首批混凝土管底堆高必须满足一定的埋深,一般不宜小于 1.0m,首批灌注混凝土的数量根据下式计算:

$$V=\frac{\pi R^2}{3}h+\frac{\pi d^2}{4}h_1$$

$$h_1=\frac{H_w\gamma_w}{\gamma_c}$$

式中:V——灌注首批混凝土所需的数量,m^3;

R——圆锥体坡率为 i(一般不陡于 1:5)的扩散半径,从管中心一般为 2.5 ~ 4.0m;

h——导管底混凝土埋置深度,一般不小于 1.0m;

h_1——桩孔内混凝土达到埋置深度时,导管内混凝土柱平衡导管外压力所需要的高度,m;

H_w——井内水或泥浆深度;

γ_w——井内水的重度,取 $10kN/m^3$;

γ_c——混凝土的重度，取 $24kN/m^3$。

(3) 导管埋入混凝土内深度

在灌注过程中，导管应随混凝土面升高而徐徐提升，导管埋深应与导管内混凝土下落深度相适应，一般不宜小于表 8-8-1 的规定。用多根导管灌注时，导管埋深不宜小于表 8-8-2 的规定。

不同灌注深度导管的最小埋深　　表 8-8-1

灌注深度(m)	≤10	10~15	15~20	>20
导管最小埋深(m)	0.6~0.8	1.1	1.3	1.5

导管不同间距的最小埋深　　表 8-8-2

导管间距(m)	≤5	6	7	8
导管最小埋深(m)	0.6~0.9	0.9~1.2	1.2~1.4	1.3~1.6

4. 水下混凝土浇注

(1) 首批混凝土施工

混凝土灌注开始前，必须实测导管下口与基底的距离，控制在 20~30cm 之间。当施工准备完成，集中料斗内混凝土储满料后，打开集中料斗闸门，使混凝土通过溜槽流入漏斗，漏斗蓄满混凝土后拔出橡胶球，此时溜槽向漏斗内继续补充混凝土，进行首批混凝土的灌注。首批混凝土灌注完成后，即可进行混凝土的正常浇注。进行首批混凝土浇注时，集中料斗在同一时间只能进行一根导管的灌注。导管灌注混凝土方法步骤见图 8-8-2。

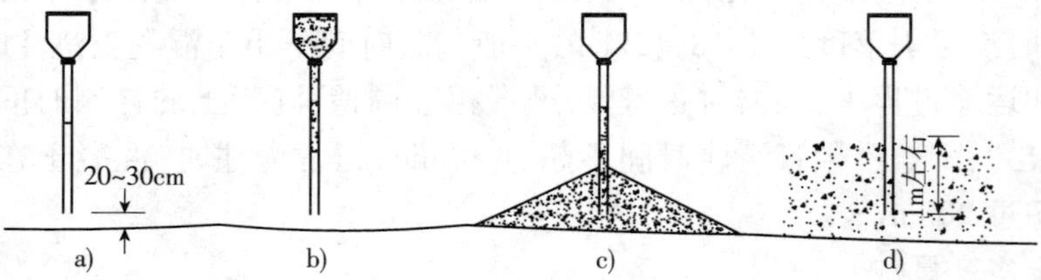

图 8-8-2　导管灌注混凝土方法步骤示意图

(2) 一般混凝土浇注

首批混凝土浇注完成后即可进行一般浇注。封底混凝土浇注分为两个阶段：隔墙以下范围为第一阶段，隔墙底以上进入井孔内为第二阶段。首先开管的井孔第一阶段浇注完成时，可减缓混凝土的浇注速度，集中进行其他井孔的第一阶段浇注。第一阶段全部浇注完成后，均匀浇注各孔第二阶段混凝土。

在混凝土浇注顺利时，应保证导管混凝土埋深不小于 1m 且不大于 4m。提升导管前应根据测量，确定导管提升高度，提管时应对称缓慢提升，提升过程中导管保持垂直。

在封底混凝土施工的过程中，要保证封底过程中沉井内外水位平衡，施工过程中混凝土始终处于静水水压力状态。

(3) 混凝土终浇

混凝土浇注将结束前，应加大混凝土的坍落度和导管埋深，使混凝土均匀地扩散，同时测出封底混凝土面高程，根据测量结果，对混凝土面偏低的测点附近的导管增加灌注量，确保封底顶面平整。水下混凝土面的最终灌注高度，应比设计值高出 150mm 以上，当所有测点的高程满足要求后，结束封底混凝土施工。

5. 封底常见问题及预防处理措施

(1)导管断裂。在灌注混凝土的过程中,由于导管制造质量低劣而使导管断裂,从而导致灌注停止,若重新灌注混凝土,就会出现夹层及施工接缝,造成质量隐患。

为防止此类事故的发生,在购买时应严格检验钢管质量,施工前应进行承压、过球、抗拉试验,合格后方可使用。试验压力不小于最大施工压力的1.5倍。

(2)导管接头严重漏水。由于导管在组拼时操作不当,胶垫安放不平整或胶垫质量不良,组拼后未能做水密试验,若不注意可能形成混凝土松散或囊体,严重影响混凝土质量。

为防止此类事故的发生,在实施时必须提高组拼质量,组拼后应进行水密试验,严格检查组拼接头的质量。水密试验的水压力应不小于井内水深1.3倍的压力,其试验方法可按承压试验方法进行。

(3)混凝土阻塞导管。由导管埋入过深、混凝土含沙率太低、和易性较差或导管漏水,使混凝土中的水泥浆被冲走,粗集料集中而造成导管阻塞,最后使混凝土灌注中断,造成夹层及施工缝的质量事故。

防止该类事故发生的主要措施是导管埋入不宜过深,优化混凝土配合比,在导管使用前进行水密试验。处理办法可用长杆冲捣管内混凝土,用吊绳抖动导管。

(4)埋管。由于以下原因造成导管不能拔出:混凝土初凝时间太短;配合比选择不当;和易性欠佳;导管埋入过深、提升太少。

防止该类事故发生的主要措施:选用初凝时间较长的水泥及和易性良好的配合比;导管应勤提动且埋入不能过深;多布置导管,减少封底混凝土的浇注时间。

6. 封底混凝土质量检查

沉井水下混凝土封底质量的优劣,主要取决于基底清理的质量及灌注施工操作的熟练程度。应从以下几个方向进行检查:

(1)基底检查:基底浮泥、沉淀泥砂、沉渣应清除干净,以期封底混凝土底面能直接支承于一坚实的土层上或与基岩面胶结良好。对下封底混凝土厚度范围的井壁应洗刷干净。

(2)施工前应对机具设备、材料、混凝土配合比及施工布置等进行检查,以保证混凝土质量良好,灌注中不发生故障。

(3)施工灌注中应严格按照工艺操作规则进行。对于在灌注中发生的故障或不正常现象,应详细做好记录,以便封底后对该处进行取样检查。

(4)钻孔取样检查:对个别封底质量有怀疑时,封底达到一定程度后,可采用地质钻探方法,对封底混凝土钻孔取样,做抗压强度试验及外观检查。在灌注中发生故障并认为对混凝土质量有影响的部位,应钻孔至封底底面以下,以便检查基底面与混凝土结合情况。为提高混凝土强度试验的准确件,岩芯直径不宜太小。钻孔结束后对钻孔应灌装封闭。

封底质量经检查发现问题时,应组织有关人员分析研究,进行处理。

(二)水下压浆混凝土封底

水下压浆混凝土封底的做法:将砂浆通过埋置在粗集料一定深度的压浆管,挤压到粗集料中,把粗集料胶结在一起形成混凝土。

1. 压浆管的布置与埋设

压浆管的内径随着粗集料最小粒径的增大而加大，为保证满足最佳压浆量的需要，一般采用直径50～100mm的钢管，管节以丝扣连接；其外壁要尽量平顺，便于拔出，压浆管应垂直插入井孔中，靠近井壁的要向外侧倾斜。为使堆石能填满砂浆，平面上任何点距离最近的压浆管中心均不得大于0.85倍砂浆扩散有效半径。砂浆由基底逐渐向上压升。当堆填石料厚度在2.0m以内时，压浆管不需上提，可一次压成；当石料厚度在4.0m以内时，提拔压浆管无困难；当石料厚度超过4.0m时，在压注管外要设护筒管。

压浆管埋置方法有两种：一种是先堆好石料，用钻机钻孔后插入压注管，该法施工比较麻烦，一般在需要补插压浆管时采用；另一种是先布置好压注管后再堆填石料，此法施工方便，通常较多采用。

2. 原材料的选择

粗集料可采用卵石或碎石，集料粒径不宜小于20mm，而且小于40mm的颗粒含量不宜大于10%。要求高强度压注水泥砂浆时，最小粒径不宜小于40mm，当自流灌注时，空隙率不宜小于35%。砂的细度模数宜为1.3～2.2，但最大粒径不应大于3.5mm。水泥以硅酸盐水泥、火山灰质硅酸盐水泥为宜，不宜用矿渣水泥。

3. 砂浆配合比及拌和

水泥砂浆配合比是通过试验确定的，水灰比参考数为0.45～0.60。砂浆强度应按超过压浆混凝土强度的10%～20%来设计。配合比要根据强度和流动度来选定。一般认为水泥砂浆的流动度在进入压浆泵前以17～22Pa·s为宜，进入压浆管时以15～20Pa·s为宜。

灌浆工作必须准备充分，不能中途停顿。砂浆应采用机拌，拌好的砂浆灌注前要通过5mm×5mm的筛孔过滤。拌制与灌注点的距离应尽量缩短。砂浆进入压浆泵前要经过储料斗，应有足够的储备能力。灌注压力应保证砂浆能在堆石中上升和扩散到预定的范围。灌浆时，随着石料内砂浆面的上升，应适当提升压注管。

三、沉井井孔填充及顶板施工

1. 沉井井孔填充

沉井井孔填充与否根据设计要求而定。若需进行填充施工，必须待封底混凝土达到设计强度后才允许抽净井孔内的水，刷洗清除混凝土表面的淤泥、浮浆等杂质，按设计要求进行分层填充。

对于井孔填充的沉井，不需设置顶盖板，可直接在填充圬工顶部浇注1～2m厚、不低于C15强度的混凝土，然后在其顶面浇注墩（台）身；对于井孔不填充的沉井，需设置钢筋混凝土顶盖板。

2. 沉井顶板施工

井顶盖板是将上部结构所受的力传递给沉井的结构，要妥善处理。

（1）填充井孔的顶盖板可直接在填充料面上接好钢筋，浇注混凝土。

（2）设计要求不需充填的井孔，其孔内的水可不抽除（或按设计要求处理）。在沉井顶部的内侧需设支撑顶盖板底模板的“牛腿”、底梁，以便在其上铺底模、绑扎钢筋、浇注混凝土。

第九节　超大型沉井施工

随着国内桥梁技术不断发展，我国桥梁建设的跨度不断增大，其基础结构也随之增大，超大型沉井的施工不仅仅是工程规模或工程量的增加，它给沉井各个环节的施工都带来新的问题，现简单介绍如下。

一、沉井刚度控制

原位下沉的沉井由于尺寸巨大，平面刚度相对较小，尤其在沉井下沉初期，沉井平面内约束较弱，如果沉井平面刚度较小，则容易变形，沉井底部结构受损开裂，故沉井首次下沉的接高高度必须考虑沉井的平面刚度。

对于沉井平面刚度问题，施工单位应与设计单位密切结合，根据施工单位初步确定的接高下沉工艺，对沉井在接高下沉阶段的应力情况进行详细计算，确保沉井结构安全。沉井下沉应力计算见图 8-9-1。

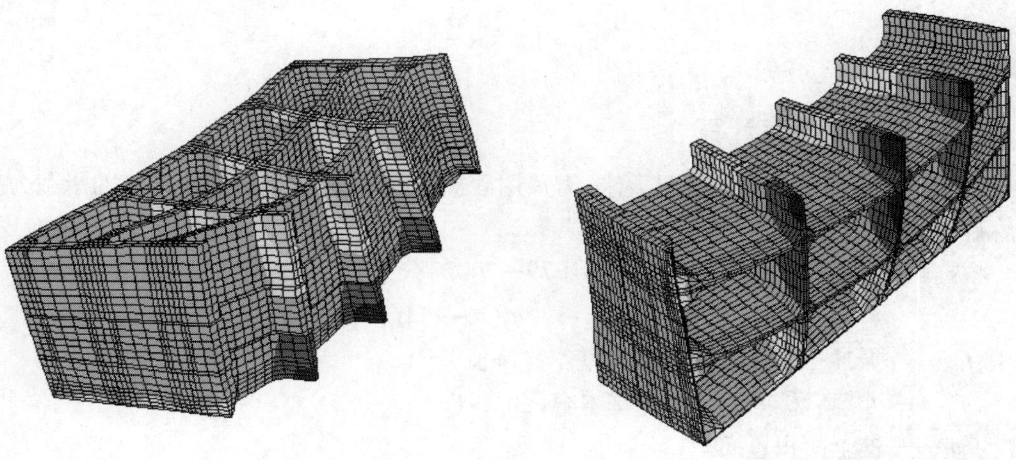

图 8-9-1　沉井下沉应力计算图

二、沉井地基加固

随着沉井下沉深度增加，地质情况也更加复杂，沉井下沉也越困难，故在设计阶段为保证沉井的下沉施工顺利，超大规模沉井设计质量都较大，同时为保证沉井首次下沉阶段的沉井刚度，沉井的首次接高高度也不宜太小，从而造成原位下沉的超大沉井地基承载力一般不能满足首次接高要求，施工前，需对沉井地基进行加固处理。沉井地基加固，国内常采用砂垫层与砂桩复合地基相结合的方式。

根据初步计算，砂垫层下土体容许承载力小于所需承载力时，首先对沉井井壁及隔墙底部下卧层进行砂桩加固，地基承载力必须满足沉井首次下沉质量，防止沉井在接高时不均匀沉降。

(一) 砂垫层下承载力计算

由土力学公式 $\sigma=\frac{P}{A}$ 相应的垫层下应力计算公式为:

$$\sigma_{下}=\frac{G}{L_1[B_1+\tan\varphi H_1+\tan\varphi(H_1+1.8)]+L_2(B_2+2\tan\varphi\cdot H)}+\rho_{砂}\times H$$

式中:G——首次下沉沉井自重、井壁侧面摩阻力及施工荷载;

L_1、L_2——井壁半刃脚及隔墙中心线长;

B_1、B_2——井壁及隔墙底宽度;

$\tan\varphi$——砂垫层应力扩散角正切值;

H_1——井壁刃脚下砂垫层厚度;

H——隔墙处砂垫层厚度;

$\rho_{砂}$——砂的密度,取 $1.8t/m^3$。

根据计算,可求砂垫层下地层所需地基极限承载力 $\sigma_{下}$,沉井施工以极限承载力计算,可根据太沙基公式计算该层极限承载力或依据施工经验,以地基承载力基本容许值的两倍作为地基的极限承载力。取 1.25 的抗力系数,则复合地基承载力基本容许值需达到:

$$f_{sk}=1.25\times\frac{\sigma_{下}}{2}$$

(二) 砂桩置换率计算

由于下卧层承载力不能满足要求,需采用砂桩加固处理,使砂桩复合地基的承载力基本容许值达到要求。

根据《建筑地基处理技术规范》(JGJ 79—2002)公式,可求置换率 m:

$$f_{spk}=[1+m(n-1)]f_{sk}$$

式中:f_{spk}——振冲桩复合地基承载力基本容许值,kPa;

f_{sk}——处理后桩间土承载力基本容许值,kPa;

m——桩土面积置换率;

n——桩土应力比,即 f_{pk} 与 f_{sk} 的比值。

由以上公式及数据可得:

$$m=\frac{f_{spk}-f_{sk}}{f_{pk}-f_{sk}}$$

(三) 砂桩间距确定

由于下卧层承载力远达不到设计要求,故在下卧层主要承载范围内设置砂桩,以增加下卧层承载力。采用梅花形布置,可求出砂桩的间距 L:

$$L=1.08\times\sqrt{\frac{A_p}{m}}$$

式中:L——砂桩间距,m;

A_p——砂桩的截面面积,m^2;

m——桩土面积置换率。

在地基处理施工前，选择不同的桩体材料、桩长、桩距、垫层厚度等进行计算，并根据计算结果进行多组试验桩施工，以求通过优化方案，达到效率高、成本低、承载力满足设计需要的目的。

确定砂桩加固形式后，进行砂桩及砂垫层基础施工。其施工工艺见“第七章　明挖地基”相关内容。

三、下沉施工监控

超大型沉井体积庞大，沉井下沉需穿越的地质、土层更加复杂，沉井四周土层的不均匀对施工的影响也更加显现，施工控制更加困难，必须对其施工过程进行全程监控，及时掌握沉井的实时信息，确保沉井在施工过程中时刻都处于安全、可控状态之下。监控仪器汇总表8-9-1。这种施工安全监控技术，可以保障项目的顺利实施，减小工程实施风险，为沉井下沉提供可行、经济、高效的技术保障，确保施工过程的安全。为保证沉井施工结构安全，顺利下沉需监控内容包括以下几个方面内容。

监控仪器汇总表　　表8-9-1

监控项目	监控内容	传感器类型
沉井结构应力、应变	沉井关键部位应力、应变	钢板计 混凝土应变计 钢筋计
沉井刃脚、隔墙基地反力	刃脚、隔墙支撑反力	土压力计
沉井侧壁土压力	侧壁土压力	土压力计
周边建筑物沉降	周边民房和建筑物	全站仪
沉井几何姿态	下沉量及其差异、水平位移	全站仪、水准仪
	倾斜度	全站仪、水准仪
地下水位与井内水位	周边地下水位	测绳
	沉井内水位	测绳
沉井底部开挖与地形	井内水下地形测量	测绳、潜水员、多波速测深仪

首次下沉期间的沉井结构应力、应变为整个监控的重中之重，而且首节钢壳（钢筋）的主拉应力不超限是首次下沉的主要控制指标。根据现场施工情况（开挖方式、下沉深度、降排水情况），按照不同工况，预先进行首节沉井底部应力、应变计算，并结合现场测试结果，确定出拉应力最大部位为监控重点，即中间井孔的截面，优先对其进行钢板计和钢筋计的读数和数据处理，做到第一时间将信息反馈到相关部门，使得沉井结构的安全性得到保障。

沉井几何姿态监控是准确下沉的前提和保障，在整个下沉过程中，都应严格控制各项指标不超限，并结合沉井底部开挖情况，指导土体开挖方案的实时调整。周边建筑物其沉降量要做到满足规范要求，保证安全。

第十节 潜水作业

潜水作业分浅潜水作业和深潜水作业，一般规定潜水深度超过45m者属深潜水作业。沉井施工的潜水作业多在40m以内，所以沉井下沉中的潜水作业除少数特殊工程外，一般潜水作业均属浅潜水作业。本节将对浅潜水作业作一简要介绍。

（一）潜水员的水下作业

1. 潜水员下水前的准备工作

（1）对潜水用具逐一进行检查，特别是对铜帽头顶阀（放气阀）、电话及线路、供气软管及接头等重要部件均需认真检查。

（2）由潜水作业小组内其他人员帮助下水的潜水员穿好潜水衣和潜水鞋，系好腰绳，再扶潜水员至潜水梯上，系好铅饼，戴好铜帽。同时将电话线和潜水供气软管固定好，腰绳从潜水员的右胳膊下通过，供气软管从潜水员左胳膊下通过。这时，可开始给潜水员供气，并检查供气系统和电话是否正常。

（3）经上述检查符合要求后，潜水员可顺潜水梯下水至头盔没入水中，在此位置上，潜水员要检查放气阀和潜水衣有无漏水情况。经检查一切正常后，潜水员便可潜入进行水下作业。

2. 潜水员水下作业

潜水员在沉井内水下冲泥时，常使用的工具有水力冲泥机（水枪）或空气吸泥机（射水管）。一般在浅潜水作业时，冲泥常用绝对压力为0.3～0.5MPa的水力冲泥机。如果压力增加较大，需将冲泥机固定在事先准备好的支架上，以便操作。

冲泥时，冲泥机应不断地在沉井内移动冲刷位置，根据沉井四角高差情况，分层进行冲挖。不宜将沉井锅底冲挖成壕沟，或冲得过深而变成深坑，或在井壁附近冲挖成陡峭的土坡，更不应在陡峭的土坡下部再行冲挖，以免由于土方大量崩塌，造成沉井偏斜或危及水下潜水员的安全。

潜水员在压力下工作或停留时间越久，由这种压力转变至正常大气压的减压时间就越长，这会在潜水员身体器官中引起疾病——减压病。所以当潜水员一接到“上升”的通知，就应立即顺腰绳到达预先放入水中的减压梯的第一停留站上。减压梯是为潜水员进行减压停留及上升出水面而设置的，目前使用的多为可拆式绳梯，具有足够的强度，放至水面下第一减压站深度附近。根据潜水员的潜水深度和水下工作时间，设立停留站，让潜水员逐站停留，逐站依次上升，最后到达绳梯顶部再转至潜水梯出水。

当潜水员已出水立于潜水梯上时，小组人员帮助其先从其头上卸下铜帽，再从身上取下铅饼，最后解开系在其身上的腰绳。并帮助潜水员上至设在沉井内的平台上，以穿潜水衣相反的顺序，帮助潜水员脱下潜水衣。

潜水工作完毕后，应及时整理好潜水用具，金属部分要仔细擦干，放于工具箱内，潜水衣和毛线衣等要晒干，所有用具均应放在规定的地点，以便再用。

(二)潜水作业应注意的事项

1. 潜水作业的时间安排

(1)潜水员在正常情况下每昼夜应有 8h 的睡眠时间。

(2)下潜前和出水后应安排潜水员有一定的休息时间,如表 8-10-1 所示。

下潜前和出水后休息时间表 表 8-10-1

水深(m)	充分休息时间(h)		一般休息时间(h)	
	下潜前	出水后	下潜前	出水后
20	1	1	4	2
60	2	2	6	7

潜水员在规定的充分休息时间内,除准备潜水装备和接受体格检查外,不做其他活动。在一般休息时间内,潜水员不担任繁重劳动,只担任听电话、拉信号绳或潜水软管等轻便工作。

下潜前,充分休息时间安排在一般休息时间之后;出水后,充分休息时间安排在一般休息时间之前。如果潜水员出水后有明显的疲劳或不舒服,可酌情延长休息时间。

(3)一个潜水员如在 12h 内进行两次潜水,则称反复潜水。反复潜水时,后一次潜水与前一次潜水之间的间隔时间通常根据以下原则来控制。

①水深 10 ~20m,当天可进行两次潜水,但两次潜水的时间间隔不得少于 2h,两次潜水总时间不得超过 6h。

②水深 20 ~45m,一般不进行反复潜水。如果水下工作时间未超过减压表上规定的"适宜时间",一天只下潜一次;如果超过了"适宜时间",必须隔日下潜。

③水深超过 60m,只能隔日下潜一次。

反复潜水只能在执行紧急任务时才可以不受上述限制,但两次潜水时间必须间隔 2h。如潜水员不够,可以增加潜水员轮流水下作业,保证沉井水下作业的任务完成。

2. 供气质量方面的要求

(1)在供气质量方面,不应含有任何有害气体和杂质。若存在有害气体,但不得超过以下规定的允许浓度(按常压计算)。

二氧化碳:0. 05%;

一氧化碳:0. 002%;

碳氧化合物(油蒸气):5mg/m^3。

(2)为了防止潜水员吸入污染的空气,空气压缩机的吸气管应设在内燃机的上风位置,逆着风向固定在适当高度,并加防护罩。如用压气泵,也应安放在清洁、吸不到废气的位置。

(3)在供气量方面,每分钟不得少于所在水深(以绝对大气压计)的 80L。例如,潜水员在 30m 水深(4 个绝对大气压)处工作,水面供气量每分钟至少应保持为 80 ×4 =320L。如果低于此供气量时,会使潜水员在水下通风换气不足,造成二氧化碳在潜水服内蓄积,达到引起潜水员二氧化碳中毒的水平,不利减压病的预防。

(三)潜水作业的安全操作

为了保证潜水员水下作业的安全,应注意做好以下几点:

(1)潜水员下水工作时,潜水组水面上的工作人员应随时掌握输气管与腰绳,专人负责空气压缩机或压气泵的工作,水面上的工作人员应具有高度的责任心,思想上不能麻痹大意。

(2)沉井中的潜水员往往采取卧式工作,在处理孤石障碍物时,应注意防备孤石压人。

(3)潜水员进行水下作业时,禁止水面以上的重叠作业。

(4)由水面以上向潜水员传送工具时,应以麻绳或腰绳传递,严禁向水下直接抛掷工具。

(5)当进行水下爆破时,潜水员安放好炸药后,应出水转至安全地点,再进行引爆。

(6)潜水员沉入水下及升出水面的速度随水深而定,一般深度时,按其自然沉入即可,升出水面的速度需严格按照减压表进行,以免减压病的发生。

(7)潜水深度超过30m时,宜用下降绳。因潜水员下潜过程中,由于短时间内难以适应水压的突然增加,如反映不良时(如耳膜发痛),可握住下降绳,停止下降,待反应正常后再继续下潜,下降绳也可使潜水员沿此绳上升出水面,不致迷失方向。

第十一节　沉井工程实例

一、某大桥北锚碇特大型沉井基础施工

(一)设计

1. 沉井工程概况

北锚碇沉井分20个井孔,顶面高程+4.30m,基底高程-48.50m,置于密实圆砾石层,沉井顺桥向长69.0m,横桥向宽58.0m,沉井共分11节,除第一节为钢壳混凝土沉井外,其余十节均为钢筋混凝土沉井。其竖向高度划分为:第一节沉井高6m,第二~十节沉井高5m,第十一节沉井高1.8m。

北锚碇沉井首节钢壳为矩形布置,长69m,宽58m,高6m,井壁宽2.1m;沉井隔墙宽1.6m,分区隔墙高6m,一般隔墙高4.0m。井壁与井壁、井壁与隔墙、隔墙与隔墙的连接处设有倒角。

第二节为钢筋混凝土沉井,长和宽分别为69m和58m,高5m。从第二节开始,井壁外侧设置了齿坎,齿坎厚0.5m。第二节沉井井壁厚2.0m,隔墙厚2.4m,隔墙与隔墙间的倒角为0.566m×0.566m,隔墙与井壁间的倒角有1.266m×1.266m、1.733m×1.3m两种。

北锚碇沉井基础结构布置见图8-11-1。

2. 地质、水文概况

北锚碇所属区域属于漫滩地貌,地势平坦,地面高程+3.93~4.32m,下伏基岩面平缓,基岩顶面高程-58.91~60.52m,与地面较一致,其基岩顶面等高线及起伏形态覆盖层厚63.00~64.70m。

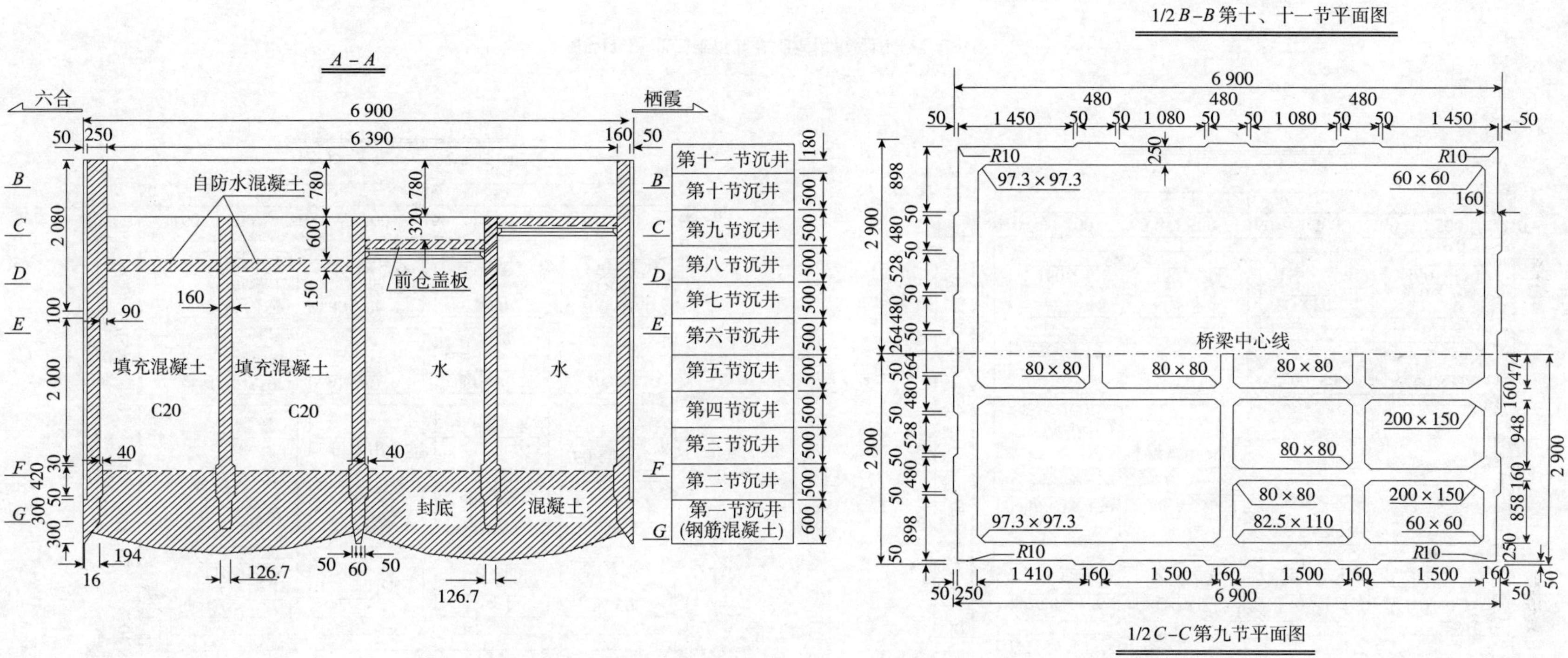
A－A
六合
栖霞
自防水混凝土
前仓盖板
填充混凝土
C20
水
封底
混凝土
第十一节沉井
第十节沉井
第九节沉井
第八节沉井
第七节沉井
第六节沉井
第五节沉井
第四节沉井
第三节沉井
第二节沉井
第一节沉井
(钢筋混凝土)
1/2 B－B 第十、十一节平面图
桥梁中心线
1/2 C－C 第九节平面图

图 8-11-1

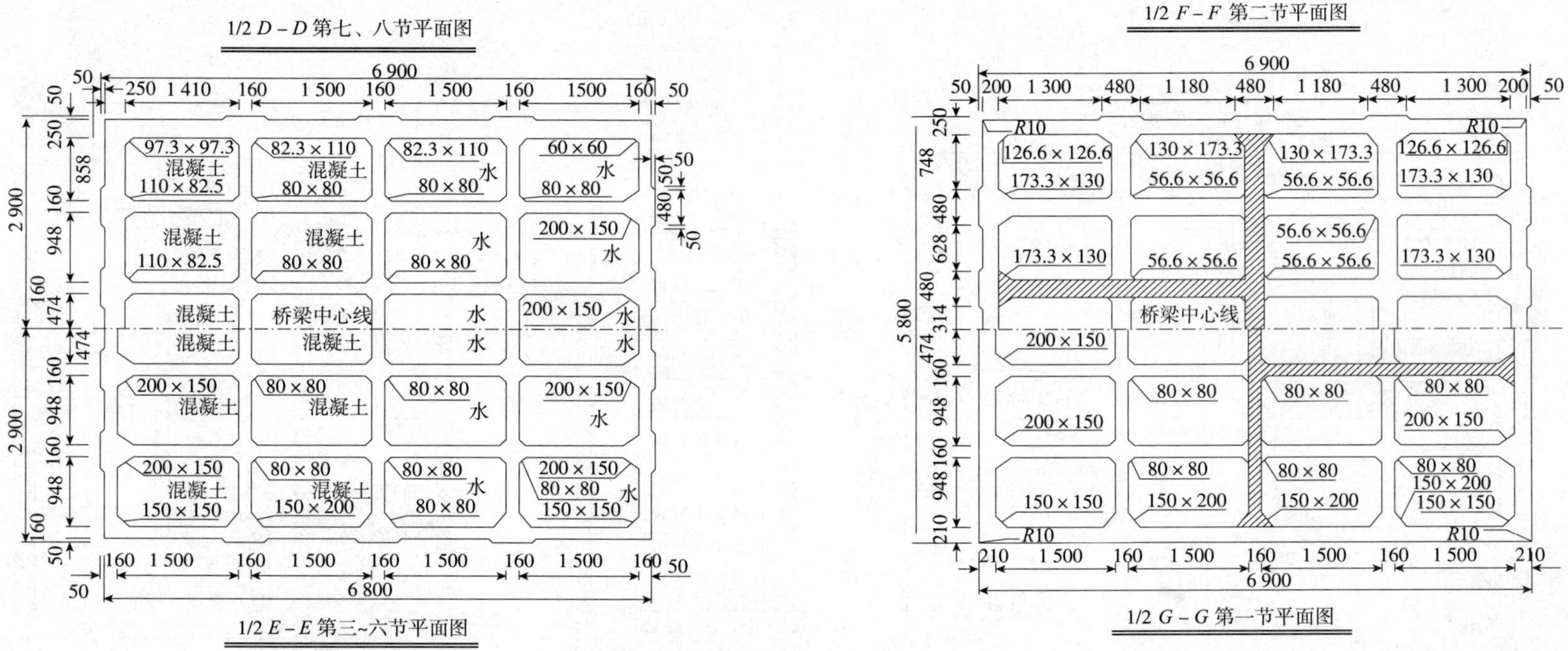

图8-11-1 北锚碇沉井基础结构布置图（尺寸单位：mm）

锚碇区地层为第四纪全新世、晚更新世冲积、冲湖积物，分布总体稳定。下伏基岩有白垩系浦口组（K2P）粉砂岩、泥岩、泥质砂岩和砂质泥岩，地质岩面平缓，岩石强度较低，属软质岩或极软岩，浸水易崩解。

北锚碇勘探深度范围内松散层共分为4大层：①、②和④层，③层缺失。其中，①、②层为全新统，为河流冲积相沉积，局部为湖泊相，半沼泽相沉积，④层为上更新统，主要为河流冲积相和冲洪积相沉积。

北锚碇附近地层主要特征见表8-11-1。

北锚碇附近地层主要特征表 表8-11-1

地层编号	地层厚度(m)	主要特征
$①_0$	0.60~3.20	亚黏土：灰黄色，软塑，层间夹亚砂土
$①_1$	4.60~6.00	淤泥质亚黏土：灰褐色，流塑，夹亚砂土，局部呈互层状
$①_2$	11.20~16.60	粉砂：灰色，松散，分选性较好，含云母片
$②_1$	8.50~18.00	粉细砂：黄灰色、灰色，中密—密实，偶夹亚黏土
$②_2$	16.00~33.10	粉细砂：黄灰色、灰色，中密—密实，偶夹亚黏土
$④_1$	7.70~11.00	圆砾：灰色，密实，含卵石，夹细砂层
$④_2$	2.00~3.00	粉细砂：灰色，密实，局部含卵砾石
⑤	未揭穿	强—弱风化粉砂岩：棕红色，粉砂结构，层状构造

由于基底下部为圆砾石、砾砂层，渗透系数大，透水条件好，水量大，且其与长江相连通，施工时易产生涌水、涌沙等现象。

桥位区域大地构造单元处于扬子褶断带内，主体位于华北地震区长江中下游—南黄海地震带，属中强震活动区，地震基本烈度属Ⅶ度。

根据地勘试验中的试验结论，北锚碇处含水层发育，岩性主要为粉砂、细砂和圆砾，厚度大，分布均匀；地下水为潜水—微承压水，试验期间静止水位高程为2.17~2.19m。

（二）施工

1.施工工艺

为优质、快速地下沉到位，结合地质、水文情况，北锚碇沉井采用部分排水下沉施工工艺，降水19m。为保证沉井结构安全，沉井前四节一起接高下沉。剩余各节经过多种接高、下沉方案必选，采用四次接高、四次下沉方案。沉井下沉组合见表8-11-2。

沉井下沉组合表 表8-11-2

下沉次数	阶段组合	接高/总高(m)	单次下沉深度(m)/累计下沉深度(m)	沉井刃脚底高程(m)
第一次	(1)+(2)+(3)+(4)	21/21	19/19	-14.7
第二次	(5)+(6)	10/31	10/29	-24.7
第三次	(7)+(8)	10/41	10/39	-34.7
第四次	(9)+(10)+(11)	11.8/52.8	13.8/52.8	-48.5

(1)施工工艺

①采用砂桩复合地基法对地基进行加固。在加固好的地基上拼装首节沉井钢壳，浇

注首节沉井混凝土,并接高第二～四节沉井,确保砂桩复合地基能承受前四节沉井的自重。

②降排水下沉沉井19m,累计下沉沉井19m。在首次下沉过程中,进行“小锅底”取土,保证沉井下沉至预定高程后,刃脚埋入土体并受力。

③接高第五、六节沉井10m,不排水下沉沉井10m,累计下沉沉井29m。在第五、六两节下沉过程中,进行“大锅底”取土,保证沉井下沉至预定高程,并尽量减少隔墙踏面的悬空高度。

④接高第七、八节沉井10m,下沉沉井10m,累计下沉沉井39m。在第七、八节下沉过程中,进行“大锅底”取土。

⑤接高第九、十、十一节沉井11.8m,下沉沉井13.8m至设计高程-48.5m,累计下沉沉井52.8m。在第九、十、十一节下沉过程中,采取降排水、空气幕两种助沉方式助沉,确保沉井精确下沉至设计高程。

(2)沉井下沉施工计算

对确定的施工工艺进行计算,各工况下沉系数如表8-11-3所示。

计算结果汇总表 表8-11-3

计算工况	刃脚踏面高程(m)	工况	沉井质量(t)	正面阻力(10kN)	外侧面摩阻力(10kN)	施工荷载(10kN)	浮力(10kN)	下沉系数 K
首节及第二节沉井混凝土浇注完成	+0.8	半刃脚支撑	32 709.0	14 095.5	3 060	244.0	0	1.92
		全刃脚支撑	32 709.0	25 788.0	3 060	244.0	0	1.14
		全截面支撑	32 709.0	60 993.0	3 060	244.0	0	0.51
施工第三、四节		接高系数	61 131.6	60 993.0	3 060	244.0	0	0.96
下沉沉井稳定	-14.7	半刃脚支撑	61 131.6	9 982.4	17 068.4	244.0	0	2.27
		全刃脚支撑	61 131.6	18 263.1	17 068.4	244.0	0	1.74
		全截面支撑	61 131.6	43 195.2	17 068.4	244.0	0	1.02
施工第五、六节		接高系数	89 512.9	43 195.2	17 068.4	244.0	17 686.3	1.20
下沉沉井稳定	-24.7	半刃脚支撑	89 512.9	11 998.1	28 032.2	244.0	25 014.9	1.62
		全刃脚支撑	89 512.9	21 950.7	28 032.2	244.0	25 014.9	1.30
		全截面支撑	89 512.9	52 917.2	28 032.2	244.0	25 014.9	0.80
施工第七、八节		接高系数	120 005.2	52 917.2	28 032.2	244.0	25 014.9	1.18
下沉沉井稳定	-34.7	半刃脚支撑	120 005.2	11 324.3	42 544.2	244.0	42 650.8	1.44
		全刃脚支撑	120 005.2	20 718.1	42 544.2	244.0	42 650.8	1.23
		全截面支撑	120 005.2	49 001.8	42 544.2	244.0	42 650.8	0.85
施工第九、十、十一节		接高系数	142 623.6	49 001.8	42 544.2	244.0	42 650.8	1.09
下沉沉井稳定	-48.5	半刃脚支撑	142 623.6	11 324.3	64 015.2	244.0	56 474.0	1.15
		全刃脚支撑	142 623.6	32 493.1	64 015.2	244.0	56 474.0	0.90
		全截面支撑	142 623.6	63 682.7	64 015.2	244.0	56 474.0	0.68

计算结果分析：

①在整个沉井下沉过程中，在半刃脚支撑工况下的下沉系数最小，$K=1.15>1.05$，说明在助沉措施的作用下，整个沉井可下沉至设计高程。

②沉井后三次接高系数略大于1.05，相对稳定，沉井接高时沉井有一定下沉的趋势。

③首次采用降排水下沉19m，可做到一步就位，降排水下沉高度小，其余三次均采用不排水下沉，对长江大堤起到保护作用。

④接高高度较小，对施工有利；方案可行。

2. 地基处理

根据设计要求，最小地基承载力为350kPa，根据北锚碇处地质资料及现场实际试验，原地面承载力（90kPa）远不能达到设计要求，所以，必须对地基进行加固。

地基处理采用砂桩复合地基法，首次开挖地基深度2.5m，砂桩试验完成后，坑底整平之后开始打设砂桩，砂桩施工完成后，二次开挖地基深度1.5m，最后进行2.0m厚50%粉砂+50%石屑垫层施工。

砂桩桩径$D=50$cm，桩长$L=13.8$m，砂桩桩底高程为-12.0m，桩距为1.2m，梅花形布置。砂桩数量约为2 885根，用砂量约8 751m^3。

基坑两次开挖总深度为4.0m，基坑顶口尺寸为81.0m×70.0m，底口尺寸为75.0m×64.0m，开挖总方量为20 916m^3。

换填2.0m深，换填顶口尺寸为78.0m×67.0m，底口尺寸为75.0m×64.0m，换填数量约为11 226m^3。要求换填后现场平板荷载试验承载力大于350kPa。

3. 沉井制作

（1）钢壳沉井制作

北锚碇沉井钢壳井壁宽2.1m，高6m。沉井隔墙宽1.6m，高5.4m。井壁与井壁、井壁与隔墙、隔墙与隔墙的连接处设有倒角。钢壳沉井共分9类103个节段，节段最大尺寸为7.88m（长）×5.4m（高）×1.6m（宽），单块段质量最大为10.01t。

为加快钢壳制作施工进度、保证施工质量，钢壳委托专业船厂进行节段制作，运至现场拼装成整体。钢壳沉井制作施工工艺如图8-11-2所示。

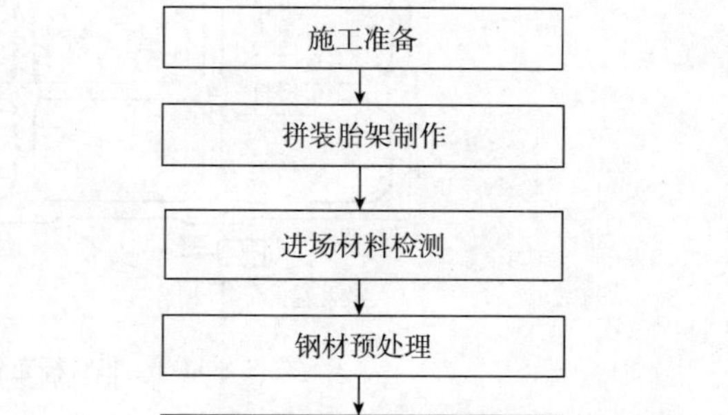

图8-11-2　钢壳沉井制作施工工艺流程图

（2）钢筋混凝土沉井

①钢筋工程

第二节以上混凝土沉井钢筋有$\phi12$、$\phi16$、$\phi20$、$\phi25$、$\phi32$五种规格，$\phi25$和$\phi32$钢筋采用滚轧直螺纹套筒连接，其余三种钢筋接头采用搭接连接。钢筋在钢筋加工场进行加工，加工完成后利用平板车运输到沉井施工现场，塔吊和吊车协助进行吊装，按先竖向、后水平、再拉钩筋、从下往上的顺序进行安装。

②模板工程

模板采用大块钢模板，分 3 节接高，高度为 0. 5m +4. 5m +0. 5m。模板系统主要由内外模板、拉杆、围檩、外部背楞、工作平台等组成。第八 ~ 十一节井壁部位采用双头锥形橡胶螺母连接，除此之外，内外模板均采用对拉杆固定。在内模上设置工作平台，以方便钢筋绑扎及混凝土浇注施工。第十、十一节沉井浇注时仅设置井壁模板，无隔墙模板和倒角模板。

③混凝土工程

沉井混凝土采用 C30 混凝土，混凝土生产采用两台 $120m^3/h$ 拌和设备进行拌和。通过 6 台 $8m^3$ 罐车将混凝土运输至现场，然后利用现场的两台 HBT60C 和两台 HBT80C 拖泵进行泵送。设置 4 台 HG－18 型布料杆进行远距离混凝土浇注，布料杆的作业半径为 18m，见图 8-11-3。

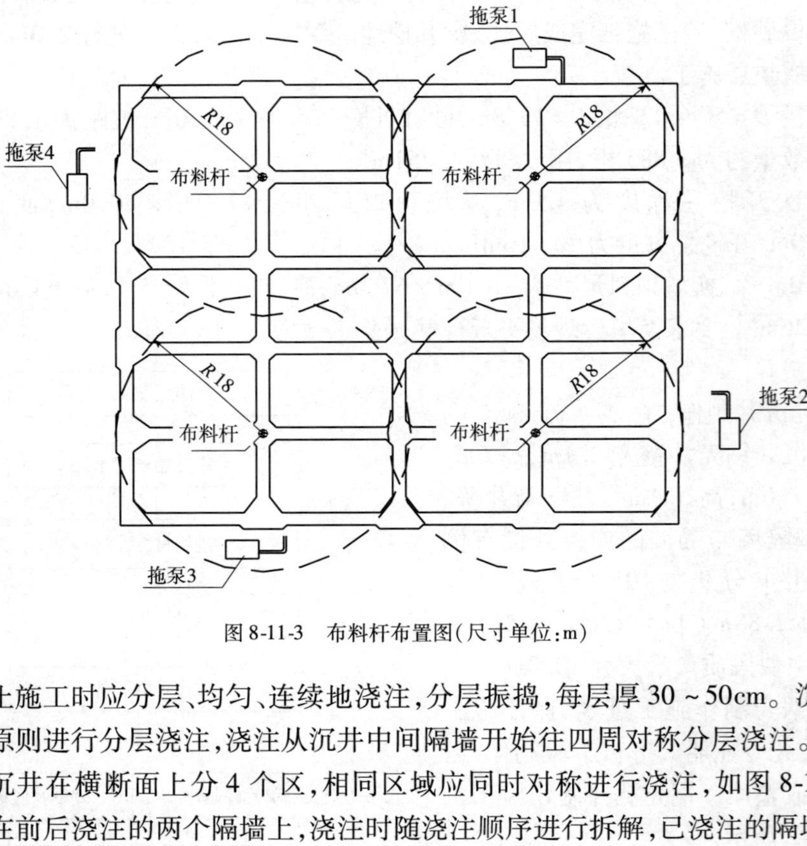

图 8-11-3　布料杆布置图（尺寸单位：m）

混凝土施工时应分层、均匀、连续地浇注，分层振捣，每层厚 30 ~ 50cm。沉井混凝土根据对称原则进行分层浇注，浇注从沉井中间隔墙开始往四周对称分层浇注。第二 ~ 九节混凝土沉井在横断面上分 4 个区，相同区域应同时对称进行浇注，如图 8-11-4 所示。泵管布置在前后浇注的两个隔墙上，浇注时随浇注顺序进行拆解，已浇注的隔墙上的泵管应周转到待浇注的隔墙。

混凝土浇注施工前，对下层浇注混凝土表面凿毛、清洗，从而保证上下层间混凝土的黏结强度，同时对钢筋、预埋件及模板系统进行全面检查。

4. 沉井下沉

北锚碇沉井为矩形结构，其平面尺寸为 69m ×58m，总高度为 52. 8m，共分为 11 节，其分节高度分别为 6m +9 ×5m +1. 8m =52. 8m。沉井下沉过程中所穿过的土层有亚黏土、亚砂土、粉砂、细砂、圆砾等土层。11 节沉井分四次下沉，第一次下沉为第一 ~ 四节沉井，采用降排水下沉施工，以后三次均采用不排水下沉施工。

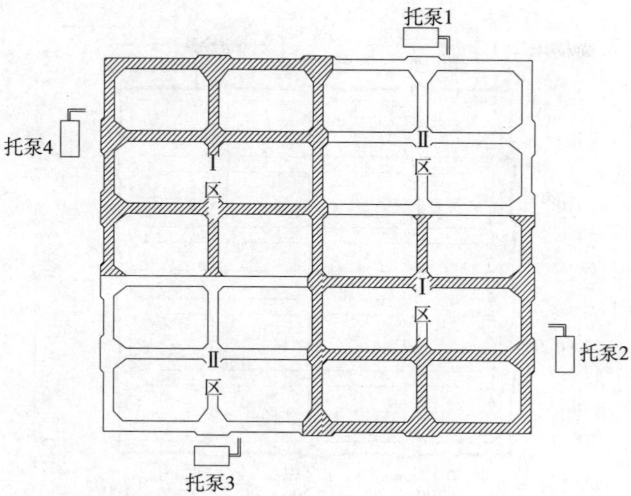

图 8-11-4　第二～九节沉井浇注顺序示意图

(1)排水下沉施工

锚碇降水井在基坑外围布置两圈，32 口降水井，以基坑外围环道为参照，内外两排降水井距沉井外边分别为 15m 和 23m。设计抽水井井深为 35m，过滤器贯穿整个上部潜水层和部分弱承压含水层，放置深度 13.0～34.0m。降排水最大深度为 21m。

不排水下沉采用水力吸泥机进行除土，每个井空一台水力吸泥机，同时配备两台高压水泵提供高压水冲割土体。为了便于施工控制，把沉井中心 6 个隔仓和沿井壁 14 个隔仓分为 A、B 两种表示，冲泥下沉的整体顺序为先 A 区，再 B 区。先用高压水枪冲刷沉井 A 区中央各格的锅底，形成锅底，然后逐步扩大，对称均匀冲吸其他四周边 B 区的井格，逐步让沉井刃脚下沉。

施工中锅底不宜太深，应保持在 1.5m 左右。A 区隔墙悬空高度控制在 1m 以内，B 区隔墙内壁悬空高度控制在 50cm 以内，四周井壁不允许悬空，必须要冲刃脚时，要做到对称、均匀。

(2)不排水下沉

北锚碇沉井基础第五～十一节为不排水下沉施工，采用空气吸泥机取土下沉。共配备 20 台 D250 空气吸泥机吸泥除土，施工中，首先将所有设备调试正常，启动补水泵向井内补水，保持井内水位高于地下水位 1～2m；再启动高压泵送至水下冲土，最后开启空气吸泥器，移动吸泥管，达到正常冲吸土，先冲吸中间仓，然后根据实际施工过程的具体情况，调整高差先后向四周移动，从而形成大锅底，循环作业，保证沉井在均匀下沉。

(3)空气幕助沉

北锚碇沉井地质以砂土为主，仅地表有部分黏土覆盖层，适合采用空气幕进行助沉。在沉井下沉过程中，采用空气幕助沉降低沉井外壁的摩阻力，当沉井下放到预定位置后，空气幕停止，沉井外侧的摩阻力会基本恢复。沉井空气幕气龛布置见图 8-11-5。沉井在最后 8m 下沉困难时，开启空气幕后顺利下沉到位。

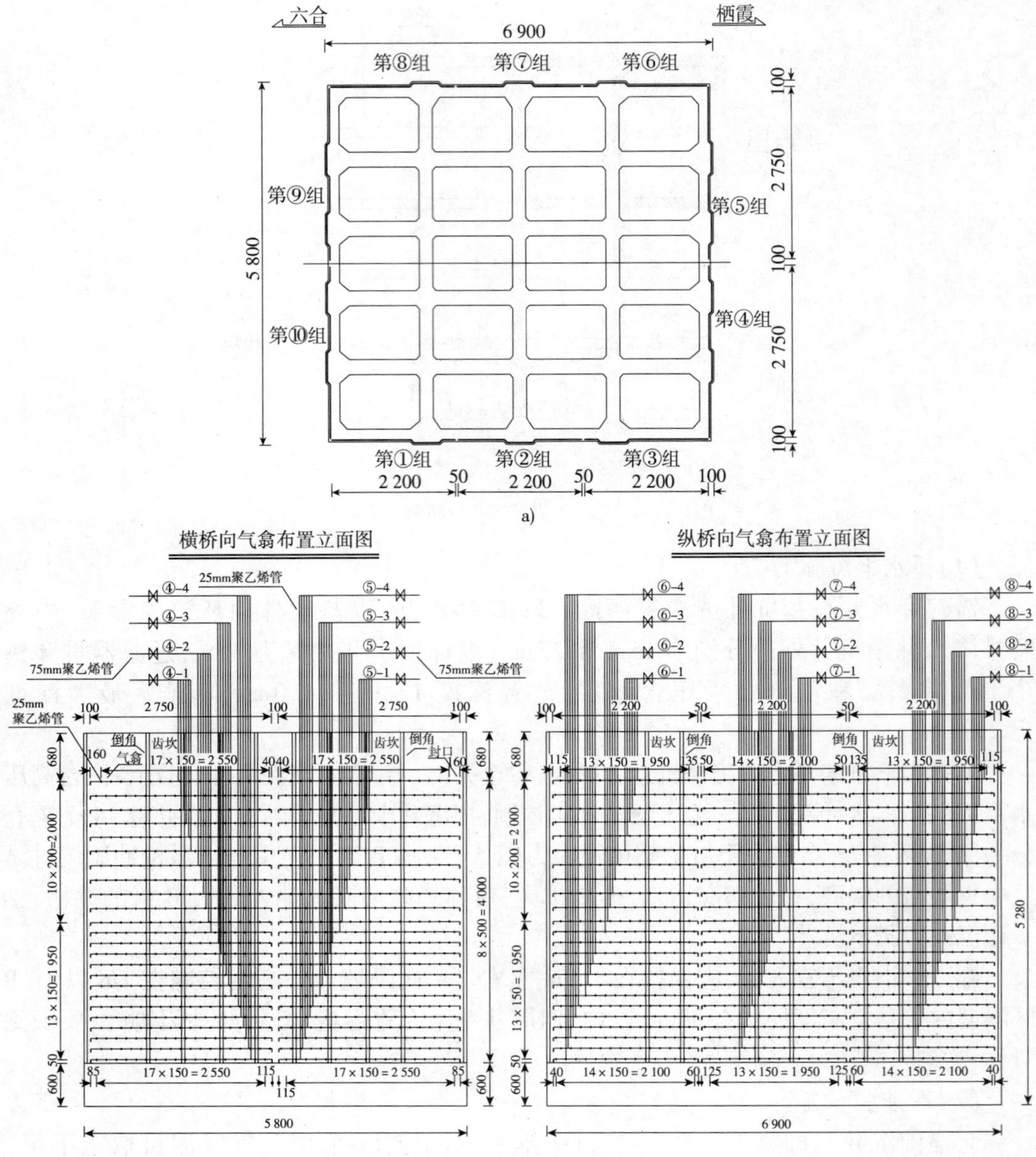

图 8-11-5 沉井空气幕气龛布置图(尺寸单位:cm)
a)平面图;b)立面图

二、某长江大桥主塔沉井基础施工

(一)设计

1. 沉井工程概况

沉井顶高程为 +6.0m,塔座顶高程 +8.0m。沉井顶部平面尺寸纵向 50.4m,横向 64.4m,四角倒圆半径 11.20m,承台厚 6.0m。沉井标准节段平面尺寸纵向 44.0m,横向 58.0m,四角倒圆半径 8.0m。标准段沉井壁厚 1.6m,考虑防船舶撞击的需要,承台底以下

到 -12.0m 范围内，沉井壁厚向外加厚到 2.6m。第一节壁厚 1.8m，隔墙厚度 1.2m。钢沉井高度为 44.0m，混凝土沉井高度为 32.0m，沉井总高度 76.0m。钢沉井平面布置为 12 个12.8m×12.8m 方形井孔，四周 10 个井孔以 6.4m 半径倒圆，井孔间布置直径为 0.8m的吸泥射水孔；钢沉井刃脚高 1.45m，钢沉井平面分 20 块，每块间用隔仓板分隔；沉井封底混凝土厚度为 11.0m，中塔沉井基础结构布置见图 8-11-6。

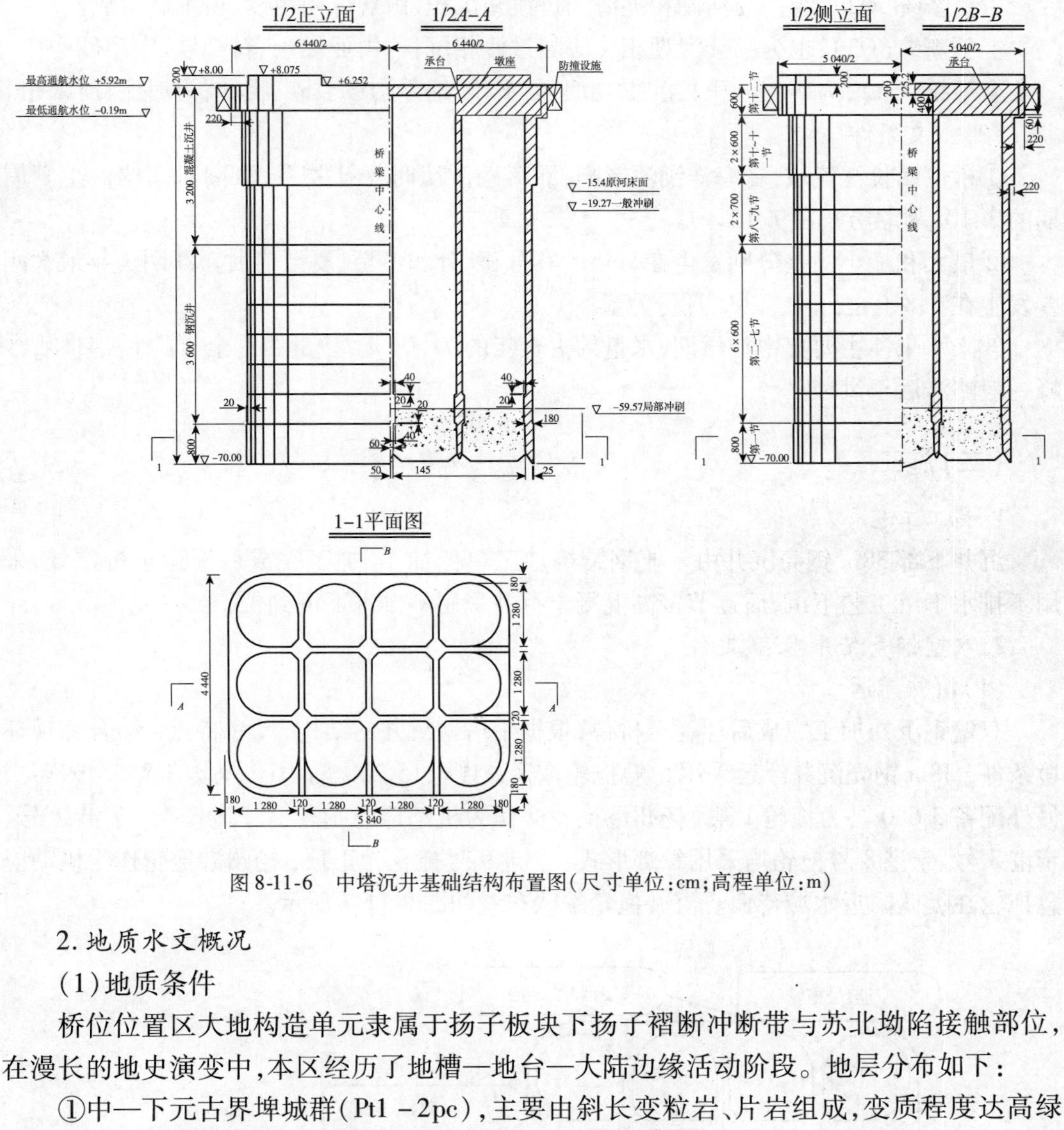

图 8-11-6　中塔沉井基础结构布置图（尺寸单位：cm；高程单位：m）

2. 地质水文概况

(1) 地质条件

桥位位置区大地构造单元隶属于扬子板块下扬子褶断冲断带与苏北坳陷接触部位，在漫长的地史演变中，本区经历了地槽—地台—大陆边缘活动阶段。地层分布如下：

①中—下元古界埤城群(Pt1 -2pc)，主要由斜长变粒岩、片岩组成，变质程度达高绿片岩相，于后朱巷一带钻孔中见及，它构成本区的变质基底。

②震旦系下统(Z1)，由千枚岩、千枚状泥质粉砂岩、千枚状泥岩组成，于后朱巷一带钻孔中见及，嘉山北坡有零星出露；上统(Z2)由千枚状泥岩夹泥灰岩、白云岩及白云质灰岩组成，分布于埤城、孟河一线以南帽山、黄山等地。

③侏罗系上统(J3)，由一套英安流纹质火山熔岩及火山碎屑岩组成，于圈山一带出露，但在口岸附近钻孔中见及的是安山质火山角砾岩。

④白垩系上统，包括浦口组(K2P)和赤山组(K2c)，前者以砂砾岩、粉砂岩、泥岩为主，为桥位区主要基岩地层，后者以粉砂岩、细砂岩为主，主要分布于北东侧外围。

⑤上第三系(N),为一套河湖相沉积,由亚黏土夹粉细砂,含砾中粗砂夹玄武岩组成,呈半固结状态。区内第四系为一套河湖、滨海相松散沉积物。

⑥第四系,遍及全区,厚度较大,发育较全,呈西南薄,北东厚特征,在桥位区厚150~190m。自下而上为:

下更新统(Q1),为一套河湖相沉积,主要由砂砾层构成。

中更新统(Q2),为一套河湖相夹海陆过渡相沉积,由含砾中粗砂、粉细砂构成。

上更新统(Q3),也为一套河湖相夹海陆过渡相沉积,由亚黏土、粉细砂、中粗砂构成。

全新统(Q4),为一套冲积相沉积,由亚黏土、粉细砂构成。砂、粗砂,为河流、河床相。

(2)水文条件

①桥位属长江流域,受海洋潮汐影响,涨落潮汐历时互补关系,涨潮时间约占半潮周期的3/10,落潮历时占7/10。

②最大和最小潮差分别发生在每年的春分、秋分和冬至、夏至前后。江阴历年最大潮差发生在7、8、9 三个月,以9 月份为最。

③来水来沙主要集中在汛期,水量约占全年的71.06%,沙量约占全年的87.41%,沙峰一般略滞后于洪峰。

(二)施工

1. 施工工艺

沉井下部38m 钢壳沉井由专业钢结构加工单位加工,加工完成后浮运至桥位处,采用不排水下沉工艺下沉,后逐节接高混凝土沉井采用不排水下沉到位。

2. 双壁钢壳沉井浮运、定位

(1)沉井浮运

双壁钢沉井加工完成后浮运至桥位,根据中塔钢沉井的结构、尺寸特点,结合客观环境条件,38m 钢壳沉井浮运采用5 艘拖轮拖运,共计15 200 马力(1 马力 =735.499W),另外配备3 600 马力拖轮1 艘(扬州港拖轮)作为机动应急拖轮。宁港1 号、宁港2 号、宁港3 号、宁港8 号拖轮均采用编绑形式,宁港9 号拖轮为正顶,扬州港拖轮作为机动应急拖轮在编队附近水域待命。沉井拖轮编队布置如图8-11-7 所示。

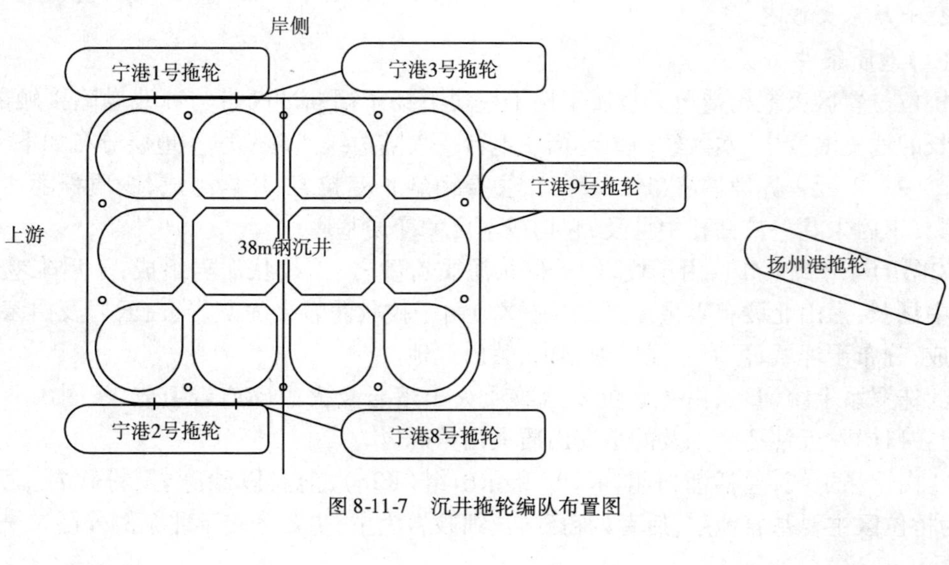

图8-11-7 沉井拖轮编队布置图

(2)沉井定位

38m 钢沉井浮运到墩位处后，钢沉井的就位通过钢沉井上下游锚墩平台，主要是利用锚墩上的卷扬机和滑车组，对钢沉井上各个方向拉缆拉力控制进行平面位置调整定位。

①定位锚墩

钢沉井的两个定位锚墩，分别布置在中塔桥墩位桥轴线上下游的 170 m 处。上游锚墩结构采用 20 根斜率为 5∶1 的 ϕ1 200 × 14 钢管桩作为桩基，顺水流方向 3 排间距分别为 4m、7m、4m ，横向 5 排间距均为 6m。在高程 +2. 0m 处设置 ϕ800 × 10 钢管平联，同时在两个方向设置 ϕ800 × 10 斜撑，在平台顶双向布置等高连接的 2HN80 × 300 的 H 型钢作为主梁，滑车组基座采用 1 050mm × 650mm 钢箱梁。下游锚墩结构采用 16 根斜率为 5∶1的 ϕ1 200 × 14 钢管桩作为桩基，顺水流方向 3 排间距分别为 4m、7m、4m，横向 4 排间距均为 7m。在高程 +2. 0 m 处，设置 ϕ800 × 10 钢管平联，同时在两个方向设置斜撑，在平台顶双向布置等高连接的 2HN800 × 300 的 H 型钢作为主梁，滑车组基座采用 1 050mm × 650mm 钢箱梁。锚墩钢管桩采用“桩 9”打桩船进行插打。定位锚墩结构如图 8-11-8 所示。

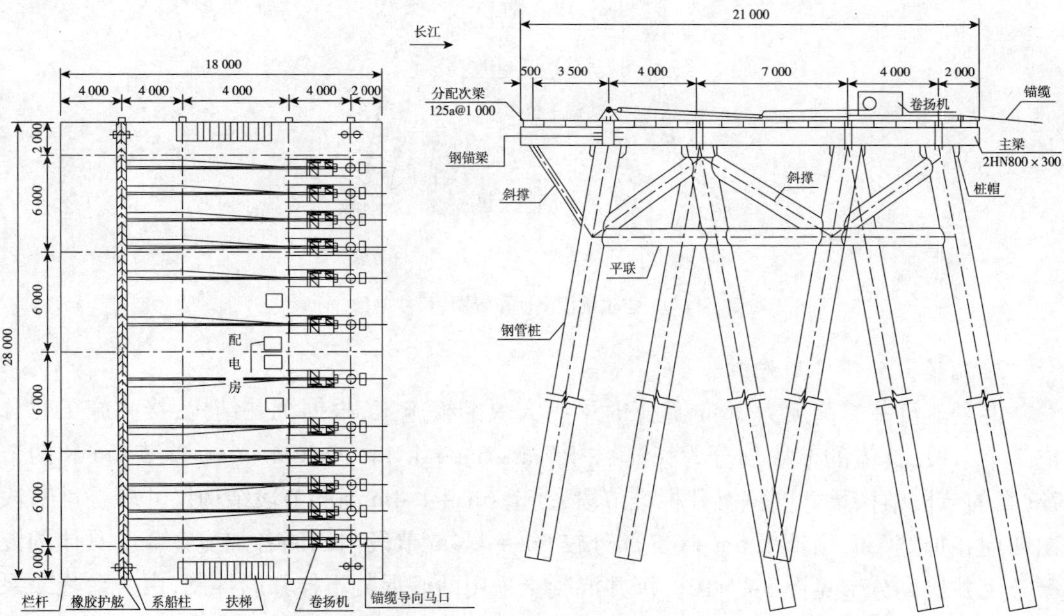

图 8-11-8　定位锚墩结构图(尺寸单位：mm)

②锚缆设置

在沉井的上下游正面，各布置 4 根主缆和 2 根下拉缆，在沉井南北侧各布置 6 个 8 t 海军锚作为边锚，其中，4 个为边缆侧向边锚，2 个为下拉缆侧向边锚。锚缆均采用 ϕ54 的钢丝绳。在锚墩上分别布置 12 台卷扬机和与之相匹配的滑车组，钢沉井通过钢丝绳和锚墩平台上的滑车组与卷扬机连接，通过 12 台卷扬机调节每根拉缆的张力。由于沉井每根缆绳受力不同，根据拉缆的不同受力情况，采用不同型号的卷扬机对拉缆进行调整。正面主拉缆采用两台同型号的 10t(6 号、7 号)和两台同型号的 8t(5 号、8 号)卷扬机，边拉缆和边下拉缆用同型号的 5t 卷扬机。定位锚固平面布置如图 8-11-9 所示。

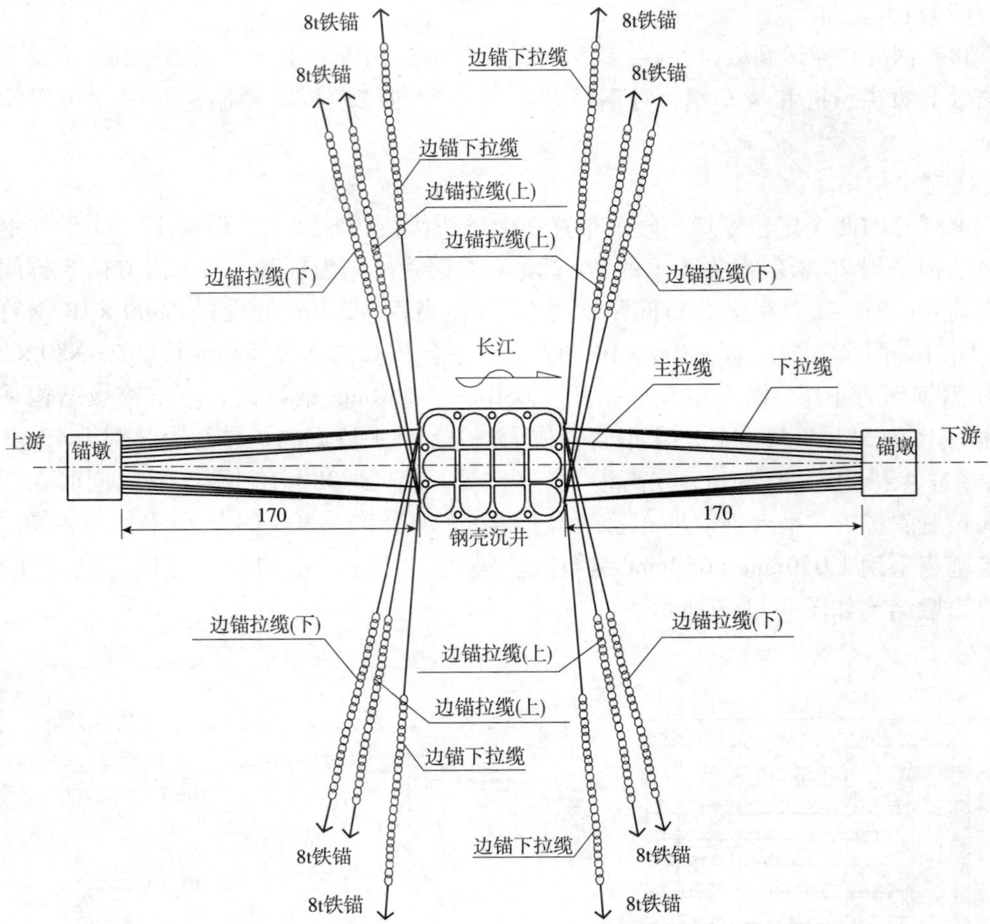

图 8-11-9　定位锚固平面布置图(尺寸单位:m)

3. 混凝土沉井接高施工

混凝土沉井总高度为 38m,施工时采用大块翻模施工,根据沉井结构,接高施工时分成 7 个节段,具体的节段划分为:6m + 2 × 7m + 6m + 4. 4m + 1. 6m + 6m,首节 6m 和两节 7m 高的节段结构尺寸同钢沉井标准节段,往上 6m +4. 4m 高的节段结构尺寸较标准节段向四周各加宽 1m,顶部 1. 6m +6m 部分较 6m +4. 4m 节段向四周各加宽 2. 2m,具体的混凝土沉井接高分节见图 8-11-10。沉井混凝土采用两艘混凝土拌和船拌制,由 4 台拖泵泵送干浇,经拖泵→泵管→潮汐补偿器→泵管→布料杆→溜槽→混凝土入仓。混凝土沉井接高施工机具布置见图 8-11-11。

4. 沉井下沉

中塔沉井为矩形结构,其平面尺寸为 64. 4m × 50. 4m,总高度为 76m,其中钢壳沉井 38m,混凝土沉井分成 7 个节段,具体的节段划分为:6m + 2 × 7m + 6m + 4. 4m + 1. 6m + 6m = 38m。沉井下沉过程中所穿过的地层以砂土为主。沉井共 8 次下沉,钢壳沉井井壁混凝土浇注完成后一次下沉到位,混凝土沉井接高一节下沉一次。

下沉均采用不排水下沉,采用空气吸泥机取土下沉。共配备 12 台 D300 空气吸泥机吸泥除土,施工中,首先将所有设备调试正常,启动补水泵向井内补水,保持井内水位高于地下水位 1 ~ 2m;再启动高压泵送至水下冲土,最后开启空气吸泥器,移动吸泥管,达到正常冲吸土,先冲吸中间仓,然后根据实际施工过程的具体情况调整高差先后向着四周移动,从而形成大锅底,循环作业,保证沉井在均匀下沉。

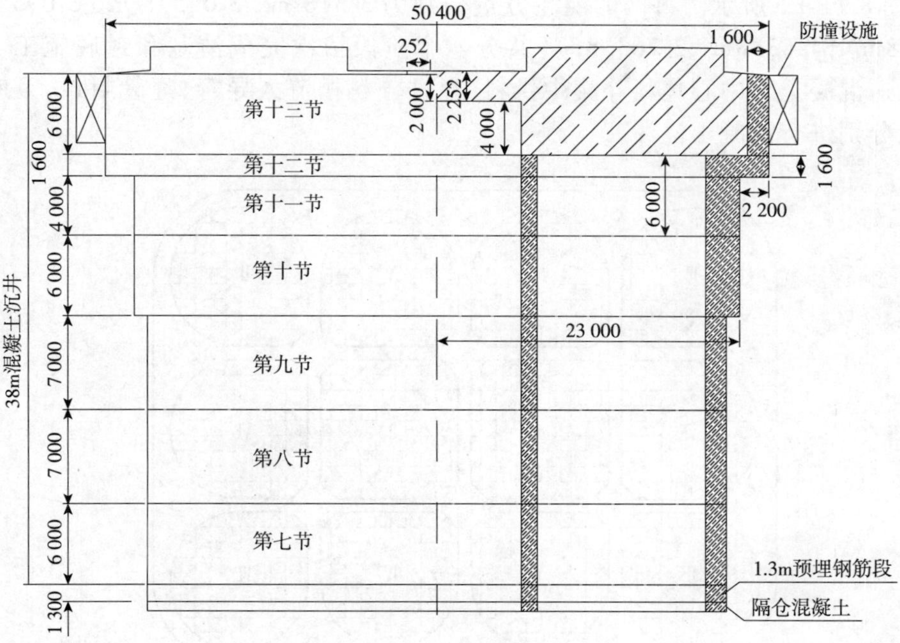

图 8-11-10　混凝土沉井接高分节图(尺寸单位:mm)

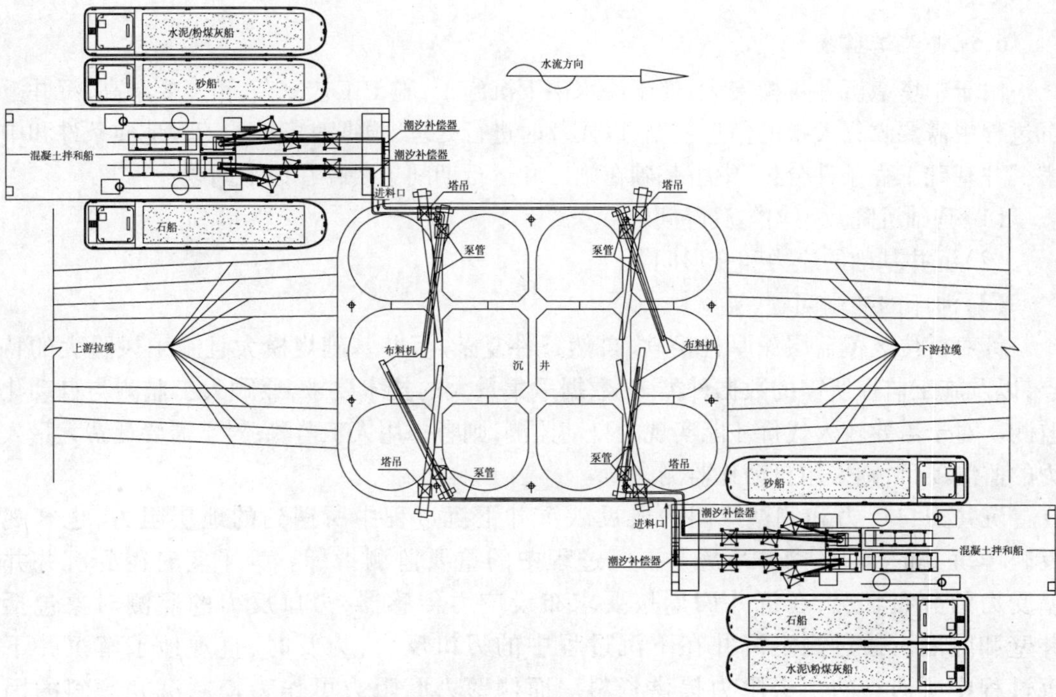

图 8-11-11　混凝土沉井接高施工机具布置图

5. 沉井封底施工

封底采用集中料斗,分区进行封底。由于沉井封底混凝土面积较大,隔仓多,为保证封底混凝土对沉井的基底荷载分布均衡，封底浇注顺序采取：先中间、后四角、最后周边井孔的浇注顺序。封底具体顺序为：Ⅰ区→Ⅱ区→Ⅲ区→Ⅳ区→Ⅴ区→Ⅵ区，如图 8-11-12 所示。每区的浇注方量分别为 3 518 m^3、3 095.8 m^3、3 095.8 m^3、3 263.8m^3、3 263.8m^3、3 263.8m^3，共分六个阶段依次完成清基和封底施工。采用拖泵泵送混凝土入中心集料斗集中供料，经过分料槽流入导管，逐管封口，及时补料的方式分别进行混凝土浇注。

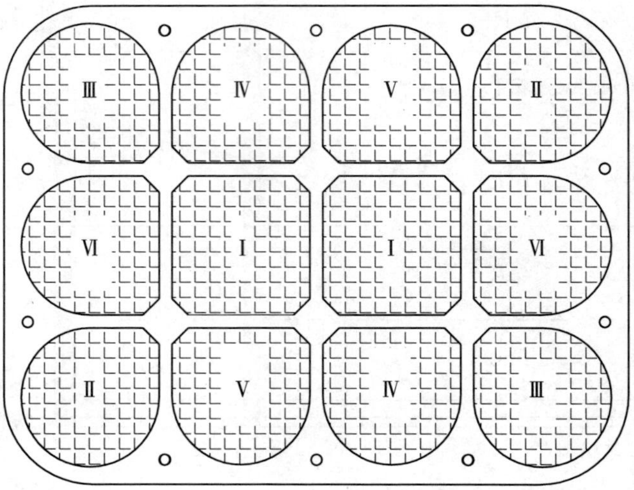

图 8-11-12　沉井封底施工顺序

6. 沉井施工监控

由于中塔墩沉井规模宏大，处于深水中下沉施工，施工工艺复杂，精度要求高，沉井下沉过程中需要收集大量的信息数据，以便及时进行处理，根据对塔址的工程地质条件和中塔沉井基础工程条件分析，中塔基础在施工和运行期间主要存在以下问题：

(1)基础沉降及不均匀沉降问题。

(2)沉井基础的应力和变形问题。

(3)河床的冲刷问题。

针对桥位区覆盖层深厚且松软、自然条件复杂、沉井基础规模大且施工风险大的特点，以及施工监控所需的数据种类多、数据采集量大的技术要求，兼顾人工监测与自动化监测。对于需要较大代价才能实现的自动监测，则考虑用人工监测；对于需要耗费大量人力的监测项目，则采用自动化监测。

沉井刃口反力和侧壁摩阻力既反映沉井下沉过程中所遇到的地层阻力，也客观反映了沉井的受力情况，是沉井下沉过程中的重要监测指标。为了实时得到沉井井壁受力的分布状况，在沉井四周按要求布设应力传感器，刃口反力的监测对象包括井壁和隔墙。通过测定沉井在下沉过程中的刃口反力，为及时、直观地了解沉井下沉过程中所遇到的土层阻力提供资料。而侧壁力摩阻力可作为控制沉井倾斜的因素，同时也可判断井壁土体是否发生流沙。将应力传感器的测量数据通过无线网络传输到控制中心，实时得到沉井的端阻力和侧阻力的分布状况。沉井监控元件布置见图 8-11-13。

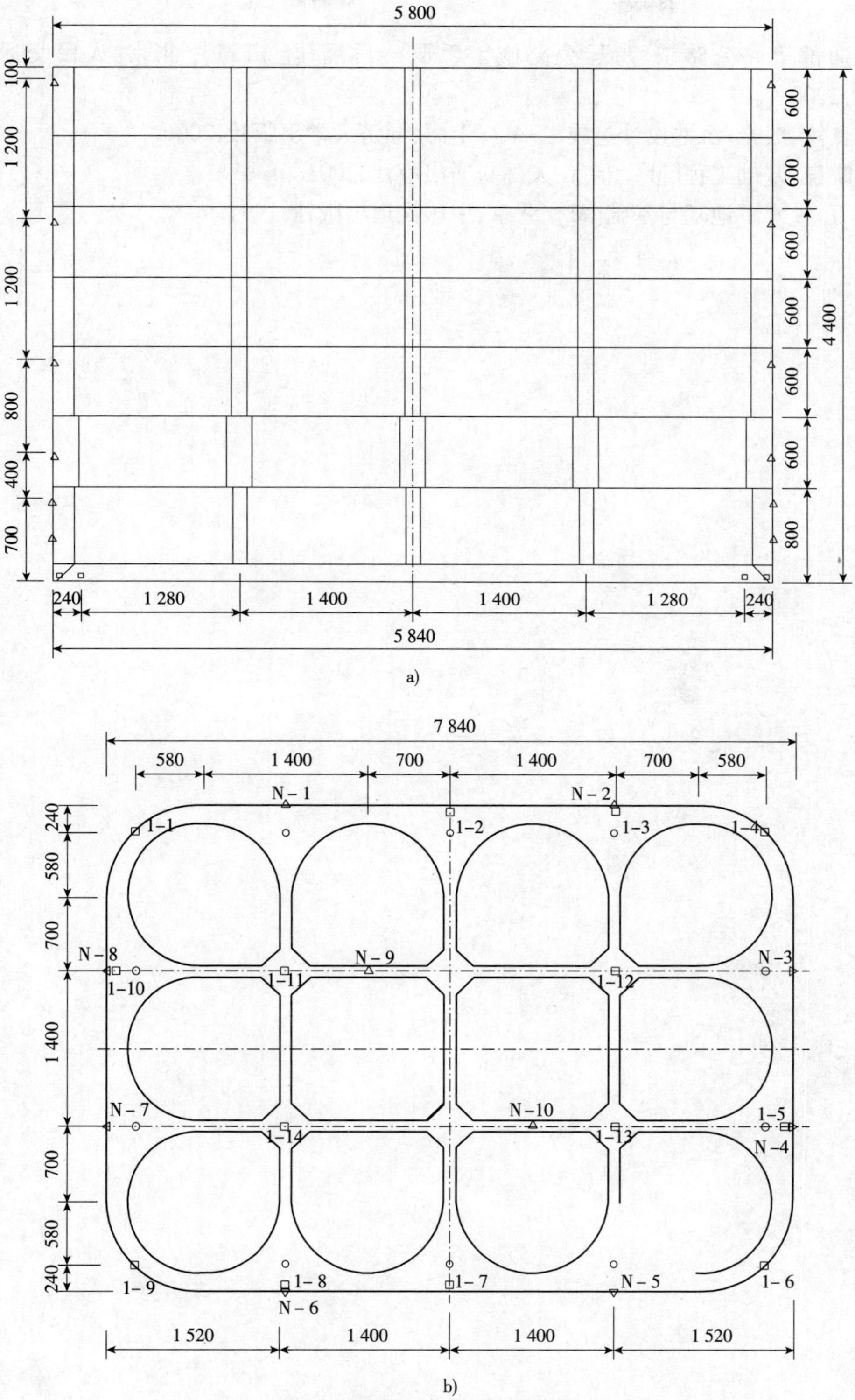

图 8-11-13　沉井监控元件布置图(尺寸单位:cm)

a)立面图;b)平面图

本章参考文献

[1] 交通部第一公路工程局. 公路施工手册　桥涵(上)[M]. 北京:人民交通出版社,2000.
[2] 段良策,殷奇. 沉井设计与施工[M]. 上海:同济大学出版社,2006.
[3] 王晓谋. 基础工程[M]. 北京:人民交通出版社,2003.
[4] 殷万寿. 水下地基与基础[M]. 北京:中国铁道出版社,1994.

第九章 地下连续墙

第一节 概 述

利用各种挖槽机械,借助于泥浆的护壁作用,在地下挖出窄而深的沟槽,并在其内浇注适当的材料,形成一道具有防渗(水)、挡土和承重功能的、连续的地下墙体,称为地下连续墙。这种地下连续墙在欧美称为"混凝土墙",在日本称为"地下连续壁",在我国称为"地下连续墙"。

一、地下连续墙发展历程

地下连续墙起源于欧洲,1920 年德国首先提出了地下连续墙专利,但在实际工程中大量地使用,还是第二次世界大战以后的事。第二次世界大战后,欧洲各国开始战后重建,用于基坑围护的钢板桩的产量不能满足工程实践的大量需求,另外在某些地质条件下,打混凝土预制桩、钢桩或钢板桩相当困难,于是地下连续墙的研究受到了重视。1950 年,意大利 ICOS 公司成功地开发了桩排式地下连续墙的施工方法,使地下连续墙达到工程实用阶段。1975 年,在伦敦召开了欧洲地下连续墙及锚固技术专题会议,会议介绍了纽约世界贸易中心、维也纳 UNO 城等数十个地下连续墙的工程实例,其中包括预制式地下连续墙、地下连续墙作为竖向承重结构、预应力地下连续墙等先进技术在实际工程中的成功应用,这表明欧洲的地下连续墙技术已经非常成熟。

1954 年,日本从德国引进桩排式地下连续墙技术,1959 年,又从意大利 ICOS 公司引进壁板式地下连续墙技术。随着 20 世纪 60 年代日本经济大发展,投入了大量的人力、物力,并进行开发研究和创新工作,开发出许多独具特色的工法,在施工机械和配套设备的开发上也下了大力气,地下连续墙在日本被应用到各个工程建设领域中。

1958 年,中国开始应用桩排式地下连续墙作为水库大坝的防渗墙。1976 年,在唐山大地震后的一项岸壁修复工程中,壁板式地下连续墙第一次得到应用。上海基础工程公司和上海隧道工程公司于 20 世纪 70 年代开始比较系统地研究建筑工程中地下连续墙的施工方法,并于 1977 年研制成功导板抓斗和多头钻成槽机,这一成就大大促进了地下连续墙在我国的推广和应用。近年来,随着建筑基坑工程规模和深度的加大,地下连续墙技术在我国建筑工程中得到了广泛的应用。

二、地下连续墙的分类

按成墙方式分为:壁板式、桩排式和组合式,见图 9-1-1。

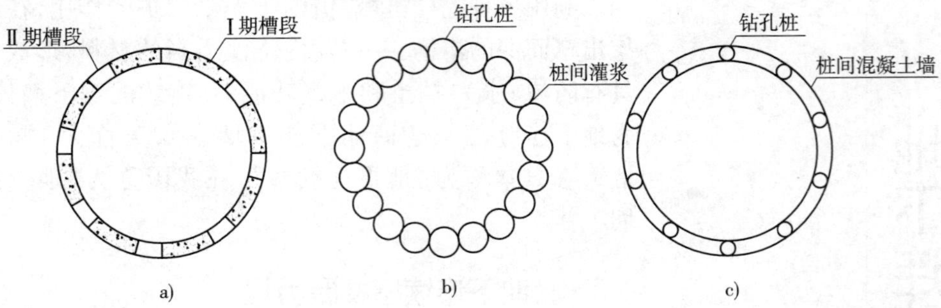

图 9-1-1　地下连续墙分类

a)壁板式地下连续墙;b)桩排式地下连续墙;c)组合式地下连续墙

按墙的用途分为:临时挡土墙,防渗墙,用作主体结构一部分兼作临时挡土墙的地下连续墙,用作多边形基础兼作墙体的地下连续墙。

按墙体材料可分为:钢筋混凝土墙,塑性混凝土墙,固化灰浆墙,自硬泥浆墙,泥浆槽墙(回填砾石、黏土和水泥三合土),后张预应力地下连续墙,钢制地下连续墙。

按挖槽方式大致分为:抓斗式,冲击式,回转式。

按施工方法可分为:现浇墙,预制墙,现浇及预制组合墙。

三、地下连续墙的适用条件及优、缺点

1. 地下连续墙适用类型

(1)处于软弱地基的深大基坑,周围又有密集的建筑群或重要的地下管线,对基坑工程周围地面沉降和位移值有严格限制的地下工程。

(2)既作为土方开挖时的临时基坑围护结构,又作为主体结构的一部分的地下工程。

(3)采用逆作法施工工程。地下连续墙刚度大,易于设置埋设件,很适合于逆作法施工。

2. 地下连续墙的优点

(1)墙体刚度大,相对于传统的挡土墙,地下连续墙能承受较大的土压力。

(2)适用于各地多种地质条件,从软弱的土层到中硬的砂层再到坚硬的岩层均可适用。

(3)施工时振动小、噪声低,有利于城市建设中的环境保护。

(4)能在建筑物、构筑物密集地区施工,对周边的地基影响较小。

(5)能兼作临时设施和永久的地下主体结构。

(6)可结合"逆作法"施工。

(7)施工机械化程度高、劳动强度低、挖掘效率高,工期短,经济效果好,可昼夜施工。

(8)占地少,可以充分利用建筑红线以内有限的地面和空间,充分发挥投资效益。

3. 地下连续墙的局限性和缺点

(1)在特殊的地质条件下(如很软的淤泥质土、含漂石的冲击层和超硬质岩等),施工难度较大。

(2)如施工方法不当或土层条件特殊时,容易出现不规则超挖和槽壁坍塌或相邻墙段不能对齐和漏水的问题。

(3)现浇地下连续墙的墙面通常较粗糙,如果对墙面要求较高,墙面的平整处理会增加工期和造价。

(4)地下连续墙如仅用作施工期间的临时挡土结构,在基坑工程完成后就失去其使用价值,若基坑开挖不深,则不如采用其他方法经济。

(5)需有一定数量的专用施工机具和具有一定技术水平的专业施工队伍,使该项技术推广受到一定限制。

(6)如施工现场组织管理不善,可能会造成现场潮湿和泥泞,影响施工的条件,而且要增加对废弃泥浆的处理工作。

四、地下连续墙在桥梁工程中的应用

地下连续墙的应用,世界各国都是首先从水利水电基础工程中开始,而后推广到建筑、市政、交通、矿山、铁道和环境等领域。地下连续墙发展初期是仅作为施工时承受水平荷载的挡土墙或防渗墙来使用的,现在工程界已经将地下连续墙作为主体结构或至少作为主体结构的一部分来使用,直接承受上部结构荷载,形成集挡土、承重和防水于一身的"三合一"地下连续墙。

1979 年,日本在东北新干线高架桥工程中采用了地下连续墙闭合式刚性基础,开创了地下连续墙技术应用到桥梁基础工程上的先河。由于地下连续墙具有刚性大、强度高,与地基密着性好,能得到周围地基的摩擦力支持,对地基的适用范围广,施工采用稳定液护壁开挖,现场浇注混凝土,工效高、成本低等特点,因此,目前国外地下连续墙作为大跨径桥梁基础,特别是在日本得到了迅速发展。日本把地下连续墙基础应用于长跨、深基、软土、水流湍急、施工条件十分困难的桥梁,取得了较好的经济效益,同时在其结构形式、施工方法和管理方面也得到了迅速发展,计算理论也日趋完善。

地下连续墙近年来在我国被广泛应用于城市地下建筑,在桥梁结构中,主要作为悬索桥中锚碇开挖的挡土和隔水的临时围护结构,目前把地下连续墙作为桥梁主塔结构下部基础应用的实例在国内尚无报道。

地下连续墙在桥梁基础中的应用详见表 9-1-1。

地下连续墙在桥梁基础中的应用一览表(部分)　　表 9-1-1

序号	桥　名	桥　型	跨径(m)	平面尺寸(m×m)	壁厚	深度(m)	结构形式	成槽方式
1	饭坂彻高架桥	—	—	10×10	1.5	21	单箱单室	克莱-60M导杆型蚌式
2				7.5×7.5	1.2	20.5	单箱单室	
3				6×6	1.0	27	单箱单室	
4	王子南部高架桥	—	71.4	6×8	1.0	22.5	单箱单室	导杆型蚌式
5				5×6	1.0	17.5	单箱单室	
6				5×5.5	1.0	17.5	单箱单室	

续上表

序号	桥　名	桥　型	跨径(m)	平面尺寸(m×m)	壁厚	深度(m)	结构形式	成槽方式
7	青森大桥	斜拉桥	240	20.5×30	—	42	单箱六室	—
8	幸魂大桥	斜拉桥	190.8	13×18	1.5	27	单箱双室	MHL-1015AH悬吊型蚌式
9	白鸟大桥	悬索桥	720	ϕ37	1.5	106	圆筒形	—
10	北浦港桥	连续梁	120	—	1.5	58.5	单箱单室	BW回转切割式
11	虎门大桥	悬索桥	888	ϕ61	0.8	—	圆筒形	SPT-300冲击钻
12	明石海峡大桥	悬索桥	1 991	ϕ85	2.2	75.5	圆筒形	多头钻机EM-320N
13	润扬长江公路大桥	悬索桥南锚碇	1 490	70.5×52.5	1.5	29	矩形	GM20、GPS-20、GPF-18
14	润扬长江公路大桥	悬索桥北锚碇	1 490	69×51	1.2	53	矩形	CZF-1200、BC-30液压铣、钢丝绳抓斗
15	阳逻长江公路大桥	悬索桥	1 280	ϕ73	1.5	54.5~60.5	圆筒形	HF12000液压铣、KL1500抓斗
16	广州黄埔大桥	悬索桥	1 108	ϕ73	1.2	35~44.19	圆筒形	HF12000液压铣、KL1200抓斗
17	南京四桥	悬索桥	1 418	82×59	1.5	35.73~44.62	“∞”字形井筒式	BC-32液压铣、CZ-6冲击钻

第二节　施工准备

地下连续墙施工前的准备工作主要包括：施工组织设计、场地准备、泥浆制备、成槽机械选择及设备配置。

一、施工组织设计

地下连续墙工程施工前，必须具备工程详细水文、地质资料，区域内障碍物资料，必要的试验资料等。在原有构造物附近施工前，必须了解原有构造物结构及基础情况，如影响构造物的安全，应研究采取有效处理措施。在充分掌握以上资料的情况下，确定施工方案，组织人员编制施工组织设计文件。

施工组织设计主要应包含以下内容：

(1)选定挖槽机械。

(2)导墙设计。

(3)单元槽段(槽长)的划分。

(4)挖槽方法和泥浆生产、回收方案。

(5)沉渣清理计划。

(6)钢筋的加工、运输和吊装计划。

(7)混凝土的浇注计划。

(8)施工接头的试验与调整计划。

(9)质量及施工管理计划。

必须准备好下列图纸和必要的文字说明:

(1)施工平台和导墙设计图。

(2)槽段划分图。

(3)总平面布置图、挖槽机、钢筋加工场、泥浆搅拌站和废弃泥浆池等的平面布置图和设备布置图。

(4)临时道路和给排水设计图。

(5)供电、配电设计图。

(6)钢筋和预埋件加工图。

(7)施工流程图。

二、场地准备

1. 概述

地下连续墙施工场地应根据工程规模及施工环境的要求,来确定施工场地的大小。施工场地一般包括施工平台、泥浆循环系统、钢筋加工场、混凝土拌和站、材料堆放场地、供电及供水设施、现场便道等。

2. 总体布置原则

(1)避免各施工分段、各道工序之间在时间和空间上的干扰。

(2)考虑雨季、冬季和汛期对施工的不利影响。

(3)挖槽机应放在坚实的地基上,避免后期地下水上升所造成的不利影响。

3. 施工平台

地下连续墙施工中挖槽机和混凝土运输以及吊装所需大型机械设备,都必须放在平整、坚硬的场地上,才能保证施工的顺利进行,把这个场地叫作施工平台。安装挖槽机的场地地基对地下连续墙的精度具有很大影响,所以安装机械用的场地地基必须能经受住机械的振动和压力。如果地基为软弱地基,应采取加固措施。

(1)确定施工平台高程原则

①应比地下连续墙的设计顶面高出0.5~1m,并高出稳定后地下水位至少1.5m。在水中施工时,应高出施工期的最高水位或潮水位,并预留一定的安全高度。

②应便于挖槽机、起重机和混凝土罐车等大型机械顺利进出场地,道路坡度应较缓。

③施工平台的高程应结合导墙设置综合考虑,施工平台高程与导墙的顶面高程应基本相同,导墙应坐落在密实的原状土或经过加固的地基上。

④应便于地连墙施工中废浆、废渣及弃土的排除。

⑤尽量减少施工平台的挖填方量,进行经济比较后确定。

(2)平台的主要尺寸和技术要点

①施工平台是挖槽机的施工平台及进出场的便道，同时往往也是泥浆系统的工作场地，施工平台必须平坦、坚固、稳定。

②施工平台的宽度主要根据挖槽机的类型、布置形式以及泥浆系统位置、布置方式来确定，一般宽度为15～25m。

③为保持现场施工环境，减少污染，施工平台顶面常采用铺筑10～25cm厚的低强度等级的混凝土。

④在原状土承载力及沉降不能满足要求的地区，应采用挖除或地基加固的方法，使地基满足施工要求。

⑤施工平台示意图见图9-2-1。

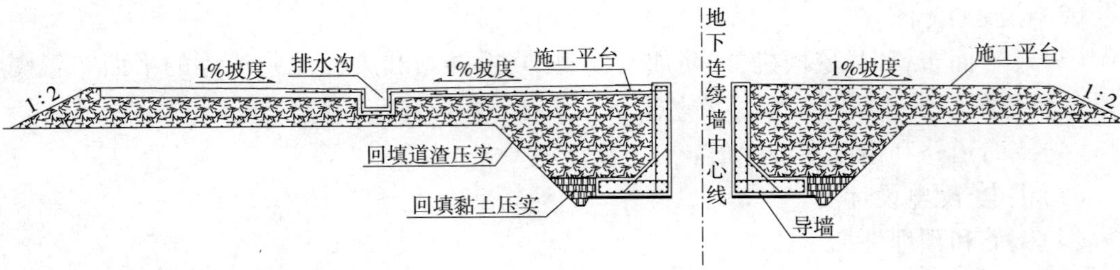

图9-2-1　施工平台示意图

三、泥浆制备

地下连续墙挖槽施工是在泥浆的护壁下进行的，通过泥浆的静液压力防止槽壁的坍塌或剥落，并维持孔形。槽孔的稳定、泥浆的性质、制备、使用、再生、质量控制等问题对地下连续墙的施工至关重要。

（一）槽孔的稳定问题

在黏土或砂土地层中挖槽时，槽的四面孔壁因临空而失稳，采用在槽内注入泥浆的方法来保证槽孔的稳定。泥浆槽孔的稳定问题实际上是泥浆与地基土相互作用和影响的过程。

1. 槽孔的稳定机理

在槽孔开挖过程中，槽孔能够保持稳定而不坍塌，主要是由于泥浆的作用。泥浆是一种具有触流变特性的材料，所谓触流变就是指胶体物质受到搅动后成为流体，而当搅动停止后，又恢复为具有一定强度的凝胶状。泥浆的护壁作用具体见表9-2-1。

槽壁稳定因素　　表9-2-1

泥浆作用方式	稳定因素	稳定机理
固壁	孔壁泥皮形成和作用	泥浆在槽孔壁表面形成的凝胶层，称为泥皮，密实的泥皮牢固地贴护在槽壁上，既可防止泥浆向地基土中漏失，又可防止地下水向槽孔内渗透
	静液压力的作用	槽孔内泥浆液面高于地下水位以上，且泥浆相对密度大于水，槽孔内的静液压力大于槽孔外，保持槽孔的稳定
	电渗现象	实际检测证明，槽孔内外静液压力差会在界面上产生电化学反应，这种电渗现象有利于泥皮和凝胶的形成

续上表

泥浆作用方式	稳定因素	稳 定 机 理
渗透	泥浆在地基土中凝胶化	泥浆渗入槽孔周围的地基土后,由于未受到搅动成凝胶状,凝胶状的泥浆将地基土中的孔隙填满,加大土体的稳定性
界面化学反应	膨润土泥浆与槽孔壁上的土层接触后,发生界面化学现象	膨润土泥浆与槽孔壁上的土层接触后,自然会发生界面化学现象。在槽孔壁面上发生着黏土颗粒的浓聚和泥浆絮凝现象。由于黏土颗粒的表面带有负电荷,在电位差作用下发生运动。如果在泥浆和土层内分别插入电极(假定土中插入阳极),在电压作用下,黏土颗粒会因电荷效应而在槽孔壁面上沉淀下来,形成泥皮,对稳定是有利的

2. 在实际工程中,槽孔稳定安全系数的确定

(1)根据朗肯和库仑等主动土压力计算法,求出土压力及地下水压力。

(2)计算泥浆静液压力(应考虑到施工时泥浆密度增加)。

(3)槽孔稳定安全系数的公式如下。

$$K = \text{泥浆压力}/(\text{土压力}+\text{水压力})$$

式中:K——槽孔稳定安全系数,必须大于1.5。

3. 关于槽孔稳定问题的讨论

槽孔的稳定问题是地连墙施工中的关键所在,槽孔的稳定问题属于半经验、半理论问题,为防止施工中槽孔的坍塌,以下将讨论有关槽孔稳定的一些问题。

(1)有利于槽孔稳定的因素

①根据经验,泥浆的静液压力只占槽孔稳定的外界压力的75% ~90%。其他一些因素(泥皮抗剪力、电渗透力、槽孔的拱效应等)能增加槽孔的稳定性。

②古典土压力理论中对槽孔底部压力侧向土压力估计过高。

③槽孔内土的坍塌一般只局限于局部。

(2)不利于槽孔稳定的因素

①地质勘查不细,对地层详细情况缺乏了解。

②雨季或由于其他原因导致地下水位上升。

③泥浆质量达不到要求。

④槽孔壁附近地面的外荷载超过原设计值。

(3)提高槽孔稳定性的措施

①减小单元槽段的长度。

单元槽段减小可提高地基的稳定性,但会增加工期及接头的工程数量。施工中应根据实际情况综合考虑单元槽段的长度。

②减少成槽的放置时间。

槽孔成槽以后,泥浆的护壁作用将逐渐降低,放置时间过长,槽壁就会出现坍塌,所以施工中应尽量减少槽孔的放置时间,一般最长放置时间不大于2 ~3d。

③加大泥浆相对密度。

加大泥浆相对密度,可提高孔内的静液压力,对槽孔的稳定性有利。一般可采取加入膨润土粉用量及加重剂的方式,以提高泥浆相对密度。

④对地表土层进行加固。

若地表土层较软弱,开始挖槽时容易坍塌,可采取地基加固处理方式对地表土层预先

进行处理。

(二)泥浆的功能、必要性能及使用方法

1. 泥浆的功能

针对不同的成槽方法,泥浆的作用也不尽相同,总的来说,泥浆具有以下几个作用:保护孔壁的作用、排渣作用、清孔作用、冷却钻头和润滑钻具的作用,详见第一章钻孔灌注桩第三节。

2. 泥浆的必要性能

(1)物理稳定性

将泥浆静置相当长一段时间后,在重力场作用下,如果泥浆中的固体颗粒不易下沉或(上浮)或下沉速度很小,可以忽略不计,称之具有物理稳定性,也叫沉降稳定性。

(2)化学稳定性

泥浆的化学稳定性是指泥浆中的固体颗粒是否自动降低其分散度而凝结变大的特性。若泥浆被反复使用,水泥、地下水(海水)以及地基土中的阳离子等会使泥浆的性质发生变化,泥浆从悬浮分散状态向凝胶状态转化。当泥浆出现凝集时,呈悬浮状态的胶体颗粒变大,失去形成良好泥皮(不透水膜)的能力,这时,如果泥浆静置不动,膨润土颗粒等就开始与水分离而沉淀下来。

(3)适当的密度

泥浆的密度有如下作用:

①泥浆和地下水之间的压力差可抵抗土压力和水压力,维护槽壁的稳定。若泥浆的密度较大,就会增加压力差,提高槽壁稳定性。

②若泥浆密度大,就会提高对土渣的浮拖力,有助于把土渣携带出地面。但如果密度过大,会使泵的能力不足或妨碍泥浆与混凝土的置换。

(4)良好的触(流)变性

这是衡量泥浆性能的一项重要指标。良好的触(流)变性是指在流动时,泥浆阻力较小,便于挖槽机成槽施工及泥浆循环;当挖槽停止时,泥浆能迅速呈凝胶状态,静切力增加,避免其中的砂粒沉淀,而渗入周围孔壁的泥浆,也能快速凝结,提高孔壁的稳定性。泥浆流变性指标包括各种黏度、屈服值、凝胶强度。

(5)良好的泥皮形成性

良好的泥皮形成性是指泥浆能在槽壁内较快形成一层坚韧、密实的不透水泥皮,并在泥皮下的地基土内通过渗透作用形成一层沉积层,这是泥浆的一项重要特性。

(6)良好的分离性

携带土渣的泥浆应较容易地通过沉淀法或机械法将两者分离,分离出来的泥浆经检验合格后,将继续循环使用。

3. 泥浆的使用方法

泥浆的使用方法可根据挖槽方法分为静止方式和循环方式。循环方式又可分为正循环和反循环两种。

(1)静止方式

抓斗挖槽时,泥浆属于静止方式(相对静止),随着挖槽深度的增加,不断向槽内补充新鲜泥浆,直到浇注混凝土将泥浆从槽孔内置换出来。

(2)循环方式

使用钻头或切削刀具挖槽时，泥浆属于循环方式，在槽内充满泥浆的同时，采用泵使槽内泥浆与地面上的泥浆进行循环，将土渣排除到地面上。

①正循环

通过管道将泥浆压送到槽底，泥浆在管道的外面上升，把土渣携带出地面，这叫正循环。

②反循环

泥浆从管道的外面自然地流入槽孔内，然后和土渣一起从管道内吸到地面上来，这叫反循环。

(三)泥浆的原材料

泥浆基本组成是黏土、水和化学处理剂(分散剂、增稠剂、加重剂、防漏剂等)。根据组成泥浆原材料不同，可将泥浆分为普通泥浆、优质泥浆、咸水(海水)泥浆、特种泥浆等。以上泥浆所涉及的原材料具体要求详见第一章钻孔灌注桩第三节。

(四)泥浆基本性能指标的测试方法

地下连续墙施工用泥浆基本性能指标的测试方法主要包括泥浆稳定性(胶体率、上下密度差、悬浮分散性)、流变性指标(漏斗黏度、表观黏度和塑性黏度、屈服值和凝胶强度)、泥浆失水和造壁性(失水量、泥皮厚度)、相对密度、含砂率、酸碱度(pH 值)，以上各类指标的测试方法详见第一章钻孔灌注桩第三节。

(五)泥浆的制备、使用和再生

1. 泥浆制备的程序及主要内容

制备泥浆的程序包括：掌握地基和施工条件→选定泥浆材料→漏斗黏度的确定→基本配合比的确定→试配和修正→泥浆用量的计算→泥浆制备。

(1)地基及施工条件的调查了解

①地基调查要点

a. 对地质柱状图的研究：是否有坍塌较大的坍塌层，分析标贯值 N 和土质的种类；有无漏浆层(透水层、地层裂缝、空洞)；有无影响泥浆管理和处理的土层，如有机土层。

b. 地下水的调查：能否保证泥浆的水位高出地下水位 1m 以上；了解承压水层、潜流水、含水层及地下水流速；地下水位的变化是否受潮汐的影响。

c. 地下水的水质：测定盐分和钙离子的含量；有无化工厂的排水等流入：pH 值测定。

d. 其他地下情况：是否有化学溶液加固的地基或属化学性的特殊地基；地下有无气体；有无承受偏压力的情况。

②施工条件

a. 地下连续墙施工机械：地基条件确定的挖槽方法，泥浆中含土砂程度；泥浆循环方式，泥浆排土的性能及沉渣处理的难易程度。

b. 附属设备：泥浆再生装置(作业场地的面积、泥水分离的性能)；短时间能否供给大量的泥浆(漏浆时)。

c. 工程规模：挖槽深度、宽度；最大单元槽段长度(槽壁的稳定性)；施工工期；可放置的时间(槽壁的稳定性)。

(2)泥浆原材料的选定

泥浆基本组成是黏土、水和化学处理剂,泥浆原材料选择参见第一章钻孔灌注桩第三节。

(3)漏斗黏度的确定

①确定坍塌土层

在地下连续墙施工中,很少有单一土质构成的地层。一般都是由黏土、粉土、砂和砾石等互层构成。对于这样的复合地层,应以最容易坍塌的土层为主确定泥浆的配合比。

土质和坍塌性的关系与土质的种类和有无地下水的关系很大。表9-2-2是实用经验的总结。

土质与坍塌性的关系 表9-2-2

土质种类	坍塌性	
	无地下水时	有地下水时
黏土	无	一般无
粉土	一般无	略有
含粉土的砂	略有	有
细砂	有	略大
粗砂	略大	大
砂砾	大	很大
砾石	很大	很大

②泥浆黏度确定

必要的泥浆黏度保证了挖槽时地基的稳定。一般来说,砂质地基、有地下水的地基,泥浆黏度应选择大些的。另外,在泥浆静止状态下挖槽,当使用大型抓斗上下提拉的挖槽方式时,槽壁很容易坍塌,泥浆黏度要大于泥浆循环挖槽式时的黏度。表9-2-3是在静止状态下保持地基稳定泥浆漏斗黏度的实例。表9-2-4是在循环状态下保持地基稳定泥浆漏斗黏度的实例。在地下水丰富或者在施工时槽壁的放置时间较长(2d以上),要参考表中较大的黏度值。

保持地基稳定泥浆漏斗黏度(泥浆静止工法) 表9-2-3

地基条件	泥浆性能	对策	泥浆黏度经验值(s)
烂泥地基	泥浆效果不能充分发挥,泥浆密度需增大,水不能浸入	用高浓度、高密度的膨润土,掺加重晶石	100以上
黏土层	一般不需泥浆,当有地下水时,可用低浓度泥浆	膨润土浓度4%~5%,少量的掺加CMC	20~30
黏土或粉土层	保持最低的黏度和失水量,而黏土和粉土又不会被冲洗掉的程度	膨润土浓度5%~6%,少量的掺加CMC	25~33
黏土中含有较大的砾石层,含砂量较多,但坍塌的可能性小;强度较高的砂层和粉土的互层	黏度不用太高,利用CMC调节失水量,需较大的屈服值	膨润土浓度6%~8%,少量的掺加CMC	28~35
一般粉土层或含砂粉土层	黏度、失水量及凝胶强度均不用过高	膨润土浓度7%~8%,少量的掺加CMC	30~38
细砂、粗砂层	凝胶强度和失水量中等,黏度不能低	膨润土浓度7%~9%,掺加CMC	32~38

续上表

地基条件	泥浆性能	对策	泥浆黏度经验值(s)
一般砂层	凝胶强度和失水量、黏度均采用标准质量,泥皮薄而韧实	膨润土浓度 8% ~ 10%,掺加 CMC	35 ~ 50
N 值略低的砂层	黏度稍高,防止漏浆,减少失水量	膨润土浓度 8% ~ 10%,掺加 CMC	40 ~ 60
N 值较低,黏土质粉土较多	膨润土浓度较低,增多 CMC,防止地基土被冲刷	膨润土浓度 7% ~ 9%,掺加较多 CMC	40 ~ 50
砂砾层	膨润土浓度较高,用 CMC 降低失水量	膨润土浓度 8% ~ 10%,掺加较多 CMC	50 ~ 80
有地下水、承压水、漏失泥浆,预计有坍塌层	增大泥浆浓度,掺加防漏剂,以提高泥浆的黏度	膨润土浓度 10% ~ 12%,掺加 CMC、重晶石及其他外加剂	80 以上

保持地基稳定泥浆漏斗黏度(泥浆循环工法)　　表 9-2-4

土质分类	漏斗黏度经验值(s)	土质分类	漏斗黏度经验值(s)
含砂粉土层	25 ~ 30	砂层	30 ~ 40
砂质黏土层	25 ~ 30	砂砾层	35 ~ 45
砂质粉土层	30 ~ 35		

(4)基本配合比的确定

泥浆基本配合比确定参见第一章钻孔灌注桩第三节。

(5)泥浆的试配和修正

根据以上确定的基本配合比进行泥浆配制试验。泥浆是各种材料特性的综合产品,但它是否完全满足施工条件和地基情况,还要在基本配合比基础上进行调配、修正,最后才能得到施工配合比。修正基本配合比的工作主要是对泥浆的各种特性逐项进行试验。

①稳定性的检验

用"胶体率试验""稳定性试验"研究泥浆的稳定性,对于新鲜的泥浆可进行以上两种试验。在"胶体率试验"中,当有水析出,且泥浆和析出水之间的分界限较明显时,有可能是由于某种阳离子造成凝集,所以应考虑:水质不好、分散剂起到凝集剂的作用等原因。若泥浆和析出水之间的分界限不太明显,且越是上面清水越多时,则应考虑是:膨润土量较少、分散剂的掺加量较多等原因。如果在泥浆的"稳定性试验"中出现相对密度的差别,就要增加膨润土的掺加量。

②对形成泥皮性能的检验

用前面介绍过的方法作过滤试验,并测定滤过的水量和泥皮厚度,观察泥皮的强度。失水量较多时,需增加 CMC 的掺加量;当泥皮较厚且软弱时,需增加分散剂和 CMC 的掺加量。

③对泥浆流动特性的检验

由于分散剂和增黏剂等外加剂会改变泥浆的黏度,所以必须按照配制试验以后的泥浆黏度重新研究其流动特性。根据前面提到的保持地基稳定的泥浆漏斗黏度,检验泥浆是否达到了保持地基稳定所必需的漏斗黏度数值,并根据检验结果增减膨润土和 CMC 的掺加量。

④对泥浆相对密度的检验

新鲜膨润土泥浆的相对密度通常是1.03～1.07，黏土泥浆相对密度通常为1.15～1.25。除特殊的地基及施工条件以外，上述比重范围基本上是没有问题的。在掺加加重剂时，要正确地测定其比重，如果与设计值不符，则增减加重剂掺加量。按上述顺序确定的施工泥浆配合比并开始施工，若还发现与预计的条件不同，还应逐次对泥浆配合比进行修正。可以将最初的单元槽段试挖，检验泥浆的性能。

2. 泥浆制备

在地下连续墙施工中，泥浆用量常常较大，一般采用泥浆搅拌机进行拌制。制造泥浆的设备、方法以及泥浆的存储等内容详见第一章钻孔灌注桩第三节。

根据膨润土的溶胀特性，泥浆在储浆池中最少要储存3h，时间尽量长一些为宜。

3. 泥浆的净化和再生

(1) 泥浆性能变坏的原因

①在挖槽(孔)过程中，泥浆中的膨润土和化学外加剂的一部分渗入地层内部或在孔壁形成泥皮，由此造成了泥浆配比成分的改变。

②地层中的黏土和砂子等细小颗粒混入泥浆中，改变了泥浆的配合比性能；而且更为重要的是，这些土体颗粒和地下水中的阳离子混入泥浆，改变了原来泥浆中的电解质平衡。

③在浇注混凝土过程中，水泥中的钙离子混入泥浆中以后，会显著(有时是急剧)改变泥浆性能。

④雨水或地下水混入泥浆，使其稀释。

再生处理的工序因挖槽方法而异：用泥浆循环挖槽方法时，是以处理含有大量土渣的泥浆和浇注混凝土所置换出来的泥浆为对象；用直接出渣挖槽方法时，无需在挖槽过程中进行泥浆处理，而只需处理浇注混凝土所置换出来的泥浆。

(2) 土渣的物理分离处理

一般采用重力式沉降处理和机械处理两种方法，这两种方法组合使用效率最高。土渣的物理分离处理详见第一章钻孔灌注桩第三节。

(3) 泥浆化学再生处理

灌注水下混凝土所置换出来的泥浆，既有土渣，又被混凝土中的离子作用而产生凝胶现象，使泥浆性质恶化，易出现如下弊病：

①泥浆最重要的性质之一——泥皮的形成性减弱，因而槽壁的稳定性减弱。

②黏度增高，土渣分离困难。

③在泵和管道内的流动阻力增大。

对上述泥浆处理需用化学和物理相结合的方法。首先应进行物理处理，使泥浆与土渣分离，然后掺加分散剂进行化学处理。这些泥浆处理后应检验、调整，质量合格后送入泥浆池。

槽孔混凝土顶面1.5～2.0m内的泥浆劣化严重，通常应直接倒掉。

(4) 泥浆的再生调制

用泥浆试验方法检验经过物理的或化学的再生处理之后的泥浆质量，确定补充材料的种类和掺入量，进行泥浆的再生调制。在确定补充材料的种类和掺入量时，参考后面的泥浆质量控制标准。再生调制后的泥浆送入储浆池，待新掺入的材料与泥浆完全溶合后再使用。

为了使泥浆能适应多种情况和提高工作效能。可在泥浆中加入掺和物(表9-2-5)，用以调整其性能。

泥浆的性能调整 表 9-2-5

目的	条件	方法	其他性质的变化
增大黏度		添加膨润土或掺入 CMC(增稠剂)	失水量减少,稳定性增大
减小黏度		加水	失水量增大,比重减小
增大相对密度	不宜增大黏度的情况下	与重晶石一起加入磷酸钠溶液或丹宁溶液	稳定性减小
减小相对密度		加水	黏度减小,失水量增大,稳定性减小
减小失水量	不宜增大黏度的情况下	与重晶石一起加入磷酸钠溶液或丹宁溶液	稳定性增大
增大稳定性		添加膨润土或掺入 CMC(增稠剂)	黏度增大,失水量减小

(六)泥浆的质量控制

直接使用恶化了的泥浆,不仅会给各种施工带来不良影响,而且会造成施工精度降低或引起槽壁坍塌,结果将使工程受到重大损失。泥浆的质量控制就是要制备适合地基条件和施工条件的泥浆,在施工过程中通过控制使泥浆保持它的功能和性质。在适当的时间用适当位置的泥浆试样检验泥浆的质量。根据试验结果,采取修正泥浆配合比、再生处理、废弃等措施,提高施工精度和安全性、经济性。

在实际工程施工中,施工条件有差异,泥浆质量的判断标准应根据情况有所变化。最好根据工程进展制定适合现场条件的泥浆性质标准值,逐渐修改判定标准。进行泥浆质量试验时,试样的取样地点和取样时间以及试验项目的重要性依挖槽方式和泥浆的循环方式不同而不同。

1. 泥浆质量控制程序

根据泥浆的使用情况,可将其分为以下五种状态:新鲜的泥浆;供给的泥浆;槽孔内的泥浆;挖槽过程中正在循环使用着的泥浆(采用循环法时);混凝土置换出来的泥浆。

关于各种泥浆在质量控制过程中的试验项目以及取样情况见表 9-2-6。

泥浆质量控制表 表 9-2-6

编号	泥浆		取样时间和次数	取样位置	试验项目	备注
1	新鲜泥浆		搅拌泥浆达 $100m^3$ 时取样一次。搅拌后和放置一天后各取样一次	搅拌机口	稳定性、相对密度、漏斗黏度、过滤试验、pH、(含砂率)	如不合格,应更换材料或修正配合比
2	供给的泥浆	循环法	每挖一个标准槽段的长度,自开始挖槽前至挖槽结束,每掘进 5 ~ 10m 取样一次	优质泥浆池的送浆泵吸入口	稳定性、相对密度、漏斗黏度、过滤试验、pH、含砂率、(含盐量)	与静止法比较,因泥浆反复循环,质量变化很大
		静止法	每挖一个标准槽段的长度,开挖前、挖到中间深度及挖完时各取样一次	优质泥浆池的送浆泵吸入口	稳定性、相对密度、漏斗黏度、过滤试验、pH、含砂率、(含盐量)	

续上表

<table>
<tr><th>编号</th><th colspan="3">泥　浆</th><th>取样时间和次数</th><th>取样位置</th><th>试验项目</th><th>备注</th></tr>
<tr><td rowspan="3">3</td><td rowspan="3">槽内的泥浆</td><td rowspan="2">挖槽过程中</td><td>循环法</td><td>仅在特殊情况时</td><td></td><td></td><td></td></tr>
<tr><td>静止法</td><td>每挖一个标准槽段长度，挖至中间深度和挖槽完成时各取样一次</td><td>在槽内泥浆的上部，受供给泥浆影响较小的地方</td><td>相对密度、漏斗黏度、过滤试验、含砂率、pH、(含盐量)</td><td>因土渣混入而使泥浆质量急剧恶化时，应增加测定次数</td></tr>
<tr><td colspan="2">静置期间</td><td>在钢筋笼吊入后，或者浇灌混凝土之前取样</td><td>槽内泥浆的上、中、下三个位置</td><td>稳定性、相对密度、漏斗黏度、过滤试验、含砂率、pH、(含盐量)</td><td>需要长期放置时，应定期进行测定</td></tr>
<tr><td rowspan="2">4</td><td rowspan="2">挖槽过程中正循环着的泥浆</td><td colspan="2">经物理再生处理的泥浆</td><td>每挖一个标准槽段的长度，自开始挖槽前至挖槽结束，每掘进5～10m取样一次</td><td>在向振动筛、旋流器、沉淀池等内流入的前后</td><td>相对密度、漏斗黏度、过滤试验、含砂率、pH、(含盐量)</td><td></td></tr>
<tr><td colspan="2">经再生调制的泥浆</td><td>调制前、调制后</td><td>调制前、调制后</td><td>稳定性、相对密度、漏斗黏度、过滤试验、含砂率、pH、(含盐量)</td><td></td></tr>
<tr><td rowspan="4">5</td><td rowspan="4">混凝土置换的泥浆</td><td colspan="2">判断置换出的泥浆能否使用</td><td>开始浇注混凝土时和浇注混凝土后每隔数米以内(5m、4m、3m、2m、1m、0.5m)</td><td>化学再生处理装置流入口，或者向槽内送浆的泵吸入口</td><td>pH、漏斗黏度、过滤试验、相对密度、含砂率、(稳定性)、(含盐量)</td><td></td></tr>
<tr><td rowspan="2">再生处理的泥浆</td><td>化学再生处理</td><td>处理前、处理后</td><td>处理前、处理后</td><td>pH、漏斗黏度、过滤试验、相对密度、含砂率、(稳定性)、(含盐量)</td><td></td></tr>
<tr><td>物理再生处理</td><td>处理前、处理后</td><td>处理前、处理后</td><td>漏斗黏度、过滤试验、相对密度、含砂率、(pH)、(稳定性)、(含盐量)</td><td></td></tr>
<tr><td colspan="2">再生调制的泥浆</td><td>调制前、调制后</td><td>调制前、调制后</td><td>稳定性、相对密度、漏斗黏度、过滤试验、pH、含砂率、(含盐量)</td><td></td></tr>
</table>

注：①取样时间和次数，应根据施工条件进行增减。

②带有(　　)的试验项目，根据泥浆状态适当采用。

2. 泥浆质量控制标准

由于地下连续墙的功能和泥浆材料等各不相同，国内外对泥浆质量的控制标准不完全相同。

(1)日本地下连续墙工程对泥浆性能的要求见表9-2-7，这些指标适用于基坑支护或作为深基础的地下连续墙工程。

日本泥浆控制值　　表9-2-7

项　目	膨润土泥浆		说　明
	挖　槽　时	清　孔　时	
相对密度	1.04~1.20	1.04~1.10	
黏度(s)	20~36	22~30	500/500mL
失水量(mL)	<30		
泥皮厚(mm)	<3.0	<1.0	
pH值	7.5~10.5	7.5~10.5	
含砂量(%)	<5	<1	

(2)泥浆控制指标建议见表9-2-8。

泥浆控制指标建议值　　表9-2-8

项　目	单　位	膨润土泥浆			黏土泥浆		
		搅拌后	挖槽时	清孔后	搅拌后	挖槽时	清孔后
相对密度		1.03~1.08	1.05~1.3	1.1~1.2	1.1~1.2	1.15~1.35	1.2~1.3
漏斗黏度(700/500mL)	s	20~30	25~50	25~35	18~25	25~45	25~30
塑性黏度	cP	8~15	10~30	10~20			
动切力	cP	20~60					
静切力(10min)	MPa	5~10	5~15	≥7.5~10	5~10		7~10
失水量	mL/30min	≤15~20	<40	<30	20~30	<40	<30
泥皮厚	mm	<2~3	3~10	<3	2~4		3~6
pH值		7.5~10.5	8.5~11	8.5~10.5	7~9		8~10
含砂量	%	<1		≤6~8	<5		<5~8
稳定性		≤0.03		≤0.03	<0.03		
胶体率	%	96~98		>98	96~98		>98

注：①应根据工程类别(防渗、承重)和原材料质量，结合工程实际情况选用适当的泥浆指标。
②$1cP = 10^{-3}Pa \cdot s$。

四、成槽机械和设备

地下连续墙的建造一般应当经过挖槽、下放钢筋笼、浇注混凝土和槽段间的连接四个主要工序，每个工序均会用到大量的机械和设备。地下连续梁施工的机械及设备主要包括以下部分：

(1)给排水及供电设备。

(2)成槽机械。

(3)泥浆生产、输送、回收和净化设备。

(4)钢筋加工、吊装机械和设备。

(5)混凝土的生产、运输和浇注设备。

(6)接头的加工和吊放、起拔设备。

(7)观测设备。

本节主要介绍成槽机械，其余的机械设备在相关章节介绍。

(一)挖槽机械的种类

地下连续墙的成槽机械是一种利用泥浆护壁向地下深处开挖一个深孔或深槽的地下施工机械。由于地基的工程地质及水文地质条件不同,建筑物的功能不同,地下连续墙的施工方法和所用机械设备也是各不相同的。

目前我国地下连续墙已被广泛应用到各个领域,但施工设备还主要依赖进口。国际上生产地下连续墙成槽设备的著名公司有意大利的麦特(MAIT)、土力(SOILMEC)、卡沙特兰地(CaSagrade),德国的宝峨(BAUER)、利勃海尔(LEFFER),日本的利根公司等。国内生产成槽设备的主要是上海金泰、徐工集团、三一重工等。当前使用的挖槽机主要有挖斗式、冲击式、回转式三种方式。地下连续墙挖槽方式机械分类见图 9-2-2,挖槽方式的分类及方法见表 9-2-9。

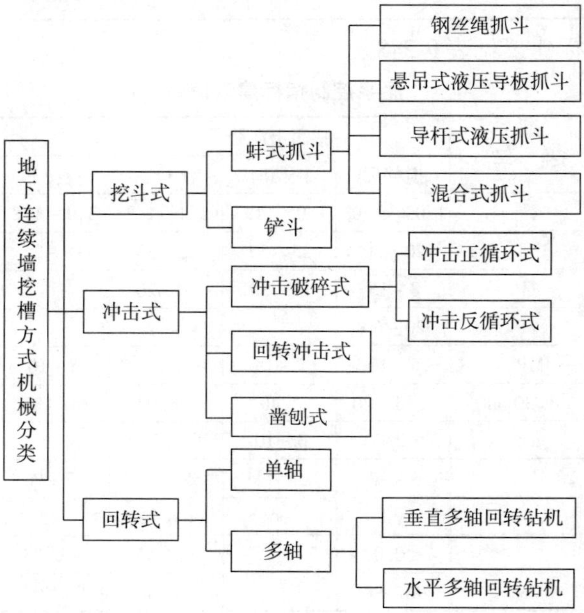

图 9-2-2 地下连续墙挖槽方式机械分类

挖槽方式的分类及方法 表 9-2-9

挖槽方式				主要方法名称
挖斗式	蚌式抓斗	钢丝绳抓斗		BF(意)、DH(意)、DL(意)、GRL(意)、GRH(意)、SWG(德)、M(日)、ML(日)
		悬吊式液压导板抓斗		DHG(德)、GB(德)、MHL(日)、MEH(日)
		导杆式液压抓斗	全导杆	BSP(英)、KM(意)、HR160(意)
			伸缩式导杆	KELLY(法)、KRC(意)、CON(日)
		混合式抓斗		BH(意)、HR160(意)
	铲斗式			ELSE(法)
冲击式	冲击破碎式	冲击正循环式		ICOS(意)、CZ(中)
		冲击反循环式		CZF(中)、CJF(中)、CIS(法)、YCK(苏)
	回转冲击式			CIS(法)、KCC(意)、KPC(日)、GJD(中)、GCF(中)
	凿刨式			TM

续上表

<table>
<tr><th colspan="4">挖槽方式</th><th>主要方法名称</th></tr>
<tr><td rowspan="4">回转式</td><td colspan="3">单轴</td><td>CIS(法)、GPS(中)、GQ(中)、GJD(中)</td></tr>
<tr><td rowspan="3">多轴</td><td colspan="2">垂直多轴回转钻机</td><td>BW(日)、SSS(日)、SF(中)、ZLQ(中)</td></tr>
<tr><td rowspan="2">水平多轴回转钻机</td><td>液压</td><td>HF(法)、HM(意)、K3(意)、BC(德)、TBW(日)</td></tr>
<tr><td>电动</td><td>EX(日)、EMX(日)</td></tr>
</table>

(二)挖斗式挖槽机

挖斗式挖槽机是用斗齿切削土体,把切削的土体收容在斗体内,从沟槽里运出地面,开斗放出土渣,然后又返回到沟槽内继续挖土,如此往复动作,进行挖槽作业。

最早用于地下连续墙施工的,是意大利的ICOS公司研制的蚌式挖斗,1959年,日本自ICOS公司引进抓斗技术后,投入大量的人力、物力进行抓斗技术的研制和开发,取得了卓越的成绩。

挖斗式挖槽机分为蚌式抓斗和铲斗,且以蚌式抓斗为主。

1. 蚌式抓斗

根据抓斗的结构特点,可以将蚌式抓斗分为钢丝绳抓斗、液压导板抓斗、导杆式抓斗、混合式抓斗。

(1)钢丝绳抓斗

钢丝绳抓斗是用钢丝绳借助斗体自重的作用,打开和关闭斗门,以便挖取土体并将其带出孔外的一种挖土设备。这种设备是用两个钢丝绳卷筒上的两根钢丝绳来操作,其中一根绳用来提升或下放抓斗,另一根绳则用来打开和关闭抓斗。它最早使用于地下连续墙的挖槽工作,由于其结构简单、耐用,价格低廉,所以至今仍在使用着。特别适合于在含有大量漂石和石块的地基中挖槽。

国外有很多厂家生产系列化的钢丝绳抓斗,如意大利的土力(SOILMEC)生产BF型,卡沙特兰地(Casagrade)公司生产DH、DL型,麦特(MAIT)生产的GRL、GRH型均属于钢丝绳抓斗。德国的宝峨(BAUER)、利勃海尔(LEFFER)、WIRTH也生产钢丝绳抓斗。此外日本的真砂公司生产的M及ML型抓斗也属于钢丝绳抓斗。

(2)液压导板抓斗

国外大约从20世纪60年代后期开始使用液压导板抓斗。这里所说的液压,是指用高压胶管(大于30MPa)把液压传送到几十米深处的抓斗斗体,用以完成抓斗的开启和关闭的动力源;所说的导板则是指用来为抓斗导向以防偏斜的钢板结构。

液压抓斗的闭斗力大,挖槽能力强,多设有纠偏装置,因此可以保证高效率、高质量地挖槽。由于挖槽时,土体对斗体的反作用力(垂直向上分力)也是很大的,必须有足够的斗体质量才能保持平衡。这在设计与制造过程中都必须考虑到。

德国宝峨公司生产的DHG和GB型抓斗,利勃海尔研制生产的HSWG型及KL型机械抓斗,均属于液压导板抓斗。其中,GB及KL型抓斗近年来在国内使用较多,KL1200机械抓斗主要参数见表9-2-10。此外,日本的MHL及MEH也属于液压导板抓斗。

KL1200 机械抓斗主要参数表 表 9-2-10

KL1200 机械抓斗

设 备 型 号	KL1200
主机型号	利勃海尔 HD 852 型履带式起重机
开挖深度	70m
开挖尺寸	1.2m×2.8m
发动机功率	400kW
卷扬提升能力	2×25t
抓斗斗体质量	12t
整机质量	约 82t

注:该抓斗可配置 12t 重的重凿,进行破碎岩石的快速施工。

(3)导杆式抓斗

导杆式抓斗可以分为整体全导杆式和伸缩导杆式两种。导杆式抓斗最早是由英国国际基础公司研制生产的 BSP 全导杆抓斗,这种整体式的方钻杆已趋淘汰。法国比较早的开发了 KELLY 伸缩式导杆抓斗。意大利的 KRC 和日本 CON 系列也是伸缩式导杆抓斗。

现在的导杆式抓斗一般采用(伸缩式)方杆来传递动力。导杆开挖时噪声和振动很小,对周围地层和环境影响和扰动也小。因此它是在松散砂层、软黏土或开挖时需严格控制剪切作用的灵敏性土中进行开挖的理想设备。这类抓斗多装有测斜和纠偏装置,因此成槽精度较高。

现使用的导杆式液压抓斗的主要缺点如下:

①可伸缩钻杆自重大,即在绞车提升能力一定的条件下,由于伸缩方钻杆的自身质量,影响了抓斗的经济施工深度,一般施工深度为 40~45m,常在 30m 以内。

②由于伸缩导杆间总有间隙,长时间使用后,间隙加大,影响施工质量,特别时抓斗质量大时,这个问题更显突出。

③必须精心操作,防止导向杆变形,对操作者的要求比较高。

④抓斗的斗齿左右两边齿数不同,槽段容易向抓斗齿多的一侧偏斜。

⑤采用伸缩方钻杆后由于其自身质量大,抓斗侧面的导向块不能做得很长,深槽中抓斗下落时,整个重心偏于抓斗上部,也会影响槽段施工的垂直度。

意大利卡沙特兰地(Casagrade)以生产伸缩式导杆抓斗闻名于世。产品中包括能旋转 180°的导杆抓斗,对于提高槽孔垂直度很有好处,见图 9-2-3。该公司生产的 KRC 型抓斗主要参数见表 9-2-11。

KRC 抓斗主要参数 表 9-2-11

型 号	KRC2	KRC1
宽(mm)	500~1 200	500~1 000
长(mm)	2 200~3 100	1800~2 200
最深(m)	15	30

续上表

型　　号	KRC2HD	KRC2HD180°
开挖深度(m)	50	50
墙厚(mm)	500 ~ 1 200	500 ~ 1 200
单元长度(mm)	2 200 ~ 3 000	2 200 ~ 3 000
闭斗力(kN)	1 200 ~ 1 800	1 200 ~ 1 800
旋转角度(°)	±45	±180
抓　　斗	PM(机械)	KL(液压)
斗体开度(mm)	2 500 ~ 3 000	2 500 ~ 3 000
斗体宽度(mm)	600 ~ 1 200	600 ~ 1 200
斗体质量(kg)	8 150 ~ 11 200	7 200 ~ 11 500

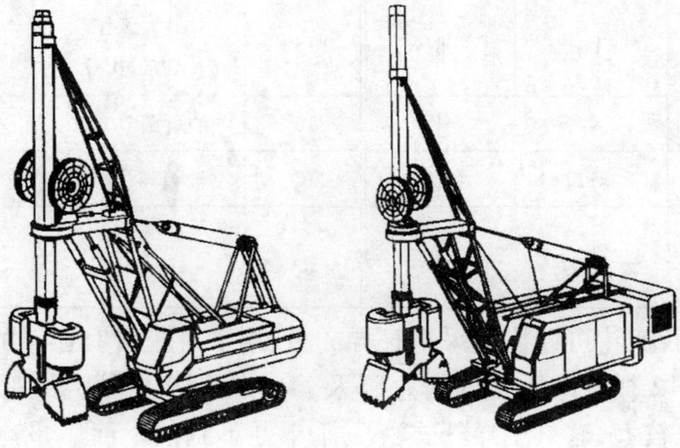

a)　　b)

图 9-2-3　KRC 伸缩方杆抓斗

a) KRC2HD；b) KRC2HD180°

(4)混合式抓斗

这里所说的混合式抓斗是指把钢丝绳和液压导杆式液压抓斗结合起来而推出的一种新型抓斗。这是一种钢丝绳悬吊的导杆抓斗，也可以叫做半导杆抓斗。

从抓斗由地表开挖，到抓斗进入地表下 1.5m 以前(1.5m 是指抓斗闭合后下端至地表的距离)，由方导杆在方导向架中运行，作为抓斗升降的导向，抓斗进入地表以下 1.5m 以后，又成为钢丝绳悬吊式液压抓斗，由于没有全导杆，抓斗重心偏下，槽挖得愈深，抓斗按自由落体自重导向的作用愈明显。挖槽后的垂直施工精度可达 0.1% ~0.2%(国家标准要求为不大于 0.5%)。

意大利土力(SOILMEC)公司的 BH7/12 抓斗就属于混合型抓斗，它的结构简单，操作方便，曾为我国引进最多的一种抓斗，BH7/12 抓斗主要参数见表 9-2-12。

半导杆式液压抓斗以意大利 SOILMEC 公司的 BH-7、BH-12 液压抓斗为代表，主要优点如下：

①设计深度达 50m，在我国实际的施工深度达到 65 ~ 70m，工作深度受限制的因素较少。

②吊车桅杆顶部有液压马达驱动的回转机构，可使方导向架、半导杆、抓斗一起回转 ±180°，工人施工时，抓斗每挖 2 ~ 3 斗后回转 180°，避免了由于抓斗总是一边斗齿多、

一边斗齿少而引起的槽段逐渐偏斜的情况。

BH7/12 抓斗主要参数 表 9-2-12

序号	项　目	BH7	BH12	序号	项　目	BH7	BH12
1	挖槽厚度(mm)	600～1 200	600～1 200	10	主油缸直径(mm)	240	240
2	斗体开度(mm)	2 500	2 500	11	主油缸推力(kN)	1 360	1 360
3	挖槽深度(m)	70	60	12	动力箱型号	2R-150	2R-100
4	配套起重机起重量(t),发动机功率[kW/(r/min)]	80(7 080),180/2 000	55(7 055),132/2 000	13	发动机型号,发动机功率[kW/(r/min)]	GM4/53,123/2 100	GM4/53,79.5/2 100
5	正常工作压力(MPa)	21	21	14	供油量(L/min)	2×168	2×115
6	悬挂质量(斗+杆)(t)	11	8	15	最大工作压力(MPa)	30	30
7	顶部导架质量(t)	4	4	16	油量调节方式	自动	自动
8	斗体容量(m^3)	≥1.2	≥1.2	17	油箱容量(L)	480	480
9	单边斗体闭合力矩(kN·m)	390	390				

③采用半导杆后抓斗可以恢复采用长导向板,增加了挖槽时抓斗的稳定性。

④BH-7 及 BH-12 抓斗的质量分别为 8t 及 11t,容积均达 $1.2m^3$,抓斗的自重及容积均较大,且挖掘深度也较大,这是全导杆式液压抓斗办不到的。而质量愈大,其工作稳定性及自由落体时导向性愈好。深槽时抓斗离开吊车桅杆顶部的钢丝绳愈长,靠抓斗本身自行找正后挖掘的作用亦愈明显。

(5)国内连续墙抓斗

目前,国内市场上见到的连续墙抓斗厂家主要有金泰(上海生产)、徐工集团、三一(北京生产)、中联(上海)、南车(北京)、宇通(郑州)、博汇等。其中,上海金泰工程机械有限公司在地下连续墙施工设备研发和制造领域成绩突出,该公司是国内最早(2005 年)具备液压连续墙抓斗自主研发技术的专业企业,目前,上海金泰工程机械有限公司的 SG 系列液压连续墙抓斗在国内市场占有率达 70%。产品型号从 SG22 到国内最大功率的 SG60,覆盖当前国内应用领域的所有规格。值得关注的是上海金泰 SG60 大功率抓斗,其最大提升力可达 600kN,正常成槽宽度 350～1500mm,可满足 100m 以上槽深的设计要求,成为国内当之无愧的连续墙"抓斗之王",上海金泰 SG60 液压连续墙抓斗见图 9-2-4。金泰 SG 系列地下连续墙液压连续墙抓斗参数见表 9-2-13。

图 9-2-4　上海金泰 SG60 液压连续墙抓斗

金泰 **SG** 系列地下连续墙液压抓斗参数

表 9-2-13

型号	成槽宽度（m）	成槽深度（m）	最大提升力（kN）	卷扬机单绳拉力（kN）	发动机额定输出（kW）	系统压力（MPa）	主泵流量（L/min）	主机质量（不含抓斗）（t）
SG22	0.3～0.6	45	220	140	133	30	2×230	45
SG35C	0.35～1.0	50	350	180	196	33	2×260	58
SG46	0.35～1.2	75	460	2×230	263	33	2×380	69
SG46E	0.35～1.2	75	460	2×230	261	33	2×280	62.5
SG50	0.35～1.5	80	500	2×250	263	30	2×380	87.1
SG60	0.35～1.5	100	600	2×300	298	33	2×380	92.1
SG35A	0.35～1.2	50/60	350	180	194	30	2×260	58
SG40A	0.35～1.5	70	400	2×220	263	30	2×380	67.3

国内的连续墙抓斗还有三一重工的 SH 系列液压抓斗，性能参数见表 9-2-14；徐工集团 XG 系列液压抓斗见图 9-2-5，性能参数见表 9-2-15。此外还有宇通重工生产 YTQD350 起连两用连续墙抓斗及 YG500 液压抓斗，中国南车集团 TG40 地下连续墙液压抓斗等。

SH 系列液压抓斗性能参数

表 9-2-14

型号＼项目	整机外形尺寸 长×宽×高（mm）	挖掘宽度（mm）	挖掘长度（mm）	挖掘深度（m）	斗体容量（m^3）	整机质量（t）	抓斗开启时间（s）	抓斗闭斗时间（s）
SH350	11 680×3 000×3 400	300～1 200	2 800	60	0.7～1.4	60	7	6
SH400	11 680×3 190×3 470	300～1 200	2 800	60	0.9～1.8	70	7	6
SH400C	11 800×3 000×3 400	300～1 500	2 800	70	0.45～2.2	75	7	6
SH500	12 000×3 400×3 520	800～1 500	2 800	80	1.2～2.2	110	7	6

a)　　b)　　c)

图 9-2-5　XG 系列连续墙抓斗

a）XG360 连续墙抓斗；b）XG400 连续墙抓斗；c）XG500 连续墙抓斗

XG 系列连续墙液压抓斗主要参数 表 9-2-15

项目 型号	整机外形尺寸 长×宽×高 (mm)	挖掘宽度 (mm)	挖掘深度 (m)	最大提升力 (kN)	最大提升/下放转速 (m/min)	整机质量 (t)	抓斗开启时间 (s)	抓斗闭斗时间 (s)	备注
XG360	12 850×3 500×3 395	300~1 200	60	360	35	75	6	7	配 1200 抓斗
XG400	12 950×3 500×3 395	300~1 200	70	400	38	77	6	7	配 1200 抓斗
XG500	13 200×3 500×3 452	600~1 500	70	500	35	65	6	7	不含抓斗

2. 铲斗

挖土铲斗沿导向立柱升降，随着挖槽深度的加深逐步下放导向立柱。挖土时依靠土斗自重，使斗齿和斗刃压入地基土，然后以立柱为支撑点进行回转，通过铲、掘、抄三个动作把土挖起，装满土渣的铲斗沿导向立柱被提出地面，排掉土渣。挖土量的多少取决于铲斗自重力产生的吃土压力的大小。操作简单，方向可靠，但导向立柱要有相当于挖槽深度的长度。另外，对单体槽段下端的拐角部位需做特殊处理。

在施工中使用较多的是意大利的 ELSE 和日本的 TM 铲斗机，目前国内地连墙施工铲斗使用较少。

(三)冲击式挖槽机

世界上最早出现的地下连续墙都是利用冲击钻进工法建成的。目前冲击钻进在地下连续墙施工中已不占主导地位，但有时在特定的条件下，此法是不可代替的。挖槽时依靠冲击力破碎地基土，所以，卵石、漂石、岩层等地层均可适用。

冲击式挖槽机有各种类型的钻头，通过上、下运动或变换运动方向，冲击破碎地基土，借助泥浆循环系统将土渣排除槽外。另外钻头的上下运动受重力作用保持垂直，所以挖槽精度很高。这种方法的缺点是挖槽速度取决于钻头质量和冲击次数，而且在钻头质量和单位时间内的冲击次数之间，有一方增大而另一方就要减少的倾向。根据这个机理，钻头质量和冲击次数都不能超过一定的极限，因此这种挖槽机的挖槽速度较其他挖槽机低。另外，定位钻孔型挖槽机不如沟槽型挖槽机的挖槽性能好，因此，定位钻孔型挖槽机适合于钻导孔或将做好的施工接合面做成可靠的防渗构造的施工。

冲击式挖槽机分冲击破碎式和回转冲击式。

1. 冲击破碎式

(1)正循环冲击钻进

正循环排土方式就是将泥浆通过钻头前端以高压喷出，携带被破碎的土渣一同上浮至槽顶排出，然后经泥水分离排除土渣，再用泵把泥浆送至钻头前端，使之循环。作用在挖槽工作面上的泥浆压力很大，泥浆呈上升的状态，借助泥浆的作用保持槽壁稳定。但是由于泥浆携带土渣的力量与流体的上升速度成正比，而泥浆的上升速度又和挖槽的断面积成反比，所以泥浆的正循环方式不大适于大断面的挖槽施工。同时土渣容易存留在泥浆中，致使泥浆的密度增大。

(2)反循环冲击钻进

反循环冲击钻进反循环方式就是泥浆由导沟流入槽内,携带土渣一起被吸入钻头,通过钻杆(或管道)排出地面,经泥水分离排除上渣之后,再把泥浆补充到槽内。由于对土渣的处理速度快,槽内泥浆始终保持着原有的泥浆特性,所以泥浆的护壁效果好。泥浆反循环方式与挖槽断面积无关,土渣排出量的多少根据排浆管径的大小决定。但是泥浆压力较正循环方式低。挖槽断面较小时,由于泥浆向下流动,因此会减弱泥浆的护壁作用。

国内常用冲击钻机的规格型号和技术性能参见第一章钻孔灌注桩第三节钻孔施工准备。

2. 回转冲击式

这里所说的回转冲击钻进工法与前面所说的冲击反循环钻进工法是不同的。冲击反循环钻进时虽然钻头也有旋转,但那是被动的旋转,不是钻进的主要工序(方式)。这里要说的回转冲击工法则是施加强大的动力(扭矩),使钻头在回转过程中切削破碎岩(土)体,而当遇到坚硬岩(土)体时,则施以一定频率和冲程的冲击,将岩(土)体捣碎或挤入孔壁周围地层内,再继续回转钻进和出渣。不难想像,由于这种钻进工法都是在坚硬地层中进行的,用正循环出渣是不可能的,只有气举法和泵吸反循环方法,才能把孔底较多的卵砾石碎块提升到地面上来。

(四)回转式挖槽机

将各种类型的钻头压入土层使之回转,根据钻头形状确定钻机挖槽方式,借助泥浆循环系统将土渣排除槽外。

回转式挖槽机分为垂直回转钻和水平回转钻。

1. 垂直回转钻

这里所说的垂直回转钻进是围绕铅垂轴线旋转钻进的一种钻孔方式。根据钻头数量多少,可将它们区分为单(独)头回转钻进和多头回转钻进;根据动力头所在部位,可分为地面钻进和水下(潜水)钻进。泥浆使用方式可以分为正循环、反循环或不循环。

(1)单轴垂直回转钻

早在20世纪50年代,法国索列旦斯公司就研制了用于地下连续墙施工用的冲击和回转钻机,其中CIS60、CIS61均为单头回转钻机,钻头直径为0.6~1.5m,深度可达50~150m。日本引进CIS系列钻机的制造和施工技术。

我国近30年来研制和使用的GJD、GPS等系列的工程钻机也都属于这种单头垂直回转钻机。这些钻机大都采用反循环钻进工艺,当然在细颗粒地层和小直径桩孔中也可采用正循环出渣。

目前国内常用的单轴垂直回转钻机详见第一章钻孔灌注桩第三节钻孔施工准备。

(2)旋挖钻

单头垂直回转钻机在泥浆不循环的情况下的钻进工艺称为旋挖钻法。这种钻进工法,通常是利用专用的钻架和动力盘(头)来驱动各种钻具挖槽的,采用履带式起重机,移动和定位都很方便。

目前常用的旋挖钻机详见第一章钻孔灌注桩第三节钻孔施工准备。

(3)多轴垂直回转钻

垂直多头回转钻机首先是由日本开发成功的。1967年,日本利根公司研制成功了俗名叫做长墙钻机的BW型垂直回转的多头钻机，目前BWN型最深挖深已达130m。我国在20世纪70年代末期，上海市基础公司曾研制了多头钻机SF6080，并且在几个工程中得到了实际应用。与此同时，我国航运部门开始试用多个潜水电机组合成的机组来建造地下连续墙，如我国新河钻机厂生产ZLQ连续墙成槽机（多头钻）。

多头钻的工作原理是：利用两个或多个潜水电机，通过传动装置带动几个钻头旋转，切削土层，用泵吸反循环的方式排渣。

多头钻施工时无振动，无噪声，可连续进行挖槽和排渣，施工效率高，曾是一种很受欢迎的施工方法。多头钻的研制和应用，曾对地下连续墙的发展起了很大的推动作用。但是这种钻机只能掘削不太坚硬的细颗粒地层，因而适用性受到很大限制。

目前，国内使用的多头钻机主要是用于SMW工法专用施工设备，它非常适合于高层建筑、地下室和地铁车站的挡土防渗墙施工及江河堤坝的防渗施工。生产的厂家有浙江振中ZLD系列，方圆公司的SPR650连续墙钻机。其中，SPR650连续墙钻机不仅可用于超过30m深的搅拌水泥土防渗墙（SMW工法），而且可用于25m深以内的钢筋混凝土地下连续墙施工，还可以装配长螺旋钻具用于CFG工法施工。

2. 水平多轴回转钻

这里所说的水平多轴回转钻机，实际上只有两个轴（轮），所以习惯叫它们为双轮铣槽机。根据动力来源的不同，可以分成电动和液压两种机型。

最早的液压双轮铣槽机是由意大利RODIO公司生产的Romill系列，其后是于20世纪70年代研制和应用的HF系列；随后意大利（HM型）、德国（BC · MBC型）和日本（TBW，OCW）也相继开发出了双轮铣槽机。不过日本的铣槽机绝大部分（EM，EMX）都是电动的。

铣槽钻机的特点是：

（1）对地层适应性强，淤泥、砂、砾石、卵石、砂岩、石灰岩均可掘削，配用特制的滚轮铣刀还可钻进抗压强度为200MPa左右的坚硬岩石。

（2）能直接切割混凝土。在一、二期槽的连接中不需专门的连接件，也不需采取特殊封堵措施就能形成良好的墙段接头。

（3）利用电子测斜装置和导向调节系统、可调角度的鼓轮旋铣器来保证挖槽精度，精度高达1‰～2‰。

（4）成槽深度大，一般可达60m，特制型号可达150m。

（5）挖掘效率高。在松散沉积层中，生产效率达20～40m^3/h，在砂岩中可达16.3m^3/h，在中等硬度的岩石中为1～2m^3/h。

由于铣槽机的优越性能，它已广泛应用于国内外地下连续墙施工，目前世界上最深和最厚的地下连续墙都是使用铣槽机建成的。在国内桥梁工程中，已建成的几座大型桥梁的地下连续墙也大多采用铣槽机施工。

（1）液压双轮铣槽机

法国的HF、意大利的HM和K3、德国的BC和日本的TBW型均属液压双轮铣槽机。

液压双轮铣槽钻机的工作原理如图9-2-6所示。用液压驱使安装在机架上的两个鼓轮向相反方向转动，鼓轮上的碳化钨切刀将地层旋铣、切割、挤碎，松动后的土、砂、卵石、岩石碎块用泵抽吸至地面，液压双轮铣槽机多数安装在履带起重机上作业。

①法国地基基础公司HF铣槽机

由法国地基基础公司开发研制的HF系列超大型液压铣槽机能适应大厚度、大深度地下连续墙的施工。这种挖掘机可开挖基岩和含有漂石的任何地层,甚至能开挖已建的地下连续墙。由于挖掘机姿势的控制关系到开挖精度,因此该机通过自身装有的测斜计来检测机器的倾斜情况。施工管理采用能对各种施工数据进行有效处理的快速开挖管理系统,使用计算机进行集中管理。同时开挖速度的控制系统和故障判断采用了专家系统,并通过自动稳定管理装置来进行稳定浆液的管理。HF12000 液压铣槽机见图 9-2-7,HF10000 和 HF12000 液压铣槽机主要参数见表 9-2-16 和表 9-2-17。

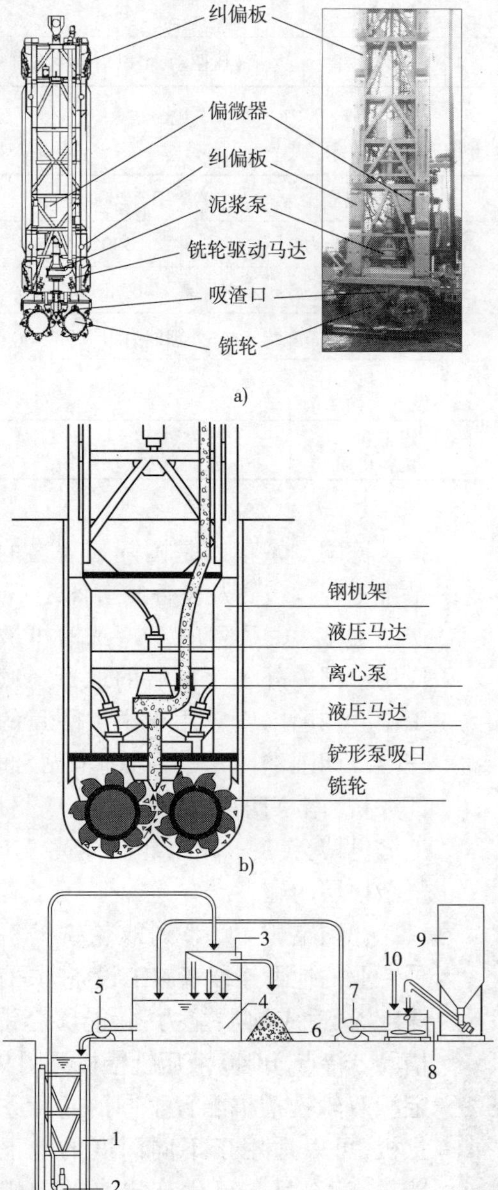

图 9-2-6　液压双轮铣槽钻机工作原理图

a)铣槽机结构图;b)铣槽机切削原理图;c)铣槽机施工过程图

1-铣槽机;2-泥浆泵;3-除砂器;4-储槽;5-泵;6-砂;7-泵;8-泥浆站;9-泥浆配料;10-水

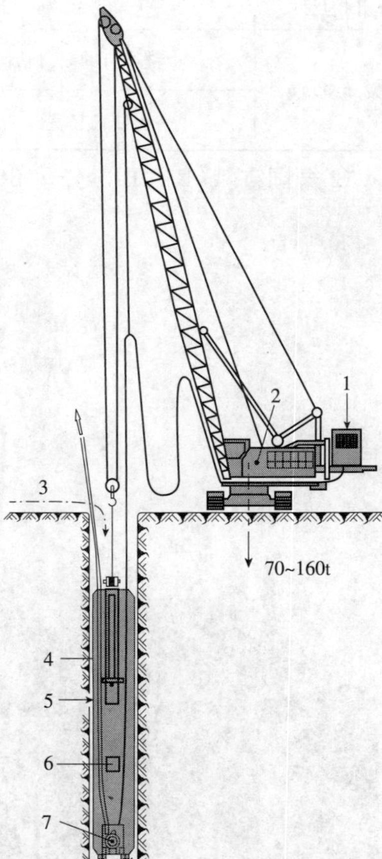

图 9-2-7　HF12000 液压铣槽机

1-动力站;2-起重机;3-回浆管;4-液压给进油缸;5-钻进导向装置;6-倾斜计;7-泵体;8-铣轮

HF10000 液压铣槽机主要参数表 表 9-2-16

设备型号	HF10000 型	设备型号	HF10000 型
主体高度	13m	需要的动力	750PS
槽宽	1 500 ~ 3 200mm	潜水泵	扬程 55m，排出量 $10m^3/min$，直径 8in
一次成槽宽度	3 200mm	开挖深度	170m
转矩	2 × 10 000N · m	总质量	48t
钻头转速	12 ~ 17r/min	可调导杆	液压驱动，可以前后左右调整

注：1in = 0.025 4m，1PS = 735.499W。

HF12000 液压铣主要参数表 表 9-2-17

设备型号	HF12000 型	设备型号	HF12000 型
主机型号	利勃海尔 HD883 型履带式起重机	最大起重能力	120t
最大开挖深度	150m	泥浆泵排量	$400m^3/h$
开挖尺寸	(0.62 ~ 2) m × 2.8m	泥浆净化设备	处理能力为 $450m^3/h$
发动机功率	铣槽机的动力站：400kW	铣槽机机体及动力站质量	48t
	履带式起重机：400kW	履带式起重机整机质量	约 110t

②德国宝峨（BAUER）公司 BC 铣槽机

图 9-2-8 BC40 液压铣槽机

德国宝峨集团是国际最著名的专业基础工程承包商及设备制造商之一，其生产的宝峨 BC 系列的双轮铣槽机被广泛应用于国内外各个领域的地下连续墙施工中。在国内曾应用于举世瞩目的长江三峡二期围堰防渗墙、冶勒电站、润扬长江大桥、南京四桥、深圳地铁、广州地铁、上海世博会工程、南水北调穿黄等工程中复杂地层的施工。

德国宝峨 BC 系列双轮铣槽机是一种专业的地下连续墙施工设备，具有成槽深度深、适应地层能力强、能够套铣接头槽段等特点，BC40 液压铣槽机见图 9-2-8。宝峨双轮铣槽机配置不同的卷管系统和主机，可以适用于不同深度的地下连续墙的施工，目前已生产出来的宝峨双轮铣槽机可达到的最大铣槽深度为 150m。BC 系列铣槽机可以装配不同种类的铣轮，用以适应不同的土质，铣轮种类及各自工效见图 9-2-9，该系列铣槽机在国内外已完成了大量的在坚硬岩石中成槽的工程。连续墙越深，槽段之间的接口处理难度越大。宝峨 BC 双轮铣槽机可以直接套铣出接口槽段，实现连续墙槽段之间的完好搭接，套铣接头示意图见图 9-2-10，其主要技术规格见表 9-2-18。

平齿铣轮，可切削0～50MPa的岩石　　锥齿铣轮，可切削50～100MPa的岩石　　球齿铣轮，可切削100MPa以上极硬岩

a)

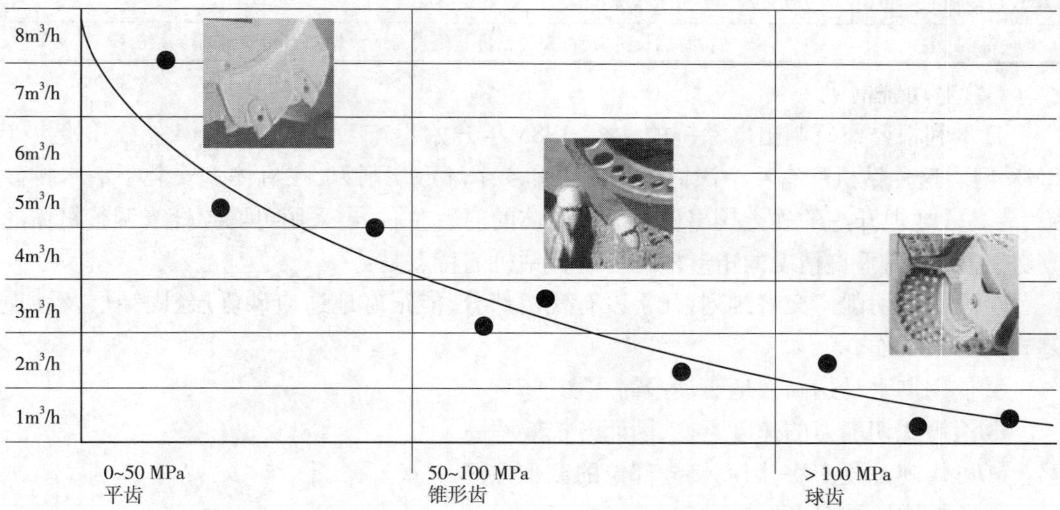

b)

图 9-2-9　BC 铣槽机铣轮种类及工效

a) BC 铣槽机铣轮；b) 各种铣轮工效（代表性案例）

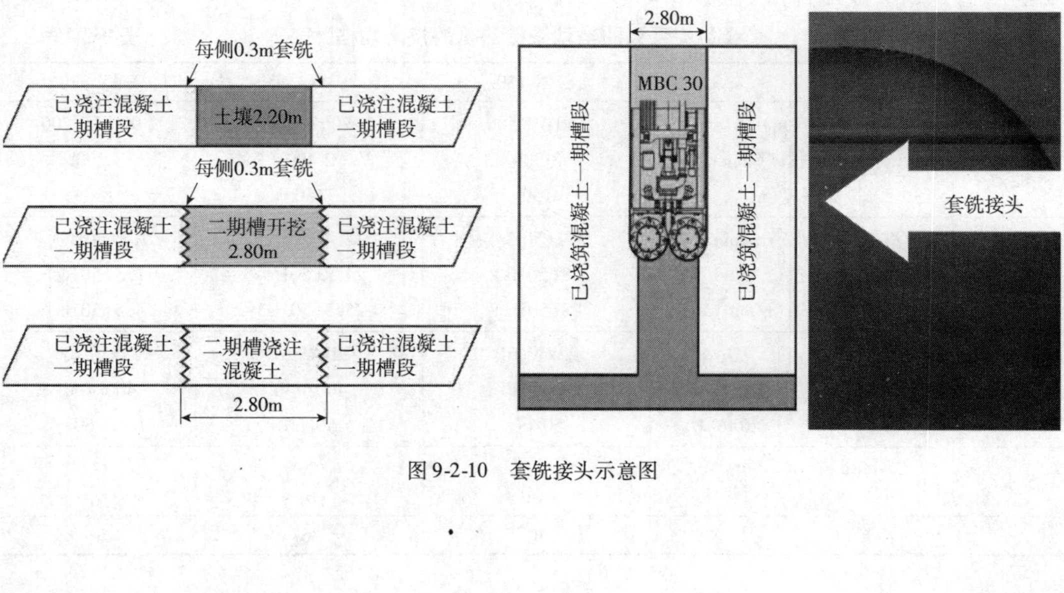

图 9-2-10　套铣接头示意图

宝峨公司生产的主要双轮铣槽机的技术规格　　表 9-2-18

型　　号	BC-15	BC-20	BC-30	BC-30LJ	BC-30YJ
总高度	24.1	27.0	29.5	39	39
开挖深度(m)	30	44	50	60	100
槽宽(mm)	500～1 500	500～1 500	640～2 100	640～2 100	640～2 100
一次成槽长度(mm)	2 200	2 200	2 790	2 790	2 790
铣槽机质量(t)	12～20	12～20	26～35	26～35	26～35
装载机械	履带式吊车	履带式吊车	履带式吊车	履带式吊车	履带式吊车
型　　号	BC-32	BC-36	BC-40	BC-50	
开挖深度(m)	60	80	100	125	
槽宽(mm)	620～1 500	800～1 800	1 000～1 500	1 200～3 200	
一次成槽长度(mm)	2 800	2 790	2 800	2 800	
备　　注	备有加长机械,可安装钻进坚硬岩石的滚轮铣刀和导向调节系统				

(2)电动铣槽机

日本利根公司研制出电动铣槽钻机,1985 年开始生产 EM 型,2000 年左右开始生产 EMX 型。这种钻机配有 4 个滚筒式切削刀和 4 个环形切削刀,在机体上安装了潜水排砂泵,能高效地把开挖的砂土排出地面。在机体的前后左右,边采用可调导杆来调整机体的姿势,边挖出高垂直精度的矩形槽孔。这种钻机的特点是:

①滚筒式切削刀交替排列,几乎没有残留部分,能很好地适应砂砾层、固结层及硬质基岩的开挖工作。

②使用潜水马达高效地驱动滚筒式切削刀。

③滚筒式切削刀的速度不变,因而开挖效率高。

④可切削混凝土块,因而接缝部位的截水性好。

⑤开挖成墙的厚度范围大。

⑥由于配备有垂直精度检测装置和液压纠偏装置,开挖精度高。

EMX 系列的电动铣槽钻机的技术规格见表 9-2-19。

此外还有旧型号的 EM240、EM320 型电动铣槽机,EM320 型电动铣槽钻机的成槽宽度也可达 3.2m,成墙深度可达 150m。

EMX 系列的电动铣槽钻机的技术规格　　表 9-2-19

项　　目			EMX-150	EMX-240	EMX-320
开挖能力	槽宽(m)		650～1 500	1 200～2 400	2 000～3 200
	一次成槽长度(mm)		3 200	2 400	3 200
	最大深度(m)		150	150	150
转速	滚筒式切削刀(r/min)		9.1(50Hz)	12.4(50Hz)	7.5(50Hz)
	第一环形道(r/min)		28(50Hz)	24.2(50Hz)	11.5(50Hz)
	第二环形道(r/min)		28(50Hz)	25.5(50Hz)	14.5(50Hz)
电动机	互相感应电动机	功率	22kW,6P	22kW,6P	37kW,6P
		转速(r/min)	400/440	400/440	400/440
		频率(Hz)	50/60	50/60	50/60
潜水泵	排出量(m^3/min)		6	8	12
	全扬程(m)		30	20	16
质量(t)			30	35	50

五、地下连续墙施工工艺流程

地下连续墙施工工艺流程见图 9-2-11。

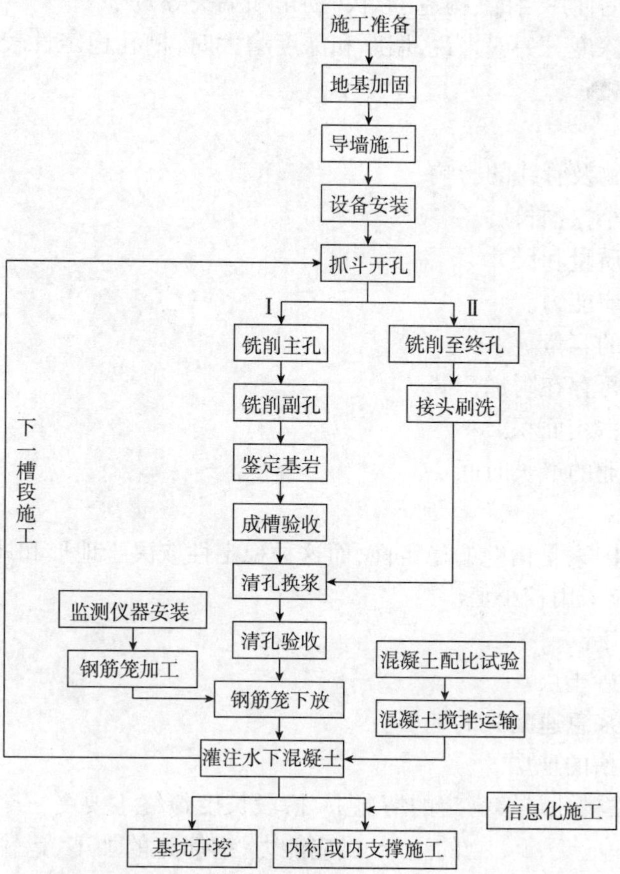

图 9-2-11　地下连续墙施工工艺流程(壁板式纯铣法)图

第三节　壁板式地下连续墙施工

一、地下连续墙槽段形成

(一)单元槽段的划分

地下连续墙施工是把墙体分隔成很多的、不同长度的施工段,利用挖槽机按照不同的施工顺序分段建成的,把这种施工段叫做槽段,它的长度则叫做槽段长度。

1. 槽段长度的确定

加大槽孔长度,可以减少接头数量,提高墙体的整体防渗性和连续性,还可提高施工效率,但是加大槽孔长度使槽孔的稳定性有所降低,且单次使用泥浆和混凝土的用量也随着增加,给泥浆和混凝土的生产和供应带来困难,所以必须根据设计、施工及现场地质条件综合考虑槽段长度。

(1)影响槽段长度的因素

①设计条件

a. 地下连续墙的使用目的、构造、形状(拐角和端头等)。

b. 墙的厚度和深度。一般来说,墙厚和深度增大时,槽孔稳定性较差,槽长应尽量小一些。

②施工条件

a. 对相邻建筑物及管线的影响。

b. 挖槽机的最小挖槽长度。

c. 钢筋笼的总质量和尺寸。

d. 混凝土的供应能力。

e. 泥浆储备池的容量。

f. 槽孔附近是否存在附加荷载。

g. 作业场地的占用面积。

h. 可以连续作业的最长时间。

③地质条件

挖槽最关键的因素是槽壁的稳定性,而这种稳定性取决于地形和地质等地基条件,在下列情况下,槽长应采用较小值。

a. 在极软的地层。

b. 极易液化的砂土层。

c. 预计会有泥浆急速漏失的地层。

d. 极易发生塌槽的地层。

实际施工中,在槽孔足够稳定的情况下,槽段长度最终主要受三个因素的约束:泥浆的生产、供应能力;钢筋笼的加工、运输吊装机械能力;混凝土的生产、运输及浇注能力。

一般单元槽段长度可取 4 ~ 8m。

(2)副孔

一般情况下,地下连续墙的一个槽段是用挖槽机分几次开挖出来的,把每次完成的工作量叫做一个单元,它的长度叫做单元长度。当采用两钻(孔)一抓或冲击钻机采用主副孔法造孔时,常把每个槽孔划分为主孔和副孔两种单元。

①副孔长度的计算

如图 9-3-1 所示,在两边先挖出来的孔叫主孔或导孔,两主孔之间的部分就叫做副孔。

单元总长度为:

$$L' = W + D$$

式中:L'——单元总长度;

W——抓斗的开斗宽度;

D——主孔直径(墙厚)。

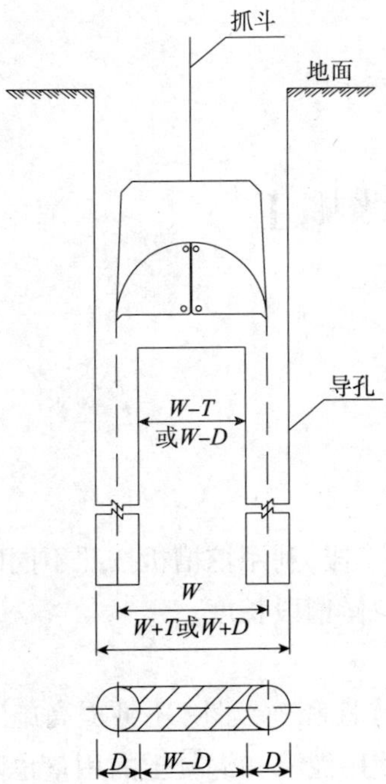

图 9-3-1 单元挖槽长度

在实际施工中，各个单元都是互相搭接一个主孔直径，为了计算和使用方便，常常把两相邻主孔中心距离取为单元长度 L_0，并且应满足下列关系：

$$L_0 \leqslant W$$

②影响副孔长度的因素

副孔长度对挖槽效率的影响很大。应根据墙厚、地质条件、槽孔深度及副孔施工方法和设备，确定合适的副孔长度。

一般来说，墙厚（主孔直径）小时，副孔要短一些。地层松散时，副孔可长些；地层坚硬时，副孔宜短些；槽孔很深时，副孔要短些。

对于冲击钻机来说，副孔长度为主孔直径的 1.5～1.7 倍，副孔过长时，会降低钻孔效率，易打成梅花孔和小墙，很难清理掉。对于抓斗来说，上述原则也是适用的，在这种条件下，要注意选择合适的抓斗的斗齿开度。采用两钻一抓法时，主孔的中心距不宜大于抓斗的开度，见图 9-3-2。

（3）槽段长度的确定

①主副孔法（两钻一抓法）

在此种情况下，单元长度 L_0 等于抓斗的开度，槽孔的施工长度为：

$$E' = nW + D = E + D$$

或

$$E' = nW + T$$

式中：E'——槽孔总长度；

n——单元数；

W——斗齿开度；

D——主孔直径；

T——墙厚；

E——槽孔标准长度。

$$E = nL_0 = nW$$

槽孔的标准长度就是地连墙建成后，墙段接缝之间的长度。

槽孔总数由下式求出：

$$N = L/E$$

式中：N——槽孔数；

L——地下连续墙长度。

当槽段两端的导孔直径大于墙厚时，槽孔的施工长度为：

$$E' = nW + D_1$$

式中：D_1——端导孔直径；

n——总单元数，图 9-3-2 中，$n = 3$。

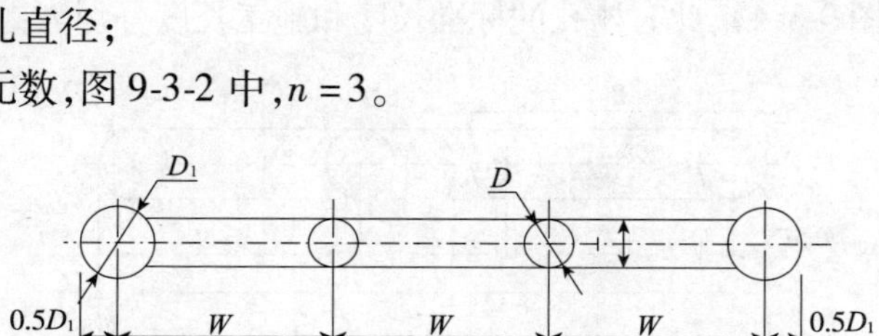

图 9-3-2　两钻一抓（$D_1 > T$）的槽长

②矩形抓斗(铣槽机)成槽

当直接采用抓斗或铣槽机成槽施工时,槽段的单元长度就是抓斗的开斗宽度或是铣槽机的有效宽度(图 9-3-3)。

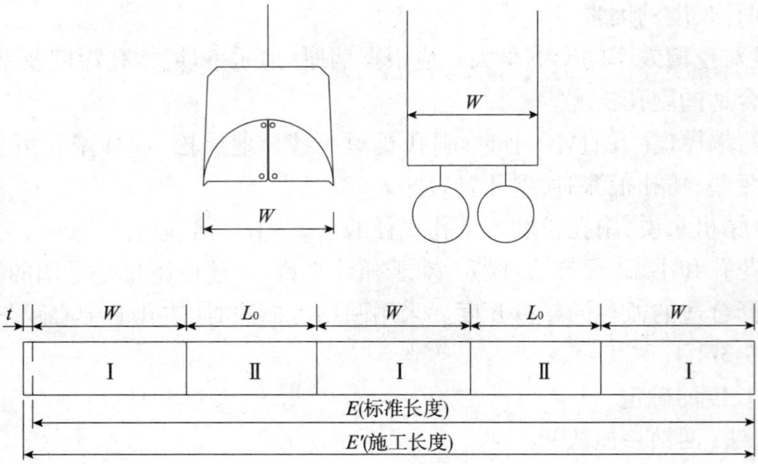

图 9-3-3 矩形抓斗槽孔长度

$$E = nW$$

一般情况下,$n \leqslant 5$ 且为奇数较好。

当一个槽孔由几个单元组成时,为了使挖出的槽孔在轴线上保持平直,通常槽孔两端的单元和中间的一期单元长度等于抓斗开斗宽度 W,其他单元二期单元长度 L_0 均小于 W,可取:

$$L_0 = (1/2 \sim 1/3)W$$

当地质条件不好时,上式应采取上限值,此时,槽孔的标准长度和施工长度分别为:

$$E = n_1 W + n_2 L_0$$

$$E' = E + t(\text{一期槽}),E' = E(\text{二期槽})$$

式中:E——标准长度;

E'——施工长度;

n_1——一期单元个数;

n_2——二期单元个数;

t——接头管厚度或是切取一期墙体的厚度。

③弧形抓斗和多头钻机成槽

弧形抓斗就是水平断面呈圆弧形的抓斗,为了保持槽孔的垂直度,二期单元长度也要小于抓斗的开斗宽度(图 9-3-4),此时槽孔的标准长度和施工长度分别为:

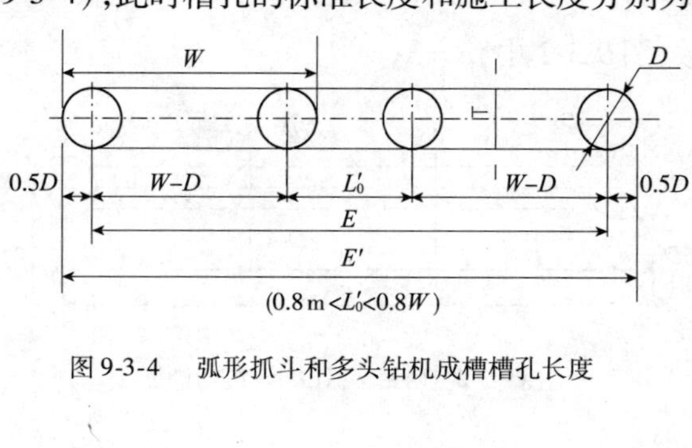

图 9-3-4 弧形抓斗和多头钻机成槽槽孔长度

$$E = n_1(W - D) + n_2L_0'(T = D\text{ 时})$$
$$E' = n_1(W - D) + n_2L_0' + D$$

式中符号意义同前。

2. 槽段的划分

(1)槽段划分原则

①应使墙段分缝位置远离墙体受力(弯矩和剪力)最大的位置。

②在结构复杂的部位,分缝位置应便于开挖及浇注施工。

③在某些情况下,可以采用长短槽段交错配置的布置方式,以避开一些复杂结构的节点。

④墙体内有预留孔洞和重要预埋件,不得在此处分缝。

⑤槽段分缝应与导墙的施工分缝错开。

⑥在可能的情况下,一个槽段的单元应为奇数;如为偶数,挖槽时可能造成斜坡。

(2)槽段划分

按结构物的形状划分单元槽段,见图 9-3-5。

图 9-3-5a)是以挖槽机的最小挖掘长度(一个单元长度)作为槽段长度。适用于减少相邻结构物的影响,或必须在较短的作业时间内完成一个单元槽段,或必须特别注意槽壁的稳定性等情况。

图 9-3-5b)为较长的单元槽段,一个单元槽段分几次完成,但在该槽段内不得产生平面弯曲现象。通常是先挖该单元槽段的两端,槽段内进行跳仓式挖掘。

图 9-3-5c)为在开挖地下墙内侧的基坑之后,使墙体和柱子连接起来,将墙段接头设在柱子的位置上,但也有时将接头和柱子位置错开。

图 9-3-5d)为通过浇灌混凝土,使柱子和地下墙成为一个整体,地下墙的接头设在柱和柱的中间。

图 9-3-5e)为钝角形拐角,最好使用一个整体钢筋笼。为避免因拐角而造成墙体断面不足,可使导墙向外侧扩大出一部分。

图 9-3-5f)为直角形拐角。钢筋笼和图 9-3-5e)相同,最好是一个整体形状,但有时将钢筋笼分割开插入槽内。

图 9-3-5g)为 T 字形。为便于制作和插入钢筋笼,单元槽段的长度不能太大。

图 9-3-5h)为十字形。和图 9-3-5g)相同,不宜采用较大的单元槽段。由于在这种情况下导墙不易稳定,所以需要对导墙加固,或在导墙附近不得有过大的荷载,而且必须特别注意槽壁的稳定和挖槽精度。

图 9-3-5i)为圆周形状或曲线形状的地下墙。如用冲击钻法挖槽,可按曲线形状施工;如用其他方式挖槽,可用短的直线段连接成多边形。

图 9-3-5j)为长短槽段的组合形式,适用特殊接头(构造接头)。一般先施工长槽段,在短的槽段内设置接头装置。

图 9-3-5k)为偶数单元的不利影响和改进措施。

当地下连续墙贴近某些重要建筑物或结构物施工时,应缩短槽段长度,通常取一个抓斗开度 W,以便在最短时间内完成槽段,并采用间隔施工的方法,避免大面积槽孔壁面承受侧向压力而产生过大变形,见图 9-3-6。

地下连续墙拐角处,应单独划分出一个槽段(图 9-3-7),并且至少有一边导墙向外延

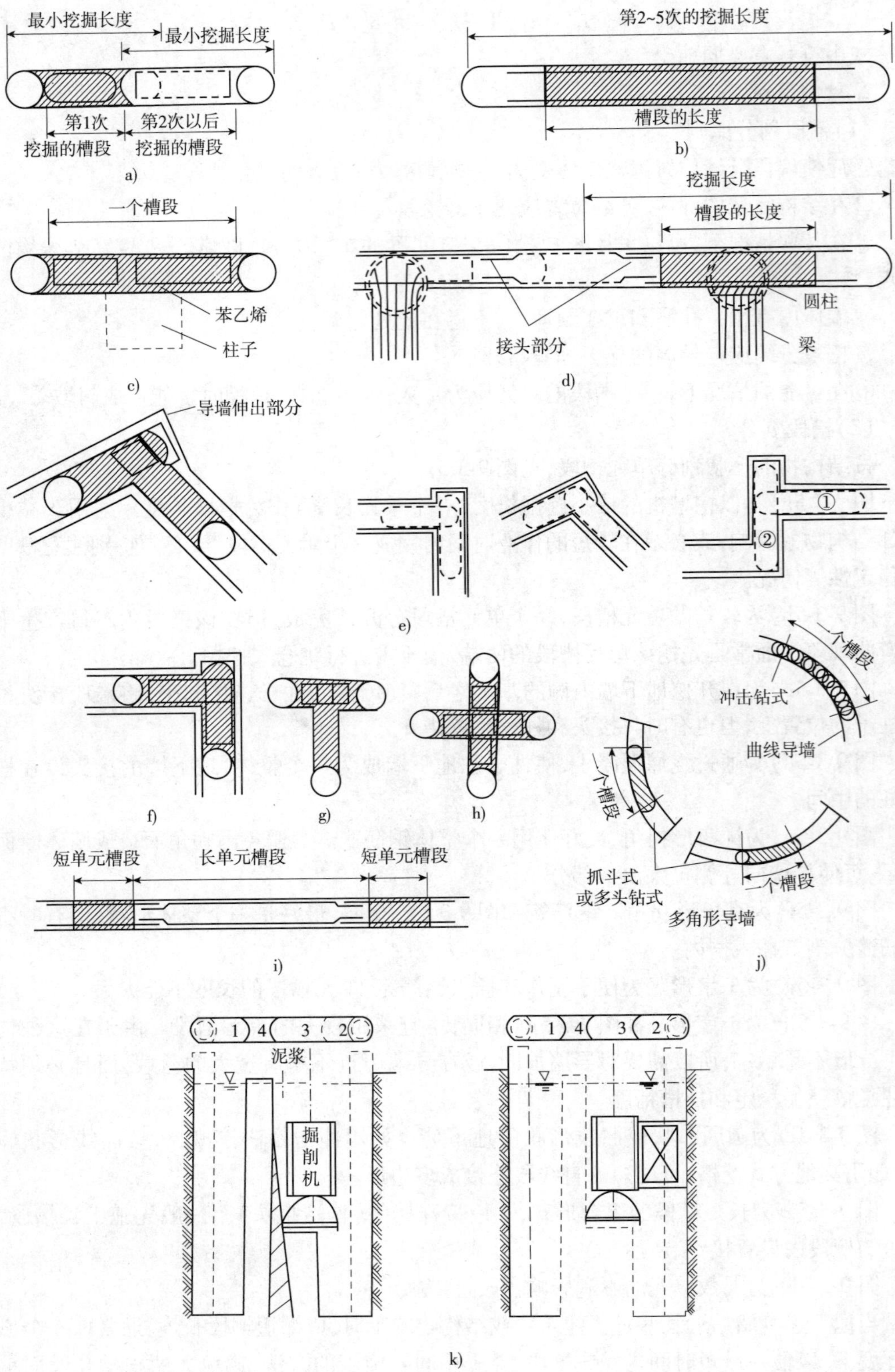

图 9-3-5　按结构物的形状划分单元槽段

伸0.2～0.3m。角槽上不要安排两个等长的挖槽单元，以避免第二抓时槽壁偏斜和坍孔。在图9-3-7a)中，一边长 W，另一边长应大于 $W+1.7T$。这样在第二抓抓完之后，还能保留有一段小墙（土柱），可减少交角处土体坍塌。考虑起重机吊装钢筋笼的能力和吊放难度，角槽 W 不能太长。

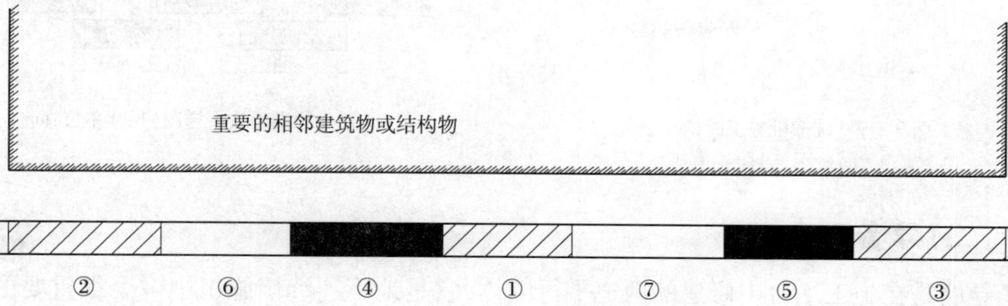

图9-3-6　贴近重要建筑物施工的槽孔划分

图9-3-8是按墙与桩的关系划分槽段的，主要由桩基承受竖向荷载，地下连续墙板主要是承受侧向压力，此种地下连续墙槽段划分的位置应与桩基错开且保持一定的距离。

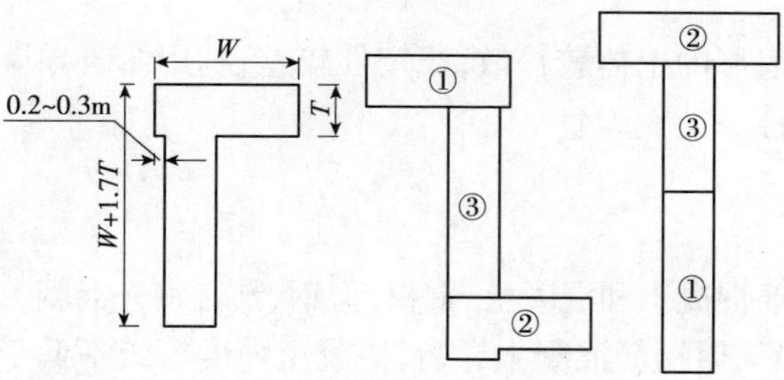

图9-3-7　拐角段槽孔的划分

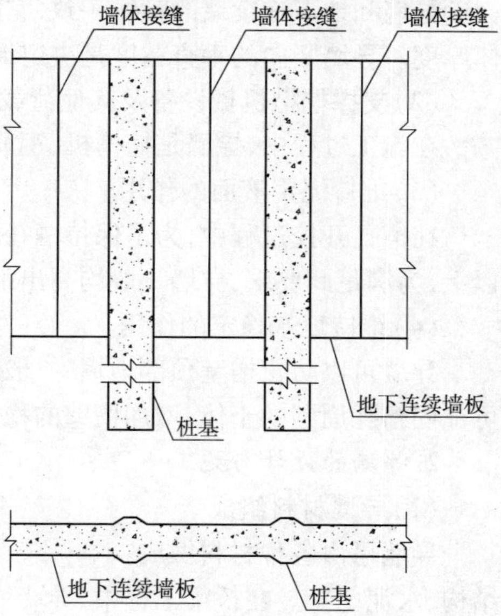

图9-3-8　组合式地下连续墙槽段的划分

图9-3-9是采用铣槽机施工时槽段划分图。根据铣槽机的成槽特点，以BC型为例，两个铣轮张开最大时（1个满刀），铣削头长度为2.8m，闭合刀的范围在0.8～1.6m之间。当开挖土（岩）体为以下两种情况时，为铣槽机的适宜工作环境：

①预开挖土体两侧均未开挖，此时预开挖土（岩）体尺寸 $B=2.8$m（1个满刀）。

②预开挖土体两侧均已开挖，此时铣槽机预开挖土（岩）体尺寸 B 应在0.8～1.6m之间（1个闭合刀），且成槽施工时应尽量使铣轮中心与土（岩）体中心吻合，避免由于偏心而使成槽施工时铣轮产生水平偏移，从而保证铣削效果。

由于铣槽机对预开挖土（岩）体的特殊要求，对单元槽段的划分也相应提出一个要求，由标准刀法大样图（图9-3-10）可看出，考虑适当的预挖区搭接长度，单元槽段的划分长度在2.8～5.6m比较合适。通常一期槽（先施工槽段）以三刀成槽，槽段划分长度较长，二期槽（后施工槽段）以一刀成槽，槽段划分长度较短，有时一期槽也可以一刀成槽。

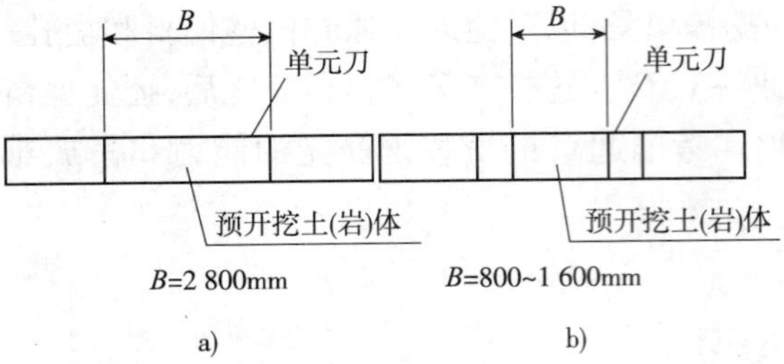

图 9-3-9　铣槽机施工时槽段划分

a)满刀;b)闭合刀

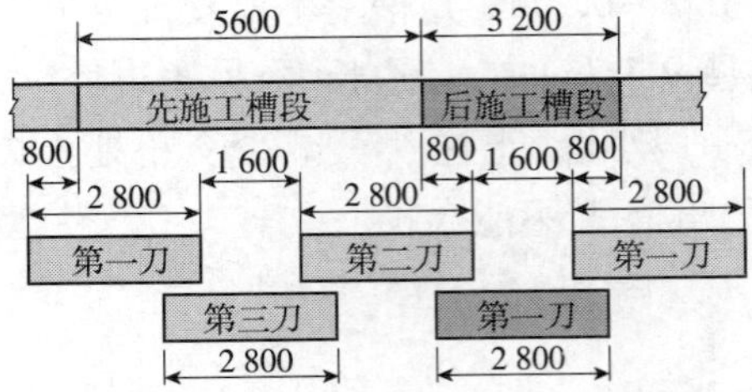

图 9-3-10　标准刀法大样图(尺寸单位:mm)

(二)导墙

导墙是在施工平台中修建的两道平行墙体,它是地下连续墙施工中一个很重要的临时结构物。

1. 导墙的作用

(1)标定地连墙位置的基准线,为挖槽施工导向。

导墙和地下连续墙的轴线一致,它的位置、尺寸直接影响地下连续墙的平面位置和墙体厚度。导墙竖向的垂直精度是决定地下连续墙保持垂直的必要条件。

(2)支撑挖槽机械设备及其他荷载的作用。

在施工过程中,导墙是挖槽机、钢筋笼、混凝土导管等的支撑物。

(3)维持泥浆液面的作用。

在槽孔开挖过程中,为了保持槽孔的稳定,槽孔内泥浆液面要比地下水位高出 1.0m 以上,为满足此要求,导墙一般均高出地面,可维持泥浆液面的高程。

(4)维持地基稳定的作用。

导墙可以防止槽壁顶部坍塌,一般地表层的土体较松散,稳定性较差,利用修筑导墙可加固槽孔周围的土体,增加槽壁的稳定性。

2. 导墙的设计与施工

(1)导墙材料组成

导墙可由各种材料做成:木材、砖、钢筋混凝土和混凝土、钢板、型钢、预制钢—混凝土结构、水泥土等。在桥梁工程中,导墙一般采用钢筋混凝土导墙,混凝土强度等级不低于 C20。钢筋混凝土导墙又分为现浇导墙和预制导墙,目前使用以现场浇注导墙居多。

(2)导墙设计

导墙的平面轴线应与地下连续墙轴线平行,两导墙的内侧间距宜比地下连续墙体厚度大 40 ~ 60mm。导墙顶端应高出地面及高于稳定后地下水位 1.5m 以上,底端埋入土内深度宜大于 1m,墙体厚度应满足施工要求。导墙应每隔 1 ~ 1.5m 距离设置一道横撑,某大型桥梁锚碇地下连续墙基础导墙构造见图 9-3-11,图 9-3-12 为一钢筋混凝土导墙图片。

根据土质情况导墙可采用板墙形、匚形或倒 L 形。根据现场施工条件的不同,导墙的结构断面有所不同,如图 9-3-13 所示。

图 9-3-13a)为最简单的断面形式,适用于表层地基土良好(如密实的黏土),且作用在导墙上的荷载不大;图 9-3-13b)适用于表层地基土强度不够,特别是容易坍塌的砂土及回填地基土,需将导墙做成倒 L 形或匚形;图 9-3-13c)适用于作用在导墙上荷载较大的情况,根据荷载情况增减其伸出部分的尺寸;图 9-3-13d)适用于需保护相邻结构物的情

况；图 9-3-13e）适用于地下水位高的情况，将导墙顶面高出地面，确保泥浆液面的高度；图 9-3-13f）适用于作业面在地下的情况，导墙外侧的伸出部分作为先施工临时挡土结构的水平导向；为防止泥浆溢流，在导墙外侧设置 U 形预制块，导墙顶端高出地面 5 ~ 10cm，以防止地面水流入导沟，见图 9-3-13g）；图 9-3-13h）适用于挖斗式挖槽机施工的导墙，为防止抓斗晃动，设置 H 型钢桩或方木做抓斗的导向柱，在采用抓斗施工时，可在导墙内填土代替横撑。

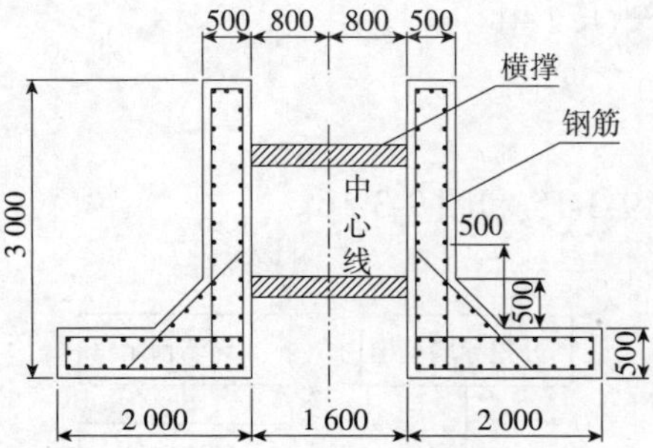

图 9-3-11　某大型桥梁锚碇地下连续墙基础导墙构造图（尺寸单位：cm）

图 9-3-12　钢筋混凝土导墙图片

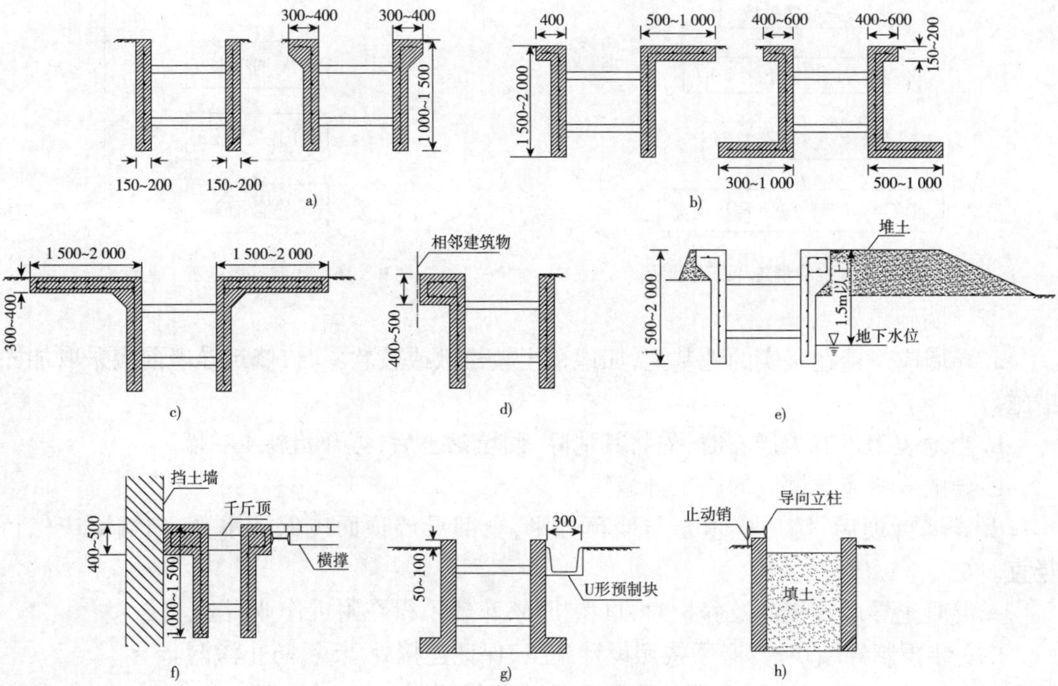

图 9-3-13　常用导墙断面形式（尺寸单位：mm）

有时地下连续墙施工也采用混凝土预制导墙，与现浇导墙相比，预制导墙可以节约成本，地下连续墙平面长度越长，导墙可周转次数越多，可节约成本越多。采用预制导墙施工地下连续墙，还可加快施工进度，但根据工程实践，预制式的导墙较难达到底部与土层结合良好以防止泥浆流失的效果。图 9-3-14 是一种预制钢筋混凝土导墙的形式。

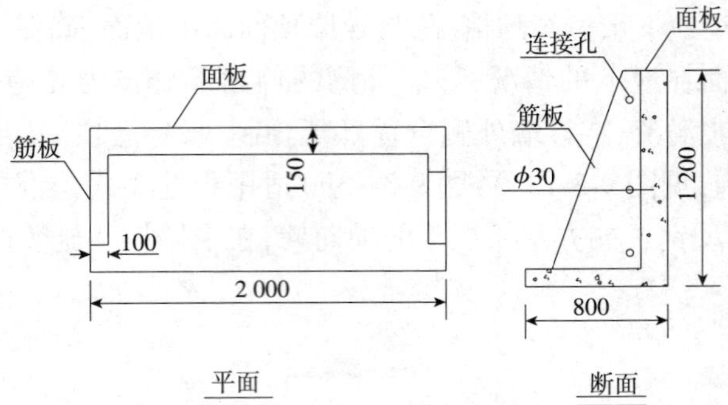

图 9-3-14 预制钢筋混凝土导墙(尺寸单位:cm)

(3)导墙施工

①导墙施工工艺流程

现浇导墙和预制导墙施工工艺流程分别见图 9-3-15 和图 9-3-16。

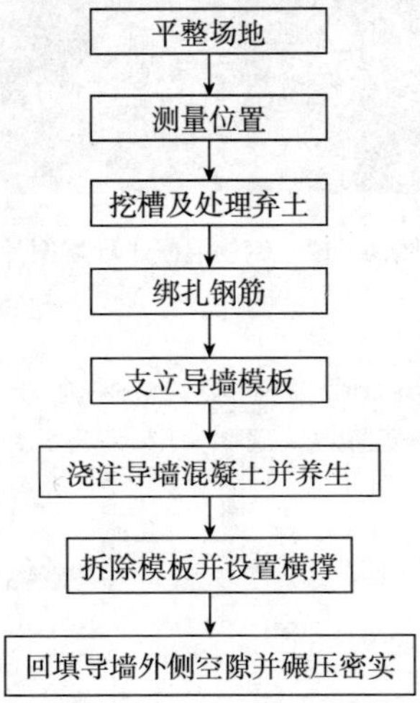

图 9-3-15 现浇导墙施工工艺流程

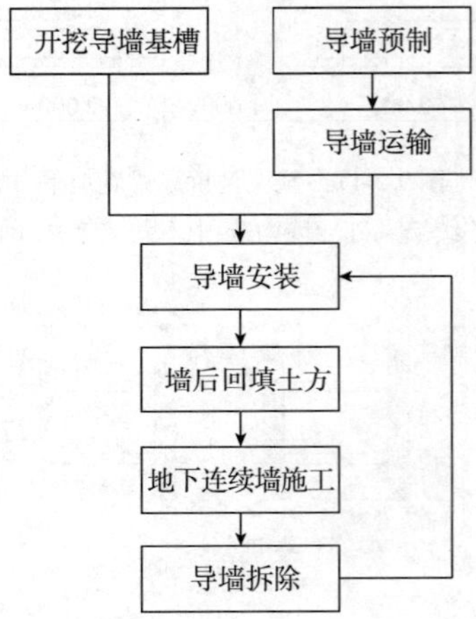

图 9-3-16 预制导墙施工工艺流程

②导墙施工要点

a. 导墙应建造在坚实的地基上,如地基土较松散或较软弱时,修筑导墙前应采取加固措施。

b. 当地表附近有大漂石时,先将其清除,回填黏土后,再开始施工导墙。

c. 导墙分缝应与槽段的施工分缝错开。

d. 导墙拆模后,墙后应填土与墙顶齐平,全部导墙顶面应保持水平,内墙面应保持竖直。

e. 混凝土导墙在浇注及养护时,重型机械、车辆不得在附近作业行驶。

f. 安装预制导墙块时,必须按照设计施工,保证连接处质量,防止渗漏。

g. 在施工过程中,应对导墙的沉降和位移进行监测。

③导墙的稳定措施

a. 在槽孔开挖过程中,泥浆面不得低于导墙底以下。

b. 在施工过程中,地下连续墙墙体混凝土浇注高程最好高于导墙底部 0.3 ~ 0.5m,以保持导墙稳定。若浇注墙体高程达不到以上高程,可以采取在上部泥浆中加入水泥,予以固化,甚至在固化部分插入型钢。待基坑开挖和主体结构完工后,再将其清除。

④导墙的施工质量要求

导墙平面轴线应与地下连续墙的平面轴线平行，允许偏差为10mm。导墙内墙面应竖直，顶面应水平。两导墙内墙面间的距离允许偏差为±5mm，导墙顶面高程允许偏差为±10mm。

(三)导孔

对于坚硬地层，为保证挖槽机的垂直精度，先在单元槽段的两端钻孔，一般孔径与墙厚相同，使单元槽段的两端头垂直，便于接头施工。先钻的孔即称为导孔。

导孔施工与普通钻孔桩施工在设备选型及成孔工艺上无太大差别。具体施工工艺参见第一章钻孔灌注桩施工。

(四)挖槽施工

地下连续墙的成槽工艺与成槽机械的特性是密切相关的，随着成槽机械的发展，成槽工艺相应有较大的进步。

目前，我国地下连续墙在桥梁工程中，主要用于大型悬索桥锚碇基础基坑开挖防护工程。此类地下连续墙均属于超深、超大地下连续墙施工。以黏土为主的地层中施工超深地下连续墙基本采用液压抓斗，包含风化岩或卵砾石的复合地层，一般都采用双轮铣槽机，或是双轮铣槽机与其他设备联合使用。

1. 地下连续墙主要施工方法

20世纪60~70年代，地下连续墙施工冲击式钻机钻劈法施工工艺的一统天下已被打破，现在常用的施工方法除钻劈法外，还有纯抓法、钻抓法、纯铣法、钻吸法、射水法、连续开槽法、挤压成槽法等。

(1)钻劈法(冲击钻进式)

钻劈法是一种传统的成槽方式，即首先采用冲击钻机钻凿主孔，钻至设计孔深后，再用冲击钻机劈打两相邻主孔之间的副孔，直到整个单元槽孔全部达到预定的深度，钻劈法施工见图9-3-17。

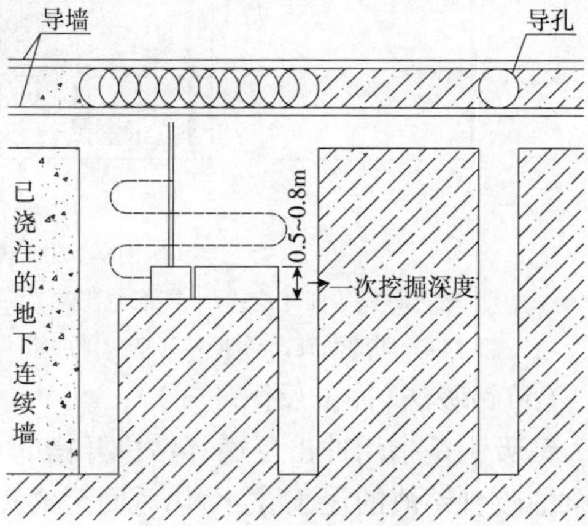

图9-3-17　钻劈法施工

(2)纯抓法

以液压抓斗为挖槽机械的纯抓法在建筑、地铁等行业中应用最广，如图9-3-18所示。该法只用蚌式抓斗挖槽，以导墙为基准，首先挖掉①和②两个部分，然后挖除中间的③部分，于是一个单元槽段挖掘工作即告完成。以后的挖槽工作先挖掉④的部分，然后以④的槽孔和前面已经完成的单元墙段拔出接头管后形成的孔作导孔，挖去⑤的部分，从而又完成一个单元槽段。

(3)钻抓法

钻抓法是蚌式抓斗与钻机合用的一种成槽方式。图9-3-19是蚌式抓斗与钻机合用的挖槽顺序图。按单元槽段的布置，确定蚌式抓斗张开后斗齿的部位，先用冲击钻钻孔至地下墙的设计深度，槽内充满泥浆，然后蚌式抓斗依次挖去这两个导孔之间的土体。

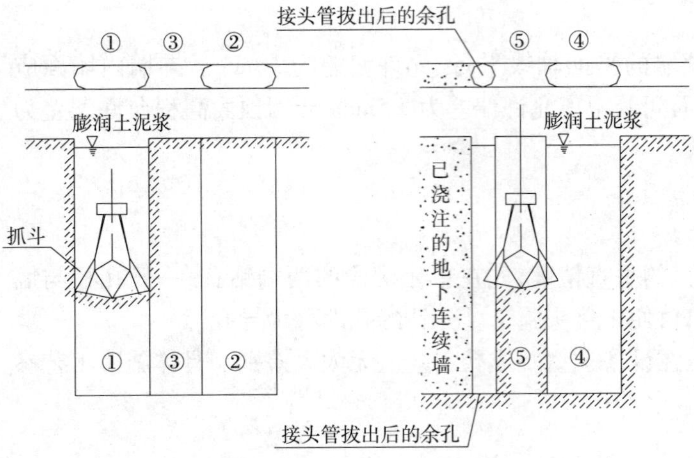

图 9-3-18 纯抓法施工

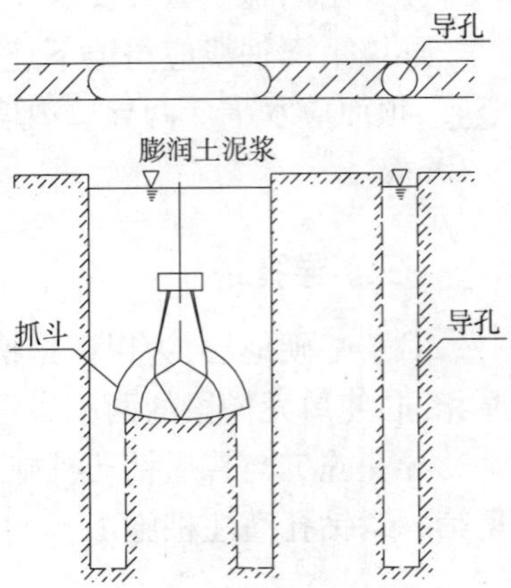

图 9-3-19 钻抓法施工

(4)纯铣法

纯铣法是以液压铣槽机直接挖槽,而不采用其他辅助机械的一种方法,它适合砾卵石以下细颗粒和软岩地层,钝铣法施工顺序见图 9-3-20。

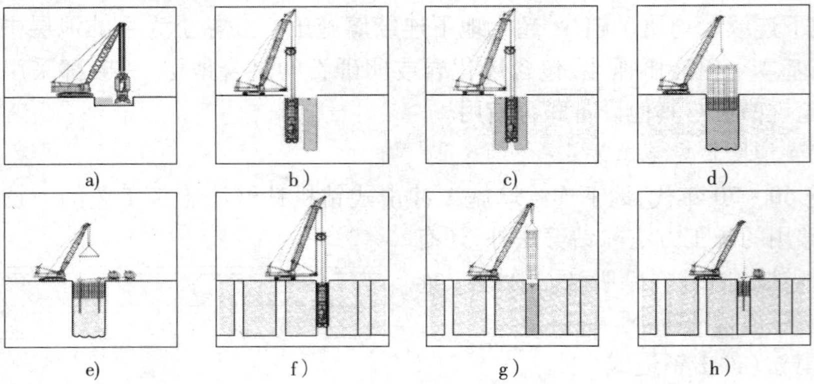

图 9-3-20 纯铣法施工顺序图

a)抓斗预开挖;b)一期槽主孔施工;c)一期槽副孔施工;d)一期槽钢筋笼下放;
e)一期槽混凝土浇注;f)二期槽铣削施工;g)二期槽钢筋笼下放;h)二期槽混凝土浇注

(5)钻吸法(冲击反循环式)

钻吸法是指用冲击反循环钻机开槽的方法,即用冲击钻头冲击破碎地层,用反循环砂石泵抽吸含钻渣的泥浆,经净化后回至槽孔,槽孔建造既可以用平打法,也可分主副孔施工。这种方法避免了重复破碎地层,所以工效大大高于老式冲击钻的钻劈法。

2. 适用于硬岩、孤石地层中的特殊工艺

(1)纯钻法

纯钻法虽是一种老工艺,但近年来由于用冲击反循环钻机取代了冲击钻机,工效成倍增长,不失为一种经济适用的工艺。

(2)钻凿法

钻凿法是用 8 ~ 12t 的重凿冲凿,并与冲击反循环钻机相配合的一种工艺,这种工艺成功地应用于润扬长江大桥北锚碇地下连续墙工程中,在硬岩中,其效率较高,成本亦低,很有推广价值。

(3)凿铣法

凿铣法是用重凿冲凿，与液压铣槽机配合的一种工艺，其优点是成槽质量好，噪声低，适合城市施工作业，其缺点是成本较高。

3. 在复杂地层中采用组合工艺

对于复杂地层，采用多种成槽机械施工的组合工艺往往能起到事半功倍的作用，效率高，成本低，质量优。近年来采用最多的是钻机与抓斗配合施工的钻抓法施工工艺，随着液压铣槽机的应用增多，还出现了铣抓钻法、钻铣法、铣抓法等新工艺。如三峡二期上游围堰防渗墙深达73.5m的深槽段，采用的就是铣抓钻法工艺，即上部风化砂用液压铣铣削，中部砂卵石用抓斗抓取，下部的基岩用冲击反循环钻进，三种设备各司其职，扬长避短，确保了成槽质量和进度。

（五）清底

1. 概述

清底是指挖槽结束并经终孔验收合格以后，把槽孔内不合格的泥浆以及残留在孔底及槽壁上的淤泥物清除掉的工序。

清底工序包括以下内容：

（1）把槽孔内不合格的泥浆置换出去，换成合格泥浆。

（2）清除孔底沉渣，使其厚度满足规范要求。

（3）清除一期墙段混凝土接头面上的泥皮和淤积物，使其满足规范要求。

2. 土渣的沉降过程分析

影响土渣在泥浆中的颗粒沉降速度的主要因素如下：

（1）土渣的粒径大小和形状。

（2）泥浆和土渣的相对密度。

（3）泥浆的流变特性。

根据试验结果，不能悬浮在泥浆中而要沉降的土渣在挖槽后2h，即可沉降80%，经过4.5h基本全部沉降完毕（图9-3-21）。粒径越大，沉降速度越快。另外，悬浮在泥浆中不会沉降的细微颗粒，则随静置时间增加，堆积在槽底附近，使泥浆相对密度加大。

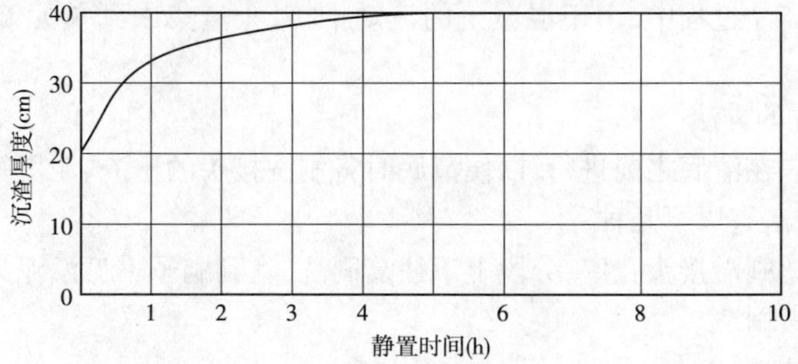

图9-3-21　沉渣厚度过程线

3. 清底施工

挖槽结束后，悬浮在泥浆中的土颗粒将逐渐沉淀到槽底。此外，在挖槽过程中，残留在槽内的土渣以及吊放钢筋笼时从槽壁上刮落的泥皮等都要堆积在槽底。在槽底有淤积存在的状态下，插入钢筋笼和浇灌混凝土，淤积会给地下连续墙带来种种重大缺陷，甚至影响地下连续墙的使用。

(1)清底工作的必要性

①沉渣很难在槽底被浇注的混凝土置换出地面，它残留在槽底，会成为墙底和持力层之间的夹弱层，使地下连续墙的承载力降低，造成墙体沉降。另外，沉渣会影响墙体底部的截水防渗能力，有时也是产生管涌的一个原因。

②沉渣混入混凝土之后，不但会降低混凝土的强度，而且会妨碍浇灌混凝土的工作。另外，由于浇灌混凝土的流动性，会使沉渣集中到单元槽段的接头处，严重影响接头部位的强度和防渗性。

③沉渣会降低混凝土的流动性，进而降低混凝土的浇灌速度，有时还会引起钢筋笼的上浮。

④沉渣会使所浇灌混凝土的上部不良部分增加，同时在浇灌混凝土的过程中会加速泥浆的变质。

⑤沉渣过多会影响钢筋笼插入到预定位置，可能使底部的钢筋失去保护层。

由以上可知，将孔底的沉渣彻底地清除掉，是很有必要的，施工过程中，采取适当的措施，可减少孔底的沉渣。比如在挖槽结束时，认真地清除孔底的残渣；为防止钢筋笼或下接头时刮落槽壁泥皮，可在钢筋笼上安装适当的垫块，使其底端向内侧弯曲，接头管下端变小。

(2)清底方法

清底方法详见第一章第五节清孔，地下连续墙施工若采用铣槽机成槽，也可以采用铣槽机直接清孔。

4. 接头刷洗

(1)接头刷洗的必要性

单元槽段接头部位的土渣会对接头造成缺陷，降低其防渗性能和结构强度。这种土渣的来源如下：

①连续墙槽段间接头的种类很多，大体可分为钻凿式接头和非钻凿式接头。钻凿式接头就是用挖槽机在一期槽孔墙两端混凝土中再钻凿出一个等于或小于设计墙厚的空间而形成。为了减少施工困难程度，因此常常在混凝土浇注后 20 ~ 30h 就开始钻凿接头孔，使混凝土尚未水化完成的 $Ca(OH)_2$ 与泥浆发生化学反应，而生成较厚的泥皮。

②在混凝土浇注过程中，由于混凝土的流动推挤，土渣集中到单元墙段的两端接头部位。

(2)接头刷洗的方法

接头的刷洗应在清底之前进行，以便清底时将刷洗接头的土渣、泥皮等一并清理出孔外，刷洗接头的方法有以下几种：

①用特制钢丝刷沿接头孔壁，分段上下往复刷洗，直到刷子不见淤泥为止。

②用特制刮板刷洗。

③用高压水冲洗。

④利用抓斗刷洗。

⑤利用特制的接头清洗机清洗。

(六)检测与验收

挖槽精度很大程度上决定了地下连续墙的质量好坏。由于挖槽施工是在泥浆下进行的，看不见，摸不到，很难发现问题。只有随时进行检查和纠正，才能使挖槽工作顺利进行。

对挖槽质量的检查可分为日常检测和验收两种形式。施工单位的质量检查部门和挖槽班组负责日常检测工作，在自检合格的基础上，由监理和上级质量主管部门负责验收事宜。

1. 检测

在日常挖槽施工中，应注意检查以下项目：孔位、槽宽、孔斜、孔深、孔型，一般采用传统的方法（钢尺、测锤、检孔器等）进行检查。

目前，使用超声波孔壁测定装置进行孔壁测定被认为是可靠性高的精度测定方法。但是，它必须停钻，提钻后测定孔壁。这种作业在较大深度地下连续墙施工中会使钻进效率明显下降。因此在施工过程中的日常检测，一般不采用此种方式。

在超大型连续墙施工中，采用自动化管理系统，即利用计算机来进行地下连续墙施工中的开挖及精度管理。操作者只需坐在操作室中即可掌握挖槽机传递过来的一系列开挖数据，根据开挖数据来调整开挖的轴线位置及垂直度等，见图 9-3-22 和图 9-3-23。

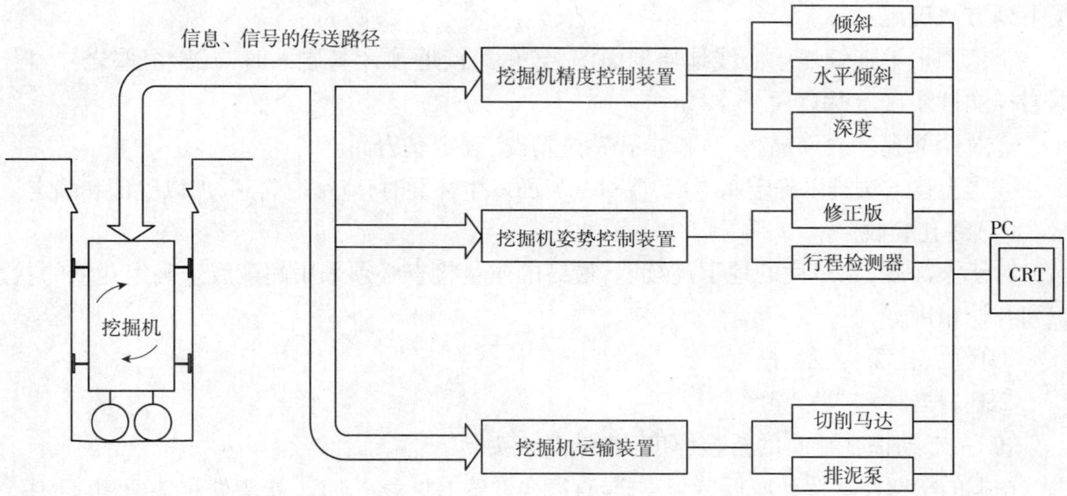

图 9-3-22　液压挖槽机挖掘管理系统标准流程图

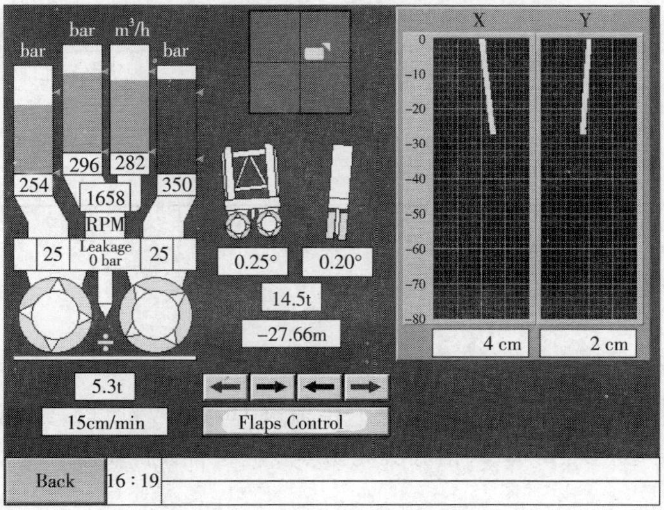

图 9-3-23　双轮铣成槽垂直度控制界面图

该管理系统的特点如下：

（1）采用专家系统，可自动控制开挖速度和排泥量。

(2)采用开挖大深度(150m 以下)槽孔所用的各种仪器,以提高开挖精度。

(3)通过计算机正确迅速地处理开挖精度管理和操作管理用数据。

(4)切削刀由液压驱动,适应于各种复杂的地基。为了适应大深度施工,装备了自动确保泥浆压力平衡的机构。

2. 验收

地下连续墙在挖槽施工过程中,要进行三次验收,即单孔验收、终孔验收和清孔验收。

(1)单孔验收

对于那些墙底入岩或深入黏土隔水层的地下连续墙来说,常常通过先行施工的单孔(主孔)来查明地质情况,确定基岩或黏土所在位置和高程。所以要进行单孔验收,验收的项目如前面所说。验收的重点是确定基岩面或黏土层面。

对于不入岩的地下连续墙来说,常不进行单孔验收。槽孔如需要嵌入基岩,基岩面需按下列方法确定:

①依照地下连续墙中心线地质剖面图,当孔深接近预计基岩面时,开始留取岩样,根据岩样的性质确定基岩面。

②对照邻孔基岩面高程,分析本孔钻进情况,确定基岩面。

③当上述方法难以确定基岩面,或对基岩面发生怀疑时,应钻取岩芯,加以验证和确定。

(2)终孔验收

对于大深度、大厚度的地下连续墙,最终的质量检查必须采用超声波来确定孔壁的状态和开挖精度。

①孔位、孔深、孔斜、槽宽。

②基岩岩样和入岩深度。

③一、二期槽孔接头的搭接厚度(指钻凿接头)。

挖掘的槽壁及接头处应保持竖直,竖直度允许偏差见表 9-3-1。接头处相邻两槽段的挖槽中心线在任一深度的偏差值不得大于墙厚的 1/3。槽底高度不得高于墙底设计高度。

地下连续墙的允许偏差 表 9-3-1

项　目	规定值或允许偏差
轴线位置(mm)	30
外形尺寸(mm)	0, +30
倾斜度	0.5%

(3)清孔验收

①孔底淤积厚度。

②槽孔泥浆性能。

③接头刷洗质量。

根据规范要求,清理槽底和置换泥浆工作结束 1h 后,应进行检验,槽底以上 200mm 处的泥浆相对密度不应大于 1.15,槽底沉淀物厚度应符合设计要求。

二、钢筋笼工程

地下连续墙的钢筋笼既要满足结构受力方面的要求,还要具有一定的刚度,使钢筋笼在加工、存放、运输、吊放过程中不会有较大的扭曲和变形。

(一)钢筋笼的制作

1. 钢筋笼制作的基本要求

(1)通常钢筋笼是在现场加工、制作。当现场场地狭窄,也可在专门加工厂进行加工,运输至现场进行安装。

(2)施工前应根据地下连续墙配筋图设计墙段钢筋笼加工详图进行钢筋笼制作。

(3)钢筋笼的尺寸应根据单元槽段、接头形式及现场运输、起重设备能力等确定,分节制作的钢筋笼,应在制作平台上进行试装配。

(4)钢筋笼应在制作平台上成型,并预留插放混凝土管的位置,接头处纵向钢筋的预留搭接长度应符合设计要求。

(5)加工制作时,为保证钢筋笼的保护层厚度和钢筋笼在吊运过程中具有足够的刚度,可采用保护层垫块、纵向钢筋桁架及主筋的平面斜向拉补强钢筋等措施。

(6)钢筋笼底的加工,为防止插入钢筋笼时纵向钢筋的底端摩擦外槽壁,应将钢筋笼的底端做成略微闭合的形状。闭合的程度以不影响插入混凝土导管为宜,一般以 1∶10 的比例向内收缩。

(7)钢筋笼制作完后,应按使用顺序加以堆放,并在钢筋笼上标明编号,说明单元墙段的顺序,以便下笼时不弄错。当堆放场地小,钢筋笼需重叠堆置时,为避免钢筋笼变形,要在笼子之间加垫方木。堆放位置必须注意下笼吊入顺序,以免使用时倒堆。

(8)为防止在下入钢筋笼时碰撞槽壁面,可以用钢筋或钢板作定位垫块,焊接在钢筋笼上。定位块的数量和位置,可在每一个单元槽段的钢筋笼前后两个面上,分别在水平方向设置两块以上,纵向间隔约 5m。保护层厚度与定位垫块之间应有 2～5cm 的空隙,以免在下入钢筋笼时,由于钢筋笼的水平摆动或微小变形,或者由于在钢筋笼接头部位安装定位垫块的误差,造成碰撞槽壁面或造成吊入钢筋笼困难。

2. 钢筋笼的制作

根据设计图纸及规范要求进行钢筋笼的制作,制作流程如图 9-3-24 所示。

(1)钢筋的加工

①纵向钢筋底端距槽底的距离应在 30～50cm 以上,当采用接头管的接头形式时,水平钢筋的端部至混凝土表面应留有 5～15cm 的间隙。

②根据设计图纸要求的数量和尺寸,进行斜拉补强钢筋、剪力连接钢筋、连接钢筋(把墙体内外侧的纵向钢筋连接起来使其固定)以及起吊用附加钢筋等的切断和加工。

③有时在设计图上并不标明附加钢筋(如斜拉补强钢筋等),这时要根据具体情况,进行附加钢筋设计,现场按附图加工,加工时要考虑到斜拉补强筋的保护层。

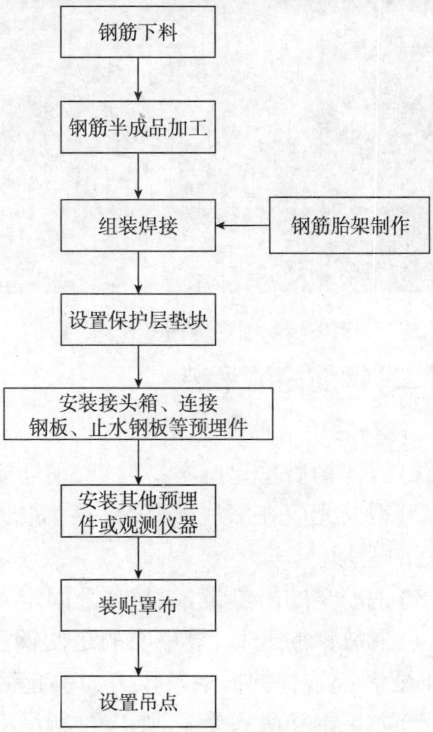

图 9-3-24　地下连续墙钢筋笼的制作流程(隔板式接头)

④当采用铣接法施工接头时，为保证已成槽段钢筋笼与槽孔铣头有一定的安全距离，需安设由 PVC 管和钢筋加工的定位装置。另外较长槽段的钢筋笼平面分片，钢筋笼需分别下放，为避免刮撞干扰，需在先下入的钢筋笼上加焊导向筋。

(2)钢筋笼的制作

①钢筋加工完后，应按设计图纸要求制作钢筋笼，确保钢筋的正确位置、根数及间距，并牢固固定，不允许在起吊或吊入时产生变形。

②水平筋不得妨碍导管的下入，所以最好将纵向钢筋布置在水平筋的内侧。

③纵向主筋连接宜采用机械接头。

④在钢筋重叠处要有确保混凝土流动所必须的间隙，并注意不要影响设计要求的保护层厚度。

图 9-3-25 拐角部分钢筋笼的连接形式

⑤起吊或吊入钢筋笼的起吊用钢材，根据需要可选用钢板或型钢，并安装牢固。

⑥拐角部分单元槽段的钢筋加工，如果单元槽段较长，采用水平钢筋搭接的拐角构造，将钢筋笼分两片制作和安装，吊入时，先将带有接头的一片钢筋入槽，见图 9-3-25a)。如果单元槽段较短，可将钢筋笼组装成 L 形，整体调入槽内，见图 9-3-25b)。对于不太重要的结构，可将钢筋笼制作为不连续的，见图 9-3-25c)。

钢筋笼胎架见图 9-3-26，钢筋笼制作见图 9-3-27。

图 9-3-26 钢筋笼胎架图

图 9-3-27 钢筋笼制作图

(二)钢筋笼的吊装

1. 钢筋笼吊装的基本要求

(1)因入槽后垂直度不易检查，钢筋笼入槽前，用测锤或经纬仪检查垂直度。

(2)钢筋笼应在清底换浆合格后立即吊放入槽内，在运输及入槽过程中，不应产生不可恢复的变形。

(3)钢筋笼的吊点设置、起吊及固定方式应符合设计和施工要求。

(4)下放钢筋笼时，最重要的是使钢筋笼对准单元槽段的中心，垂直而准确地放入槽内。不要因起重臂的振动及风力而引起钢筋笼的横向摆动，造成槽壁的坍塌。

(5)如果钢筋吊入受阻，则应重新吊出，查明原因采取相应措施，不得强行下入，以防钢筋笼变形或槽面坍塌产生大量的沉渣。

(6)分段接长钢筋笼时,首先用横梁把下节钢筋笼临时搁在导墙上,然后前后左右检查上节钢筋笼的垂直度,在正确位置上把上、下两节钢筋笼连接起来。

(7)分段接长钢筋笼时,首先要正确地量出主钢筋长度和接头长度,做好标记,如在上、下节笼各内、外侧的统一高程处设置一排钢板搁置。主筋接头的连接方式,要保证接头处混凝土的顺利流动及保护层的厚度。

(8)全部钢筋骨架入槽后,应固定在导墙上,吊放钢筋笼结束后,应保证笼子的顶部高程符合设计要求。

(9)浇注混凝土时,钢筋笼不得上浮。

2. 钢筋笼的吊入

当钢筋笼加工场距槽孔较远时,可用特制平车将其运到槽孔附近。

水平吊运钢筋笼时,必须吊住四个点(最少)。吊装时首先要把钢筋笼立直,为防止钢筋笼在起吊时弯曲变形,常用两台吊车同时操作。也有使用一台吊车的两个吊钩进行吊装作业的。为了保证吊装的稳定,可采用滑轮组自动平衡重心装置,以保证垂直度。为了不使钢筋笼在空中晃动,可在其下端系上绳索用人力控制。起吊钢筋笼的方法见图 9-3-28。

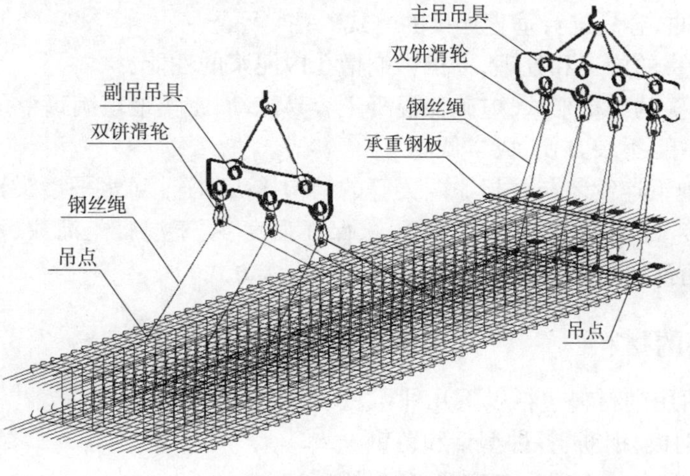

图 9-3-28　起吊钢筋笼的方法

大型钢筋笼可采用专门设计的吊具进行吊装。钢筋笼起吊见图 9-3-29。

在吊放入槽过程中,应随时检测和控制钢筋笼的位置和偏斜情况,并及时纠正。钢筋笼孔口对接见图 9-3-30。

图 9-3-29　钢筋笼起吊图

图 9-3-30　钢筋笼孔口对接图

三、槽段间接头(缝)工程

地下连续墙称为“连续墙”,但实际上是分槽段(孔)施工的,其墙段连接工艺和方法是技术关键,也是质量优劣和工程成败的重要标志。

(一)对接头的基本要求

(1)不能对已成槽段造成影响,也不得妨碍后续槽段的施工。

(2)混凝土不得从接头构造物和槽壁之间的空隙或接头下端流向背面,在土质条件(砾石或卵石层等)不好或泥浆管理不善而使槽壁坍塌后,扩大了墙厚,这时也必须能够防止混凝土绕流。

(3)接头要能够承受混凝土的侧向压力而不产生过大变形。

(4)根据结构设计,有的接头要求能够传递应力,并起到伸缩接头的作用。

(5)表面上不应黏附沉渣或变质泥浆的胶凝物,以免降低强度或漏水。

(6)根据沟槽深度或插入接头结构物作业上的需要,如必须分段接长时,应采用施工适应性好、无弯曲、容易进行垂直连接的方式。

(7)施工接头的施工和处理,不得影响槽孔内泥浆的性能。

(8)施工接头的结构形式,应确保混凝土容易流动,密实地填满每个角落。

(9)加工简单、拆装方便、成本低。

(10)对于地下连续墙与楼板、柱、梁等的结构接头的连接(水平接头),可通过预埋件使钢筋便于连接。其基本要求是便于连接、保证强度、便于混凝土灌注、不能产生位移或损坏。一般采用预埋钢筋、钢板、设置剪力键等连接方式。

(二)接头的材料

施工接头所用的材料包括以下几种:

(1)钢管、钢板、钢筋、各种型钢和铸钢。

(2)预制混凝土结构(板、工字梁、V形梁等)。

(3)人造纤维布和橡胶等。

(4)其他材料(如工程塑料和玻璃钢等)。

(三)接头的形式

槽段连接形式因地下连续墙的功用和受力条件的不同,可分为柔性接头和刚性接头两类。墙段之间无钢筋或钢板穿插搭接的为柔性接头,多用于起防渗和基坑临时支护作用的地下连续墙。而刚性接头墙段之间用钢筋或钢板穿插对接,接头处刚度大,抗剪性能好,多用于永久结构的地下连续墙。

1. 柔性接头

(1)接头管法

接头管法是较常用的工艺,其应用在我国也有近30年历史了,近年来的发展使国产的接头管起拔设备能力大大提高,达到世界先进水平。当设计无要求时,对受力和防渗要求较小的施工接头,宜采用接头管式接头。

接头管法是在成槽、清底后,把光滑的圆钢管置于槽段的两端或一端,浇注混凝土时,用来挡住混凝土并形成一个半圆形的弧形墙面，靠此弧形断面与下一槽段之间混凝土形成榫头连接，接头管法施工流程见图 9-3-31。该种连接方式可较好地抵抗剪力和防渗，抵抗弯矩的效果较差。

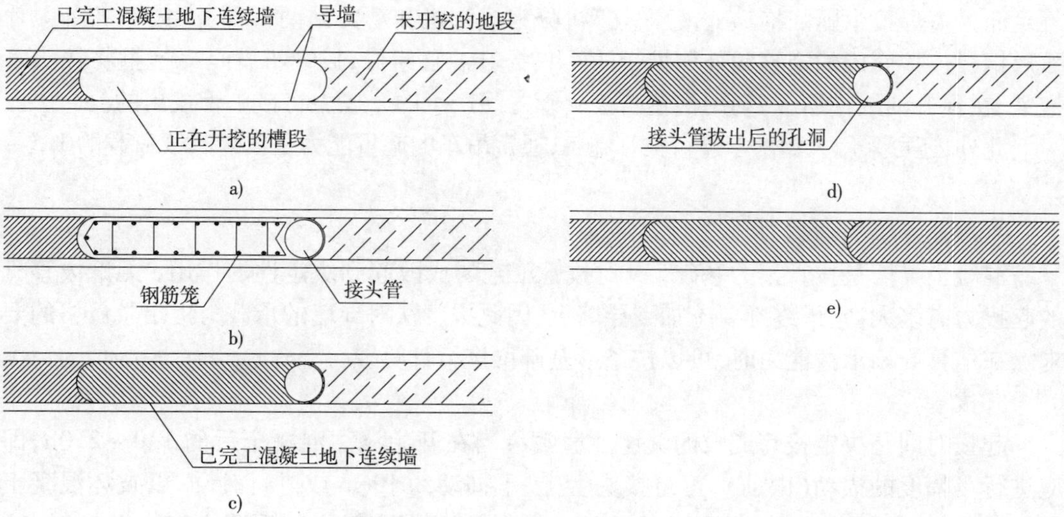

图 9-3-31　接头管法施工流程图

a）槽段开挖；b）吊放接头管及钢筋笼；c）混凝土灌注；d）接头管拔除；e）已建成槽段

接头管法施工要点：

①接头管下放

吊放之前，一定要对槽孔两端的孔斜和有关尺寸（如墙厚、槽孔总长度等）进行检测（有条件时可用超声波检测仪）。如果不能满足接头管下放要求，则应进行修孔，直到满足要求为止。

第一次使用接头管时，应事先在地面上进行组装试验，将各管节编上号码，有序堆放。当接头管不止一根时，在吊放过程中，应严格检查接头连接是否牢固。接头管可分节于管内用销子连接固定，管外平顺无突出物。

接头管应露出导墙顶 1.5～2.0m 以上，接头管底端应插入槽底以下 100～150mm，管外径宜比墙厚小 50mm。有些接头管是有方向性的，吊放时一定要对准方向。

②接头管起拔阻力计算

起拔阻力的大小是拔管机选择以及导墙设计的直接影响因素。分析地下连续墙槽内接头管起拔阻力的组成并估算其大小是拔管施工的关键步骤。接头管的起拔阻力 F 由多种力组成（图 9-3-32），其机理较复杂，其大小可用下式估算：

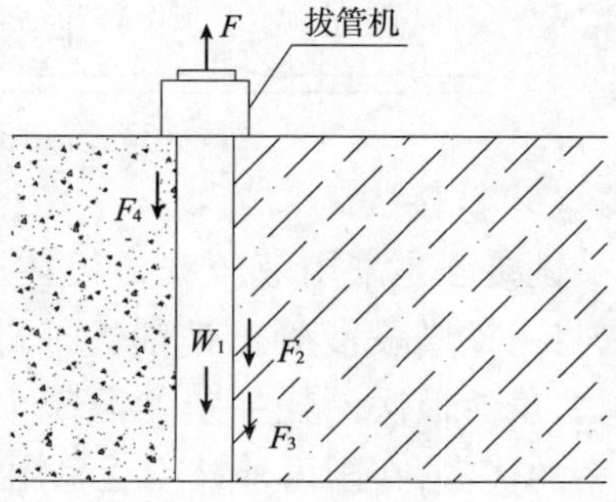

图 9-3-32　接头管受力简图

$$F = W_1 + F_2 + F_3 + F_4$$

式中：W_1——接头管自重；

F_2——混凝土挤压摩阻力；

F_3——混凝土黏结力；

F_4——接头管倾斜或弯曲变形时，为克服径向分力所需的起拔力。

③拔管机选择

拔管机大致可分为两种,即穿管式、抱箍式液压拔管机。穿管式液压拔管机是在接头管上开凿扁担孔,内穿铁扁担,采用液压油缸顶升,拔管过程费时费力,还常因扁担孔数量不足而另需焊接牛腿。抱箍式液压拔管机分为拔管机和动力站两大部分,拔管机由 4 片弧形钢板连接而成的抱箍和外侧携带的 4 只提升油缸组成,拔管机就是靠抱箍将接头管抱紧,在顶升油缸作用下,利用抱箍与接头管之间产生的摩擦力将接头管拔出的。

此外,还可采用大型吊车进行拔管施工,通常吊车的起重能力是设计起拔荷载的 1.5 ~ 2.0 倍。

④槽孔导墙的承载力

混凝土导墙是拔管架的基础, 其对拔管工艺的成败起到决定性的作用, 无论拔管机的起拔力有多大,它最终都要施加到导墙上,因此拔管法对导墙的承载力提出了严格的要求。在估算导墙承载能力时,可以按条形基础梁进行计算。

⑤拔管

起拔时间是决定拔管成败的关键。通常应当在开始浇注混凝土后的 1.0 ~ 2.0h,即应进行小幅度的拔动(微动),可将接头管上、下抽动约 10cm 或进行转动,以破坏混凝土的握裹力。混凝土浇注完成后,应密切注意混凝土的凝固情况,待混凝土浇注完毕 2 ~ 3h 后将接头管拔出,接头管应匀速缓慢连续地拔出槽孔,拔管时不得损坏接头处的混凝土。由于很多工程在混凝土拌和时都使用缓凝剂,一旦过了缓凝时间,则混凝土强度会陡增,因此实际操作中应严格控制拔管时间,防止混凝土把接头管固结。

(2)钻凿法

钻凿法是国内早期地下连续墙施工常用的一种方法,就是使用冲击钻将已成槽段端孔部位的混凝土全部凿掉,使混凝土之间通过半个圆弧面套接起来(图 9-3-33)。这种冲击钻机形成的接头对原有墙体的破损程度较大,一般在某些防渗墙工程中采用,其余工程均不采用此种接头形式。

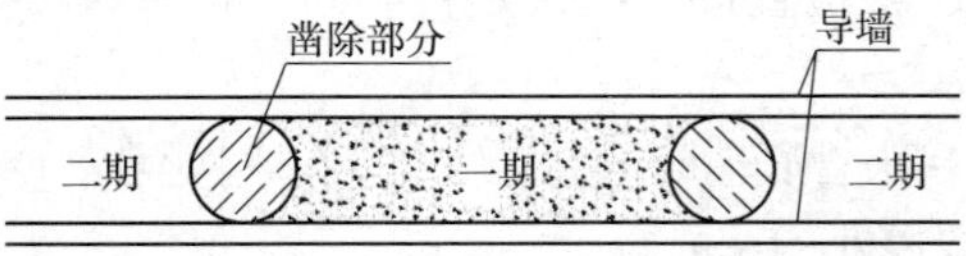

图 9-3-33 钻凿接头

(3)铣接法

铣接法是采用液压铣槽机在进行二期槽段开挖的同时,将一期槽段混凝土铣削去一部分(10 ~ 20cm)的一种方法,虽然该法消耗一定的混凝土,但由于其高精度和高效率的优势,在国内外被广泛采用。该种接头方式由于不能将一、二期槽段的钢筋进行连接,因此墙体刚度较小,一般用于防渗墙和临时结构。铣接法如图 9-3-34 所示。

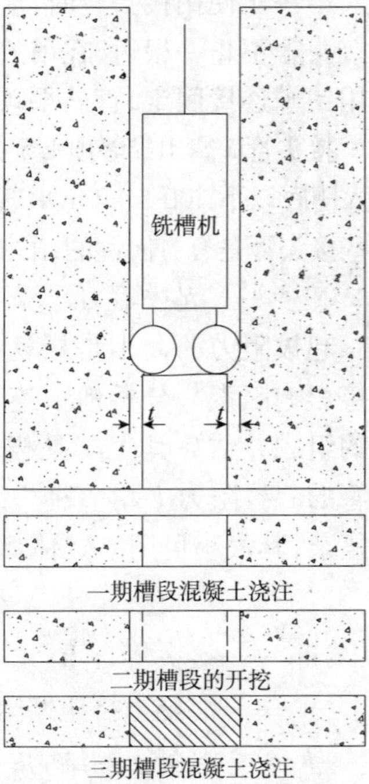

图 9-3-34 铣接法示意图

对比其他传统式接头,套铣接头具有以下优势:

①施工中不需要其他配套设备,如吊车、锁口管等。

②可节省昂贵的工字钢或钢板等材料费用,同时钢筋笼质量减轻,可采用吨位较小的吊车,降低施工成本。

③在一期或二期槽挖掘或浇注混凝土时,均无预挖

区，且可全速灌注混凝土无绕流问题，确保接头质量及施工安全。

④挖掘二期槽时，双轮铣槽机铣掉两侧一期槽已硬化的混凝土。新鲜且粗糙的混凝土面在浇注二期槽时形成水密性良好的混凝土套铣接头。

(4)双反弧法

双反弧接头是用专门的双反弧钻头，把相邻的一期槽孔混凝土之间的地层挖掉而形成的接头形式，双反弧接头适合深地下连续墙工程。双反弧钻头及槽段划分见图 9-3-35，双反弧接头施工流程见图 9-3-36。

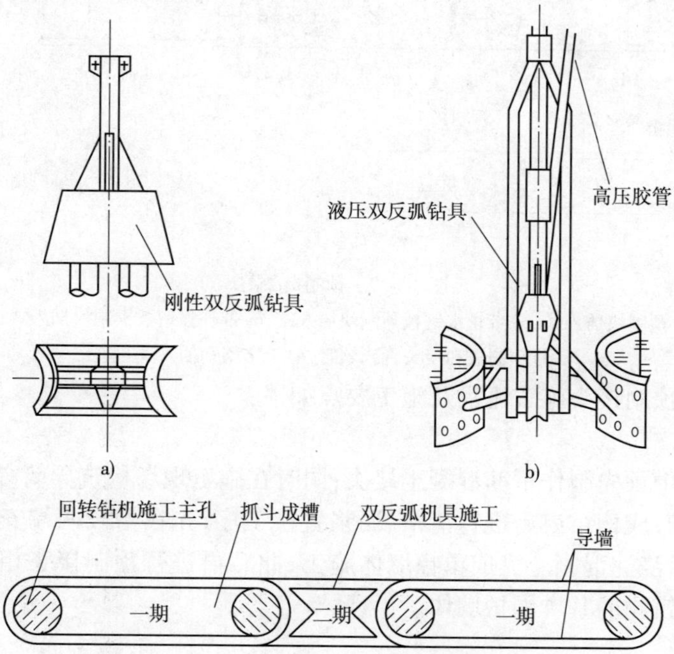

图 9-3-35　双反弧钻头及槽段划分

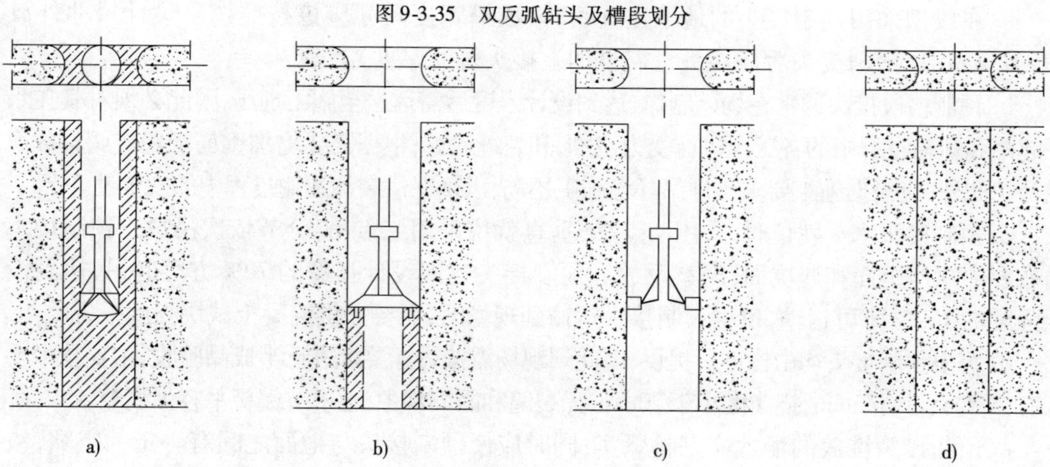

图 9-3-36　双反弧接头施工工艺流程图

a)圆钻头钻主孔；b)刚性双反弧钻头修改钻小墙；c)液压可张式双反弧钻具清除泥皮和地层残留物；d)清孔换浆后浇注混凝土

(5)预制构件法

预制构件法是指挖槽结束后，利用钢板及螺栓或插销把预制好的构件(多为混凝土块)连接起来，吊入接头位置，与槽孔混凝土浇注到一起。预制构件法，因运输和吊装能力的提高，在建筑行业中应用较多，该方法施工工序少，速度快，质量好。图 9-3-37 是常见的几种预制接头。

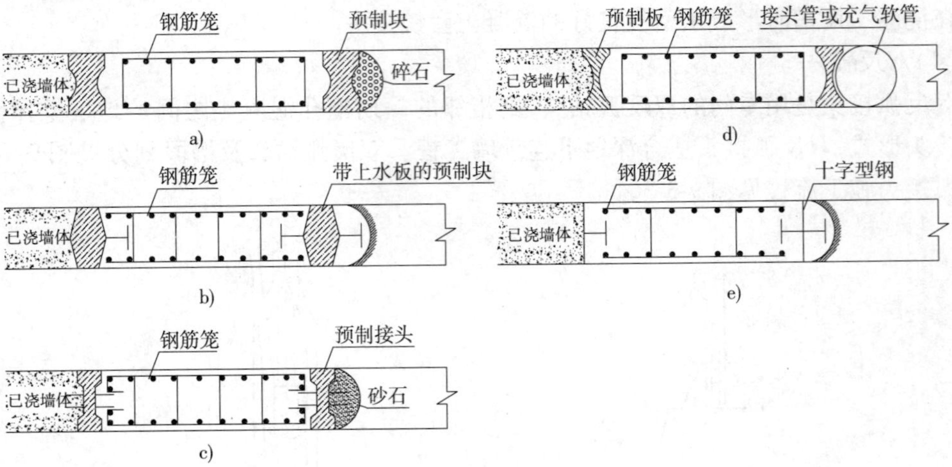

图 9-3-37　预制接头图

a）预制块插入式；b）带止水钢板预制块插入式；c）带补强钢板预制块插入式；

d）预制板和接头管或软管；e）十字型钢插入式

钢筋混凝土预制接头施工流程及施工要点如下：

①施工流程

首先在工厂中预先制作钢筋混凝土接头；同时在施工现场构筑导墙；待预制接头进入现场后，开始成槽；成槽结束后进行清槽、泥浆置换工序；先在槽段两端安放预制接头，再吊放钢筋笼，其后浇注混凝土完成单幅墙体施工，此后再进行预制接头相邻槽段的施工，形成整体地下建筑物的基坑围护墙体。

②施工要点

a. 在成槽采用预制接头的地下连续墙时，成槽宽度尺寸应该按照槽段设计尺寸外放 40 ~ 45mm（如预制接头后插接头管需再加上接头管的厚度）。

b. 预制槽段接头通常在场外制作，达到设计强度后需运送至施工现场，因此必须对其在水平起吊和运输过程中的各工况进行受力、变形和裂缝验算，根据需要增加钢筋配置或调整截面设计。此外，应根据施工要求预埋吊环等施工用筋，以确保吊装和运输过程中的安全性。

c. 预制接头水平就位时，采用两点吊，垂直就位采用三点吊，分节依次吊放。预制接头吊放要注意迎土面和迎坑面，严禁反放。预制接头达到设计强度的 70% 方可起吊，达到设计强度的 100% 方可运输，每根预制接头运输到现场时，需要提供混凝土试块强度报告。

d. 每根预制接头均由构件厂提供，因此到现场需按贯标要求进行半成品验收，主要技术要求有：平整度小于 5mm，挠曲度小于 20mm，无裂缝和露筋现象，上下节端头平整无缝隙。

e. 预制接头堆放的场地应平整坚实，同时应使预制接头与地面之间有一定的空隙，垫块高度应一致，以确保预制接头不倾斜，不产生裂缝。

f. 考虑运输和吊放设备能力限制等因素，在深基坑工程中预制接头一般在深度方向分节吊放，分节长度应根据基坑开挖深度确定。另外，上下节之间应有可靠的连接，以确保可承受竖向和水平方向的荷载。接缝连接可采用预制钢筋混凝土方桩分节桩之间的钢板接头连接方式，并使接缝处于平整密实的连接状态。也可将预制接头节与节之间先采用螺栓连接，拧紧后再用电焊连接。上下节预制接头连接钢板采用电焊连接，焊接时在接头两侧对称对角焊接，确保预制接头垂直度。

g. 为使预制接头能够承受混凝土的侧压力，可在接头的另一侧回填砂粒料或碎石，或用圆接头管或充气管顶住。

h. 在地下连续墙连接幅和闭合幅的施工过程中，应在吊放钢筋笼之前，用刷壁器对先行幅进行刷壁，以确保接头接缝的施工质量。

(6) V 形钢板法

在钢筋笼的两侧焊接 V 形钢板，在挖槽结束后，插入钢筋笼，为使隔板承受混凝土的侧压力，在隔板的另一侧插入接头管或回填砂粒。把接头板做成 V 形，可使槽段间连接为一整体结构，提高墙体的抗剪及抗渗性能。

因接头是钢板制作的，沉渣附着量少，槽段接头混凝土质量应有保证。

V 形钢板法(图 9-3-38)多用圆形地下连续墙工程，如上海宝钢热轧厂铁皮坑、广东虎门大桥锚碇地下连续墙工程和润扬长江大桥北锚碇工程等。

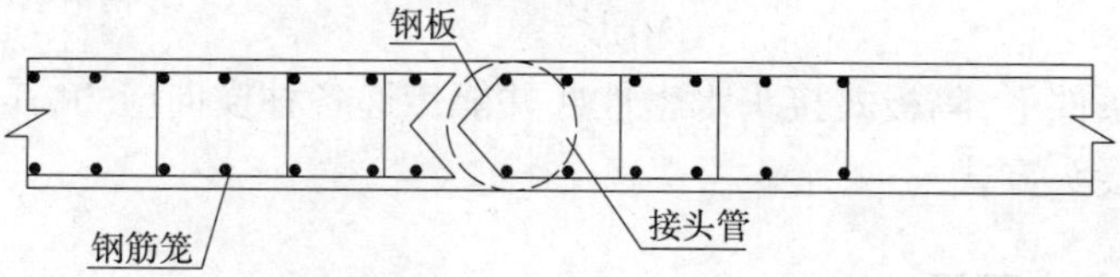

图 9-3-38 V 形钢板法

为提高接头接缝处的防渗能力，近年来开发出加设橡胶止水带的新工艺，应用于比较成熟的是接头板法和预制构件法。

2. 刚性接头

建筑工程中较多的地下连续墙是作为主体受力结构来使用的，此类地下连续墙的接头需采用刚性接头，墙段之间用钢筋或钢板穿插对接，接头处刚度大，能传递各种应力。

(1) 接头箱法

在单元槽段挖完之后，于一端或两端吊放锁口管与敞口接头箱(也可以使用马蹄形锁口的接头箱)，再吊放带堵头板的钢筋笼，在堵头板外伸出的钢筋就进入了敞口的接头箱中。当浇灌槽段混凝土时，由于堵头板的作用，混凝土不会流入箱内。拔出接头箱和接头管就形成了外伸的钢筋接头和空孔，在浇注下一槽段的混凝土时，就成为钢筋连续的刚性止水接头，其施工工艺流程见图 9-3-39。

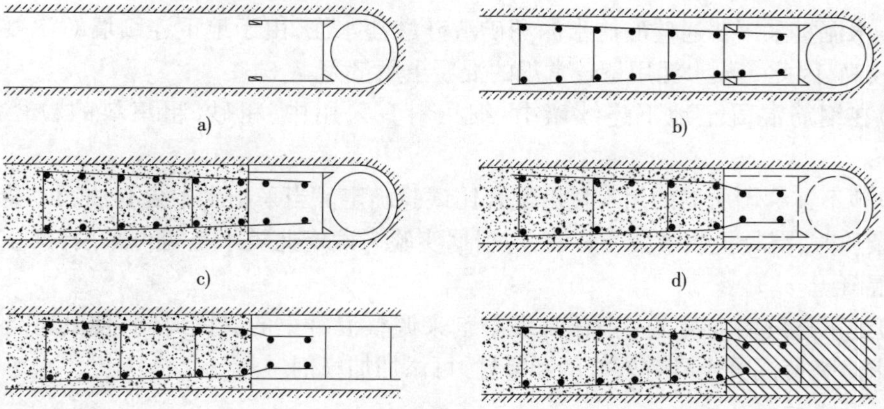

图 9-3-39 接头箱法施工工艺流程图

a) 插入接头箱；b) 放置钢筋；c) 浇注混凝土；d) 拔出接头箱；e) 放置相邻槽段的钢筋；f) 浇注相邻槽段的混凝土

在这种接头中，接头管只是用来给接头箱定位和支撑，能起这种作用的，并不局限于圆管，也可以是其他形状的结构物。

(2)隔板式接头

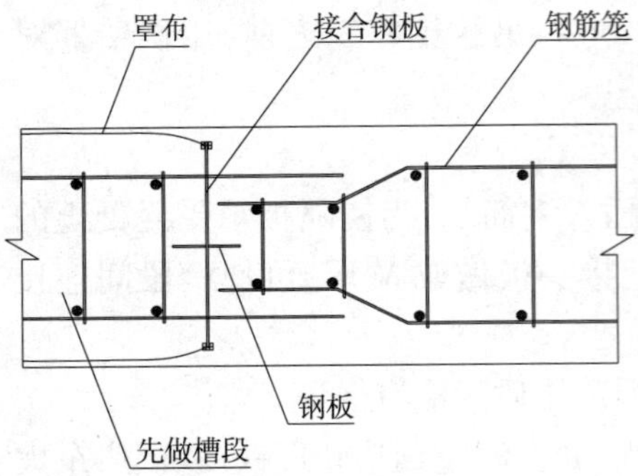

图 9-3-40　隔板式接头

这种接头是为了解决各墙段水平钢筋的搭接而设置的。通常先施工的一期槽段的两端以钢板为端板，水平钢筋则伸出其外，此时端板就变成了隔离板，即一期槽孔混凝土浇注仅限两个端板之间，且不容许漏到外面去。为防止外漏，常采用高强度纤维布与端板一起组成防止混凝土外漏的长方体盒子(图 9-3-40)。

隔板多用钢板制成，也有用工字钢和槽钢的。隔板的形式有：平板形、十字形或双十字形或开口箱形。

在正常施工条件下，隔板式接头水密性好并能传递各种横向应力，是目前公认的最有效的地下连续墙接头方式。

四、混凝土浇注工程

地下连续墙的混凝土采用导管法进行浇注。混凝土的一般规定和要求，请参照《公路桥涵施工技术规范》(JTG/T F50—2011)有关章、节的规定。

(一)灌注前准备工作

混凝土灌注前的准备工作主要是灌注机械及设备的准备工作。包括混凝土的拌和设备、运输设备，现场浇注所需的吊装设备及导管、夹板、漏斗、溜槽、储料斗、隔水栓、阀门等设备准备与检验工作，具体要求详见第一章钻孔灌注桩施工，在此不再赘述。

(二)混凝土配合比

1. 混凝土原材料要求

(1)水泥宜采用普通硅酸盐水泥和矿渣硅酸盐水泥，由于地下连续墙对混凝土的强度要求较高，因此一般水泥用量较常规的混凝土用量大。

(2)在钢筋混凝土地下连续墙中，细集料宜采用中、粗砂，粗集料的粒径应不大于 25mm。

(3)地下连续墙所需的用水量由配合比试验确定。当采用水中含有油、酸、盐类及有机质等杂质时，混凝土质量会受影响，应根据实验来确定此类水是否可采用，禁止使用海水配置混凝土。

(4)地下连续墙混凝土一般添加缓凝剂来调整混凝土的凝固时间，使其符合作业时间的要求。为使混凝土具有较好的和易性，可添加加气剂。

2. 混凝土的配合比

地下连续墙混凝土采用导管法进行浇注，要求具有良好的和易性和一定的流动性，这是最重要的。混凝土缺乏流动性，会以导管为中心堆积一个尖顶的锥形，泥渣被滞留在导管的中间部位和槽段接头部位，泥渣被卷入混凝土内，对混凝土的质量影响较大，有时甚至出现空洞，尤其在钢筋或预埋件密集的槽段接头部位，情况更为严重，见图9-3-41。

由于水下灌注和施工因素影响混凝土强度，同时在整个墙面上强度分散性也较大，因此，混凝土应按照比结构设计强度提高5MPa进行配合比设计。混凝土配合比应根据设计和规范来进行配置，通过实验确定。水灰比不宜大于0.6，水泥用量不宜少于370kg/m³，其坍落度一般为16～22cm。根据温差及现场混凝土的运输时间等现场条件考虑是否需要加入缓凝剂，另外，砂率过小会影响混凝土的流动性。

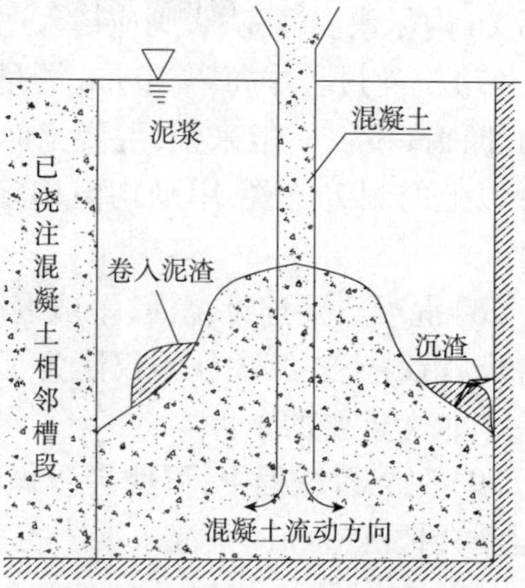

图9-3-41　用导管浇注混凝土时的事故设想图

(三)混凝土的浇注

1. 导管布置

(1)地下连续墙混凝土应采用导管法灌注。导管内径不宜小于200mm，尽可能使用大直径灌注导管，导管直径过小，会增加管内壁的摩阻力，降低混凝土在导管底端落下的喷射力，因此，向上的推力不足，容易把沉渣留往地下墙底部。同时在浇灌到地下墙顶部时，导管内混凝土不易流出，或者由于过分地上下提动导管，致使沉渣或泥浆卷入混凝土里，降低混凝土的质量。

(2)根据规范要求，当单元节段长度小于4m时，可采用1根导管灌注；当单元节段长度超过4m时，宜采用2或3根导管同时灌注。采用多根导管灌注时，导管间净距不宜大于3m，导管距节段端部不宜大于1.5m。

(3)为解决浇灌到地下墙顶附近时导管混凝土不易流出的问题，一般在导管底端附近安排几根短管，使最后能及时拆管，便于浇灌。

2. 混凝土的浇注要点

(1)根据导管的布置和混凝土的浇灌量，设计导管的底端与混凝土上升高度的关系，预先拟定运输混凝土和拔出导管的计划。

(2)一般成槽清孔合格后4h内，应进行混凝土的灌注，若是钢筋混凝土地下连续墙，需下放钢筋笼或预埋件等，但不宜超过6～8h。

(3)混凝土面上升应控制在2m/h以上，导管埋深控制在2～6m。若采用多根导管浇注，各导管底口高差不大于1.5～2m，各导管灌注的混凝土表面高差不宜大于0.3m。

(4)根据混凝土搅拌能力及各种因素，为了能够高效率地浇灌混凝土，必须准备好运输车辆，往导管内浇灌混凝土最好能直接灌入，但根据现场情况，也可使用混凝土灌注泵和漏斗等，但要注意混凝土必须连续灌注。用漏斗浇灌时，为防止空气卷入影响混凝土的下落，可在漏斗内插进根排气管。

(5)导管在使用前要注意检查和清扫，特别是接头部分的水密性如果不好，会造成漏水事故，另外在使用之后，要迅速将黏附在导管上的混凝土清除干净。

(6)混凝土搅拌好之后，应在1.5h内浇灌入槽。用导管浇灌混凝土，当混凝土开始初凝，坍落度降低之后，就很难从导管底端流出，会造成导管堵塞，同时导致混凝土质量降低。

当混凝土的流动性变差时，绝对不能使用。在夏天，由于混凝土凝结较快，所以必须在搅拌好后 1h 内尽快浇灌完，否则应掺入适当的缓凝剂以解决远距离长时间运输问题。

(7)浇灌过程中每隔 30min 测量一次混凝土浇灌面上升高度，每 2h 测定一次导管内混凝土面高度。一般来说，混凝土面并不是水平上升，所以测定时要对每一个单元墙段取三个以上的测定位置，用平均值确定混凝土上升状况，根据这个平均值确定导管的拔出长度。

(8)混凝土要连续浇灌，一般混凝土浇注因故中断时间不能超过 45min。用导管连续地浇灌，混凝土连续灌注不仅是为了提高施工的可靠性，而且对建成质量均匀的地下墙也是一个非常重要的条件。

(9)在浇灌过程中，可使导管做 30cm 上下往复运动，但不能做横向运动。导管的横向运动会把沉渣和泥浆混入混凝土里，影响混凝土质量。

(10)在浇灌过程中，不能使混凝土溢出漏斗流进沟槽内，否则，影响泥浆质量和混凝土浇灌质量。

(11)浇注到接近孔口 3 ~ 5m 时，浇注速度应放慢，浇注顶面应高出设计 30 ~ 50cm。

(12)浇注混凝土置换出来的泥浆应及时处理。

五、地下连续墙施工事故的预防及处理

(一)成槽事故预防及处理

导墙严重变形或导墙底部坍塌，影响成槽施工时，可采取以下方法处理：

(1)改善导墙地基条件或槽内固壁泥浆性能。

(2)在变形破坏部位补贴一段导墙或重新修筑导墙。

(3)回填槽孔处理塌坑或采取其他安全技术措施。

地层严重漏浆，应迅速向槽孔内补浆并填入堵漏材料，必要时可回填槽孔。

(二)灌注混凝土事故预防及处理

混凝土浇注过程中钢筋骨架上浮，可采取以下措施：

(1)及时调整导管在混凝土内的埋入深度。

(2)对骨架进行锚固或压重。

地下连续墙墙体发生断墙或混凝土严重混浆时，可选择下列方法进行处理：

(1)凿除已浇注的混凝土，重新进行浇注。

(2)在需要处理的墙段迎水侧补贴一段新墙。

(3)在需要处理的墙段迎水侧进行水泥灌浆或高压喷射灌浆处理。

(4)用地质钻机在墙体内钻孔，对夹泥层用高压水冲洗，洗净后采用水泥灌浆或高压喷射灌浆处理。

(三)接头施工事故预防及处理

采用接头管(板)法施工时，接头管(板)在混凝土浇注过程中发生偏斜，可采取以下方法处理：

(1)浇注开始时接头管(板)发生倾斜，及时提出全部接头管(板)，检查后重新吊放。

(2)吊放无法实施或仍产生倾斜,影响接头质量时,可改为钻凿法套接。

墙段连接采用接头管(板)法施工时,接头管(板)被混凝土凝固而不能正常起拔,可采取以下方法处理:

(1)混凝土尚未终凝时,可采用强力起拔与振动相结合的方法,边振边提。

(2)在开挖相邻槽孔时,清除管(板)侧壁土体或混凝土后,再强力起拔。

(3)对已被"凝固"的接头管(板),可在其两侧采用高压喷射灌浆或水泥灌浆包裹处理,同时,清理干净管(板)下部和内部泥浆,灌注水泥浆或混凝土。

墙体连接未达到设计要求时,可选择下列方法处理:

(1)在接缝迎水侧采用高压喷射灌浆或水泥灌浆处理。

(2)在接头处骑缝钻凿一个桩孔,钻孔直径根据接头孔的孔斜和设计墙厚选择,成孔后再浇注混凝土。

六、基坑开挖及内支撑施工

地下连续墙达到一定强度后即可进行基坑开挖及内支撑施工,一般圆形地下连续墙内部设置内衬支撑,非圆形地下连续墙设置平面桁架支撑来抵挡基坑开挖时巨大的侧压力。基坑开挖及内支撑施工采用逆作法。

(一)施工准备

1. 导墙拆除

地连墙施工完成并达到一定强度后,即可进行导墙拆除工作。利用液压炮将导墙分割为4~5m的一段,然后用吊车吊走。

2. 帽梁施工

帽梁是设置在地下连续墙的顶部一圈钢筋混凝土环状结构,通过帽梁将地下连续墙在顶部连成整体,以增强整体刚度。

帽梁施工注意事项:

(1)导墙拆除完成后,即可施工帽梁,帽梁施工采取平面分段进行施工。

(2)帽梁钢筋绑扎前,将地下连续墙表面凿毛并清理干净。绑扎钢筋时注意与地下连续墙钢筋的连接,同时注意各种预埋件及施工监测元件的预埋。

(3)帽梁模板采用大块钢模板,节段端头可安装快易收口网,减少混凝土表面凿毛处理工序,加快施工进度。

(4)帽梁施工时可以在靠近基坑内侧预埋一定数量的型钢,方便在基坑开挖过程中悬挂安全网,防止重物掉入基坑。

3. 基坑封水及降排水

为了保证土方开挖施工处于"干"状态,常需要通过降低地下水位或配以设置止水帷幕使地下水位在基坑底面0.5~1.0m以下。降低地下水位也有利于基坑支护结构的稳定性,防止流土、管涌、坑底隆起引起破坏。

(1)基坑内降、排水

地下连续墙施工基坑降水主要是基坑内降水,降水一般采用深井降水,有时在上部淤泥质土层采用轻型井点降水,在开挖接近底部时采用集水井进行集水和降水等辅助降水方式,保持水位在开挖面以下1m的位置。降水具体施工工艺详见第七章明挖地基。

(2)基坑外降排水

为防止降雨和基坑外的施工用水流入基坑内，基坑开挖前在施工平台外侧设置一截水沟，截水沟采用砖砌、砂浆粉面，在施工外环道处埋设暗管涵并进行加固，截水沟与主排水系统相连，并设有一定坡度，确保排水通畅。

作为施工预案措施，在地下连续墙外侧，布置一定数量的降水井，在基坑开挖过程中，当监测数据反映出基坑围护结构受力和变形达到预警值时，可实施坑外降水预案措施。

(二)施工工艺流程

基坑开挖及内支撑施工工艺流程见图 9-3-42。

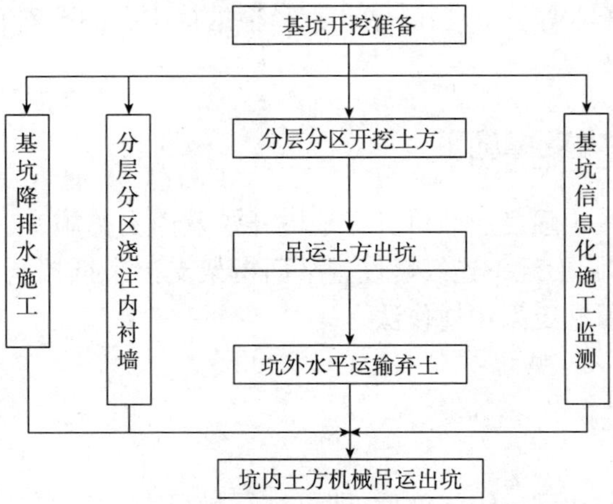

图 9-3-42　基坑开挖及内支撑施工工艺流程图

(三)基坑开挖内衬支撑施工

1. 施工原则

(1)基坑开挖和内衬支撑混凝土浇注分区遵循的原则

①合理分区，使开挖与支撑形成流水作业。

②遵循对称施工原则，减少基坑墙体结构的不均匀变形。

③开挖遵循先周边后中间的原则，以使得中部区域的土方起临时压载作用。

④遵循快速成撑的原则，缩短墙体暴露时间，减少墙体变形量。

(2)基坑工程施工考虑土体流变时效的基本对策

土体属于黏弹塑性体，其变形和强度具有明显的时间效应，基坑施工降水引起的土体固结和因为土方开挖而卸载变形的时间效应都非常明显，特别是对于特大型深基坑。由于施工工期长，变形时间效应对工程结构的影响就更为重要。

①在基坑工程施工中，适当减少每层开挖土方的空间尺寸，并减少每层开挖未支撑前基坑坑壁所暴露的时间。具体按分层、分部、对称、平衡及限时的原则进行基坑开挖与支撑的施工。

②进行信息化监测施工。根据现场监测数据资料，实施基坑施工变形位移的智能预测与控制。随时将现场测试的基坑变形数据与预测值及变形警戒值进行比较，运用反演分析，辨识土体新的等效弹模，进行开挖工况变形位移值模拟计算，以改善测试结果，确切地保证施工中各受力部位的稳定与安全。

2. 基坑开挖顺序和方法

(1)开挖顺序

地下连续墙施工完毕,帽梁混凝土达到设计强度的90%,且经过抽水试验证明基坑内水位已经降至开挖基面,即可进行基坑土方开挖。

基坑开挖严格按分层、分区进行,同时满足地下连续墙暴露的时限要求。每层先分区对称开挖四周区域土方,然后施工中间土方,在开挖基坑四周区域土方的同时接着按照流水作业方式施工内衬墙体,一层土体开挖完成,待内衬混凝土强度达到设计强度的80%后,开始进行下一层土方开挖,严禁超开挖土体。如此循环开挖,至基底高程以上0.5m时,根据天气情况安排施工,以确保基底不被雨水浸泡,采用人工开挖,避免扰动基底土层。基坑分层分区和开挖顺序见图9-3-43。

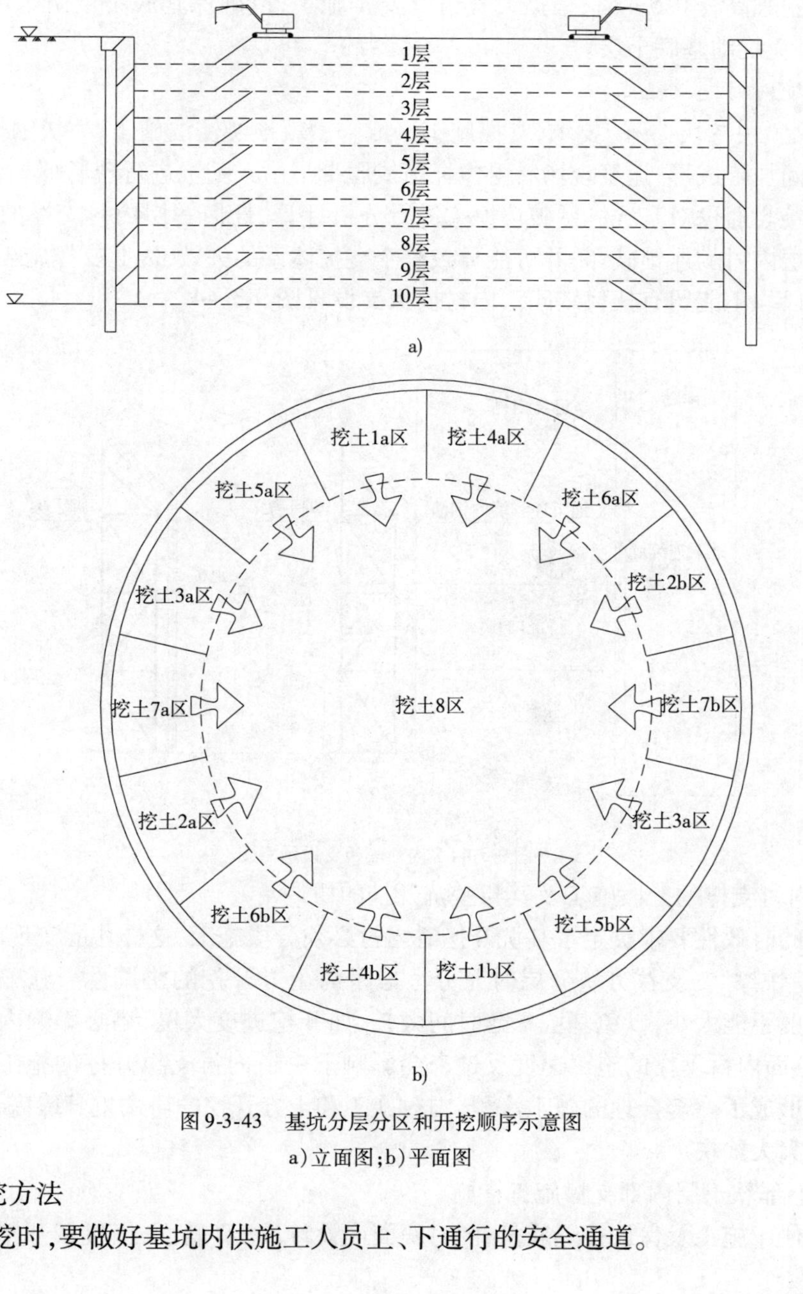

图9-3-43 基坑分层分区和开挖顺序示意图

a)立面图;b)平面图

(2)开挖方法

基坑开挖时,要做好基坑内供施工人员上、下通行的安全通道。

基坑内土方开挖采用桅杆吊或履带吊的，为起吊设备配置一定数量的挖掘机进行开挖，基坑内挖掘机将土体倒运至桅杆吊和履带吊起吊范围内，吊车利用料斗将土方从基坑垂直吊运到坑外，由自卸汽车运至弃土场。吊车布置结合“安全、就近、方便”的原则，桅杆吊机为固定点布置，履带吊灵活布置。

开挖注意事项：

①每层开挖高度一般取 3m 左右一层。

②各区段开挖后，必须在 48h 内完成内衬混凝土的施工。

③每层土体开挖前对基坑内土体进行分层疏干降水，坑内降水水位控制在开挖面以下不小于 1m。

④内衬混凝土强度达到设计强度的 80% 后，方能开挖下一层土体。

⑤距基底高程 0.5m 时，根据天气情况安排施工，以确保基底不被雨水浸泡；采用人工开挖，避免扰动基底土层。

3. 基坑内衬支撑施工

为满足“快挖快撑”的要求，支撑施工一般采用就地浇注法施工，大块钢模现场组拼，钢筋在车间加工成形，运至现场后由桅杆吊或履带吊吊入基坑进行现场绑扎，主筋一般采用机械连接。通过对基坑体系破坏模式进行分析计算，任何一层内衬支撑的破坏都可能引起其他层内衬的连锁破坏，并可能导致整个支护体系的失效，因此支撑施工中任何一层中任何一段均不能留有任何缺陷。内衬模板支设见图 9-3-44。

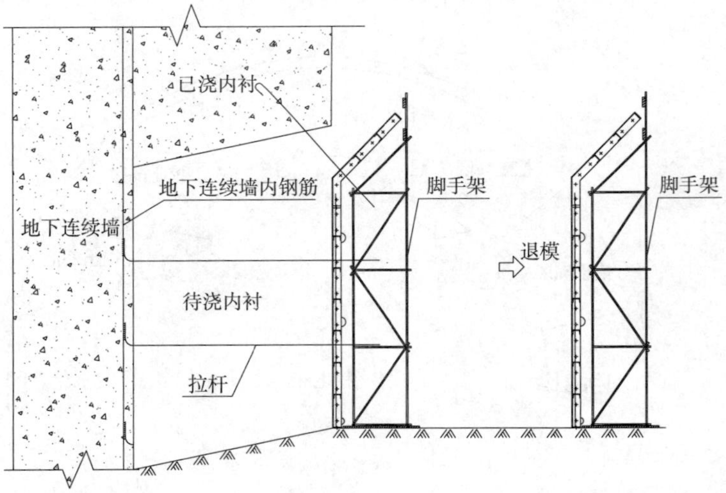

图 9-3-44 内衬模板支设示意图

(1) 内衬支撑的分段施工及其与基坑开挖的协调

基坑的时效性要求决定了基坑开挖时内衬必须分段施工，这样才能实现流水作业，以满足“快挖快撑”。支撑分块分层时充分考虑了与土方开挖的协调性。施工中各区土方开挖的速度不能太快，以免基坑暴露时间太长，如开挖进度太慢，势必影响内衬支撑的施工，另一方面内衬支撑的施工速度反过来会影响下一道内衬支撑开挖的施工进度。在施工中逐渐形成了一套合理的施工流程，内衬施工和土方开挖的协调也日臻完善，内衬支撑施工速度大大加快。

(2) 上部软土层内部支撑施工措施

为了便于施工及保证接缝质量，内衬底面应设计成 15°斜面，当机械开挖到距离设计高程 20cm 左右时,采用人工进行开挖,以免扰动土体。在上部淤泥质土层,由于其承载力较小,在地下连续墙壁体修整的同时,人工进行地基平整夯实,并在其上铺砂垫层整平夯实,以增强地基承载力。有时也可采用土工布和砂袋修筑扩大基础,然后在其上铺大块钢模作为内衬浇注基础。为防止混凝土浇注过程中地基发生沉降,进行简单的静载试验,确保地基承载力满足要求。

(3)大落差混凝土施工工艺

基坑混凝土施工向下落差较大,混凝土浇注强度大。在施工中如何防止混凝土离析,保证混凝土质量是基坑混凝土施工的一大难题。

通过对大落差混凝土产生离析的原理进行分析,并通过国内外的调研,一般现场较常采用的方式是混凝土拖泵布置或采用导管/溜槽结合混凝土防离析装置,后者使用较多。

七、基坑工程信息化施工

深基坑信息化施工是指将所采集的信息,经过处理后与预测结果比较,通过反分析推求较符合实际的土质参数,并利用所推求的土质参数再次预测下一施工阶段围护结构及土体的性状,再采集下一施工阶段的相应信息。如此反复循环,不断采集信息、不断修改设计并指导施工,将设计置于动态过程中。通过分析预测指导施工、通过施工信息反馈设计,使设计及施工逐渐逼近实际,从而排除险情,实现最佳工程。目前,实现深基坑工程动态设计的主要措施就是进行信息化安全监测,信息化监测能够有效地指导基坑的现场施工,及时发现在基坑开挖过程中存在的隐患,有利于整个支护结构在基坑施工过程中的安全,可以达到优化施工工艺并避免重大事故发生的作用。

(一)深基坑工程稳定性监测必要性

在深基坑开挖的施工过程中,基坑内外的土体将由原来的静止土压力状态向被动和主动土压力状态转变,应力状态的改变引起土体的变形,即使采取了支护措施,一定数量的变形总是难以避免。这些变形包括:深基坑坑内土体的隆起,基坑支护结构以及周围土体的侧向位移。无论哪种位移的量值超出了某种容许的范围,都将对基坑支护结构造成危害。深基坑开挖工程有时在繁华的市中心进行,施工场地四周有建筑物和地下管线,基坑开挖所引起的土体变形将直接影响这些建筑物和地下管线的正常状态,当土体变形过大时,会造成邻近结构和设施的破坏。同时,基坑相邻的建筑物又相当于较重的集中荷载,基坑周围的管线常引起地表水的渗漏,这些因素又是导致土体变形加剧的原因。因此,在深基坑施工过程中,只有对基坑支护结构、基坑周围的土体和相邻的构筑物进行综合、系统的监测,才能对工程情况有全面的了解,确保工程顺利进行。总的来说,深基坑工程稳定性监测的必要性主要表现在以下三个方面:

(1)验证支护结构设计,指导基坑开挖和支护结构的施工。

当前我国基坑支护结构设计水平处于半理论半经验的状态,土压力计算多采用经典的侧向土压力公式,与现场实测值相比较有一定的差异,还没有成熟的方法计算基坑周围土体的变形情况。因此,在施工过程中,迫切需要知道现场实际的应力和变形情况,与设计时采用值进行比较,必要时对设计方案或施工过程和方法进行修正。

(2)保证基坑支护结构和相邻建筑物的安全。

深基坑预测预报系统根据已测资料预测被监测体下一步或近期工作状态并给出安全

评价，对可能的不安全情况给以预警预报，借以调整施工、运行、生产，并在出现不良后果之前采取补救措施。在深基坑施工过程中，运用动态设计与信息化施工技术将能最大限度地减少安全事故的发生，避免给国家、人民造成不必要的损失。

(3)总结工程经验，为完善设计分析提供依据。

支护结构的土压力分布受支护方式、支护结构刚度、施工过程和被支护土类的影响，并直接与侧向位移有关，往往是非常复杂的，现行设计分析理论尚未达到成熟的阶段，积累完整准确的基坑开挖与支护监测结果，对于总结工程经验，完善设计分析理论都是十分宝贵的。

(二)深基坑稳定性监测项目及频率

1. 监测项目

基坑监测的内容分为两大部分，即基坑本体监测和周边环境监测。基坑本体中包括维护桩墙、支撑、锚杆、土钉、坑内立柱、坑内土层、地下水等；周边环境中包括周围地层、地下管线、周边建筑物、周边道路等。基坑工程的监测项目应与基坑工程设计、施工方案相匹配。应针对监测对象的关键部位，做到重点观测、项目配套并形成有效的、完整的监测系统。

根据国家标准《建筑基坑工程监测技术规范》(GB 50497—2009)，建筑基坑工程仪器监测项目应根据表9-3-2进行选择。

建筑基坑工程仪器监测项目表　　表9-3-2

<table>
<tr><th colspan="2">基坑类别
监测项目</th><th>一　级</th><th>二　级</th><th>三　级</th></tr>
<tr><td colspan="2">围护墙(边坡)顶部水平位移</td><td>应测</td><td>应测</td><td>应测</td></tr>
<tr><td colspan="2">围护墙(边坡)顶部竖向位移</td><td>应测</td><td>应测</td><td>应测</td></tr>
<tr><td colspan="2">深层水平位移</td><td>应测</td><td>应测</td><td>宜测</td></tr>
<tr><td colspan="2">立柱竖向位移</td><td>应测</td><td>宜测</td><td>宜测</td></tr>
<tr><td colspan="2">围护墙内力</td><td>宜测</td><td>可测</td><td>可测</td></tr>
<tr><td colspan="2">支撑内力</td><td>应测</td><td>宜测</td><td>可测</td></tr>
<tr><td colspan="2">立柱内力</td><td>可测</td><td>可测</td><td>可测</td></tr>
<tr><td colspan="2">锚杆内力</td><td>应测</td><td>宜测</td><td>可测</td></tr>
<tr><td colspan="2">土钉内力</td><td>宜测</td><td>可测</td><td>可测</td></tr>
<tr><td colspan="2">坑底隆起(回弹)</td><td>宜测</td><td>可测</td><td>可测</td></tr>
<tr><td colspan="2">围护墙侧向土压力</td><td>宜测</td><td>可测</td><td>可测</td></tr>
<tr><td colspan="2">孔隙水压力</td><td>宜测</td><td>可测</td><td>可测</td></tr>
<tr><td colspan="2">地下水位</td><td>应测</td><td>应测</td><td>应测</td></tr>
<tr><td colspan="2">土体分层竖向位移</td><td>宜测</td><td>可测</td><td>可测</td></tr>
<tr><td colspan="2">周边地表竖向位移</td><td>应测</td><td>应测</td><td>宜测</td></tr>
<tr><td rowspan="3">周边建筑</td><td>竖向位移</td><td>应测</td><td>应测</td><td>应测</td></tr>
<tr><td>倾斜</td><td>应测</td><td>宜测</td><td>可测</td></tr>
<tr><td>水平位移</td><td>应测</td><td>宜测</td><td>可测</td></tr>
<tr><td colspan="2">周边建筑、地表裂缝</td><td>应测</td><td>应测</td><td>应测</td></tr>
<tr><td colspan="2">周边管线变形</td><td>应测</td><td>应测</td><td>应测</td></tr>
</table>

注：基坑类别的划分按照国家标准《建筑地基基础工程施工质量验收规范》(GB 50202—2002)执行。

2. 监测频率

基坑工程监测频率的确定应满足能系统反映监测对象所测项目的重要变化过程而又不遗漏其变化时刻的要求。监测工作应从基坑工程施工前开始,直至地下工程完成为止,贯穿于基坑工程和地下工程施工全过程。对有特殊要求的基坑周边环境的监测,应根据需要延续至变形趋于稳定后结束。

基坑工程的监测频率不是一成不变的,应根据基坑开挖及地下工程的施工进程、施工工况以及其他外部环境影响因素的变化及时做出调整。一般在基坑开挖期间,地基土处于卸荷阶段,支护体系处于逐渐加荷状态,应适当加密监测;当基坑开挖完后一段时间,监测值相对稳定时,可适当降低监测频率。当出现异常现象和数据,或临近报警状态时,应提高监测频率甚至连续监测。监测项目的监测频率应综合基坑类别、基坑及地下工程的不同施工阶段以及周边环境、自然条件的变化和当地经验而确定。对于应测项目,在无数据异常和事故征兆的情况下,开挖后现场仪器监测的频率可按表 9-3-3 确定。

现场仪器监测的监测频率[《建筑基坑工程监测技术规范》(GB 50497—2009)]　　表 9-3-3

基坑类别	施工进程		基坑设计深度(m)			
			≤5	5~10	10~15	>15
一级	开挖深度(m)	≤5	1 次/1d	1 次/2d	1 次/2d	1 次/2d
		5~10		1 次/1d	1 次/d	1 次/d
		>10			2 次/d	2 次/d
	底板浇注后时间(d)	≤7	1 次/1d	1 次 1/d	2 次/d	2 次/d
		7~14	1 次/3d	1 次/2d	1 次/d	1 次/d
		14~28	1 次/5d	1 次/3d	1 次/2d	1 次/d
		>28	1 次/7d	1 次/5d	1 次/3d	1 次/3d
二级	开挖深度(m)	≤5	1 次/2d	1 次/2d		
		5~10		1 次/1d		
	底板浇注后时间(d)	≤7	1 次/2d	1 次/2d		
		7~14	1 次/3d	1 次/3d		
		14~28	1 次/7d	1 次/5d		
		>28	1 次/10d	1 次/10d		

注:①有支撑的支护结构,各道支撑开始拆除到拆除完成后 3d 内监测频率应为 1 次/d。
②基坑工程施工至开挖前的监测频率视具体情况确定。
③当基坑类别为三级时,监测频率可视具体情况适当降低。
④宜测、可测项目的仪器监测频率可视具体情况适当降低。

3. 技术要求

在深基坑监测过程中,无论采用何种具体的监测方法,选用多少项监测项目,一般在进行稳定性监测时都要尽量满足下列 5 个技术要求:

(1)观测工作必须是有计划的,应严格按照有关的技术文件(如监测任务书)执行。这类技术文件的内容,至少应该包括监测方法和使用的仪器、监测精度、测点的布置、观测周期等等。计划是观测数据完整性的保证。

(2)监测数据必须是可靠的。数据的可靠性由监测仪器的精度、可靠性以及观测人员的素质来保证。

(3)观测必须是及时的。因为基坑开挖是一个动态的施工过程,只有保证及时观测,才能有利于发现隐患,及时采取措施。

(4)对于观测的项目,应按照工程具体情况预先设定预警值,预警值应包括变形值、内力值及其变化速率。当观测发现超过预警值的异常情况,要立即考虑采取应急补救措施。

(5)每个工程的基坑支护监测,应该有完整的观测记录,形象的图表、曲线和观测报告。

(三)深基坑稳定性监测方案设计

1. 方案设计的原则

由于监测方案对基坑设计、施工和运行都起着相当重要的作用,因此基坑监测方案应综合分析各种有关资料和信息进行精心设计。

方案设计的原则如下:

(1)可靠性原则

可靠性原则是监测设计中所要考虑的最重要原则。为此,系统必须采用可靠的仪器设备,应在监测期间内保护好测点。

(2)多层次原则

①在监测对象上以位移为主,但也考虑其他物理量监测。

②在监测方法上以仪器监测为主,并辅以目测巡视的方法。

③在监测仪器选型上以机测式仪器为主,并辅以电测式仪器。

④为保证监测的可靠性,监测系统应采用多种原理不同的方法和仪器。

⑤分别在地表、基坑土体内部及邻近受影响建筑物与设施内布点,以形成具有一定的测点覆盖率的监测网。

(3)重点监测关键区原则

将易出问题而且一旦出问题将会造成很大损失的部位列为关键区进行重点监测,并尽早实施。

(4)方便实用原则

为减少监测与施工之间的相互干扰,监测系统的安装和测读应尽可能地做到方便实用。

(5)经济合理原则

在系统设计时,应尽可能选用实用而价廉的仪器,以降低监测费用。

(6)以位移为主的原则

变形监测是围护墙(边坡)监测的主要手段,也是变形破坏的基本依据。

(7)整体控制原则

保证监测系统对整个围护墙(边坡)的覆盖。

(8)遵照工程需要原则

监测系统的布置要充分考虑工程的特点和工程建筑对围护墙(边坡)的要求。

2. 设计方案的内容

由于基坑监测不仅仅是一个简单的信息采集过程,而是集信息采集及预测于一体的完整的系统,因此,在施工前应制订严密的监测方案。监测方案根据不同需要会有不同内容,一般包括工程概况、工程设计要点、地质条件、周边环境概况、监测目的、编制依据、监测项目、测点布置、监测人员配置、监测方法及精度、数据整理方法、监测频率、报警值、主要仪器设备、拟提供的监测成果以及监测结果反馈制度、费用预算等。

(四)深基坑稳定性监测仪器

在基坑监测中,监测技术需要测试仪器来完成,所以系统的可靠性很大程度上取决于监测仪器的可靠性。根据基坑的需要、监测精度的要求及经费的多少来合理地选择监测仪器已成为监测工作中的一项重要过程。本节主要介绍在建筑及桥梁工程中深基坑开挖施工监测中常用的仪器。

1. 水准仪、经纬仪和全站仪

在所有的工程测量中,使用最多的仪器就是水准仪、经纬仪或全站仪。水准仪用于测量地面、地层内各点及建(构)筑物施工前的高程及施工中的沉降;经纬仪用于量测地形或构筑物的施工控制点坐标(即位置)及施工中的水平位移;全站仪兼有水准仪和经纬仪的功能。

2. 测斜仪

测斜仪在深基坑开挖施工中可以量测围护结构或土体水平位移。

3. 应力计、轴力计及应变计

采用钢筋混凝土材料制作的围护桩内力及内支撑轴力,通常是通过测定构件受力钢筋的应力或混凝土的应变,然后根据钢筋与混凝土共同作用、变形协调条件反算得到,通常采用钢筋应力计或混凝土应变计进行量测。钢构件可采用轴力计(反力计)或表面应力计等量测。

4. 锚杆(索、钉)测力计

主要用于测量锚杆(索、钉)的张拉力。在建筑基坑中监测中,一般利用该仪器选用抗拔试验去测量,是常选用的监测项目之一。

5. 裂缝测试仪

主要用于测量开挖前及开挖时基坑附近地表、地面建筑物或地下设备出现的裂缝。是建筑基坑日常常规监测工作中常选用的工具,常被选用的裂缝测试仪是小皮尺和游标卡尺。

6. 土压力盒

土压力盒主要用于测试基坑围护结构与土体接触面的土压力及基坑开挖时土体的应力变化。在测量土体的应力时,应注意选择合适的土压力盒。如果用于测量土体中作用于竖直面上的水平土压力时,宜选用直径与接触面厚度之比较小的土压力盒;如果用于测量土体中作用于水平面上的竖向土压力时,则选用直径与接触面厚度之比大于 5 的土压力盒。

7. 孔隙水压力计

孔隙水压力计及其接收仪,可量测土体中任意位置孔隙水压力的大小,并根据孔隙水压力消散速率控制沉桩速率、监控开挖降水情况及基坑开挖对周围土体扰动范围及程度。

(五)深基坑稳定性监测报警值

由于设计理论的不完善以及基坑工程地质、环境差异性及复杂性,在确定监测报警值时应综合考虑各种因素。工程监测报警值的确定应遵循以下原则:首先保证基坑本体和保证周围环境安全;其次考虑工程质量和经济等因素。实际工作中主要依据以下三方面的数据和资料。

1. 设计计算结果

基坑工程设计人员对于围护结构、支撑或锚杆的受力和变形、坑内外土层的位移、建筑物变形等均进行详尽的设计计算和分析,其计算结果可以作为确定监测报警值的依据。

2. 相关规范规定的标准值以及有关部门的规定

随着地下工程经验的积累,各地区的工程管理部门陆续以地区规范、规程等形式对地下工程的稳定判别标准作了相应的规定。

3. 工程经验类比

基坑工程的设计与施工中,工程经验起到十分重要的作用。参考已建类似工程项目的受力和变形,提出并确定工程的基坑报警值,往往能取得较好的效果。

支护结构的监控报警值一般情况下由两部分组成,即累计允许变化量和单位时间内允许变化量(变化速率)。基坑工程的工作状态一般分为正常、异常和危险三种情况。异常是指监测对象受力或变形呈现出不符合一般规律的状态。危险是指监测对象的受力或变形呈现出低于结构安全储备、可能发生破坏的状态。

根据有关资料,对墙体水平位移速率提出如下建议:当维护结构测斜最大变化速率达到4~5mm/d,并持续有发展迹象的,工程应进入警戒状态,加密监测频率,查找工程隐患;最大变形速率超过10mm/d,并有持续发展迹象的,工程应进入报警状态,立即停工,并采取有效合理的工程措施,限制变形持续发展。

(六)稳定性监测信息的处理与分析评价

在监测中,数据获取是手段,指导设计施工是目的。监测所得的大量数据,不能很直观地反映位移场和应力场的变化情况,必须对它们进行整理,加以分类,制成一定格式的表格或图形曲线才能形象地反映其变化,并从其变化规律上看监测数据是否正常,结构是否遭受损坏或破坏。有时,经过数据分析后,认为一些数据是异常值,则应排除;对一些漏测点或被破坏点,则应通过预测方法根据已有信息进行预测弥补,使数据更完整。

当量测数据积累到一定数量后,应进行回归分析,分析时应视实测曲线的特性进行,可整段回归,也可分段回归,宜选残差平方和最小的曲线方程作为回归方程。回归方程可选用双曲线函数、对数函数、指数函数、幂函数、多项式或直线性函数。

对监测数据的分析评价主要包括下列几方面:

(1)对支护结构的水平位移进行定量分析。包括位移速率和累计位移量的计算,绘制位移随时间变化的曲线,对引起位移速率增大的原因进行分析。

(2)对沉降及沉降速率进行计算分析。土体沉降要区分是由支护结构水平位移引起的还是由地下水位降低等原因引起的。同时,邻近建筑物的沉降观测结果要与预先规定沉降限制比较。

(3)对各监测结果进行综合分析并相互验证和比较。用新的监测资料与原设计预计情况进行比较,判断现有设计施工的合理性,必要时调整施工方案。

(4)根据监测资料分析基坑开挖对周边环境的影响和基坑支护的效果,通过反分析查明工程事故的技术原因。

（5）用数值模拟法分析基坑施工期间支护结构位移变化规律，进行稳定性分析，用反分析方法推算岩土体的特性参数，检验原设计计算方法的适宜性，预测后续开挖工程中可能出现的问题。

（6）进行险情分析，及时提出险情预报和处理措施。

第四节　桩排式地下连续墙施工

一、概述

地下连续墙最早起源于桩排式地下连续墙，但由于其自身结构的局限性，现今使用不如壁板式地下连续墙广泛。当今的桩排式地下连续墙是把灌注桩或预制混凝土桩等并排连续起来建造地下连续墙的一种方式，此类结构一般用作临时性结构物。由于此类连续墙是多桩的连续排列施工，所以墙体间连续性较差，为解决此类连续墙的截水防渗问题，可根据结构物使用目的及地质条件等，采取辅助方法加固，如灌注化学浆、水泥浆或冻结土体等。

二、分类

桩排式地下墙按桩的排列方式和制桩的材料可作如下分类：

（1）按桩的排列方式可分为（图9-4-1）：一字形相接排列，交错相接排列，一字形搭接排列，间隔排列，混合排列，三圆连体桩排列六类。其中，三圆连体桩排列是一种新型结构，由结构相同的三圆连体桩相互拼接而成，三个圆形桩的直径相同，三圆形桩连体且相切，相邻的三圆连体桩之间也相切。此种排列方式的桩排式地下连续墙不存在桩间隙，无需再施加水泥搅拌桩或高压旋喷桩，其防渗效果好，安全、可靠。

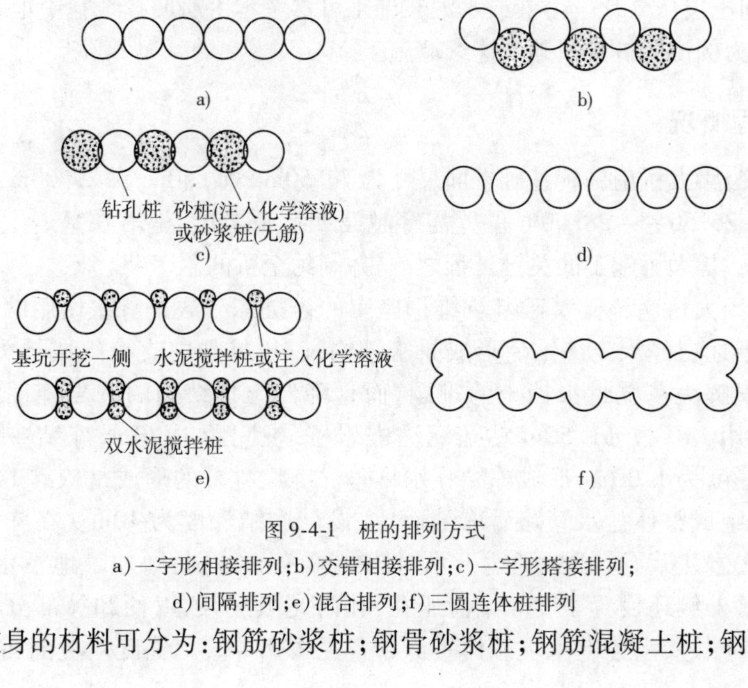

图9-4-1　桩的排列方式

a）一字形相接排列；b）交错相接排列；c）一字形搭接排列；

d）间隔排列；e）混合排列；f）三圆连体桩排列

（2）按桩身的材料可分为：钢筋砂浆桩；钢骨砂浆桩；钢筋混凝土桩；钢骨混凝土桩；

钢管桩等五类。

三、优缺点

桩排式地下墙施工法本来是为防止噪声和振动等建设公害而发展起来的,现在主要是作临时性结构物,如在开挖软土地基时,可用作挡土墙、截水防渗墙及保护邻近构筑物基础的外围防护墙等。桩排式地下连续墙的优、缺点如下:

1. 优点

(1)与其他施工法相比,噪声小、振动小,对相邻构筑物基础不产生不良影响。

(2)对地层的损坏较小,可获得较大的摩阻承载力。

(3)用作挡土墙时,与钢板桩相比,背面的地基沉降较小,易于保护构筑物。

(4)在强度方面也比其他方法高,可用于软土地基中的大开挖施工。

(5)可根据要求自由调节桩的长度和直径。

(6)通过加压灌注,可使浆液或混凝土渗透到地层中,提高对地基截水防渗的效果。

(7)单桩的重复施工,在作业时间受到限制的条件下也可以进行。

2. 缺点

(1)对砂砾层和卵石层施工难度较大。

(2)在水平方向不能用钢筋使桩相互连接起来,故不宜作主体结构物。

(3)由于施工技术水平的差异,在施工质量上也会有很大的差别。

(4)深度有一定的限制。

(5)工期较长。

四、桩排式地下连续墙施工

桩排式地下连续墙中桩体施工工艺和技术要求等可参考本手册钻孔灌注桩及打入桩施工章节,桩间土层压入化学溶液或水泥浆施工可参考本手册明挖地基中地基处理施工。在此以一工程为例说明桩排式地下连续墙施工。

(一)工程概况

润扬长江公路大桥南锚碇基础平面尺寸为70.50m×52.50m,深29.00m,属于特大嵌岩深基坑,在-26.50~-28.90m位置需穿越第四系覆盖层,坐落在基岩上。施工难度大、技术要求高,是大桥施工的关键工程之一,并制约全桥的总工期。

应用于润扬大桥南锚碇基础基坑维护施工的排桩冻结法是首次使用的全新施工方法,即以含水层地层经人工冻结后形成封水结构,以排桩加内支撑组成承力结构,各自发挥优势,不仅解决基坑封水挡土的难题,而且降低维护结构的嵌岩施工难度。南锚碇基础设计采用140根ϕ1.50m钻孔灌注嵌岩桩,桩间距1.70m,冻结壁紧贴排桩外侧,设计平均厚度为1.30m,形成冻结止水帷幕。冻结帷幕的形成是依靠144个嵌岩冻结孔与冻结站组成整体盐水管路后冻结而成,设计冻结深度为40m。在冻结帷幕外侧设置了74个嵌岩注浆孔,减少了地下水对冻结帷幕的冲刷,增加了地下水绕流距离。同时,冻结帷幕外侧还设置了288个泄压孔,孔内充填泥浆,以便卸掉部分冻胀力对排桩产生的水平荷载。南锚碇基坑总体平面布置见图9-4-2,用锚碇基坑剖面见图9-4-3。

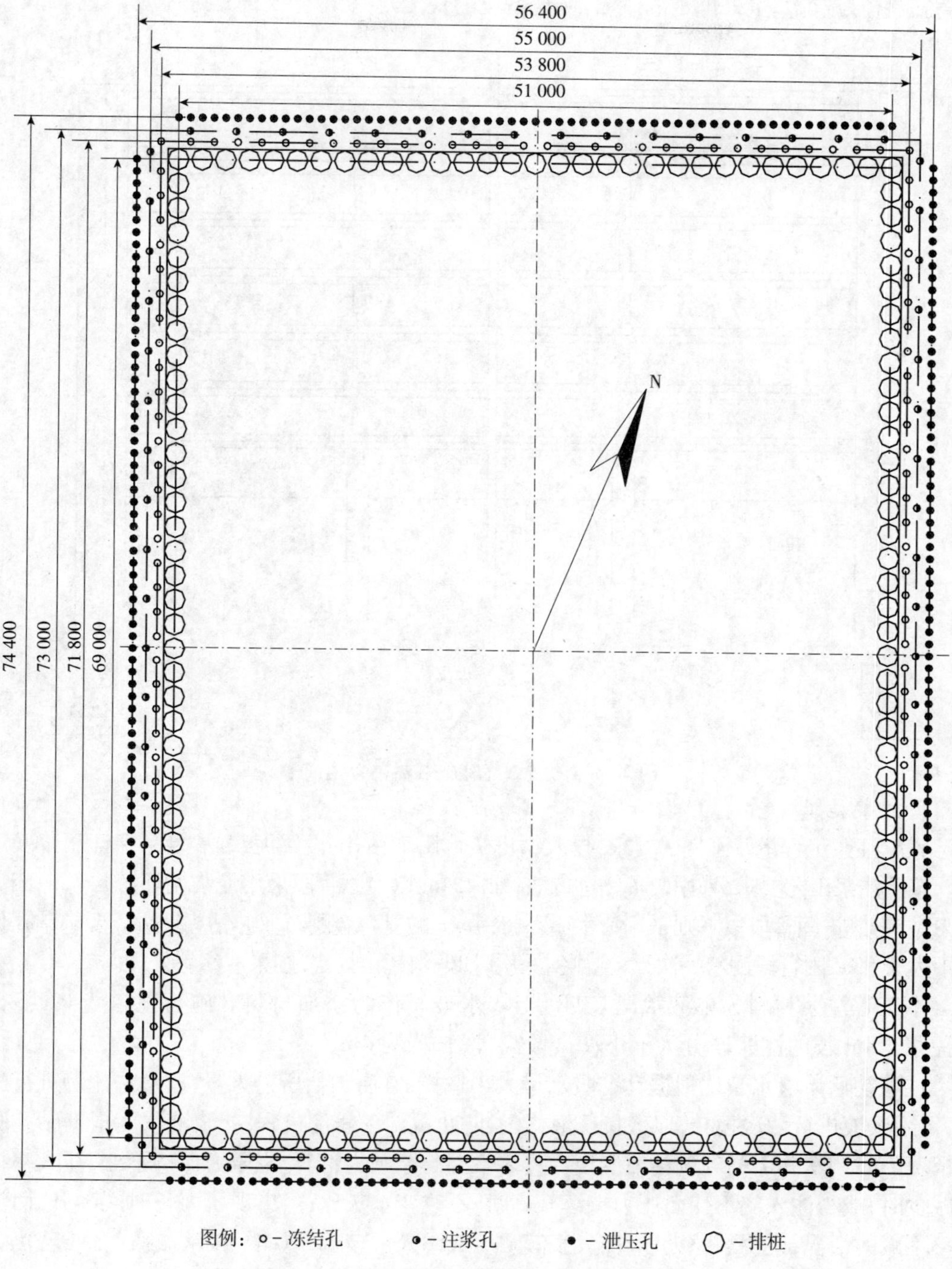

图 9-4-2　南锚碇基坑总体平面布置图（尺寸单位：mm）

(二)注浆帷幕施工

南锚碇基础采用排桩冻结支护施工方案，其中，冻结帷幕作为封水结构。由于坑底敞开，为避免地下水流动造成冻结帷幕底部局部融化而影响完整性，设计采用地面局部预注浆办法来保护冻结帷幕，即在地面通过预注浆对冻结帷幕底部附近基岩进行预处理，形成水泥浆液帷幕包裹冻结帷幕，同时，由于注浆帷幕深度超过冻结深度，也增大了地表水进入基坑的绕流路径，减少基坑外侧水的渗流，实现基坑的安全开挖、干施工的良好环境。

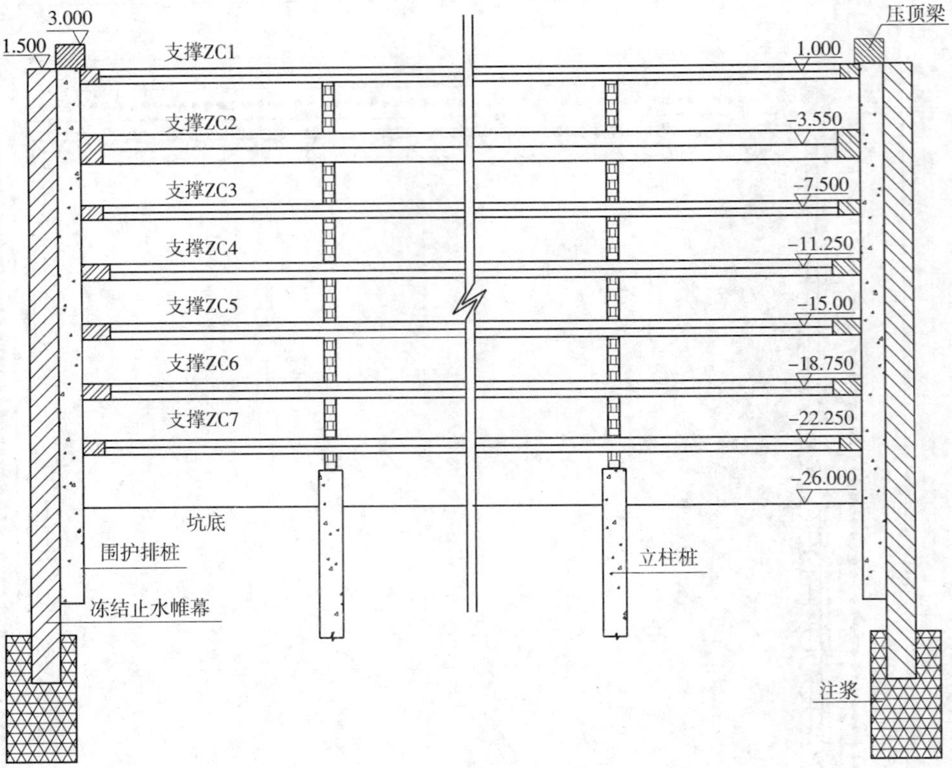

图 9-4-3　南锚碇基坑剖面图（高程单位：m）

1. 注浆施工

根据注浆工程量及工期的要求，投入钻机 7 台用于钻孔，设置泥浆站 1 座，保证压浆及压水。按照注浆工艺要求，采用两种钻进方法：即 −34m 以上固管段采用泥浆循环，ϕ146mm 四翼刮刀钻头钻进；固管段以下则采用清水循环，ϕ94mm 的复合金刚石取芯钻头钻进。要求钻孔偏斜不大于 5‰，固管段测斜一次，终孔测斜一次，如偏斜超出规定，则采取纠斜处理。

本工程注浆材料为单液水泥浆，400°Be′水玻璃作为添加材料。施行孔口止浆，下行式注浆。8m 长的注浆段分为上下两个段高，段长均为 4m。

注浆初始浆液水灰比根据钻孔吸水量大小选择，然后预估所需方量，按水灰比例进行配制，每罐浆液进行两次搅拌，以保持浆液均匀，防止沉淀。压注过程中，浆液浓度根据钻孔吸入情况随时调整并由稀到稠逐渐变换。具体掌握的原则为：当注浆压力保持不变，注入率持续减少时，或当注入率不变而压力持续升高时，不改变水灰比；当出现压力长时间不升，而注入率不减的情况，说明裂隙大，应加大浆液浓度或添入水玻璃，以缩短浆液凝胶时间，若仍无效果，则应采取间隙式注浆或数小时后扫孔复注。

当注浆压力达到或超过设计终压，泵量不大于终止流量，注浆达到或基本达到设计值，且稳定时间达到 20 ~ 30min 时，则结束注浆，注浆结束标准参数见表 9-4-1。

2. 注浆效果检查

根据设计要求，注浆效果采用以下三个方法检查：

（1）综合资料分析检查，即逐次分析试验参数变化，注浆压力和进浆流量变化，钻孔取芯鉴定资料和注入量，分析检查注浆效果。

（2）相邻钻孔岩芯裂隙充填观察。

注浆结束标准参数

表 9-4-1

段高吸水量(L/min)	第一段高			第二段高		
	终压(MPa)	终止流量(L/min)	稳定时间(min)	终压(MPa)	终止流量(L/min)	稳定时间(min)
≥60	>0.6	≤50	20~30	>1.1	≤50	20~30
40~60	>0.8	≤35	20~30	1.2~1.4	≤35	20~30
20~40	0.9~1.0	≤15	20~30	1.4~1.6	≤15	20~30
<20	1.0~1.2	≤10	20~30	1.6~1.8	≤10	20~30

(3)施工检查孔检查。

因该锚区基岩风化破碎严重,使得取出的岩芯非常破碎,普遍取芯率不高,有的基本无岩芯,因而很难通过方法(2)检查注浆效果,而基本采用方法(1)找出认为注浆较薄弱的地方,再按方法(3)施工检查孔进行压水试验,本工程共施工检查孔 14 个,检查结果渗透系数最大为 1.02×10^{-5}cm/s,最小为 7×10^{-7}cm/s,全部小于设计值 3×10^{-5}cm/s。

(三)冻结帷幕施工

根据设计:冻结封水帷幕依靠单排冻结孔冻结交圈形成,冻结器规格为 $\phi127\times5$mm 低碳无缝钢管,内供液管采用 $\phi60\times5$mm 聚乙烯塑料管。

冻结孔间距在基坑长边为 1.725m,短边为 1.700m,与排桩之间采用插花布置,冻结孔与排桩中心间距 1.4m,同时在矩形基坑的四个拐角各设置一个冻结孔,冻结孔总数 144 个。冻结帷幕深度 40m,下高程确定为 -37.00m,并与注浆帷幕搭接 3m。冻结器紧接围护排桩施工之后进行安装。安装方法为先造孔后下放冻结器。

南锚碇基坑冻结帷幕采用双级压缩制冷方式。设备配备有 7 台 8AS-17 型活塞机作为低压机,5 台 8AS-12.5 型活塞机作为高压机。

该配套机型制冷量大、系列标准、配件充足、性能稳定、操作成熟、制冷温度低,实际最低制冷温度达 -30℃及以下,运转效率高,配套有汽化器、冷凝器、油氨分离器等附属设备。所选用的压力容器在运输前后已经试漏,均为完好。图 9-4-4 为冷冻站内设备一角。

盐水干管采用塑料薄膜 + 泡沫管壳 + 塑料薄膜 + 白锡布(防晒)包扎保温,如图 9-4-5所示。

图 9-4-4 冷冻站内设备一角

图 9-4-5 盐水干管保温处理

(四)排桩、立柱桩施工

1. 排桩施工

南锚碇基础工程围护结构排桩为 140ϕ150cm@170cm(172.5cm)钻孔灌注桩,桩长33.50m,嵌岩6m。排桩间净距只有20~22.5cm,设计要求基桩垂直度不小于1/200,扩孔系数1.05。

根据地质勘探报告,南锚碇区域第四系覆盖层总厚为27.80~29.40m,土性自上而下分别为灰色亚黏土、淤泥质亚黏土、亚黏土与粉砂互层、粉细砂,土层砂性逐渐增强。

排桩的具体施工工艺与普通钻孔桩基本相同。排桩施工关键技术主要包括钻孔扩孔率控制、垂直度控制和桩身混凝土质量控制等三个方面。

2. 立柱桩施工

在基坑的内部有29根钢格构立柱桩,以承受水平支撑传递的竖向荷载,形成整体的内支撑体系,同排桩共同构成基坑的维护结构体系。在排桩施工完成、压顶梁施工的同时,可进行立柱桩的施工。

(1)钻孔

立柱桩钻孔所采用的机具设备、施工工艺与排桩相同。只是其垂直度控制按孔深的1%即可。

(2)钢格构的安装

立柱桩的钢筋笼与普通钻孔灌注桩的钢筋笼有所不同,其嵌入基岩部而在基坑开挖后暴露出来的部分为角钢及钢板组焊的格构立柱,钢筋笼与格构立柱搭接4m。钢筋笼和格构立柱均分为两节并事先在加工厂制作,经检验合格后堆放待用。立柱桩钻孔终孔检验合格后吊放格构立柱,但要在孔口采取特殊定位措施,以保证格构立柱的垂直度符合要求。第一节吊放入孔后定位固定,将第二节格构立柱的下端接头与其对齐,安装临时连接螺栓,加焊缀板,焊足设计要求的焊缝长度和高度,经检验合格后继续下放格构立柱直到设计高程,调整位置与方向后进行固定。钢格构安装现场图见图9-4-6。

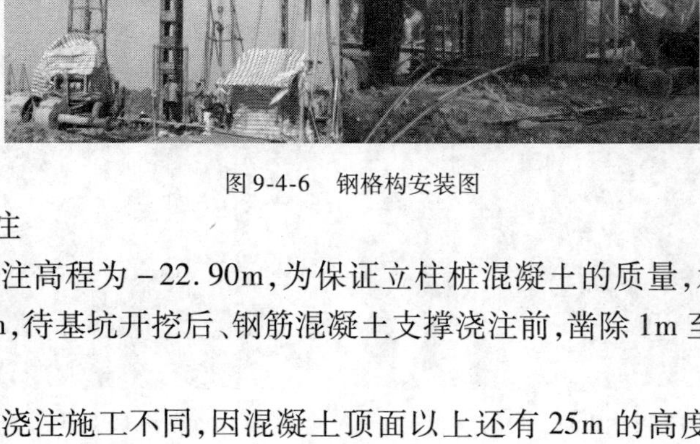

图9-4-6 钢格构安装图

(3)混凝土浇注

水下混凝土浇注高程为-22.90m,为保证立柱桩混凝土的质量,水下混凝土实际灌注高程为-21.90m,待基坑开挖后、钢筋混凝土支撑浇注前,凿除1m至设计高程。

(4)封孔

与排桩混凝土浇注施工不同,因混凝土顶面以上还有25m的高度是没有混凝土的,只有格构立柱，为防止人员、杂件掉入孔内，混凝土浇注后，孔内灌砂回填封孔。

（五）基坑降水施工

根据本工程工期要求，基坑内采用真空负压深井井点降水，同时在淤泥质土层采用轻型井点辅助的降水方法。采用真空负压，不仅能够加速孔隙水的渗流，缩短施工工期，而且能够扩大管井的作用半径，使管井的数量大大小于非真空负压所必须使用的管井数量，既经济又可靠。

1. 真空负压深井井点降水

基坑内设真空深井降水井 12 口，降水井井管直径为 350mm，钻孔直径为 800mm。成孔之后按照降水井的要求洗孔、下放井管、洗井等，直到达到要求。

2. 轻型井点降水

在基坑开挖第三、四层土时（前两层为带水作业），由于前期没有对开挖土层进行预降水，真空深井降水方式难以在短时间内将土体水分疏干，因此果断采取"轻型井点降水"辅助措施。

沿基坑内四周（距排桩约 5m）布置封闭式轻型井点管，同时在基坑中间的横梁处布置 6 排井点管，为考虑降水效果和机械出土的需要，具体的井点管和抽水泵的布置根据现场施工情况进行调整。

（六）基坑开挖及内支撑施工

南锚碇基坑开挖土方量约为 10 万 m^3。

1. 施工准备

（1）施工场地布置

在南锚碇基坑四周修筑一条宽度为 8 ~ 15m 不等的出土环道，环道用 25cm 厚混凝土铺筑，外侧设置排水沟用于地表排水。

南锚碇基坑开挖施工场地总体布置见图 9-4-7。

图 9-4-7　南锚碇基坑开挖施工场地总体布置图

(2)取土机械

基坑开挖投入的挖土设备:0.18m^3 挖掘机2台,0.25m^3 挖掘机2台,0.4m^3 挖掘机2台。出土提升设备:30t桅杆吊2台,20t桅杆吊2台,50t履带吊带抓斗2台,日最大出土量1600m^3,平均出土量1350m^3。弃土设备:5t自卸汽车12台,1m^3 挖掘机1台,推土机2台。出土机械平面布置见图9-4-8。

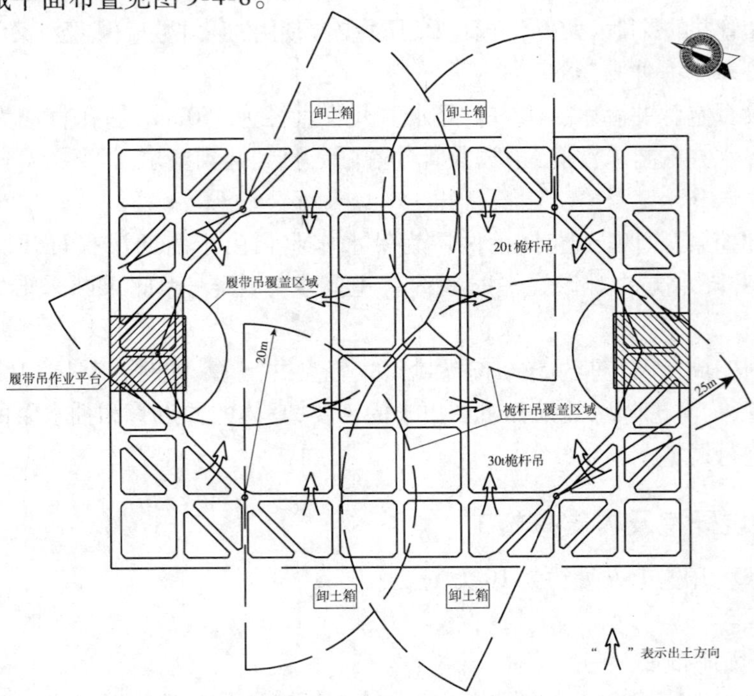

图9-4-8　出土机械平面布置图

2. 施工工艺流程

南锚碇特大型基坑开挖及支撑施工工序多,主要包括基坑土方挖运、支撑施工、真空深井降水、喷射混凝土施工等。由于首次采用冻结排桩围护结构方案,为保证基坑安全施工,实行了全过程监测监控,以指导施工。

南锚碇基坑开挖及支撑施工工艺流程见图9-4-9。

3. 施工作业原则

为了确保结构安全,加快施工进度,减少开挖面排桩暴露时间,基础开挖过程中应遵循下列作业原则:

(1)合理分工,使开挖与支撑形成流水作业。

(2)遵循对称施工原则,减少基坑墙体的不均匀变形。

(3)开挖遵循先中间后周边的原则,形成锅底式作业。

(4)遵循快速支撑原则,缩短墙体暴露时间,减少墙体变形量。

(七)信息化施工

1. 信息化施工的目的

对于首次采用的冻结排桩工法的南锚碇基础工程而言,采用信息化施工,通过现场监测数据进行分析计算,跟踪冻结帷幕的稳定状况,地下水变化情况,基坑维护结构变形情况等状态,调整施工参数,对工程的安全状况做出判断和预报,对正确指导南锚碇基础工程的安全施工起到了重要作用,并为今后类似工程积累施工经验。

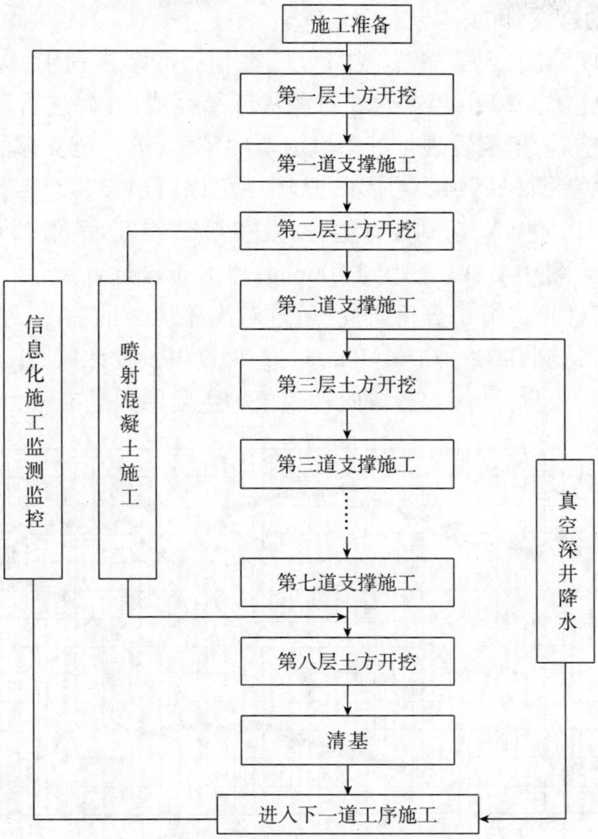

图 9-4-9　基坑开挖及支撑施工工艺流程图

2. 信息化施工的内容

基坑施工过程监测的内容见表 9-4-2。

基坑施工过程监测的内容　　表 9-4-2

监测项目 \ 施工工况		基坑围护结构施工及开挖期间	大体积混凝土浇注及养护期间
变形监测	坑外地表沉降	√	√
	圈梁水平位移	√	√
	冻结帷幕墙体水平位移	√	√
	坑外土体水平位移	√	√
	立柱桩垂直位移	√	
结构应力应变监测	桩身混凝土应变	√	
	桩身钢筋应力	√	
	坑外土体应力	√	
	支撑轴力	√	
地下水位监测	坑内、外地下水位	√	
温度监测	冻结帷幕温度	√	√

注:表中"√"为监测项目的实施阶段。

3. 信息化施工成果

(1)信息化对动态设计的指导

第一道支撑深度较浅,为了缩短施工进度,在积极冻结过程中,提前进行第一层土方开挖及第一层支撑施工。2001 年 1 月 5 日积极冻结完成,开始进行第二层土方开挖。当进行第二层土方开挖后,检测发现排桩向坑内弯曲较多,第一道支撑的轴力增加较快。水平支撑轴力—时间关系如图 9-4-10 所示,从图中可以看出:2002 年 2 月 12 日,第一道水平支撑最大轴力为 10 500kN,达到设计值,发生在斜撑 Z1-1 断面;排桩的位移(最大位移处为 I8 监测点,详见图 9-4-11)也达到 106mm;也大于设计计算值(100mm)。按照信息化管理程序,有针对性地进行了分析研究,通过对冻胀压力的监测,结合对排桩围护体系正反演推算,冻胀力达到 0.12 ~0.16MPa,超过 0.09MPa 设计值,比预想的要大得多,经过多次论证后形成一致意见,认为造成此种现象的主要原因是冻胀力过大引起的。

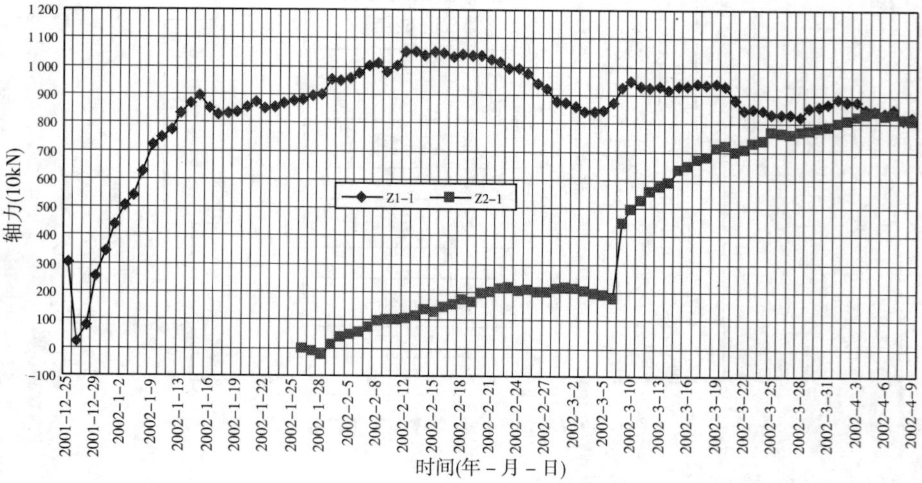

图 9-4-10 水平支撑轴力—时间关系图

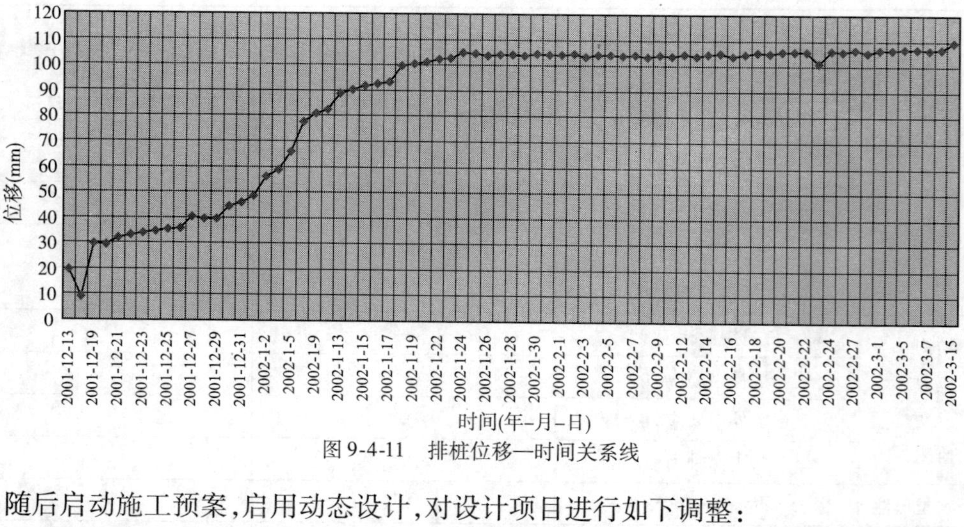

图 9-4-11 排桩位移—时间关系线

随后启动施工预案,启用动态设计,对设计项目进行如下调整:

①增加第七层支撑,减少排桩的支承跨度,降低排桩内力和变形。

②在出现冻胀力最大部位的第二道支撑顶面叠加一道同原设计断面相同的支撑,让

第二道支撑断面增加一倍,以加强第二道支撑抵抗刚度。

③二次施打卸压孔(或卸压槽),释放冻胀力。在施工组织中,为了充分利用社会资源,减少工期耽误,现场采取两种方法实施卸压。一种是采用水利上常用的射水法成槽卸压(射水卸压槽宽22cm,深16.5m),另一种采用小间距钻孔卸压(卸压孔孔深20m,孔径25cm,间距50cm);卸压槽(或孔)施工于2002年2月27日全部完成。通过施工前后的支撑轴力监测对照分析,二次卸压起到了较好释放冻胀力的作用。

④设置坑外降水井。为了降低围护结构的内力,减小维护结构的变形,将坑外降水井施工预案付诸实施,坑外共设置19口深井降水井,降水井深度40m。施工同坑内降水井相同。

(2)信息化指导施工持续改进工艺和流程

冻结排桩工法是首次使用的全新工法,信息化施工作为现场施工的"千里眼"和"顺风耳",对现场施工进行了全过程监控。通过分析各项监测数据的动态变化,动态调整施工组织设计和现场施工工序,以保证结构整体安全。具体改进如下:

①根据对冻结壁温度场监测判定,积极冻结于2002年1月5日完成(历时90d),于2002年1月6日正式进行坑内深井降水。通过对冻结壁温度场的监测资料的分析,怀疑冻结帷幕局部存在未封闭情况,图9-4-12中FT2-6测点(即锚坑西南角深度-25m处)在2002年1月6日至1月9日3d内,温度出现异常升高现象,根据监测资料进行系统分析和现场酚酞检验,判定冻结帷幕在该处存在漏水异常情况,共监测出4处薄弱断面。按照施工预案,决定采取液氮快速冻结进行局部补强,确保冻结帷幕的整体封水效果。从图9-4-12中可以看出,通过液氮补强后,于2002年1月26日开始,FT2-6测点温度开始持续下降。

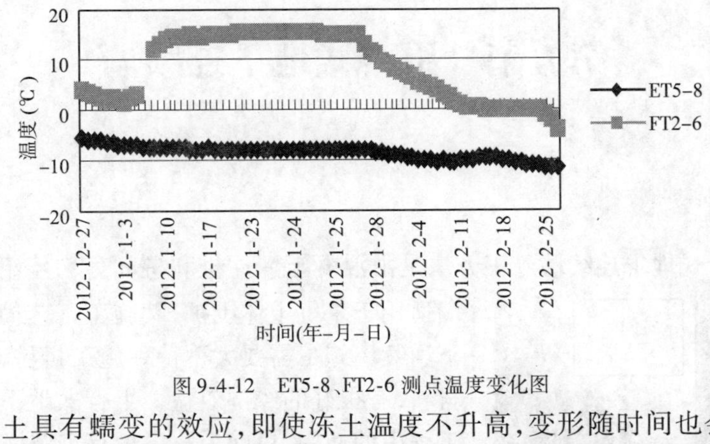

图9-4-12　ET5-8、FT2-6测点温度变化图

②由于冻土具有蠕变的效应,即使冻土温度不升高,变形随时间也会逐渐加大,如图9-4-13所示。为减小围护墙体的变形,缩短开挖后排桩在无支撑状态的时间异常有效。不断优化施工方案,改进施工工艺,加快支撑形成速度,减少排桩在开挖后自由暴露时间是施工组织重要任务。施工中采用分段组织流水作业,挖一段,浇一段支撑。一般划分为三段,施工顺序为:中间对撑→南部角撑→北部角撑。形成开挖、出土、支撑浇注的流水作业,将南锚碇基坑单层开挖及支撑浇注时间由原来的22d,经改进工艺后缩短为11d。最大限度地减少了排桩的暴露时间,保证了南锚碇基坑的整体安全,同时也加快了施工速度。

③为了减少深井降水对深层地下水的扰动,在第三层、第四层土方开挖时,采用浅层

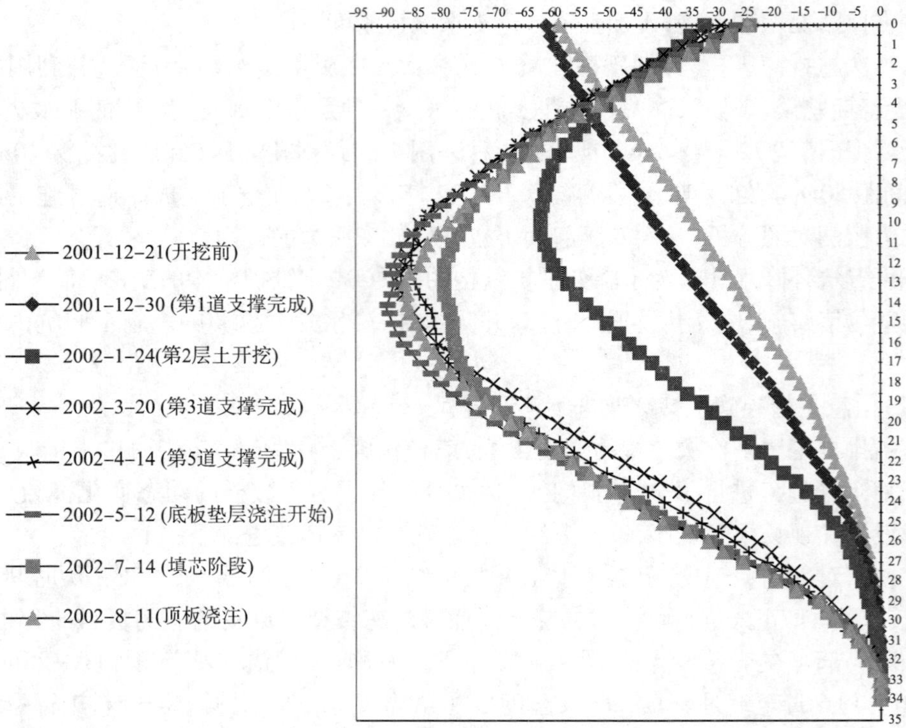

图 9-4-13 墙体位移随时间变化曲线

降水(轻型井点降水)为主,深层降水为辅的降水工艺,加快土体疏干,从而缩短施工周期。加强了冻结帷幕的整体安全性,确保了土方机械的工作效率,提高了整体开挖速度。

第五节 组合式地下连续墙

一、概述

桩、墙组合式地下连续墙施工方法是由混凝土灌注桩和桩间剪力墙组成。该种连续墙适用于基坑土体围护,其施工工艺简单。一般的地下连续墙施工需要大型特种施工机械,但该工艺节省材料,有很好的经济效益。组合式地下连续墙在桥梁工程中的使用,目前为止未见有实例报道。

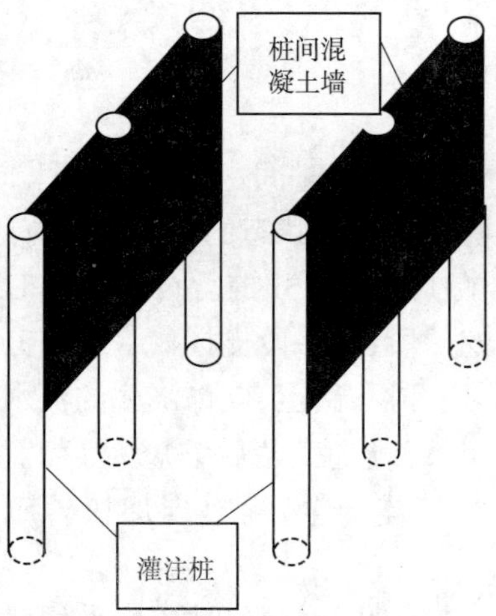

图 9-5-1 桩、墙组合式地下连续墙示意图

该连续墙主要特点:

(1)该连续墙体由灌注桩和桩间混凝土墙组成(图 9-5-1)。其中,桩内部预埋有钢筋接驳器,桩与桩间混凝土墙通过钢筋接驳器与桩体钢筋连接为一整体。

(2)桩间墙底高程比主体结构底略低,主要作用为防水和承受土体水平向压力;桩下端进入土体持力层,主要支承桩自重、桩间墙质量。

(3)桩采用成孔灌注桩;桩间墙采用逆作法分层施工。

该种组合式地下连续墙体采用钢筋接驳器,使桩与墙钢筋连接在一起,不会发生一般连续墙的“断板”现象,增加了墙体的安全性,同时采用了桩承重结构,减少了墙体施工的材料消耗;它不需要配备槽壁挖掘机等设备,降低了施工成本,其混凝土部分也不需要如同一般连续墙那样 24h 不间断施工,降低了地下连续墙施工的难度。

二、组合式地下连续墙施工

1. 灌注桩施工

根据设计图纸提供的坐标用全站仪放样出连续墙轴线,并按轴线位置顺次进行灌注桩施工,灌注桩桩径 D、连续墙宽 H、桩中心距 L 三个参数取值为:

$D=H$;

$H=600\sim800$mm 时,$L=8\ 000\sim10\ 000$mm;

$H=800\sim1\ 000$mm 时,$L=6\ 000\sim8\ 000$mm;

$H=1\ 000\sim1\ 200$mm 时,$L=6\ 000$mm;

其中,H 值通过抗土压力计算获得。

在实际施工过程中,为保证基坑净空尺寸满足设计要求,灌注桩可以偏移轴线向外扩展 100mm。灌注桩钢筋笼吊装前,需根据桩间墙水平钢筋间距预埋钢筋接驳器。

2. 挖土

挖取桩间墙所在位置的土并向基坑侧超挖留置出机械作业面。根据现场土质情况制订相应的挖土方案,一次挖土深度以土体稳定不发生大量坍塌为准,挖出的土立即运走,严禁堆积在基坑附近。以深度为 15m 的基坑为例,每次开挖深度 5m,3 次挖至设计高程,每次挖土完毕后,立即将桩接触面清刷干净,找出钢筋接驳器。

3. 桩间墙施工

桩间墙下端略低于基坑底高程,桩间墙分次施工完毕,施工顺序为自上而下逆作法施工。

施工顺序为自上而下逆作法施工,以深度 15m 的基坑为例。

(1)首先,施工 0 ~ 5m 墙体

找出桩体内预埋的接驳器,与墙体水平筋连接,钢筋保护层厚采用 $\delta=4$mm 钢板制作,横向间距 1.5m,竖向间距 2m。为方便操作,钢筋及模板均宜采用“先整体绑扎(安装)后吊装”法施工。其中需要注意的是:竖向钢筋的底部必须穿过模板,满足焊接长度,与下一层竖向钢筋连接。

(2)再次,施工 5 ~ 10m 墙体

首先开挖该段土体,再重复“清刷桩壁、找出钢筋接驳器”等工作后进行钢筋绑扎,由于采用逆作法施工,该段墙体钢筋无法采用整体吊装法,只能采用现场绑扎方法,其余施工类似。

(3)采用类似的方法施工 10 ~ 15m 墙体

4. 连续墙的某一单元段施工步骤

第一步,完成灌注桩的施工,见图 9-5-2。

第二步,挖除第一层土体,清刷桩壁、找出钢筋接驳器,绑扎桩间墙钢筋,见图 9-5-3。

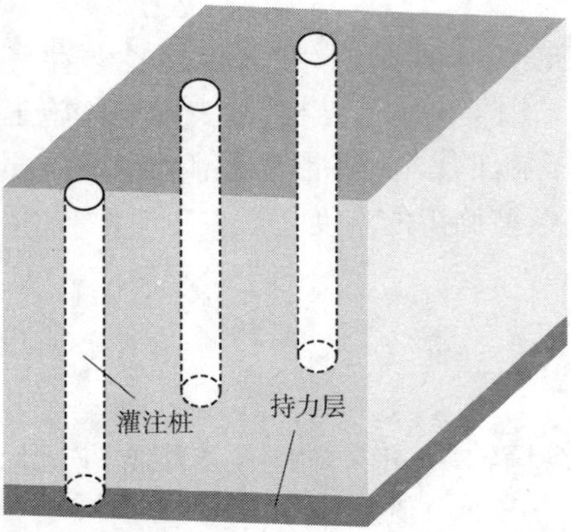

图 9-5-2　施工第一步

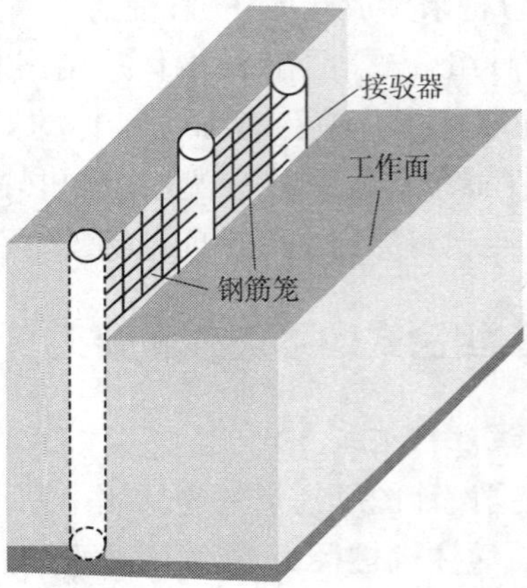

图 9-5-3　施工第二步

第三步,安装模板、浇注混凝土完成,见图 9-5-4。第一层桩间墙施工后,再次重复第一、第二步骤施工。

第四步,完成整个桩间墙的施工,见图 9-5-5。

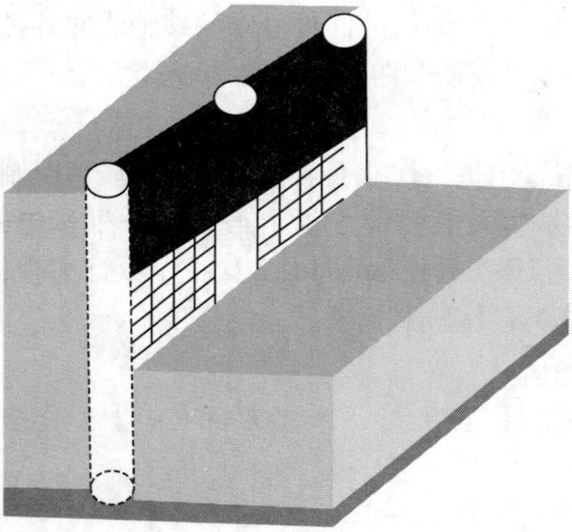

图 9-5-4　施工第三步

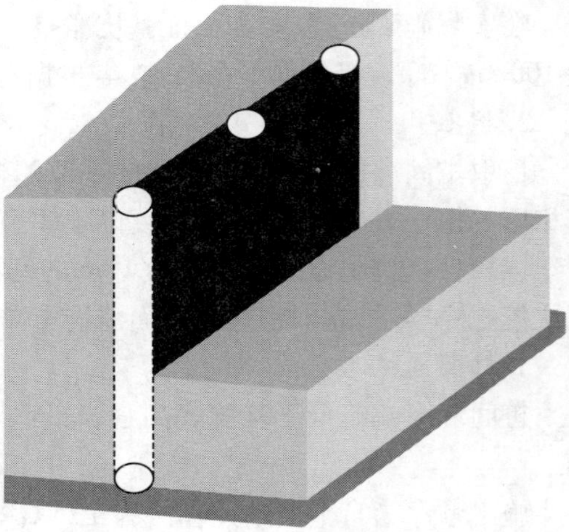

图 9-5-5　施工第四步

第六节　地下连续墙工程实例

(一) 工程概况

广州珠江黄埔大桥起自广州北二环高速公路火村互通式立交,向南经白云区、黄埔区、广州经济技术开发区,跨越珠江水道,终于番禺区化龙镇,与广珠东线高速公路相连。该工程的南汉桥为 290m + 1 108m + 350m 双塔单跨连续钢箱梁悬索桥。南汉桥北锚碇(重力式嵌岩锚)基础设计采用圆形地下连续墙方案,地连墙外径 73.0m,深度为 35.0 ~ 44.19m,墙体厚度 1.2m,嵌入弱风化混合基岩(斑状花岗岩),满足设计要求。墙下布设两环帷幕灌浆孔,环距 0.8m,孔距 2.8m。

(二)工程地质和水文地质条件

1. 工程地质

北锚碇地层表面为第四纪覆盖层,厚度为11.31~27.75m,下伏基岩为下古生界混合岩。地下连续墙需穿过和嵌入的地层分层情况如下。

淤泥质土:淤泥、淤泥质黏土厚度7.2~8.8m,淤泥为流塑状,淤泥质黏土为软塑—流塑状。淤泥 $N=1\sim2$ 击,平均1.6击,淤泥质黏土 $N=3\sim4$ 击,平均3.5击。

粗、砾砂:厚度为2.1~6.5m,为松散—稍密状,含水量丰富,$N=10\sim17$ 击,平均13击。

亚黏土:为下古生界混合岩风化残积土,硬塑状,遇水易松散崩解,局部有缺失,最大层厚13.4m。$N=9\sim29$ 击,平均20.6击。

下古生界混合岩,自上而下分为以下亚层:全、强、弱、微风化混合岩。

全—强风化混合岩:孔隙比较大,压缩性较低,遇水易松散崩解,含较多石英,稳定性差。全风化岩 $N=39\sim49$ 击,平均38.3击;强风化岩 $N=50\sim89$ 击,平均56.4击。

弱风化混合岩分布均匀,承载力较高,压缩性低,天然抗压强度平均值为21.5MPa,为地下连续墙的持力层。

2. 水文地质

地下水为第四纪孔隙水和基岩裂隙水,地下水主要受地表珠江河水和大气降水渗入补给,补给条件良好,地下水位埋藏浅。第四纪孔隙水含水层为砂性土(砂砾、粗砂、中砂、粉细砂),水量丰富;基岩裂隙水为混合岩节理裂隙水,地下水运动没有一定的规律性,主要受基岩裂隙发育条件限制。

北锚碇地下水埋深0.7~0.85m。经过对地下水和珠江水样的分析结果判定:地下水对混凝土结构中的钢筋不具有腐蚀性,对混凝土及钢结构具有弱腐蚀性。

3. 主要地质问题

(1)淤泥、淤泥质黏土呈流塑—软塑状,工程性能差。

(2)砂土层有液化趋势。

(3)岩面高低起伏,高差最大达18m。

(4)弱风化混合岩强度较大。

(5)地下水位高。

以上问题,在地下连续墙施工中应予以重视,并采用相应对策。

(三)地下连续墙施工准备

地下连续墙施工准备主要包括地下连续墙导墙及施工平台,水、电、泥浆系统,钢筋笼加工场,施工道路以及排渣系统等。

1. 施工平台

施工平台作为液压铣槽机、抓斗、下设钢筋笼和混凝土浇注施工平台,在其顶面建造一道12m宽的环形钢筋混凝土底板,厚度为0.3m,采用C20混凝土。成槽机械平台布置在地下连续墙轴线外侧,地下连续墙轴线内侧填筑宽5m的石渣平台,放置泥浆净化机、浇注机具等。排浆沟设在导墙外侧6.1m处,以适应液压铣跨沟施工。

2. 导墙

地下连续墙导墙采用 C30 混凝土，导墙断面为“L”形，平面形状根据导孔划分及液压铣和抓斗成槽情况布置成折线，两导墙间空宽度为 1.3m。导墙顶高程为 6.6m，高度为 1.6m，两侧导墙之间以 10cm × 10cm 的方木和土体作为上部与底部的保护和支撑。

3. 供水系统

在施工场地的合适位置适当布置水井，设计出水量不小于 $50m^3/h$，在水井内安设深井泵，供水干管为 ϕ75mm 钢管，分别向制浆站和施工平台供水。

4. 供电系统

地下连续墙施工区所需电力负荷 1 200kV · A，其中，钢筋场 650kV · A，泥浆净化中心区 300kV · A，制浆站 60kV · A，其他 190kV · A。

5. 泥浆制输系统

泥浆制浆站包括膨润土库房、制浆平台和泥浆池。泥浆池由一个膨化池（$100m^3$）、一个供浆池（$300m^3$）、两个回收池（各 $400m^3$）组成，制浆站安设两台 800L 高速搅拌机，新制浆液通过 ϕ100mm 供浆干管输送至现场液压铣和泥浆净化系统之间的回路中，浇注时的回浆通过回浆管路（ϕ100mm 钢管）返回回浆池，经处理后重新输送到现场使用。

地下连续墙槽孔施工时，采用膨润土泥浆进行护壁。膨润土质量要求可参考原石油工业部、地质矿产部或 API 标准，原则上应达到石油二类或地矿乙级土标准。对于质量略低于上述标准的原材料，可通过现场试验，调整配合比或添加外加剂，以改善浆液性能。

（1）浆液配比及性能

拟用泥浆配比及性能指标见表 9-6-1 和表 9-6-2。

新制泥浆配合比（$1m^3$ 浆液） 表 9-6-1

膨润土品名	材料用量（kg）				
	水	膨润土	CMC（M）	Na_2CO_3	其他外加剂
钙土（Ⅱ级）	1 000	50 ~ 80	0 ~ 1.0	2.5 ~ 4	适量

泥浆性能指标控制标准 表 9-6-2

性质	阶段			试验方法
	新制泥浆	循环再生泥浆	混凝土浇注前槽内泥浆	
密度（g/m^3）	≤1.05	≤1.15	≤1.15	泥浆比重秤
马氏黏度（s）	30 ~ 45	30 ~ 50	≤40	马氏漏斗
失水量（mL/30min）	≤20	≤40	不要求	1009 型失水量仪
泥皮厚（mm）	1.5	≤3	不要求	
pH 值	≤10.5	9.5 ~ 12	9.5 ~ 12	试纸
含砂量（%）	不要求	不要求	≤5	1004 型含砂量测定仪
检测频次	2 次/d	2 次/d	1 次/槽	

（2）泥浆的拌制

将水加至搅拌筒 1/3 后，启动制浆机。在定量水箱不断加水的同时，加入膨润土粉、碱粉等外加剂，搅拌2min后，加入CMC液（如需要）继续搅拌1min即可停止搅拌，放入新浆池中，待静置膨化6~8h后使用。

(3)泥浆的循环使用与回收处理

成槽过程中，置于铣削架底部的泥浆泵抽吸槽底泥浆并经输浆管路送至地面的泥浆净化系统进行除砂处理，处理后的泥浆经管路返回槽孔中，其流程见图9-6-1。

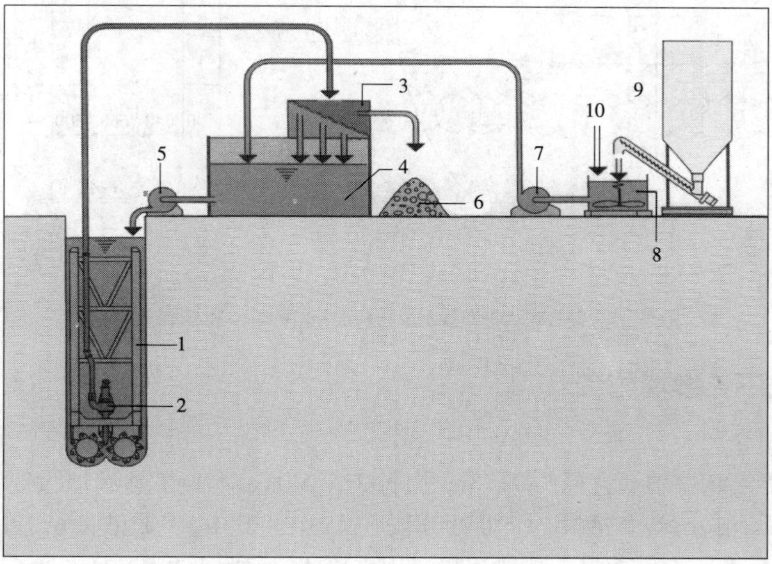

图9-6-1　液压铣槽机泥浆循环系统流程图

1-铣槽机；2-泥浆泵；3-除砂装置；4-泥浆罐；5-供浆泵；6-筛除的钻渣；7-补浆泵；8-泥浆搅拌机；9-膨润土储料桶；10-水源

6. 钢筋笼加工场

钢筋笼加工场主要包括2个堆放场、1个备料区、2个加工平台和2个钢筋笼存放平台。

7. 施工道路

沿液压铣施工平台外侧布置环形施工道路，在原地面用石渣回填压实处理，宽度为7.0m。

选取适当的位置，设置一条通往地下连续墙环内的施工道路，以便将泥浆净化系统的废渣运出。

8. 排渣系统

抓斗出渣采用抓斗直接上车，用5t自卸汽车运至指定的弃料场。液压铣通过BE500型泥浆净化系统分离集中出渣，经集渣坑沉淀后，采用挖掘机装车，用5t自卸汽车运至指定弃料场。

施工废水、废浆排至制浆站外侧的废浆处理池，经沉淀处理后，清水排至珠江内。

9. 淤泥土搅拌加固

由于地下连续墙具有墙体深、厚度大、需嵌岩等技术特点，为确保其施工质量、安全和进度，在建造导墙前，对覆盖层上部的淤泥及淤泥质土进行深层搅拌加固处理。深层搅拌桩布置示意图见图9-6-2。

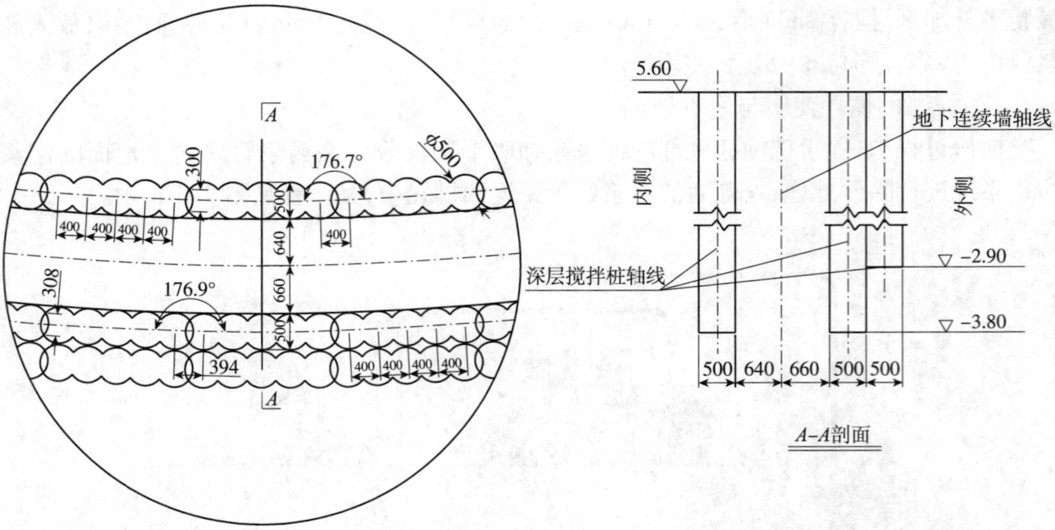

图 9-6-2　深层搅拌桩布置示意图（尺寸单位：mm；高程单位：m）

（四）地下连续墙施工

1. 槽段划分

圆形地下连续墙轴线直径为 71.8m，周长 225.57m。本地下连续墙主要采用液压铣进行成槽施工，划分 50 个槽段，Ⅰ、Ⅱ期槽段各 25 个。其中，Ⅰ期槽长 6.72m，分三铣成槽，Ⅱ期槽长 2.8m，一铣成槽。槽段连接采用铣接法，槽段划分情况见图 9-6-3。

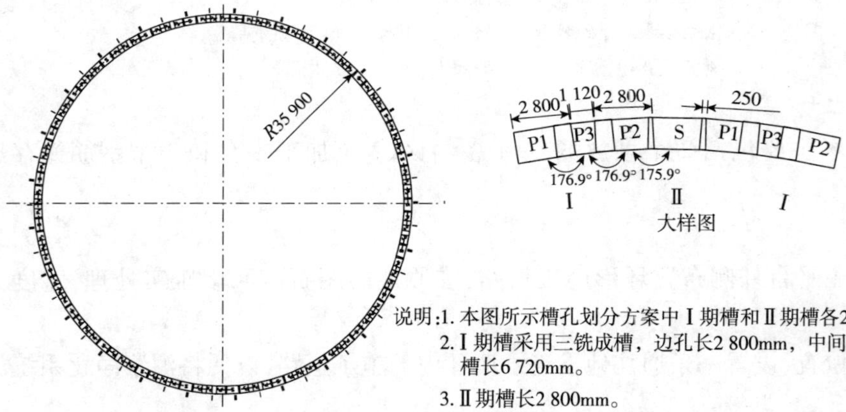

说明：1. 本图所示槽孔划分方案中Ⅰ期槽和Ⅱ期槽各25个。
2. Ⅰ期槽采用三铣成槽，边孔长2 800mm，中间孔长1 120mm，槽长6 720mm。
3. Ⅱ期槽长2 800mm。
4. Ⅰ、Ⅱ期槽孔在地下连续墙轴线处搭接长度为2 500mm。
5. P(Primary)代表Ⅰ期槽，S(Secondary)代表Ⅱ期槽。
P1指Ⅰ期槽第一铣，P2指Ⅰ期槽第二铣，P3指Ⅰ期槽第三铣。

图 9-6-3　地下连续墙槽段划分图（尺寸单位：mm）

2. 槽孔开挖

（1）主要成槽设备

主要成槽设备包括 HF12000 液压铣和 KL1200 机械抓斗。

（2）成槽方法说明

①铣削法

对于覆盖层和全风化、强风化基岩，采用液压铣直接铣削的方法成槽。

②凿铣法

对于槽孔下部的弱风化基岩，采用凿铣法成槽。即液压铣铣削进尺缓慢时，采用钢丝绳抓斗主机提升重凿冲击破碎基岩后，再用液压铣铣削或抓斗清孔至难以进尺。重凿和液压铣/抓斗交替使用，直到设计的槽孔深度。

拟采用的岩层成槽工艺流程如图 9-6-4 所示。

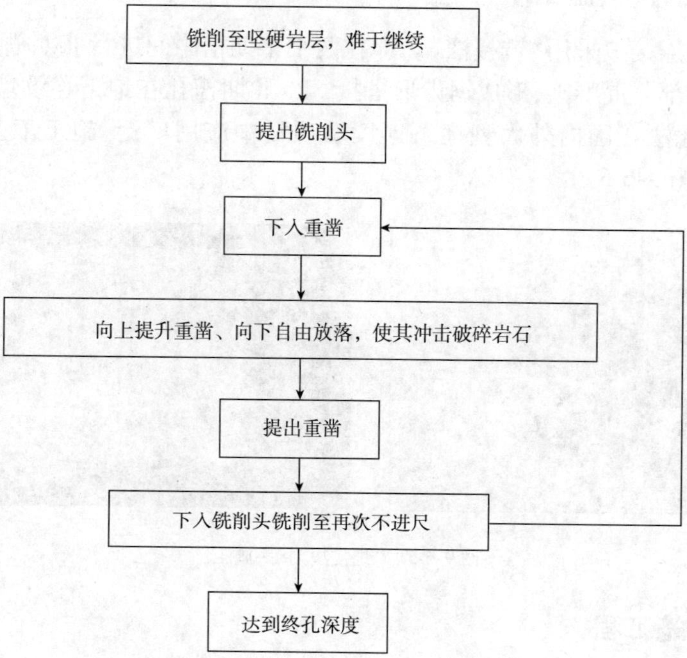

图 9-6-4　岩层成槽工艺流程图

（3）成槽质量控制标准

槽孔宽度：≥120cm，允许正偏差 3cm；

槽口位置偏差：≤3cm；

成槽偏斜率：≤1/300；

槽孔嵌岩标准：满足设计要求。

3. 清孔换浆

（1）清孔换浆方法

槽孔终孔并验收合格后，分两步进行清孔换浆，第一步用抓斗捞取槽底大颗粒钻渣。第二步清孔换浆采用 DP-50 型或 DP-30 型砂浆泵配 ZX-200 型泥浆净化机进行，首先，将 DP-50 型或 DP-30 型砂浆泵连同泵管下入槽底，砂浆泵将槽底泥浆吸至泥浆净化机，经净化后的泥浆流回到槽孔内，如此循环往复，直至回浆达到表 9-6-2 中"混凝土浇注前槽内泥浆"的标准。在清孔过程中，可根据槽内浆面和泥浆性能状况，加入适当数量的新浆或 CMC，以补充和改善孔内泥浆性能。

（2）洗刷Ⅰ期槽接头

Ⅱ期槽清孔换浆前，采用特别设计的钢丝刷子自上而下分段刷洗Ⅰ期槽端头的混凝土壁。利用自重使钢丝刷子紧贴于锯齿形的混凝土壁上，从而可对其进行较为彻底的刷洗。

（3）质量控制措施

清孔换浆用泥浆性能指标原则上高于成槽用泥浆性能指标，具体参数根据现场试验

确定。清孔换浆工作结束后 1h,进行检查,合格标准为:

孔底淤积厚度不大于 20cm。

从距孔底 0.5m 处取浆进行试验,应达到表 9-6-2 中"混凝土浇注前槽内泥浆"标准。

(五)墙段的接头施工

本工程墙段连接拟采用"铣接法"。即在两个Ⅰ期槽中间进行Ⅱ期槽成槽施工时,铣掉Ⅰ期槽端头的部分混凝土,形成锯齿形搭接,Ⅰ、Ⅱ期槽孔在地下连续墙轴线上的搭接长度为 25cm。此法在国内外大型地下连续墙项目中应用广泛,施工工艺成熟。"铣接法"接头施工见图 9-6-5。

图 9-6-5 "铣接法"接头施工

(六)钢筋笼工程

1. 钢筋笼制作结构

钢筋笼水平断面形状根据槽段形状制作成折线形,长度与槽段深度相适应,距槽底 50cm。

2. 钢筋笼制作要求

(1)分节加工

根据钢筋笼长度及履带吊机的起吊能力,Ⅰ期槽钢筋笼分两片、每片两节加工,Ⅱ期槽钢筋笼不分片、分为两节加工。每个槽段的钢筋笼在同一平台上成型。钢筋笼的总长度原则上按设计图控制,成槽过程中,如实际成槽深度与原设计深度有较大差别,应根据实际情况调整。

(2)钢筋笼保护层

钢筋笼主筋在垂直墙段轴线方向的保护层厚度均为 92mm。为保证保护层厚度,在钢筋笼两侧焊接凸型钢片,作为定位块,每片槽钢筋笼每侧设两列,每列纵向间距为 4.0m。

(3)笼体形状

整个钢筋笼的外形应符合槽孔的形状,并将下节钢筋笼的底端 1.0m 做成向内以 1:10 收缩的形状。

(4)钢筋连接

单节钢筋笼的竖向主筋连接采用闪光—预热—闪光对焊。水平钢筋连接采用 10d 单面搭接焊或闪光对焊。

上下节钢筋笼在槽孔口对接时,采用冷挤压套筒连接。

(5)钢筋笼加固和搁置

上、下节钢筋笼各水平吊点均设置在主筋上,各用四根抗剪钢筋予以加固,各节钢筋笼顶部纵向主吊点采用加强钢板制作。

为方便吊放钢筋笼入槽,上、下节笼内、外侧的统一高程处设置一排钢板搁置,下节笼搁置为 $\delta=20$mm,宽度 200mm,上节笼搁置为 $\delta=20$mm,宽度 200mm。

(6)钢筋笼附件

钢筋笼的附属连接钢板、连接钢筋及各种预埋管件和仪器,须在仔细核对其位置和结构形式后进行焊接或绑接。

(7)钢筋笼定位装置

为保证Ⅰ期槽钢筋笼与槽孔铣头有一定的安全距离,以利于液压铣顺利铣削Ⅱ期槽,需安设由 PVC 管和钢筋加工的定位装置。另外,Ⅰ期两片钢筋笼需分别下设,为避免刮撞干扰,需在先下入的钢筋笼上加焊导向筋。

3. 钢筋笼的起吊与下设

Ⅰ期槽钢筋笼总质量即将超过 55t 时,根据起吊设备能力,需分两片、两节转运和下设,由两台吊车配合完成。

(1)吊点设计

单节单片钢筋笼吊点设计情况为:主吊吊点 4 个,均布置在笼顶;辅吊吊点 4 个,均布置在上片,按 3 排(或 2 排)2 列布置。钢筋笼吊点布置示意图见图 9-6-6。

(2)吊具

主吊吊具按 40t 荷载设计,单绳 10t;副吊吊具按 30t 荷载设计,单绳 10t。副吊吊具采用滑轮自动平衡重心装置,中间不倒绳,一次吊起。

(3)钢筋笼的平移

水平运输时,由单台或两台吊车将分节钢筋笼水平起吊。先将钢筋笼吊离地面 30cm 左右,停机检查吊点的可靠性及钢筋笼的平衡情况,确认正常后,开始缓慢移动主吊及辅吊,将钢筋笼运输至槽孔前的施工平台上。运输过程中绝对避免钢筋笼在地面拖引,导致钢筋笼变形。

(4)钢筋笼的下设

在槽口起吊时,主吊钩缓慢提升,辅吊配合起吊,钢筋笼重心及质量逐步向主吊转移。辅吊通过滑轮组保持各吊点的平衡,直至钢筋笼竖起后,其质量全部转移到主吊上。此时,用小吨位吊车配合拆下辅吊吊具。

在钢筋笼下部接近槽孔口时,首先核对笼体的平面位置,调整对正后,缓缓下沉,避免碰撞孔壁。

下节钢筋笼下设入槽后,采用槽钢穿过钢筋笼上部的搁置,将钢筋笼架立在导墙上。然后起吊上节钢筋笼,竖直后,通过定位销引导,使上、下节各主筋一一对位,采用冷挤压套筒连接主筋,并加焊剩余的水平钢筋。

在钢筋笼接近至预定高程时,用槽钢将钢筋笼架立在导墙上,并用水准仪或水准尺校准槽钢的顶面高程,确保在同一个水平面上。

(七)混凝土工程

1. 混凝土拌制

混凝土拌制属于本工程的特殊过程,需按设计配合比及允许误差控制材料用量。混凝土需按设计要求搅拌均匀。

混凝土采用1台$60m^3/h$和1台$75m^3/h$的搅拌站集中生产，确保地连墙混凝土连续快速灌注。

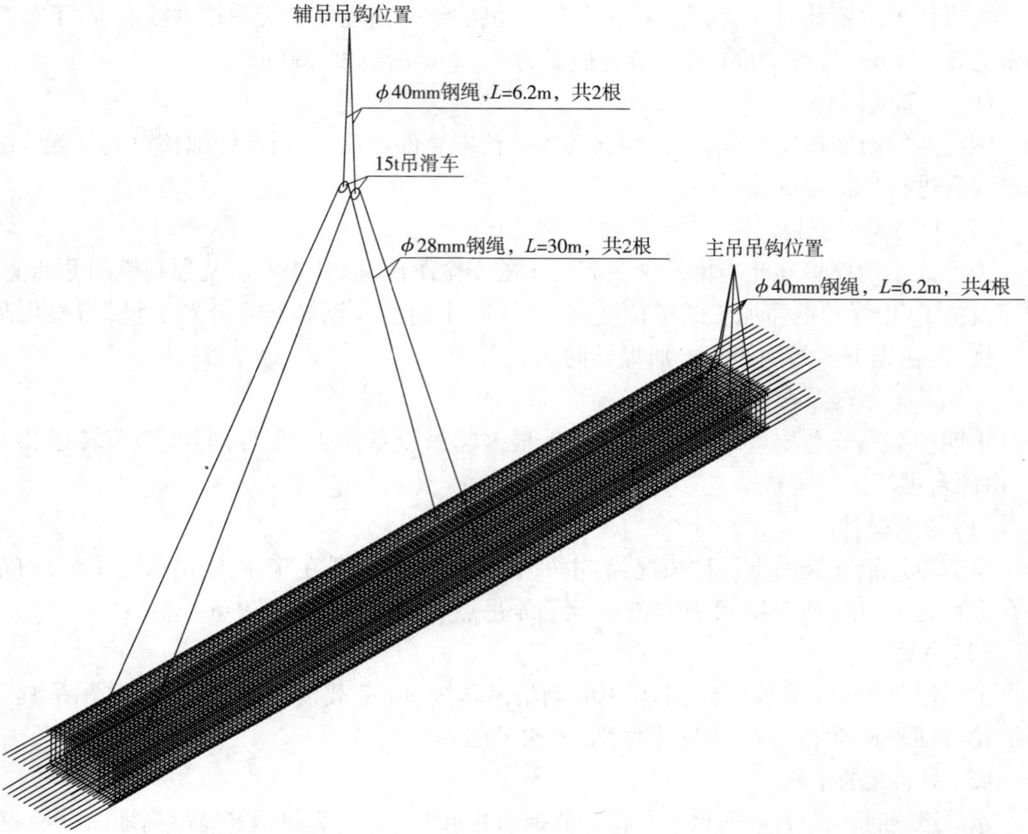

图9-6-6 钢筋笼吊点布置示意图

2. 混凝土运输

采用4辆$8m^3$混凝土罐车运送熟料至槽孔附近，经溜槽和马道及浇注导管进仓入槽。

3. 混凝土浇注

混凝土浇注属于本工程的特殊过程，需严格按以下要求控制：

(1)采用泥浆下直升导管法浇注，导管开浇顺序为自低处至高处。导管距孔底15cm左右，采用压球法开浇。

(2)槽孔浇注导管间距不宜大于4.0m，Ⅰ期槽端的导管距端壁1.5m，Ⅱ期槽端导管距端壁1～1.5m，故Ⅰ期槽布置两根导管，Ⅱ期槽布置一根导管。

(3)各导管均匀进料，混凝土面高差不大于0.5m，导管埋深宜控制在2～8m，不得小于1m，不宜超过10m。

(4)浇注过程中，每隔1～2h检测槽口熟料的坍落度、扩散度及1.5h后的损失值。要求熟料入仓时坍落度20～22cm，扩散度35～40cm；1.5h后的损失值不小于15cm。

(5)浇注过程中，每间隔30min或每浇注2～3车混凝土后测一次槽内混凝土面，测点设置在两导管位置。在现场绘制浇注图，以此作为拆卸导管的依据。在开浇和终浇阶段，应缩短测量混凝土上升面的间隔时间。

(6)混凝土面平均上升速度宜大于4m/h，不得小于2m/h。

(7)终浇高程宜高于设计高程 30～50cm。

本章参考文献

[1] 交通部第一公路工程总公司. 公路施工手册　桥涵(上)[M]. 北京:人民交通出版社,1999.

[2] 丛蔼森. 地下连续墙的设计施工与应用[M]. 北京:中国水利水电出版社,2000.

[3] 中华人民共和国行业标准. JTG/T F50—2011　公路桥涵施工技术规范[S]. 北京:人民交通出版社,2011.

[4] 刘兴旺,益德清,施祖元. 地下连续墙技术在建筑工程中的应用及发展[J]. 浙江建筑杂志,1999(4).

[5] 史佩栋,等. 深基础工程特殊技术问题[M]. 北京:人民交通出版社,2004.

[6] 经柏林,曹传林. 地下连续墙在桥梁基础中的应用[C]//中国公路学会桥梁和结构工程学会 2001 年桥梁学术讨论会论文集,2001.

[7] 蒋振中. 我国地下连续墙施工技术近年来的新发展[J]. 2004 水利水电地地与基础工程技术,2004.

[8] 刘少跃. 地下连续墙接头管法施工技术[J]. 广东土木与建筑,2009(4).

[9] 王卫东. 地下连续墙预制接头技术的研究与应用[J]. 地下空间与工程学报,2007.

[10] 武汉绕城公路建设指挥部. 武汉阳逻长江公路大桥工程技术总结[M]. 北京:人民交通出版社,2009.

[11] 丁飞 . 桩、墙结合式地下连续墙施工技术研究[C]//矿山建设工程技术新进展——2009 全国矿山建设学术会议论文集(下册),2009.

[12] 刘国辉. 深基坑动态设计及信息化施工技术研究[D]. 长沙:中南大学, 2005.

[13] 刘毅中. 三圆连体桩排式地下连续墙:中国,200920188466[P]. 2010-5-26.

[14] 孟凡超,陈晓东. 黄土地区大跨径桥梁地下连续墙和箱形基础应用研究的思路和技术路线[J]. 公路,2004(4).

[15] 汪永剑. 混凝土预制导墙在地下防渗墙(连续墙)施工中的应用[J]. 施工技术,2007(3).

[16] 中华人民共和国行业标准. JTG D63—2007　公路桥涵地基与基础设计规范[S]. 北京:人民交通出版社,2007.

[17] 刘国彬,王卫东. 基坑工程手册[M]. 2 版. 北京:中国建筑工业出版社,2009.

第十章 管柱基础

管柱基础在桥梁基础施工中应用较广，因其作业在水面之上，可以使工作面尽量展开，并可以全年进行施工，不受季节和水位变化的影响，由于采用机械化施工，从而改善了劳动条件，提高工作效率，大大缩短施工期限和降低工程造价。

第一节 概 述

一、管柱特点

管柱基础可用于深水处、有潮汐影响、岩石起伏不平、无覆盖层或覆盖层很深的河床，不适用于有严重地质缺陷的地区，水位的变化对管柱施工影响不大，如下沉管柱，钻岩及灌注水下混凝土可不受水位限制，全年均能施工。

管柱与管桩的区别，主要在直径的大小，一般以ϕ1.5m为其区分点。

管柱在施工中有以下缺点：

(1)地质受限：以振动为主配合射水的方法是管柱下沉的主要手段，然而当遇到黏性土壤时，效果很差，在风化岩中下沉也很困难；另外，在软弱地基以摩擦力为主时，管柱也不能很好地适应。

(2)工程精度难控制：据统计，在以往施工的管柱基础，有70%超出容许偏差范围，纠偏给施工带来极大的麻烦，造成工程延误，费用增高。

(3)需大型设备：管柱施工需要许多大型机械设备，而一些单位一般不具有这些设备。

二、管柱的施工工序

管柱是空心桩的一种形式。其施工工序见图10-1-1。

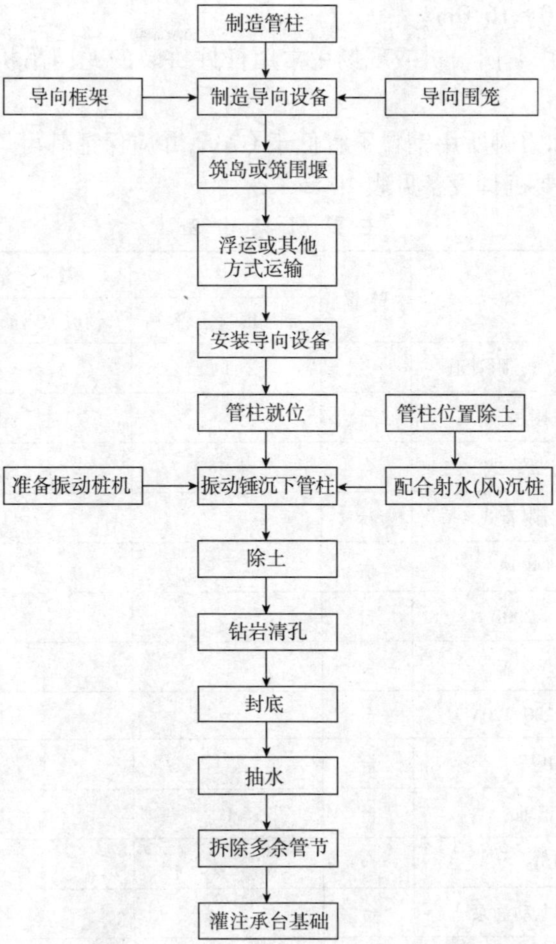

图 10-1-1　管柱基础的施工工序

第二节　管柱制作

一般来说,管柱基础分为钢筋混凝土管柱、预应力混凝土管柱及钢管柱三种。各种管柱的适用情况如下。

(1)钢筋混凝土管柱:入土深度小于25m,下沉振动力不大时可采用。其特点是制造工艺和设备较简单。

(2)预应力混凝土管柱:下沉深度超过25m,能承受较大的振动荷载和施工振动。其管壁抗裂性较强,但制造工艺较复杂,需要张拉设备等。

(3)钢管柱:制造设备上较简便,下沉速度也较同直径预应力混凝土管柱快,对起重能力要求不高,但用钢多,造价比预应力钢筋混凝土管柱高。

管柱系装配式构件,管节由上、下法兰盘通过螺栓连接或通过钢板焊连接,管柱的最底一节下边带有刃脚,刃脚的作用是使管柱穿越覆盖层切入基岩风化层,其高度一般1.2~1.5m。直径为1.55m管节,其长度有3.0m、4.0m、5.0m、6.0m、9.0m、12.0m几种;直径为3.0m、3.6m、5.8m管节,其长度有4.0m、5.0m、6.0m、7.5m、10.0m几种;钢管柱的管节,其长度为12.0~16.0m。

管柱的现场存放用龙门吊机或现场用常用杆件拼装的龙门吊机起吊,轨道电动载运平车运输。

钢管柱、法兰盘和刃脚所用钢料不宜低于Q235,并应保证其可焊性能。

制造各类管柱主要机具设备见表10-2-1。

主 要 机 具 设 备 表10-2-1

机具设备	规格	单位	数量		
			钢筋混凝土管柱	预应力钢筋混凝土管柱	钢管柱
蒸汽锅炉	45马力,立式,附管道	台	1	2	
搅拌机	400L,附吊斗	台	1	1	
振捣器	N21A,插入式	台	4~8		
振捣器	0.5kW,附着式	台		12	
电焊机	250~400A	台	2	2	4
自动电焊机	400~1 200A	台			1
碰焊机	100kV·A	台	1	1	
钢筋切断机	0.7kW,380/220V	台	1	1	
龙门卷板机	40kV	台			1
机械卷板机	三辊轴	台	1	1	1
千斤顶	15t	台			4
千斤顶	500t,附电动油泵	台		12	
手压油泵		台		2	
铆钉枪	附鼓风机、风顶	组			2
风钻		台			4
砂轮机	400mm,0.7kW	台	1	1	1
烧割器		台	1	1	2
喷砂机		台	1	1	1
空气压缩机	4.5~20m^3/min	台	1	1	1
履带起重机	10~15t	台	1	1	2
门式起重机	35~60t	台	2	2	
运输平车	10~35t	台	2	4	2
剪板机		台	1	1	1
钻床	立式或悬臂	台	1	1	1
披铲		把	2	2	2

注:1马力=735.499W。

现将各种管柱的制造分叙如下。

一、钢筋混凝土管柱

钢筋混凝土管柱钢筋宜采用螺纹钢筋,管柱混凝土强度等级不得低于 C20。

钢筋混凝土管柱的常用直径有 1.55m、3.0m、3.6m、5.8m 四种,这几种直径管柱常用节长的工程数量见表 10-2-2。

工 程 数 量 表　　　　表 10-2-2

柱直径(m)	壁厚(cm)	节长(m)	每节质量(t)	混凝土		钢筋					每对法兰盘钢料		
				强度等级	数量(m^3)	纵筋		螺旋筋		质量(kg)	螺栓		质量(包括螺栓)(kg)
						直径(mm)	根数	直径(mm)	间距(cm)		直径(mm)	个数	
1.55	10	9	10.4	C20	4.04	19	44	9	15	991	19	42	388
3.00	14	6	18.9	C25	7.00	22	60	12	10	1735	25	60	1282
3.60	14	9	34.2	C25	13.17	22	72	12	10	3022	25	72	1419
5.80	14	7.5	46.7	C25	18.60	22	116	12	10	4055	25	116	2386

钢筋混凝土管柱制造的方式有卧式、立式及离心旋转式三种。

(一)卧式支模管柱制造

直径 1.55m 管柱多采用卧式制造,其工艺流程图如图 10-2-1 所示。

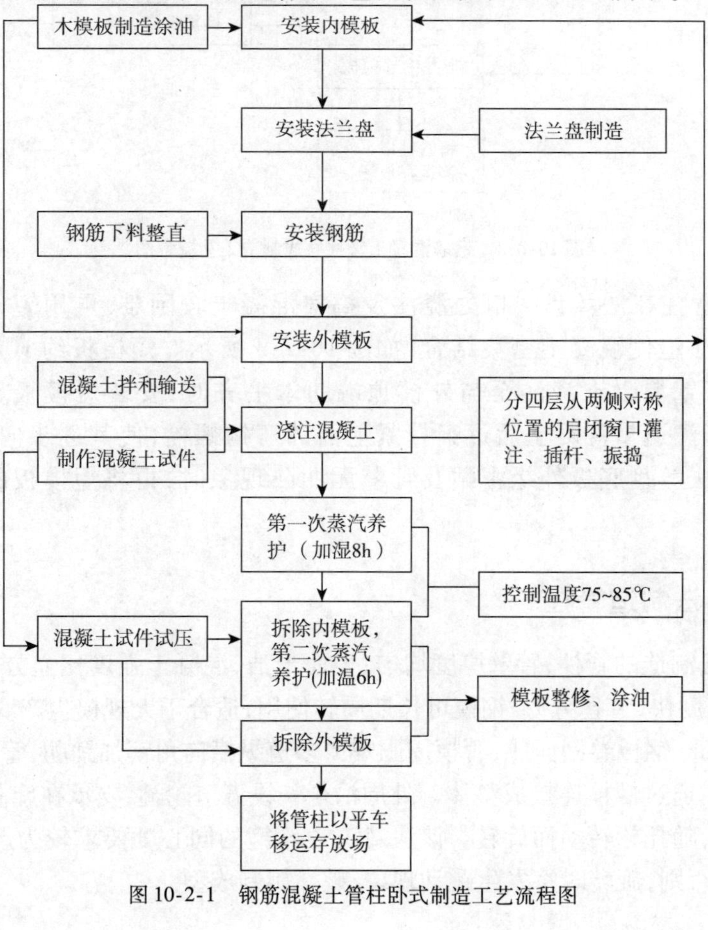

图 10-2-1　钢筋混凝土管柱卧式制造工艺流程图

(二)立式支模制造管柱

直径 3.0m、3.6m、5.8m 的管柱多用立式制造。其工艺流程如图 10-2-2 所示。

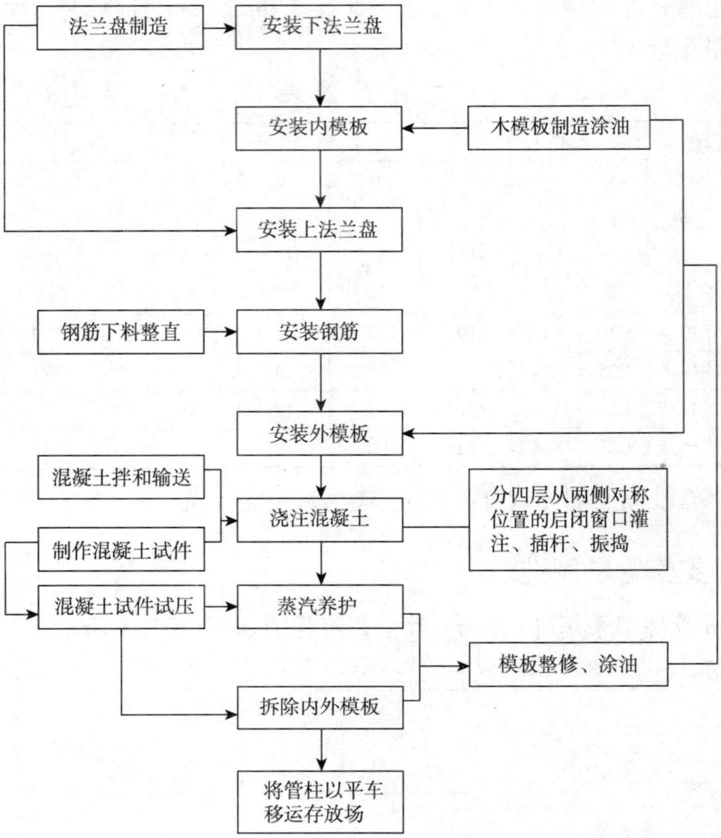

图 10-2-2 钢筋混凝土管柱立式制造工艺流程图

立式制造管柱在法兰盘封口处浇注及捣实混凝土较困难,可用短模板、立带木、弯钩螺栓压挤法迫使混凝土密集结合,如图 10-2-3 所示。短模板约 10cm 高,事先拼成若干片,当管壁混凝土浇注至与外模顶端肋木平齐时,安装短模板。开始时短模板上口较大,浇注适量混凝土后逐渐拧紧上面的弯钩螺栓,使其逐步向内平行移动,待混凝土面与法兰盘底板外缘密贴及管壁无凹凸现象时,再将短模板的立带木钉在外模上。

(三)离心法制造管柱

离心旋转法制造的管柱,管壁厚度均匀,表面光洁,混凝土强度比立方体试件强度高约 30%,生产速度快,节省劳力,钢模可长期周转使用,适合于大规模生产。

钢模由 12mm 钢板卷制而成,管模周围焊有多道纵横向角钢加劲肋,管模沿纵轴向分成两片半圆模。通过螺栓连接成整体。外周沿全长设五道轮箍,支承在旋制台托轮上,如图 10-2-4 所示,随托轮转动而旋转。该法对五道轮箍的同心度要求较为严格,其偏差不宜大于 ±1mm,否则,旋转时将发生跳动现象,破坏旋制成型。

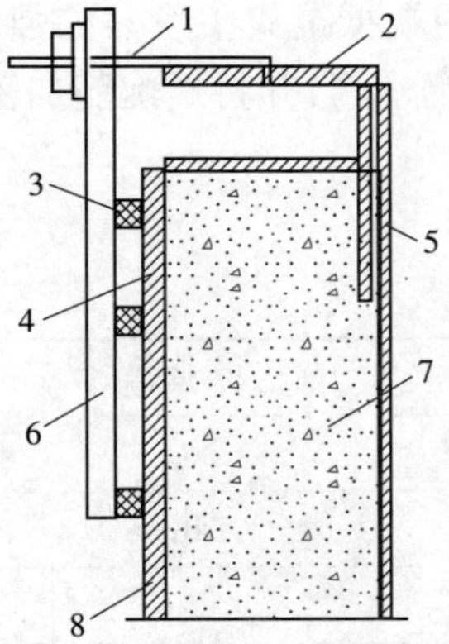

图 10-2-3　管柱上法兰盘处浇注混凝土

1-弯钩螺栓;2-法兰盘;3-肋木;4-封口短模板;5-内模板;6-立带木;7-管壁混凝土;8-外模板

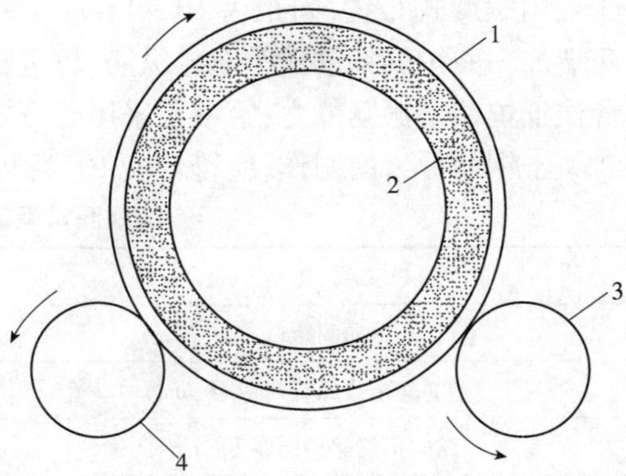

图 10-2-4　离心旋转法制造管柱

1-钢模板;2-混凝土(未示钢筋);3-主动轮;4-从动轮

离心法制作管柱制作程序如下。

1. 钢筋笼成型

钢筋笼的上筋两端直接焊接于法兰盘上,焊接绑扎成型是在专用支架上进行。法兰盘用 8 只直径 22mm 的螺棒固定于支架两端的钢筋圆盘上,以保证与管轴线垂直。为防止主钢筋在自重作用下,下垂变形,在钢筋中部设置两道支座,并先焊几圈支撑箍筋,然后焊接主筋和绑扎箍筋。

2. 离心旋制工序

(1)清刷钢管模内壁,涂抹脱模剂。

(2)将钢筋笼吊装到半模里。法兰盘外周各加劲板之间空档事先用熟胶泥填塞饱满,以免旋制中灰浆流入。法兰盘与钢模端部缝隙用湿纸塞紧。在两半模台缝垫一小石棉绳,然后台模拧紧螺栓,整体吊到旋制台上。

(3)管模慢速旋转,转速 35 ~ 40r/min。同时,从管模两端口按量人工投混凝土拌和料。操作中应注意到投料的均匀性,一般在 12min 内投完。局部厚薄不均匀处,旋制中用长铁钎将料摊平。

(4)全部料投完后,加快转速,使在 3min 内转速达到 200 ~ 220r/min,持续 22 ~ 25min。旋转结束后,清除管内壁浮浆。

3. 养护

管柱旋制后连同管模吊到养护区,两端加封塑料膜,停放 2h 后(停放温度宜为 10 ~ 20℃),通入蒸汽养护。升温速度对塑性混凝土不宜超过 15℃/h;对于硬性混凝土不宜超过 30℃/h。恒温时混凝土温度不宜超过 80℃,恒温时间一般为 8 ~ 12h(相对湿度为 90% ~ 100%),然后降温,降温速度不宜大于 15℃/h,出池拆模温度与环境温度之差不宜超过 20℃。此时,混凝土强度可达到设计强度的 70% ~ 80%,拆模后堆放,再浇水养护 10 ~ 14d 即可使用。

(四)制造要点及检验标准

1. 管壁

钢筋混凝土管柱抗裂性能较差,下沉时管壁容易振裂,施工时应严格控制钢筋的设计间距。纵向钢筋宜用小直径钢筋,可以加强防裂。纵筋的间距一般采用 10 ~ 18cm,箍筋一般采用螺旋式布置,间距为 10 ~ 15cm。为加强管柱两端抵抗集中应力的强度,可将管柱两端加一圈短纵钢筋成为双排纵筋;也可在柱顶加设钢丝网,并将螺旋筋加密。为了提高管柱抵抗冲击振动能力,管壁宜采用碎石混凝土制成。

关于钢筋骨架的制作,应符合表 10-2-3 的规定。

钢筋骨架的制作规定 表 10-2-3

项　目	允许偏差
纵向间距(mm)	±5
箍筋间距或螺旋筋螺距(mm)	±10
纵向钢筋保护层厚度(mm)	±5
桩顶钢筋网片位置(mm)	±5
桩尖纵向钢筋位置(mm)	±5

管柱成品制造的检验标准应符合表 10-2-4 的规定。

管柱成品制造的检验标准 表 10-2-4

项　目		允许偏差
混凝土强度(MPa)		在合格标准内
长度(mm)		±50
横断面	桩的边长(mm)	±5
	空心(管心)直径(mm)	±5
	空心中心与柱中心偏差(mm)	±5
桩尖对桩纵轴线偏差(mm)		10
桩轴线的弯曲矢高(mm)		桩长的 0.1%,且不大于 20
桩顶面与桩纵轴的倾斜偏差(mm)		1% 桩径或边长,且不大于 3
接桩的接头平面与桩轴垂直度(%)		0.5

2. *刃脚*

钢筋混凝土管柱刃脚是用单层钢板制成圆筒,并在其外壁周长的内侧隔适当距离焊接加劲肋板。刃口应特别坚固,以保证下沉中遇到坚硬障碍物时不致损坏,为此,可在刃脚的垂直围板内侧加焊一圈钢板,若必要时,还可在外侧再加一圈钢板。所有垂直围板及内外侧附加围板厚度一般不应小于 14mm,见图 10-2-5a)。

刃脚也可单独制作,用螺栓连接,也可直接焊在管柱法兰盘上或直接浇注在管壁混凝土内,见图 10-2-5b)。

3. *法兰盘*

法兰盘的一种形式是由钢圆筒及焊在钢圆筒上的两个钢环(端钢环及支承钢环)组成。端钢环上设有螺栓孔,用螺栓连接管柱,支承钢环贴于柱端的管壁混凝土上,用以传递荷载。为防止端钢环变形,在两个钢环之间焊有加劲肋板,肋板数量与连接螺栓数相同。为了增强混凝土与钢圆筒间的黏着力,在圆筒上钻有直径 28mm 的孔眼。这种形式适用于单排主筋的管柱,见图 10-2-6。

法兰盘的另一种形式是由两个钢环中心圆周间焊一钢圆筒,并在圆筒左右侧对称地焊设加劲肋板,如图 10-2-7 所示。此种形式适用于承受较大振动荷载的管柱。主筋可以采用双排。由于连接螺栓与主筋相应在同一圆周线上,对法兰盘不产生偏心弯矩,因而受力较好。

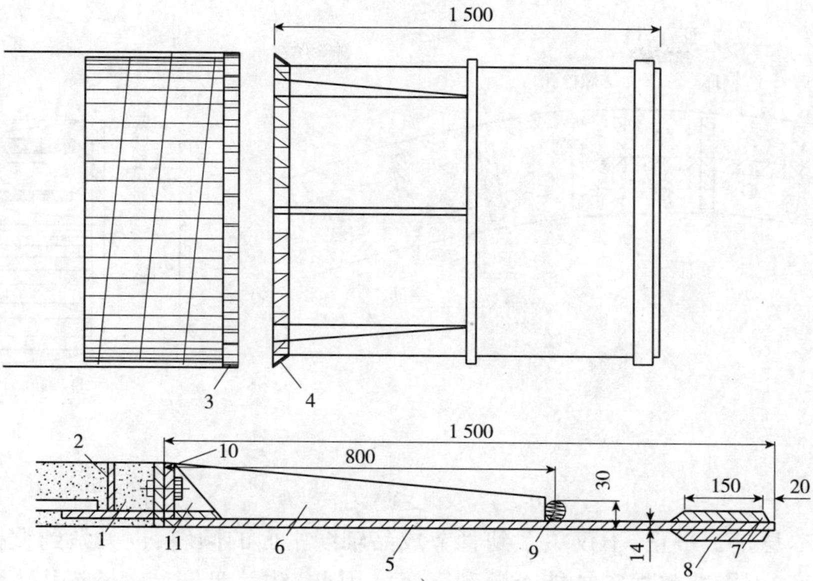

a）

1-填充混凝土;2-管柱法兰盘;3-管柱法兰盘;4-刃脚法兰盘;5-垂直围板;6-加劲肋板;7-内侧附加围板;8-外侧附加围板;9-直径25mm螺栓;10-角钢;11-钢板

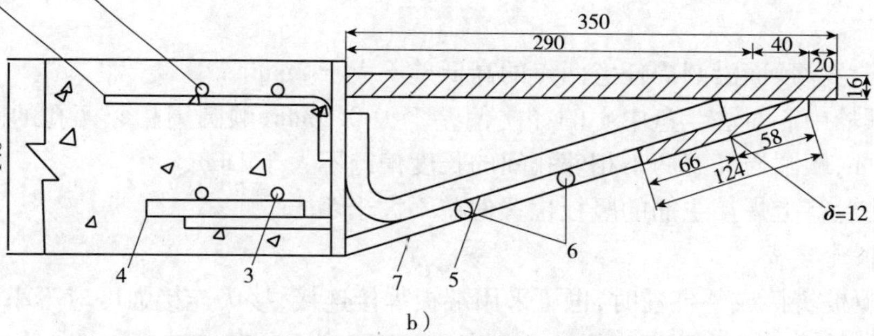

b）

1-ϕ10锚固筋,$L=700$mm;2-ϕ10螺旋筋,间距100mm;3-ϕ10螺旋筋,间距100mm;4-ϕ20主筋;5-ϕ16加劲筋;6-ϕ10环筋;7-混凝土

图 10-2-5　管柱刃脚构造（尺寸单位：mm）

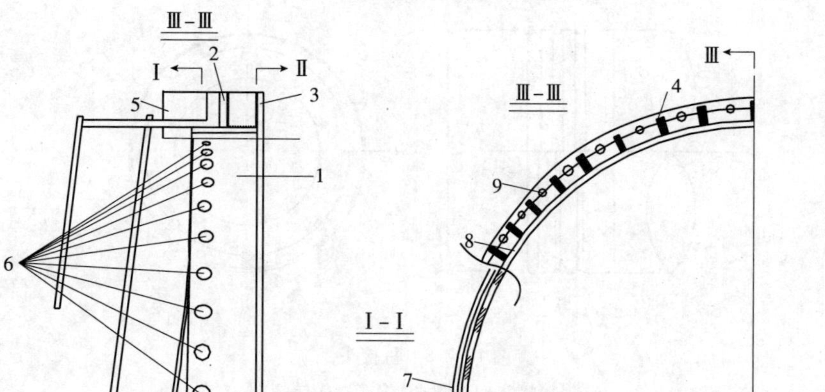

图 10-2-6　单排主筋管柱法兰盘（尺寸单位：mm）

1-钢圆筒;2-端钢环;3-支承钢环;4-加劲肋板;5-主筋 44ϕ19;6-44 个直径 28mm 孔眼;7-ϕ9 螺纹筋;8-螺纹筋间距;9-42 个直径 20mm 螺栓孔

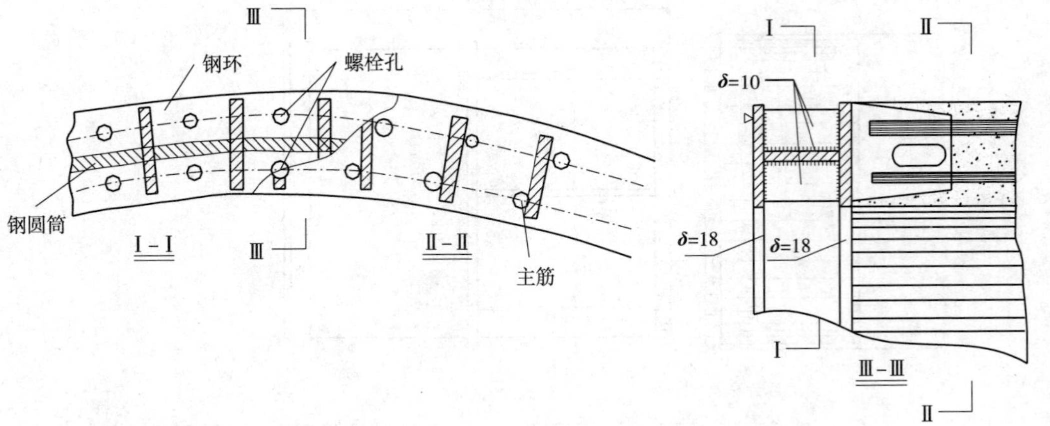

图 10-2-7 双排主筋管柱法兰盘

法兰盘本身是否平正,不仅关系到管节成品轴线平面的倾斜,也关系到整根管柱轴线的垂直程度,可影响整根管柱能否顺利下沉。因此,法兰盘安装时,应用胎型或内模固定,确保法兰盘平面与管柱中轴垂直。法兰盘的拼装焊接,应在坚固精密胎具上进行,以保证尺寸准确并防止变形。螺栓孔眼需用机器样板钻成。法兰盘成品制造的检验标准如下。

(1)法兰盘顶面沿圆周任意两点的高低差不大于2mm。

(2)螺栓中心对法兰盘中心的径向偏差不大0.5mm,顺圆周相邻两孔的距离偏差不大于0.5mm,顺圆周任意两不相邻孔间的长度偏差不大于1mm。

(3)法兰盘上焊接主筋的竖板位置偏差不大于5mm。

4. 端板连接头

上下节桩拼接成整桩柱时,也可采用端板焊接连接,接头连接强度应不小于桩柱身强度,接桩时,其入土部分管桩柱的桩头宜高出地面0.5~0.1m。

桩接头由套箍和端板组合而成,如图10-2-8所示,此接头适用于焊接连接。

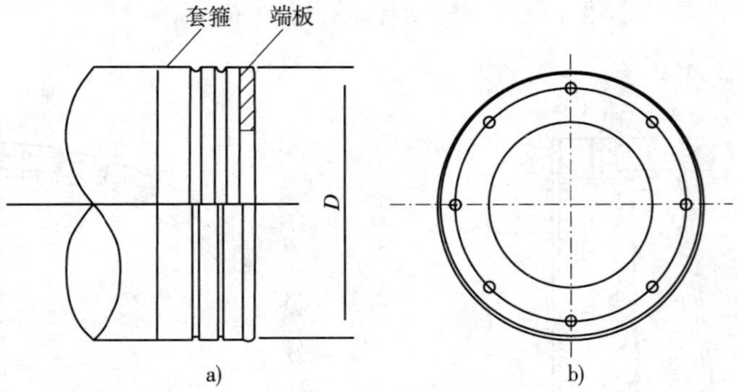

图 10-2-8 桩接头

a)焊接接头构造图;b)焊接接头端板图

下节桩柱的桩头处宜设导向箍,以便于上节桩就位,接桩时,上下节桩段应保持顺直,错位偏差不宜大于2mm。焊接前应先确认桩柱接头质量合格,上下端板便面应清理干净,坡口处用铁刷子至露出金属光泽,并清除油污和铁锈。焊接时宜先在坡口周围上对称点焊4~6点,待上下桩节固定后拆除导向箍,再分层对称施焊。

二、预应力混凝土管柱

预应力混凝土管柱目前有直径3.0m及直径3.6m两种规格。所用钢筋宜采用Ⅳ级钢筋。几种预应力混凝土管柱的工程材料见表10-2-5。

预应力混凝土管柱工程材料

表10-2-5

直径(m)	壁厚(cm)	预应力钢材类型	主筋根(束)数/直径(mm)	每节长度(m)	每节用钢量(t)	预张力(kN)	混凝土强度等级	每米质量(t/m)
3.6	14	A5钢筋	166/16	7.50	5.244	9000	C40	3.85
3.0	14	A5钢筋	152/16	7.50	3.810	7850	C30	3.16
3.0	14	高强度钢丝	50束,每束10根/ϕ5	7.55	2.968	6370	C30	3.07
3.0	14	高强度钢丝	100束,每束5根/ϕ5	7.55	2.966	6370	C30	3.09
3.0	14	冷拉A5钢筋	100/16	7.50	3.186	7440	C30	3.14

预应力混凝土管柱制造一般采用先张法,将钢筋或高强度钢丝预加应力。

1. 粗钢筋预应力筋

采用粗钢筋为预应力筋时,其制造工艺如图10-2-9所示。

预应力钢筋的张拉程序应按设计要求进行。若设计无规定时,可参照下列程序进行张拉:0→初应力→105%σ_k→0→100%σ_k→103%σ_k,而后上紧保险箍,油压表读数回零。

张拉至105%σ_k后,停留2min,是为了减少因钢筋的塑流而形成的应力损失。最后张拉至105%σ_k是考虑上紧保险箍后仍有微量压缩,以免使张拉应力降低。

张拉程序中的初应力值,一般为控制张拉应力的10%。张拉初应力的目的是使预应力值在各根预应力钢筋中均匀一致。

σ_k为控制张拉应力(包括预计所有预应力的损失)。

张拉时应注意下列各点:

(1)使用几个千斤顶时,应用同一油泵同步张拉。

(2)带螺栓保险箍的千斤顶和油压表事先均应精确校验并编号固定配套使用,定期校正,校正系数不得大于1.05。

(3)安装上下法兰盘时,应均匀上紧全部螺栓,若丝扣有损伤,需剔出更换,螺栓与法兰盘接触点应清除干净。

(4)张拉时,油的稠度与施压有密切关系,宜保持其正常稠度及油路畅通。

(5)千分表安装在坚固的支承物上,操作时严防碰动。

(6)主钢筋预加应力以千斤顶张拉力为准,张拉时测量钢筋的弹性变形,作为校核张拉力的参考,两者出入较大时,应停止张拉研究处理,总张拉力的施工误差不应超2%。

(7)千分表伸长量的读数与千斤顶读数同时读出,几个千分表间读数相差超过50%时,应调整张拉设备。

(8)经常检查上紧保险箍前后所读千分表的比值是否符合要求。

(9)混凝土强度达到设计强度的80%时,方可放松。放松千斤顶时,应缓慢回油。安装前在保险箍下面涂以黄油。为了放松保险箍而再次打油进入千斤顶时,应严格控制张拉应力不超过103%σ_k,如松不下来,需另行采取措施,不得再提高油压。

(10)原始记录应妥善保管。

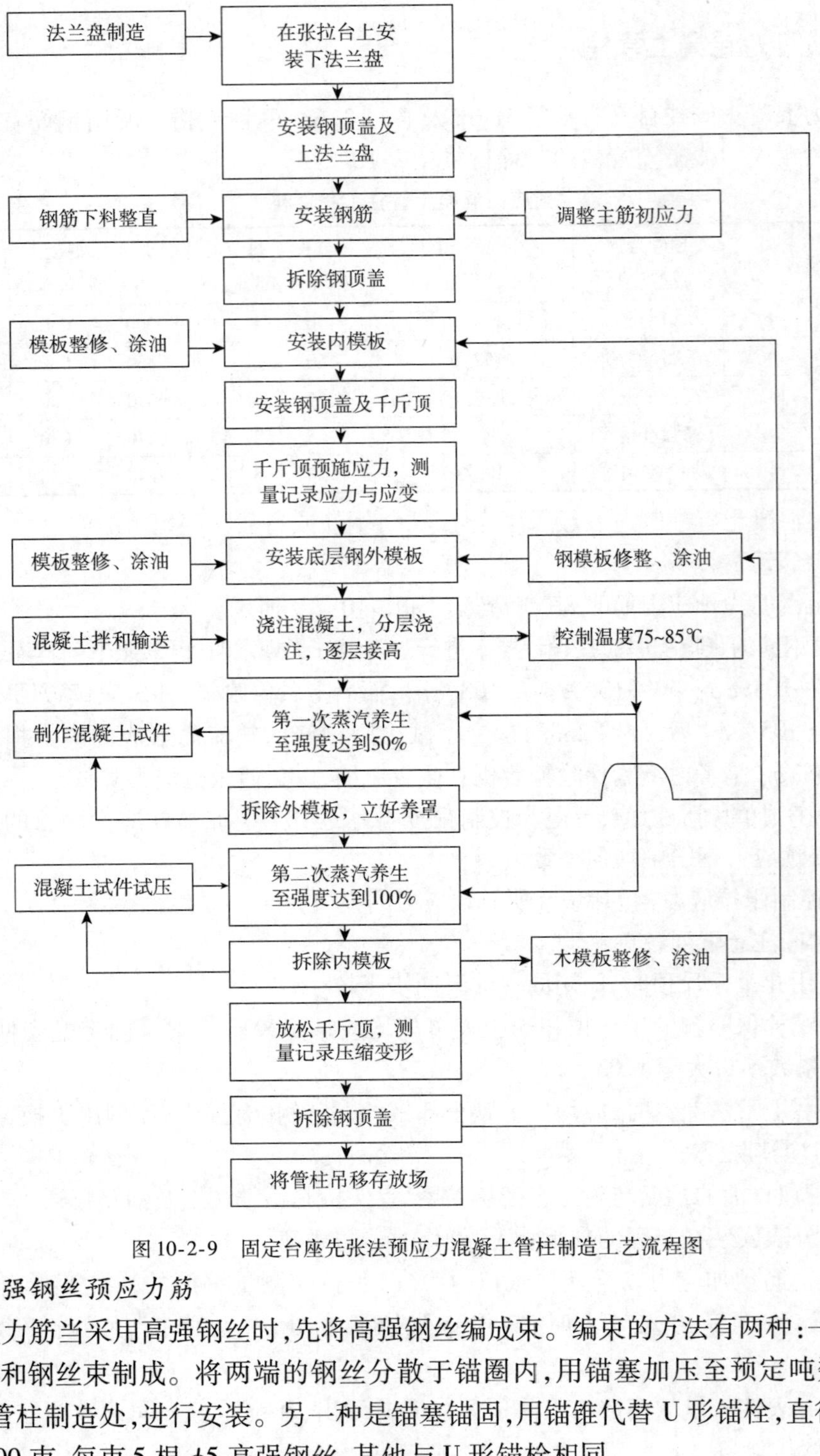

图10-2-9　固定台座先张法预应力混凝土管柱制造工艺流程图

2. 高强钢丝预应力筋

预应力筋当采用高强钢丝时,先将高强钢丝编成束。编束的方法有两种:一种是采用U形锚栓和钢丝束制成。将两端的钢丝分散于锚圈内,用锚塞加压至预定吨数,予以楔紧,运到管柱制造处,进行安装。另一种是锚塞锚固,用锚锥代替U形锚栓,直径3.0m管柱每节100束,每束5根$\phi5$高强钢丝,其他与U形锚栓相同。

3. 混凝土浇注与养护

施加预应力工序完成后,安装柱底模板和外围钢模板,随后采用立式分层浇注,逐层增高,用附着式振捣器振实。模板要求有足够刚度,所有结合缝必须嵌填严密。混凝土浇注完毕后,分两阶段进行蒸汽养护,当试件强度达到设计强度的50%时,缓慢降温,拆除钢外模,另套木质保温罩,进行第二次蒸汽养护。蒸汽温度可提高到60℃,直到试件强度达到设计强度的100%，再降温至环境温度为止。

4. 预应力混凝土管柱刃脚

预应力混凝土管柱刃脚由刃脚尖及刃脚管节两部分组成。刃脚尖是用双层钢板焊成。刃脚尖形式有斜度外张八字形(外壁垂直，内壁向外坡的钢刃脚)和斜度内张的倒八字形(内壁垂直，外壁向内放的钢刃脚)两种，前者适用于管内吸泥下沉的施工方法，它有利于克服正面阻力，使管柱顺利穿过覆盖层而达基岩；后者适用于管外射水下沉的施工方法，便于刃脚克服正面阻力顺利下沉。刃脚尖部的高度一般为0.3～0.5m，以便嵌入基岩表面风化层。为了保证刃脚尖具有足够的强度和刚度，在刃脚尖空隙内可填塞水泥砂浆。刃脚尖可焊在钢筋混凝土刃脚管节法兰盘上或刃脚钢管节管壁端部，从而构成管柱刃脚。

刃脚管节有钢筋混凝土管节和钢管节两种。振动下沉时，如管柱底节产生的振动上拔力小，可采用钢筋混凝土管节，如产生的振动上拔力大，可采用钢管节。

钢管节是钢制的双壁圆筒，在双壁内用加劲角钢并填塞砂浆加强。有利于管柱穿越较厚的河卵石层或其他特殊的地质条件，其穿入能力较强。

5. 预应力混凝土管柱法兰盘

预应力混凝土管柱法兰盘的两钢环间的加劲形式可分为两种：一种是在两个钢环之间焊有加劲板，肋板数量与连接螺栓相同，受力较好，且节省钢材，但因法兰盘上的加肋板限制了连接螺栓的直径，只能适用于直径不大于3.0m的管柱。另一种加劲形式是在法兰盘两个平行钢环中，沿钢环中心线焊设竖立的角钢作加劲肋，在端环上设有较大直径的连接螺栓孔。这种构造布置，由于连接螺栓数量常比主筋少，因此，螺栓孔与焊接主筋的拉板不在一个半径方向的平面内，受力较上述形式间接。但这种形式制作方便，可用较大直径的连接螺栓，适用于大直径管柱。

6. 成品检验

预应力混凝土管柱成品检验分为出厂检验和具有资质的检测单位进行检验。

三、钢管柱

钢管柱制造设备较简单，下沉速度也较同直径预应力混凝土管柱快，由于质量较小，对起重能力要求不高，但对制造工艺要求较高，造价也比预应力混凝土管柱高。国内已使用的钢管柱直径有1.4m、1.6m、1.8m、3.0m及3.2m几种，其构造有普通节和底节两种。

1. 钢管柱制造工艺流程

生产线上钢管柱卷制流程为：钢卷开卷→钢带矫平→钢带头尾对接焊→铣边坡口→螺旋卷制成型→内外螺旋缝焊接→在线超声波检测→钢管切断下线→管坯检测。

钢管柱涂装流程为：预热→表面抛丸处理→中频感应加热→环氧粉末喷涂→淋水冷却→涂装检测。

2. 材料技术规格及加工要求

(1)钢材可采用Q235。为了保证焊接性能良好，其化学成分应符合：硫小于或等于0.55%；磷小于或等于0.045%。

(2)焊条采用酸性焊条，药皮结合牢固不易脱落，无裂纹、气孔、锈蚀等缺陷。

(3)钢板剪切后长度偏差应在±3mm以内，矩形对角线偏差应在±5mm以内。

(4)管壁下料直径可放大1mm。

(5)水平角钢圆环下料时,直径可减少 1mm,弯制调圆后允许直径偏差 ±1mm,个别处可小于 2mm。

(6)法兰盘加劲板要求刨边时,其加工允许偏差应小于 ±0.5mm;法兰盘弧形板可分段下料,每段两端开双面剖口,然后组拼对焊成法兰盘,焊缝长和高不得低于设计要求。

3. 拼装及焊接要求

(1)管壁的横向拼接缝与水平角钢圆环的环向焊缝之间距离应大于 200mm。

(2)竖向肋角钢贴角焊缝与管壁钢板纵向拼接缝之间的平行距离应大于 60mm。

(3)管壁钢板纵横拼缝不准有十字交叉,上下 T 形接缝之间距离应大于 1m。

(4)竖向角钢接长时,接头不能在同一截面,同一截面接头不得超过角钢总数的 25%,接头在 300m 范围以内应视为同一截面。

(5)点焊应在肋角钢两侧同时交错进行。

(6)角钢与电焊缝交叉处,只允许铲平电焊,小许损伤钢板。

4. 钢管柱检验标准

(1)圆周长的偏差不得大于网周长度的 0.1%。

(2)同一横截面任意两直径差(椭圆度)一般不大于 6mm。

(3)长度、法兰盘平面倾斜度、管柱纵向弯曲矢高的允许偏差以及法兰盘的螺栓孔相邻及不相邻距离的允许偏差均同钢筋混凝土管柱。

第三节 下沉管柱的导向和定位设备

一、管柱下沉分类

管柱下沉的导向设备一般分为两类,一为浅水中采用的导向框架,如图 10-3-1 所示,一为深水中采用的整体围笼。围笼以圆形为主,是管柱施工的主要施工设施。围笼结构主要由桁架(包括起吊主桁架、辅助吊篮桁架、平衡重桁架和侧桁架,见图 10-3-2),托架(包括起吊托架、辅助托架),内导环,外导环,吊篮(包括主吊篮、平衡重吊篮),锚柱,悬挂设备,导向架和导向木等组成。

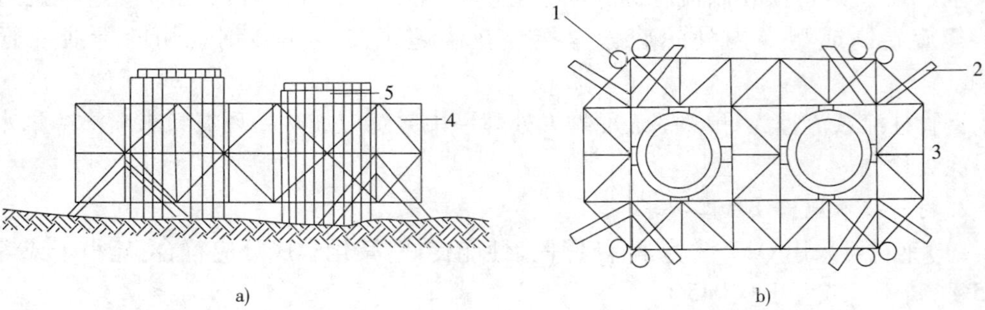

图 10-3-1 导向框架

a)立面;b)平面

1-木桩;2-木撑;3-木楔;4-框架;5-管柱

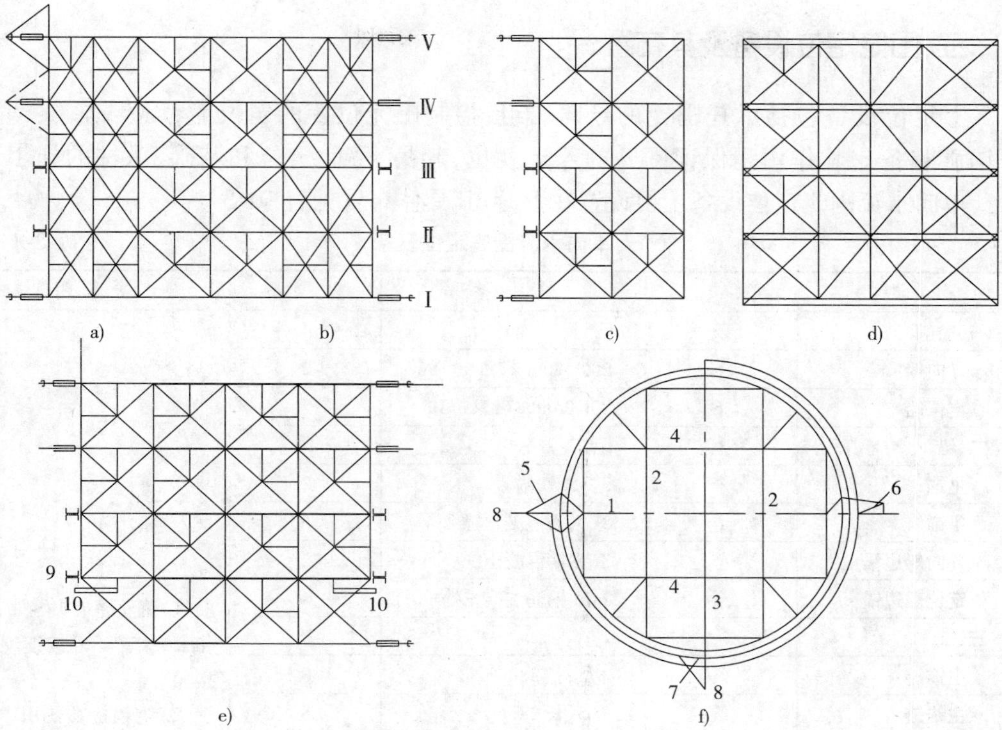

图 10-3-2　围笼结构示意图(尺寸单位:mm)

a)1/2 起吊主桁架;b)1/2 辅助吊点桁架;c)1/2 侧桁架;d)1/4 连接系;e)平衡重桁架;f)围笼平面

1-起吊主桁架;2-平衡重桁架;3-辅助吊点桁架;4-侧桁架;5-起吊托架;

6-导向架(仅Ⅲ有);7-辅助托架;8-中心线;9-锚柱;10-平衡重挑架

注:Ⅰ、Ⅱ、Ⅲ、Ⅳ、Ⅴ为围笼相应各层编号

围笼结构中几个关键部件的作用和制造要点如下:

(1)起吊托架:是起吊围笼及围笼下沉后将围笼支承在导向船上的支点,由角钢拼制而成。托架布置在垂直水流方向围笼对称中线两侧。

(2)内、外导环:内导环承受内钢板桩传来的水压力,并与外导环共同控制钢板桩的位置。围笼桁架外圈第Ⅰ、Ⅳ、Ⅴ层的内导环为箱形截面,受力较大的第Ⅱ、Ⅲ层为Ⅰ字形截面,外导环分布在第Ⅰ、Ⅲ、Ⅴ层内导环与外导环,由槽钢或由角钢分后弯制。

(3)锚柱:是连接围笼与定位船钢丝绳拉缆的系缆点,当围笼未挂在定位管柱前时,围笼所受的水流冲击力,由拉缆传至定位船,固定围笼位置。锚柱由钢板焊成,内填 C30 混凝土。有潮水的河流,顶在围笼的上、下游方向各设两个锚柱。

(4)平衡重吊点:是用以减少围笼的起吊质量,其位置在围笼上、下游各两个,每个吊点由上、下两组四门滑车组成,上滑车是定滑车,固定在导向船的连接梁上,下滑车是动滑车,安设在围笼平衡重挑梁上,挑梁伸出端安装滑车,伸出的距离使在下沉围笼时起吊的钢丝绳不与各层导环摩擦。

二、围笼拼装

拼装分一次拼装及分层拼装,按围笼下沉质量及起吊设备能力而定,围笼拼装大致可分为以下几个工序;铺设工作台及放样→拼装围笼桁架→拼装导环→拼装托架→安装导向木→安设围笼支座→铺设顶面工作台→检查验收。

三、围笼定位设备及其布置

上定位设备包括承托围笼的导向船组，控制围笼位置的定位船，以及锚、链、缆绳等锚碇装备。其作用是保证围笼的浮运就位，起吊下沉，定位和基础、墩柱的施工。

单向水流围笼定位设备主要设置在上游，其具体布置见表 10-3-1。

单向水流围笼定位设备　　表 10-3-1

名　称	单　位	规　格	数　量	说　明
一、船舶	条		4	(1)钢丝绳衔头零件、卸扣索夹、套环等按缆绳规格配用。 (2)主锚链在使用中由 ϕ75 及 ϕ55 各一条组成，共长 56m。 (3)地垄设置于岸边，代替边锚，用以补充边锚的数量不足
导向船	条	200t，26m×7m×1.8m	2	
定位船	条	80t，26m×7m×1.3m	2	
二、锚	个		14	
主锚	个	3～5t 铁锚	2	
主锚	个	3t 钢筋混凝土锚	6	
导向船边锚	个	3t 钢筋混凝土锚	2	
定位船边锚	个	1.5t 钢筋混凝土锚	4	
三、链	条		28	
主锚链	条	ϕ75，长 28m	8	
主锚链	条	ϕ65，长 28m	8	
导向船边锚链	条	ϕ55，长 28m	2	
定位船边锚链	条	ϕ40，长 28m	4	
地垄链条	条	ϕ35～40，长 10～20m	6	
四、钢丝绳	条		28	
主锚缆	条	ϕ60，长 250～300m	4	
主锚缆	条	ϕ37，长 330m	4	
导向船边锚缆	条	ϕ37，长 150m	2	
定位船边锚缆	条	ϕ28，长 150m	4	
导向船地垄缆	条	ϕ37，长 200～250m	2	
定位船地垄缆	条	ϕ28，长 200～300m	4	
定位船拉导向船缆	条	ϕ37，长 140m	4	
定位船拉围笼缆	条	ϕ37，长 150m	4	

四、围笼起吊下沉

围笼起吊下沉方法主要是根据围笼质量及起吊设备能力而定，如起吊设备能力不足，还可以用浮箱充气辅助，常用的方法如下。

1. 浮吊起吊下沉

这种方法适用于浮吊起吊能力大于围笼重量，仅须用两艘浮吊即可起吊围笼，不增加其他复杂的起吊设备，围笼为一次下沉。

2. 浮吊及定量辅助吊架起吊下沉

利用平衡重原理，在导向船的连接梁上设吊架 4 座，对称吊着围笼底层的平衡重下挑梁，吊架上挑梁的复式滑车组的钢丝绳一端吊平衡重，另一端缠在 5t 的绞车上，用以辅助浮吊起重能力的不足。

下沉步骤:

(1)挂吊篮,并收紧吊钩钢丝绳,使浮吊处于开始受力状态。

(2)将4个定量辅助吊架的绞车同时收紧,使平衡重处于将离船面情况。

(3)解松围笼风缆。

(4)浮吊及定量辅助吊架同时起吊,将围笼吊离船面,随着围笼的升高,平衡重也相应升高,但不得使围笼升高而平衡重降低。

(5)拆除导向船与拼装船之间的木撑架及连接钢丝绳等,顺水流方向撤出拼装船。

(6)两浮吊以相同速度下放围笼,同时以相应速度放松定量辅助吊架滑车组钢丝绳,控制平衡重高度。

(7)将围笼下沉搁到导向船的围笼支架上,并调整到正确位置。

(8)浮吊松钩,并将定量辅助吊架绞车端钢丝绳固定;使仍处于受力状态,以辅助托架受力。

(9)在上、下游定位船上将围笼绳收紧,使围笼保持竖直状态。

(10)注意事项:在有潮水双流向河流中,当流速小于1.7m/s时,可将浮吊横停放,但需将浮吊尾部用钢丝绳与上、下游定位船拉紧固定。四个平衡重不宜过早拆除,可以用以辅助托架受力。并可以调整围笼的水平度,平衡重最好等到围笼悬挂在定位管柱上后再行拆除。

五、围笼定位

围笼下沉后,即开始定位工作,要日夜不间断进行,其定位的允许偏差若设计无明确规定,不得大于$H/100$(H为围笼底到水位高度)。围笼的平面位置是由导向船锚绳和定位船与导向船的连接缆绳来调整控制,为了避免围笼倾斜,应注意下沉定位管柱的次序,首先应插下游1或2根管柱,再对称下插围笼直径两端其他的定位管柱。定位管柱应沉到规定深度,避免围笼挂上后,下沉其他管柱时,引起个别定位管柱下沉,导致围笼变形。

第四节 管柱下沉

管柱下沉的顺序,首先是下沉定位管柱,将围笼悬挂其上,然后下沉其余管柱,定位管柱的数量,单向水流采用ϕ155cm小直径管柱8根,双向水流时,为加快围笼的悬挂,可采用4根定位管柱,选择其对应的4根管柱为辅助受力管柱。

一、管柱下沉的方法和程序

下沉方法应根据土层情况,采取以下不同的施工方法。

(1)振动沉桩机振动下沉。

(2)振动与管内除土下沉。

(3)振动配合吸泥机下沉。

(4)振动配合高压射水下沉。

(5)振动配合射水,射风,吸泥下沉。

各种振动情况下不同土质下沉管柱资料的经验资料见表 10-4-1。

下沉施工程序：

(1)准备工作：在管柱下端安装钢刃脚。

(2)下沉作业：起吊管柱→在围笼中插放管柱→顺次接长管柱→安装振动沉桩机→振动下沉→拆除振动沉桩机(如采用射水，吸泥配合时，还包括射水管，吸泥管的安装、接长、射水、吸泥作业和拆卸射水、吸泥管等)。

各种振动情况下不同土质下沉管柱的经验资料　　表 10-4-1

项别		1	2	3	4	5	6	7
1	穿过地质情况	砾砂 2 ~ 9m，砾砂夹小卵石 1.3m，砂夹小砾石及小卵石 2.3m	粗砂夹小卵石 4.9m	人工堆土 2.9m，红色黏土 3.6m	硬砂黏土 1.4m	粉砂 5.0m，细砂 10.0m，中砂 4.5m	粉砂 7.8m，淤泥质可塑黏土 4.0m	细砂 3.2m，黄土质砂黏土 7.7m，砂夹卵石 0.5m
2	管柱直径(m)	5.80	5.80	5.00	5.00	3.60	3.60	3.60
3	管柱长度(m)	15.00	15.00			20.75	20.75	20.75
4	振动体系质量(t)	106.00	106.00	72.00	81.00	90.00	90.00	90.00
5	入水深度(m)	6.5 + 4.0	4.9 + 4.0	6.50		19.50	11.80	11.40
6	应扣浮力(kN)	252.00	222.00	139.00		294.00	178.00	172.00
7	振动体系净重(10kN)	80.80	83.80	58.00	81.00	60.60	72.20	72.80
8	振动力(kN)	2 500	1 950	735/1 470	2 000	2 500	2 500	2 500
9	入土深度(m)	6.50	4.90	6.50	1.40	19.50	11.80	11.40
10	下沉方法	不吸泥，不射水，振动下沉	同左	同左	同左	同左	同左	同左
11	刃脚下情况	刃脚支承	同左	同左	同左	同左	同左	同左

二、下沉管柱主要机具和设备

下沉管柱主要机具和设备见表 10-4-2。

下沉管柱主要机具和设备　　表 10-4-2

顺序	名称	规格	单位	深水		浅水		说明
				ϕ1.55m	ϕ3.6m	ϕ3.6m	ϕ5.8m	
1	浮吊	30t	艘	1	1			起吊管柱、插射水管、装吸泥机
	浮吊	75t	艘		1		1	起吊管柱
2	水上天车	130t，每台走行天车附起重小车两台	套		1			起吊管柱
3	龙门吊机	45t，装 5t 电动绞车两台	台			1		起吊管柱
4	吊机	25 ~ 35t	台			1	1	
5	振动打桩机	90 型	台	1				
	振动打桩机	160 型或 420 型	台			2	2	并联使用
	振动打桩机	中-250 型	台		4			每两台并联使用

续上表

顺序	名称	规格	单位	深水		浅水		说明
				ϕ1.55m	ϕ3.6m	ϕ3.6m	ϕ5.8m	
6	空气吸泥机	ϕ150mm,配吸泥管	套	2				管长根据水深覆盖层考虑
	空气吸泥机	ϕ250mm	套		2	2	1	管长根据水深覆盖层考虑
7	空气压缩机	9 ~ 23m^3/min,配蓄风筒、风包、风表等	台	1	4	3	2	吸泥供气
8	高压水泵	ϕ150mm,配水包、水表等	台	2	4	2	2	两台串联,吸泥,补水用
9	低压水泵	ϕ150 ~ 250mm	台	1	2			抽水用
10	射水风管路设备	ϕ75mm,包括分配阀、ϕ15 ~ 25m射水嘴、风嘴	套	2	2	2	1	管长根据水深覆盖层考虑,管数根据内外射水及射风考虑
11	发电机	320kV · A	台	2	2	2	2	水泵振动打桩机等用
12	电焊机	交流	台	1	4	1	3	
13	氧气切割机		具	1	2	1	1	
14	桩帽	符合振动打桩机底座	个	1	2	1	1	
15	长桩设备	分甲、乙、丙式	套		6			
16	夹桩箍		套	2				
17	吊具		付	2	2	1	1	
18	卷扬机	5 ~ 7.5t,双滚筒摩擦式	台	4	12	4	4	抓泥,吸泥
19	手摇绞车	5t				6	6	驳龙门架,拉地垄
20	抓泥斗	0.4m^3,双瓣式,附抓泥架	台			9		
21	水下切割器		具	1	1			
22	潜水设备		套	1	1			
23	水泵船	400t,铁驳	艘	1	1	1	1	

第五节　管柱基岩钻孔及清孔

适用于设计需要管柱嵌固于岩盘时,管柱的基岩钻孔方法,一般采用冲击钻孔,也可采用旋转牙轮钻成孔。各种冲击式钻机技术规格见表 10-5-1。

各种冲击式钻机技术规格　　表 10-5-1

顺序	主要规格		单位	钻机类型			
				YKC-30型	YKC-31型	门式汽动一型	卧式汽动二型
1	钻头最大质量		kg	4 500	5 000	10 000	7 200
2	钻头钢丝绳直径		mm	26	32	39	37
3	钻头冲程	最大	mm	1 000	900	1 600	1 400
		最小	mm	500	700	1 200	400
4	钻头冲击次数	最多	次/min	50	35	18	22
		最小	次/min	40	—	12	8

续上表

顺序	主要规格		单位	钻机类型			
				YKC－30 型	YKC－31 型	门式汽动一型	卧式汽动二型
5	钻头最大直径		mm	1 300	1 300	3 000	3 000
6	气缸直径		mm			500	500
7	气缸压力		MPa			70	50－70
8	空气消耗量		m^3/min			30－40	20－23
9	提升钻头电动卷扬机	起重能力	t			10	7.5
		滚筒直径	mm			800	400
		转数	r/min			3.2	5.5
		卷扬速度	m/min			8.5－10	8.5－10
10	电动机	型号		AO－93/8 型	AM6117－6GW 型 MT－42－8	TZR 型	MT 型
		功率	W	40	115/40/16	60	60
11	钻机外形尺寸	长度	m	5.00	9.10	7.20	5.50
		宽度	m	2.84	5.20	4.12	4.20
		高度	m	12.00	9.30	11.25	12.90
12	钻机质量		t	11.10	25.00	13.50	27.25

如管柱钻孔的基岩较坚硬时，除应采用较重的冲击钻头外，还需要配以能提升重的钻头及冲击频率高的钻机以加速成钻进速度。

(1)钻孔前准备工作。

①清除管柱内泥砂。

②探测钻孔深度和岩盘情况：为了测定岩面是否平整和管柱刃脚是否沉至岩盘，需用高压射水(水压 1.5MPa，射至岩面 0.5MPa，冲刷 5min)多点控测岩面高程，并记录各点位置及岩面标高，据以确定翻砂的措施。

③当发现管柱刃脚局部支承在岩盘上时，需采取以下措施后方能钻孔。

方法一：黏泥片石封底。根据管柱刃脚与最低岩面之差，先投以等量黏泥块，其上再投片石和碎石，然后开动钻机，进行冲击，使黏泥块石堵塞漏缝。

方法二：水下混凝土封底。用水混凝土填平岩盘起伏，使刃脚与岩盘接触良好，此法比较可靠，但水下混凝土需经 3～4d 养护凝固后方可钻孔。

(2)钻孔中泥浆的使用。

在钻孔过程中随时抛投黏土块，由于钻头的连续冲击作用，使钻孔中形成泥浆及钻渣的混合体，借以清除钻孔内的钻渣。泥浆相对密度在 1.1～1.5 之间。

(3)钻孔施工方法及步骤。

①在围笼式管柱顶安设钻机工作平台，并拉好安全网。

②安装钻机时应使钻头中心对准管柱中心。

③安装钻头、钢丝绳及风管等，每台钻机应配有备用钻头一个。

④吸尽管内泥砂后立即投入黏土块及片石，黏土用量为片石体积的 3 倍。

⑤放下钻头开钻时,注意调节钢丝绳长度,防止钻头打空。

⑥继续钻进时,及时补投黏土块,适时清渣。

⑦每钻进 1m,即用钢质检测器检查圆孔质量及深度。清除钻渣时,先取出钻头,再以杯形取渣筒提出钻渣。

⑧探测孔底高程,进行检查,清理钻孔,终孔。

(4)管柱的清孔堵漏关系到封底水下混凝土能否与孔壁及钻孔岩壁良好结合,一般成孔方法如下。

①钻机工作结束后,用空气吸泥机辅以高压射水吸出孔内钻渣泥浆,在吸泥过程中用低压泵向管内注水,保持管柱内水位高于江面水位。

②待孔内钻渣泥浆清除后,再用水与风力同时作用的清孔器将孔壁冲洗干净,连合孔底残存泥浆一起清除。

③经过清孔后提清孔器,检查沉淀吊斗内渣物的体积,若吊斗内积存的渣物厚度不超过 1cm,认为合格。

第六节　灌注管柱内水下混凝土

管柱下达岩盘经清孔堵漏,在管柱内安放钢盘骨架伸入钻孔中后,即灌注水下混凝土。

(1)灌注管柱水下混凝土施工程序:安放钢筋笼→安放混凝土导管→安放混凝土工作架及漏斗、储料槽→灌注管柱内水下混凝土→灌注完毕后拆除灌注工作台。

(2)水下混凝土施工要点如下。

①在开始灌注前,按例行规定全面检查导管,并进行升降试验。

②导管口离钻孔底的高度应比导管内径大 10cm,导管应居中。

③开始生产混凝土后,应及时掌握送入储料槽内的混凝土数量,安装好球塞,混凝土送入漏斗。

④混凝土储备量达到要求后即停水,将射水管内水排除,剪球。

⑤混凝土正常浇注导管埋入混凝土内深度不得小于 1m,且不大于 4m。

⑥做好混凝土试件及灌注记录工作。

⑦浇注过程中,每间隔 15 ~ 30min 应测管内水下混凝土高程和导管底口高程,及时调整导管埋深。

第七节　工程实例

武汉长江某大桥 8 号墩是汉口侧连续刚构中间活动支承墩,施工期间汛期最大流速 1m/s 左右,水深 10 ~ 25m,地质情况比较复杂,岩面高程 -21.5m 左右,覆盖层厚度 23 ~ 27m。自上而下是粉砂层、细砂层、中砂层及 0.2 ~ 0.3m 厚的圆砾土,高程 -21.5m 以下为砂岩全强风化带、弱风化带和砾岩裂隙带。8 号墩基础位于砾岩裂隙带,设计采用高承台钢管柱基础。

一、基础设计

1. 基础方案设计

8号墩基础原方案为双壁钢围堰钻孔桩低承台基础，因自重偏大，采用12根$\phi2.5m$钻孔进入软岩承载不尽合理。勘探时，在墩位平面下游部分发现砾岩裂隙带。为进一步弄清裂隙带范围，在原有5个钻孔资料基础上又加钻了3个孔，裂隙带平面分布宽度约占墩位面积40%，其压强4.2MPa，另一半面积上仍为微、中、强胶结砾岩，压强为11~15MPa，在墩位内存在有软硬基岩各一半的状况。结合此墩为活动支承墩和地质不良等情况，重新研究基础方案。曾比选双壁钢围堰不下到岩面而停留在覆盖层内的方案，在围堰上设置平台进行钻孔桩施工。此方案虽能减轻一部分自重，但围堰埋于覆盖层内不深，阻水面积大，洪水期局部冲刷后，围堰稳定难以保证。最后选用钢管柱高承台方案。此方案自重轻、施工方便、渡洪安全，在造价上比原方案还节省。

2. 结构布置

8号墩高承台钢管柱基础结构，如图10-7-1所示。

基础共有钢管柱12根，内径2.2m，板厚14mm，长约49.5m，总重480t。钻孔直径1.8m，钻岩体积$610m^3$，钢管柱内填充水下C23混凝土$1735m^3$。双壁钢围堰外径20.60m，内径19.40m，壁厚0.6m，高度22.05m，总重246t，钢壳内填充水下混凝土$420m^3$。双壁钢围堰水下封底混凝土$810m^3$，厚度为3m。

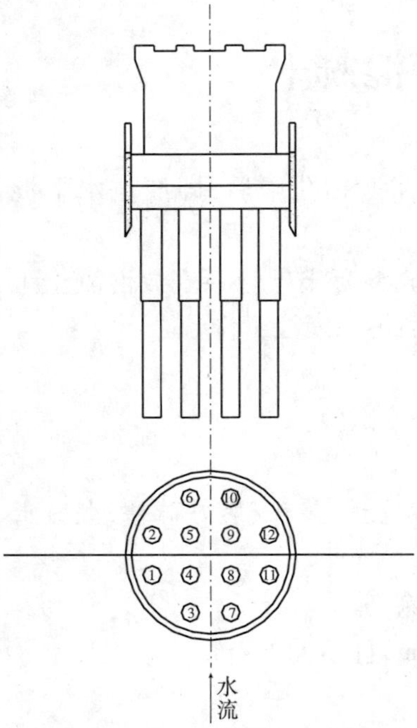

图10-7-1 高承台钢管柱基础

3. 岩石承载力研究与选定

8号墩基础下游近一半面积位于微胶结砾岩裂隙带上，岩石特征为紫红色，砾状碎屑结构，岩质软、岩芯以散体状及单个卵、砾石为主，卵石粒径一般为2~5cm，最大约8cm，成分为石英岩、灰岩等，局部夹薄层或薄透镜体状中等胶结砾岩，岩石强度4.2MPa。从岩石强度分类上看，压强小于5MPa的岩石属极软岩。因此，钢管柱钻孔是按嵌岩摩擦桩设计的。8号墩钻孔允许摩阻力按$[\tau]=150kPa$采用，即$\tau_{极限}=300kPa$，此值已计及可能按泥浆护壁钻进施工的折减。除基岩外，对砾岩的全强风化带及弱风化带孔壁摩阻力可全部计入，其$\tau_{极限}=100\sim130kPa$。钢管柱在覆盖层内的摩阻力及钻孔正面支承力未计。

4. 钻孔深度确定

8号墩基础采用12根内径2.2m的钢管柱，长49.5m，壁厚14mm，管柱内钻$\phi1.8m$孔，考虑钢管柱下沉时的倾斜率近1/100，钻孔中心距为5m，按嵌岩摩擦桩设计。为了摸清桩位上的地质构成状态，区分岩层软硬，合理定出实际孔深，并能节省钻孔工作量，要求在插打完钢管柱后，在每个柱孔内先钻一个地质孔。按钻孔柱状图分层计算孔壁摩阻力，决定钻孔深度。

钢管柱管壁厚度拟定系按施工中振动打桩机插打受力的需要，壁厚与半径之比为1:75，据施工实践，在插打后期钢管柱原平面的弹性变形能目测到，而插打完成后仍能满足要求。钻孔钢筋笼长度是从孔底至钢管柱内的锚固所需范围,在柱顶焊喇叭筋进入承台,因此,钢管柱本身也是与填充混凝土共同受力的,其材质与制造的要求按主体结构标准考虑。

二、基础施工

(一)施工方法概述

在墩位的导向船组上组拼8m高的钢围笼,顶、底平面作为施工平台。笼内布置12个孔位。上下层有导向,先插打四周8根钢管柱,然后将搁置在导向船上重200t围笼提起,退出导向船,围笼平台顶高出洪水位,钻机在渡洪期间照常作业。为了安全渡洪,渡洪前必须填充四角的4根管柱钻孔混凝土,全部管柱与围笼上下层用钢环梁焊连,形成整体受力。钢管柱插打至岩面后,在封底水封0.5m以上混凝土,再开始钻孔,以堵住覆盖层流沙进入孔内。12根管柱钻孔填充混凝土完成后,枯水期将围笼拆除,再整体吊入ϕ21.2m壁厚0.6m防水围堰,沿着设置在钢管柱上的导向高程下沉,围堰分为4节高22.5m,每节重约50t,要使刃尖嵌进河床内,堰外适当防护,堰内吸泥到高程0.0m时,基坑整平填一层碎石,浇注水下封底混凝土,抽水筑承台。混凝土强度等级封底为C18水下混凝土,承台和墩身为C23。

(二)钢管柱定位及插打

钢管柱用支承在两艘导向船上的钢围笼导向及定位。下沉主要采用中-250型振动打桩机(最大振动力为2 500kN)振动辅以吸泥下沉至岩面,然后采用BRM-4型钻机钻孔。该墩基础施工的最大难度是钢管柱下沉的质量。按规范要求,钢管柱下沉斜度允许值1%,考虑到钢管柱下沉后,要在49.5m长的钢管柱内下钻头钻岩。为保证钻岩工作顺利进行,施工要求钢管柱下沉倾斜度不得超过0.5%。

按35t吊船的起吊高度、吊距以及水深,将长度49.5m的钢管柱分为五节制造和插打。每节制造后都要严格检查,严把制造质量关,纵向弯曲矢高控制在0.1%以内。

该墩利用原9号墩施工用的导向船。为了避免拼装钢围笼时杆件意外掉入江中,影响钢管柱下沉,先将导向船就位在该墩墩位下游20m处,拼装钢围笼,钢围笼高度8m。钢围笼中间部分拼好后,导向船再返回墩位处精确定位。定位后利用35t吊船在导向船南北侧起吊插打定位钢管柱4根,其编号为⑪、②、①、⑫,见图10-7-1。此后,35t吊船移到8号墩下游插打④、⑤、⑥、⑧、⑨、⑩号6根钢管柱,最后吊船移到上游插打③、⑦号两根钢管柱。

下沉钢管柱之前,精确定位调整并绞紧锚绳。每根管柱下插时,首先调整钢围笼在导向船上的支承结构处千斤顶的高度,使钢围笼顶面处于水平状态。在下沉钢管柱过程中,所有支承结构应保证共同受力。插管柱时,应控制管柱底偏差在5cm之内,倾斜率控制在0.2%之内。

钢管柱接长时,前节钢管柱应尽量调整成铅垂,接长时,管柱接头要顺直,接头不顺直的,弯曲矢高控制在0.1%以内。每次钢管柱振动下沉前管柱的倾斜度要控制在0.4%以内,在管柱顶或桩帽上用5t卷扬机拉溜绳纠偏调整,并在导向木处用木楔打紧。在振动下沉的过程中,随着管柱的下沉,用卷扬机随时收紧溜绳,这样纠正偏斜收到了较好的效果。每次振动下沉时间不宜过长,下沉量不宜过大,振动次数要多,振动时间要短,每振动一次,测量一次,随时纠偏。特别是在初入土时,更需要严格控制。从10根管柱的下沉情况看,一般下沉初期连续振动时间在5~20s,下沉中期及后期每次连续振动时间30~90s,少数管柱最长的连续振动时间为120~180s。本墩覆盖层基本是砂类土,插管柱时自重下沉2~3m,振动下沉9~15m,当振动不下沉时,则采用ϕ250mm吸泥机除土后,再振动下沉,下沉后期吸泥与振动交替进行。

钢管柱下沉以干振为主,每次干振不下沉时才使用吸泥机除土,吸泥时特别应注意严格控制管柱内外水头差,管柱内水位要高于江水水位。还应严格控制吸泥机头高于管柱底口2m,泥面不宜低于管柱底。在⑩号管柱吸泥时,曾出现吸泥机头低于管柱底口,造成管柱内翻砂,吸泥机头卡在柱靴下提不上来的现象。

由于吸泥量和次数的不同,每根钢管柱下沉振动累计时间相差很大,一般管柱下沉振动累计时间为5~10min。⑥号管柱是振动时间最长的一根管柱,振动累计时间为17min。

当管柱下沉接近岩面时,最后终止振动下沉的标准主要是根据管柱底高程、最后振动的振幅以及最后下沉阶段平均每秒钟的下沉量。终止下沉的振幅一般在10mm左右,最大的一根(⑫号管柱)振幅是15mm,最小的一根(⑤号管柱)振幅是5mm;终止下沉的下沉量是根据最后一个阶段(1min内)平均每秒钟的下沉量;一般平均下沉量为1~7mm/s,最大的一根是52mm/s(⑧号管柱),最小的一根是0.8mm/s(④号管柱)。

钻孔前,将泥沙清除干净,经潜水员检查,所有管柱都不同程度地打入了岩面,岩面高差30~50cm,有的虽只是局部接触岩面(10号管柱),在钻孔清渣时也没有发生过翻砂、漏砂的现象。

8号墩钢管柱下沉历时90d,管柱底设计高程即岩面高程为-21.5m,实际管柱底高程为-21.12~-22.06m;管柱顶高程+25.5m处的竣工平面尺寸偏差为1~30cm;承台底+3.0m处竣工平面尺寸偏差为0~30cm,管柱群中心偏上游2cm,偏武昌侧16cm,管柱倾斜度一般为0~0.7%,最大的一根(⑦号管柱)为0.1%,均小于规定值8号墩钢管柱下沉竣工情况见表10-7-1。

钢管柱下沉竣工情况表 表10-7-1

管柱号	倾斜(0.1%)		平面位置(mm)			
			高程+25.5m处		承台底+3.0m处	
	上、下	南、北	上下	南北	上下	南北
①	上倾0.7	南倾0.0	偏上12	偏南30	偏上10.4	偏南30
②	上倾0.7	南倾1.0	偏上11	偏南28	偏上6.5	偏南25.8
③	上倾5.2	南倾5.0	偏上4	偏南27	偏上15.7	偏南15.8
④	上倾3.1	北倾0.0	偏上11	偏南20	偏上4.0	偏南20.0
⑤	下倾0.7	南倾3.0	偏上10	偏南30	偏上11.6	偏南23.3
⑥	上倾1.5	南倾6.0	偏上4	偏南28	偏上0.6	偏南14.5
⑦	上倾5.9	北倾10.0	偏下6	偏南9	偏下19.3	偏南31.5
⑧	上倾3.2	北倾3.3	偏上3	偏南14	偏下4.2	偏南21.4
⑨	下倾0.4	南倾2.3	偏上5	偏南9	偏上5.9	偏南3.8
⑩	下倾1.9	南倾5.6	偏上16	偏南17	偏上20.3	偏南4.4
⑪	下倾4.1	南倾7.1	偏上12	偏南1	偏上21.2	偏北15.0
⑫	下倾0.0	北倾2.9	偏下5	偏南16	偏下5.0	偏南22.5

(三)钻孔施工

8 号墩钢管柱内钻孔直径为 1.8m。钢管柱插打完毕后,拆除插打钢管柱的钢围笼,在钢管柱上安装钻孔平台。墩旁用 500t 铁驳作为工作船,其船面设有 3 台 $20m^3/min$ 压风机,2 台高压水泵。并配备 50t 或 35t 吊船进行起吊钻机、钻头等作业。采用 BRM－4 型钻机及循环钻进。先施工的③、⑥、⑦、⑩号管柱采用了低相对密度泥浆钻孔,成孔质量好,但泥浆制备和回收很难;⑧号管柱试用清水钻孔,成孔质量也好,因此其余 7 根管柱均改用清水钻孔,钻孔都比较顺利。

1. 地质情况及钻孔深度

为详细探明每根钢管柱处的地质情况,钢管柱插打完毕后,在每根管柱内进行了施工地质钻探并绘柱状图。根据地质情况知:8 号墩的①、②、⑤、⑥、⑩号管柱处于裂隙密集带岩体中,其他管柱处于裂隙不甚发育的较完整的岩体中。每根管柱根据其不同的地质资料,采用了不同的钻孔深度。

2. 钻孔前的准备工作

吸泥:钻孔前,需在每根钢管柱内吸泥清空,吸泥时严格控制水头差,防止翻砂。

潜水检查:吸泥清孔干净后,潜水员检查钢管柱底口与岩面的接触情况,是否有刃口卷边或孔底是否有铁杆等。如有则需要进行处理。

钻孔对位:根据钢管柱下沉竣工资料,调整钻机,对准管柱下口孔位,但还应考虑到管柱倾斜的影响。

3. 钻孔

(1)钻孔顺序

根据对 8 号墩安全渡洪的设计要求,在洪水到来之前,必须将上下游的③、⑥、⑦、⑩号管柱钻填完毕。因此,首先安排这 4 根管柱的钻填工作。同时上钻机两台,上游一台钻⑦、③号管柱,下游一台钻⑥、⑩号管柱。其余 8 根管柱内的钻岩顺序,根据钻机速度合理安排,以便同其他工序流水作业,避免后期两台钻机互相干扰,同时避免相邻管柱同时钻孔。

(2)钻压的选定

按本墩基岩种类和单轴抗压极限强度的不同,钻头刃口线压强选为 $q=0.8\sim16kN/cm^2$。钻压值则为:

$$P=\sum\tau q$$

式中:$\sum\tau$——$\sum\tau=1.5R$,R 为钻头半径,$R=90cm$;

q——钻头刃口线压强。

$$P=1.5\times90\times(0.8\sim1.6)=108\sim216(kN)$$

(3)钻头加配重质量值

按下面公式计算:

$$Q=\frac{7.85P}{\alpha(7.85-\gamma)}$$

式中:Q——钻头和配重质量,t,钻头质量 4.5t;

P——钻头加到孔底的压重,取 10.8～21.6t;

γ——泥浆密度,按 1.1t/m^{3}计;

α——减压系数,最大值取 0.7。

则 Q 的取值如下:

清水钻进时,Q=17.86~35.36t(包括钻头重);

泥浆中钻进时,Q=17.94~35.89t(包括钻头重)。

根据以上计算和 8 号墩钻孔施工起吊设备能力,除钻头重为 4.5t 外,再配重 18t(实际在钻孔中,配重为 18~22t)。

(4)钻速与给进

钻机转速超过一定数值后,钻孔速度反而降低,这是因为钻头转速太快,刃口作用于岩石上的时间太短,岩石不易破碎。同时,出于转速快,在这种不均匀岩层中钻孔,会产生跳钻、卡钻。由于冲击与振动的作用,将刀齿或钻杆损坏,影响钻孔效率。根据现有钻机的能力,转速选定为 3.68r/min(扭矩大于 80kN·m)。钻进中使用了自动给进钻压仪,钻压一般控制为 100~22t,最大为 25t。在这种不均质岩层中,钻孔给进量要按照少给进量,多给进次数的原则,这样才能充分破碎岩层,每次给进量为 0.3~0.5mm。

(5)特殊工艺要求

8 号墩因处于砾岩裂隙带,工艺要求采用低相对密度泥浆钻孔,配备了 500t 铁驳做泥浆船,泥浆采用武昌县生产的膨润土,每吨膨润土造浆 8~10t,泥浆指标为:相对密度为 1.05~1.10,胶体率不小于 95%,含砂率小于 1%,pH 值为 7~9。泥浆船停靠在导向船外侧,泥浆存入钢管柱内,往返循环使用。但浇注混凝土时只能回收少部分泥浆,存在邻近的钢管柱内。由于钢管柱很长,一个孔就需要近 200m^3 泥浆,这样大量的泥浆数量给造浆、存浆造成了困难,所以在后 8 根管柱钻孔时改用了清水钻孔。无论采用泥浆钻孔或清水钻孔,钢管柱内水头一定要高于管柱外水头 2~3m,这是防止塌孔、漏砂的重要措施。

4. 钻孔施工进度

8 号墩钢管柱内钻孔进度最快的钻机每天钻进 3.36m/台,最慢的每天钻进 1.15m/台,平均 1 台钻机每天钻进 2.27m。钻孔施工进度情况见表 10-7-2。

钻孔施工进度表　　表 10-7-2

孔号	孔径(m)	净钻时间(h)	钻孔天数(d)	钻孔深度(m)	平均日钻孔进度(m/d)	泥浆钻孔	清水钻孔	附　注
7	ϕ1.8	77.28	5	14.5	2.9	泥浆		孔口混凝土封堵
11	ϕ1.8	77.40	5	14.5	2.9		清水	
3	ϕ1.8	143.15	12	16.5	1.38	泥浆		孔口混凝土封堵
8	ϕ1.8	108.40	10	16.5	1.65		清水	
1	ϕ1.8	106.45	8	18.5	2.31		清水	
4	ϕ1.8	98.30	7	18.5	2.64		清水	
5	ϕ1.8	154.00	16	18.5	1.15		清水	
10	ϕ1.8	111.29	9	18.5	2.06	泥浆		孔口混凝土封堵
9	ϕ1.8	147.35	7	23.5	3.36		清水	
12	ϕ1.8	194.45	11	23.5	2.14		清水	
2	ϕ1.8	247.00	13	28.5	2.19		清水	
6	ϕ1.8	165.24	11	28.5	2.59	泥浆		

本章参考文献

[1] 交通部第一公路工程总公司. 公路施工手册 桥涵[M]. 北京:人民交通出版社,1999.

[2] 黄绳武. 桥梁施工及组织管理[M]. 北京:人民交通出版社,2006.

[3] 孙吉胜. 2006 年新编路桥工程建设实用百科全书[M]. 香港:中国科技文化出版社,2006.

[4] 杨文渊,等. 桥梁施工工程师手册[M]. 北京:人民交通出版社,2003.

[5] 刘自明. 桥梁深水基础[M]. 北京:人民交通出版社,2003.

[6] 王修正,等. 工程机械施工手册 基础机械施工[M]. 北京:中国铁道出版社,1986.

第十一章 组合基础

第一节 概 述

处于特大水流上的桥梁基础工程,墩位处往往水深流急,地质条件极其复杂,河床土质覆盖层较厚,施工时水流冲刷较深,施工工期较长,采用普遍常用的单一形式的基础已难以适应。为了确保基础工程安全可靠,同时又能维持航道,宜采用由两种以上形式组成的组合式基础。其功能要满足既是施工围堰、挡水结构物;又是施工作业平台,能承担所有施工机具与材料等荷载;同时还应成为整体基础结构物的一部分,在桥梁运营阶段也作为基础的一部分。

组合基础的形式很多,常用的有双壁围堰钻孔桩基础、沉井加管柱(钻孔桩)基础、钢管柱沉箱组合基础(图11-1-1)、沉井加钻孔桩组合基础、灌注桩加明挖基础等。可根据设计使用要求、桥址处的地址水文条件、施工机具设备状况、施工安全及通航要求等因素,通过综合技术经济分析,比较,因地制宜,合理选用。

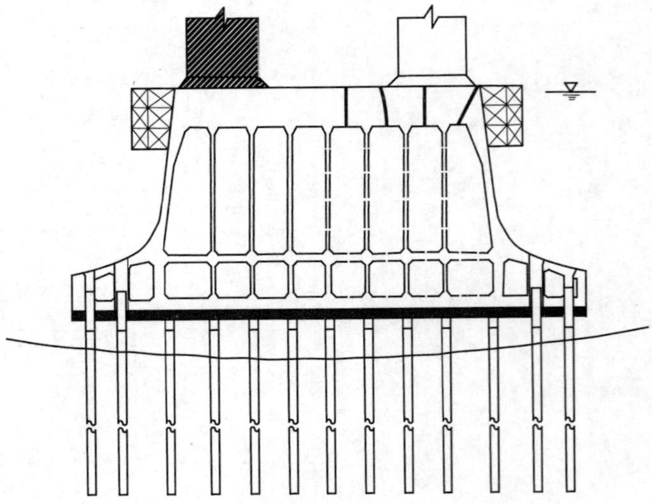

图11-1-1 钢管桩沉箱组合基础

组合基础的优点是:

(1)可以降低承台的高度。

(2)可提供桩的施工场地。

(3)适应性强,尤其适应在岩面高程差异很大以及落差较大的河流。

(4)沉井可作防撞设施,保护桩及墩身。

一、国内组合基础发展

1. 沉井加管柱基础

南京某长江大桥 2 号、3 号墩沉井加管柱组合结构如图 11-1-2 所示，水深 30m，覆盖层厚约 40m，基岩强度为 7 ~ 9MPa，河床最大冲刷深度可达 23m，采用钢沉井加管柱基础。钢沉井采用矩形，平面尺寸为 16.19m × 25.01m，井内分成 15 个方格，内插 13 根直径 3m 的预应力混凝土管柱。管柱下沉到岩面后钻孔，孔径 2.4m，孔深 7 ~ 9m，钻孔内放置钢筋骨架，然后灌注水下混凝土，一直填充至管柱顶面。管柱下端嵌入基岩，上端嵌固在承台混凝土中，沉井的封底封顶混凝土将管柱群连接成整体。此方案的特点是：钢沉井能减少管柱所要穿过的覆盖层厚度，兼作下沉管柱的导向架，灌注上下封底、封顶混凝土及承台混凝土时，做防水围堰；同时又是永久结构的组成部分，可增强桥墩基础的刚度。

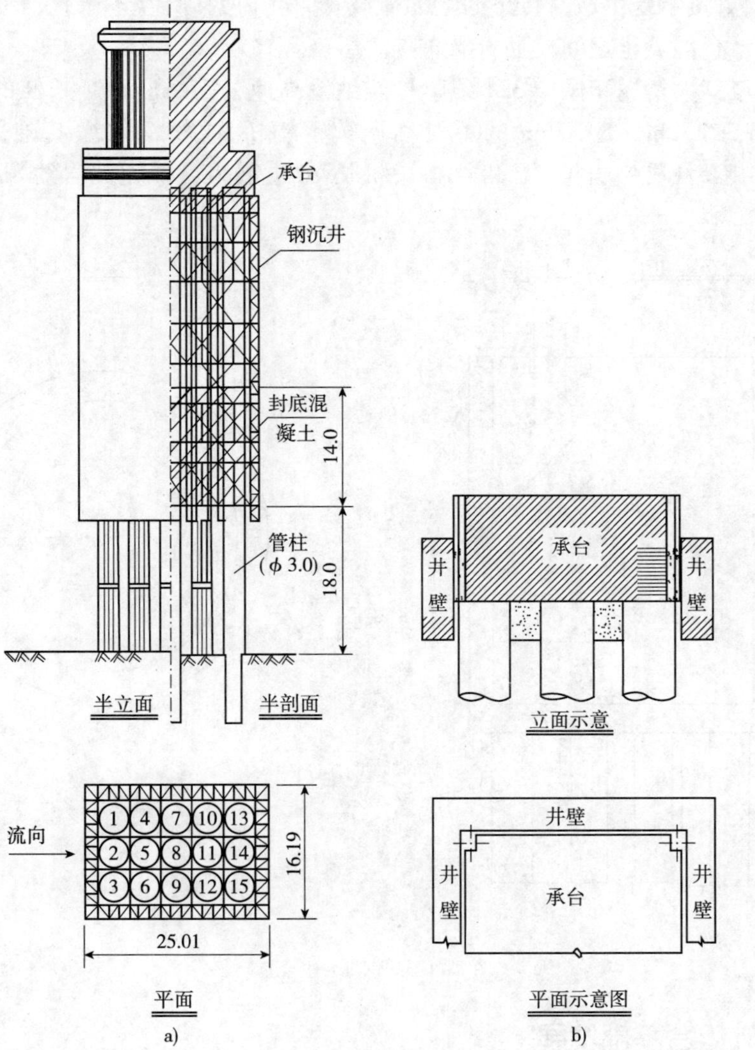

图 11-1-2　南京某长江大桥正桥 2、3 号墩沉井加管柱组合结构示意图(尺寸单位：m)

a) 钢沉井加管柱组合基础结构；b) 承台与沉井井壁平铰链示意图

2. 沉井加钻孔桩组合基础

广东某大桥(主桥为 65m + 125m + 180m + 110m 四跨连续刚构,全长 1 916m),主河床受潮汐影响,平均水深 7m 以上,覆盖层为中细砂、黏土和泥质砂岩风化土,平均厚度 20m。主墩基础采用钢沉井加钻孔桩基础。双壁钢壳浮运沉井呈 Y 形,底部直径 23m,顶部直径 28m,沉井全高 20m。钢沉井分 3 节,岸上组拼好后,用 2 000kN 浮吊吊放入水,浮运就位,注水吹砂下沉,要求穿越河床 11m。沉井内布置 24 根 ϕ150 钻孔桩,平均桩长分别为 47m 和 22m,平均嵌入岩层深度为 3m 和 5m。本方案的特点是双壁钢壳沉井(壁厚 1.5m)既是基础施工的围堰、挡水结构物,又是平台,建成后成为主墩的防撞岛。

广州江村某大桥位于溶岩地层,其墩台基础除北桥 0 号台和 1 号墩为桩基外,其余墩台均为钢筋混凝土沉井加冲孔灌注桩组合基础。沉井下沉到黏土层,然后在沉井井孔中加冲孔桩。冲孔桩穿过覆盖层,不稳定溶岩和多层溶洞,直至稳定的基岩为止。一般桩长为 30 ~ 40m,最深达 48.15m。沉井的作用在于稳定覆盖层,抵抗水平推力。而冲孔桩则为承重主体,直接承受由墩身传来的上部荷载。为受力明确,互不干扰,特在沉井封口混凝土和桩顶承台混凝土之间设沥青麻布隔离层。

泸州长江某大桥属于国道 321 线隆昌至纳溪高速公路一座跨越长江的特大型桥梁,主桥为 145m + 252m + 54.75m 的不对称连续钢构桥,主槽深水墩基础采用钢沉井加 10ϕ2.5m 钻孔灌注桩嵌岩桩(图 11-1-3),桩长 70m,嵌入微风化泥岩约 8m,承台采用钢吊箱围堰施工。

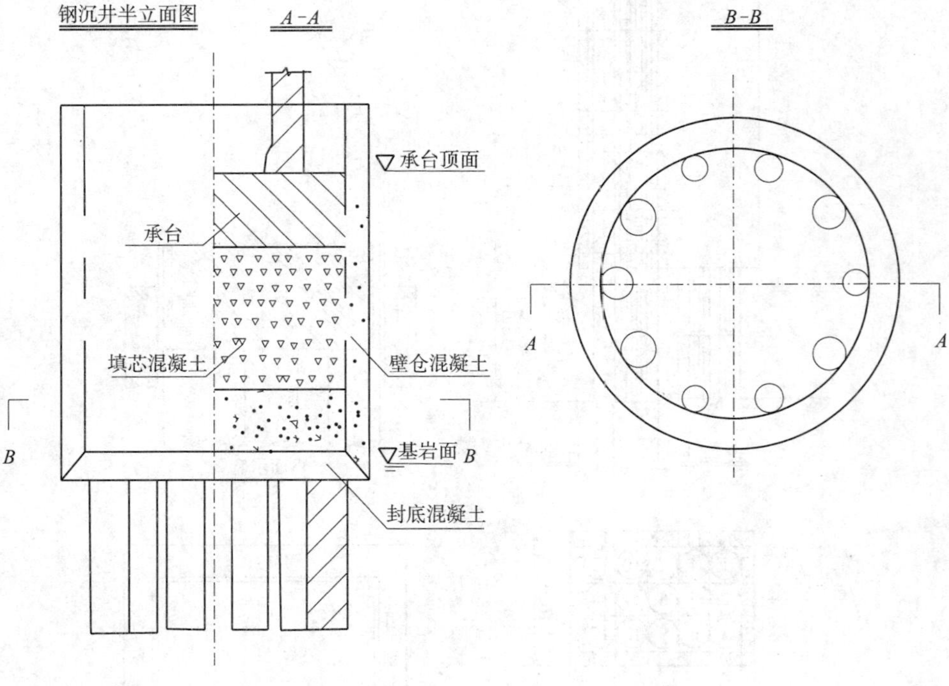

图 11-1-3 钢沉井组合基础

二、国外组合基础发展

1966 年,美国班尼西亚 · 马丁尼兹桥(Benicia Martinez)采用了钢筋混凝土沉井内施打钢管桩的组合基础。

日本横滨港湾大桥跨径为200m + 460m + 200m三跨连续双层桥面钢斜拉桥。墩位处水深12 ~ 14m，覆盖层为厚度达30 ~ 40m。主墩采用浮式承台加井柱组合式基础。浮式承台为预制的预应力混凝土空箱结构，尺寸56m × 54m，高度为12m。空箱内插入9根直径10m、长47 ~ 75m的钢筋混凝土沉井，沉井分节，底节长27m，重2 700t，用3 000t浮吊吊运就位安装。图11-1-4为浮式承台井柱式组合基础施工主要工序示意图。

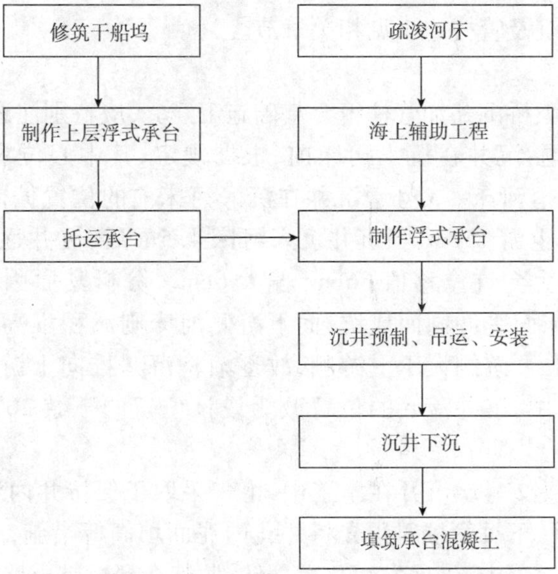

图11-1-4　浮式承台井柱式组合基础施工主要工序示意图

该基础工程的主要特点是：

其一，大型构件预制化，多功能预应力混凝土浮式承台与巨型沉井都是在岸边干船坞与专设预制厂制作，不仅施工质量有保障，而且可以加快施工进度，减少海上作业难度。

其二，采用专门研制成功的大型摇臂式水中挖掘机，开挖水下深层泥岩，挖掘机工作面直径可扩大到11m，保证井柱的嵌岩深度至14m左右。

其三，施工中作业面较小，完全能保证国际航道的通行安全。该桥的顺利建成为海湾地区的桥梁工程快速建设提供了范例。

第二节　沉井加管柱组合基础

南京长江某大桥2、3号墩采用沉井加管柱基础，按当时的技术条件修建单一的管柱基础或沉井基础，在设计上和施工上都缺少经验、存在困难，所以最终采用沉井加管柱基础。此方案的特点是：沉井能减少管柱所要穿过的覆盖层厚度，兼作下沉管柱的导向架，灌注上下封底、封顶混凝土及承台混凝土时，做防水围堰；同时又是永久结构的组成部分，可增强桥墩基础的刚度。

一、施工准备

沉井施工前要详细钻探沉井所要通过的地质层，查明其地质构造、土质层次、深度、特性和水文情况，以便于制订切实可行的沉井下沉方案和对附近构造物采取有效防护措施。

在场地布置时，对场内外运输道路、电力、水的供应线路，起重设备（浮吊）、混凝土拌和站（陆地、水文），北方冬季蒸汽养护的锅炉、管线等，都要统一安排。

二、施工方法

1. 沉井的拼装与下沉及管柱施工

沉井的拼装与下沉及管柱施工见相关章节。

2. 施工控制要点

根据南京长江某大桥沉井加管柱组合基础施工经验，应特别注意以下控制要点。

(1)沉井位移问题：沉井在沉入河床前，根据规定，其中心位置应较设计位置偏上游10～30cm，方始着落河床。3号墩沉井在沉入河床前的位置偏向上游45cm，沉井沉入河床时的位置偏向上游15cm，当沉井沉入河床4.5m后，沉井逐渐向上游移动，累计偏移71cm，超过了最大允许位移值66cm，偏大6cm。分析其原因，主要由于沉井着落河床后，其上游侧河床面受冲刷而成坑，而下游侧河床则淤积堆高，因而沉井所受的上下游侧向土压力不均，下游侧大于上游侧，故逐渐将沉井推向上游。针对上述情况，在以后的沉井下沉施工中，沉井落底的位置改为设计位置的下游20～30cm，收到了预期的效果。

(2)沉井翻砂问题：2号墩沉井在施工中，由于采取了保持井内泥面不低于沉井刃脚尖、沉井内外水面齐平、下沉管柱时预先将井孔内泥面填高等措施，未发生严重的翻砂问题。而3号墩在下沉过程中，先后发生9次翻砂，尤其在穿过黏土层时，由于经验不足，曾发生几次大翻砂。如一次翻砂，井内泥面平均上升2m，致使井内外水位差达2～5m，造成上游侧钢板桩向外凸出。另一次特大翻砂，翻砂量约3 000m^3，井孔泥面平均上升10m左右，井内水面骤然上升，造成南京侧钢板桩全部倒塌。9次翻砂使沉井自动下沉1.24m。同时，沉井周围的河床显著下凹，使沉井发生倾斜和位移，最大位移偏上游0.10m，加上未翻砂前的0.71m，共计偏上游0.81m。分析原因为：

①沉井自重小，在吸泥过程中，由于河床冲刷及水流冲击等影响，沉井屡次发生倾斜和位移，为了调整倾斜和位移，曾采用偏吸及局部吸深的方法，破坏了整个沉井对河床形成"锅底"的造拱作用，引起翻砂。

②由于少量流沙的出现，刃脚下形成了某些通道，引起翻砂。

(3)管柱布置问题：3号墩原设计沉井内插13根直径3m的预应力钢筋混凝土管柱。施工中由于沉井位置偏上游81cm，偏南京侧34cm，超过了最大允许偏移值66cm，为了减少偏心，将②号管柱移至⑤号孔。另外，由于在钻岩清孔过程中出现严重坍孔现象，在各管柱孔内进行了大量的地质钻探工作，发现本墩墩位处的基岩挤压破碎的程度较技术勘探时所得资料为严重，为了减少每根管柱的所受的力，又增加了⑪号管柱，使全墩有14根管柱。此外，为增加单根管柱的基岩承载力，除已钻直径2.4m的①、③、⑧号3根管柱外，其余均采用直径2.55m的钻孔，并用压力灌浆法加固基础。

(4)钻岩坍孔问题：3号墩管柱下沉完毕后，先后在沉井四角及中间，即①、③、⑧、⑬、⑮号5根管柱内以气动式钻机钻岩。钻孔时未发现显著的坍孔及翻砂现象，而在用直径250mm吸泥机吸泥及用高压射水冲洗钻孔时，除基岩较好的③号管柱（未钻至设计高程，尚差1.73m）外、其余4根均有程度不同的坍孔翻砂，其中，尤以⑧号管柱坍孔最为严重，它扩大到⑦号管柱，造成⑦、⑧号两管柱连通。分析其原因有：

①岩层倾角陡,裂隙密,且有挤压破碎带,这是造成坍孔的主要原因。

②钻孔时采用重液法钻进,所用泥浆相对密度为1.3~1.4,泥浆产生的侧压力阻止岩块下坍下滑,在钻孔过程中形成泥皮,防止岩石裂隙渗水,起了稳定作用,因此,钻孔时除局部掉落岩块外,未发生显著坍孔,但在吸泥时,由于泥浆吸出,泥皮破坏。促成岩块滑落。

③用高压射水洗壁,压力达1.5MPa,对岩石起有破坏作用。

④同时开钻⑤号孔,新钻成的孔壁岩石被水浸泡时间过长,岩石裂隙渗水时间长,破坏了岩层层理或裂隙面间的摩阻力。而坍孔使覆盖层孔内连通,又引起翻砂。

上述各种问题在施工中都采用了相应方法和措施,但南京长江某大桥正桥2、3号采用沉井加管柱组合基础的首次实践,最值得总结的经验应是:

(1)沉井就位后,再在井内下沉管柱,需要极细致严谨的工艺。如沉井或管柱一有倾斜或不均匀下沉,后果会十分严重,可能使管柱折断,可能使管柱难以继续下沉,可能使沉井偏移无法纠正。2、3号墩施工中及时提出了这个问题,十分谨慎地对称下沉管柱,严格控制射水吸泥和振动下沉,严防翻砂,但在2号墩仍有一根管柱有振动下沉时折断,也发生过小量的管柱偏斜和沉井沉陷。因此,采用沉井加管柱组合基础,必须绝对严格遵守操作工艺。

(2)当桥墩处冲刷到岩面后,管柱就成为主要承重结构,此时沉井井底脱空,附着在管柱之上,但其又必须传递水平力和部分垂直力,起到减少管柱自由度的作用。但若冲刷不到岩面,沉井沉到冲刷线以下,那么沉井和管柱将成为共同承载,特别是当土对沉井能产生足够抗力时,基础结构的强度和刚度大为增加。因此,2、3号墩组合基础在完成后,采取在墩基四周抛石防护措施,较小局部冲刷。实践证明,这是简易可行而且很有效的方法,只需在每个汛期注意对抛石的观测,如有冲失,及时予以补充。

(3)在破碎、倾角陡峭的岩层中采用管柱钻岩基础是不适宜的,3号墩的施工实践就充分说明了这个问题。

第三节　沉井加钻孔桩组合基础

广东江村南北某大桥是国内首次采用沉井加钻孔桩组合基础,因为两座大桥位于岩溶特别发育地带,覆盖层不稳定,一定深度的岩溶也不稳定,按各方面的综合考虑,桥址也难以避开岩溶地层,所以采用这种组合基础。

一、施工准备

沉井加钻孔桩组合基础的施工准备与前面沉井和钻孔桩基础的施工准备相似,不再重复叙述。

二、施工方法

(一)施工程序

沉井加钻孔桩组合基础的施工程序如图11-3-1所示。

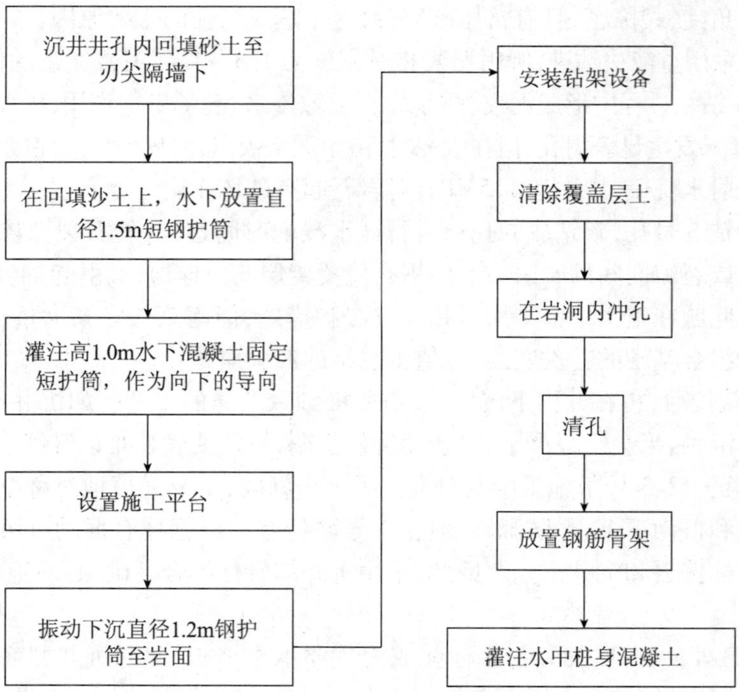

图 11-3-1　沉井加钻孔桩的施工顺序

(二)钻孔选点

由于溶岩区段内水平溶洞和溶沟、溶槽众多，不仅墩内孔间连通，而且墩与墩间有的也贯通。因此，钻孔开钻的顺序，需在详细分析地质资料的基础上，审慎选择。一般先开溶洞较小或孤立不连的孔，再开溶沟、溶槽走向下端的孔，待成孔后就可堵其地下水活动的通道，免于泥浆和混凝土灰浆流失。总之，要根据溶岩裂隙的走向、岩面的高低，逐步开孔。这样可收事半功倍之效。

(三)下沉钢护筒

钢护筒分节制造，工地拼装，其长度在 25～35m 之间，采用振动下沉。振动下沉采用大型振动打桩机，其振动力分别为 425kN 和 1 600kN。钢护筒下沉时，应用两台经纬仪在两个垂直的平面内监测倾斜度，以便随时调正。护筒下沉至岩面后，其倾斜度应小于 1%。

(四)钻架安装

钻架应牢固安装在施工平台上，其机架上滑轮的钻绳中心与护筒底口中心重合。护筒底口中心用“浮标法”求出。钻头挂上后，要反复核对中心位置，以免造成斜孔。

(五)清除覆盖土层

针对覆盖层的构成特点和不稳定的特性，覆盖层土壤一般不用吸泥的方法排除。而是用钻进→清渣→投泥→钻进的方法清除。在砂和砂性土层中，投入适量的黏土，造浆悬浮，以取渣筒取出。而在黏土层中则投入适量的小片石，经冲砸后，形成石粉和黏土的混合浆液，以取渣筒排除。

(六)溶岩冲孔技术处理

在溶岩内冲孔主要要解决斜面开孔、溶洞钻进、清孔达标三个技术难题。

1. 斜面开孔

在溶岩地层中,直径 1.2m 钢护筒范围内每根桩都存在着岩面高低不平且无规律的现象,如图 11-3-2 所示。

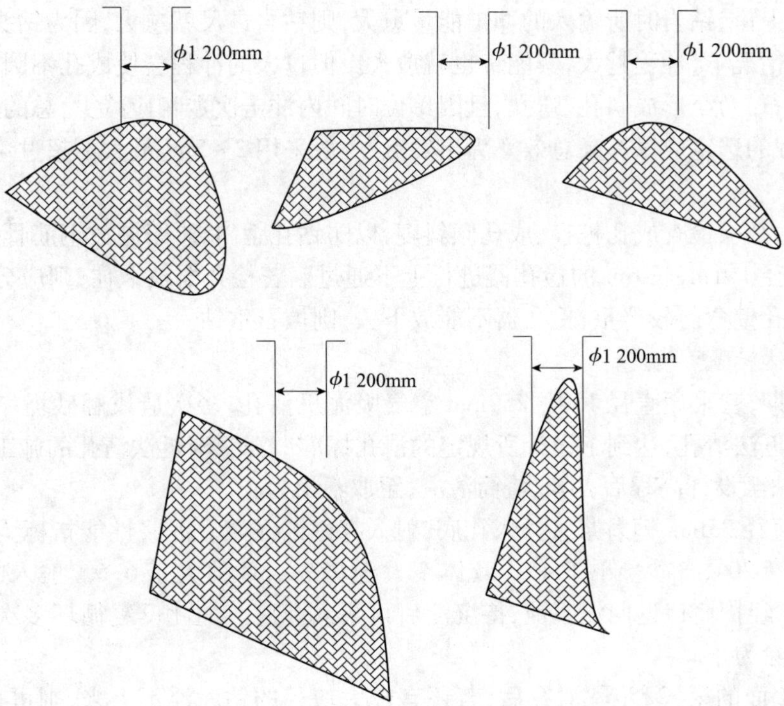

图 11-3-2　钢护筒与岩面的位置关系

在井孔范围内岩面高差一般为 2 ~ 4m,高者达 6 ~ 8m。下沉的钢护筒下口有时只有一点或几点接触岩面,其余绝大部分悬空而形成空洞。施工中若不将此空洞堵住,则会造成泥沙流失,护筒歪斜,钻头掉至洞外的事故发生。几经摸索,摒弃了在护筒口用水下混凝土堵漏的方法,而采用分层抛投定量片石、黏土(比例为 1:1),用钻头反复打密的方法,在空洞处形成石壁。钻头在打密过程中,一面挤石造壁,一面切削高出的岩石,直至全断面进入岩层为止。如护筒随之下沉,则可接高护筒往下跟进。这个过程越仔细、越认真,效果就越好。

2. 溶洞钻进

由于溶洞的顶盖和底板均高低不平,犬牙交错,因此进出溶洞仍然是一个在斜面上开孔的问题,需按斜面开孔的办法慎重处理。在空洞钻进时,需分层回填黏土和石块,石块块径以 10 ~ 15cm 为宜,以便形成石壁,阻止填充物坍塌和泥浆流失。钻头在冲击高低不平的岩面时,总有向软的一边、低的一边滑动的趋势,如不及时纠偏,极易造成斜孔、卡钻等事故。纠偏的一般方法仍然是分层抛投片石和黏土,用小冲程钻击的方法来切削硬岩石,以达到孔圆管直的目的。

3. 清渣

施工初期,采用直径 150mm 空气吸泥机清渣,由于水头压力和溶洞内流塑填冲物的作用,多次造成护筒口翻砂或溶洞内泥石壁坍塌。后改用取渣筒清渣,效果较好。但何时清渣却是一个颇难掌握的问题。经过摸索,一般每钻进 2m 或渣厚大于 4m 时,就应及时清渣。有时渣厚小于 4m,但钻渣和泥浆的混合物形成表面张力很大的胶体,致抛投的片石、黏土悬浮其上时,也应及时清渣。清渣时要特别注意及时补水,使孔内水位不低于河中水位。施工中曾几次发生因未及时补水,而使孔内水位急剧下降,造成翻砂的事故。

4. 冲程

从理论上讲,钻岩时所输入的冲击能量愈大,则钻岩进尺就愈大,因为钻头质量、冲击介质相同的情况下,冲程越大,其能量也就愈大。但过大的冲程会使成孔不圆,造壁不稳,并产生探头石,乃至形成斜孔、弯孔,且因单位时间内冲击次数相应减少,总的效率也并不高,因而冲程的选定应以提高总效率为出发点,一般采用 2 ~ 3m,最大不超过 4m。

5. 检查

钻岩时,必须检查成孔桩径、成孔倾斜度,以防钻孔歪斜,难于施放钢筋骨架。检查的方法是用外径 1.1m,长 6m 的检孔器进行上下通过。若检孔器被卡住,则应分析原因,采取措施。如孔壁弯斜较严重,检孔器不能放下去,则填石重钻。

6. 清孔达标

施工初期,曾采用直径 150 ~ 250mm 空气吸泥机清孔,多次造成翻砂坍塌,后改用正循环泥浆渐近法清孔,达到了设计所规定的清孔标准。泥浆渐近法清孔的施工程序如下。

(1)当钻至设计高程后,用取渣筒清渣,至取不出为止。

(2)将直径 75mm 钢射浆管插入孔底,射入拌好的泥浆。泥浆性能指标为:相对密度 1.3、黏度 18 ~ 20s、含砂量小于 4%、胶体率大于 97%、pH 值大于 6.5。射入的泥浆带着残留的钻渣,经护筒口返回泥浆池,待沉淀后再泵入孔底。如此反复循环多次,至残留钻渣逐渐被清除为止。

(3)按上面的第(2)步骤清孔后,若还有较大块径的钻渣浮不上来,则可再投入少量黏土(黏土块一般以 10cm × 10cm 为宜),用钻头小冲程(冲程为 1m 左右)冲砸 2 ~ 3h。

(4)再插入射浆管实施正循环泥浆清孔,至孔底残渣厚度达到设计标准。

(5)达标后,观察 1 ~ 2h,用钢管测量孔底高程,以测量出残渣厚度。如符合要求,则可置放钢筋骨架,浇灌水下混凝土。如仍不合要求,则重复(2) ~ (4)的步骤,直至达到要求标准为止。

本章参考文献

[1] 刘自明. 桥梁深水基础[M]. 北京:人民交通出版社,2003.
[2] 向中富,等. 新编桥梁施工工程师手册[M]. 北京:人民交通出版社,2011.
[3] 周振强. 沉井套钻孔桩基础的设计与施工[J]. 铁道标准设计,1998(1).
[4] 黄绳武. 桥梁施工组织及组织管理[M]. 北京:人民交通出版社,1992.
[5] 翟世鸿,等. 桥梁深水主墩基础的现状与发展趋势探讨[J]. 中外公路,2007(12).
[6] 尤继勤,等. 广茂线肇庆西江大桥施工[C]//全国桥梁结构学术论文集,1992.

第十二章 其他基础

桥梁基础除前面介绍的桩、沉井、地下连续墙、管柱和组合基础外，随着桥梁跨度不断增大，基础入水深度不断加深，尤其是近年来国内外海湾、海峡大桥的不断修建，针对一些特殊的复杂的自然条件，采用了一些特殊基础。如针对水深、覆盖层浅及岩性复杂的情况，我国有采用“双承台钢管柱基础”。在国外桥梁发展过程中，先后出现了多柱式基础、装配式基础等。下面就将这些基础的特点给予介绍，为今后我国近海和深海桥梁深水基础时借鉴。

第一节 双承台管柱基础

双承台管柱基础是一种用于水深、覆盖层浅及岩性复杂的工程条件下修建的基础形式。它是将结构主体与施工工艺密切结合，使施工辅助工程减少而形成一种施工上直接一体化的桥梁深水基础结构。双承台管柱基础结构如图 12-1-1 所示。

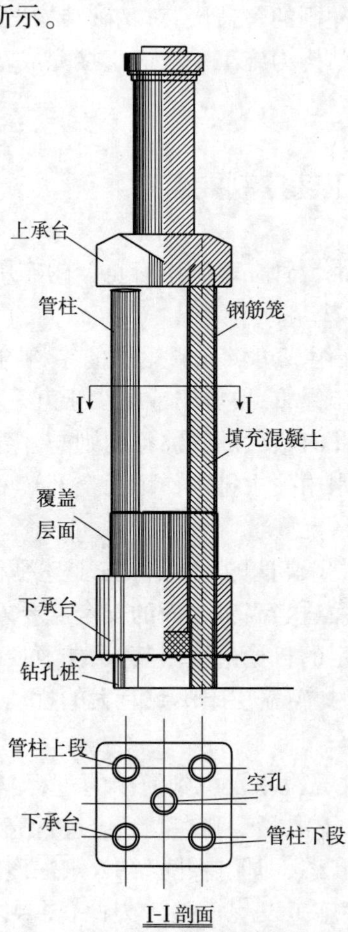

图 12-1-1 双承台管柱基础结构示意图

一、工程介绍

肇庆某大桥 4 号墩基础首次采用双承台管柱基础。4 号墩位于西江主槽,为正桥 5 × 144m 连续钢桁梁的中间活动支承之一,所在位置的基岩为经挤压后胶结的石灰岩,单轴抗压极限强度在 40MPa 以上,有良好的支承能力。岩上覆盖粗、砾砂层,其厚度随水文情况而变化,增减在10 ~ 13m 之间。在设计高水位时,基础的局部冲刷将及于岩面。施工时,水面至岩面的深度在 38m 左右,在枯水季节施工时,墩位处水深为 25m 左右,最低水位至岩面接近 36m。由于以上水文地质情况,给施工带来极大困难,存在安全隐患,所以决定采用双承台管柱基础。

双承台管柱基础结构的外形与高承台管柱基础基本相似,差别在于基底增添了下承台及建造的方法不同。上承台厚 5m,顶面露出最低水位以上承托墩身。自上承台底面至岩面的基础全高为 35.6m,分别由长 26.6m 的 4 根管柱及岩面以上厚度 9m 的下承台两部分组成。桩径3.1m,在下部长 5m 的一段柱径放大至 3.5m。在下承台的底面,对应上部柱心钻制直径 2.5m、深3.0m 的钻孔深入盘岩,以支承桥墩的全部荷载,不考虑下承台本身起承重的作用。下承台的设置,从设计角度考虑,就是仅为简短柱的自由长度,以满足结构的侧向刚度,和不使基底钻孔遭受弯矩,以避开岩性在构造上的不足。总之,下承台具有替代被冲刷的覆盖层,对基础结构发挥更为有效的嵌固作用。结合设计要求,施工上采用以钢壳结构为施工手段而直接完成基础的建筑,形成了结构主体与施工工艺融合于一体。

二、施工工艺控制要点

钢壳在双承台管柱基础中有重要的作用,在施工工艺方面,针对其特征,有下述的一些要求。

(1)钢壳在组成可供充气运用的结构阶段时的质量,加上初期填筑在刃角及井壳底部各处的混凝土浮重,要等于或略少于五个气筒当时所能提供的浮力与吊架所能承担的荷载之和。而此时最大的气筒浮力则与井壳所能达到的入水深度有关。当井壳由排水自浮状态到没入水中失去排水作用而全部转变为气筒浮托时,要做到平稳过渡,不致出现有失平衡的突变情况。

(2)钢壳井壁高度的确定,除按上述平衡条件使其入水深度足以达到气筒负重的必要水头高度顶面适当高出水面的安全需要外,尚应让其深度所产生的浮心适当高出重心,以使浮体有一定的自稳余度。其次,注意使井壳高度大致与岩上覆盖层厚度相当,使井壳在下沉至岩面时,覆盖层土不致有大的扰动。本例所取的井壳高度,基本上满足了各方面的实际需要。

(3)由于井壳没水及沉到河床的过程一直处于水面导向设施的导框之中,故在井壳内灌水、填充水下混凝土和在井筒内进行充气平衡等施工操作时,应使钢壳结构与导框处于相对固定的状态,即保持井壳在入水深度不变的条件之下,以免出现时沉时浮的起伏而造成碰撞,致使施工发生危险。为此,要寻求解决临时固定井壳入水深度的办法。在本方案中,主要是依靠四个吊架将井壳提吊在固定入水深度,使之加于井壳内的质量首先由吊架承受起来，然后在井筒内充气增压予以接替，不使井壳的平衡受到扰动来实现上述的目的。由于吊架对井壳始终为提吊状态，对于增进浮体的自稳余度，也发挥了积极的作用。

双承台管柱基础特点：

(1)双承台管柱基础与沉井基础相比，因后者沉井均是从刃脚接高至承台底，而前者只有底节钢壳，并利用它作为下承台，钢壳不接高，仅由钢管柱接至上承台。所以，双承台管柱基础比沉井基础轻、用料省。

(2)双承台管柱基础结构虽为全钢壳，但其与管柱基础相比，因其管柱(气筒)下沉是随钢壳下沉而下沉的，不必像钢管柱那样，要使用振动打桩机强迫下沉，所以结构截面比较轻型，用钢量并不高。而且有相当一部分为使用后可以回收的万能杆件，故在经济上更具优点。

(3)在工期上，双承台管柱基础为一体化直接施工，工时有效利用率较高，在一个枯水期内能够完成整个基础的建造。

(4)在施工机具及设备方面，双承台管柱基础与管柱基础相比，仅多出4台吊架设备，省去了大型振动打桩机，对电能要求也低，而其余各项施工设备则两者基本相同。

(5)双承台管柱基础施工中，下承台钢壳、管柱、支架及平台都是在钢壳井柱结构处于悬浮状态下接高的。从接高到放气落河床的整个施工过程中，这是以往基础施工中少采用的方法。

(6)施工技术的复杂性是深水双承台管柱基础的另一方面特点，由于各工序的要求都比较高，因此，对施工操作就要严格，不允许有任何疏忽之处。再因辅助结构比较多，入导向架、支架及平台、吊架等均需同时设置，因此，施工辅助结构用料有所增加。

第二节　多柱式基础

多柱式基础在日本是指承台建在水面以上，桥的纵、横向有多排桩的基础类型。在日本按其结构形成仍被分在桩基础中(但不包括沉入桩构成的基础形式)。由于大跨度桥梁的荷载比较大，往往需要有较大的承载能力，当其单桩承载力较大时，有时就设计成大直径的多柱式基础。所谓“柱”，有时可为较大直径的桩、有时可为较小直径的沉井。在日本比较典型的有：大鸣门桥主塔采用了$\phi 4.0$m及$\phi 7.0$m的多柱式基础。横滨港横断桥的主墩采用了9ϕ10m的大直径多柱式基础。图12-2-1是日本大鸣门大桥多柱式基础。多柱式基础的特点见表12-2-1。

图12-2-1　大鸣门桥多柱式基础

多柱式基础的特点　　表 12-2-1

项目	优　点	缺　点
构造	(1)用大直径桩，桩少，基础尺寸也相应地较少； (2)各桩入土深度不等的场合，可按桩入土深度浅的场合同样设计； (3)由于是柱状构造，受水流压力较小	(1)由于顶部重，且是可挠结构，地震时振动衰减不多； (2)在桩施工中，设计上不太要求，因桩周摩擦力的作用，要求桩尖有较大的支承力，故需要有良好的持力层
施工	(1)用工作平台或工作船均可施工，在水深、流急、不能采用临时围堰或筑岛处，可以施工； (2)在石质地层，使用大型钻岩机进行机械化施工，可节省劳力，缩短工期，是经济的； (3)与沉箱基础比，混凝土工程量要少，施工效率要高； (4)套管内可以钻进，且容易采取防止污染的措施	(1)地层状态变化(存在黏性土、砂质土、岩石等复合地层)显著的场合，施工效率差； (2)桩与孔壁间用注浆填充时，需要有确保质量的技术； (3)作为持力层的岩盘，要确认所在位置受荷载时底面的支承力有困难； (4)承台与桩头接合的构造复杂，施工精度要求高

一、施工准备

1. 钻孔平台设计

工作钢平台既是基桩钻进成孔平台，又是基桩混凝土浇注施工的平台，采用钢管桩桁架平台结构形式的主墩桩基。为确保在台风、海潮影响下的稳定性和安全，平台周围各抛设 2 个 10t 的混凝土拉锚。平台设计荷载考虑同时布置 2 台功率 90kW、最大钻径 3.0m、孔深 120m 的冲击钻机，每台钻机重约 20t，与之配套的空压机等设备一套，重 15t，人群荷载。

2. 平台桁架搭设施工

钻孔平台搭设时先打辅助桩，再将钢管桩通过切割或焊接调平，铺设工字钢形成框架，待钢护筒安装完成后，将平台和钢护筒连成整体，以增加工作平台的整体稳定性。钢管桩外径 1 200mm，壁厚 22mm。根据地质情况，支承钢管桩须打入黏土层一定深度，同时确保每根桩打入覆盖层深度不得小于 15.0m。

钢管桩下沉采用 100t 浮吊起吊，配合振动打桩锤施打，在船舷边缘设置钢管桩沉放定位导向架，利用 2 台经纬仪前方交汇控制桩位及垂直度。

插打钢管桩时，先算出各桩的坐标，然后将浮吊船移动至桩位处，四周抛设锚碇，通过船上卷扬机的收放调整浮吊位置，使其前端的定位架位于待插打的钢桩位置后锚碇。利用浮吊船的 2 个吊钩起吊钢桩节段并使其处于竖直状态，将钢桩插放于定位导向架内并进入水中一定深度。

钢桩定位调整完成后，缓慢下放钢桩直至桩下端在自重作用下插入覆盖土层一定深度，然后起吊振动打桩锤施打钢桩直至达到设计高程。

首节段钢管桩长 35m，采用法兰盘形式连接。钢管桩插打完成后，割去钢管桩多余的部分，在钢管桩上用 2I40 工字钢分别作为纵梁和分配梁，并将纵梁和分配梁焊接成整体，在钢管桩的横纵方向采用[20a 连系加劲桁架杆和下弦杆。待护筒安装完毕后，再用 I40 工字钢将钢护筒、I40 纵横分配梁连成一体。最后在平台顶面铺设 10mm 厚钢板和 40mm 厚木板，形成钻孔平台。

二、施工方法

1.施工流程

(1)先沿柱的周边用旋转钻机钻 ϕ1.0m 小孔,中间芯部爆破成孔。

(2)全断面用旋转钻机钻成 ϕ1.0m 的蜂巢成孔。

(3)全断面水下爆破成孔。

(4)现在部用旋转钻机钻 ϕ3.6m 孔,然后逐步向外进行小爆破、剥离成孔。

(5)先用芯部用旋转钻机钻 ϕ3.6m 孔,然后扩孔至 ϕ5.8m,最后再扩至 ϕ7.0m。

(6)一次全断面用旋转钻机成孔。

(7)在中心钻 ϕ1.0m 孔作为导孔,然后用 ϕ7.0m 重锤式钻机,冲击成孔。

(8)直接用 ϕ7.0m 的压气式沉井。

(9)先沿周边 ϕ1.3m 孔,插入 ϕ0.8m 钢管,做成钢管桩围堰,钢管与孔壁间注浆固化后,芯部爆破成孔。

多柱式基础的施工流程如图 12-2-2 所示。

2.海上作业平台的浮运和安装

海上工作平台在岸边干船坞中组装好后,由拖轮海上拖航至墩位,经精密测量控制定位后,以大型浮吊配合施工。施工中所要用的主要船舶见表 12-2-2。

主要船舶表 表 12-2-2

名　　称	说明、能力	数　　量	作业内容
海上工作平台	升降能力	1 台	海上作业场地
浮吊	非自航,固定 3MN 吊车	1 台	安装套管与主桩
拖轮	2 000PS	1 艘	拖航海上工作平台、浮吊
拖轮	500PS	1 艘	拖航平驳、运土船
平驳船	载重 1 000t	1 艘	装运套管、主桩
平驳船	载重 500t	1 艘	装运钢筋笼
运土船	装载量 500m^3	1 艘	运渣
运土船	装载量 300m^3	1 艘	运渣
交通船	—	1 艘	共用
警戒船	—	1 艘	共用
混凝土搅拌船	500m^3/h	1 艘	填充混凝土及砂浆

3.桩柱的施工

工作平台精确安装定位后,利用其上的履带吊机(吊重 150t)精确安装承重梁与导向架,以准确定位出基础桩柱的位置。首先,在导向架安设后,用 300t 的浮吊在稳潮时(潮流速度在 9.26km/h 以下)插放钢套管。受海底面倾斜的影响,插放的钢套管会倾斜,应靠导向架上下层各 4 点处安设的液压千斤顶作校正控制。

钢套管吊插好以后,用振动打桩机将钢套管打入海底岩面内深 2 ~ 5m。振动过程中,套管每下沉 50cm 应进行一次量测,并同时用导向架上的千斤顶校正套管的位置和垂度。最终沉入度,按贯入速度已达每 10min 在 10cm 以内和沉入深度超过 2m 来掌握。由于套管振动,周围岩层会振碎,造成钻孔中的泥浆漏出,使周围的海水受到污染,必须加以注意

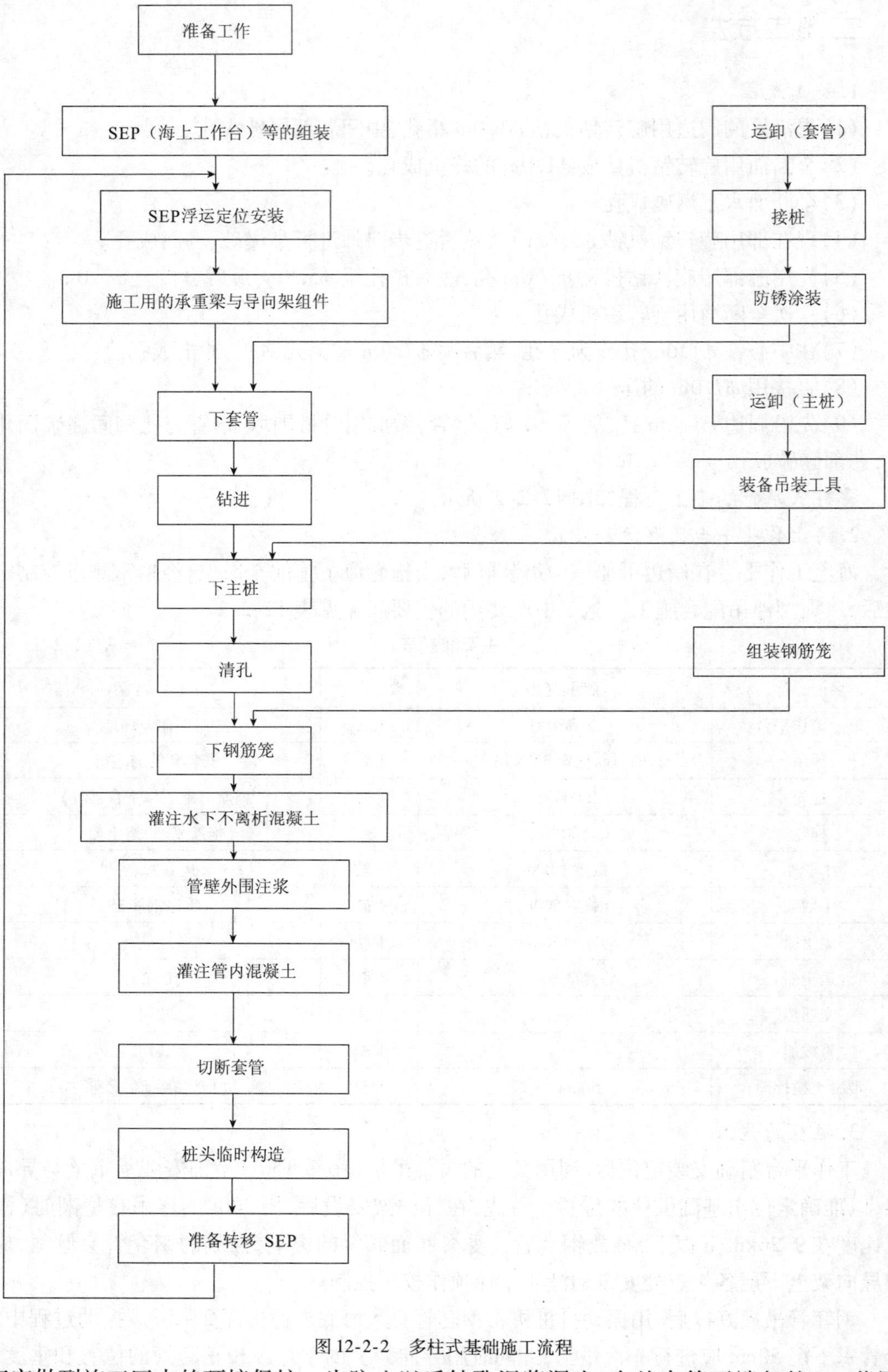

图 12-2-2 多柱式基础施工流程

切实做到施工区内的环境保护。为防止以后钻孔泥浆漏出，在从套管下端起的 2m 范围内，用注浆法灌入速凝型水玻璃。灌入量为假定套管与地层间的间隙为 5cm 的容量的 3

倍掌握。同时,由潜水员检查水玻璃是否从套管周围的海底漏出。后用配有牙轮钻头的反缩环钻机在套管内钻孔。在钻进过程中一面观察钻渣情况,一面按照岩质情况调整钻压和钻速。孔内采用天然泥浆,并经常控制管内外位差在 2 ~ 4m 范围,以保证孔壁的稳定。钻孔达设计深度后,用超声波孔壁检测仪检查孔壁质量,并排出泥浆,孔壁垂直度一般均控制在 1/300 以内。

最后,用 300t 浮吊在稳潮时进行桩柱施工。首先,在钻孔中下主桩柱,此时,必须慎重施工,应特别注意防止其撞击孔壁而引起孔壁的坍塌。桩柱脚的着岩状况,按孔底高程(用测量深锤检测)与桩柱脚高程(桩顶高程减桩长)的比较确认。桩柱的垂直精度控制在 1/500 以内。施工的主要机械如表 12-2-3 所示。

主要机械表 表 12-2-3

名称	说明、能力	台数	作业内容
振动桩锤	VM4 - 3000 连动型	1	下沉套管
振动桩锤	FM - 2 - 80(4000 级)	1	管内空气吸泥钻进
发电机	600kV · A	2	桩锤动力
反循环钻机	S - 600	1	钻孔
	S - 400H	1	清渣
空气压缩机	$19m^3/min$	2	钻孔及排渣的动力
超声波孔壁检测仪	DM682	1	孔壁检测
浮吊	吊重 150t	1	安设机组、安装钢筋笼

下面的施工就是:除渣,安插钢筋笼,灌注填芯混凝土,切断套管及桩头部的临时结构。

除渣:除渣是为了确保桩柱混凝土的质量,将钻孔施工时产生的悬浮泥浆和沉积泥渣排出孔外的重要施工作业。

安装钢筋笼:钢筋笼按料场条件分节,每节长 10m,在场地组装,用 5MN 浮吊运至墩位后,以履带吊机吊入桩柱内安插并连接。

灌注填芯混凝土:由水上搅拌站,用导管法灌注主桩柱的水下混凝土。首先对主桩柱下端相当于桩直径的高度内灌注流动性好的水中不离析混凝土,使桩柱与围岩构成一体。最后,灌注主桩柱填芯混凝土。

切断套管及桩头部的临时结构:最后,用专用的设备按设计规定,切断套管及桩头部的临时结构,使套管的顶端符合规定的高度。在完成后的桩头部焊上型钢,作为承台施工的临时结构,也确保桩的牢固,至此桩柱施工完毕。

第三节 装配式基础

跨大江、大河及海湾海峡的大桥,桥址处水深、潮急、航运频繁,要修建深水基础,现场作业特别困难。为了尽可能减少上述不利因素对施工作业的干扰,国内外已采用了一种装配式基础结构。即采用陆上预制基础部件,浮运到现场,然后在深水中直接拼装施工,将大量现场水上工作改在岸上工厂预制,不仅大大减小施工困难且加快了施工进度。当然,采用这种方法修建桥梁深水基础,事前必须对桥梁墩位处的地质条件调查清楚。如果覆盖层有软土或承载力不足,应分别清除开挖、加固处理或采用打桩等方法作地基处理;如果基底是不平整的岩面,则应采取海底钻孔爆破及清底整平,且清底整平后,用超声波探测仪及水下电视等方法检测其平整度;有的工程采用水上工作平台和大直径钻机对岩面直接进行打磨,可使基底平面高差在10cm以下。基底清理完成后,就可以用大型浮吊吊装法或浮运法将工厂预制好的基础在深水中设置,甚至有的将墩身部件也一同设置施工,这样就能以较快的速度完成桥梁深水基础的修筑。

一、施工准备

现在国外深水装配式基础地基整平与清理施工作业的程序一般为:水底钻孔;孔内装填炸药;无线方式起爆;用挖泥船挖掘并运走泥沙和碎石块;用大钻机磨平基岩;检查验收;设置基础沉设就位。

1. 水底爆破

日本为在潮流很急的水下50m进行海底爆破曾做过大量探索实践,首先,为了在海底准确钻孔,并提供装填炸药的场所,制造了类似石油钻井平台的可升降的施工作业平台。施工作业平台由拖船牵至墩位后,将平台四角的4根脚柱沉放至海底支撑定位形成工作平台。平台中央的开口部安装双套管钻机,钻孔之后抽出内层套管,装填炸药。然后将钻机移动2m左右,日夜不断循环工作。因炸药装填后到起爆一般要经过10d时间,所以研制开发了特殊的炸药和在5个大气压下能保证准确起爆的爆破器材。虽仍是采用雷管起爆产生的冲击波引爆炸药,但因海底潮急采用一般的用导线连接雷管通电起爆,常因为线断而失效。为此采用无线方式的超声波起爆和电磁诱导起爆。

这两种方式都是将装有使雷管点火的电池和电容器以及炸药筒放入钻好的孔中,但这两种起爆方式给电容器充电的方式不同。超声波起爆,是从500m外的水中,向突出海底的微型接收器发射超声波,用第一波向电容器充电,而第二波使电流通向雷管起爆;电磁起爆,是在海底设置环形天线,向天线传送550Hz的交流电,使装在炸药筒中的线圈发电,给电容器充电,向环形天线中止传送电流后即可点火起爆。

在桥址附近若无大型厂房设备和渔港区,每一次爆破的装药量最大可达3t。当有大型厂房设备时应采用小药量的秒差阶段爆破;在渔港居民区则装药量应更小,甚至改用挖土机直接挖掘施工。这是因为海底爆破产生的地基振动和水压力波,对附近的厂房设备、居民以及水中的船只和鱼类都有影响。为研究此影响的范围和大小,日本研制了一使用大型计算机的模拟技术。理论计算出钻孔的间距、装药量,并在爆破现场实测地基振动和水中压力波,建立相互关系,最后不断完善爆破方案并指导以后的爆破施工。

2. 水底挖掘

首先,装配式基础的地基挖掘整平施工和航道疏浚有明显不同,它有严格的高程和精度控制,不能挖掘到设计基底面以下,因此,要正确决定挖掘顺序,使其呈片状一点点顺序挖掘。另外,挖掘位置不正确,不仅会使挖掘量急剧增加,也会使后序的磨削整平和基础设置造成困难,所以确保挖掘精度也是一个重要问题。

对于水底表面的冲积层、覆盖层及靠近基础底面,为了不损伤岩基,应采用质量较小而容积较大的平抓斗，如85t、容积25m³的平抓斗；而对于爆破层，因爆破孔是按间距2m设置，岩层爆破后是从三个方向龟裂、并未成粉状破碎，应用质量大、容积小的带齿抓斗插进裂缝中进行挖掘，如125t、容积13m³的带齿斗。

3. 地基面的磨削平整

深水装配式基础的地基面磨削平整施工，就是指将抓斗挖掘后高差为50cm的地基面要用钻机磨削至凸凹高差在±10cm之内，并将海底积存的碎渣清除干净后认真检查、确认的作业。为保证装配式基础的准确设置和确保地基承载力，无疑地基面的磨削平整质量是深水设置基础成败的关键之一，一定要认真检查、确认。

二、施工方法

1. 施工步骤

装配式沉井基础一般施工流程如图12-3-1所示。

2. 装配式基础的系泊与沉放

装配式基础的特点是施工整体化程度高，基础体积一般都比较大，承载力高，防撞措施等靠自身就能解决，现场作业量也较少，因此可以大大加快工期。但是基础的整体预制需要较大的场地，并且超大的基础体积往往需要有船坞、大型起重机等设备，基础的设计也比较复杂。装配式基础的现场作业工作主要是事先的地基处理工作，浮运、下沉与整个过程中的定位测量使作业的工程量很少，比较适合大型的跨海大桥工程。

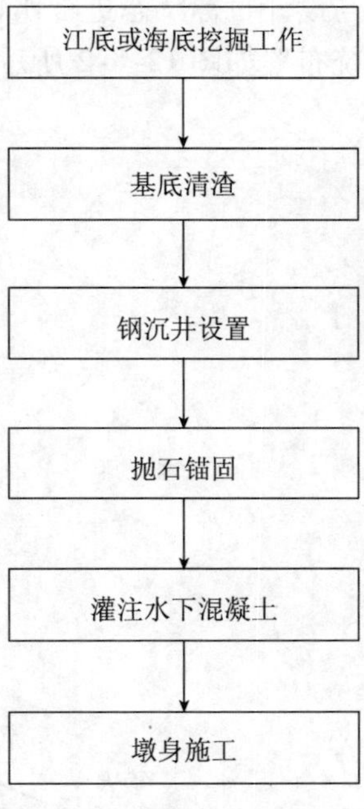

图12-3-1 装配式沉井基础一般施工流程图

装配式基础由于体积较大，其浮运、沉放等施工工艺要求较高，一旦这类大型基础的浮运或沉放出现事故，对工程造成的损失难以估量。要保证基础在下放到河床之前万无一失，是一项细致而又十分艰巨的任务。

明石海峡大桥的主塔基础采用了装配式基础的思路进行设计施工。其主塔2P、3P处的水深分别为45m和35~40m；海峡中心附近最大潮流为4.5m/s，2P处为3.5m/s，3P处为4m/s；一般最大阵风风速为40m/s，最大风速曾经达到65m/s。所以其基础是在大水深、大流速和大风浪的情况下施工的，其浮运和定位系泊的工程难度相当的大。

主塔基础2P和3P是在岸边的干船坞中整体预制的，其尺寸巨大。基础外形为圆形，圆形的外形不仅符合基础受力上的要求，而且在拖航、系泊和沉放时不需要调整方向，容易操作，稳定性好，不易受经常变化的潮流、波浪的影响，且基础底部的防冲刷性能也好。

根据潮流流速快，流向变化大，平潮时间短而又基础尺寸大的特点，按照可靠度、大型化和高速化的要求，设计基础的系泊系统。系缆索的直径为ϕ120mm，是能作业的系缆的最大直径。考虑到基础系泊的控制与最大拉力情况，采用8点系泊方式，一点的系泊拉力为3.92MN，屈服时拉力为9.8MPa。卷扬机的卷入力和速度在系缆索连续作业时需要196kN×30m/min；在系泊作业时需要3.92MN×2m/min。当在连续作业时采用鼓筒式卷扬机，在系泊作业时采用直线式卷扬机。

装配式基础的下沉是通过往基础中隔仓注水实现的，为了能在下沉中控制倾斜度，不仅需要安置注水泵，还设置了排水泵，以便在基础下沉倾斜时能浮起。在基础沉放时，需要迅速而又准确地了解基础的倾斜度、平面位置、距离海底的距离、系泊缆索的拉力等信息，为此，在各处都布置了传感器，将所采集的数据传递到计算机，经处理后通过显示器实时进行监控。在现场安放基础之前，装配式基础先在小豆岛海上进行了总试运转和练习，全面检查了系泊系统、沉放系统、操作管理系统的工作状态。基础下沉时分为三次，第一次下沉到海平面下 37m，第二次下沉到 59m，第三次下沉着底，再加载注水。基础放置后基本没有倾斜，水平位置的偏移也不超过 5cm。

3. 施工控制和测量

为了安全、准确地进行设置沉井的临时锚碇、沉设、位置调整和最后定位等各项施工作业，施工中配置有各种测量仪和传感器，能及时采集数据、分析，并随时将沉井的实际状况与设计目标状态进行比较，做出调整方案在屏幕上显示和下达命令。施工控制及测量系统布置如图 12-3-2 所示。

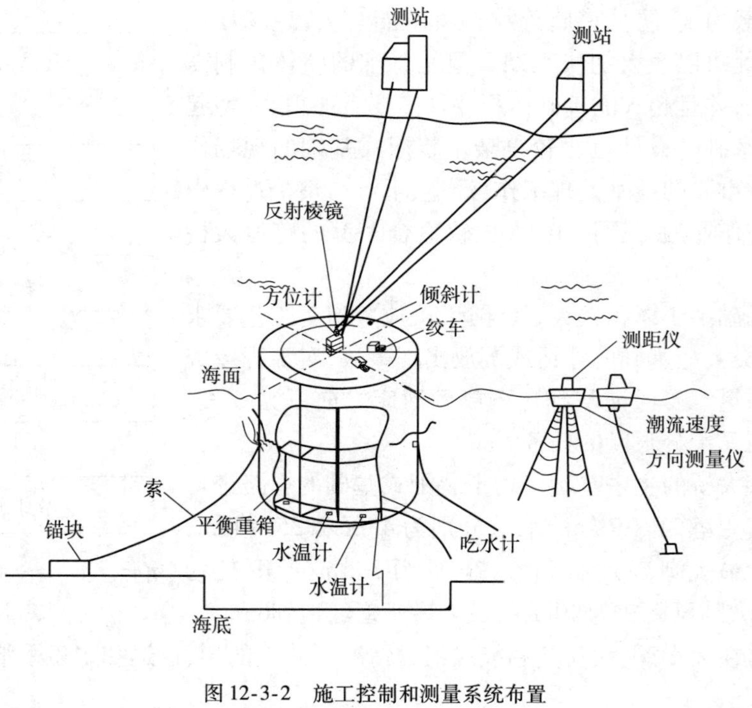

图 12-3-2　施工控制和测量系统布置

其施工控制和测量的主要项目有：

(1)潮流速度、流向及水温测量——由利用多普勒效应制作的潮流速度——流向仪测量沉井临时锚碇或沉设位置处的潮流速度和流向，由水温计测量海水的温度。

(2)锚碇索力和注水量的控制测量——用测力传感器测量 8 台绞车上锚碇索的索力和伸长量，并用水位计测量沉井内、外钢壁各区间的注水量。

(3)平面位置控制测量——为了精确控制装配式沉井的平面位置，在岸上设置了 2 台全站仪，由三角测量系统每 5s 测量一次，并确定其与目标位置的误差。

(4)高度和倾斜量的控制测量——沉井底部与海底面的水深、沉井底部与海平面的入水深均由水深测量仪测定，而装配式沉井沉没过程中的倾斜量由测倾仪测量。

本章参考文献

[1] 刘自明. 桥梁深水基础[M]. 北京:人民交通出版社,2003.
[2] 陈开御. 大直径多柱式桥梁基础在日本的运用[J]. 铁道工程学报,1996(1).
[3] 严国敏. 日本大芝桥的设计与施工[J]. 国外桥梁,1997(4).

第十三章 承台

第一节 概 述

承台是桩与柱或墩的联系部分。承台把几根,甚至数十根桩联系在一起形成桩基础,是桩基础桥梁中广泛采用的重要结构。按构造形式,承台分为高桩承台和低桩承台。低桩承台一般埋在土中或部分埋进土中,高桩承台一般露出地面或河床,常采用围堰施工。

按施工方法,承台分为现浇承台和预制式承台。现浇承台为最常规工艺,采用现场绑扎钢筋、立模、浇注混凝土的施工工艺;预制式承台为工厂化生产,现场安装的一种新型施工工艺。

按埋置方式,承台分为陆上承台和水中承台。陆上承台一般采用明挖基坑方式现浇施工,水中承台一般采用围堰法进行施工。

本章将主要对水中承台各种围堰、大型承台施工工艺进行详细讲述。

第二节 围堰工程

一、概述

围堰是为桥梁水中基础施工而采用的挡水构造物,为桥梁基础施工提供干作业环境。水中承台通常采用围堰法进行施工。常用围堰类型包括土石围堰、板桩围堰、锁口钢管桩围堰、混凝土套箱围堰、有底吊箱围堰(分单壁和双壁)、无底套箱围堰(分单壁和双壁)等。

1. 一般规定

(1)围堰高度应高出施工期间可能出现的最高水位(包括浪高)0.5~0.7m。

(2)围堰外形一般有圆形、圆端形(上、下游为半圆形,中间为矩形)、矩形、多边形等。围堰外形应综合考虑施工区域水流情况,减少河流断面被压缩后,流速增大引起水流对围堰、河床的集中冲刷,减小对航道、导流造成的影响。

(3)堰内平面尺寸应满足基础施工的需要。

(4)围堰要求防水严密,减少渗漏。

(5)堰体外坡面有受冲刷危险时,应在外坡面设置防冲刷设施。

2. 围堰类型及适用条件

围堰类型及适用条件见表 13-2-1。

围堰类型及适用条件　　表 13-2-1

围堰类型		适用条件
土石围堰	土围堰	水深不大于1.5m,流速不大于0.5m/s,河边浅滩,河床渗水性较小,当外坡有防护措施时,流速可大于0.5m/s
	土袋围堰	水深不大于3.0m,流速不大于1.5m/s,河床渗水性较小或淤泥较浅
	木桩竹条土围堰	水深1.5~7m,流速不大于2.0m/s,河床渗水性较小,能打桩,盛产竹木地区
	竹(铁丝)笼围堰	水深4m以内,河床难以打桩,流速较大
	堆石土围堰	河床渗水性很小,流速不大于3.0m/s,石块能就地取材
板桩围堰	钢板桩围堰	浅滩区、深基坑、流速较大的砂类土、黏性土、碎石土及风化岩等河床。防水性能好,整体刚度较强
	钢筋混凝土板桩围堰	深水或深基坑,流速较大的砂类土、黏性土、碎石土河床。除用于挡水防水外,还可作为基础结构的一部分,可周转使用
锁口钢管桩围堰		水深较深、流速较大区域,砂类土、黏性土、碎石土及风化岩等多种河床较适用
混凝土套箱围堰		深水高桩承台,承台尺寸较小,数量较多区域
有底吊箱围堰	单壁有底吊箱围堰	深水高桩承台,流速较小,承台规模较小
	双壁有底吊箱围堰	深水高桩承台,流速较大,承台规模较大
无底套箱围堰	单壁无底套箱围堰	低桩承台,水深较浅,流速较小,黏性及砂性土层
	双壁无底套箱围堰	深水底桩承台,流速较大,淤泥层、黏性土、砂性土、碎石土层

二、土、石围堰

(一)技术要求

各种形式土、石围堰技术要求见表 13-2-2。

各种形式土、石围堰技术要求　　表 13-2-2

类别	填料	顶宽(m)	边坡(高:宽)	
			内侧	外侧
土围堰	渗透性较小的黏质土、砂质黏土	1~2	1:1.0~1:1.5	1:2~1:3
土袋围堰	袋内装黏质土	1~2	1:0.2~1:0.5	1:0.5~1:1
	有黏质土心墙,内外侧袋内装黏质土或砂土	2~2.5		

续上表

类别	填料	顶宽(m)	边坡(高：宽)	
			内侧	外侧
木桩竹条土围堰	黏质土	≥水深	1：0	1：0
竹(铅丝)笼围堰	笼内填卵石、石块,心墙填黏质土	≥水深	1：0	1：0.3
堆石土围堰	内外侧堆卵石、石块,心墙填黏质土	1~2	1：0~1：0.5	1：0.5~1：1

注:堰内坡脚至基坑边缘距离根据河床土质及基坑深度而定,但不得小于1.0m。

(二)施工布置

土、石围堰修筑应密切结合主体工程所在位置、现场实际情况,在满足一般规定的前提下,做出合理的施工布置,见图13-2-1和图13-2-2。河宽不影响流水和通航时,可在墩、台位置设局部围堰,见图13-2-1a);如受河宽限制,应先开挖临时性引水渠,然后在桥位上、下游拦河筑堰,见图13-2-1b)。

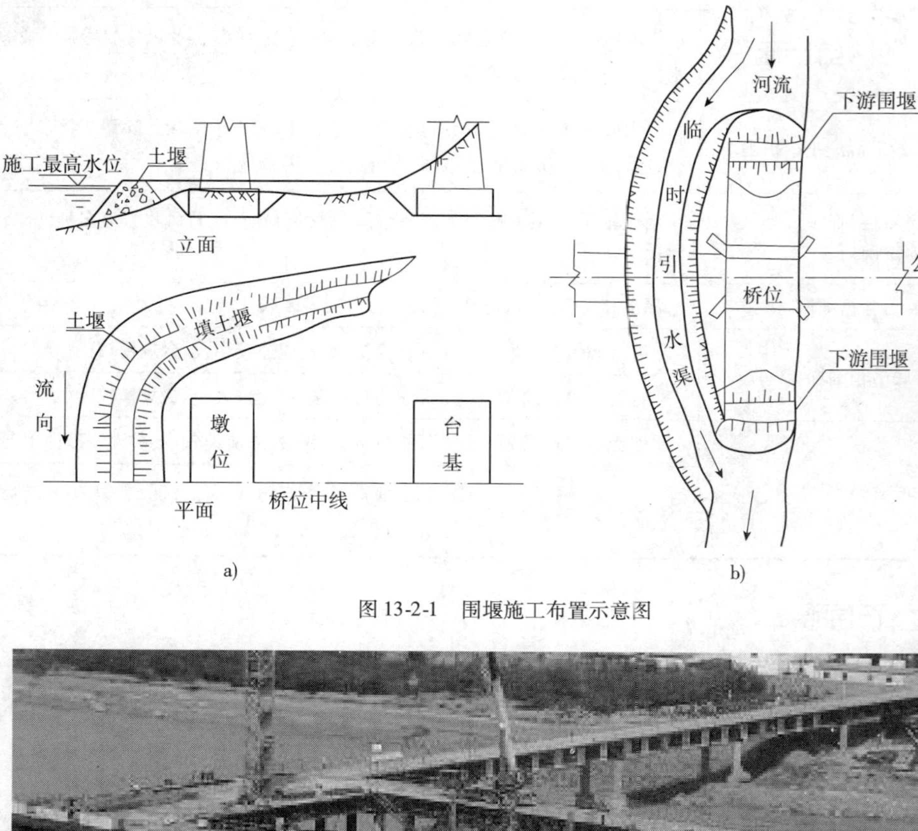

图13-2-1 围堰施工布置示意图

图13-2-2 土、石围堰施工布置示意图

(三)各种土、石围堰的结构及施工方法

1. 土围堰

在筑堰之前,必须将河床底的树根、石块及杂物清除干净。筑堰材料宜用黏性土或砂夹黏土,填土应自上游开始至下游合拢。

围堰填筑时不要直接向水中倒土,而应将土倒在已出水面的堰头上,顺坡送入水中,以免离析,造成渗漏。填出水面之后应进行夯实。

因筑堰引起流速增大使堰外坡面有受冲刷的危险时,可在外坡面用草皮、柴排、片石、草袋或土工织物等加以防护。当缺黏质土时,可用河砂填筑,必要时加设黏土心墙。砂堰填筑完后,开始时应徐徐抽水,以便水中悬浮物渗过砂堰时,形成一道土障,减少渗漏。

2. 土袋围堰

河床土质渗水性较小时,可筑土袋围堰,围堰中心部分可填筑黏土及黏性土心墙。用草袋、麻袋或编织袋装松散的黏质土,装土量为袋容量的1/2~2/3,袋口缝合。有黏土心墙的围堰,也可用砂土袋装,堆码土袋的上下层和内外层应相互错缝,堆码密实平整。

当流速较大时,外圈土袋可装小卵石或粗砂,以防被水冲走,必要时抛石防护或者外圈改用竹篓或荆条框内装砂石。

在内外圈土袋堆码至一定高度或出水面后,即可填筑黏土心墙,填筑方法同土堰,见图13-2-3a)。

在水不深但河床有一层不厚的易于透水的覆盖层时,为免渗漏,可在外圈围堰完成后,先行抽水,至水深约50cm时,挖除内堰底下的覆盖层,然后堆码内堰土袋,填筑心墙,即可防止河床漏水,见图13-2-3b)。

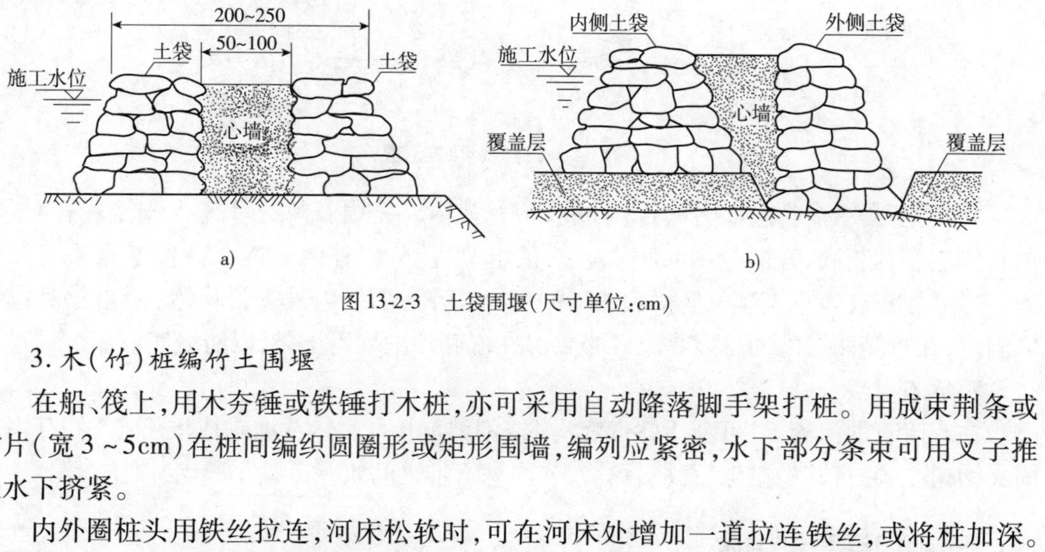

图13-2-3　土袋围堰(尺寸单位:cm)

3. 木(竹)桩编竹土围堰

在船、筏上,用木夯锤或铁锤打木桩,亦可采用自动降落脚手架打桩。用成束荆条或竹片(宽3~5cm)在桩间编织圆圈形或矩形围墙,编列应紧密,水下部分条束可用叉子推送水下挤紧。

内外圈桩头用铁丝拉连,河床松软时,可在河床处增加一道拉连铁丝,或将桩加深。围堰较高时,应在桩中部增加拉连铁丝。水下拉连铁丝可在水面拉好后,用叉子送至水下预定位置。木(竹)桩编竹土围堰见图13-2-4。

铁丝拉好后,在内外圈之间填以黏质土,填土要求同土堰。在堰底外侧可酌情抛石防护。

4. 竹(铁丝)笼围堰

竹笼用竹片编成长圆形,直径80~100cm,笼长视围堰高度而定,笼内用十字对拉铁

丝拉紧,以防竹笼变形,在缺乏适用的竹片时,也可采用铁丝或钢筋编成铁丝笼代替竹笼。笼的构造、形状及尺寸应适应河床、水流、基坑大小及防渗要求,采用单层竹笼内侧(或外侧)堆填土袋;采用双层竹(铁丝)笼,内填黏土,如图 13-2-5 所示。

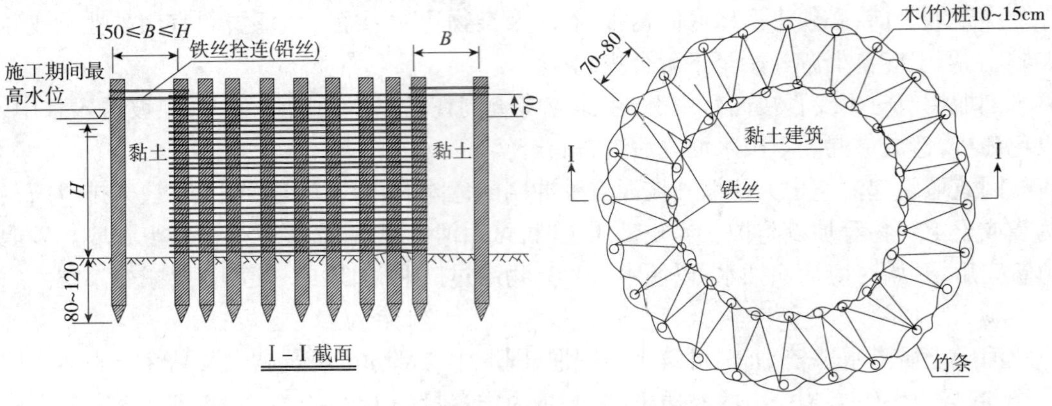

图 13-2-4 木(竹)桩编竹土围堰(尺寸单位:cm)

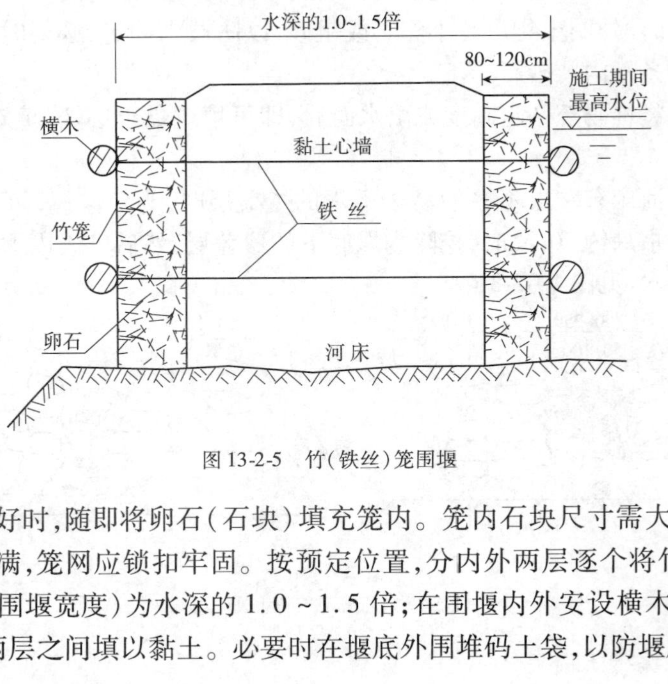

图 13-2-5 竹(铁丝)笼围堰

在竹笼安放好时,随即将卵石(石块)填充笼内。笼内石块尺寸需大于笼网孔眼,笼内石块应塞紧装满,笼网应锁扣牢固。按预定位置,分内外两层逐个将竹笼靠紧安放整齐,内外层距离(围堰宽度)为水深的 1.0 ~1.5 倍;在围堰内外安设横木,用铅丝对拉绞紧固定,在竹笼两层之间填以黏土。必要时在堰底外围堆码土袋,以防堰底渗漏。

5. *堆石围堰*

在有流石的河流上,可利用就近河沟(或河滩)中的大卵石堆砌成堆石土堰,石块之间夹铺树枝,并将其中空隙用黏土填满,或内外石堆之间筑一道黏土心墙,以防渗漏。

三、锁口钢管桩围堰

锁口钢管桩(日本叫钢管板桩)广泛应用在护岸、防波堤、桥梁基础围堰、挡土墙基础等工程中。在公路与桥梁施工中,常用于基础工程的挡水、挡土等,适用深水或深基坑,流速较大的砂类土、黏性土、碎石土及风化岩等多种河床,尤其在水下的土层中有障碍物、密集孤石(片石)时,应用锁口钢管桩围堰施工承台比较合适。锁口钢管桩围堰的主要结构是支护钢管桩、锁口、水平支撑和封底混凝土。围堰主要是靠精密加工的锁口和在锁口处灌注一定的止水材料达到止水效果。通过锁口钢管桩安装下沉、混凝土封底、抽水、承台施工 4 个阶段来实现大型桥梁深水桩基、承台等的无水施工。

(一)锁口钢管桩围堰设计

锁口钢管桩任意两根(组)钢管桩之间采取连接措施,连接措施起横向连接和滞水作用。一般采用 $\phi500 \sim 2000$mm 的钢管进行施工。

1. 锁口钢管桩围堰布置形式

围堰结构平面布置要与钻孔桩护筒及管柱的布置相配合,平面布置形式有圆形、矩形、多边形和圆端形等,常用结构布置见图 13-2-6。

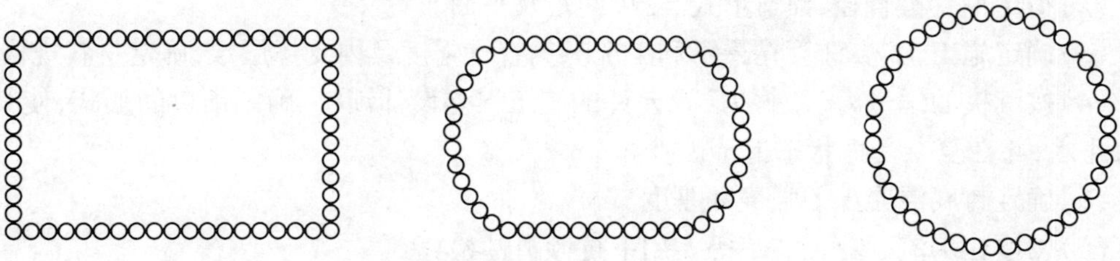

图 13-2-6 钢管桩围堰平面形式

a)矩形;b)圆端形;c)圆形

2. 锁口钢管桩围堰锁口与支护设计

依据对围堰侧压力、抗倾覆稳定性、管桩的弯矩和支撑反力的计算结果,进行锁口样式设计。通常的锁口形式有:钢轨与槽钢的接口形式,槽钢与工字钢的接口形式等,锁口构造见图 13-2-7。

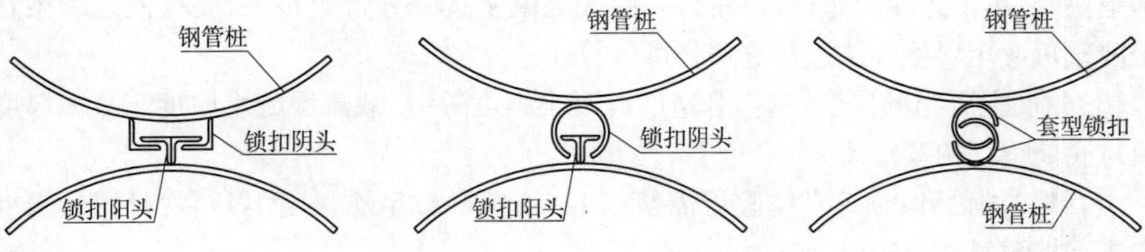

图 13-2-7 钢管桩围堰锁口构造

a)L-T 形;b)C-T 形;c)C-C 形

支护结构选择钢管桩,水平设置内支撑,水平支撑与钢管桩之间采用工字钢或槽钢作为分配梁连接。根据现场施工设备,钢管桩可选用单根或多根组合形式(图 13-2-8),单根或单组两侧分别焊接公、母扣。锁口材料尺寸及规格根据计算确定。

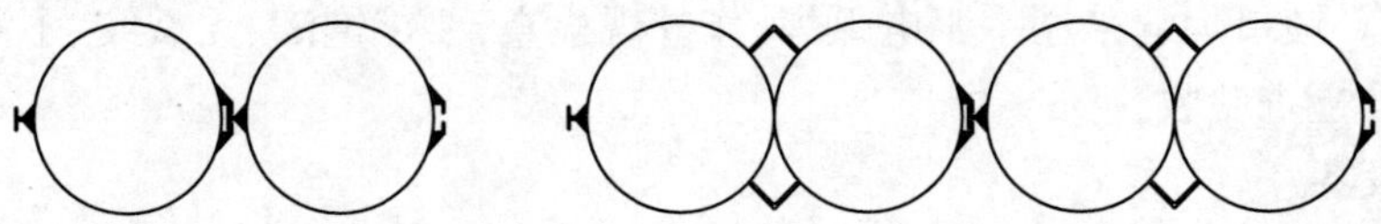

图 13-2-8 锁扣钢管桩组合形式

a)单根形式;b)多根组合形式

3. 锁口钢管桩围堰止水设计

止水填充材料在止水区域具有一定的强度，确保在施工中不因水压及水流冲刷而损坏，同时不能因止水区域的材料强度过高而致使钢管桩无法拔出回收造成浪费。锁口内常用填充材料有：棉纱、棉纱裹黄泥、黄泥混稻草、灌注砂浆、煤屑及石油泥浆等材料。

（二）锁口钢管桩围堰计算

1. 围堰计算

锁口钢管桩的计算主要有：

(1) 收集气象、水文、地质、加工制造、吊装、桩锤等有关资料，计算设计参数。

(2) 拟定钢管桩直径、锁口形式、支撑间距及平面布置。

(3) 确定施工工况，计算在最不利工况时钢管桩强度及内支撑层数，确定材料规格。

(4) 按沉桩的锤击力（激振力）及允许的施工误差设计锁口，确定锁口的形式，使其能注浆止水，并在复杂受力状态下不被破坏。

(5) 确定封底混凝土的强度和厚度。

(6) 围堰在水流、风力、波浪等作用下抗倾覆性检算。

2. 计算要点

(1) 钢管桩的截面选择：初拟钢管截面尺寸必须符合《钢结构设计规范》（GB 50017—2003）的规定：钢管直径（D）/壁厚（t）$\leqslant 100 \cdot (235/f_y) \cdot \frac{1}{2}$。在保证钢管总体稳定性前提下，为防止桩端部出现压曲，在管桩下端贴焊钢板补强，补强板的厚度与原管壁叠合后的径厚比（D/t）$\leqslant 0.8 \times 50 = 40$，式中，0.8 是两层叠合板的折减系数。

(2) 钢管桩的支点处理：为防止钢管桩与水平支撑接触处钢管压曲，在钢管内加钢环或木垫块，使集中力变均布荷载；钢管与封底混凝土接触处弯矩很大，要按照连续梁在支座处削减负弯矩峰值办法进行管壁强度计算。

(3) 封底混凝土的厚度：选择合适的混凝土强度等级，减薄混凝土厚度。减薄厚度能削减封底处钢管的弯矩值。

(4) 锁口的设计：锁口有空腔可灌浆堵漏；锁口要有足够强度不开裂；对锁口强度检算主要有桩倾斜造成锁口受弯、扭、剪作用。

（三）锁口钢管桩围堰施工

1. 锁口钢管桩的加工、拼装

钢管桩和锁口在工厂内加工、试拼，所用钢材必须满足设计要求，符合相关规定。锁口处构件必须严格按设计尺寸下料，控制钢管桩的垂直度以及公、母扣的吻合程度，加工完成后要逐根试拼。锁口与钢管焊接时，首先在钢管上精确定出锁口位置，然后点焊固定，最后满焊。锁口焊缝采用手工电弧焊，作外观检查，要求饱满、无裂纹、不漏水，按Ⅱ级焊缝质量标准检查验收。

2. 打桩设备

打桩设备有桩锤、桩架、桩帽或桩垫。

桩锤可分为落锤、单作用气锤、双作用气锤、柴油机打桩锤、振动打桩锤，施工时应依桩径、桩长及现场地质情况选用桩锤，锁口钢管桩常选用振动锤，振动锤的激振力大小主要根据桩的长度和地质条件而定;桩架须架设于稳定平台上用于导向;打桩前应先将下端内径略大于桩径的钢制桩帽套入桩头内,避免打桩时破坏桩头,若是锁口钢管桩,直接用振动锤夹具夹在桩壁上施打。

3. 导向架安装

设置钢管桩导向架,保证钢管桩打入时的精度。在定位桩(或桩基钢护筒)上焊装牛腿,牛腿上测量定出围堰内外框线,沿着内外框线安装导向圈梁。钢管桩顺导向架下插。在施工中加强测量工作,发现倾斜及时调整,每根(组)桩的倾斜度均不大于1%。

4. 下沉锁口钢管桩围堰

(1)插桩和沉桩:在全面插打钢管桩以前,先试打两根。试打是为了核对水文、地质情况,检验选择的施工工艺是否符合相关质量、安全要求,必要时进行修正。

吊运钢管桩至沉桩位置,使其锁口与已下沉钢管桩的阴阳锁口咬合,并从定位架中缓慢下放,至进入河床自稳不下沉为止。用振动锤沉桩,至设计深度或不能下沉时停止。若高位止桩,查阅地质资料,遇孤石、片石等地段,必须将桩锤击到位。

(2)纠偏:第一根钢管桩的垂直度影响整个围堰的垂直度,其打入时要缓慢,沉至2/3设计深度时暂停沉桩,检查桩身的垂直度,满足要求继续沉桩,否则拔出重打。其他的钢管桩在定位架和锁口的共同作用下,每插打15~20根作一次检查,保证桩身的垂直度。

(3)沉桩顺序:钢管桩从围堰上游中间开始,对称向下游依次沉入,到下游中间合拢。钢管桩插打最后4~5根桩时,测量缺口宽度,准确计算出合拢桩的外径,加工大小合适的钢管桩运至施工现场插打。为避免使用异型桩进行合拢,减小合拢难度,应采取以下措施:当剩余10~15根桩的距离时,之后每打入一根桩,均需用经纬仪控制其垂直度。若桩身存在偏斜,应逐根纠正,分散偏差,调整合拢。

5. 围檩安装施工

计算水平内支撑层数及层间距。当锁口钢管桩全部插打就位形成整体围堰后,进行抽水、开挖及安装水平支撑。根据水平围檩位置,在钢管桩上焊接型钢托架,作为围檩安装的支承。将岸上下料并连接好的型钢圈梁吊放到托架上,紧贴钢管桩并与其焊接,不能紧贴钢管桩的,在两者之间加小钢板焊接,同时安装斜撑。

在围堰内部进行抽水及土方挖掘,根据计算工况逐层安装其他层围檩及内支撑。随开挖进行降水,使开挖始终保持在微渗水状态下。严格按照工况进行开挖,严禁超挖,开挖到底后及时封底。开挖全过程监控支护结构的变形,变形超限时停止开挖,待查明原因并妥善处理后方可继续开挖。开挖时若锁口处漏水,可采用防水砂浆、胶泥、木条等将漏点封堵。

6. 锁口止水

锁口止水是锁口钢管桩围堰设计的关键,主要靠锁口内填充材料止水。由于是在水中向锁口里填充材料,所选择的材料必须保证在止水区域具有一定的强度,确保在后续的施工中不因水压及水流冲刷而损坏,同时也不能因止水区域的材料强度过高使钢管板桩无法拔出回收造成浪费。目前常用的方法有在锁口内填充棉纱、棉纱裹黄泥、黄泥混稻草、灌注砂浆、煤屑及石油泥浆等作为填充材料对锁口进行止水。

使钢管桩下沉后锁口严密吻合,不仅要求在加工过程中保证钢管桩的垂直度以及公、母扣的良好吻合程度,而且要求它在锤击下沉作业进行时,保持钢管桩较好的垂直度以及公、母扣的间隙。

锁口止水前,采用高压水泵将锁口内的泥砂清理干净,然后将止水填充材料充分拌和均匀,依次对锁口处填塞封堵。

7. 基底处理

清底后进行水下混凝土封底,根据封底面积和水下混凝土的流动坡度在水中设点,封底混凝土增长高度要基本一致。封底时测量要及时准确,防止混凝土离析或局部未灌注达不到止水效果。

封底混凝土强度达到设计要求后,进行堰内抽水。抽水时同步观测围檩、内支撑、钢管桩的应力应变和渗漏水情况。应力应变超过设计容许值时,要停止抽水,查明原因。发生锁口射流或堰底管涌现象时,要停止抽水,采取相应堵漏措施后方可重新抽水。抽水后进行桩头破除及堰内清理,准备承台及墩身施工。

8. 钢管桩拔除

承台施工完成后,对钢管桩围堰进行拆除。用振动锤振松锁口的浆体后,再将钢管桩逐次拔出。围堰拆除按由下而上、先支撑再围檩,最后拔除钢管桩的顺序进行。拆除支撑时要平衡围堰内外的压力差,支撑体系全部拆除后,进行钢管桩的拔除作业。拔除的钢管桩应清刷干净,修补整齐,除锈涂刷防锈油漆。在运输堆放时,防止变形损坏。

四、板桩围堰

板桩围堰有木板桩围堰、钢板桩围堰和混凝土板桩围堰等形式。木板桩防水效果不佳,施工烦琐,耗材多,与国家的有关技术经济政策不符,故近年来已很少采用,在此从略。

(一)钢板桩围堰

钢板桩围堰是最常用的一种板桩围护结构,在桥梁基础施工、河道治理、港口防护、土体支挡、地下工程等多领域均有大规模的使用,可设计成临时围护结构和永久性支护结构。

钢板桩围堰适用于河床覆盖层较厚的砂类土、碎石土、半干性黏土及风化岩层等基础工程。围堰整体刚度大,防水性能好,打拔桩容易,回收率高,可节省大量现场构件。

当基础较深,渗水量大,边坡(坑壁)容易坍塌时,围堰内侧适当增大有效工作距离,以确保安全。钢板桩的入土深度及是否使用支撑,通过计算进行确定。

1. 平面布置

钢板桩围堰一般能够按结构物外形或施工需要布置成多种形状(图 13-2-9),常用的结构形式如下。

(1)圆形:受力最理想,支撑结构简单,但占河床面积大,增加河道通航困难。

(2)矩形:占河道面积较小,但受水流冲击力大。

(3)圆端形:占河道面积小,利于通航,受水流冲击力较小,但支撑结构复杂,对基础开挖和墩身施工有一定影响。

2. 结构形式

分单层(或称单壁)和双层(或称双壁)两种。

单层结构形式由定位桩、导向系统、围檩、内支撑及钢板桩组成。单层结构形式最为常用,当水深和流速较大时可采用双层结构形式。钢板桩围堰双层布置形式见图 13-2-10。

a)　　b)

图 13-2-9　钢板桩平面布置形式

a）圆形；b）圆端形

图 13-2-10　钢板桩围堰双层布置形式

定位桩可用木桩、预制管桩或钢管桩，导向系统、围檩等一般多用型钢组成，内支撑多使用型钢及钢管施工，对小型围堰围檩也可用方木制作，见图 13-2-11。

3. 钢板桩类型及规格

（1）按钢板桩横断面形状分类（图 13-2-12）

①Z 形：断面模量最大，适用于承受较大水压力、土压力的围堰，但必须将两块或几块连成一组后进行插打，施工较不方便。

②槽形（U 形）：断面模量较大，适用于承受较大水压力、土压力的围堰，施工方便，最常用。

③平形（或直形）：断面模量小，不宜用于承受较大水平力的围堰，但适用于承受水平方向有横向拉力的圆形筑岛围堰，施工方便。

④工字形：断面模量大，连接缝难密合，防水性能差，施工不便，亦不经济。

（2）按钢板桩锁口形状分类（图 13-2-13）

①阴阳锁口：板桩的一边为凸榫，另一边为凹槽，两桩锁口连接能转角 10°～150°，但防渗性较环形、套形差。

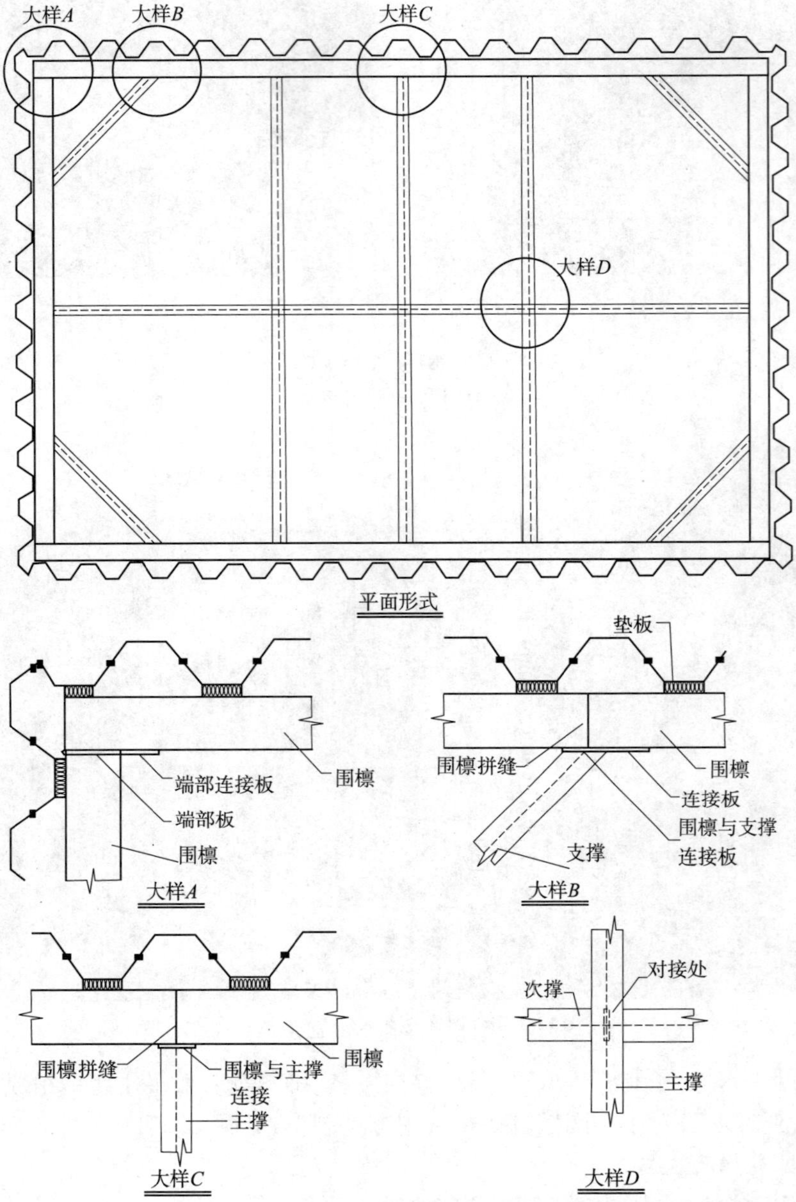

图 13-2-11　钢板桩围堰围檩与支撑系统

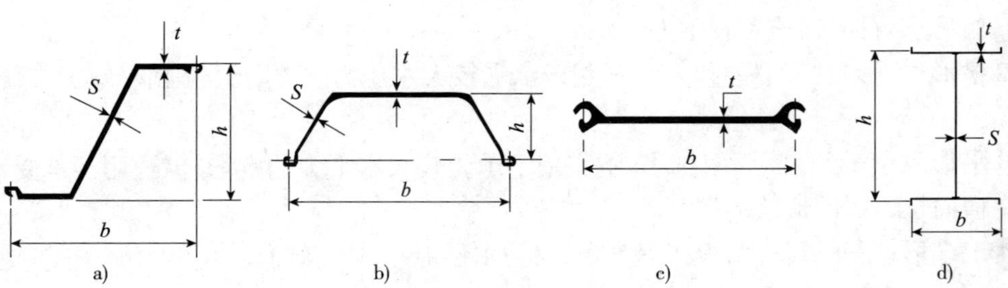

图 13-2-12　钢板桩断面形式

a) Z 形；b) 槽形；c) 平形；d) 工字形

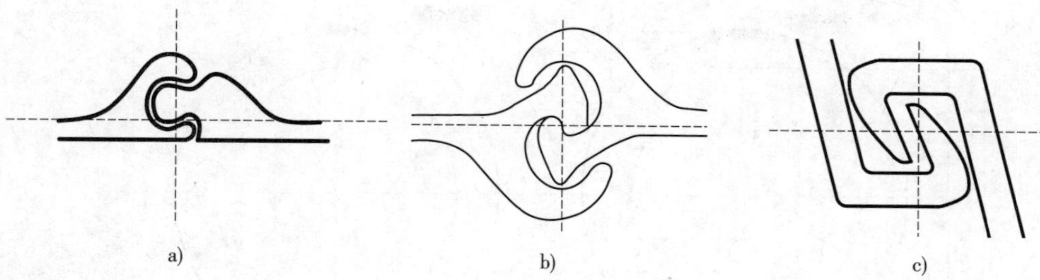

图 13-2-13　钢板桩锁口形式

a)阴阳锁口;b)环形锁口;c)套型锁口

②环型锁口:板桩的两边均为凹槽,槽口的一边为凸榫,如美国拉克万纳型板桩。

③套型锁口:板桩两边均为勾状形,勾头为榫,勾身为槽,如德国拉森型及国产鞍钢型板桩,两桩锁口连接能转角 10° ~15°,防渗性很好。

各类型钢板桩在锁口连接处能转一定的角度,且均有圆形最小半径的规定,故钢板桩可以连接成多种形状的围堰,矩形及多边形围堰在转角处使用特制的同类型角桩。

直角形转角桩标准断面见图 13-2-14。

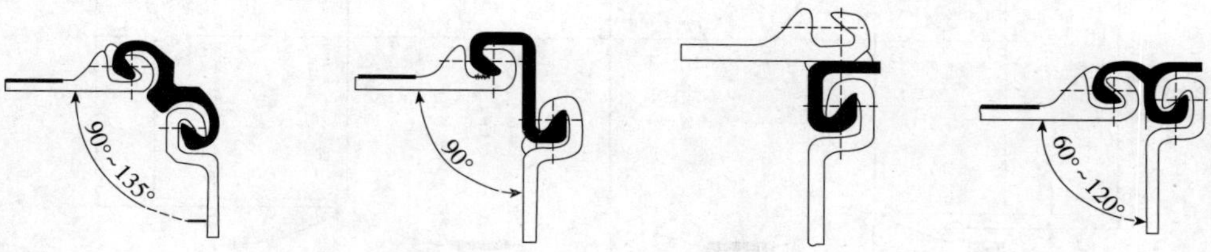

图 13-2-14　钢板桩锁口直角形转角桩形式

在一个围堰内所有的钢板桩宜采用同类型同锁口的钢板桩,如用不同锁口钢板桩时,则需加制异形板桩连接。

国外还有一种被称作细胞形的双层钢板桩,有圆柱式和隔板式。其平面形状参见图 13-2-15,圆柱式细胞形和隔板式细胞形是双层钢板桩围堰中较好的平面形式,比单层悬臂式或支撑式经济,且防水性能好。尤其是每个"细胞"自成一个单元,施工时不必逐个依次进行,单个"细胞"堰体的破坏,不致危及其他"细胞"。

圆柱式细胞形围堰是由一连串单独的圆形堰体,中间以圆弧连接而成;隔板式细胞形围堰系由两排对应的圆弧,用隔墙在圆弧交接点相连而成。

隔板式比圆形具有更多的优点:各板桩间的连锁应力分布均匀,在弧的连接处的应力比圆形小得多;若需加大堰体宽度,只需增加隔板长度,无需变更圆弧半径,也不致增加连锁应力,而圆形堰体如加大直径后,连锁应力将急剧增加。

细胞形双层围堰的圆弧交接处需用普通钢板桩铆接或焊接成 T 字形或 Y 字形,见图 13-2-16。

(3)按钢板桩成型分类

钢板桩按生产工艺划分有热轧钢板桩和冷弯钢板桩两种类型。工程建设中,热轧钢板桩一直是工程应用的主导产品,但目前国内冷弯钢板桩生产厂家较多,材质及力学性能均能满足施工需要,规格型号较多,也可专业定制,应用范围逐步扩大。

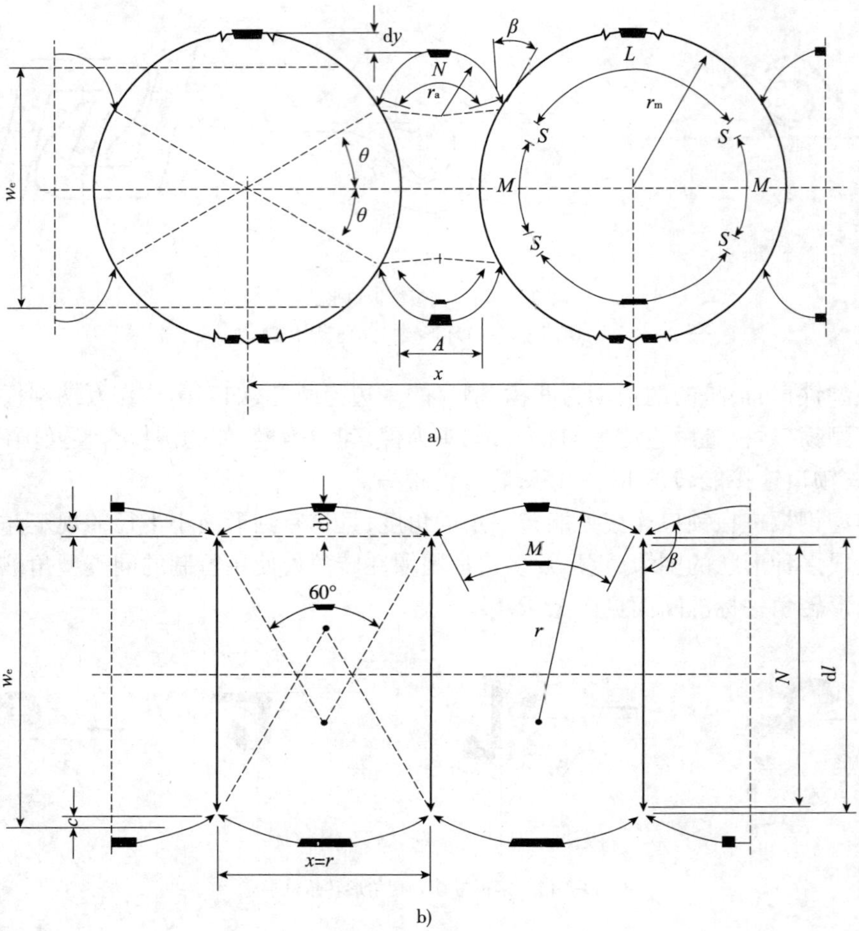

图 13-2-15　细胞形双层钢板桩

a）圆柱式；b）隔板式

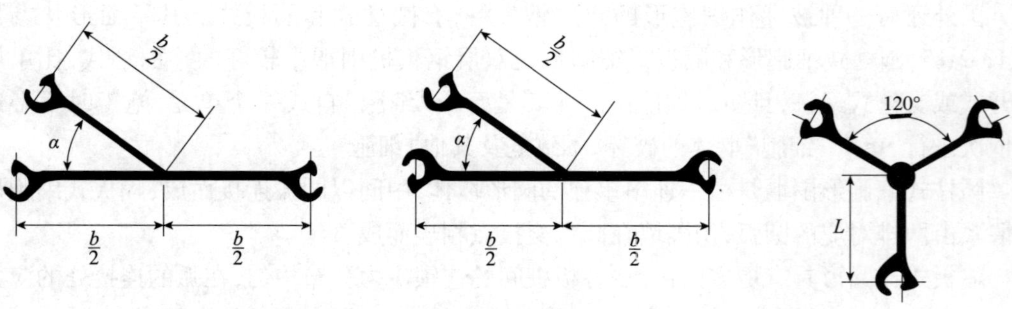

图 13-2-16　圆弧交接处特殊断面

冷弯钢板桩是在由冷弯机组连续滚压成形，且侧面锁口可连续性搭接，以形成一种板桩墙的钢结构体，一般采用较薄的板材（常用厚度为 8～14mm）。

（4）钢板桩规格

①不同国家生产的钢板桩型号规格见表 13-2-3～表 13-2-10。目前国内使用较多的钢板桩有德国拉森型、日本制铁株式会社 U 型、美国拉克万纳型、国产热轧及冷弯型钢板桩，极少使用前苏联和英国相关型号的钢板桩，在此不再罗列。

美国拉克万纳(Lack Wanna)型钢板桩 表 13-2-3

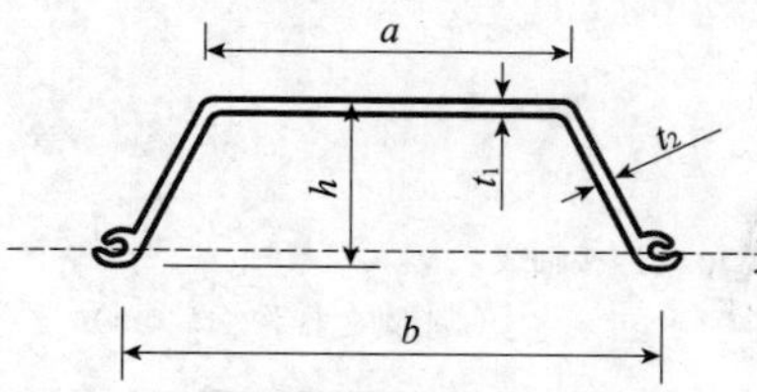

(圆形最小半径 0.95m)

型号	质量		断面模量(cm^3)			钢板桩尺寸(mm)				每 1 000kg 面积
	kg/m	kg/m^2	1 根	1m 宽		b	h	最大	最小	
			对 a 边	对 a 边	对 b 边			厚度 t_1	厚度 t_2	(m^2/1 000kg)
SP8	21.9	101.3	18	83	83	215.9		5.16	5.16	9.87
SP8a	26.5	122.6	18	83	83	215.9		9.53	9.53	8.16
SP12	55.4	170.9	66	203	203	323.8		9.53	9.53	5.85
SP121	60.9	188.0	66	203	203	323.8		12.70	12.70	5.32
SP15	57.1	149.9	65	170	170	381.0		9.53	9.53	6.67
AP14	60.8	170.9	124	350	400	355.6	46.8	9.53	9.53	5.85
AP15	86.5	227.0	294	510	635	381.0	52.4	14.29	14.29	4.40
AP16	43.6	107.4	80	196	196	406.4	63.5	9.53	9.53	9.31
DP165	49.6	122.0	220	541	1 160	406.4	127.0	9.53	7.94	8.20
DP166	63.4	155.0	332	818	1 780	406.4	152.4	12.70	9.53	6.41

日本制铁株式会社 **U** 型钢板桩 表 13-2-4

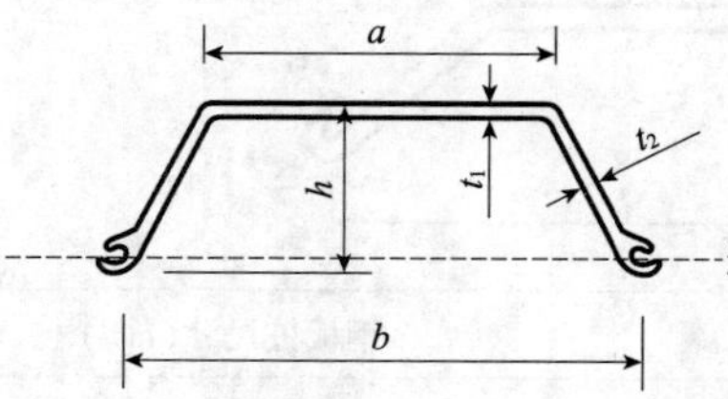

(圆形最小半径 1.025m)

型号	质量		断面模量(cm^3)			钢板桩尺寸(mm)				每 1 000kg 面积
	kg/m	kg/m^2	1 根	1m 宽		b	h	最大	最小	
			对 a 边	对 a 边	对 b 边			厚度 t_1	厚度 t_2	(m^2/1 000kg)
Ⅰ	36.6	91.24	66.4	166	509	400	75	8.0	6.0	10.94
Ⅱ	48.01	120.03	120.6	301	869	400	100	10.5	6.5	8.33
Ⅲ	61.00	149.97	196.2	491	1 309	400	125	13.0	7.5	6.67
Ⅳ	76.44	191.09	299.4	749	2 072	400	155	15.5	8.5	5.23
Ⅴ	105.03	250.08	421.3	1 003	3 130	420	175	22.0	10.0	4.00

德国拉森(Larssen)型钢板桩 表 13-2-5

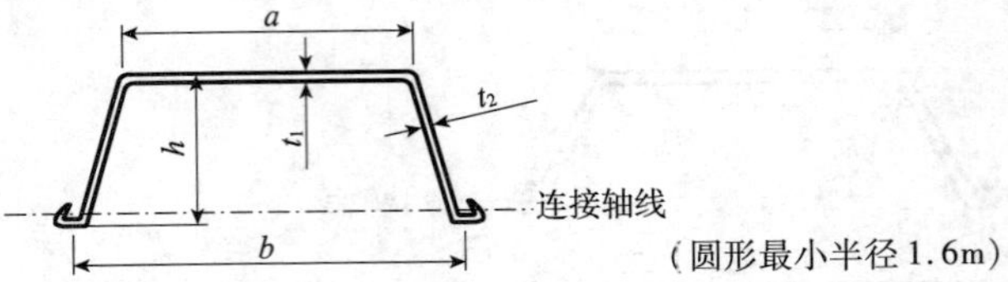

型号	质量		断面模量(cm^3)			钢板桩尺寸(mm)				每 1 000kg 面积 (m^2/1 000kg)
	kg/m	kg/m^2	1 根	1m 宽		b	h	最大厚度 t_1	最小厚度 t_2	
			对 a 边	对 a 边	对 b 边					
Ⅰa	27.4	76.0	44.8	125	250	360	50	6.5	6.0	13 ~ 158
Ⅰb	33.0	82.0	65.6	164	380	400	65	7.0	6.0	12.195
Ⅰ	38.0	96.0	89.6	224	500	400	75	8.0	7.0	10.417
Ⅱa	49.0	122.0	152.4	381	849	400	100	10.5	8.0	8.197
Ⅱ	45.6	114.0	229.6	575	970	400	135	8.0	7.0	8.772
Ⅲ	62.0	155.0	203.2	508	1 363	400	123.5	14.5	3.0	6.452
Ⅲa	57.0	143.0	322.0	805	1 400	400	145	11.0	8.0	6.993
Ⅳb	69.0	172.0	378.7	936	2 000	400	180	13.0	9.0	5.814
Ⅳ	75.0	187.0	315.2	788	2 037	400	155	15.5	9.0	5.348
Ⅴ	100.0	238.0	402.8	1 007	2 962	420	172	22.0	11.0	4.202

国产热轧钢板桩 表 13-2-6

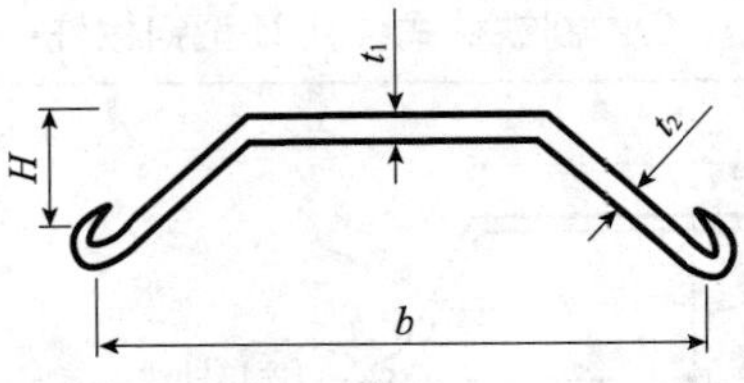

型号	截面面积 (cm^2)	质量 (kg/m)	钢板桩尺寸(mm)			
			b	H	t_1	t_2
鞍Ⅳ型	99.14	77.27	400	180	15.5	10.5
新鞍Ⅳ型	98.70	76.99	400	180	15.5	10.5
包Ⅳ型	115.13	90.80	500	185	16.0	10.0

国产冷弯 U 型钢板桩 表 13-2-7

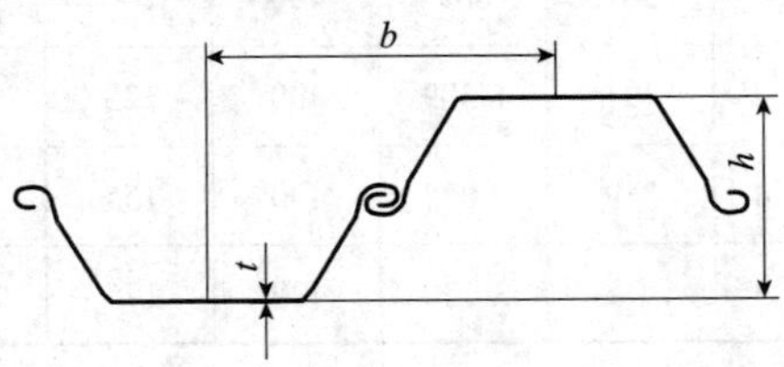

续上表

型号	宽度（mm）	高度（mm）	厚度（mm）	断面面积（cm^2）	每米桩质量（kg/m）	每平方米墙身质量（kg/m^2）	惯性矩（cm^4）	断面模量（cm^3）
WRU7	750	320	5	71.3	42.0	56.0	10 725	670
WRU8	750	320	6	86.7	51.0	68.1	13 169	823
WRU9	750	320	7	101.4	59.7	79.6	15 251	953
WRU10－450	450	360	8	148.6	52.5	116.7	18 268	1 015
WRU11－450	450	360	9	165.9	58.6	130.2	20 375	1 132
WRU12－450	450	360	10	182.9	64.7	143.8	22 444	1 247
WRU11－575	575	360	8	133.8	60.4	105.1	19 685	1 094
WRU12－575	575	360	9	149.5	67.5	117.4	21 973	1 221
WRU13－575	575	360	10	165.0	74.5	129.5	24 224	1 346
WRU11－600	600	360	8	131.4	61.9	103.2	19 897	1 105
WRU12－600	600	360	9	147.3	69.5	115.8	22 213	1 234
WRU13－600	600	360	10	162.4	76.5	127.5	24 491	1 361
WRU 16	650	480	8	138.5	71.3	109.6	39 864	1 661
WRU 18	650	480	9	156.1	79.5	122.3	44 521	1 855
WRU 20	650	540	8	153.7	78.1	120.2	56 002	2 074
WRU 23	650	540	9	169.4	87.3	133.0	61 084	2 318
WRU 26	650	540	10	187.4	96.2	146.9	69 093	2 559
WRU30－700	700	558	11	217.1	119.3	170.5	83 139	2 980
WRU32－700	700	560	12	236.2	129.8	185.4	90 880	3 246
WRU35－700	700	562	13	255.1	140.2	200.3	98 652	3 511
WRU36－700	700	558	14	284.3	156.2	223.2	102 145	3 661
WRU39－700	700	560	15	303.8	166.9	238.5	109 655	3 916
WRU41－700	700	562	16	323.1	177.6	253.7	117 194	4 170
WRU 32	750	598	11	215.9	127.1	169.5	97 362	3 265
WRU 35	750	600	12	234.9	138.3	184.4	106 416	3 547
WRU 38	750	602	13	253.7	149.4	199.2	115 505	3 837
WRU 40	750	598	14	282.2	166.1	221.5	119 918	4 011
WRU 43	750	600	15	301.5	177.5	236.7	128 724	4 291
WRU 45	750	602	16	320.8	188.9	251.8	137 561	4 570

国产冷弯 **Z** 型钢板桩 表 13-2-8

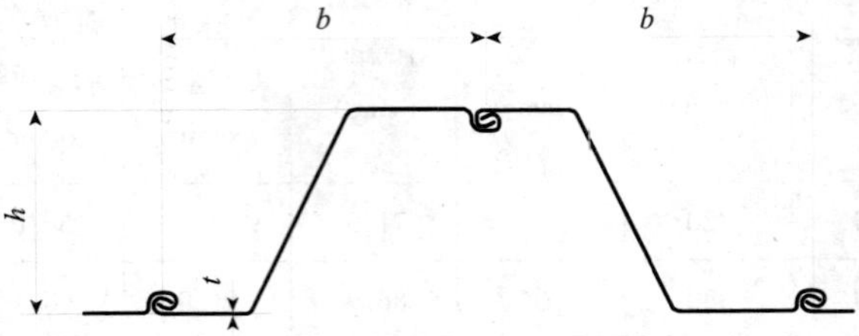

型号	宽度（mm）	高度（mm）	厚度（mm）	断面面积（cm^2）	每米桩质量（kg/m）	每平方米墙身质量（kg/m^2）	惯性矩（cm^4）	断面模量（cm^3）
WRZ16－635	635	379	7	123.4	61.5	96.9	30 502	1 610
WRZ18－635	635	380	8	140.6	70.1	110.3	34 717	1 827
WRZ28－635	635	419	11	209.0	104.2	164.1	28 785	2 805
WRZ30－635	635	420	12	227.3	113.3	178.4	63 889	3 042
WRZ32－635	635	421	13	245.4	122.3	192.7	68 954	3 276
WRZ12－650	650	319	7	113.2	57.8	88.9	19 603	1 229
WRZ14－650	650	320	8	128.9	65.8	101.2	22 312	1 395
WRZ14－700	700	419	7	111.9	61.5	87.8	30 824	1 471
WRZ16－700	700	420	8	127.5	70.0	100.0	35 074	1 670
WRZ22－700	700	419	9	158.6	87.1	124.5	47 058	2 246
WRZ25－700	700	420	10	175.6	96.5	137.9	52 095	2 491
WRZ30－700	700	449	11	203.4	111.8	159.7	67 025	2 986
WRZ32－700	700	450	12	221.3	121.6	173.7	72 863	3 238
WRZ36－700	700	500	12	227.8	125.2	178.9	91 788	3 672
WRZ40－700	700	501	13	246.1	135.2	193.2	99 086	3 956
WRZ44－700	700	551	13	253.2	139.1	198.8	121 982	4 428
WRZ43－700	700	499	14	274.7	151.0	215.7	107 240	4 298
WRZ48－700	700	549	14	282.4	155.2	221.7	132 529	4 828
WRZ45－700	700	500	15	293.5	161.3	230.4	114 516	4 581
WRZ51－700	700	550	15	301.7	165.8	236.9	141 518	5 146
WRZ54－700	700	551	16	320.9	176.3	251.9	150 443	5 461

国产冷弯 **L** 型钢板桩 表 13-2-9

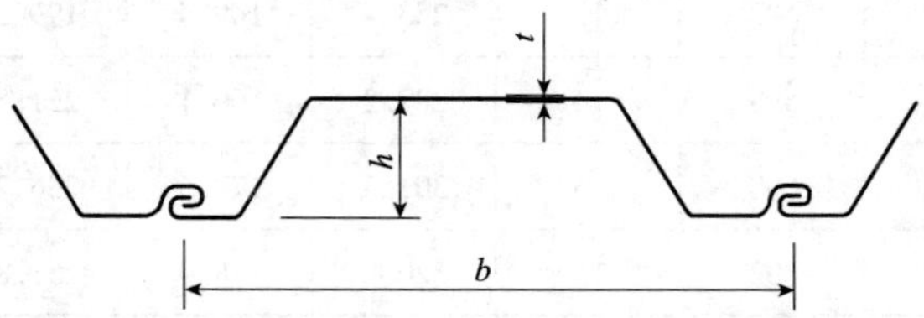

续上表

型号	宽度（mm）	高度（mm）	厚度（mm）	每米桩质量（kg/m）	每平方米墙身质量（kg/ m^2）	断面面积（cm^2）	断面模量（cm^3）
WRL1.5	700	100	3.0	21.4	30.6	724	145
WRL2	700	150	3.0	22.9	32.7	1 674	223
WRL3	700	150	4.5	35.0	50.0	2 469	329
WRL4	700	180	5.0	40.4	57.7	3 979	442
WRL5	700	180	6.5	52.7	75.3	5 094	566
WRL6	700	180	7.0	57.1	81.6	5 458	606

国产冷弯 S 型钢板桩 表 13-2-10

型号	宽度（mm）	高度（mm）	厚度（mm）	每米桩质量（kg/m）	每平方米墙身质量（kg/ m^2）	断面面积（cm^2）	断面模量（cm^3）
WRS4	600	260	3.5	31.2	41.7	5 528	425
WRS5	600	260	4.0	36.6	48.8	6 703	516
WRS6	700	260	5.0	45.3	57.7	7 899	608
WRS8	700	320	5.5	53.0	70.7	12 987	812
WRS9	700	320	6.5	62.6	83.4	15 225	952

②尺寸、外形的允许偏差（表 13-2-11）

钢板桩尺寸、外形允许偏差（单位：mm） 表 13-2-11

项目		允许偏差
有效宽度 W_1	≤500	$+2\% W_1, -1.5\% W_1$
	>500	$+2\% W_1, -1.0\% W_1$
有效高度 H_1		$\pm 4\% H_1$
腹板厚度 t	<10	±1.0
	$10 \leq t < 16$	±1.2
	≥16	±1.5
长度 L		+ 200
侧弯	≤10m	$\leq 0.12\% L$
	>10m	$\leq 0.1\% L + 2$
翘曲	≤10m	$\leq 0.25\% L$
	>10m	$\leq 0.20\% L + 5$
端面斜度		$\leq 4\% W_1$

③材料机械性能

根据不同厂家提供的参数进行核定。

(5)组合钢板桩

根据现场需要及钢板桩锁口形式，可以对钢板桩进行组合使用，具体组合情况如图 13-2-17所示。

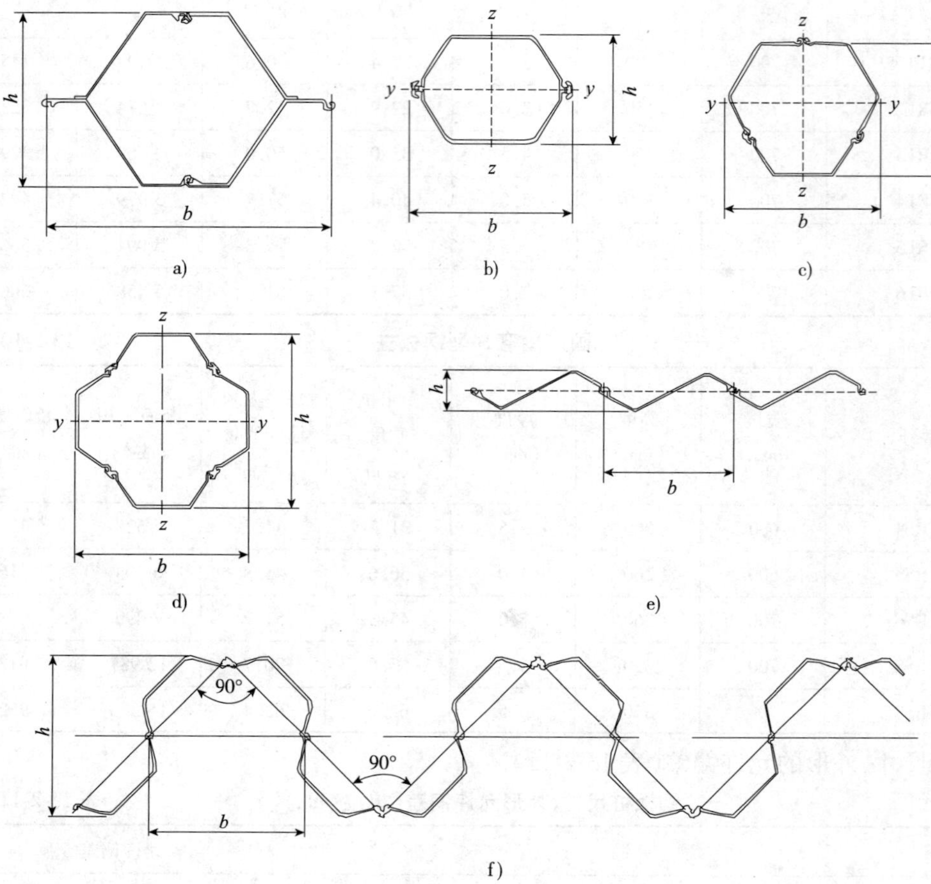

图 13-2-17　组合钢板桩主要断面形式

4. 钢板桩围堰施工

(1)钢板桩的检验与矫正

用于基坑临时支护的钢板桩，进行外观表面缺陷、长度、宽度、厚度、高度、端头矩形比、平直度和锁口形状等检验（图 13-2-18），对桩上影响打设的焊接件割除（有割孔、断面缺损应补强）。有严重锈蚀，量测断面实际厚度，计算时予以折减。

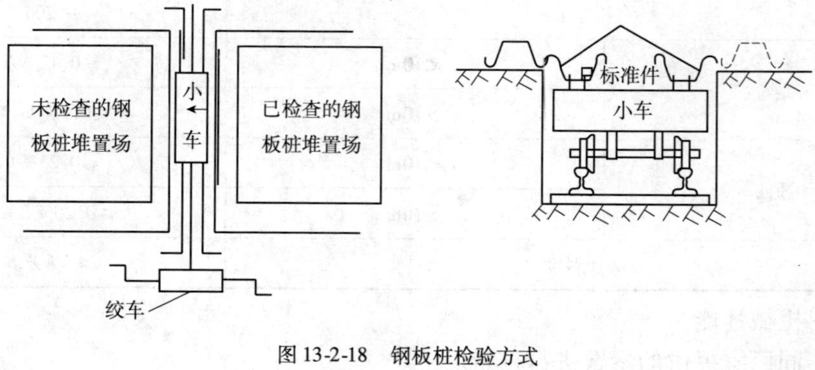

图 13-2-18　钢板桩检验方式

对于使用过的旧钢板桩，应事先矫正整修。钢板桩的矫正主要有表面缺陷矫正、端部矩形比矫正、桩体挠曲矫正、桩体扭曲矫正、桩体截面局部变形矫正、锁口变形矫正等。

(2)整修后钢板桩的技术要求

①每组钢板桩的宽度允许偏差为±30mm。

②锁口内外应光洁，并呈一直线。

③锁口在拼接处的高低偏差 h_1 和 h_2(图 13-2-19)均不得大于 2mm。

④锁口拼接处应尽量拼接紧密，间隙 s(图 13-2-19)不得大于 3mm。

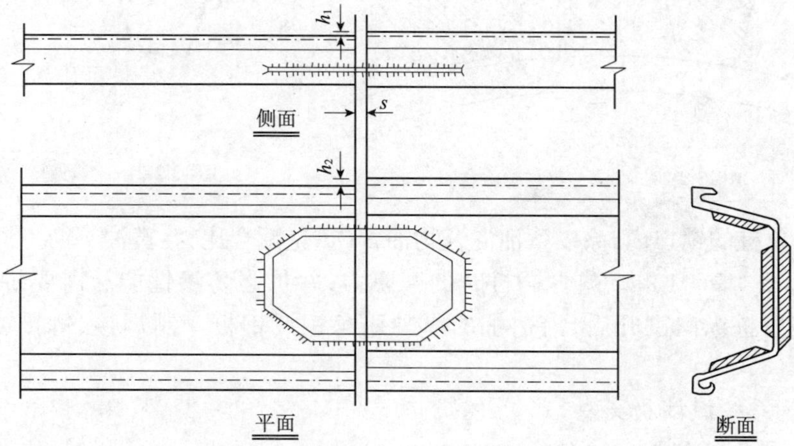

图 13-2-19　拼接接头偏差示意图

⑤锁口全长不应有破裂、缺损、扭曲或死弯。

⑥锁口整修后应用同类型 3m 长的短钢板桩作通过试验，以 2～3 人拉动通过为宜，或以电动绞车牵动，最大牵引力不超过 5kN。

⑦全长不得有焊瘤、钢板、角钢或其他突出物，应保持平滑，两端均应切割整齐，上端按拔桩需要开圆孔(千斤绳眼)，并焊钢板加固圆孔。

⑧钢板桩的扭曲及弯曲应符合：绝对偏差量(相对于轴线)/变形段长度≤0.5%。

钢板桩的整修一般用千斤顶和正反螺杆矫正，多采用热轧及冷作工艺完成，当变形严重时，不能使用。

(3)钢板桩的组拼

钢板桩组拼的目的是缩短现场锁口嵌缝长度，减少锁口漏水，增加钢板桩刚度，减少施工累计误差，有利于围堰合拢。

①组拼程序

a. 选择、整修钢板桩。

b. 将长度相同的每 3 块钢板桩套连成组，同时将黄油、沥青混合物嵌入锁口内。

c. 焊接钢板桩，检查钢板桩两边锁口。

d. 用弧形夹箍将钢板桩夹成与围檩相符的弧度。弧形夹箍可用槽钢做成，根据钢板桩长度确定夹箍层数，弧形夹箍构造如图 13-2-20 所示。

e. 钢板桩组锁口缝用棉絮和桐油灰嵌缝，嵌缝方法用竹杆塞棉絮，外面再涂一道桐油灰或防水油膏。

②不同型号旧钢板桩混合组拼

若有两种不同型号的旧钢板桩时，应当进行混合拼用。例如旧钢板桩有拉森Ⅲ和拉森Ⅳ两种型号，内导环尺寸是按拉森Ⅳ设计，则靠内导环用拉森Ⅳ，拉森Ⅲ全部拼在外侧，见图13-2-21。

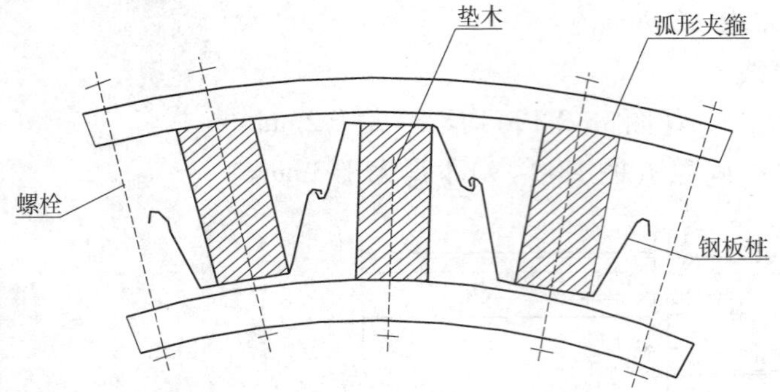

图13-2-20　弧形夹箍构造示意图

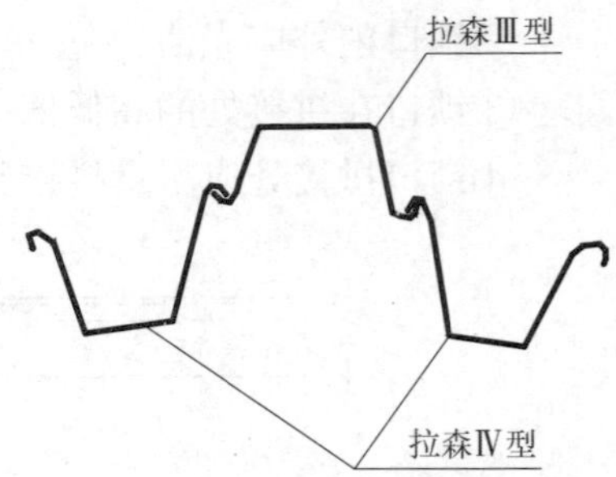

图13-2-21　不同型号钢板桩混合组拼

组桩及单桩的锁口内，涂以黄油混合物油膏（重量配合比为：黄油：沥青：干锯末：干黏土＝2：2：2：1），以减少插打时的摩阻力，并加强防渗性能。需要拼制角桩时，可将一块钢板桩纵向割开后，沿边桩的纵轴用角钢或钢板弯制焊接、铆接或螺栓连接成角桩。

（4）导向系统设计及安装

①导向系统设计

用方木或型钢作内导梁、导向架制成导向系统，插打钢板桩时起导向作用。较大型围堰需设内外导框，外导梁只起导向作用，顶层导框可兼作施工平台，内导梁作为钢板桩围堰的内部立体支撑，直接承受钢板桩传来的水、土压力，因此断面尺寸应能满足结构内力计算要求。导框根据计算确定层数。内外导梁间距应比钢板桩有效厚度大5～10cm，以利钢板桩的插打。

矩形导向系统导梁按设计尺寸直接下料，圆形导向系统导框应在样台上套制样板制作，做好后在样台上试拼。

②导向系统安装

安装导向系统时，先进行定位测量。导向的安装，一般是先打定位桩或作临时施工平台，导向系统如图13-2-22所示。导框在工厂或现场分段制作，在平台上组装，固定在定位桩上。板桩插打完成后，及时抽水分层安装围檩系统，见图13-2-23。

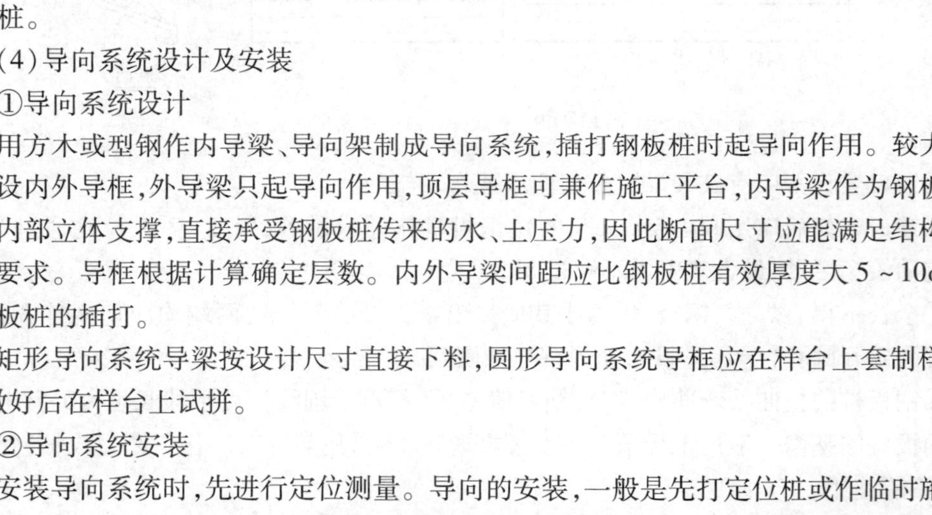

图13-2-22　导向系统图

(5)钢板桩插打

①一般要求

a. 钢板桩沉桩施工先试桩,试桩数量不少于10根。

b. 钢板桩放线施工,桩头就位必须准确、垂直,沉桩过程中,随时检测,发现问题及时处理。沉桩容许偏差:平面位置纵向100mm,横向为-50~0mm;垂直度为0.5%。

c. 沉桩施工前必须平整清除地下、地面及高空障碍物,需保留的地下管线应挖露出来,加以保护。

图13-2-23 围檩安装图

d. 基坑开挖后钢板桩垂直平顺,无严重扭曲、倾斜和劈裂现象,锁口连接严密。

e. 基坑土方和结构施工期间,对基坑围岩和支护系统进行动态观测,发现问题及时处理。

②插打前准备工作

a. 拆除围堰顶面妨碍钢板桩插打部分的平台及部件。

b. 在顶层内导向上划分桩位,以便在插打钢板桩过程中逐组核对尺寸。为使在搬运和插打过程中,不致弄错钢板桩的顺序,将钢板桩编组标记。

c. 全面检查围堰,包括内、外导向系统及其他构件等。钢板桩在插打过程中受水流的冲击使导环受力较大,在插打前需仔细检查内外导环。

d. 有潮水河流中的钢板桩围堰,为使涨退潮过程中保持围堰内外水压平衡,可在上下游方向的一块钢板桩上各开一个ϕ20cm的进出水孔。孔的位置略低于最低潮水位高程,在抽水时进行封闭。

e. 检查打钢板桩用的沉桩设备、起吊设备、运输设备等。

③运输与堆放

钢板桩的准备工作完成后,由平车运至施工现场。钢板桩检查合格后,按插桩顺序堆码,每层用垫木隔开高差不得大于10mm,上下层垫木中线要在同一垂直线上,允许误差不得大于20mm,见图13-2-24。

图13-2-24 钢板桩堆放示意图

④插打

a. 用吊车起吊和下放钢板桩,吊起后使钢板桩成垂直状态,然后移向安插位置,插入已就位的钢板桩锁口中。起吊前,锁口内填嵌黄油沥青混合料。

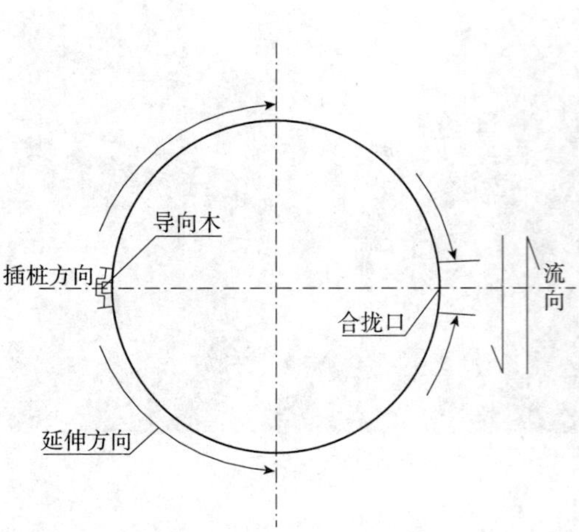

图 13-2-25　潮水环境下钢板桩安插顺序

b. 在单向河流中安插钢板桩，一般自上游的中心线上开始，由两侧对称向下游依次插入，到下游合拢两侧插入数应大致相等。

c. 有潮水的河流中安插钢板桩，因有两个流向的影响，为了减少水流的阻力，可采取从侧面开始，向上下游两侧插入，在另一侧合拢，见图 13-2-25。合拢口的位置选择在与流向垂直且流速较小的一侧。第一组钢板桩在平潮水位时插入，保证其垂直准确。涨潮时依次插下游方向钢板桩，退潮时依次插上游方向钢板桩，使钢板桩紧贴内导环下插，这样两边延伸，既可减少钢板桩迎水面积，改善外导环受力状况，又可连续作业，加快施工进度。

d. 为使钢板桩在流水中插下时有准确方向，在围笼内导环上预先设置导向木，第一组钢板桩即顺此导向木插下。每组钢板桩插完以后，用短钢筋头点焊固定在导向系统上。

e. 钢板桩插打方法分为：第一种，逐块（组）插打；第二种，先插合拢后再打；第三种，开始的一部分逐块插打，后一部分则先插合拢后再打三种方法。第一种方法可用较矮的吊桩设备，桩架移动线路较短，进度较快，但合拢误差大；第二种方法用较高吊桩设备，桩架移动线路长，进度较慢，但合拢误差小；第三种方法进度较快且合拢误差小，一般采用第三种方法。

圆形钢板桩的插打顺序图图 13-2-26。

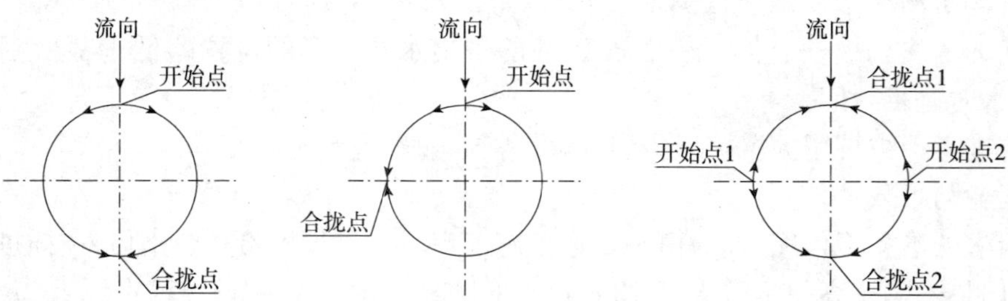

图 13-2-26　圆形钢板桩的插打顺序

f. 钢板桩的垂直度较好时，一次将桩打到要求深度；垂直度较差时，分两次施打，即将所有的桩打入约一半深度后，再第二次打到要求深度。如打桩困难时，宜用射水辅助，严禁锤击过猛，致使钢板桩下端弯卷，造成拔桩时故障。

g. 砂砾层中打阴阳锁口的桩时，应将阳榫朝前进方向。对套形、环形锁口前进方向的锁口下方应用木或铁制的栓塞封闭，以免砂砾进入锁口，妨碍插桩。钢板桩插桩见图 13-2-27，钢板桩成组沉桩方式见图 13-2-28。

h. 钢板桩围堰完成以后，必须将围檩与钢板桩之间空隙逐个以硬木塞紧，以免变形，合拢时须考虑局部冲刷的增大。若钢板桩入土太浅，为保证其必要的入土深度，在围堰外可用长导筒抛石防护。

钢板桩的插打质量要求，应符合下列标准：

a. 已插下的钢板桩，对垂直于导向架半径或对于插桩前进方向的倾斜度控制在0.5%以内。

图 13-2-27　钢板桩插桩示意图

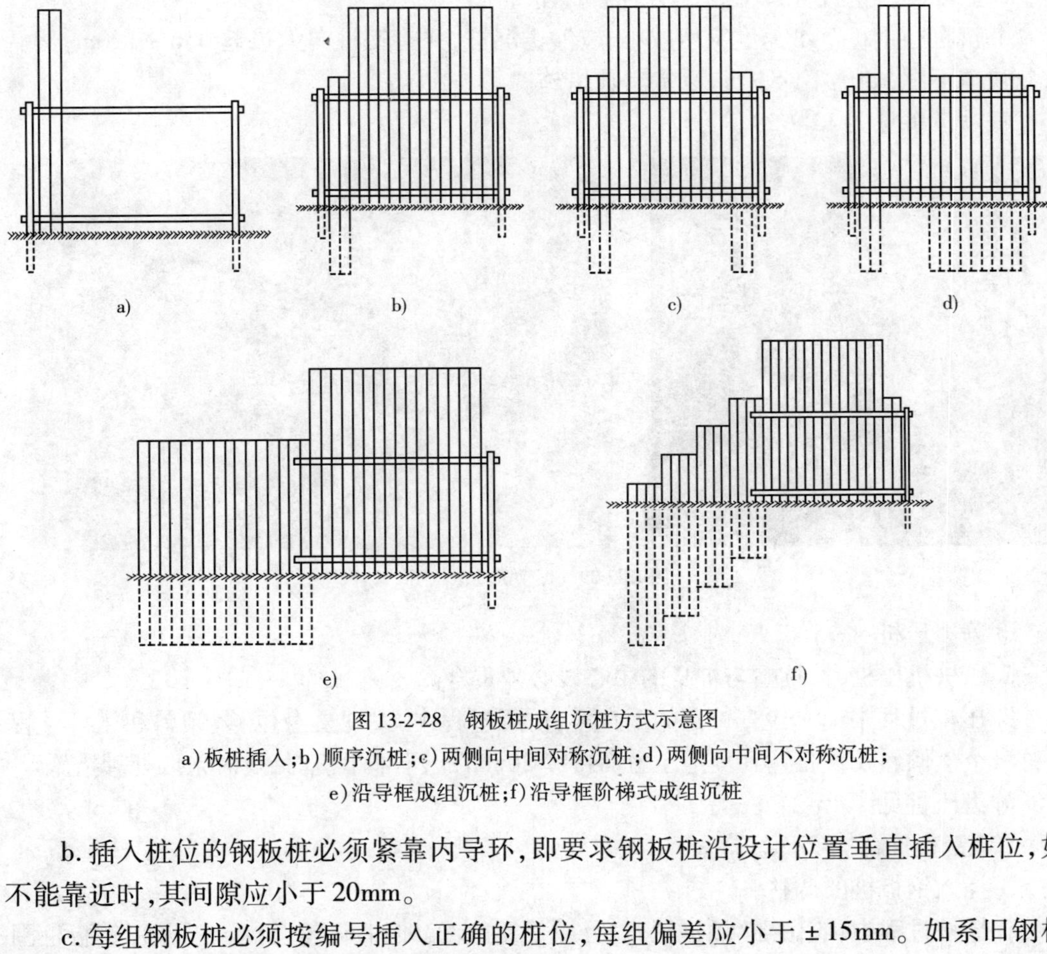

图 13-2-28　钢板桩成组沉桩方式示意图

a)板桩插入;b)顺序沉桩;c)两侧向中间对称沉桩;d)两侧向中间不对称沉桩;

e)沿导框成组沉桩;f)沿导框阶梯式成组沉桩

b. 插入桩位的钢板桩必须紧靠内导环,即要求钢板桩沿设计位置垂直插入桩位,如不能靠近时,其间隙应小于 20mm。

c. 每组钢板桩必须按编号插入正确的桩位,每组偏差应小于 ±15mm。如系旧钢板桩,应先按钢板桩实际宽度编号并据以列出桩位。

d. 钢板桩插打过程加设外导框及时纠正偏斜,当偏斜过大不能用拉挤方法调正时,应拔起重插,在防止与纠正均无效时,可用特制楔形桩合拢。

(6)沉桩方法

①冲击沉桩

a. 冲击沉桩根据沉桩数量和施工条件选用沉桩机械,按技术性能要求操作和施工。

b. 钢板桩以 10 ~ 20 根为一段。逐根插入围檩后,先打入两端的定位桩,再以 2 ~ 4 根为一组,采取阶梯跃式打入各组的桩。

c. 沉桩前先将钢板桩立直并固定在桩锤的桩帽卡口内，先打 2 ~ 3 次空锤，再轻轻锤击使桩稳定，检查桩位和垂直度无误后，方可沉桩。

d. 沉桩过程中，随时检测桩的垂直度并校正。发现打桩机导向架的中心线偏斜时，必须及时调整。

②振动沉桩

a. 振动锤振桩前，振动锤的桩夹应夹紧钢板桩上端，并使振动锤与钢桩重心在同一直线上。

b. 振动锤夹紧钢桩吊起，使桩垂直就位或插入相邻桩锁口内，待桩稳定、位置正确并垂直后，再振动下沉。钢桩每下沉 1 ~ 2m，停振检测桩的垂直度，发现偏差，及时纠正。

c. 振动沉入钢板桩试桩数量不小于 10 根。

d. 沉桩中钢桩下沉速度突然减小，应停止沉桩，并将钢桩向上拔起 0.6 ~ 1.0m，然后重新快速下沉，如仍不能下沉，采取其他措施。

振动沉桩见图 13-2-29。

图 13-2-29 振动沉桩示意图

③静力压桩

a. 压桩机压桩时，桩帽与桩身的中心线必须重合。

b. 压桩过程中随时检查桩身的垂直度，初压过程中，发现桩身位移、倾斜和压入过程中桩身突然倾斜及设备达到额定压力而持续 20min，仍不能下沉时，及时采取处理措施。

静力压桩见图 13-2-30。

(7)钢板桩合拢

①插入钢板桩的调整

在插桩过程中，应做到"插桩正直、分散偏差、有偏即纠、调整合拢"，对圆形钢板桩围堰尽量做到不使用异形钢板桩进行合拢。

钢板桩围堰在合拢时两侧锁口往往不尽平行。可在钢板桩顶端或底部使用千斤顶或滑车组调整至所需间距。

②异形钢板桩

由于水流影响或其他原因，钢板桩仍无法合拢时，可以制作异形钢板进行合拢。钢板桩进行调整和丈量尺寸后，根据合拢口的宽度及锁口的形式，制作异形钢板桩。

(8)围堰内抽水

钢板桩围堰的防渗能力较好，但遇有锁口不密、个别桩入土不够及桩尖打裂打卷等情况时，仍有渗漏。锁口不密的漏水可在抽水发现后以板条、棉絮、麻绒等在板桩内侧嵌塞，或在漏缝外侧水中撒下大量炉渣与木屑或谷糠等随水夹带至漏缝处自行堵塞。漏缝处较深时，也可将炉渣等装袋，到水下适当深度时逐渐倒出炉渣堵漏。当锁口间隙较大采取上述措施效果不明显时，可同时在围堰外侧包裹彩条布进行止水。

图 13-2-30　静力压桩示意图

目前有种钢板桩磁性止水条，止水条是用橡胶材料制成的条状体，包括中间的凸起部位和两侧的护翼，该条状体内间隔一段距离嵌设有磁性体。磁性止水条在钢板桩围堰施工中止水效果理想，凸起部位和两侧的护翼可密封漏水孔，而且因为用柔性材料制作而成，不会随着风浪等外界因素影响脱落而漏水，具有良好的抵抗外界恶劣环境能力，可以反复使用，方便施工。磁性止水条断面见图 13-2-31。

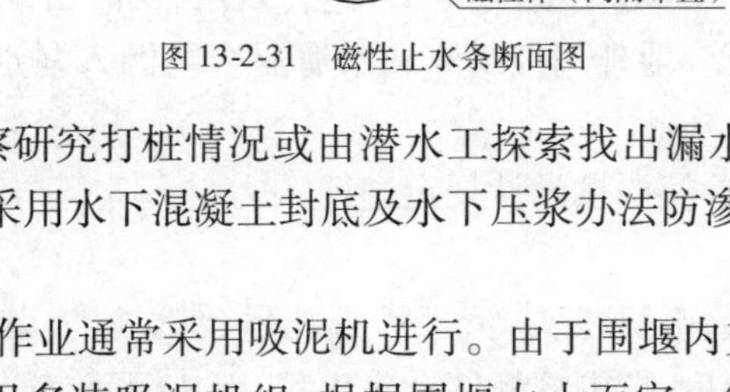

图 13-2-31　磁性止水条断面图

堰脚漏水时，应观察研究打桩情况或由潜水工探索找出漏水位置，可采用如图 13-2-32 所示的办法堵塞，或采用水下混凝土封底及水下压浆办法防渗。

(9)围堰内清基

钢板桩围堰内清基作业通常采用吸泥机进行。由于围堰内支撑杆件纵横交错较多，吸泥机移动不便，需采用多装吸泥机组，根据围堰大小而定。每台的吸泥面积为 13 ~ 26m^2。钢板桩露出水面过高时，为了提高吸泥功效，可在钢板桩距水面以上适当位置处开一孔洞，将出泥管伸出。靠近钢板桩附近的泥沙较难吸出，可由潜水工以软射水管用 0.3 ~ 0.5MPa 的水压将泥沙冲向吸泥机附近吸出。

围堰内经过吸泥整平后进行测量，测点分布与导管位置大致相同，基底高程须符合设计要求，局部高低允许偏差为 ±40cm，桩壁不得黏有泥沙。

(10)水下封底混凝土施工

围堰内灌注水下混凝土需连续施工，妥善安排。根据灌注的面积和混凝土凝固的时间，初步估算出封底混凝土供应量，并提前搭设灌注水下混凝土的工作台，吊设储料槽、下料槽及漏斗等。导管的布置原则是流动半径不得大于 5m，一般采用 3.5 ~ 4.0m，各导管的流动范围要大致相等。为使钢板桩与水下封底混凝土有良好结合，四周导管的布置应较中间密集，并须考虑管柱、围檩杆件、导向架的阻挡及便于导管的提升等。

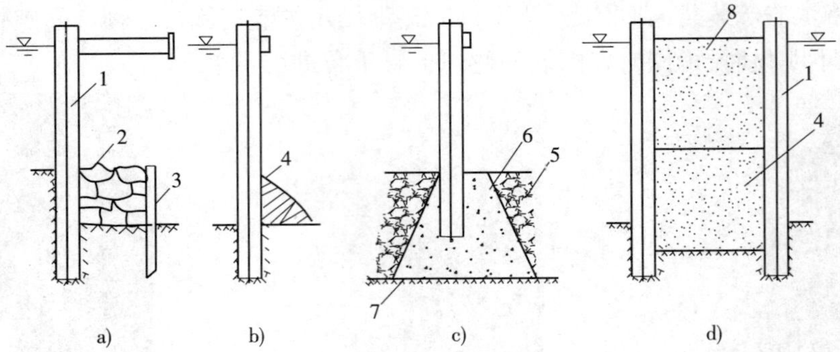

图 13-2-32　钢板桩桩脚处理措施

1-钢板桩；2-土袋；3-钢钎；4-水下混凝土；5-透水层；6-水下压注水泥浆；7-不透水层；8-填土

由于受到混凝土生产速度的限制，一般采用分层往复灌注，由围堰上游逐步向下游推进，再返回灌注第二层，按此反复直至设计高程面。导管埋入混凝土深度一般 1 ~ 2m，过深将使底层混凝土凝结导管，过浅将使新灌入的混凝土从导管四周翻起，影响质量。混凝土的施工坍落度采用 18 ~ 20cm，灌注开始及将近结束时采用坍落度为 20 ~ 22cm 混凝土，流动坡度应保持在 1/5 ~ 1/10，不宜有超过 1/4 或更陡的流动坡面。

(11) 围堰内抽水

①围堰内抽水应在封底混凝土达到抽水强度后进行。

②围堰抽水设备可根据围堰内总抽水量准备。刚开始抽水时，可利用吸泥管进行抽水，待抽不上时再将水泵放入围堰内抽水。为防止抽水过程中发生意外事故，保证围堰安全，应配备从堰外向堰内灌水的水泵。一只发生异常情况，立即向堰内灌水，恢复内外平衡，经检查处理后再抽水。

③抽水过程中，须派专人对钢板桩和围檩进行观察，同时由专门人员进行堵漏。堵漏工作在围堰内外同时进行。堰外用细煤渣和木屑混合物倒入漏水部分，堰内由潜水员用棉絮塞缝。

④围堰抽水后，杆件拆换要按设计规定进行。

(12) 承台浇注

清理封底混凝土面层，破除桩头，清理后绑扎承台钢筋，安装承台模板浇注混凝土。经测量放样确定墩身位置后，按围檩杆件拆除步骤，绑扎钢筋，分节浇注墩身混凝土。

(13) 拔除钢板桩及拆除围檩

拔除钢板桩需要克服向上的土体摩阻力、锁口摩阻力及封底混凝土与钢板桩之间的摩阻力。首先将围檩与墩身、承台连接的杆件割断，并清理围堰内的一切杂物；打开钢板桩的进水门，放水入围堰内，使堰内外水压平衡；用沉桩锤将所有各组钢板桩锤击松动，破坏其与封底混凝土的黏结力；拔除钢板桩，应考虑水流方向与钢板桩位置的相互关系，避免因水流冲力冲倒钢板桩，在有潮水影响的双向水流中，拔除钢板桩的顺序，宜从水流方向的侧面开始。

如水位上涨，需在水中拔桩时，则用特制的拔桩设备。对桩尖打卷及锁口变形的桩，可加大拔桩设备的能力，将相邻的桩一齐拔出，必要时进行水下切割。

钢板桩拔完后,剩余的围檩桁架、内外导环等分别吊出水面,分解后运走。

(二)钢筋混凝土板桩围堰

钢筋混凝土板桩围堰,目前在我国使用尚不多。但在缺少钢材和材料不方便运输到位的地区,使用钢筋混凝土板桩仍有其无可比拟的优点,因为不仅可用于基坑挡土防水,还可不拔除而作为建筑结构物的一部分,且可作为水中墩台基础的防护结构物。

1. 钢筋混凝土板桩的断面和桩尖形式

钢筋混凝土板桩的断面形式一般为矩形断面,宽 50 ~ 60cm,厚 10 ~ 30cm,一侧为凹形榫口,另一侧为凸形榫口;有的仅有一侧下部为凸形榫口,其余均为凹形榫口。榫口形式有半圆形及梯形等形式,一般采用半圆形榫口较好,因无棱角,在预制和吊装时榫口不易损坏。板桩又分实心、空心两种。空心板主要作用为:减轻桩的自重相应的减轻打桩设备,还可利用空心孔道射水加速下沉。为了提高板桩接缝的防渗,应在板桩榫口中间接缝处预留圆形小孔以便在板桩打入后,将小孔中泥沙射水冲洗干净,再在小孔中压注水泥砂浆,见图 13-2-33和图 13-2-34。

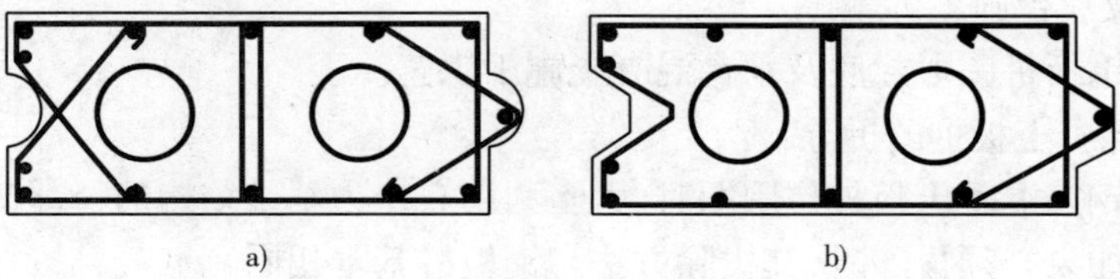

图 13-2-33　钢筋混凝土板桩断面形式

a)半圆形榫口;b)凹凸形锁口

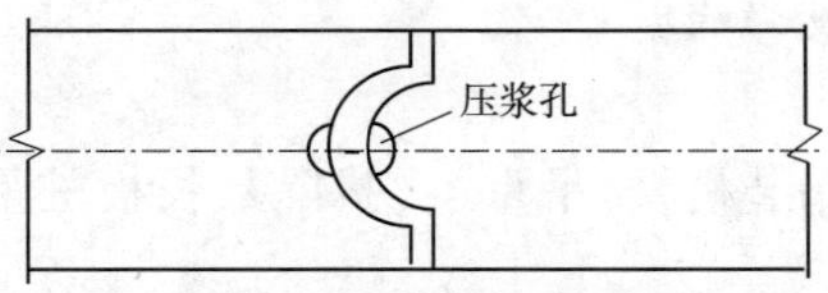

图 13-2-34　钢筋混凝土板桩接缝预留压浆孔

钢筋混凝土板桩桩尖刃脚可仿照木板桩桩尖形式,刃脚的倾斜度视土质松密情况而定,一般斜度为 1 ∶ 2.5 ~ 1 ∶ 1.5,如土中含有漂卵石,在刃脚处加焊钢板或增设加强钢筋。

2. 钢筋混凝土板桩围堰施工

(1)板桩的制作

板桩制作分预制厂预制和就地预制两种,预制方法同预制钢筋混凝土桩。

钢筋混凝土板桩的榫口一方面使每块板桩能合缝紧密,提高其防水性能,另一方面是起导向作用,因此对每块板桩的榫口成型要求上下全长吻合一致,光滑顺直,使插打板桩时不致发生大的摩阻力,定型的板桩最好采用钢模预制。

空心多为圆形,用钢管做芯模,待混凝土初凝后,将钢管转动以减小黏结力,达到一定强度后可将钢管由桩头用卷扬机拔出。

(2)板桩插打与合拢

在设立的矩形导框内,从围堰迎水面角桩起开始插打板桩,在围堰下游角桩或直线上合拢。

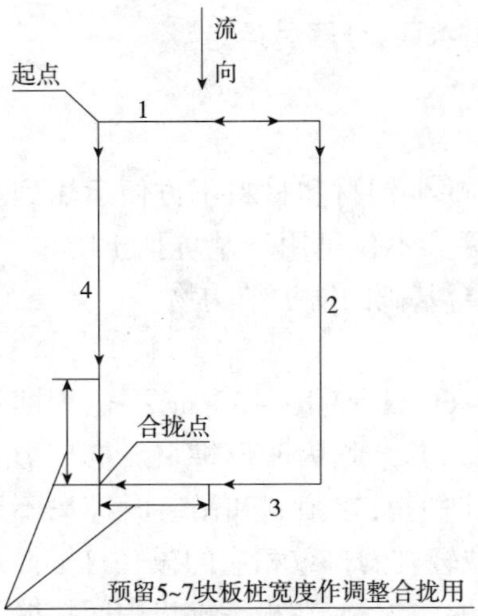

图 13-2-35　钢筋混凝土板桩插打次序

钢筋混凝土板桩插打次序与钢板桩插打次序相同，一般的经验是先插打围堰迎水面的板桩，逐块依次插打至设计深度，由两边插打至围堰下游各相距转角桩有 5 ~ 7 块板桩宽度时，利用这个区间的板桩作为调整合拢间距的伸缩余地，将这区间的板桩先行插入，使角桩紧密合拢后，再将板桩逐块打至设计深度，见图 13-2-35。

(3)打桩机具的选择

钢筋混凝土板桩不宜用过大的锤击力，如采用坠锤或单动汽锤时，一般采用桩和锤重之比为 1：1 ~ 1：3，如遇砂卵石层时，宜采用高压水泵射水辅助，配合振动或锤击沉桩。

用冲击打桩时，必须有桩帽、垫硬木或草袋、麻袋等，保护桩头。

(4)封底及承台施工

具体参见钢板桩围堰封底及承台混凝土施工工艺。

(5)钢筋混凝土板桩的拆除

一般采用钢筋混凝土板桩作围堰时，大多利用它作为基础结构的一部分，很少有拔除重复使用的。如果必须拔除时，其拔除方法与钢板桩基本相同。

(三)板桩围堰的计算

1. 板桩围堰计算原则及影响因素

(1)主要计算工况

①根据起吊重量选择吊装机械，吊重 =(拔除最长板桩重量 + 锤击设备重量 + 辅助构件重量)× 安全系数。

②沉(拔)桩设备计算：根据板桩在土体内的摩阻力、板桩锁口之间的摩阻力、封底混凝土与板桩的黏结力等计算锤击力，根据锤击力选择沉桩设备的型号及功率。

③根据水平力计算板桩结构，包括板桩规格、型号计算选择，围檩及内支撑构件强度计算。

④封底混凝土厚度计算。

⑤板桩入土深度及围堰整体稳定性计算。

(2)计算分析

综合工况条件分析和计算内容，对钢板桩各部分取最不利工况组合进行计算：

①板桩以承受水平荷载为主，其最不利受力工况为抽水阶段，主要为封底后边抽水边安装围檩及内支撑阶段。取此工况受力荷载组合进行板桩计算。

②内支撑系统与板桩计算相关，在板桩验算的同时完成内支撑的验算。

③封底混凝土强度验算：封底混凝土主要承受自重、板桩和承台混凝土重力、浮力等以竖向荷载为主。验算封底混凝土的拉应力和剪应力，确定封底厚度。

④板桩入土深度及围堰稳定性计算主要为根据封底厚度、地质条件、水压力、土压力等综合考虑计算。

(3)板桩下端支承情况

板桩入土深度(开挖后桩尖在坑底以下深度)根据计算得出所需最小深度外,还要考虑防渗要求及可能打入深度。计算板桩入土深度时,要考虑桩下端的支承情况,根据经验作近似假定,如表 13-2-12 所示。

板桩尖支撑情况表 表 13-2-12

序　号	坑底土质及桩尖入土深度	近似假定	
		支点位置	支点类别
1	密实土壤,桩尖入坑底超过 2m	坑底	固着
2	中等密实土壤,桩尖入坑底超过 2m	坑底以下 0.2 ~ 0.3m	固着
3	软土,桩尖入坑底超过 2m	坑底以下 0.7 ~ 1m	固着
4	密实土,但可能被水扰动入坑底超过 2m	坑底以下 0.7 ~ 1m	固着
5	同 3、4 项,但桩尖入坑底不足 2m	坑底以下 0.5m	铰接
6	石层能打入少许起支点作用	桩尖	铰接
7	石层,桩不入土	最下一跨做悬臂梁计	

(4)静水压力变化影响

前述所有计算都是外力与支撑不变的理想情况,实际上除符合表 13-2-12 第 1 项情况外,外力是随抽水、开挖及支撑安装的程序而变化的。在如图 13-2-36 所示的围堰中,当开挖到支撑 B,而 B 尚未安装时,根据表 13-2-12 可知,此时板桩下端支点不在 B 点而在 B 点以下一定深度的土中,故此时板桩 AB 段的弯矩及 A 点支承反力均较前列计算值大,所以基坑土质较差时,应按开挖中的最不利条件来验算板桩和支撑。当围堰在水中,并采用边抽水边安装支撑,则上述问题更为突出。深水或河床为软质土时,抽水安装支撑时的板桩弯矩及支撑反力往往数倍于前面的计算值。如全部围檩均于抽水前安装好(水下安装或采用整体围檩),则上述计算图表与公式均可适用。

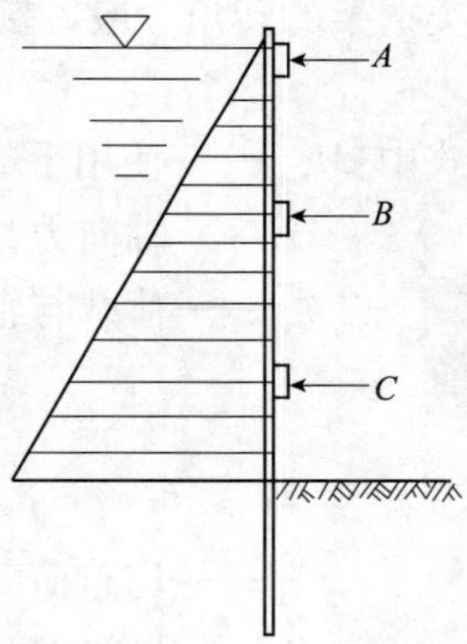

图 13-2-36　围堰水压示意图

(5)动水压力影响

流水中的板桩围堰应计算动水压力影响。动水压力的计算公式为:

$$P = KH\frac{v^2}{2g}B\rho$$

式中:P——每延米板桩壁上的动水压力总值,kN;

H——水深,m;

v——水流速度,采用平均流速,m/s;

g——重力加速度,取 9.81m/s²;

B——板桩宽度,取 1m 宽;

ρ——水的密度,g/cm³;

K——系数,对矩形板桩围堰 $K=3\sim13$,槽形钢板围堰 $K=18\sim20$。

动水压力可假定为作用于水面以下 1/3 水深处的集中力。动水压力是由板桩的一定入土深度所取得的被动土压力来平衡的,因此插打板桩当其入土深度不足时,将依靠围檩来保持稳定。流速过大时，动水压力将给板桩围堰带来许多困难，必要时可在围堰上游增设挡水建筑物（如分水尖）来减小对围堰的冲击。河床覆盖层过薄时，很难使板桩保持稳定，因此必要时应采用抛填石块或装土草袋等做成人工覆盖层。

2. 围堰计算

板桩围堰需要根据不同工况计算板桩的横断面、最小入土深度、支撑间距及尺寸等。板桩受力除土压、水压等外力外，还与支撑有关。板桩有无撑、单支撑、双支撑及多支撑等形式。双支撑及多支撑板桩，可将支撑布置成等反力（各层支撑反力相等）、等弯矩（各跨板桩弯矩相等）及各层反力和各跨弯矩均不等的任意间距等形式。

（1）矩形围堰

①板桩计算

板桩根据围檩层数按悬臂梁、简支梁或连续梁进行计算，在水平力作用下，计算板桩的弯应力、剪应力以及变形量。

②围檩计算

a. 围檩按两端铰接的轴向受力的压杆计算，并验算围檩与横撑接触面的受压情况

当围檩做成框架形式时，单侧围檩除承受板桩传来的均布荷载外，还承受轴向力，这类框架的转角一般可按铰接计算。此时导梁的最大弯矩为：

$$M_{max} = M + Ny$$

式中：M_{max}——使用下的最大弯矩，kN · m；

N——轴向力，kN；

y——荷载与轴向力共同作用下产生的挠度，mm，

$$y = \frac{y_0}{1 - \frac{N}{P_k}}$$

y_0——均布荷载单独作用时的挠度，m；

P_k——导梁的临界力，kN。

一般情况下，M_{max}与M值相差很少，可只取M值计算。

b. 等反力布置计算

这种布置是使各层横梁和支撑所承受的力都相等，以简化支撑系统，计算支撑的间距时，亦把板桩视作承受三角形荷载的连续梁，解之即得到各跨度，如图 13-2-37 所示。

这样除顶部支撑压力为 0.15p 外，其他支撑承受反力均为p，反力p的数值可按下式计算：

$$(n-1)p + 0.15p = \frac{1}{2}\gamma K_a h^2$$

$$p = \frac{\gamma K_a h^2}{2(n-1+0.15)} = \frac{\gamma K_a h^2}{2(n-0.85)}$$

式中：γ——板桩墙后土的重度；

K_a——主动土压力系数。

c. 等弯矩布置计算

这种布置是将支撑布置成使板桩各跨度的最大弯矩相等，且等于钢板桩的允许抗弯弯矩，以便充分发挥板桩的抗弯强度，并使板桩材料最经济。计算步骤为：

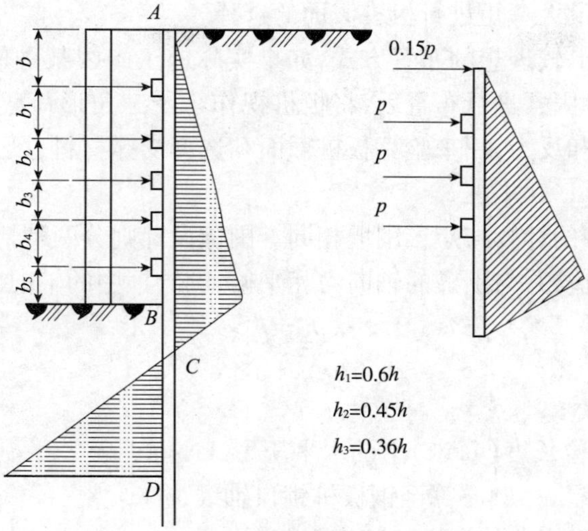

图 13-2-37 支撑的等反力布置

(a)根据施工条件,选定一种类型的板桩,并查得或计算其截面模量 W。

(b)根据其允许抵抗弯矩,计算板桩顶部悬臂部分的最大允许跨度 h:

$$[\sigma]=\frac{M_{\max}}{W}=\frac{\frac{1}{6}\gamma K_{\mathrm{a}}h^3}{W}$$

$$h=\sqrt[3]{\frac{6[\sigma]W}{\gamma K_{\mathrm{a}}}}$$

式中:$[\sigma]$——板桩的允许弯曲应力。

(c)计算下部各层支撑的跨度(支撑的间距)。把板桩视作一个承受三角形荷载的连续梁,各支撑点近似地假定其不转动,即把每跨都视作两端固定,可按一般力学计算求出各支点最大弯矩都等于 $M_{\max}$ 时各跨的跨度,其值如图 13-2-38 所示。

(d)如算出的支撑层数过多或过少,可另外选择钢板桩的规格,按上述步骤重新计算各跨跨度。

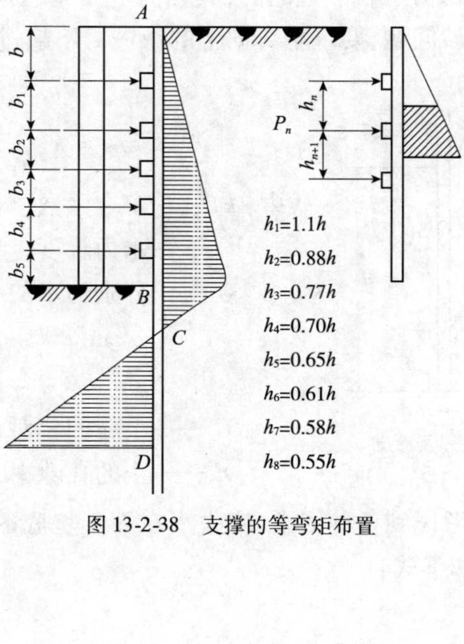

图 13-2-38 支撑的等弯矩布置

通常按第一跨的最大弯矩进行板桩截面的选择。

以上两种是理论上较理想的布置方式，如果实际施工中因某种原因不能按上述布置支撑时，则在考虑各种因素进行布置后，将板桩视作承受三角形荷载的连续梁，用力矩分配法计算板桩的弯矩和反力，用来验算板桩截面和选择支撑材料、尺寸。

(2)圆围堰

圆围堰中，板桩墙的计算与矩形围堰相同。围檩设计则分两种情况，一种是板桩壁的均布水平荷载传至围檩，并与围檩的轴向力相平衡，圆导框中的轴向力为：

$$N=\frac{pD}{2}$$

式中：N——轴向力，kN；

p——板桩墙单位长度(每米)上的水平压力，kN/m；

D——围堰的直径，由圆心算至钢板桩锁口轴线，m。

圆导框在水平面内挠曲的自由长度为：

$$L=\frac{\sqrt{3}\pi D}{6}$$

另一种是在圆围檩的内部设有支撑，在板桩壁水平力作用下，一部分由圆围檩承受与其轴向力平衡，一部分由圆围檩作为连续梁来承受，其支点是内部支撑，支点反力传到内部的支撑系统中去。这是超静定结构，需假定截面后，由变形的关系求出围檩与支撑两者的分担比例。

圆形围堰一般均按内部无支撑设计。

(四)基坑坑底安全检算

1.坑底涌沙检算

当坑底土为粉砂、细砂等，在基坑内抽水时，若桩的入土深度不足有可能引起涌沙的危险。一般可采用下述简化方法进行安全检算。

图13-2-39中基坑内抽水后水头差为h'，由此引起水的渗流，其最短流程为紧靠板桩的h_1+h_2，故在此流程中，水对土粒渗透的力，其方向应是垂直向上。现近似地以此流程的渗流来检算基坑底的涌沙问题，要求垂直向上的渗透力不超过土在水中的密度，故安全条件如下式：

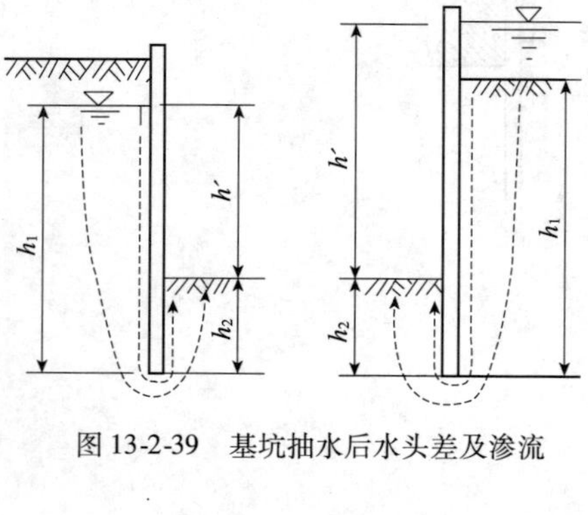

图13-2-39 基坑抽水后水头差及渗流

$$k_s i\rho_w = k_s\frac{h'}{h_1+h_2}\rho_w \leqslant \rho_b$$

式中：k_s——安全系数，可取2.0；

i——水力梯度；

ρ_w、ρ_b——分别为水的密度及土在水中的密度，g/cm^3；

$$\rho_b=(G-1)(1-n)$$

G——土粒的相对密度；

n——土的孔隙率，以小数计。

另有一种类似算法是考虑到各种因素，略去水在高于坑底的坑壁范围内渗流的水头损失(即h_1-h_2)，其计算如下式：

$$K_s \frac{h'}{2h_2}\rho_w \leqslant \rho_b$$

式中：K_s——安全系数，可取1.5。

上面两个公式中可取较大的 h_2 值，以验算板桩入土深度。两公式系指板桩不漏水、渗流线自板桩底部流动的情况，如板桩未打合缝，则渗流线上升而缩短，临界浮动坡降 $h'/(2h_2)$ 增大，易发生涌沙现象。土粒孔隙率愈大，愈易形成涌沙现象。

2. 坑底被顶坏的验算

如基坑为一厚度不大的不透水层，其下是承压水层，还应考虑坑底是否有被承压水顶坏的危险，见图13-2-40，其安全条件可用下式验算：

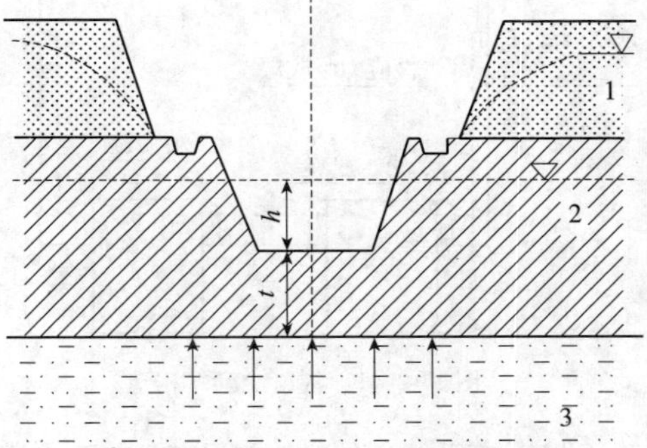

图13-2-40 坑底被顶坏的演算
1-潜水位；2-承压水位；3-承压水

$$t\rho > \rho_\omega (h + t)$$

式中：ρ——坑底不透水土的密度，g/cm^3。

五、钢筋混凝土套箱围堰

钢筋混凝土套箱围堰主要有以下几种结构形式：壁板和侧板均为钢筋混凝土的有底吊箱；壁板为钢筋混凝土的无底套箱（类似沉井）；底板为钢筋混凝土，侧板为钢结构的组合形式套箱。本节主要针对第一种结构形式的围堰进行详细叙述。

东海大桥、杭州湾跨海大桥及青岛海湾大桥引桥承台的施工均创新性地采用有底混凝土套箱施工工艺，该工艺经实例检验安全可靠，工艺比较成熟。跨海桥梁深水区引桥高桩承台采用钢筋混凝土有底套箱施工，既是承台施工的围水结构，又兼作承台模板。混凝土套箱顶部设有防水板，在混凝土套箱预制场将防水板和混凝土套箱连接成整体，通过方驳运输至施工现场，利用起重设备吊装就位，混凝土套箱内进行封水、清理工序后，进行承台施工。

（一）适用范围

预制混凝土套箱整体稳定性好，施工速度快，兼作承台防腐且经久耐用，不受地质条件影响，不需要水下封底。在承台数量多，大型吊装设备相对集中的情况下，采用混凝土套箱工艺施工，在施工进度及结构耐久性上有较大优势。不足之处是需要专门的预制场地，结构自重大，需大型起重设备吊装，并且无法回收利用。

（二）混凝土套箱设计

底混凝土套箱设计方案主要由预制钢筋混凝土套箱、防水板、吊装系统及体系转换构件组成。主要有6个细部构造：预制钢筋混凝土套箱、反压系统、止水胶囊、剪力键、弹性应力吸收层、防浪板，见图13-2-41。

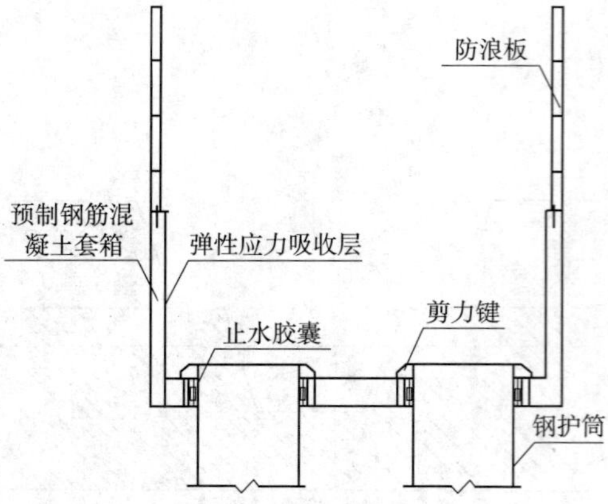

图 13-2-41　混凝土套箱构造

1. 主要构成部分

(1)主体结构设计

混凝土套箱为有底无隔墙空箱结构,见图 13-2-42。内尺寸较承台尺寸向外扩约 2cm,套箱与承台侧壁之间设 2cm 厚弹性应力吸收层,防止承台大体积混凝土膨胀引起套箱开裂。混凝土套箱高度、壁厚及底板厚根据计算确定。

(2)防水板设计

防水板安装于有底混凝土套箱顶部,通过混凝土套箱墙顶的预埋螺杆连接成整体,整体下放封水后内部形成水密空腔,为承台及墩身首节提供干施工条件。防水板与套箱连接见图 13-2-43。

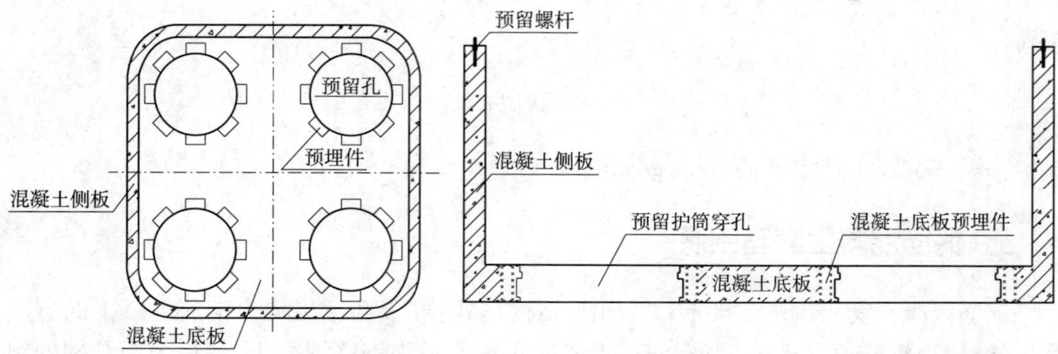

图 13-2-42　预制混凝土有底套箱结构图

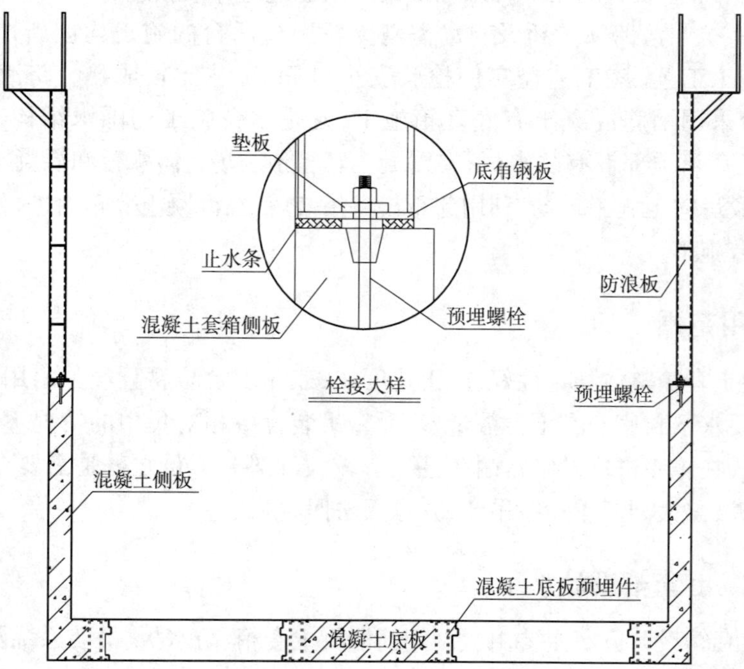

图 13-2-43　防水板与套箱连接构造图

防水板采用钢面板和骨架组合而成,高度根据施工水位确定。面板采用钢板,骨架采用型钢,底脚设带螺栓孔型钢或钢板。防水板分块加工、安装。

(3)吊装系统

吊装系统由吊架梁、上吊索及下吊杆等组成。吊架梁为型钢焊接组合而成,上下加设缀板,吊架梁加工见图13-2-44;根据计算确定吊点及吊孔位置,对称布置;吊架设上吊索吊点,吊索吊点通过钢丝绳与起重设备相连;吊点处设加劲板;在吊架框体内设内支撑;下吊杆为精轧螺纹钢或可调节钢棒,穿过吊孔用配套的螺母或卸扣连接,在混凝土套箱内吊杆与特制眼板连接后,与混凝土套箱底板预埋吊耳销接,吊杆与吊架连接见图13-2-45,吊杆与套箱底板连接见图13-12-46。

图13-2-44　吊架梁加工图示

图13-2-45　吊杆与吊架连接图示

图13-2-46　吊杆与套箱底板连接图示

(4)体系转换部分设计

体系转换部分由反压牛腿、止水胶囊及护筒与套箱底板连接板组成。

混凝土套箱吊装就位后,止水胶囊充气,清理、封堵混凝土套箱与护筒间孔隙,胶囊上部套箱底板与钢护筒之间的缝隙灌膨胀砂浆或细石混凝土封堵。封堵材料达到抽水强度后进行抽水,海洋环境下应尽量选择低潮位抽水,之后将混凝土套箱底板预埋件与钢护筒焊接成一体,完成体系转换,撤除吊架、临时支撑及反压牛腿。

2. 主要结构计算

(1)混凝土套箱受力分析

混凝土套箱兼作承台混凝土浇注模板,套箱壁板及底板按模板荷载进行计算。

①工况一:承台混凝土浇注之前,套箱壁板承受静水压力+波浪力。

②工况二:浇注混凝土时,套箱壁板承受混凝土对侧壁的侧压力+静水压力+波浪力。

(2)内力计算

①在第一种工况作用下,考虑最不利荷载为最高设计水位对模板的作用,计算套箱壁板、底板的内力。

②在第二种工况作用下,考虑最不利情况,模板外水位位于最低水位,计算套箱壁板、底板的内力。

(3)套箱配筋及裂缝计算

选取最不利工况下套箱壁板和底板的内力值计算壁板、底板的配筋及裂缝验算。

(4)套箱底板抗冲切验算

①底板整体抗冲切验算

按混凝土套箱底板冲切承载力设计值≥套箱总重力+浇注混凝土重力+钢套箱重力计算每根桩处底板受到的冲切力设计值,确保套箱底板能够满足抗冲切要求。

②预埋板局部抗冲切

单块预埋板冲切计算:每块预埋板需要承担冲切力设计值=混凝土能够承受抗冲切力。

3. 施工准备

(1)混凝土套箱预制

①模板设计加工

混凝土套箱模板由外模、内模、底板预留孔模组成。在加工厂制作完毕后进行试拼,检查其加工精度。

②套箱预制

a. 套箱底板及孔位放样

在混凝土套箱预制台座内垫平的细砂上铺垫草皮纸,草皮纸接缝用透明胶带粘贴,然后在草皮纸上用铅笔画出桩孔预留模板、内外模板的安装线。

桩孔预留位置需根据实测的钢护筒位置进行确定,各墩位的具体放样图纸,由测量组提供数据,在钻孔平台拆除前复测钢护筒的平面位置、外径及顶高程。

b. 钢筋施工

混凝土套箱的钢筋下料在后场进行,大于原料长度的钢筋均采用搭接方法接长。钢筋在预制台座上现场绑扎。钢筋绑扎顺序:铺底放线→运输钢筋→绑扎底板下层钢筋→垫混凝土保护层垫块→绑底板上层筋→绑扎侧壁钢筋→垫混凝土保护层垫块。混凝土套箱钢筋绑扎见图13-2-47。现场绑扎时注意控制好侧板钢筋的垂直度,以便于内外模板的顺利安装。

在钢筋绑扎的过程中适时进行各种预埋件的埋设,预埋件的位置必须准确,并固定牢固。

c. 模板安装

模板安装在混凝土套箱钢筋绑扎完成,并清理干净钢筋内杂物之后进行。

根据放样线进行模板的安装,先安装外模,后安装预留孔的模板,再进行内模的安装。

d. 混凝土施工

混凝土泵送入模,确保一次完成混凝土套箱的浇注,先浇注底板中间的混凝土,后浇注侧板混凝土。

e. 混凝土套箱模板拆除

模板拆除应先拆预留孔模板，然后拆内模，最后拆外模的顺序进行。

拆模时间根据混凝土强度来确定，在混凝土强度达到75%时，可拆除模板。模板拆除时，内模应先用葫芦拉松以后，再用吊车吊开，不能直接用吊车拆模。

图13-2-47　混凝土套箱钢筋绑扎示意图

f. 混凝土套箱养护

混凝土养护使用淡水，通过泵压送到套箱台座，采用喷水的方式进行养护。夏季施工时控制混凝土入模温度。冬季施工期，利用喷雾器喷洒50℃热水后，利用塑料薄膜覆盖，然后利用土工布或毛毡对混凝土表面进行覆盖保温；当外界气温低于5℃时，需利用帆布遮盖整个套箱模板，防止冷空气进入；在帆布内（在混凝土套箱内、外）用碘钨灯进行升温，保证帆布内的温度大于8℃，在不能满足温度大于8℃时，加多碘钨灯的数量。

模板拆除后，在预制套箱外围加盖帆布盖，在套箱内用碘钨灯加热养护。

（2）施工现场准备

①现场测量

套箱预制前必须根据实测护筒平面位置及垂直度确定有底混凝土套箱底板预留孔位的平面尺寸，并适当调整中心位置，保证套箱安装后整体不发生偏位。

②现场准备

桩基施工完成后进行平台改造；割除多余护筒，将支撑吊架的护筒顶口切割平整，高度一致，并清理护筒表面。

③防水板和气囊的安装

经检验合格的防水板，分块安装到混凝土套箱侧墙的顶面，安装前在防水板底面粘贴2～4cm厚泡沫橡胶条用于止水，紧固连接螺栓后，防水橡胶压缩约一半厚。防水板安装前，需将混凝土套箱侧板顶面打磨平整，不允许有明显的翘曲、凹陷的现象；在安装过程中注意对单块防水板进行保护，防止磕坏，导致接缝不严密而漏水；防水板与混凝土套箱侧板栓接后，仔细检查接缝是否还有间隙，对有间隙的部位利用混凝土砂浆或玻璃胶进行封堵。

图 13-2-48　止水气囊现场安装图示

止水气囊一般由专业厂家制作，出厂前逐个检测，现场安装时要有备用气囊，现场人工安装，并对充气筏进行妥善防护，见图 13-2-48。

充气胶囊的尺寸参数、不同水头高度下施加压力是封水成功的关键技术指标。对胶囊封水进行模拟试验，通过大量试验确定了胶囊技术参数：壁厚不小于 10mm；胶囊承压能力不小于 0.4MPa。通过模拟试验确定了不同水头高度下，封水成功时的充气胶囊所需压力（表 13-2-13）。

不同水头高度下封水成功的胶囊充气压力　　表 13-2-13

水头高(m)	10	8	6	4
胶囊压力(MPa)	0.15	0.12	0.09	0.06

(三)混凝土套箱施工

1. 施工流程

水下无封底混凝土套箱操作工序见图 13-2-49。

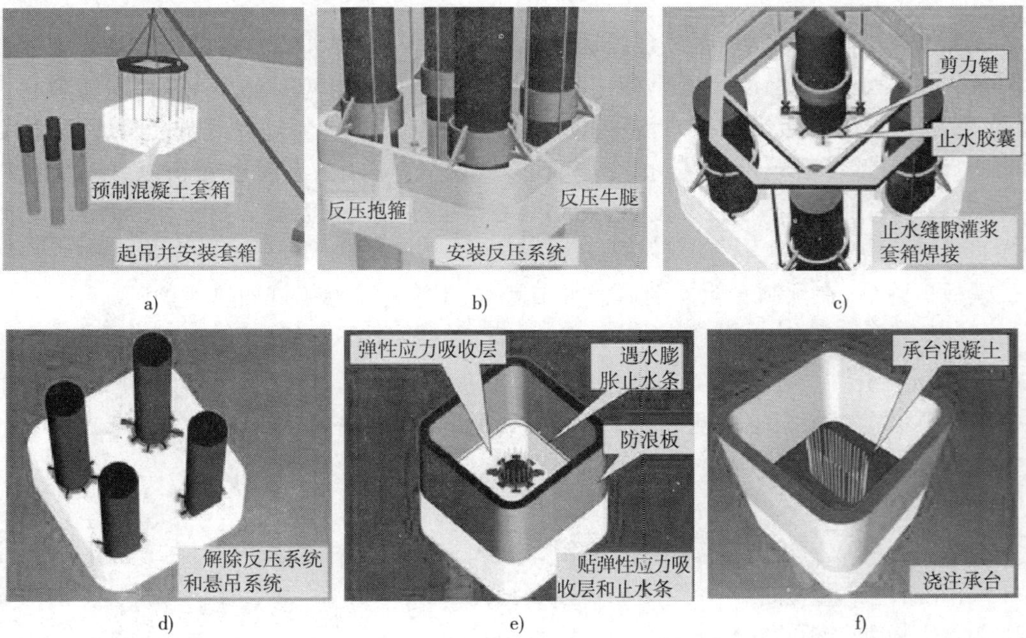

图 13-2-49　水下无封底混凝土套箱操作工序

2. 整体出运及吊装

混凝土套箱预制完成达到设计强度后，利用门吊吊装到方驳上，并沿指定航道运送到现场，用起重船整体吊装混凝土套箱。套箱整体出运及吊装见图 13-2-50。

混凝土套箱在方驳指定位置正对套箱侧墙下放设置一圈方木作为套箱支垫，避免方驳甲板不平，混凝土底板受集中荷载造成底板开裂。并在套箱四周设三脚架，防止套箱在拖运过程中侧向滑动，避免侧壁受集中荷载造成开裂。

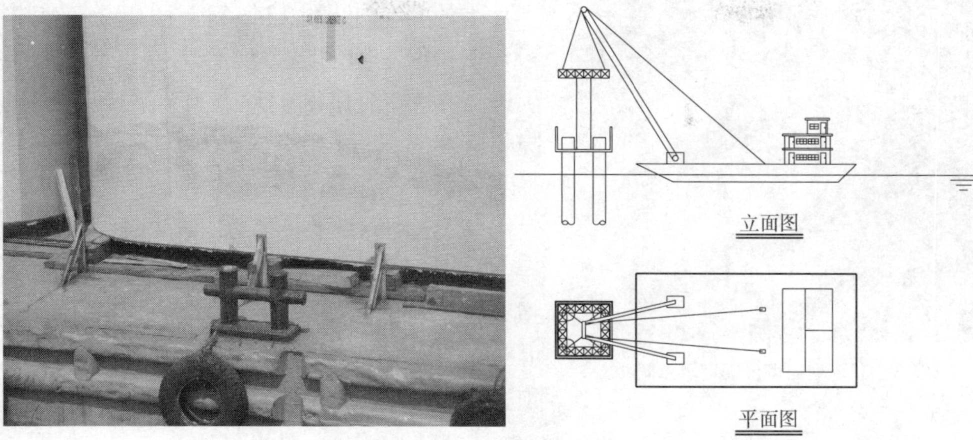

图 13-2-50　套箱整体出运及吊装

因钢护筒顶面均高出水面，且成桩后顶面高程不一，在吊装套箱前需修正钢护筒上口高程，安装桩顶导向帽。

套箱安装选择天气较好时施工。起重船定位后，调整吊杆，使起重船吊钩正对套箱，检查后开始起吊套箱。起重船逐渐靠拢安装位置，利用系在套箱两侧的引导缆绳协助，使套箱逐渐与各桩对中。各孔均对中后开始缓慢落钩，使套箱套入钢护筒，套箱利用吊架支撑在钢护筒顶上，检查套箱安装到位且稳固悬挂至钢护筒上。套箱整体吊装见图 13-2-51。

图 13-2-51　套箱整体吊装示意图

3. 套箱调位

混凝土套箱下放到位，在套箱壁上安装千斤顶靠架，用千斤顶调位后，安装直接压在防水套箱上的反压牛腿，固定套箱，防止在潮水位及波浪力影响下摆动。套箱调位固定见图 13-2-52。

4. 套箱止水

(1)胶囊封水技术

充分利用橡胶胶囊充气后填充性好的特点，将橡胶胶囊预置于混凝土套箱底板预留的桩孔孔壁上，在套箱安装就位后，对胶囊进行充气施压，胶囊膨胀后填充满孔壁与护筒

图 13-2-52　套箱调位固定示意图

之间的空隙，并能够承受一定的水压力，从而达到止水的目的，见图 13-2-53。胶囊上部套箱底板与钢护筒之间的缝隙灌膨胀砂浆或细石混凝土进行封堵，确保钢护筒与套箱底板之间的缝隙不漏水时，进行套箱内抽水作业，在海洋环境下利用低潮时间抽干套箱内的水。

（2）水下封堵止水方法

将混凝土套箱吊装下放，混凝土套箱到达指定位置后，通过吊具悬挂固定在钢护筒上，在混凝土套箱的内侧壁与各钢护筒之间安装千斤顶，对混凝土套箱进行稳固。

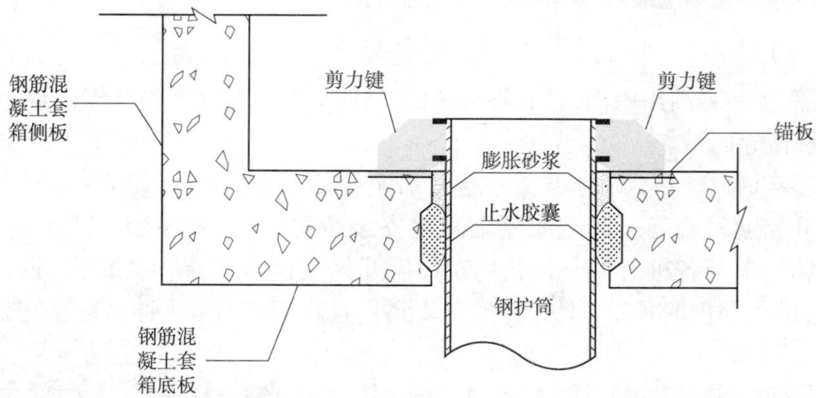

图 13-2-53　止水胶囊止水的原理示意图

潜水员在套箱底板下方安装并固定封底模板，设置混凝土浇注充填区及纵向进水孔道（进水孔道可用水泵抽水替代）。选取袋装混凝土，由潜水人员将混凝土灌注于浇注充填区，直至整个浇注充填区全部灌满混凝土，待浇注的混凝土凝结强度达到要求后，再由潜水人员使用速凝材料封堵纵向进水孔道，封堵止水结束。

5. 体系转换

套箱抽水完毕，具备干施工条件后，将套箱底板预埋件与钢护筒之间焊接成一体，进行永久固定。焊接完毕检查每道焊缝，确保焊接牢固后进行体系转换，见图 13-2-54。

先将吊杆调节螺栓拧松，使吊杆松劲。整个套箱由底板与钢护筒之间的焊接件支撑，体系转换完成，拆除吊架、桩顶引导帽及侧壁反压牛腿，清理套箱，混凝土套箱安装完毕。

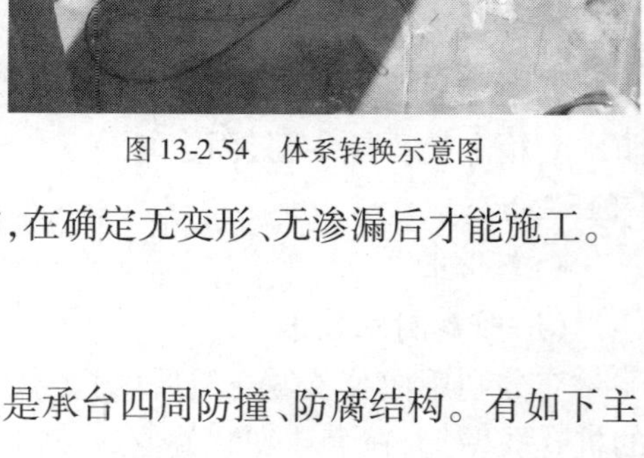

图 13-2-54　体系转换示意图

在承台正式施工前，仔细检查混凝土套箱结构，在确定无变形、无渗漏后才能施工。

（四）有底混凝土套箱主要特点

有底混凝土套箱既是承台施工的防水设施，又是承台四周防撞、防腐结构。有如下主要特点：

(1)将混凝土套箱临时设施转变为承台的长期防护设施,这种防护体系隔绝了承台混凝土与海水的直接接触,提高了承台混凝土的耐久性。

(2)由于承台外存在混凝土套箱这层保护壳,在较小吨位船舶的撞击下,能够起到耗能和避免承台混凝土直接损伤的作用。

(3)混凝土套箱的抗风浪能力较好,特别在沿海地区施工中优势明显。当承台顶高程较低时,在套箱顶加设挡水围堰即可满足施工要求。挡水围堰与混凝土套箱采用预埋螺栓连接,加垫泡沫橡胶后可以保证止水效果。

(4)利用弹性材料良好的变形性能,将其铺设在套箱内壁成为弹性应力吸收层。通过对承台变形能的吸收,有效减少了套箱的拉应力。

(5)混凝土套箱施工中的危险因素主要是大风浪和船机走锚,在结构混凝土浇注完成以前,套箱受到船机的撞击是致命的,承台施工前必须保证混凝土套箱免受撞击。

(6)混凝土套箱内壁与承台侧壁之间设2cm应力吸收层,在顶口处塞填BW遇水膨胀止水条,防止海水灌入缝隙内。BW遇水膨胀止水条是有一定弹性的新型建筑止、防水材料,遇水后吸水膨胀,最大膨胀率为200%~500%,可以彻底堵塞渗水孔隙,截断压力水,抗渗效果好。

应力吸收层及止水条安装见图13-2-55。

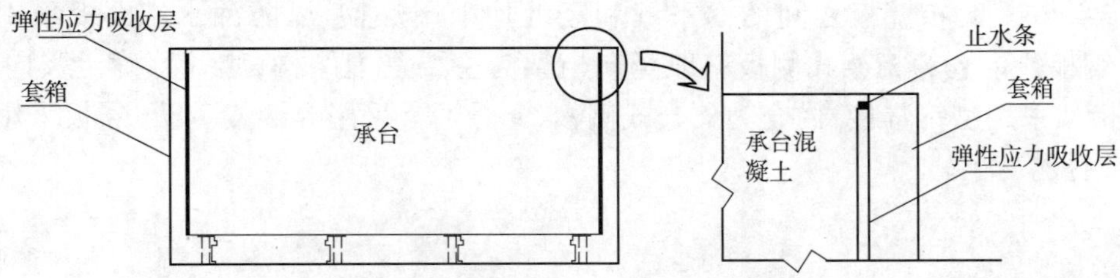

图13-2-55 应力吸收层及止水条安装示意图

六、钢吊箱围堰

(一)适用范围

钢吊箱根据侧板构造形式分为单壁和双壁钢吊箱。单壁钢吊箱适用于水流速较小的深水高桩承台或河床淤泥层、淤泥质土层及砂层较厚,不适合采用钢板桩围堰及无底套箱围堰的地质情况。双壁钢吊箱适用于河流、海洋中的大型深水基础,整体刚度大,能承受较大水压,保证基础施工安全。钢吊箱作用是通过吊箱侧板和底板上的封底混凝土隔水,为承台施工提供无水的施工环境。同钢围堰相比,钢吊箱施工不需沉入河床,水流阻力小,具有施工工期短、材料用量少、经济合理等特点,因而在大跨深水大型桥梁中得到广泛的应用。

(二)钢吊箱围堰的结构组成

1. 吊箱整体构造

钢吊箱的结构构造由底板、侧板、内支撑系统、悬吊系统及定位系统组成。

(1)底板

底板是钢吊箱围堰同钢套箱围堰的主要区别,是竖向主要受力构件。钢吊箱底板的结构形式主要有型钢网格分配梁底板和空间桁架式底板。分配梁底板安装简便、快捷,施工量小,材料用量占优,被广泛采用。

分配梁底板由面板和纵横梁组成,面板一般取 $\delta = 4 \sim 10$mm 钢板,纵横梁采用工字钢、槽钢等型钢。在护筒位置,根据护筒中心坐标、护筒倾斜度及拼装平台高程对底板进行预留孔设计,底板和护筒间的空隙采用胶皮或钢板进行堵漏。面板之间焊接连接。底板面板直接铺放在下部型钢框架上,并进行限位固定。同时应确保底板拆除时,底板纵横梁和面板能方便分离,吊出纵横梁分块后周转使用。

(2)侧板

侧板是钢吊箱水平向承受静水压力、水流力、波浪力及其他水平力作用的受力构件。侧板构造形式分为单壁和双壁结构。

单壁形式的侧板一般分块加工成板肋形式(即通用钢模板形式),面板一般采用 4 ~ 10mm 钢板,背肋采用工字钢或槽钢,背肋与面板之间焊接。侧板分块的目的主要是为了便于加工和运输,避免产生超标变形。吊箱侧板与侧板之间、侧板与底板之间一般采用螺栓连接,缝间设置 5 ~ 15mm 橡塑板或泡沫橡胶进行防漏。

双壁形式侧板一般分块或分节加工成箱式结构,内仓一般设计成桁架式或隔仓式,见图 13-2-56。套箱壁板之间的水平缝和竖缝均采用焊接,以防漏水。面板采用 5 ~ 10mm 钢板。内仓为桁架式侧板一般竖向桁架为主要受力结构,应计算确定竖向桁架间距,桁架采用型钢焊接;内仓为隔仓式侧板,龙骨通常采用焊接式 T 肋,隔板采用 5 ~ 10mm 钢板。

a)

b)

图 13-2-56　双壁内仓构造图示
a)桁架式;b)隔仓式

(3)内支撑系统

内支撑由内圈梁、十字撑及斜撑等部分组成。双壁围堰一般不设内圈梁,单壁围堰内圈梁通常设在吊箱侧板的内侧,高程及层数根据水平侧压力计算确定,内圈梁、斜撑通常采用 H 型钢、槽钢或工字钢拼装,内圈梁之间采用栓接或焊接。内圈梁的作用主要是承受侧板传递的荷载,并将其传给十字撑和斜撑。十字撑一般为型钢组合件或钢管件,斜撑和十字撑杆端与内圈梁栓接或焊接成一体,在端部与内圈梁加连接板。

(4)悬吊系统

悬吊系统以钻孔桩钢护筒为依托,由纵梁、横梁、吊杆及钢护筒组成。横梁支点设置在护筒的牛腿上,横梁的作用是将悬吊荷载通过钢护筒传递给桩基。纵梁的作用是支撑吊杆,并将吊杆传来的荷载传给横梁。吊杆上端固定于支架的纵梁上,下端固定于底板的吊杆梁之上。吊杆的作用是将吊箱自重以及封底混凝土的质量传给纵梁。吊杆通常采用精轧螺纹钢或钢丝绳,在施工过程中,对吊杆要充分保护好,禁止碰撞,以免影响施工的安全。

(5)定位系统

由于钢吊箱下沉入水后受流水压力的作用,会发生漂移,为便于调整吊箱位置,确保顺利下沉,需设置定位系统。定位系统有多种方式,在水流较小的情况下,可以采用导链牵引、抽注水方式定位,在水流较急的情况下,也可以采用定位船或在护筒上焊接导向型钢进行定位。在护筒上焊接导向型钢方式采用较多,该导向系统由导向钢板、定位器(短型钢)及调位千斤顶组成。导向钢板利用定位型钢分别焊于吊箱侧板上,导向钢板端部至钢护筒外壁之间留一定的空隙;导向钢板的作用是控制下沉吊箱的平面位置。调位时用调位千斤顶进行。定位器是在吊箱下沉到位后,封底混凝土凝固前,为防止水流压力、波浪力及靠船力等动荷载对自由悬挂的钢吊箱发生挠动,影响封底混凝土质量而设置固定装置。主要利用钢护筒的稳定性将下沉到位的钢吊箱通过定位器与钢护筒连成整体,达到钢吊箱定位的目的。

2. 钢吊箱设计

(1)水位

根据在建工程所处水域常年水文变化曲线,结合施工时间,按照设计或取 20 年一遇施工期控制水位。

(2)围堰尺寸

根据在建工程基础承台设计尺寸,拟定围堰平面内净尺寸。吊箱侧板可直接作为承台模板使用,一般吊箱内侧板尺寸比承台尺寸大 2 ~ 5cm,最大 10 ~ 30cm;或在吊箱侧板与承台之间预留 0.8 ~ 1.2m,为承台施工支立模板,进行承台防腐处理等工序提供工作空间;根据施工最高控制水位定出围堰顶面高程;经计算得出封底混凝土最小厚度后定出围堰底板顶面高程;同时初步拟定围堰内支撑高程。

(3)主要计算工况和内容

①吊箱拼装起吊(包括滑移入水、浮运)下沉计算。

②吊箱结构设计计算。

③封底混凝土施工阶段计算。

④抽水后吊箱抗浮计算。

(4)计算分析

综合工况条件分析和计算内容,对钢吊箱各部分取最不利工况进行计算:

①底板主要承受封底混凝土恒载和吊箱静载。底板受力以竖向荷载为主,一般最不利受力工况为封底混凝土浇注阶段,此时底板受力荷载组合取封底混凝土恒载 + 吊箱静载 + 浮力 + 施工荷载进行验算。此外还要对首节吊箱滑移入水及整体起吊下沉等阶段底板受力情况进行复核。

②侧板以承受水平荷载为主,其最不利受力工况为抽水阶段。取此工况受力荷载组合进行侧板计算。侧板计算包括竖楞、水平加劲肋、面板、接缝螺栓及侧板焊缝等物件的

内力、变形及应力计算。其传力路径如下:水压力→围堰侧板→侧板角钢加劲肋→桁架。

③内支撑系统与吊箱侧板计算相关,所以在侧板验算的同时完成内支撑的验算。

④吊箱支吊系统和底板一样,以承受竖向荷载为主,受力验算亦与底板计算一起完成。

⑤吊箱滑移入水阶段除验算吊箱底板及侧板外,还要通过计算结果确定滑移设备,并对不良地基进行加固处理。

⑥吊箱浮运主要与流水压力、风力、波浪及靠船力等因素有关,同样以水平荷载为主,设计以此几种荷载组合为最不利的情况下进行计算控制。并且还要对吊箱浮运稳定性进行验算。

⑦吊箱拼装下沉阶段主要与吊箱静载有关,以竖向荷载为主,以整体起吊下沉为最不利进行计算控制,并依据计算结果设计吊点、吊具,选择安装设备。

⑧抗浮计算分两个阶段:一个阶段是吊箱内抽完水后浇注承台混凝土前,另一个阶段是浇注完承台混凝土后承台混凝土初凝前;分别计算封底混凝土与钢护筒间黏结力及吊箱围堰的上浮力,使其满足下式要求:

吊箱自重力 + 水封混凝土自重力 + 黏结力 > 浮力

吊箱自重力 + 承台混凝土重力 + 水封混凝土自重力 < 黏结力 + 浮力

⑨封底混凝土强度验算:封底混凝土主要承受吊箱、封底混凝土浮力,以竖向荷载为主。验算分两阶段进行,阶段划分同抗浮计算,选取最不利荷载组合进行控制,验算封底混凝土的拉应力和剪应力。

以上的设计计算方法较适用于尺寸较小的钢吊箱设计。对于某些特大桥梁所采用的巨型钢吊箱,施工时间长,风险大,施工流域水文地质状况复杂,宜采用空间有限元分析法进行辅助设计计算。

(三)钢吊箱围堰的施工

1. 施工前的准备工作

施工前必须深入了解桥址水文资料,并分析比较,实测河床高程,对影响吊箱安装的局部河床或其他障碍物及时清除或抛石加固,配备浮吊、船只及起吊工具等,拆除原部分钻孔工作平台。用特制大型筒刷刷洗护筒,对封底混凝土部位作重点刷除,以确保封底混凝土与护筒之间的黏结效果。

桩基施工完毕后用全站仪测出各护筒的中心坐标及护筒垂直度,计算出承台中心和各护筒中心及承台对角线的方位角及距离,利用计算出的方位角和距离将各护筒中心转换到吊箱底板上,进行底板开孔设计。钢吊箱的定位采用全站仪放出吊箱对角线的方位角及角点到承台中心的距离,据此进行调整定位。

2. 钢吊箱主要施工方法

钢吊箱的施工工序主要包括加工拼装、下沉就位、堵漏、封底混凝土浇注、承台施工等。根据具体操作时内容的不同,目前钢吊箱围堰的施工技术主要有以下几种:

(1)工厂制作,现场吊放

钢吊箱围堰在工厂制作好以后拖运至施工现场,然后驳运至桥墩位置水域处,再利用浮吊直接起吊钢吊箱下沉就位,将钢吊箱吊挂于钢护筒顶部所设钢牛腿上,见图 13-2-57。这种方法中,钢吊箱的制作质量最好,但一般只适用于中小型钢吊箱。

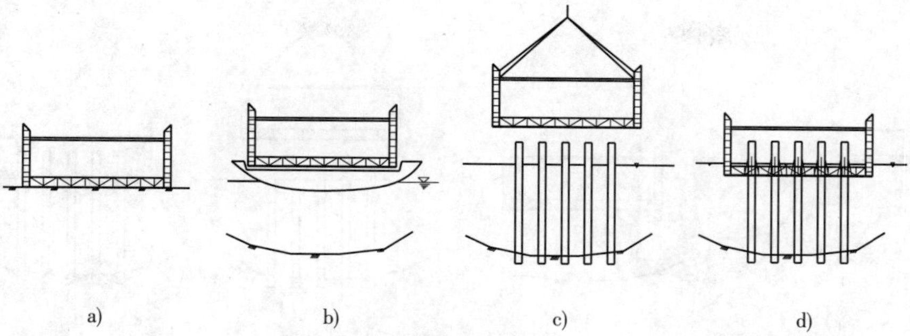

图 13-2-57　钢吊箱施工技术(一)

a)工厂制作钢吊箱;b)驳船拖运;c)起吊就位;d)下沉到位

(2)水上分块拼装,分节吊装

钢吊箱分节分块制作,将完成的分块吊箱拼成两半,分别用一艘驳船装载下水,之后在水上合拢成整节,拖运至桥墩位置水域,用浮吊吊装钢吊箱下水自浮,接高钢吊箱后定位、固定,见图 13-2-58。如武汉白沙洲大桥钢吊箱施工即采用此法。这种方法需要在水下焊接、拼装钢吊箱,所以钢吊箱质量较难保证。

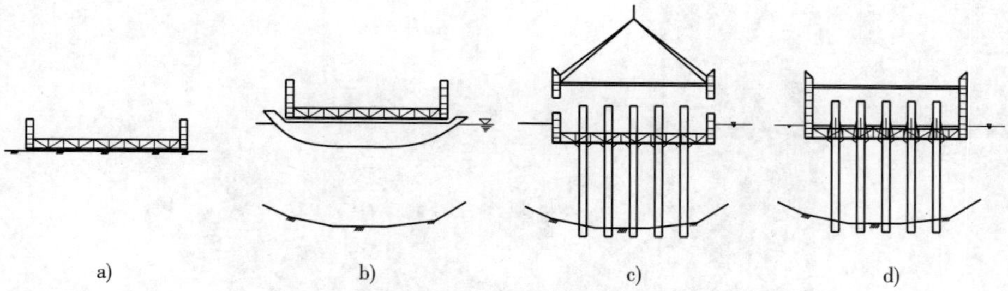

图 13-2-58　钢吊箱施工技术(二)

a)分块制作钢吊箱;b)驳船上分块组拼、拖运;c)起吊就位并接高;d)整体焊接固定

(3)现场制作,浮运到位后吊放

在岸边组拼钢吊箱,气囊顶升后牵引下水,或在岸边滑道上拼装钢吊箱,拼装完毕,借助滑移设备滑移入水;用拖轮将钢吊箱推至浮吊作业区,然后用浮吊起吊钢吊箱下沉就位,见图 13-2-59 和图 13-2-60。

为了便于钢吊箱浮运,在钢吊箱底板加工时,钢护筒及吊杆的孔洞可暂不开孔。钢吊箱就位前再根据现场测量结果在钢吊箱底板上开孔。这种方法在钢吊箱的施工中应用较多,钢吊箱可以分节吊装,下水以后再接高,也可以一次整体吊装。如南京长江二桥采用类似方法分节吊装后再接高,润扬大桥南汉桥北桥塔施工钢吊箱、上海长江大桥主墩吊箱也是采用类似办法,但是采用一次性整体吊装到位的方法。

图 13-2-59　钢吊箱水上浮运、整体吊装示意图

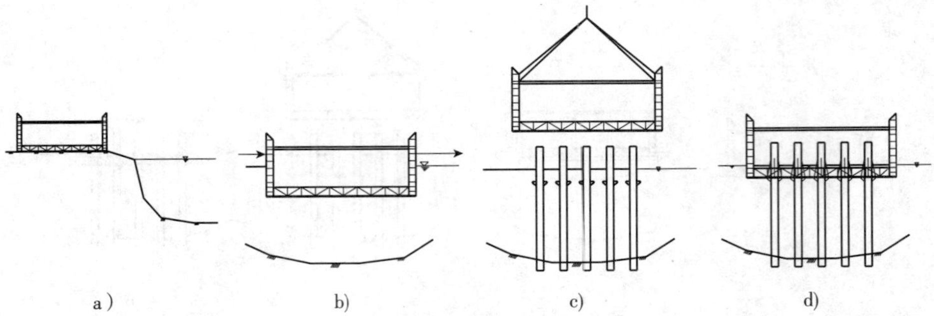

图 13-2-60 钢吊箱施工技术(三)

a)岸边制作钢吊箱;b)驳船拖运;c)起吊就位;d)下沉到位

这种方法简便易行,但需要大吨位的浮吊,且起吊设备受波浪影响较大。

(4)现场原位制作,整体下放或逐节下放

在墩位处现场拼装钢吊箱,然后由钢护筒上方的固定吊点下沉钢吊箱就位,钢吊箱可以整体下放,也可以逐节下放后接高,见图 13-2-61 和图 13-2-62。根据拼装钢吊箱时下方支撑形式的不同,这种钢吊箱下沉方式又有如下两种形式:

图 13-2-61 钢吊箱现场拼装、接高示意图

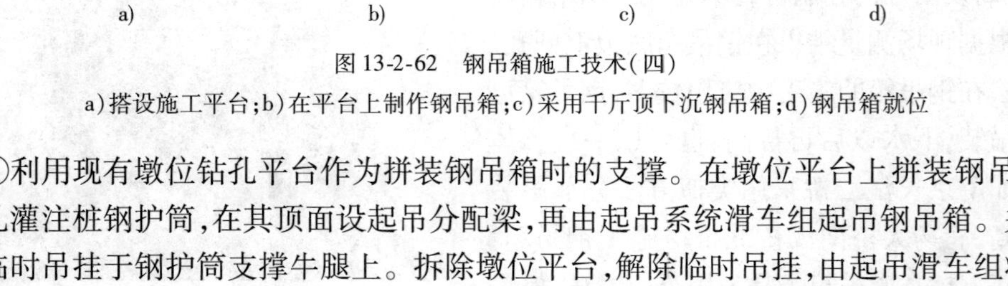

图 13-2-62 钢吊箱施工技术(四)

a)搭设施工平台;b)在平台上制作钢吊箱;c)采用千斤顶下沉钢吊箱;d)钢吊箱就位

①利用现有墩位钻孔平台作为拼装钢吊箱时的支撑。在墩位平台上拼装钢吊箱,接高钻孔灌注桩钢护筒,在其顶面设起吊分配梁,再由起吊系统滑车组起吊钢吊箱。并将钢吊箱临时吊挂于钢护筒支撑牛腿上。拆除墩位平台,解除临时吊挂,由起吊滑车组将钢吊箱缓缓下沉就位。然后转换吊点,由多根吊杆将钢吊箱吊挂于钢护筒支撑钢牛腿上。

②以钻孔灌注桩钢护筒为拼装钢吊箱时的支撑。在钻孔灌注桩钢护筒上同一水平高度焊接承重牛腿,在牛腿上放置钢吊箱底梁,然后在底梁上铺设钢吊箱底板,将侧板在底板上拼装成箱体。也可在牛腿上搭设平台,由驳船将块件运至平台上拼装。在钢护筒顶面设千斤顶支架,由千斤顶起吊钢吊箱,割除牛腿,下沉钢吊箱。

这种方法不需要大型起吊设备,起吊时受周围环境的影响相对也较小,但在钢吊箱起吊后拆除墩位平台,操作空间有限,对工期有一定影响。

(5)船坞制作或岸边逐层制作,拖运至墩位下沉、固定,钢护筒施打

在船坞或岸边拼装钢吊箱,然后浮运至墩位处;钢吊箱下沉到位后,周边插打定位桩,将钢吊箱固定于定位桩上;在钢吊箱底板孔洞内插打钢护筒后进行灌注桩施工;后面浇注封底混凝土等工序和前述施工方法一样,见图13-2-63。南京长江三桥和东海大桥钢吊箱的施工都采用了此法。

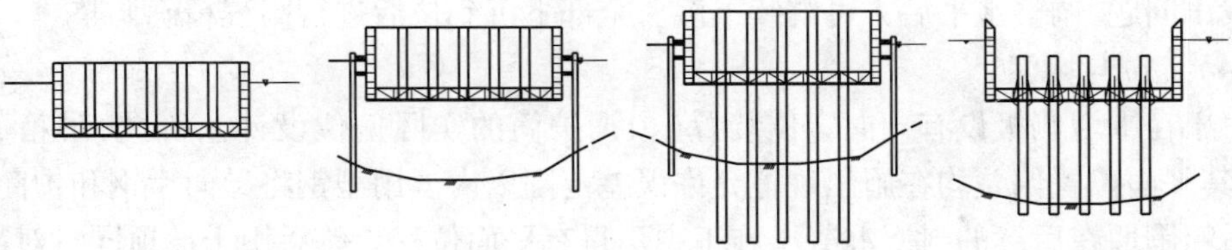

a) b) c) d)

图13-2-63 钢吊箱施工技术(五)

a)驳船拖运;b)钢浮箱定位;c)钢护筒打设;d)钢吊箱焊接定位

这种方法是钢吊箱在钻孔桩施工前就位,在钢吊箱上插打钢护筒后进行钻孔桩的施工,节省了平台部分费用,也节省了工期。但如果没有导向设施,沉桩时,桩的自由度大,如施工操作不当,容易引起损坏。

(6)浮体运输钢吊箱,门架吊放钢吊箱就位

在岸边的浮体上拼装好钢吊箱,再浮运至墩位处,由浮体上所设的门架整体吊放钢吊箱就位。如宜昌夷陵长江大桥钢吊箱施工即采用此法。

在具体运用这种方法时,一般采用两个浮体,每个浮体由若干个浮箱(浮箱数量取决于钢吊箱的质量)拼装而成。在浮体上拼装整体吊装构架,将两只浮体连成一体,同时,吊装构架下横梁作为拼装钢吊箱的平台,上横梁作为吊装钢吊箱的吊点。钢吊箱拼装完毕后,由拖轮将整个浮体拖运至墩位处,并在墩旁定位。然后通过收绞锚绳使浮体上的钢吊箱初定位,吊装构架整体起吊钢吊箱,在构架支腿下部设钢丝绳对拉,将构架下横梁解开滑移至浮体两端重新与浮体连好。解除对拉钢丝绳,下放钢吊箱就位。转换吊点,由多根吊杆将钢吊箱吊挂于钢护筒顶部所设的牛腿或分配梁上。

这种方法也不需要大型起吊设备,钢吊箱的拼装和墩位平台的拆除可同步进行,不会影响工期,但受季节和气候的影响。

3. 围堰的加工及拼装

(1)吊箱加工

吊箱必须在后场工厂化加工。吊箱加工质量按设计要求进行控制,尤其要求栓接面顺直平整,栓孔眼对齐。

(2)吊箱拼装

一般采用现场拼装和码头整体拼装后浮吊吊装,分块应考虑加工和陆上运输,码头整

块拼装后,可用浮吊整体起吊运输或拖轮牵引浮运就位后浮吊整体吊装。

吊箱采用现场拼装,应在加工场地进行试拼装,并将拼装好的每组吊箱进行编号。组装好确定无误后,拆卸分片运输至平台顶。吊箱的拼装按步骤在钻孔平台完成,先后安装下沉吊箱吊杆及底梁,逐块拼装底板、各节吊箱。底板在试拼合格后运输至平台位置,根据护筒尺寸及位置,在底板上预留出钻孔桩孔位,用钢板在吊箱底板与钢护筒间制作堵漏斜槽。

侧板分块分节安装完成后,全面检查套箱拼装质量和封堵板情况,确认无遗漏后,套箱下沉。安装侧板的关键是确保侧板的密封性,单壁侧板拼缝间设置 10 ~ 20mm 橡塑板以防漏水,双壁侧板通常采用焊接,每块侧板焊缝均进行煤油渗透试验。

(3)围堰下沉

对组拼好的吊箱进行全面检查、调整。下沉时,由指挥人员统一下令指挥,操作人员随时观察吊箱顶部是否水平及底部有无障碍情况。若发现吊箱下沉不均匀或倾斜时,应及时找出问题,调整水平后方可继续下沉。全部下沉到位后进行高程精确调整。

(4)定位与堵漏

由于在围堰侧板设有导向定位装置(根据护筒的实际偏位设计),因此,吊箱下沉到位后,其平面位置偏差均在施工规范允许误差范围以内。用型钢将导向型钢和护筒焊死,确保吊箱围堰在后续的封底混凝土施工中不得有平面位移。然后用千斤顶同时对吊杆进行调整,使其受力均匀。

护筒开口封堵板抱紧护筒以达到封堵的目的。套箱下沉到位并精确定位后,由潜水员下水检查,以确保封堵效果。

钢吊箱围堰定位及堵漏见图 13-2-64。

a)

b)

图 13-2-64 钢吊箱围堰定位与堵漏图示

a)定位;b)堵漏

(5)封底混凝土浇注

封底混凝土的作用:一是利用封底混凝土与护筒之间的黏结力作为平衡重的主体;二是防水渗漏;三是抵抗水浮力在吊箱底部形成的弯曲应力;四是作为承台的承重底模。

封底混凝土浇注是吊箱施工成败的关键。通常采用一次封底法,待混凝土达到设计强度的 90% 以上后,进行箱内抽水,抽水时应限制抽水速度,密切观察套箱状况,以确保安全。抽水后,套箱侧板拼缝处可能会有个别漏水处,要用棉纱或棉絮进行封堵处理。确认吊箱受力稳定后方可派人在箱内作业。当箱外水位接近或达到控制水位时，箱内应停止作业，并以大于涨水速度向箱内补水，以平衡高水位产生的浮力。

(6)吊箱拆除

箱内支撑随承台混凝土分层灌筑逐层拆除，未灌注部分支撑暂不拆除。墩柱施工完毕，并达到设计规定强度后，开始拆除钢吊箱。单壁吊箱水下卸掉侧模与底模连接螺栓，先拆短边侧模，然后按顺序拆除长边侧模。双壁吊箱首先将钢吊箱双壁隔仓内的水抽干，进入隔仓内将内壁板沿切割线割断(切割线即为壁板拼装线)，外壁板起到隔水的作用。内板切割完成后，将水面以上的外壁板切除吊走，再由潜水员入水，采用水下切割的方法将剩余的壁板全部切除。

七、钢套箱围堰

(一)适用范围

钢套箱围堰适用于公路、铁路水中承台施工，既作为承台施工的隔水措施，又可作为承台施工的外模。钢套箱刚度好，施工简便，在接缝位置辅以橡胶止水材料即可形成可靠的防水结构。

无底钢套箱围堰分单壁、双壁、单双壁结合使用的结构形式。一般根据墩位处覆盖层状况、套箱整体稳定性、现场施工条件、施工经济性等因素，综合考虑设计成单壁、双壁或组合形式的钢套箱。

单壁钢套箱围堰适用于水深较浅，流速较小，覆盖层较薄的水中基础施工。根据吊装设备、移运能力和场区条件，单壁钢套箱可制作成整体式或装配式，采用整体吊装或分块组拼的方式施工。

双壁钢围堰适用于大型河流中的深水基础，特别是河床覆盖层较薄(0～2m)，下卧层为密实的大漂石或岩石的地质条件下的承台施工。双壁套箱结构刚度大，能承受较大水压，保证基础的施工安全。

单双壁组合形式钢套箱能充分利用各自的优势，在保证结构安全，功能齐全的前提下，也可节约大量材料，并且结构形式灵活，施工方便。一般将水压较小的上部及下沉入土的刃脚部分做成单壁，中间部位设计成双壁的结构形式。

(二)钢套箱围堰的结构组成

1.套箱整体构造

钢套箱的结构构造由侧板、内支撑系统、悬吊系统及定位系统组成。与钢吊箱不同仅在于无底板。

(1)侧板

侧板是钢套箱水平向承受静水压力、水流力、波浪力及其他水平力作用的受力构件。按构造形式分为单壁和双壁围堰，具体参见钢吊箱侧板结构形式。

(2)内支撑系统

内支撑由内圈梁、十字撑及斜撑等部分组成，具体参见钢吊箱内支撑系统。

(3)悬吊系统

悬吊系统以钻孔桩钢护筒为依托，由纵梁、横梁、吊杆及钢护筒组成。除吊杆下端固定在侧板上,与钢吊箱不同外,其他构件布置形式具体参见钢吊箱悬吊系统。

(4)定位系统

具体参见钢吊箱定位系统。

2. 钢套箱设计

通过对桥址区地质、水文情况的分析,对钢套箱稳定性、抗浮力、自身刚度等进行检算,从而设计出满足要求的钢套箱。通常利用钻孔桩的护筒设计套箱下沉的作业平台、吊装系统、定位导向设施。套箱下沉到位后进行水下封底,实现承台干施工的条件。相同结构形式的承台数目较多时,钢套箱能周转使用,经济性好。

(1)钢套箱尺寸:根据承台设计尺寸,拟定围堰平面内净尺寸,侧板内边距离承台边缘一般预留0.8~1.2m的操作空间,或直接利用套箱侧板作模板用;根据施工最高控制水位定出围堰顶面高程;根据封底混凝土最小厚度定出围堰底板顶面高程,初步拟定围堰内支撑层数及高程。

(2)套箱整体高度应根据各施工阶段的最高水位、冲刷深度、基坑开挖深度及基底地基稳定程度(如涌水、翻砂、拱起的可能性)确定。

(3)水位。根据在建工程所处水域常年水文变化曲线,确定钢套箱围堰施工时的水位最低和最高控制高程。

(4)计算工况:

计算工况分为围堰拼装下沉阶段、围堰内浇注封底混凝土阶段、围堰内抽水安装内支撑阶段、施工承台阶段计算以及基底稳定性、围堰整体稳定性的计算。具体参见钢吊箱计算分析和板桩围堰基底稳定性、整体稳定性验算。

(三)钢套箱围堰的施工

1. 施工准备

(1)钢套箱壁板、内支撑系统、吊装系统等结构均在加工厂加工,在现场拼装栓接或焊接成整体。钢套箱加工完毕后,在加工厂内试拼,检验合格后分块标记并装运至现场。吊装、运输及堆放过程中要采取有效的措施,防止钢套箱块件翘曲变形。

(2)施工前,深入了解桥址水文、地质资料,并分析比较,实测河床高程,对影响套箱下放的障碍物及时清除,配备浮吊、船只及起吊工具等。用特制大型筒刷刷洗护筒,对封底混凝土部位作重点刷除,以确保封底混凝土与护筒之间的黏结效果。

(3)平台的拆除、恢复与测量准备工作。钻孔灌注桩施工完毕,拆除原承台外围的阻碍钢套箱下沉的钢管桩及平台平联部分,保留钢套箱中间的平台部分。部分平台的拆除与测量等准备工作穿插进行。

(4)用挖掘设备开挖承台外围的河床部位,清理钢套箱下沉区域,防止有障碍物或河床起伏过大而顶起钢套箱局部发生倾斜。

(5)在桩基钢护筒上口安装悬吊系统。

(6)配备足够数量的套箱助沉设备,制订套型下沉、纠偏等处理措施。

2. 钢套箱施工

(1)套箱拼装

钢套箱在工厂制成单元,经检查验收合格后分块运输至作业平台,按编号分块分节在平台上拼装。拼装时采用吊车入模,人工配合组装,拼装完成后用千斤顶整体下放。另一种施工方法是在码头将套箱拼装成整体后采用大型吊装设备将套箱整体起吊、运输至墩位处并下放就位。也可以采用整体浮运、整体驳运等方式进行施工，具体参见钢吊箱施工技术。

采用分块、分节拼装套箱的方法时，需要逐节进行预拼装。拼装完成后，需全面检查各焊缝有无气孔、夹渣、漏焊等，并进行密闭试验。确认焊接良好不漏水后，做好下水准备。

接高施工时，在底节顶面定出测量基准面并确定中心点，保证顺直接高围堰，并以此基准面和中心线为准进行结构尺寸的测量控制，拼装接高上节围堰单元体。为确保第二节单元的稳定性，在底节内外壁板上焊接限位型钢。吊装接高时，要随拼装，随调整，待全部点焊成型后，方可全面焊接。拼接施焊中，先焊环板，后焊内壁，再焊外壁，并按对称施焊要求进行。

(2)悬吊系统施工

当采用大型吊装设备整体吊装下放套箱时，在护筒顶口设置另一套悬吊系统，待套箱下放至设计要求后，进行悬吊系统转换。当采用在临时施工平台上拼装下放套箱时，底节钢套箱预拼装完成后锁定焊接，同时进行悬吊系统的施工。悬吊系统包括承重梁和分配梁，利用护筒或钢管桩承重，在护筒上设置承重梁，在承重梁上设置千斤顶及分配梁，吊杆上部和分配梁固定，下部和钢套箱连接，利用千斤顶调整钢套箱的高度。悬吊系统施工具体同钢吊箱施工工艺。

(3)导向系统安装

根据护筒的实际偏位在围堰侧板设导向定位装置，保证吊箱下沉到位后平面位置偏差均在施工规范允许范围内。导向系统设计及施工具体参见钢吊箱围堰施工。

(4)套箱下沉

钢套箱吊装下沉见图 13-2-65。

a)

b)

图 13-2-65 钢套箱吊装下沉示意图

a)单壁套箱整体吊装；b)双壁套箱利用悬吊系统下放

①钢套箱下沉的工序

拼装套箱的第一节→在套箱内侧焊接导向定位系统→在平台上安设吊点支架→拆除原承台外围的钢管桩及阻碍钢套箱下沉的平台部分→用挖掘设备找平承台外围的河床部位→下沉第一节钢套箱→拼装及下沉其他节套箱→拆除平台及拔除平台内的钢管桩→用

挖掘设备找平承台范围内的河床部位→拼装及下沉分隔仓→水下混凝土封底→边抽水边焊接内圈梁及钢管内支撑→承台施工。

②钢套箱起吊下水

a. 底节钢套箱拼装完毕经检查合格后，利用大型吊装设备或悬吊系统上千斤顶将底节套箱徐徐平稳地落入水中，然后将套箱底部和顶部所有拉缆收紧，使其保持垂直而不被水流冲斜。

b. 套箱落河床工作应尽量安排在水位低、流速小时进行。

c. 套箱落河床前对墩位处河床进行一次全面的测量，若与预计不相符，不能满足套箱落河床后使套箱进入稳定深度及套箱露出水面的高度时，则应根据实际情况，调整套箱落河床时高度，以满足围套箱河床的各项要求。

d. 套箱落河床前，应对所有调位设备或锚碇进行一次全面检查和调整，用调整锚绳和调位设备的办法使围堰精确定位。

e. 落河床时墩位处河床由于冲刷而高差较大时，应视情况抛小片石进行调平，使套箱刃尽可能平衡着床。

f. 底节钢套箱起吊下水后，迅速在套箱内对称注水，使之保持垂直状态下沉，然后按单元体编号对称拼装接高，注水下沉，拼装接高交替作业进行施工。

g. 在套箱拼装注水下沉过程中，套箱内外水头差：相邻单元体水头差、空腹钢套箱水头差等必须满足设计要求规定。

h. 套箱刃脚接近河床面附近时，应加强对墩位处河床面的测量，及时掌握墩位河床冲刷及水位情况，以便选择套箱落河床的时机。

③吸泥下沉

a. 套箱落河床后，应继续接高并在套箱内灌水或在套箱内填充混凝土，增加套箱质量，辅以在套箱内吸泥，使套箱迅速下沉。如此接高、灌水（填充混凝土）、吸泥作业交替进行，直至套箱刃脚到达设计高程。在覆盖层中套箱下沉的主要手段是用空气吸泥机吸泥，如遇有黏土层时，还应配合高压射水。

b. 套箱吸泥下沉时应根据套箱位移和倾斜情况调整吸泥位置，以保证套箱在允许范围内下沉。吸泥时还要经常观察套箱内、外水头差，注意随时补水，避免大的翻砂。

c. 为加强套箱钢壳强度、增加套箱自重，套箱内按设计要求填充一定数量的混凝土，混凝土灌注应按预先编制的程序和时间进行。

d. 套箱下沉过程中，随时用全站仪监控套箱顶面的观测点，发现偏位，立即纠正。

④纠偏措施

a. 施加偏载。套箱下沉过程中发生偏斜，应对高程较高部位进行局部施加较大的偏载，通过偏载配重方式（局部加水、灌注混凝土或用千斤顶反压）进行套箱纠偏。

b. 局部射水、吸泥下沉。水下探查阻碍套箱下沉的障碍物，采取高压射水，加强吸泥对套箱刃脚进行障碍清除，是套箱通过自重进行平衡，达到纠偏的目的。

c. 锚绳或千斤顶纠偏。套箱发生偏斜时，通过收绞锚绳或千斤顶顶升的方式进行纠偏，但需要对套箱受力较大的局部做加强处理。

⑤下沉施工注意事项

a. 钢套箱下沉完毕后，由潜水员用砂袋封堵钢套箱刃脚插板下的缝隙，以免封底混凝土流出。钢套箱与河床接触面全环内外均采用砂袋堵塞，使钢套箱内部密封。

b. 套箱下沉前对墩位处的河床再次进行全面的测量，根据测量情况，再一次确认河床实际高程。

c. 套箱入水定位时，应不断测量测套箱平面位置和套箱各点的高程，以防套箱倾斜。

d. 套箱刃脚接近河床面附近时，必须加强对墩位处河床面的测量，及时掌握墩位河床面的冲刷及水位情况，以便选择套箱落河床的时机。

(5)套箱定位

在套箱侧板设有导向定位装置，确保吊箱下沉到位后平面位置偏差均在允许范围内。用型钢将套箱与护筒焊死，确保套箱围堰在后续的封底混凝土施工中不发生平面位移或倾斜。然后用千斤顶同时对吊杆进行调整，使其受力均匀，最后完成套箱锁定。具体施工同钢吊箱施工工艺。

(6)混凝土封底

封底一般采用早强混凝土，在浇注过程中，必须严格控制混凝土各点的分布厚度，确保封底混凝土的质量。封底混凝土灌注过程中，要连续、多点、由下游向上游快速浇注。混凝土的坍落度控制在 180 ~ 200mm ，必要时，可掺加粉煤灰或高效缓凝剂，以提高混凝土的流动性，延长混凝土的初凝时间。为保证封底混凝土与钢护筒壁间的黏结力，在封底前，用特制的钢丝刷将封底混凝土范围内的护筒外壁表面附着物清除干净。

封底混凝土施工工艺及计算具体参见板桩围堰、钢吊箱围堰的相关章节。

(7)清基

封底混凝土强度达到设计要求后，先抽干堰内积水，注意边抽水边加内支撑，后即可割除钢护筒，同时将套箱内的泥浆沉淀冲洗干净，并停止抽水，在隔水条件下进行钢护筒割除。封底混凝土表面可按设计高程进行人工凿除整平混凝土。若封底混凝土产生微小渗漏时，采用水玻璃补漏。在确保钢套箱完全无漏水，底部无积水后进行承台施工，从而达到承台的干施工条件。

3. 套箱拆除

承台、墩身完工后，向围堰内注水，使围堰内外水位相平，潜水员水下进行围堰分解切割，将割除部分吊起，用运输车运到指定处进行处理，可重复使用。单壁套箱水面以上侧板的螺栓人工拆除，水下螺栓由潜水员水下拆卸，再分块拆除，清理后周转使用。

第三节　承台施工

一、概述

承台是桥梁基础的主要组成部分，其施工质量直接影响着桥梁基础的安全性。近年来，大型、特大型桥梁广泛应用超大型承台基础，施工技术难度大。现场根据操作空间、材料供应、温控计算、工期功效等因素综合考虑分层或整层施工承台，施工前进行桩基等隐蔽工程的质量验收。

承台的钢筋和混凝土应在无水条件下进行施工，施工时应根据地质、地下水位和基坑内的积水等情况采取止水、降水和排水措施。承台底为软弱土层时，应按设计要求采取措施，避免在浇注承台混凝土过程中产生不均匀沉降。

承台施工质量应符合表 13-3-1 的规定。

承台的质量检验标准　　表 13-3-1

项　目	允许偏差(mm)	项　目	允许偏差(mm)
混凝土强度(MPa)	符合设计要求	尺寸	±30
轴线偏位	15	顶面高程	±20

二、施工准备

当围堰内封底混凝土强度达到设计要求,围堰整体结构经检查安全可靠时,进行围堰内清理工作。主要冲洗围堰内壁及封底混凝土顶面,抽出泥浆,人工清除封底混凝土表面浮渣和淤泥,找平封底面。

钢护筒割除后,对桩头进行破除。桩头处理好后,进行桩基混凝土质量检测,验收合格后进行承台钢筋混凝土施工。

三、钢筋施工

(一)施工准备

1. 技术准备

(1)检查配料表:钢筋绑扎前先认真熟悉图纸,检查配料表与设计图纸是否有出入,核对无误后方可进行钢筋的加工。

(2)成品检查:按设计要求检查已加工好的钢筋规格、形状、数量是否正确,检查成品尺寸是否与配料表相符。

(3)钢筋替换:施工中如需要钢筋替换时,必须充分了解设计意图和替换材料性能,严格遵守现行的各种规定,且须征得设计单位同意。

(4)施工放样:测定承台的轴心,并弹好墨线。

(5)技术交底:施工前对施工人员进行全面的技术、安全两级交底,确保施工过程的工程质量和人身安全。

2. 机具准备

现场准备经检验合格的钢筋调直机、切断机、电焊机及其他机具等。

3. 材料准备

(1)钢筋:应有出厂合格证,对于每一批进场的钢筋按规定要求作力学性能复试,复检合格后使用。

(2)铁丝:可采用 20 ~22 号铁丝(火烧丝)或镀锌铁丝(铅丝)。切断长度要满足使用要求。

(3)保护层垫块:控制混凝土保护层用的水泥砂浆垫块、塑料垫块等。

4. 作业条件准备

(1)钢筋加工场地要求:按施工现场平面图规定的位置,将钢筋堆放场地进行清理、平整、硬化。准备好垫木,按钢筋型号分类堆放。

（2）钢筋绑扎场地要求：根据施工方案、施工图做好钢筋采购与下料，有效利用钢筋，减少下脚料。在施工现场用墨线标好钢筋位置，确保施工现场钢筋位置准确。当施工现场处于低位处，必须有排水及降水措施。

（二）施工操作流程

1. 工艺流程

工艺流程如下：施工放样→钢筋加工→钢筋运输→底板钢筋绑扎→钢筋固定→顶板钢筋加工→预埋钢筋绑扎。

2. 操作方法

（1）施工放样：依据设计资料，复核承台轴线控制网和高程基准点。确定承台十字轴线，并用墨线弹在施工垫层或封底混凝土上。经驻地监理工程师核查、批准后绑扎。

画钢筋位置线：按图纸标明的钢筋间距，算出底板实际需用的钢筋根数，一般让靠近底板模板边的那根钢筋离模板边为5cm，在底板上弹出钢筋位置线。

（2）钢筋加工步骤如下：

钢筋清理：钢筋表面应洁净，黏着的油污、泥土、浮锈使用前必须清理干净。

钢筋调直：可用机械或人工调直。经调直后的钢筋不得有弯曲、死弯、小波浪形，其表面伤痕不应使钢筋截面减小5%。

钢筋截断：应根据钢筋直径、长度和数量，长短配搭，先断长料后端短料，尽量减少和缩短钢筋短头，以节约钢材。

（3）钢筋运输：将加工好的钢筋运往施工现场时，应做好钢筋编号，并做好钢筋的运输管理，防止钢筋在运输过程中发生变形，被污染。

（4）底板钢筋绑扎：按弹出的钢筋位置线，先铺下层钢筋。根据底板受力情况，决定下层钢筋哪个方向钢筋在下面，一般情况下先铺短向钢筋，再铺长向钢筋。

钢筋绑扎时，靠近外围两行的相交点每点都绑扎，中间部分的相交点可相隔交错绑扎，双向受力的钢筋必须将钢筋交叉点全部绑扎。

摆放底板混凝土保护层用砂浆垫块，垫块厚度等于保护层厚度，按每1m左右距离梅花形摆放。如底板较厚或用钢筋较大，摆放距离可缩小。

（5）钢筋固定：先绑2~4根竖筋，并画好横筋分档标志。然后在下部及齐胸处绑两根横肋定位，并画好竖筋分档标志。一般情况横筋在外，竖筋在里，所以先绑竖筋后绑横筋。横竖筋的间距及位置应符合设计要求。

在钢筋外侧应绑上带有铁丝的砂浆垫块，以保证保护层的厚度。

（6）顶板钢筋绑扎：在进行顶板钢筋绑扎前，应该先对该基础再次施工放样，即对已经施工完成的钢筋绑扎进行检查，确定基础的平面尺寸。根据放样进行顶板的钢筋绑扎。绑扎的工艺与底板的施工工艺基本一致。

（7）预埋件钢筋绑扎：根据弹好的肋板（墩身）位置线，将肋板（墩身）伸入基础的插筋绑扎牢固，插入基础深度要符合设计要求，甩出长度不宜过长，其上端应采取措施保证甩筋垂直，不歪斜、倾倒、变位。

在底板混凝土上弹出肋板（墩身）位置线，再次校正预埋插筋，如有位移时，按相关规定认真处理。承台预埋件的位置、高程均应符合设计要求。

3. 质量评定标准

(1)承台实测项目允许偏差标准。

承台钢筋绑扎允许偏差见表 13-3-2。

承台钢筋绑扎允许偏差 表 13-3-2

<table>
<tr><th>项 次</th><th colspan="3">检 查 项 目</th><th>规定值或偏差</th><th>检查方法和频率</th></tr>
<tr><td rowspan="4">1</td><td rowspan="4">受力钢筋间距(mm)</td><td colspan="2">两排以上排距</td><td>±5</td><td>尺量:每构件检查两个断面</td></tr>
<tr><td rowspan="2">同排</td><td>梁、板、拱肋</td><td>±10</td><td rowspan="3">尺量:每构件检查 5~10 个间距</td></tr>
<tr><td>基础、锚碇、墩台、柱</td><td>±20</td></tr>
<tr><td colspan="2">灌注桩</td><td>±20</td></tr>
<tr><td>2</td><td colspan="3">箍筋、横向水平钢筋、螺旋筋间距(mm)</td><td>±10</td><td>尺量:按骨架总数 30% 抽查</td></tr>
<tr><td rowspan="2">3</td><td rowspan="2">钢筋骨架尺寸(mm)</td><td colspan="2">长</td><td>±10</td><td rowspan="2">尺量:按骨架总数 30% 抽查</td></tr>
<tr><td colspan="2">宽、高或直径</td><td>±5</td></tr>
<tr><td>4</td><td colspan="3">弯起钢筋位置(mm)</td><td>±20</td><td>尺量:每骨架抽查 30%</td></tr>
<tr><td rowspan="3">5</td><td rowspan="3">保护层厚度(mm)</td><td colspan="2">柱、梁、拱肋</td><td>±5</td><td rowspan="3">尺量:每构件沿模板周边检查 8 处</td></tr>
<tr><td colspan="2">基础、锚碇、墩台</td><td>±10</td></tr>
<tr><td colspan="2">板</td><td>±3</td></tr>
</table>

(2)绑扎钢筋的缺扣、松扣数量不超过绑扣总数的 10%,且不应集中。

(3)弯钩的朝向应正确。绑扎接头应符合施工规范的规定,搭接长度均不小于规定值。用 R235 级钢筋制作的箍筋,其数量符合设计要求,弯钩的角度和平直长度应符合施工规范的规定。

(4)对焊接头应无横向裂纹和烧伤,焊包均匀,接头处弯折不大于 4°,接头处钢筋轴线位移不得大于 $0.1d$,且大于 2mm。

(5)电弧焊接头焊缝表面平整,无凹陷、焊瘤。接头处绑条沿接头中心线的纵向位移不得大于 $0.1d$,且不大于 3mm。

4. 成品保护

(1)钢筋成品应存储在高于地面的平台、垫木或其支存物上,应尽量保护它不受机械损伤和不暴露在可使钢筋生锈的环境中,以免引起表面锈蚀。

(2)冬期施工应覆盖保温材料,防止钢筋成品受冻。

(3)做好成品现场的管理与清洁工作,避免已成型的钢筋成品扭曲、污染。

(4)安装模板和浇注混凝土时,应注意保护钢筋,不得攀踩钢筋。

(5)钢筋的混凝土保护层厚度一般不小于 50mm,钢筋垫块不得遗漏。

四、模板安装

(一)围堰内安装模板

承台一般采用组拼式大块定型钢模板。模板用斜支撑、对拉螺杆等固定,外侧利用围堰设置斜撑及拉杆,或在封底混凝土中埋设钢筋设置斜撑。模板安装严格执行模板施工工艺标准。模板安装后，对断面尺寸、高程、对拉螺栓、连杆支撑等进行检查，均要符合设计图纸和规范要求。

1. 施工前的准备工作

(1)安装前，做好模板的定位基准工作，其工作步骤是：模板放线时，根据施工图用墨线弹出模板的内边线和中心线，以便于模板安装和校正；做好高程量测工作；模板承垫底部应预先找平，以保证模板位置正确，防止模板底部漏浆。

(2)按施工需用的模板及配件对其规格、数量逐项清点检查，未经修复的部件不得使用。

(3)采取预组装模板施工时，预组装工作应在组装平台或经平整处理的地面上进行，并按表13-3-3要求逐块检验后检查配件数量、位置和紧固情况。

模板施工组装质量标准(单位：mm) 表13-3-3

项　　目	允许偏差
两块模板之间拼接缝隙	≤2.0
相邻模板面的高低差	≤2.0
组装模板板面平面度	≤2.0(用2m长平尺检查)
组装模板板面的长宽尺寸	≤长度和宽度的1/1 000，最大±4.0
组装模板两对角线长度差值	≤对角线长度的1/1 000，最大≤7.0

(4)经检查合格的模板，应按照安装程序进行堆放或装车运输。重叠平放时，每层之间应加垫木，模板与垫木均应上下对齐，底层模板应垫离地面不小于10cm。

运输时，要避免碰撞，防止倾倒。应采取措施，保证稳固。

(5)模板安装准备：

①向施工班组进行技术交底，并且做样板，经监理、有关人员认可后，再大面积展开工作。

②支承承台模板周围的土方要进行夯实，应事先夯实整平，并做好防水、排水设置，准备支承台底垫木。

③竖向模板安装的底面应平整坚实，并采取可靠的定位措施，按施工设计要求预埋支承锚固件。

④模板应涂刷脱模剂。结构表面需作处理的工程，严禁在模板上涂刷废机油或其他油类。

(6)模板的支设安装：

①按配板设计循序拼装，以保证模板系统的整体稳定。

②配件必须装插牢固。支承和斜撑下的支承面应平整垫实，要有足够的受压面积。支承件应着力于外楞。

③基础模板必须支撑牢固，防止变形，侧模斜撑的底部应加设垫木。

④承台模板支模时，应先完成一个格构的水平支撑及斜撑安装，再逐渐向外扩展，以保持支撑系统的稳定性。

⑤预组装模板吊装就位后，下端应垫平，紧靠定位基准；两侧模板均应利用斜撑调整和固定其垂直度。

⑥支承所设的水平撑与剪刀撑，应按构造与整体稳定性布置。

2. 曲面结构要求

曲面结构可用双曲可调模板，采用平面模板组装时，应使模板面与设计曲面的最大差值不超过设计的允许值。

3. 模板安装及应注意的事项

模板的支设方法基本上有两种，即单块就位组拼（散装）和预组拼，其中预组拼又可分为分片组拼和整体组拼两种。采用预组拼方法，可以加快施工速度，提高工效和模板的安装质量，但必须具备相适应的吊装设备和有较大的拼装场地。

4. 模板安装质量检查及验收

（1）钢模板的布局和施工顺序。

（2）连接件、支承件的规格、质量和紧固情况。

（3）支承着力点和模板结构整体稳定性。

（4）模板轴线位置和标志。

（5）竖向模板的垂直度和横向模板的侧向弯曲度。

（6）模板的拼缝度和高低差。

（7）预埋件和预留孔洞的规格数量及固定情况。

（8）扣件规格与对拉螺栓、钢楞的配套和紧固情况。

（9）支柱、斜撑的数量和着力点。

（10）对拉螺栓、钢楞与支柱的间距。

（11）各种预埋件和预留孔洞的固定情况。

（12）模板结构的整体稳定。

5. 模板的拆除

（1）模板拆除的顺序和方法，应按照配板设计的规定进行，遵循先支后拆，先非承重部位，后承重部位以及自上而下的原则。拆模时，严禁用大锤和撬棍硬砸硬撬。

（2）先拆除侧面模板（混凝土强度大于1MPa），再拆除承重模板。

（3）组合大模板宜大块整体拆除。

（4）支承件和连接件应逐件拆卸，模板应逐块拆卸传递，拆除时不得损伤模板和混凝土。

（5）拆下的模板和配件均应分类堆放整齐，附件应放在工具箱内。

6. 模板的运输、维修和保管

（1）运输

①不同规格的钢模板不得混装混运。运输时，必须采取有效措施，防止模板滑动、倾倒。长途运输时，应采用简易集装箱，支承件应捆扎牢固，连接件应分类装箱。

②预组装模板运输时，应分隔垫实，支捆牢固，防止松动变形。

③装卸模板和配件应轻装轻卸，严禁抛掷，并应防止碰撞损坏。严禁用钢模板作其他非模板用途。

（2）维修和保管

①钢模板和配件拆除后，应及时清除黏结的灰浆，对变形和损坏的模板和配件，宜采用机械整形和清理。钢模板及配件修复后的质量标准见表13-3-4。

模板及配件修复后的质量标准　表 13-3-4

项目		允许偏差(mm)
模板	板面平整度	≤2.0
	凸棱直线度	≤1.0
	边肋不直度	不得超过凸棱高度
配件	U形卡卡口残余变形	≤1.2
	钢楞和支柱不直度	≤L/1 000

注:L为钢楞和支柱的长度。

②维修质量不合格的模板及配件,不得使用。

③对暂不使用的钢模板,板面应涂刷脱模剂或防锈油。背面油漆脱落处,应补刷防锈漆,焊缝开裂时应补焊,并按规格分类堆放。

④钢模板宜存放在室内或棚内,板底支垫离地面100mm以上。露天堆放,地面应平整坚实,有排水措施模板底支垫离地面200mm以上,两点距模板两端长度不大于模板长度的1/6。

⑤入库的配件,小件要装箱入袋,大件要按规格分类整数成垛堆放。

(二)利用钢围堰壁板做模板

钢围堰定位精度可保证时,可利用其内壁板直接当承台模板,大于承台尺寸面加泡沫等材料填充即可。不需另行设计、加工承台模板。

五、冷却水管安装

大体积混凝土内安装冷却管通水降温是防止混凝土硬化过程中水化热过高造成混凝土开裂的一种措施。通常为混凝土浇灌完成任务后,在冷却管内输入冷水,通过冷水循环降低混凝土温度,从而防止混凝土开裂。

承台施工属大体积混凝土,安装冷却管一般采用导热性好并有一定强度的输水黑铁管,根据承台高度设置冷却管层数,每层冷却管有一进水口和出水口。层间距及平面间距一般为0.5~1.5m,其位置控制采用定位架方式,保证在混凝土浇注过程不发生移位现象。

冷却管安装随钢筋安装逐层同步进行。冷却管进水口用钢板临时封堵焊固,出水口用软胶管引至模板外扎紧出水口,使用时打开。安装完毕后,逐根做密水检查,保证注水时管道畅通不漏水,混凝土养生完成后,冷却管内压水泥砂浆灌浆密实并将伸出承台顶面部分割除。

六、承台混凝土浇注

1. 施工准备

(1)施工放样,测定要浇注承台的中轴线、高程水准点,并复核确认。

(2)对支架、模板、钢筋、预埋件和基底处理等进行检查,要求符合设计和规范要求。

(3)混凝土配合比设计经过批准,大体积混凝土的温控设备就位并检查通过。

(4)施工设备机具准备到位并经过检验,备用设备准备就绪。

2. 混凝土拌和、运输

根据试验室配合比设计,采用拌和站或拌和船集中拌制混凝土,控制混凝土搅拌时间和坍落度。罐车运输到施工现场后泵送入模。

3. 混凝土浇注

(1)承台混凝土通过混凝土输送泵泵送入模,根据拌和及运输能力一次或多次浇注完成。

(2)浇注时水平分层,每层0.3~0.5m,循环浇注周期3~4h。混凝土采用插入式振动器振捣,移动间距不应超过振动器作用半径的1.5倍,与套箱壁应保持5~10cm距离,应避开预埋件或监控元件10~15cm,插入下层混凝土5~10cm;对每一部位混凝土必须振动到密实为止,并避免振动棒碰撞模板、钢筋、冷却管及其他预埋件。在混凝土浇注过程中设专人检查模板变形情况,发现拉杆移位、松动及时拧紧校正,发现模板有变形立即停止混凝土浇注,检查分析原因并采取有效措施加固。

(3)开始施工下一层混凝土时,对两层混凝土之间进行二次振捣,排除混凝土内部多余的水分和气泡,提高混凝土的密实度。为防止漏振和过振,振动时间应通过观察混凝土表面确定,混凝土表面泛浆并不下沉为止,一般振动时间为20~30s。

(4)混凝土初凝前,将混凝土表面振捣抹平后及时覆盖塑料薄膜或湿麻袋,对混凝土进行保湿保温养护。

(5)混凝土浇注计划安排须考虑天气状况,及时联系气象台,取得近期的天气状况,避免雨天施工影响混凝土施工质量,同时备足抽水设备和防雨物资。

(6)在施工过程中,要做到下层混凝土温度峰值过后才允许上层混凝土施工。各层混凝土的浇注间歇时间为4~6d,具体根据温度测试结果确定。

(7)混凝土拌和出机后,经运输、振捣、平仓过程后的温度为浇注温度。综合考虑承台混凝土的施工时间,并结合当地的气温,控制混凝土的浇注温度满足规范要求。

(8)现场人员必须从混凝土的拌和、运输、浇注、振捣到养护、保温整个过程实行有效监控。混凝土施工必须严格按照施工技术规范进行。

(9)承台混凝土浇注过程注意事项:

①混凝土浇注必须满足整体连续性的要求。现场供应混凝土,应满足混凝土的连续浇注的要求,不出现施工冷缝。

②每层采用斜面分层,薄层浇注,自然流淌,连续浇注到顶的方法,分层厚度不超过500mm,自然流淌坡度控制在1∶6~1∶10之间。

③振捣混凝土拌和物要做到慢速均匀插入和拔出,防止快拔振动棒时在混凝土内部留有孔洞。加强振动排除混凝土内部的空气,确保混凝土的密实性。振捣混凝土时,要使振动棒上下抽动,以使混凝土上下振捣均匀。

④混凝土振捣时间要适宜。振捣时间过短,混凝土振不密实。振动时间过长,混凝土的粗集料下沉,砂浆中的轻浮物质上浮到混凝土表面,会发生离析现象。

⑤大体积混凝土表面浮浆较厚,浇注后3~4h内初步用刮尺刮平,初凝前用人工拍实挤压两遍,再用木抹子搓平压实,控制表面龟裂,并按规定覆盖养护。

七、承台混凝土养护

承台大体积混凝土养护主要有外部保温和内部降温两种方案。

(一)外部保温措施

混凝土浇注完毕后,应立即覆盖保湿、保温层进入养护阶段,养护过程应保持混凝土表面一直处于湿润状态,并防止表面温度变化过大,减少结构中心与表面的温度差,使结构中心与表面温度差始终控制在25℃以下。

混凝土在降温阶段如遇气温突降天气,中心与表面温差大于25℃或气温低于混凝土表面温度超过20℃,必须对混凝土进行更加严格的外部保温。上表面可采用塑料薄膜加土工布覆盖,条件允许可蓄水养护,或搭设保温棚,使用热水养护。

(二)内部降温措施

采用调整配合比,掺粉煤灰和外加剂,减少水泥用量,从而降低混凝土水化热;内部安装冷却水管通过循环水降温。

1. 调整配合比

(1)水泥水化过程中释放的大量热量是导致大体积混凝土产生温度裂缝的主要诱因,因此在满足水泥强度及流变性要求的条件下,大体积混凝土应该选择低热或者中热的水泥品种。

(2)在大体积混凝土中掺入一定量的矿物掺和料,减少水泥用量,能够增加混凝土的密实度,降低最终收缩值,提高抗渗能力,从而降低大体积混凝土的水泥水化温升。

(3)采用缓凝高效减水剂,降低胶凝材料体系水化放热速率、延缓水化热峰值期的出现时间、缓和温度变化曲线,并在一定程度上减小混凝土内部温度梯度的陡降程度。

(4)选用粒形好、强度高、级配优、热膨胀系数低、吸水率低、空隙率及表面积小的优质集料,减少了胶凝材料的用量,降低水化热。

2. 循环水冷却降温

在混凝土中埋设循环冷却散热水管,通过水管中的循环水流动带走混凝土内部部分热量,从而达到内部降温的目的。

(1)在承台内部布置冷却水管,利用水的循环降低混凝土的温升峰值。为保证降温效果,冷却水管按照不超过150m设置一组进、出口。

(2)冷却水的进水温度根据温控结果进行控制。为了保证混凝土内部均匀降温,水流方向应每天改变一次。

(3)冷却水管使用及控制。

①冷却水管使用前应进行压水试验,防止管道漏水、阻水。

②混凝土浇注到各层冷却水管高程后即开始通水,通水时间应根据温度监控数据具体确定,预计通水时间为5~7d,通水流量应大于25L/min。

③若混凝土分次浇注,下层混凝土的冷却水管在上层混凝土浇注后,根据温控数据决定是否继续进行通水,以降低混凝土再次浇注后温度的回升。

④冷却循环水工作连续运行,直至承台混凝土内外温差控制在允许值以内为止。

⑤冷却水管停止使用后,采用水泥浆进行灌浆封闭。

(三)温度控制指标

(1)混凝土浇注温度控制在5~28℃。

(2)混凝土内部最高温度不大于65℃。

(3)混凝土中心与表面温差不大于25℃。

(4)混凝土表面温度与环境温度之差不大于20℃。

(5)混凝土表面温度与养护水温度之差不大于15℃。

(6)混凝土最大降温速率不大于2.0℃/d。

(四)大体积承台温控计算

承台属大体积混凝土结构,在混凝土释放水化热的过程中如何控制其内外温差不超过25℃,防止产生有害的温度裂缝是承台施工的关键。根据大体积混凝土结构的特点,一般采用有限单元法模拟其内部的温度场。运用有限元软件进行仿真分析,分析时考虑混凝土浇注温度、水化热放热规律、两层冷却水管降温、混凝土外保温层等复杂影响因素,得出了大体积混凝土承台自浇注完毕之后不同龄期的温度分布规律。

1. 计算参数选取

计算中应确定以下参数:混凝土的初始温度;大气温度取当地该季节的平均温度,且不随时间变化;升温函数取指数式;确定覆盖层的材料和层数,冷却水管的布置形式及通水时间。其余各参数取值见表13-3-5。

有限元计算中各参数取值表　　表13-3-5

项目	质量热容 C [kJ/(kg·K)]	密度 ρ (kg/m^3)	导热系数 λ [kJ/(mh·K)]	放热系数 β[kJ/(m^2h·K)]		弹性模量 (kN/m^2)	热胀系数	泊松比
				外表面	木模板			
基础	0.85	18	6.5	80		1.0×10^6	1.0×10^{-5}	0.18
承台	0.97	25	8.4	80	20	3.25×10^7	1.0×10^{-5}	0.2

2. 模型的建立和计算分析

模型的边界条件一般设计为顶面与覆盖层接触,底面与基础接触,侧面由模板约束。根据承台的对称性,故有限元建模时取1/4模型计算,计算时长一般取为30 d。

基础部分及环境温度均设定为不随时间变化。计算过程取内部温升最高点(位于承台中部)、承台表面及散热水管处的温度计算点,以这三点的温度数据进行大体积混凝土温控分析。

有限元算法能全面考虑各因素对混凝土内部温升的影响,计算之前应该充分地调查了解具体工程的实际情况,慎重地选取相关参数。

(五)养护注意事项

(1)直接与腐蚀性水或盐渍土接触的混凝土,应保证混凝土在强度达到设计强度等级以前不受侵蚀。并尽可能推迟新浇混凝土与腐蚀性水或盐渍土直接接触的龄期,一般不宜小于4周。

(2)当昼夜平均气温低于5℃或最低气温低于-3℃时,应按冬季施工处理。当环境温度低于5℃时,禁止对混凝土表面进行洒水养护。可在混凝土表面喷涂养护液,并采取适当保温措施。

(3)对于严重腐蚀环境下采用大掺量粉煤灰的混凝土结构或构件,在完成规定的养护期限后,应进一步适当延长潮湿养护时间。

(4)混凝土养护期间,对混凝土的养护过程作详细记录,对有代表性的结构进行温度监控,定时测定混凝土芯部温度、表层温度以及环境温度、相对湿度、风速等参数,并根据混凝土温度和环境参数的变化情况及时调整养护制度,严格控制混凝土的内外温差满足要求。

八、承台防腐施工

来自于海水和除冰盐的氯离子是造成桥梁钢筋混凝土结构过早腐蚀破坏的重要因素。当承台处于含有硫酸盐和镁、氯离子的煤系地层、硫化矿地层、石膏地层、淤泥碳层、盐渍土地区、盐湖、滨海盐田、沿海港口、海水渗入区等不良地质区域和海洋水域时,需要对钢筋混凝土结构进行防腐处理。防腐蚀系统主要有以下几种:使用耐腐蚀钢筋;采用合适的混凝土保护层厚度;使用低渗透性混凝土;使用缓蚀剂;使用防水膜或封闭剂;实施阴极防护。目前防腐蚀措施主要有局部修补技术和电化学修复技术两大类,电化学修复技术包括阴极保护、电化学除盐和电化学再碱化等。

(一)关键部位修补防腐

(1)混凝土表面存在的因设计要求需设置的金属预埋件,其裸露面必须进行防腐蚀处理,其范围为从伸入混凝土内100mm处起至露出混凝土外的所有表面。防腐蚀处理可采用涂层保护。

(2)混凝土表面存在的所有非设计要求设置的外露铁件,如钢筋头、钢板、型钢、绑扎铁丝头等,均应凿去铁件周围混凝土达到不少于60mm深度,除去铁件后,用饮用水清洗干净混凝土表面,涂刷一道环氧类混凝土界面处理剂,并用不低于原有混凝土质量等级的水泥砂浆修补平整。

(3)混凝土表面存在的裂缝、缺陷等,应使用与涂层系统相容的材料修补平整。

(4)因施工原因存在于混凝土表面层的金属焊渣、绑扎铁丝头、铁钉头等应清除干净,当影响混凝土表面的平整度时,宜使用不低于原有混凝土质量等级的水泥砂浆或环氧腻子修补平整,平整度应符合相关规范的规定。

(5)冷却水管压浆。承台冷却水管停止循环水冷却后,先用空压机将水管内残余水压出,并吹干冷却水管,然后用压浆机向水管压注水泥浆,以封闭锈蚀管路。

(二)防腐涂层施工方法

(1)采用高压淡水(压力不小于20MPa)、喷砂或手工打磨等方法将混凝土表面的浮灰、浮浆、夹渣、苔藓以及疏松部位清理干净。海洋环境下处于水位变动区和浪溅区的混凝土表面宜采用高压淡水清洁处理。局部受油污污染的混凝土表面,用碱液、洗涤剂或溶剂处理,并用淡水冲洗至中性。

(2)基层缺陷处理:较小的孔洞和其他表面缺陷在表面处理后涂封闭漆,刮涂腻子;较大的蜂窝、孔洞和模板错位处,用无溶剂液体环氧腻子或聚合物水泥砂浆修补;对于混凝土表面存在的裂缝,根据裂缝的宽度选用化学灌浆或树脂胶泥等适宜的方法修补。

(3)处理好的混凝土基面应尽快涂覆封闭底漆,停留时间最长不宜超过一周。

(4)涂装应选择在温度为5~38℃,空气相对湿度为85%以下,混凝土表面应干燥清洁条件下进行。在雨、雾、雪、大风和较大灰尘的条件下,禁止露天施工。

(5)对已清理后的混凝土表面涂装封闭漆,对蜂窝、边角等不易涂装的部位,用刷涂法进行预先涂装或补涂。涂装完封闭漆后,采用腻子补涂表面缺陷,打磨平整后,涂装中间漆。对底涂层的局部流挂打磨平整后再进行面漆涂装。

(6)涂装完成后,涂膜需经过规定的养护时间后方可投入使用。养护期间,涂膜没有完全固化,要避免造成涂膜损伤的行为。涂料实干前,应该避免淋雨或者直接浸水以及接触其他腐蚀介质。

(三)阴极保护施工

阴极保护是防止金属腐蚀的电化学防腐蚀技术。1973年,美国首次将阴极保护技术成功应用于受盐污染腐蚀破坏的钢筋混凝土桥面板的修复。在发达国家,阴极保护用于桥梁钢筋混凝土结构已有30多年的历史,已研发了多种强制电流和牺牲阳极阴极保护系统。在我国,阴极保护技术直到2006年才开始在一些新建桥梁钢筋混凝土结构应用,包括杭州湾大桥、廊涿高速公路永定河特大桥和青岛海湾大桥。

1. 牺牲阳极阴极保护技术

牺牲阳极阴极保护技术是用一种电位比所要保护的金属还要负的金属或合金与被保护的金属电性连接在一起,依靠电位比较负的金属不断地腐蚀溶解所产生的电流来保护其他金属。一般对海洋环境下永久性钢围堰进行该阴极保护技术。

2. 强制电流阴极保护技术

强制电流阴极保护技术在桥梁钢筋混凝土结构中应用较多,在本节中重点介绍。

(1)基本原理

对被保护的金属表面施加一定的直流电流,使其产生阴极极化,当金属的电位负于某一电位值时,腐蚀的阳极溶解过程就会得到有效抑制。其防腐原理如图13-3-1所示。

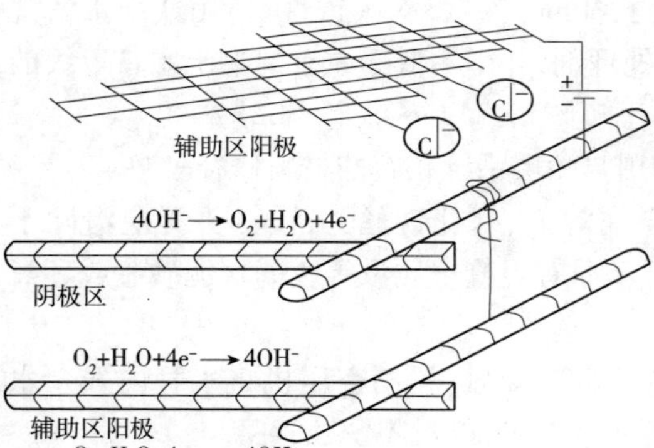

图13-3-1 外加电流阴极防护原理

(2)施工流程及要求

钢筋电连续性检测→承台钢筋绑扎完毕后,分离式阳极安装、参比电极安装、电缆接头等的制作→承台顶面安装钛网阳极、参比电极、电缆接头→阳极电连续性检测→阳极与钢筋之间绝缘性检测→浇注混凝土(浇注过程中全程监控阳极与钢筋之间的绝缘性检测)→墩座、墩身结构施工(电缆敷设、电接头制作、接线盒安装、预埋PVC管)→上部结构施工(分电源安装、整流器安装、远程监控系统安装、电缆敷设)→调试。

由于混凝土阴极保护施工属于专业性很强,且一旦浇注完成就无法改变,这需要施工单位具有一定的混凝土阴极保护的施工经验,及一系列相关的监控手段和措施,保证成功浇注混凝土。同时必须满足如下要求:确保钢筋的电连续性;辅助阳极与钢筋必须绝缘;

对半成品应加以保护;对预留电缆头、钛导电条等进行保护;浇注混凝土过程中对阳极钛网的保护(成功与否的关键);合理编排施工流程、顺序,保证安装时间。

3. 钢筋电连续性的测量

使用外加电流阴极保护系统对钢筋混凝土进行保护时,必须确保每一个区内的钢筋是电连续的,不电连续的埋入钢筋将不会受到阴极保护系统的阴极保护,并且可能遭受相反的影响。对于不电连续的钢筋,可以通过点焊、增加电连接钢筋等完成。

第四节　工程实例

一、承台钢吊箱施工

苏通长江公路大桥南北主墩(4 号和 5 号墩)钢吊箱平面尺寸 120m × 52m,为世界之最,水文地质条件也十分复杂,工程难度很大。为了保证主墩承台基础施工的顺利进行,施工单位在钢吊箱设计及施工方法上进行了改进和创新,解决了一系列的工程难题。本节将结合南塔主墩对承台钢吊箱的设计和施工进行介绍。

(一)南塔墩钢吊箱结构设计

南塔墩钢吊箱由钢吊箱底板结构、钢吊箱壁板结构、防撞桁架结构、内支撑结构、钢吊箱定位系统结构和导向系统六部分组成,以下作简要介绍。

1. 钢吊箱底板结构

钢吊箱底板利用钻孔平台顶板,桩基完成后修正加固。底板采用型钢格构梁形式,由主、次分配梁和面板三部分组成,钢吊箱底板结构示意图见图 13-4-1。

图 13-4-1　钢吊箱底板结构示意图

2. 钢吊箱壁板结构

壁板采用竖向钢箱、水平环板、斜撑和内外面板构成空间箱体结构,双壁部分厚度为 1.8m,高度为 14.4m,单壁防浪板高 2.5m,见图 13-4-2。

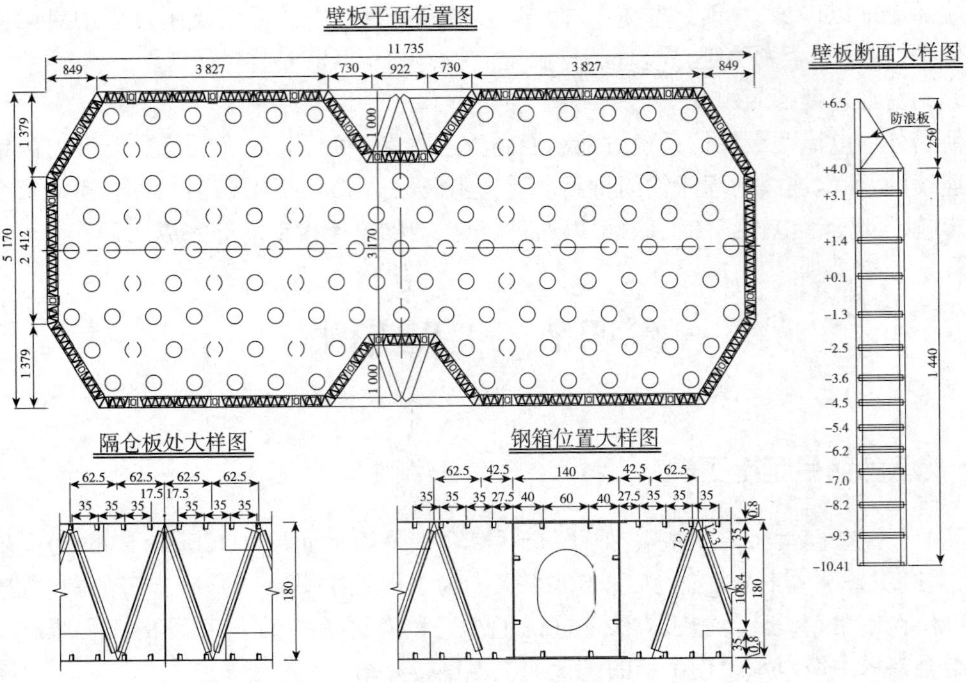

图 13-4-2　钢吊箱壁板结构图(尺寸单位:cm)

竖向钢箱为壁板的主受力骨架,钢箱之间根据水压力变化要求而设置水平桁架,水平桁架由环形钢板和小型钢水平撑焊接而成,分别与壁板面板和钢箱焊接形成空间结构。

在钢吊箱壁板与内支撑结合处设置钢箱结构,其断面大样见图 13-4-3。在壁板上高程 -0.60m 的位置共设置 26 个连通管,连通管的大样见图 13-4-4。

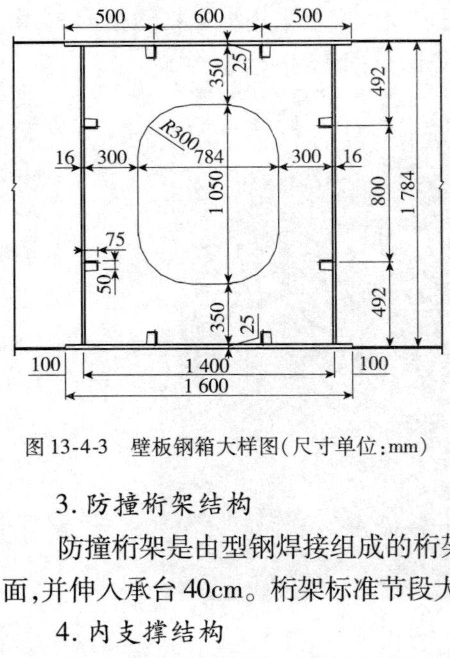

图 13-4-3　壁板钢箱大样图(尺寸单位:mm)

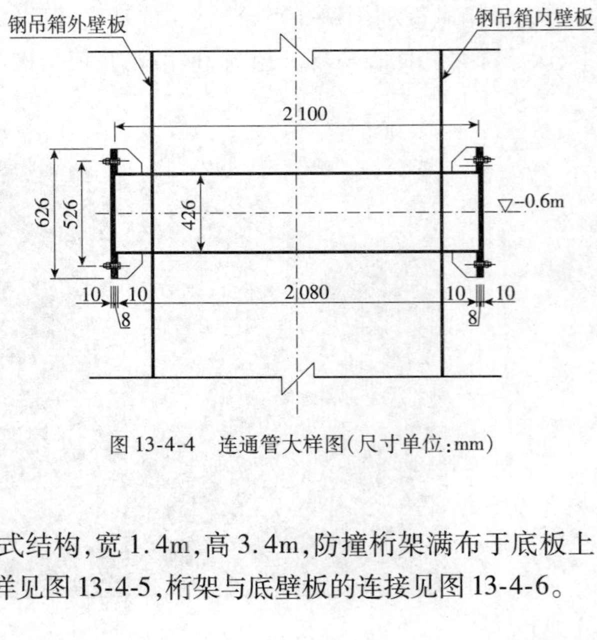

图 13-4-4　连通管大样图(尺寸单位:mm)

3. 防撞桁架结构

防撞桁架是由型钢焊接组成的桁架式结构,宽 1.4m,高 3.4m,防撞桁架满布于底板上面,并伸入承台 40cm。桁架标准节段大样见图 13-4-5,桁架与底壁板的连接见图 13-4-6。

4. 内支撑结构

内支撑为吊箱抽水后壁板抵抗水压力时的内撑结构,通过内支撑立柱与底板、壁板连成整体,增强了结构的整体刚度。内支撑由上下弦杆以及上下弦杆之间的竖撑和斜撑组成空间桁架结构。

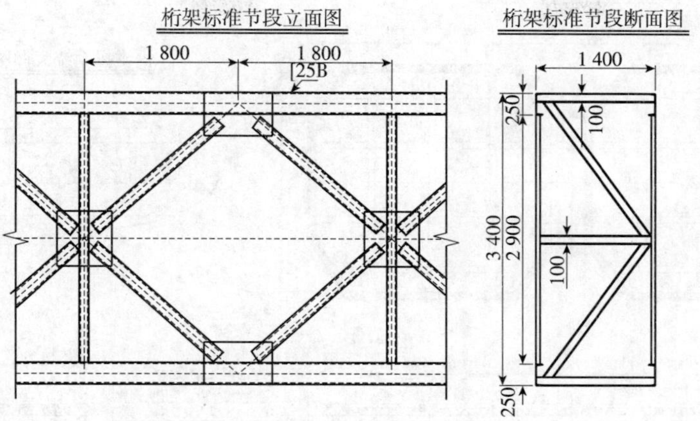

图 13-4-5 桁架标准节段大样图(尺寸单位:mm)

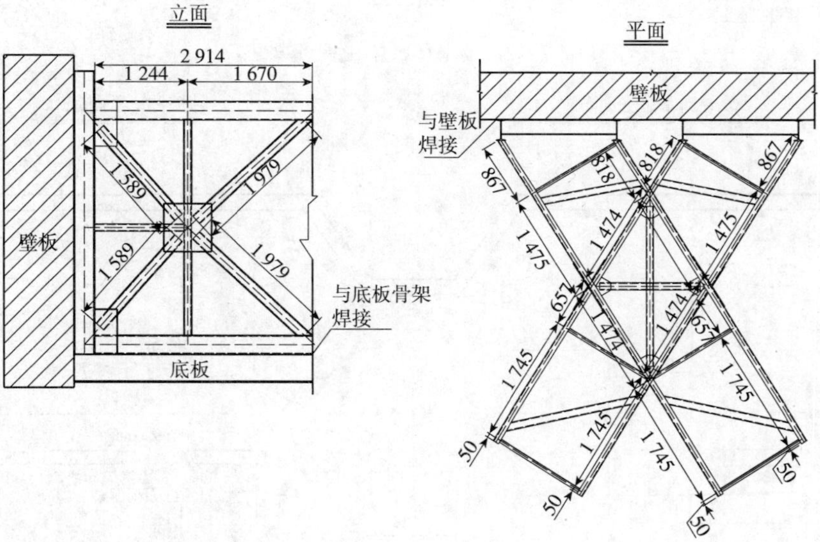

图 13-4-6 桁架与底壁板连接(尺寸单位:mm)

上弦采用外径 ϕ820mm、$\delta = 10$mm 螺旋焊管,下弦采用外径 ϕ1 420mm、$\delta = 14$mm 螺旋焊管,竖撑、斜撑采用[25b;内支撑系统采用 16 个立柱支撑起来。

5. 钢吊箱定位系统结构

钢吊箱定位系统包括水平内定位系统、竖向定位系统以及锁定钢管,同时采用导向装置辅助钢吊箱的下放。

水平内定位系统共分为三层,其顶面高程分别为 +3.095m、-4.508m、-8.206m,含有两种构造形式,其中上面两层构造形式相同,均采用千斤顶进行水平调节,最下一层采用楔块进行水平调节和固定。每层共计 16 个水平内定位系统,共计 48 个。

竖向定位系统采用整体下放中的 8 个吊点[Ⅱ类吊点和Ⅲ(Ⅲ′)类吊点]作为竖向定位系统,兜底梁仍为原吊箱整体下放兜底梁位置,仅兜底梁上移至壁板顶面,其他悬吊梁位置及固定方式不变,采用直径为 42.6cm,壁厚为 10mm 的钢管连接兜底梁与悬吊梁。内支撑总体布置如图 13-4-7 所示,定位系统平面布置如图 13-4-8 所示。

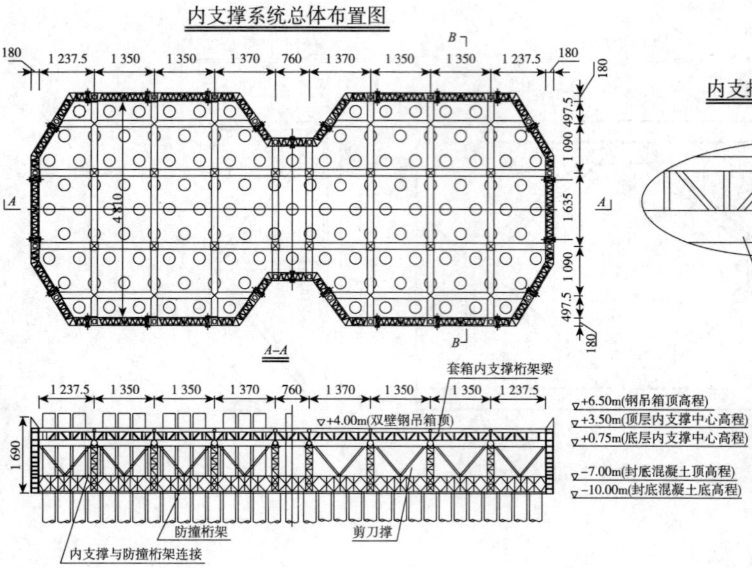

图 13-4-7　内支撑总体布置图(尺寸单位:cm)

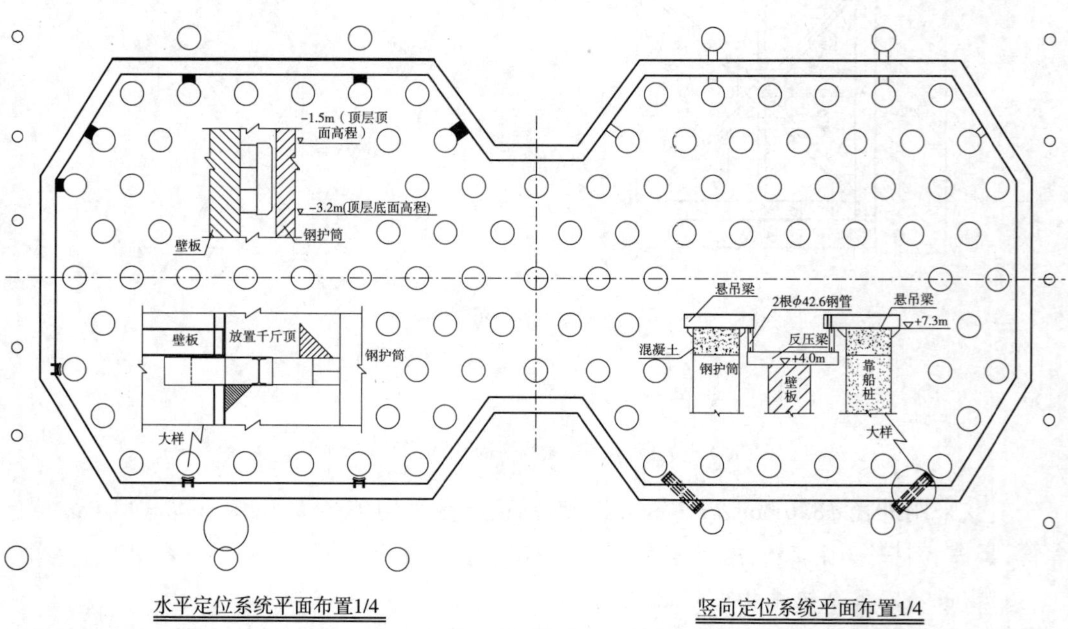

图 13-4-8　定位系统平面布置图

6. 导向系统

悬吊系统含临时悬吊系统和永久悬吊系统两大类。

临时悬吊系统包括底板下放至拼装平台时的悬吊系统和吊箱整体下放入水时的吊点系统。底板下放和壁板下放均采用计算机控制整体同步提升技术，其结构形式及其布置分别见图 13-4-9 和图 13-4-10。

永久悬吊系统全部采用刚性拉压杆结构，采用 2 根[20 的组合焊接而成，分别连接底板和钢护筒，承受封底混凝土荷载。拉压杆立面见图 13-4-11。

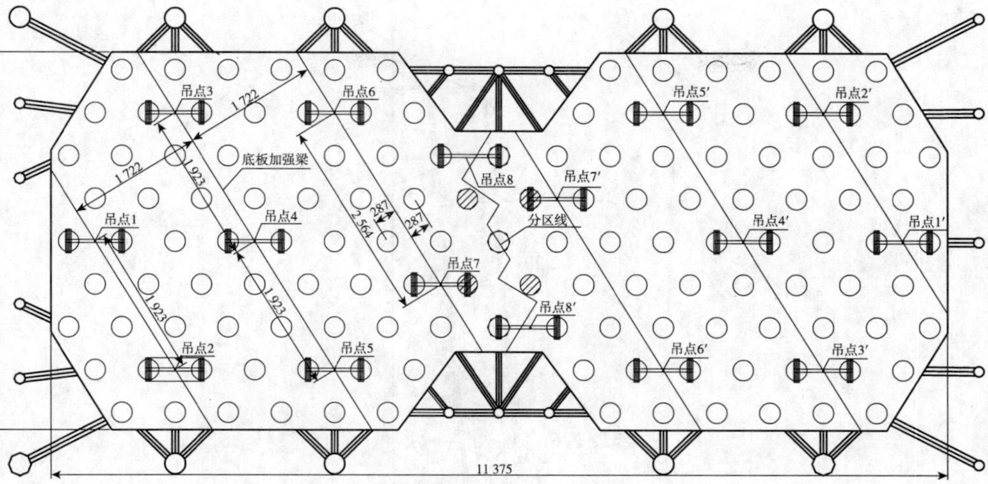

图 13-4-9 底板下放吊点布置图(尺寸单位:cm)

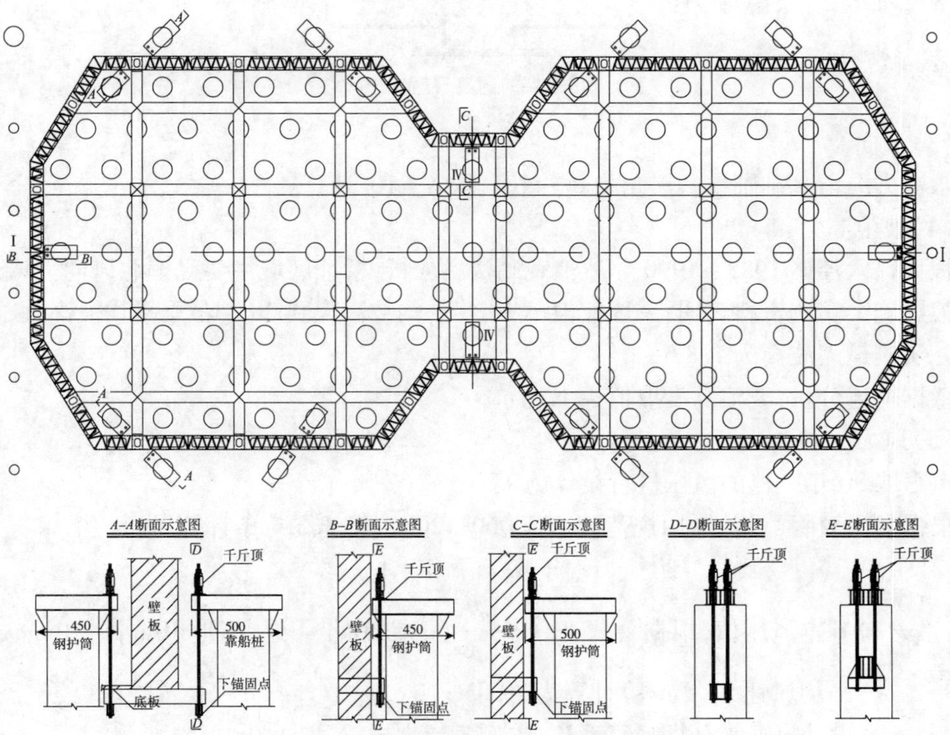

图 13-4-10 整体下放吊点结构布置图(尺寸单位:cm)

(二)南塔墩钢吊箱结构计算分析

1. 钢吊箱设计参数取值

(1)设计水位

鉴于钢吊箱施工周期长,施工期间影响因素多,施工风险大,为了保证结构有足够的安全度,设计水位按照 20 年一遇标准取,取值为 +4.3m。

(2)流速

设计流速按照 20 年一遇标准取,取流速 $v = \pm 2.89\text{m/s}$。

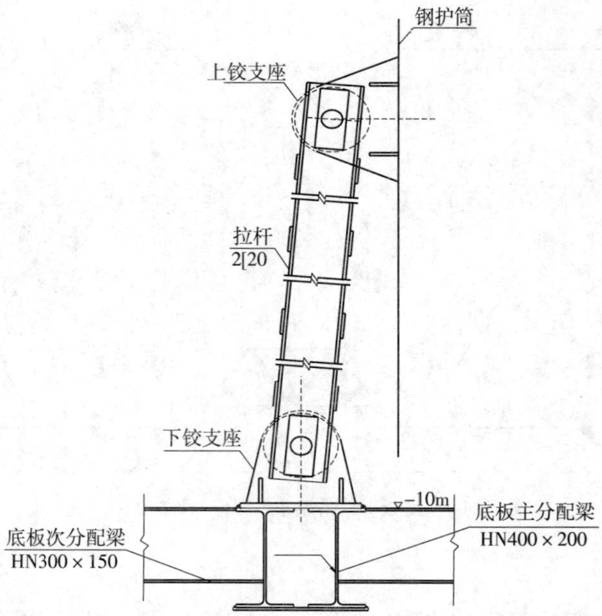

图 13-4-11　拉压杆立面图

(3)流向

水流方向与基础轴线的夹角为 8°~10°,取 $\alpha=10°$计算。

(4)波浪高

根据徐六泾站 1985~1990 年波浪观测资料分析,桥址区域主要受偏北风向大风形成的波浪影响。实测资料表明:一般波浪不大,年平均波高仅 0.2m。冬季平均波高大,夏季较小。实测最大波高为 1.87m。

依据上述分析,波浪高度取值为 1.87m。

(5)风力

风力取 30 年一遇的风压进行设计施工。

根据《公路桥涵设计通用规范》(JTG D60—2004)第 4.3.7 条计算风压:

$$F_{wh}=k_0k_1k_3W_dA_{wh}$$

式中:W_d——基本风压值,根据公式 $W_d=\frac{v^2}{1.6}$(v 取 30 年一遇,离地 10m 高,10min 最大平均风速 35.7m/s)计算为 797Pa;

k_0——设计风速重现期换算系数,本例为特大桥梁,取 1.0;

k_1——风载阻力系数,查《公路桥涵设计通用规范》(JTG D60—2004)表 4.3.7-4~表 4.3.7-6 可知,取 1.3;

k_3——地形、地理条件系数,查《公路桥涵设计通用规范》(JTG D60—2004)表 4.3.7-1知,取 1.3;

A_{wh}——横向迎风面积,m^2,取单位面积。

即吊箱设计风压为 $W=1.0\times1.3\times1.0\times1.3\times797=1\ 347$(Pa)。

(6)主要安全系数取值

考虑到桩基施工周期较长,护筒在水下埋置时间达到了 1 年以上,混凝土与钢护筒之间的握裹力偏安全的取 100kPa。

经过计算，抽水后，高潮位时抗浮稳定系数达到1.25；首层承台厚度取2.3m，低潮位时抗下滑安全系数达到1.10。

2.钢吊箱设计工况分析

钢套箱的主要工况分三个阶段：吊箱拼装下放，封底混凝土施工，抽水后承台施工。

各阶段工况及结构受力分析见表13-4-1。

工况分析表　　表13-4-1

工况类别		结构主要验算内容
吊箱拼装下放	底板下放	底板刚度及强度、下放体系强度
	壁板拼装	壁板抗风稳定性
	整体下放	吊箱整体刚度及强度、吊点局部应力；下放系统强度
	定位	定位系统强度及功能
封底混凝土施工	封底混凝土浇注	底板刚度及强度、拉压杆强度
抽水后承台施工	抽水完成	壁板、内支撑刚度及强度、体系抗浮稳定、封底混凝土强度
	首层浇注	体系抗下滑稳定
	内支撑割除	壁板刚度及强度

3.工况荷载组合

通过以上过程简要分析，根据《公路桥涵设计通用规范》(JTG D60—2004)中的荷载组合Ⅳ，整个钢吊箱施工过程中共可选取六个控制工况，各工况下荷载组合具体如表13-4-2～表13-4-7及图13-4-12～图13-4-14所示。

工况一：钢吊箱壁板拼装阶段　　表13-4-2

序号	荷载名称	备　注
1	壁板自重力	1 347kN/m，作用在底板悬臂部分
2	底板自重力	1.8kN/m^2，假定沿底板均匀布置
3	其他荷载	2.5kN/m，假定沿底板均匀布置
4	风载	1.3kN/m^2，作用在吊箱露出水面部分的中心面上

工况二：钢吊箱整体下放阶段　　表13-4-3

序号	荷载名称	备　注
1	壁板自重力	1 347kN/m，作用在底板悬臂部分
2	底板自重力	1.8kN/m^2，假定沿底板均匀布置
3	内支撑系统自重力	6 160kN
4	吊箱其他构件重力	9 000kN
5	风载	1.3kN/m^2，作用在吊箱露出水面部分的中心面上
6	流水压力	4.3kN/m^2，假定沿壁板均匀分布
7	波浪力	根据赛恩费劳(Sainflow)经验公式计算

工况三：封底混凝土浇注阶段　表 13-4-4

序号	荷载名称	备　注
1	壁板自重力	1 347kN/m，作用在底板悬臂部分
2	底板自重力	1.8kN/m^2，假定沿底板均匀布置
3	内支撑系统自重力	6 160kN
4	吊箱其他构件重力	9 000kN
5	封底混凝土自重力	72kN/m^2，均匀作用在底板上
6	风载	1.3kN/m^2，作用在吊箱露出水面部分的中心面上
7	静水压力	最大值 143kN/m^2，按照三角形线性分布
8	流水压力	4.3kN/m^2，假定沿壁板均匀分布
9	波浪力	根据赛恩费劳（Sainflow）经验公式计算

工况四：抽水完成后阶段　表 13-4-5

序号	荷载名称	备　注
1	壁板自重力	1 347kN/m
2	底板自重力	1.8kN/m^2，假定沿底板均匀布置
3	内支撑系统自重力	6 160kN
4	吊箱其他构件重力	9 000kN
5	封底混凝土浮重度	24kN/m^3，均匀作用在底板上
6	水浮力	按排开水体积计算
7	风载	1.3kN/m，作用在露出水面部分的中心面上
8	静水压力	最大值 143kN/m^2，按照三角形线性分布
9	流水压力	4.3kN/m^2，假定沿壁板均匀分布
10	波浪力	根据赛恩费劳（Sainflow）经验公式计算

工况五：浇注承台首层混凝土阶段　表 13-4-6

序号	荷载名称	备　注
1	壁板自重力	1 347kN/m
2	底板自重力	1.8kN/m^2，假定沿底板均匀布置
3	内支撑系统自重力	6 160kN
4	吊箱其他构件重力	9 000kN
5	封底混凝土自重力	72kN/m^2，均匀作用在底板上
6	水浮力	按排开水体积计算
7	首层承台混凝土自重力	442kN/m^2，均匀作用在封底混凝土顶面上
8	风载	1.3kN/m^2，作用在吊箱露出水面部分的中心面上
9	静水压力	最大值 143kN/m^2，按照三角形线性分布
10	流水压力	4.3kN/m^2，假定沿壁板均匀分布
11	波浪力	根据赛恩费劳（Sainflow）经验公式计算

表 13-4-7

工况六:内支撑拆除后阶段

序号	荷载名称	备 注
1	壁板自重力	1 347kN/m
2	底板自重力	1.8kN/m^2,假定沿底板均匀布置
3	吊箱其他构件重力	9 000kN
4	封底混凝土自重力	72kN/m^2,均匀作用在底板上
5	水浮力	按排开水体积计算
6	承台混凝土自重力	26kN/m^3,按高度不同作用在封底混凝土顶面上
7	风载	1.3kN/m^2,作用在吊箱露出水面部分的中心面上
8	流水压力	4.3kN/m^2,假定沿壁板均匀分布
9	静水压力	最大值为143kN/m^2,按照三角形线性分布
10	波浪力	根据赛恩费劳(Sainflow)经验公式计算

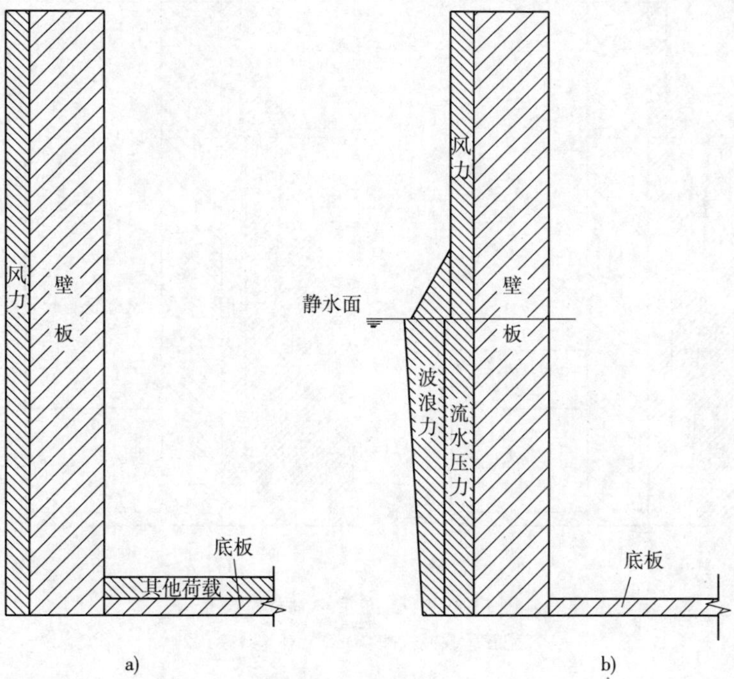

图 13-4-12 工况一、二荷载模式

a)工况一荷载模式图;b)工况二荷载模式图

4. 钢吊箱结构分析

根据钢吊箱在不同工况下的受力特点和对结构的要求,选取各结构的最不利工况进行设计,并依次对各工况下的结构进行验算。钢吊箱设计工况为工况三和工况四,并在其他工况下对结构进行验算。

通过计算,分析得出各结构主要应力,见表 13-4-8。

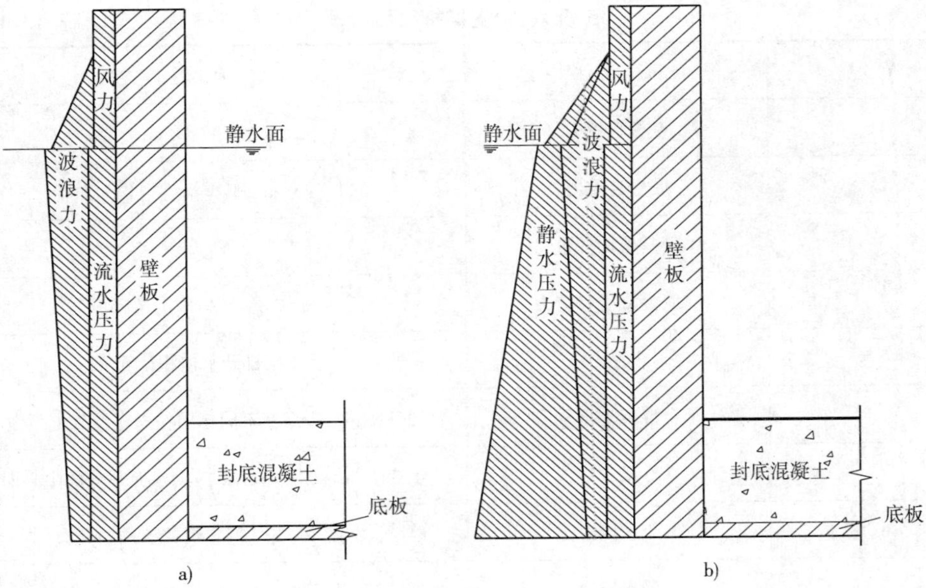

图 13-4-13　工况三、四荷载模式

a）工况三荷载模式图；b）工况四荷载模式图

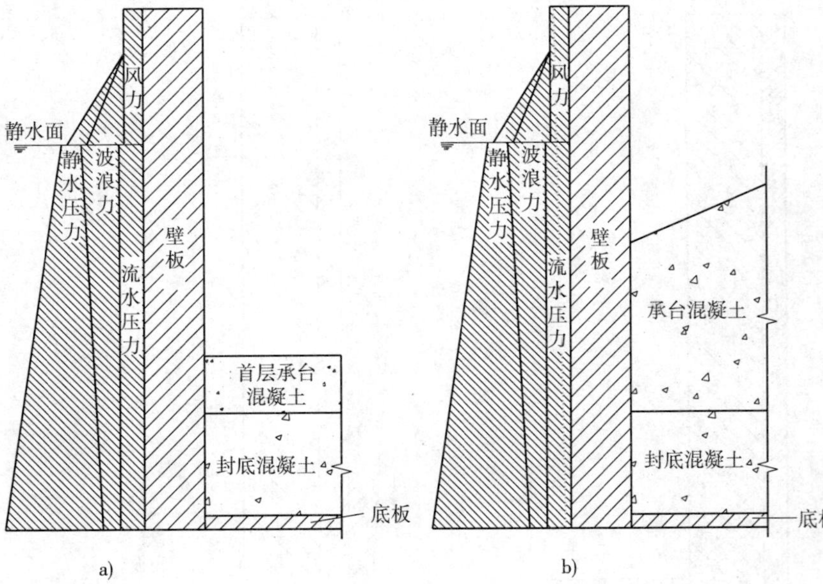

图 13-4-14　工况五、六荷载模式

a）工况五荷载模式图；b）工况六荷载模式图

应力计算结果表　　　　表 13-4-8

结构部位	最大应力（MPa）	容许应力（MPa）	对应工况
底板体系	134	145	封底混凝土浇注阶段
壁板体系	126	145	抽水完成阶段
悬吊梁	－255（局部承压）	－300	整体下放阶段
拉压杆	121	145	吊装阶段
防撞桁架	137	145	吊装阶段
内支撑	119	145	抽水完成阶段

5. 设计结论

经过整体计算，得出以下启示：

(1)吊箱各系统连接部位，如内支撑与壁板连接、桁架与壁板连接、底板与壁板连接部位，作为整体刚度的传递关键，受力较大，计算时按固结考虑较为经济，但现场对连接节点处理时必须满足设计要求，尽可能等强焊缝连接。

(2)吊箱受力较为复杂，在同一个工况必须对涉及的多个结构体系都进行验算。

(3)内支撑、底板、壁板等结构相互连接成整体，但其刚度不一，必须对其采用整体建模计算。若采取单独建模，需将各结构之间的刚度的不同考虑进去。

经过施工实践证明，钢吊箱结构设计的工况分析是全面合理的，结构的形式和选材是较优的。但钢吊箱结构的设计也存在着有待改进的方面：

(1)钢吊箱下放系统安全储备取 2 偏高。计算表明较大的应力为局部承压应力，而弯应力、剪应力较小，属局部承压控制结构。因此，除了选取 16Mn 钢外，对局部承压较大的部位作加劲处理，减小材料用量。

(2)各结构之间冲突较多，应综合考虑。为了方便施工，需将各杆件的相对位置进行合理安排，既要保证结构能够满足施工要求，又要避免因各结构之间的冲突而进行局部加固处理。

(3)握裹系数选取 $10t/m^2$ 偏低。依据试验室所作的握裹力试验结果，建议将握裹系数适当提高为 15 ~ $20t/m^2$。

(三)钢吊箱施工工艺

无论从钢吊箱规模、水文地质条件，还是拼装下放工艺，苏通长江公路大桥南塔墩钢吊箱都居世界前列，代表了钢吊箱施工的最高水平。现结合苏通长江公路大桥南塔墩钢吊箱对钢吊箱施工工艺流程和施工方法作深入介绍。

1. 钢吊箱总体施工工艺

钢吊箱采用工厂制作，现场整节拼装，由上下游向承台中部对称拼装，实现合拢。并采用计算机控制整体同步下放，完成定位后，分 5 区 3 次完成吊箱封底。

钢吊箱施工关键工艺有钢吊箱各结构的加工和拼装、钢吊箱的整体下放、钢吊箱的锁定及封底混凝土的施工。下文将对各关键工艺一一详述。

(1)步骤一：分区下放底板至下平联，并调平合拢

①安装底板及壁板拼装平台。

②割除底板下放支撑点以外的多余下平联，安装底板支撑牛腿，统一顶面高程为 +3.05m。

③在上游底板上安装底板下放系统，并对上游底板主梁及次梁进行补焊。

④提升上游底板，割除上平联，下放上游底板至高程为 +3.0m 处的支撑牛腿上。

⑤拆除上游悬吊系统。

⑥重复步骤② ~ ⑤，完成下游底板的下放。

⑦将上下游底板焊接为整体，并对底板各结构进行补焊，完成由桩基支撑平台向钢吊箱底板的转换。

(2)步骤二：分片区安装防撞桁架及拉压杆下铰座

①在加工场分件加工防撞桁架。

②在钢吊箱底板上测量绘制防撞桁架安装后的轮廓线。

③依据绘制的轮廓线分件安装防撞桁架及内支撑支架。

④将各防撞桁架分件连接为整体,并将防撞桁架与底板焊接为整体,完成防撞桁架的安装。

(3)步骤三:壁板的拼装

①在加工场分块加工壁板。

②利用驳船将壁板运输至现场。

③采用动臂吊机吊装壁板,并将其安放于壁板支撑平台。

④每吊装一块壁板,即将其与已安装的壁板焊接为一个整体,并将壁板与底板、防撞桁架焊接为一个整体。

⑤在承台哑铃处对壁板进行合拢焊接,完成壁板的拼装。

(4)步骤四:安装内支撑

①在加工场分块加工内支撑,并在加工场临时组拼。

②利用驳船将内支撑运输至现场。

③利用动臂吊机吊装分块内支撑,并将分块内支撑与已安装的壁板及内支撑焊接为一个整体。

④随着壁板的安装同时安装内支撑,最终在承台哑铃处完成内支撑的安装。

(5)步骤五:拉压杆的安装

①在加工场加工拉压杆杆件、拉压杆上铰座及拉压杆下铰座等。

②在底板上焊接拉压杆下铰座。

③采用动臂吊机安装拉压杆,并临时固定于内支撑上。

(6)步骤六:水平定位系统及导向系统的安装

①在后场加工水平定位系统和导向系统。

②在现场根据护筒偏位,测量安装水平定位系统和导向系统。确保在钢吊箱下放过程中,导向系统与护筒之间有5~10cm的空隙。

(7)步骤七:钢吊箱的整体下放

①安装整体下放系统。

②在钢吊箱各构件均焊接完成以后,对各吊点进行单点试提。

③单点试提无异常,即对钢吊箱进行整体试提。

④钢吊箱整体试提无异常,正式提升钢吊箱。

⑤拆除壁板支撑平台,割除下平联。

⑥下放钢吊箱入水自浮。

⑦拆除悬吊系统。

(8)步骤八:下沉钢吊箱至设计高程

①加水下沉钢吊箱,使其在低潮位时在设计高程以下。

②选取低潮位将竖向限位梁安放于壁板上,并安放连接钢管。

③在高潮位时,吊箱上浮至设计位置,焊接连接钢管及原有悬吊梁。

④对钢吊箱抽水,使其在低潮位时也在设计高程处。

(9)步骤九:吊箱平面纠偏及竖向锁定

①在上两层水平定位系统处安放千斤顶,调整钢吊箱的水平位置。

②钢吊箱调整到设计位置后，由潜水员将楔块安放于最下层水平定位系统处。

③同时将千斤顶利用型钢替换，完成钢吊箱的水平锁定。

④将拉压杆上铰座与钢护筒焊接。

(10)步骤十：底板封堵与清理、封底混凝土浇注

①拉压杆与钢护筒焊接完成后，由潜水工水下用钢丝刷清洗护筒，并清除底板上残留的杂物。

②当封堵板安装固定以后，各封堵板之间及封堵板与护筒之间有一定的空隙，这时用混凝土对该部分进行封堵，混凝土的高度依封堵效果而定。

③分仓浇注封底混凝土。

(11)步骤十一：抽水、转换拉压杆

①待封底混凝土达到一定强度后，封闭连通管，抽出吊箱内的水。

②将拉杆与护筒顶面连接点转换至封底混凝土顶面，最终形成压杆。

③封底混凝土找平。

④割除护筒、桩头凿出。

⑤割护筒钢板条，焊束筋。

⑥绑扎承台钢筋，浇注承台混凝土。

2. 钢吊箱制造及水上拼装

钢吊箱结构由底板系统、防撞桁架系统、壁板系统、内支撑系统、内定位系统、悬吊系统六大部分组成。其中底板部分采用南塔墩桩基施工平台改制；内定位系统与悬吊系统均为小构件，在加工场进行加工，现场安装；壁板系统、内支撑系统和防撞桁架系统由于结构庞大，采取在加工场分块加工，再在现场组拼，需严格控制加工精度和现场的拼装质量。

(1)吊箱各部施工分块、施工设备的确定

①内支撑分块与加工

a. 内支撑分块

根据现场现有的设备，利用 ZSL43140 动臂吊机与 63t 浮吊，进行现场吊装施工，根据此两种设备的吊装能力，对内支撑进行分块，内支撑共分成 50 块，最重的块为 19.78t。内支撑分块见图 13-4-15。

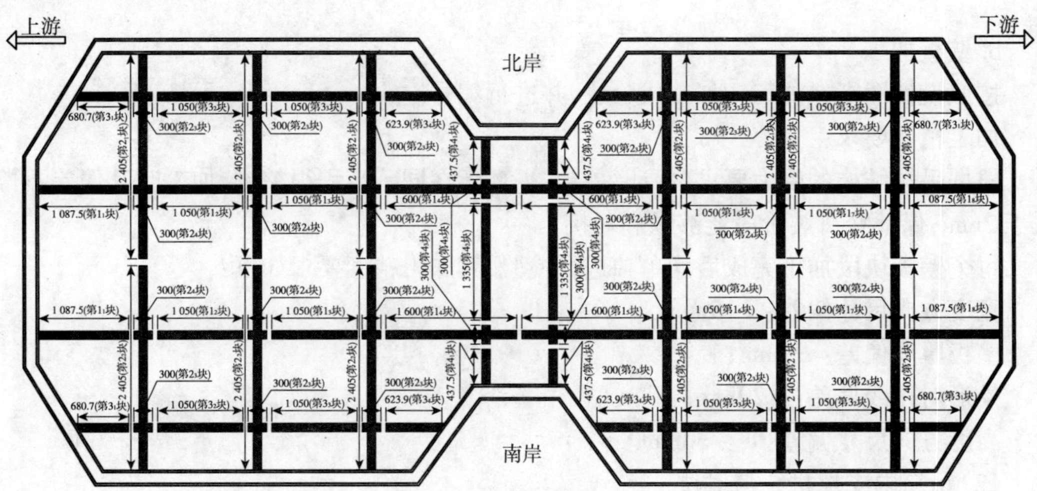

图 13-4-15　内支撑分块图（尺寸单位：cm）

b. 内支撑加工

按照设计图纸在加工厂加工成分块，并进行编号。

加工精度要求：

根据内支撑结构的受力要求，保证块之间顶、底层内支撑钢管在同一高程很关键，加工时其偏差不得大于2mm，保证在拼装阶段能够顺利对接。

每个内支撑块段加工完成后均单独进行检验，其加工精度要求如下：

平面长宽尺寸偏差：±20mm；

高度方向尺寸偏差：±5mm。

②壁板分块与加工

a. 壁板分块

根据现场现有的设备，利用ZSL43140动臂吊机与63t浮吊，进行现场吊装施工，根据此两种设备的吊装能力，对壁板进行分块，壁板共分成41块，最大块件重达66.7t。具体分块见图13-4-16，图中各阴影部分的壁板分两节安装，第一节高度为6.8m，第二节高度为7.6m，其余均按一节安装。

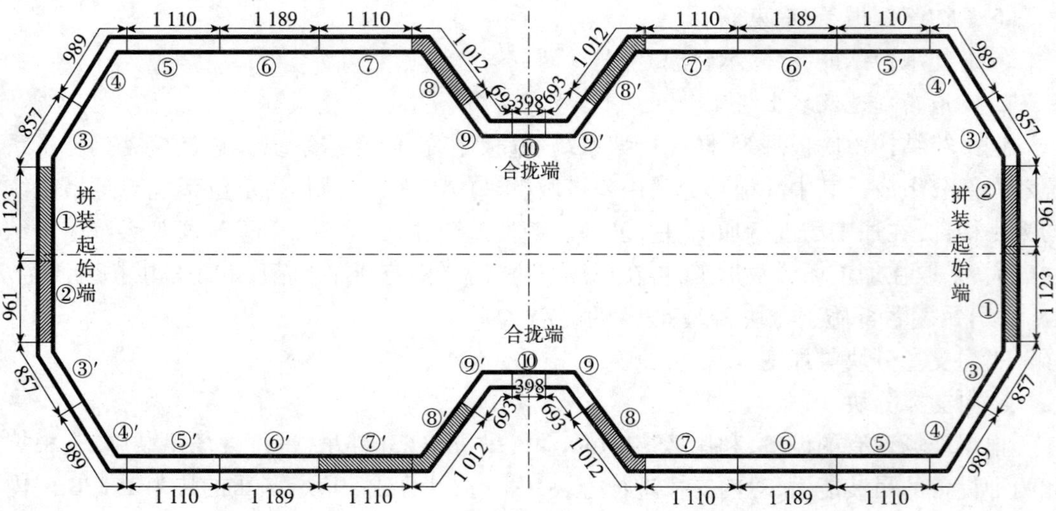

图13-4-16　壁板分块布置图（尺寸单位：cm）

b. 壁板加工

按照设计图纸在加工厂加工成分块，并进行编号。

加工精度要求：

根据吊箱结构的受力要求，保证每层水平环板在同一高程很关键，加工时其偏差不得大于2mm，保证在拼装阶段能够顺利对接。

每个壁板块段加工完成后均单独进行检验，其加工精度要求如下：

宽度方向尺寸偏差：±15mm；

壁板厚度偏差：±2mm；

外形对角线偏差：±20mm；

高度方向尺寸偏差：0，-30mm。

(2)吊箱内支撑拼装与对位

将加工好的内支撑分块在驳船上运输至现场，采用动臂吊机配合浮吊进行拼装。

安装顺序:利用 3 台动臂吊机自上、下游向哑铃部位逐渐安装顺桥向 2i 块,并跟进安装 1i 和 3i 块,动臂吊机随之退到哑铃形部位,最后利用浮吊安装动臂吊机无法吊装部位 4i 和 5i,随着内支撑向哑铃形中部安装,逐渐拆除动臂吊架轨道梁。内支撑安装顺序见图 13-4-17。

为了施工方便,在块与块之间连接部位的斜撑可以在现场进行焊接。

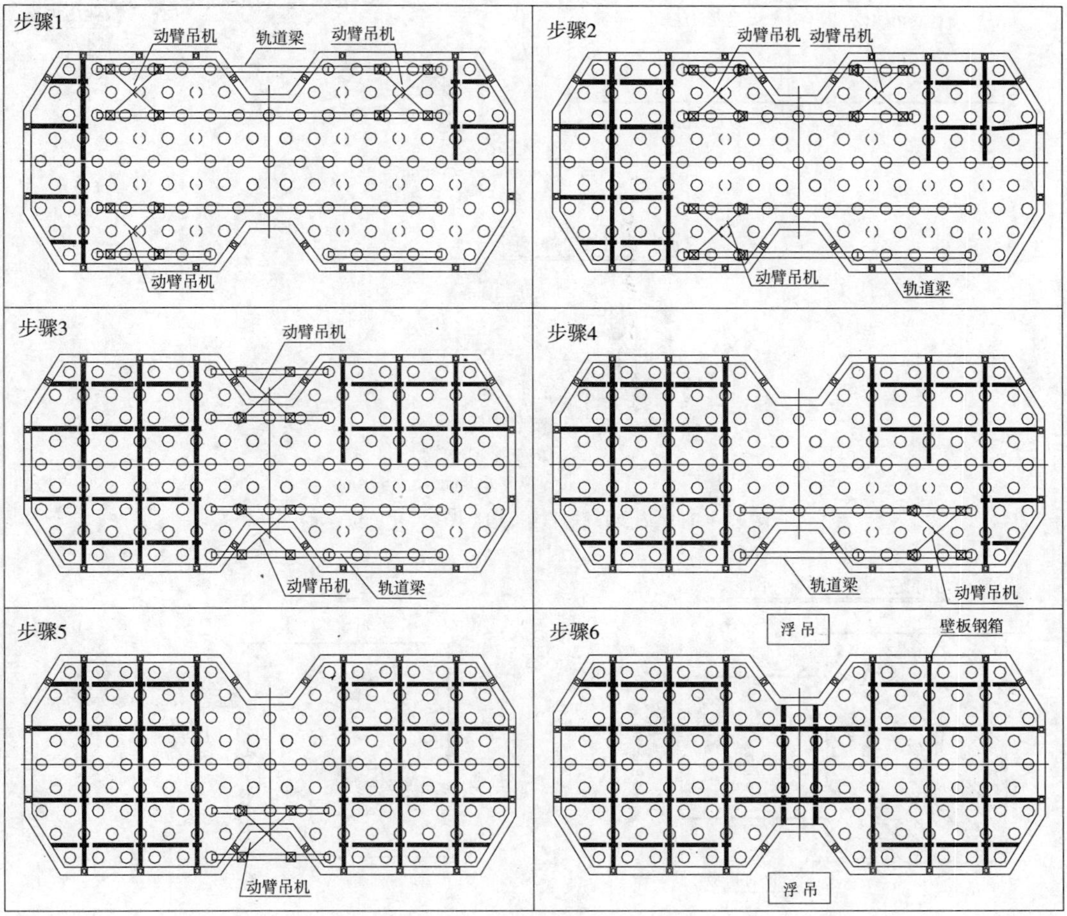

图 13-4-17 内支撑安装顺序图

内支撑块与块之间采用法兰盘进行连接,在弦杆连接的过程中,首先用螺栓将弦杆固定,将弦杆钢管可以焊接的部位焊接起来,之后将螺栓连接钢板焊接起来。内支撑弦杆连接构造见图 13-4-18。

内支撑与壁板之间连接(即弦杆与壁板连接,见图 13-4-19):除了弦杆与壁板面板进行四周满焊外,四周设有 8 块加强钢板。

具体拼装与对位:

①在内支撑安装前,将要安装第 2 块内支撑与壁板连接处下面的四块加劲肋板在设计位置上焊接到壁板上。

②将要拼装的第 2 块内支撑吊装到内支撑立柱与四块首先焊接的加劲肋板上,并且进行测量定位到设计位置处。

③将已经拼装的第 2 块与壁板焊接,且将其他的加劲肋板安装到位,将内支撑与内支撑立柱、加劲肋板以及壁板进行焊接固定。

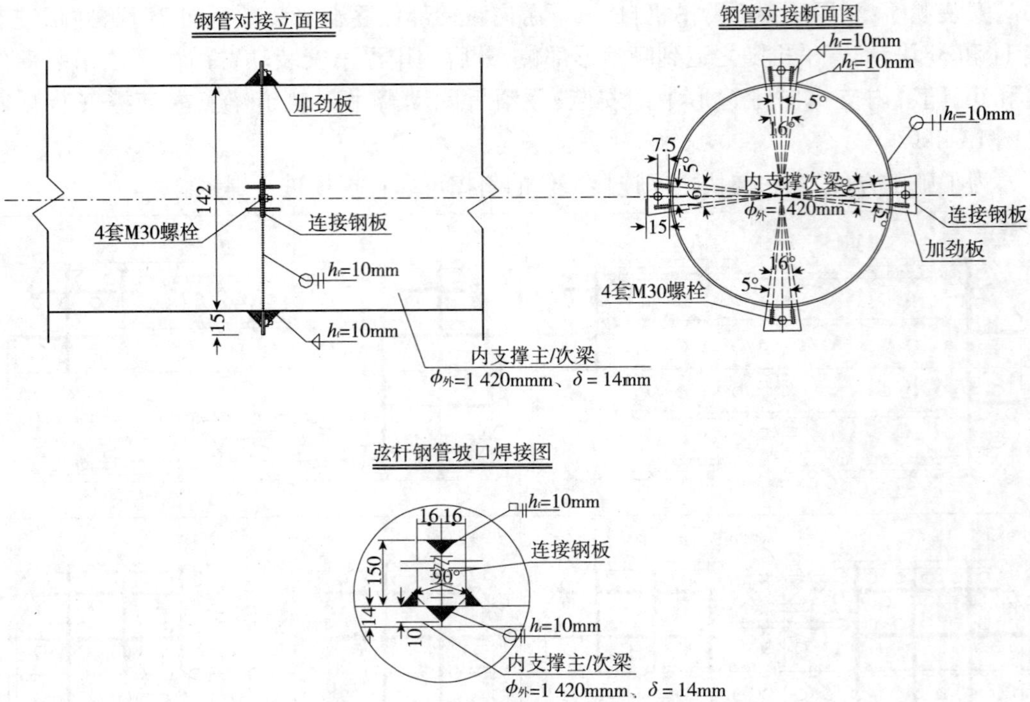

图 13-4-18　内支撑弦杆连接构造图（尺寸单位：cm）

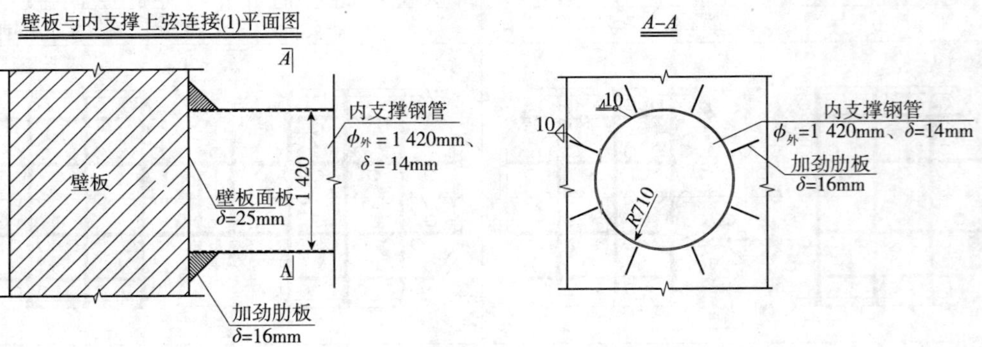

图 13-4-19　内支撑与壁板连接构造图（尺寸单位：mm）

④安装与内支撑第 2 块临近的第 1、3 块。

⑤将第 1、3 块内支撑吊装到两个第 2 块内支撑之间，在弦杆连接的过程中，首先用螺栓将弦杆上法兰盘固定紧，将弦杆钢管可以焊接的部位焊接起来，之后将螺栓连接钢板焊接起来。从而完成了第 1、3 块内支撑的拼装。

⑥按照同样的施工方法将内支撑拼装完成。

内支撑安装时进行了精确安装定位，其与各结构之间的相对位置准确，确保了内支撑结构的拼装质量。

（3）钢吊箱的拼装及对位

①安装精度要求

吊箱分块加工，驳船运输至现场进行拼装，吊箱拼装完成后的总体尺寸必须满足以下要求：

外形平面尺寸偏差：0，+60mm；

外形对角线尺寸偏差:0，+85mm;

壁板倾斜度:≤H/1 000;

高度偏差:0，-30mm;

拼装完成后吊箱轴线偏差:±100mm;

内口平面尺寸偏差:0，+50mm;

内口对角线尺寸偏差:0，+70mm;

壁板面板平整度:≤5mm(3m 尺)。

②壁板拼装平台

在底板下放前,将钻孔区的下平联部分割除,在余下的平联上设置支架作为底板下放后的支撑平台。在已割除平联部分焊接牛腿作为底板下放后的支撑平台。同时搭设壁板拼装平台。底板下放后,其边缘将安放于壁板拼装平台上。底板支撑平台与壁板拼装平台的顶高程相同,均为+3.05m。

在搭设壁板拼装平台的时候,将外围平联与钢管桩、钢护筒、靠船桩的连接处进行补焊,确保该处的焊缝均为围焊,焊脚尺寸不小于10mm,并在平联钢管端部,采用4块40cm×40cm×14mm钢板进行加固(加强钢板与其他构件的焊接采用双面角焊缝,焊脚尺寸为10mm)。

壁板拼装平台由主梁、次梁及上侧面板组成。主梁采用型钢HN600×200,铺设于下平联上,间距为1.8m。由于平联的顶面高程不一,需在安装主梁前,将平联顶面找平,确保其高程一致。次梁采用型钢[14,直接安放于主梁之上,并与主梁临时焊接,其间距不大于2m,单根长度为2.5m。在次梁上铺设面板,面板采用木板,安放于壁板拼装线以外,并安放栏杆,便于壁板施工中的人员行走,具体见图13-4-20~图13-4-23。

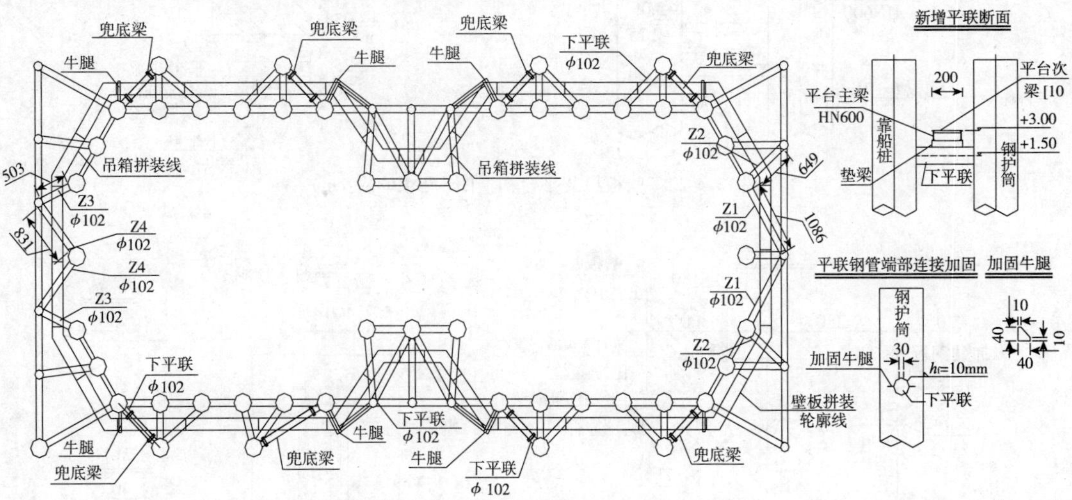

图13-4-20 壁板拼装平台处平联结构布置图(尺寸单位:cm)

③壁板拼装

a.在南北岸共布置三台行走式动臂吊机。将加工好的壁板分块在驳船上运输至现场,再采用三台动臂吊机进行吊装就位。最大吊装重量为66.7t。吊装顺序同加工分块编号,即由上下游向哑铃中部进行分块吊装,并在哑铃中部进行合拢。

b.将壁板吊装于壁板拼装平台后,采用小型千斤顶及链条葫芦进行纠偏。吊装就位后,利用型钢作为斜撑临时固定壁板,并且吊箱内部有已经拼装好的内支撑对壁板进行临时依靠。

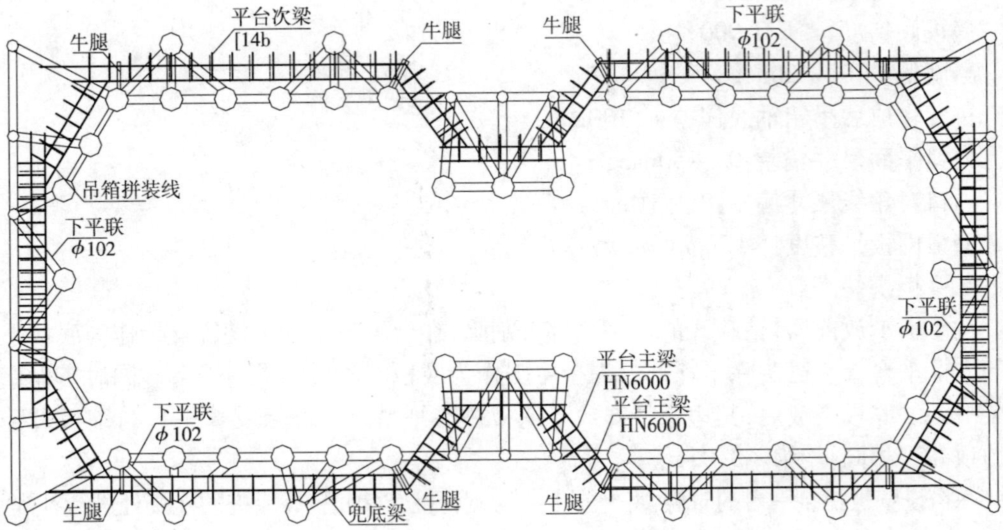

图 13-4-21　壁板拼装平台主次梁布置图

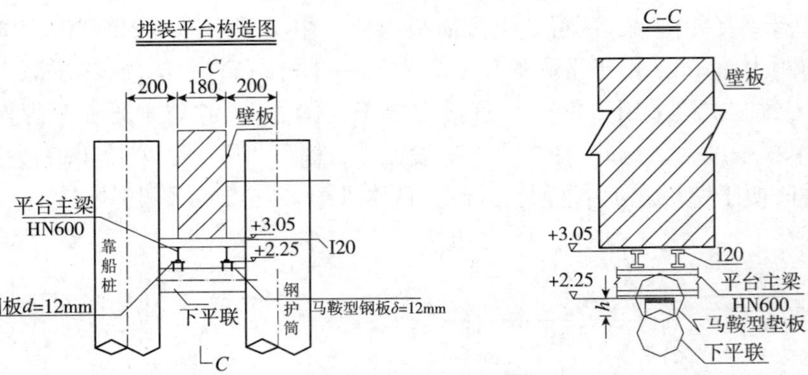

图 13-4-22　壁板拼装平台构造图(尺寸单位:cm)

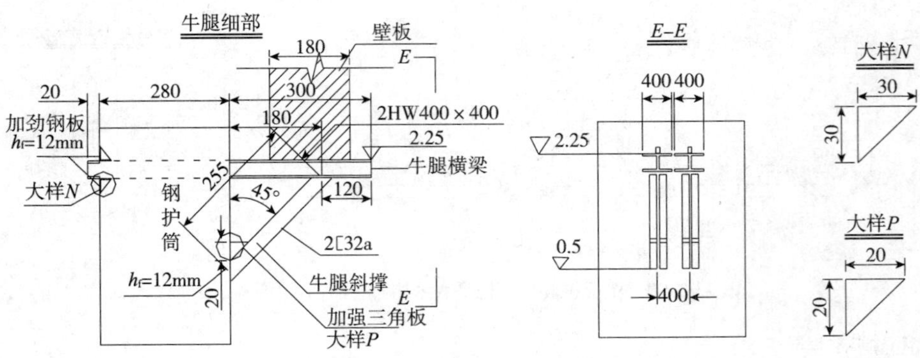

图 13-4-23　壁板拼装平台牛腿构造图(尺寸单位:cm)

c. 壁板在加工时,在每块壁板与前一块壁板的连接端留有 5cm 余量,拼装前需依据现场测量结果切割余量,避免误差累计。

d. 将吊装就位的壁板与已安装完成的壁板焊接,该部分的连接采用对接焊,逐块焊接完成后进行下一块的安装。

e. 将壁板与底板、防撞桁架焊接。

f. 哑铃处的合拢段施工时，首先需切割其两端的余量，然后进行拼装焊接。

壁板拼装过程中，严格控制其拼装精度和拼装质量。壁板拼装完成后长度方向的最大误差为 +32mm，宽度方向的最大误差为 +21mm，高度方向的误差为 +25mm，其总体尺寸比设计偏大，满足质量要求。壁板的连接焊缝均采用了超声波检测且全部合格。

(4)钢吊箱整体下放

南塔墩钢吊箱采用整体下放方案。钢吊箱整体下放的质量为 5 800t，共采用 12 个吊点，设置 40 台千斤顶，12 台油泵(即每个吊点采用 1 个油泵)，其中，200t 千斤顶有 16 台，350t 千斤顶有 24 台。总的提升能力为 200 × 16 + 350 × 24 = 11 600(t)，各吊点结构布置如图 13-4-10 所示。钢吊箱整体下放吊点受力如表 13-4-9 所示。

钢吊箱整体下放吊点受力汇总表 表 13-4-9

吊点编号		千斤顶型号(t)	安全系数	安全储备	吊点编号		千斤顶型号(t)	安全系数	安全储备
Ⅰ	上游	2 × 350	1.82	3.8	Ⅱ	南岸下游	4 × 200	1.75	3.65
	下游	2 × 350	1.80	3.78		北岸下游	4 × 200	1.75	3.75
Ⅳ	南岸	2 × 350	1.78	3.74	Ⅲ	南岸上游	4 × 350	2.07	4.35
	北岸	2 × 350	1.78	3.74		北岸上游	4 × 350	2.56	5.38
Ⅱ	南岸上游	4 × 200	2.07	4.35		南岸下游	4 × 350	2.56	5.38
	北岸上游	4 × 200	1.75	3.65		北岸下游	4 × 350	2.55	5.38

注："安全系数"为考虑设备自身的安全系数。"安全储备"为考虑设备自身的额定安全储备。

①吊箱结构整体下放的特点、难点及应对措施

与常规的千斤顶提升技术比较，吊箱整体下放具有以下特点：

a. 常规的千斤顶提升技术完成的动作是主动向上提升，而整体下放是被动下放。

b. 千斤顶提升工程中不需入水，不受水流、潮水影响，而整体下放吊箱入水后，整个动作受水流、潮水影响很大。

南塔墩钢吊箱采用整体下放，其结构的复杂和体积、质量的庞大，下放条件的恶劣，使得钢吊箱的整体下放存在诸多难点：

a. 钢吊箱整体下放质量大(达 5 800t)，体积庞大(长 117.35m，宽 51.7m，高 14.4m)，使得吊点的布设成为难点，同时，对钢吊箱的下放设备的能力提出了更高的要求。

b. 钢吊箱整体下放的吊点数量多(共有 12 个吊点)，且相对分散，若下放过程中，各吊点的同步性得不到保证，势必使得各吊点的受力重新分配(即下放缓慢的吊点的受力增大，下放快的吊点受力减小)，对钢吊箱的结构及其下放设备不利。

c. 钢吊箱各吊点处的受力均很大，对吊点处的钢吊箱结构的强度和刚度的要求很高。若其强度和刚度达不到要求，势必使得钢吊箱结构破坏。

d. 支撑桩尤其靠船桩呈偏心受压状态，一旦吊点处的支撑桩的变形较大，势必使得悬吊梁与壁板接触，影响钢吊箱的下放。

e. 钢吊箱壁板内外的支撑桩刚度及强度不一，将严重影响内外受力的分布，对下放设备极为不利。

f. 钢吊箱在入水后，受水流冲击作用，吊箱可能产生平面位移，对下放体系造成影响。

g. 根据千斤顶性能要求，钢绞线与铅垂线的偏角不得超过 3°。下放系统安装必须精

确,同时必须采取合理的导向措施,约束下放过程中的位移。

②针对以上施工难点,采取相关的措施进行处理

a. 利用现有支撑桩,对称布置 12 个吊点。选择具有 11 000t 下放能力的 40 台千斤顶进行钢吊箱的下放。总的安全系数高达 2.0。

b. 采用计算机控制同步下放系统进行钢吊箱的同步下放。通过下放过程中的同步性控制,使得各吊点的受力更加稳定。

c. 加大结构的安全系数和可靠度,尤其吊放系统与吊放设备等同安全系数。

d. 对支撑桩进行灌砂和浇注混凝土,以增加支撑桩的强度、刚度及稳定性。

e. 选择合适的时段进行钢吊箱的入水下放,低平潮时入水,迎着涨潮迅速入水自浮,以尽量缩短下放时间。

f. 做好天气预报工作,选择风浪较小的有利天气进行钢吊箱的下放。

g. 利用壁板及护筒之间的导向护弦,约束下放过程中的位移。

(四)钢吊箱定位技术

1. 定位难点及对策

桥址处的水文气象条件是钢吊箱定位的最大影响因素,具体表现如下:

(1)桥址处的潮位的涨落使得钢吊箱上下浮动,严重地影响了钢吊箱的竖向锁定。

(2)桥址处的水流流速较大,且每日因潮位的涨落使得水流方向在不断变化,使得钢吊箱在水平方向的方位不断发生变化,使得钢吊箱的水平定位极为困难。

(3)桥址处的不利天气,如大风、大浪、大雾等也是影响钢吊箱锁定的不利因素。在这些不利天气情况下,水上施工设备(如浮吊等)难于正常施工,竖向定位系统无法安装就位,使得钢吊箱的锁定极其困难。

针对以上不利因素,采取了相应的措施进行了处理:

(1)做好天气预报工作,选择无风(或小风)、无雾(或小雾天气)等对施工有利的天气进行施工,避免不利天气对施工的影响。

(2)钢吊箱采取双壁结构,通过控制对壁板内的抽加水来减小潮位的涨落对钢吊箱竖向浮动的影响,并选择低潮位安装竖向装置,涨潮时钢吊箱上浮,在高潮位焊接竖向装置,并抽出壁板内适量的水,使吊箱始终顶紧竖向定位。

(3)充分利用河段处水流流向的多变性(即在涨潮时,将上游的水平定位系统调至设计位置;在落潮时,将下游的水平定位系统调至设计位置),将其变为钢吊箱水平锁定的有利因素。

2. 下放到位后的最终定位

钢吊箱的锁定分两部进行,即先进行钢吊箱的竖向锁定,再进行钢吊箱的水平锁定,具体的工艺如下。

(1)钢吊箱竖向锁定

钢吊箱的竖向锁定系统采用原有钢吊箱下放悬吊系统改制,其安装步骤如下:

①当钢吊箱加水下放至设计位置以下后,将原有下悬吊梁吊放于壁板顶面,并在其上焊接竖向传力钢管。

②对钢吊箱壁板内进行抽水,使得在底潮位时竖向传力钢管顶紧上悬吊梁。

③将上悬吊梁与竖向传力钢管焊接,完成竖向定位系统的安装。

(2)钢吊箱的水平锁定

在钢吊箱竖向锁定完成后,即开始进行钢吊箱的水平锁定,其具体的施工步骤如下:

①在已安装上两层水平定位系统的水平定位支架上安装千斤顶。

②利用千斤顶进行钢吊箱水平方向的调整,使其水平方向位于设计位置。钢吊箱水平位置的调整可充分的利用涨落潮。具体方法是:在涨潮时调整上游内定位的千斤顶至合适的行程(该行程通过测量得到的吊箱位置偏差确定),固定上游水平定位。在落潮时调整下游内定位的千斤顶至合适的行程,固定下游水平定位。在上下游定位的同时,调整南北岸的水平定位千斤顶并固定。

③由潜水员入水,将楔块插入最下一层水平定位系统,进行钢吊箱的固定。

④利用型钢和楔块代替水平定位系统上的千斤顶,完成钢吊箱的水平定位。另在水面以上部分在钢吊箱与钢护筒之间采用钢管焊接为一个整体。

(五)钢吊箱底板封堵

钢吊箱底板在每个护筒周围均开有孔,以便于钢吊箱的下放。所开孔与护筒之间存在较大的空隙。当钢吊箱下放到位后,需采用措施将该部分空隙封堵,防止在浇注封底混凝土的过程中出现漏混凝土的现象。底板封堵技术属于钢吊箱施工关键技术之一,是后继施工顺利进行的重要保证。

1. 底板封堵流程

南塔墩钢吊箱底板共有 135 个孔,均采用封堵钢板封堵和干状混凝土堵漏相结合的方法进行施工。其施工工艺流程如下。

步骤一:在后场加工封堵板。

步骤二:钢吊箱下放前,在底板上临时安放封堵板。

步骤三:钢吊箱下放到位后,由潜水员下去固定封堵板,并用混凝土堵漏。

2. 具体封堵工艺

(1)封堵板的设计和加工

封堵板设计过程中考虑到护筒的偏位,根据护筒的不同偏位进行分类设计。对于偏位在 0 ~ 5cm 以内的采用一种形式的封堵板,内开孔圆心与封堵板外边缘圆心的偏差为2.5cm。每个护筒周围的封堵板分为 6 块进行分块加工,在现场通过螺栓连接。其结构见图 13-4-24。

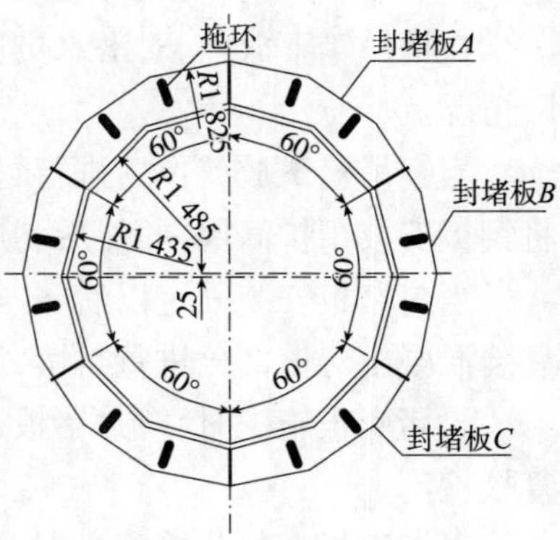

图 13-4-24 封堵板结构图(尺寸单位:mm)

为了安装方便,每个封堵板上均安放有拖环。对于个别间隙较大的(如补桩处的空隙)利用面板和型钢进行补孔。

两相邻封堵板之间采用螺栓连接。螺栓孔为 70mm × 20mm 的长圆孔,采用直径 18mm 的螺栓,见图 13-4-25。封堵板示意如图 13-4-26 所示。

(2)封堵板的临时安放

封堵板临时安放需在钢吊箱下放之前进行。在封堵板临时安放前,需将底板面板焊接完成。特别是护筒周围的面板必须补充完整,以便封堵板的临时安放和最终固定。

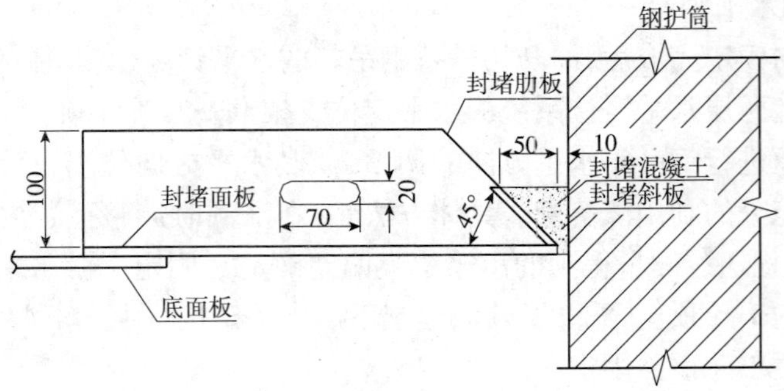

图 13-4-25　封堵板连接处结构形式(尺寸单位:mm)

封堵板需沿护筒周边临时安放,且要临时连接成一个圆环,各分块板之间及板与护筒之间需留有空隙。

封堵板的安装需与护筒倾斜方向和偏位方向相结合。

封堵板的临时安放如图 13-4-27 所示。

图 13-4-26　封堵板图片

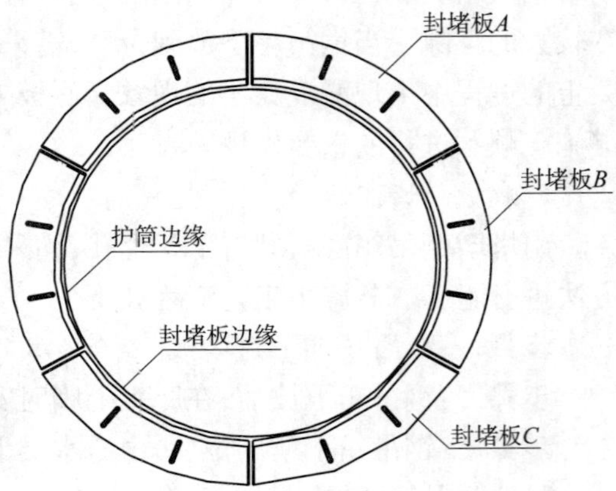

图 13-4-27　临时安放示意图

(3)封堵板的固定与堵漏

在钢吊箱下放前,对潜水员进行交底,让其熟悉吊箱内结构,同时让其到现场了解实际情况。

当钢吊箱下放就位后进行封堵板的固定与堵漏。封堵板由潜水员在水下固定。首先将钢板安放于护筒周围,然后利用螺栓将各封堵板连接成一个整体。

当封堵板安装固定以后,各封堵板之间及封堵板与护筒之间有一定的空隙,这时用麻袋装混凝土对该部分进行封堵,混凝土的高度依封堵效果而定。

封堵底板施工时,对封堵板进行编号,依次封堵,由工区技术员统一记录,并由质检部复核检测。

由于底板上部防撞桁架拉压杆等结构较为复杂,在潜水员下去前需进行结构交底介绍。

完成后,经历一个涨落潮的考验之后,再次复核,封堵。

(4)钢护筒的除锈

当完成钢吊箱的封堵后,由潜水员下水对高程 -10.0 ~7.0m 处的钢护筒(即封底混凝土范围内的钢护筒)进行除锈和清除其他杂物。施工过程中,对每个护筒进行编号,对护筒的清理情况进行记录。

(5)封堵观测

由于封底混凝土是分区施工的,故在钢吊箱封堵的同时,进行封底的交叉作业。

在封底混凝土施工过程中,对封堵效果进行监控。具体的方法如下:

①混凝土浇注前,再次水下检查。

②对封底混凝土进行定期测量。当发现封底混凝土高程的抬高与混凝土浇注方量不吻合时,可能是堵漏出现问题,需立即检查。

③观测吊箱外侧水的颜色,当外侧出现大量与混凝土颜色相同的水后,即发现堵漏出现问题,需立即采取措施进行封堵。

④观测护筒周围水面情况,如出现翻水花现象,则可能出现了漏洞。

整个浇注过程中,仅出现个别导管口附近混凝土浇注突然间高度变矮的异常现象,经检查是混凝土堆积坡度较陡,自行坍落所致,周边区域同均有所抬高。

(6)封堵效果

在南塔墩封底混凝土浇注过程中,对封堵过程中进行了测量,未发现混凝土漏浆的现象。最终的封底混凝土浇注方量 12 431m^3,与设计方量 12 271m^3 基本相当。因此,可以说明底板的封堵是成功的。

(六)封底混凝土施工

1. 封底混凝土施工难点及对策

由于钢吊箱自身结构的特点、复杂的施工水文气候条件以及封底混凝土自身的特点,使得南塔墩钢吊箱的封底存在诸多难点,具体如下:

(1)封底混凝土方量大、浇注面积大。对混凝土的浇注设备、原材料的供应及混凝土的成型均有较高的要求(封底混凝土底面高程 -10.0m,顶面高程 -7.0m,封底厚度为3m,采用 C30 号水下混凝土,设计总方量为 12 156m^3)。

(2)桥址处于潮汐河段,每天的潮涨潮落会影响到封底混凝土的成型质量。

(3)封底混凝土方量大、浇注周期长,容易遇到大风、大雾等不利天气,这会影响到混凝土原材料的供应,最终导致混凝土浇注的不连续性。

(4)底板上有防撞桁架、拉压杆等结构,其位置严重地影响了导管的布置及封底混凝土的流动。

针对以上封底难点,采取了以下相关措施进行处理:

(1)将封底混凝土分 5 区三次进行浇注(图 13-4-28),使得每次封底混凝土的浇注方量相对缩小,利于混凝土的供应。

(2)采取有效措施对钢吊箱底板进行封堵,并在钢吊箱侧面安装有连通管,以减小潮汐对封底混凝土浇注的影响。

(3)在封底混凝土施工前,做好天气预报,选择较好的时间段进行施工,避开不利天气的影响。

(4)研究采用自流平混凝土,减少导管点的布设和增大混凝土的流动性,使得封底混凝土表面平整均匀。

2. 封底平台设计

封底平台作为承台封底施工的结构设施,其布置原则如下:

(1)需保持封底混凝土施工的方便性和安全性。

(2)充分利用内支撑及钢护筒作支撑,保证结构可靠、经济。

(3)兼顾考虑导管的布设。

(4)便于各区域周转。

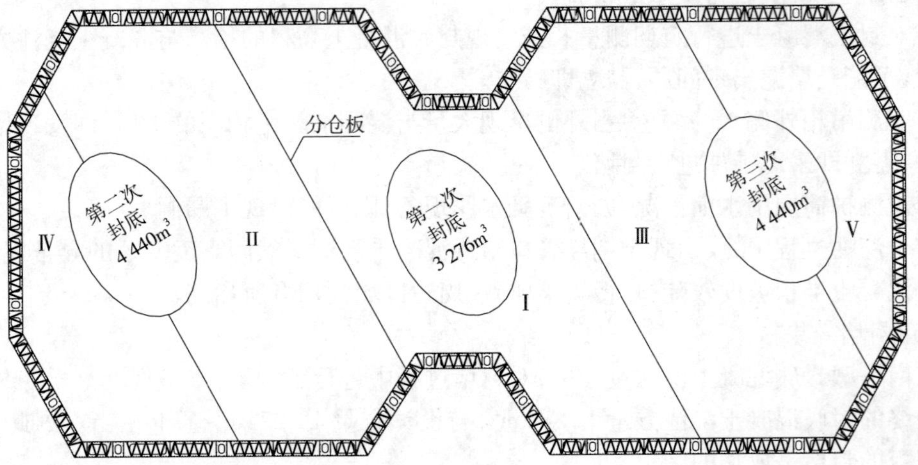

图 13-4-28　南塔墩钢吊箱封底分区图

封底平台的主梁采用型钢 HN600 × 200 制成,并在钢护筒顶面及内支撑顶面进行搭设。采用小型型钢将主梁连成整体,并在其上铺设木板形成平台。

3. 自流平混凝土的设计与实施

南塔墩钢吊箱底板上含有防撞桁架、拉压杆等结构,这些结构严重地影响到了封底混凝土的流动和封底混凝土浇注导管的布设。为解决这些问题,施工方进行了自流平混凝土的设计与研究。

(1)自流平混凝土的设计

南塔墩封底混凝土为自流平混凝土,采用双掺技术,较以往增大了砂率,增加胶结材料用量,使配置的混凝土具有很好的和易性和流动性,具有自流平,自密实的特点。具体性能指标要求如下:

①强度不小于设计强度。

②坍落度 55 ~60cm。

③初凝时间不小于 30h。

④7d 强度不小于 28d 强度的 90%。

经过多配合比的比选和优化,得出最终的封底混凝土配合比见表 13-4-10。

承台试配配合比(单位:kg/m³)　　表 13-4-10

水　泥	粉煤灰	细集料	粗集料	水	外加剂
306.0	167.0	771.0	907.0	187.0	6.622

水泥:华新南通 P. O42.5;

粉煤灰:南通华能Ⅱ级;

碎石:镇江 5 ~25mm 石灰岩;

砂:赣江中砂;

外加剂:JM－9;

经过试验:7d 强度达到 33.9MPa,28d 强度达到 61MPa。

(2)混凝土浇注

①首盘封底混凝土的浇注

首盘混凝土封口前,用测锤从导管内测出导管下口与吊箱底板距离,依靠垫梁调整至 10～20cm。首盘混凝土采用 8m^3 大料斗。

首先通过导管旁大料斗将导管上方 2m^3 小料斗装满混凝土。

关闭大料斗阀门,开始在大料斗内注满混凝土。

大料斗即将装满混凝土时,打开大料斗阀门,同时打开小料斗阀门,泵管不断放料,完成首盘封底混凝土浇注。

封底混凝土下放完时,要求导管埋深 0.4～0.6m。在导管口及附件布设测点,及时测量其埋深与流动范围。

②正常浇注混凝土

首盘封底成功后,即进入正常浇注阶段,此时如果其他位置需要使用 8m^3 大料斗,可以用浮吊将大料斗提走,直接采用小料斗或导管浇注混凝土。

为保证导管出口有一定的埋深,在混凝土浇注顺利时尽量不提升导管;需要提管时,采用浮吊缓慢提升,提升高度控制在混凝土面以下 50cm,提升点处的混凝土高度要勤量勤测,务必杜绝提漏导管的现象发生,严格以实际测量深度为提管依据。

浇注位置混凝土高度达到设计要求后,根据监测结果,将导管移至需浇注位置进行循环施工。

4. 封底混凝土施工关键工艺

封底混凝土施工现场见图 13-4-29。

图 13-4-29　封底混凝土施工现场图片

(1)导管的布设

封底混凝土的浇注方式通常有全高度方向斜面推进和全平面整体均匀抬高浇注两种方式,考虑到封底混凝土厚度仅有 3m,试配初凝时间达到 40h 以上,采取全高度方向由南北岸向中间斜面推进的方式。

导管布置以上述工艺为原则,4 台输送泵各供应一根导管,共布置 4 套导管。导管外径 32.5cm、壁厚 1cm,安于平台夹具梁上,导管共配备四套,备用一套,3 次混凝土浇注周转使用。导管顶面设置体积 2m^3 的小料斗。导管使用前进行水压、水密性试验,试验水压取导管理论压力的 1.2 倍。

导管布置原则:导管远离护筒 50cm 以上,避免混凝土直接冲击封堵板,确保护筒周围混凝土厚度;桁架内部不设导管,避免导管挂桁架造成损坏。

导管的转移:每根导管口浇注到设计高程后,根据封底混凝土浇注顶高程情况,转移至较低位置,导管底口距离混凝土顶面 15～20cm,按照首批混凝土浇注要求进行导管二次封口。

首次 4 根导管浇注点的布置对混凝土的浇注工效、平整度、导管转移二次封口次数有着很大的影响。

在浇注Ⅰ区时，由于对混凝土的流动半径考虑得过于保守，导管布置半径定为6m，各区首批4根导管平面布置如图13-4-30所示，浇注顺序定为自南北岸向中间位置推进。

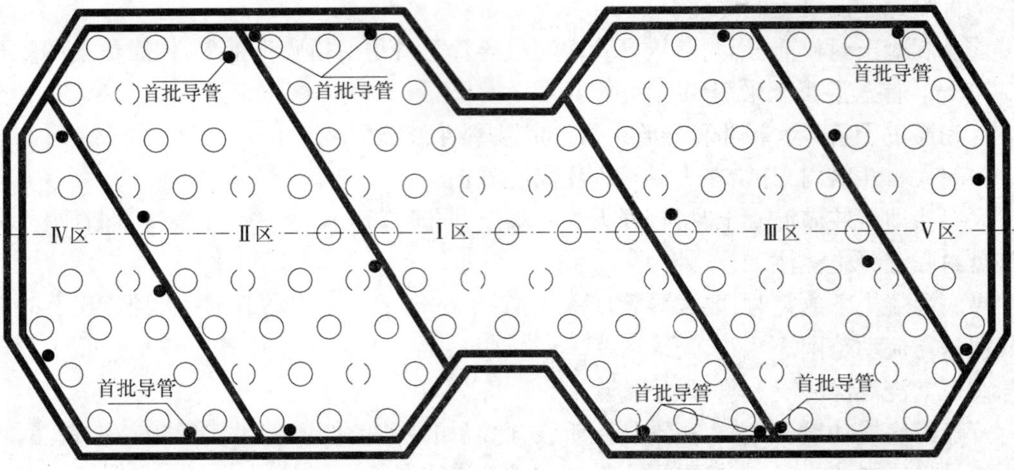

图13-4-30　各区首批4根导管平面布置图

施工中发现混凝土实际流动半径相当大，首批导管位置浇注高度达到3m，承台中间位置的混凝土也有50~80cm厚，流动半径达到了25m左右，成型坡度1：10~1：15。混凝土浇注过程中，经过量测，高程起伏相当大。为保证表面平整度，导管转移二次封口次数达到15次左右。同时由于混凝土流动太远，承台中部的混凝土质量较差。

吸取第一次混凝土的施工经验，在后续4个分区的混凝土施工中，针对浇注区域的形状特点，在每区的南北侧、中间部位各布置2根首批导管，相邻导管之间的距离20m左右，经过导管之间的相互"截流"，混凝土流动半径控制在了10m左右，混凝土的均匀性显著提高。浇注过程中也发现，混凝土平面抬高较为均匀，在首批的4根导管区域浇注大设计高度时，总浇注方量已超过60%，仅部分区域低于1.5m，根据断面量测情况，将首批导管转移至较低区域的最低点位置进行二次封口。仅通过8~10次二次封口，整个分区平整度已满足设计要求。

实践证明，后几次混凝土浇注导管的布置方式更方便合理，更能保证混凝土的质量。

(2)封底混凝土高程的测控

由于南塔墩底板结构复杂，浇注过程必须加强监测，控制混凝土浇注高度，同时掌握混凝土扩散情况，为导管移位提供依据。

南塔墩钢吊箱封底施工中，各区共布设170个测点，测点布置保证了每根导管和护筒附件布设测点，同时对吊箱边角位置布置测点。

封底施工测点布置见图13-4-31。

测锤采用钢板焊接成三角锥形。测绳使用前用江水浸泡48h，校核其长度，在15m、14m、13m、12m、11m处做出特殊标记。混凝土浇注前，沿测点逐点量测初始深度，并在平台固定位置做出标记，测出平台高程，作为控制封底混凝土顶面高程的依据。

为了加强封底混凝土高程控制，每30min对各测点进行监控测量，每3h将各测点数值在断面图反映，以较全面地分析各区浇注情况。

设计文件施工要点要求：混凝土的顶面控制在距封底混凝土顶面设计高程以下20~

30cm 处，以上部分作为垫层混凝土。

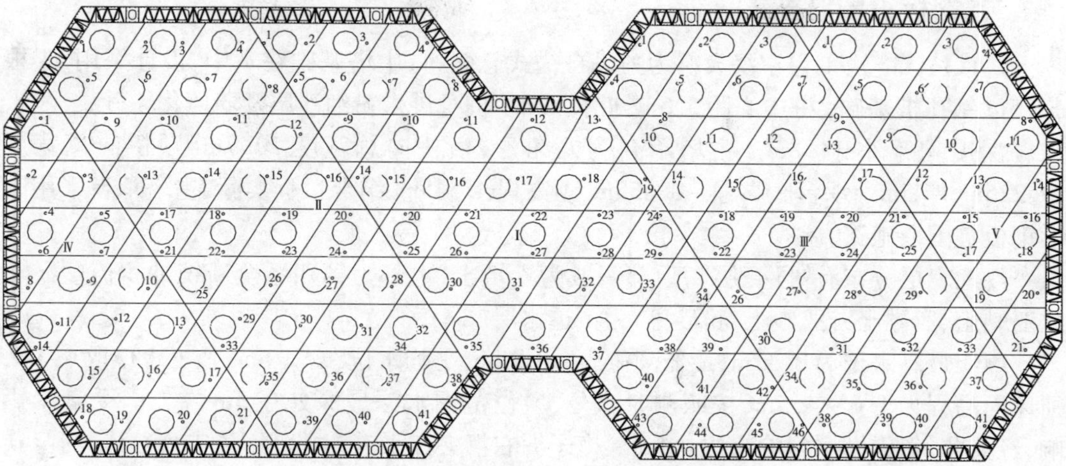

图 13-4-31　封底施工测点布置图

根据此要求，封底混凝土顶面高程控制以顶面最低点实测高程不低于 -7.2m，不高于 -7.0m为依据；严格控制超高，混凝土浇注较高的点如导管附近，超过封底混凝土的设计高程 -7.0m 不宜太多，否则将增加封底混凝土凿平工作量。

低于 -7.0m 的混凝土，在抽水并凿去浮浆后，作为垫层浇注平整。抽水后封底表面见图 13-4-32。

图 13-4-32　抽水后封底表面照片

终浇前，缓慢上提导管 50 ~ 100cm，尽量排空管内混凝土，使其表面平整。

混凝土浇注临近结束时，全面测出混凝土顶面高程，重点监测导管作用半径相交处、护筒周边、吊箱内侧周边以及防撞桁架等部位，根据结果对高程偏低的测点附近导管增加浇注量，力求混凝土顶面平整，并保证混凝土厚度达到要求。当所有测点符合要求后，终止混凝土浇注，上拔导管，冲洗堆放。

5. 封底混凝土效果

南塔墩封底混凝土共分三次浇注。

第一次封底（Ⅰ区）：2004 年 12 月 6 日 17 时 ~ 12 月 7 日 23 时，用时 30h，实际浇注 3 500m^3。

第二次封底（Ⅱ + Ⅳ区）：2004 年 12 月 10 日 18 时 ~ 12 月 12 日 5 时，用时 35h，实际浇注 4 480m^3。

第三次封底（Ⅲ + Ⅴ区）：2004 年 12 月 13 日 13 时 ~ 12 月 14 日 19 时，用时 31h，实际浇注 4 451m^3。

实际浇注共耗时 96h，未出现混凝土渗漏等异常现象。浇注总方量为 12 431m^3，比设计方量大 275m^3，主要原因是局部混凝土浇注偏高、输送泵卡管、堵管，浪费了少量混凝土；吊箱尺寸偏大、吊箱竖向定位偏低 25mm 也是一方面原因。

2004 年 1 月 4 日抽水顺利完成，整个结构无一漏水。表面平整，经测量，除防撞桁架附近由于杆件的阻挡，略有偏低外，其他部位均控制在设计要求的 -7.2 ~ -7.0m 之间。

二、钢板桩围堰施工

南京长江隧道工程右汊大桥为独塔自锚式悬索桥，主塔基础在水中，设计采用14根 ϕ2.5m钻孔桩基础，桩中心距5.5m，桩长87m，桩身进入粉细沙层及弱风化粉砂质泥岩，入岩深度均不小于38m。主塔承台为八角形，横桥向总宽度20.7m，顺桥向总宽度19.226m，厚5m。承台底高程-0.655m，顶高程4.345m，结合工程实际，主塔承台采用圆形钢板桩围堰施工。

场地表层分布有"硬壳层"，顶部一般为素填土，上部为第四系全新统冲积流塑淤泥质亚黏土、亚黏土夹亚砂土、粉砂等，为不透水层。

历年最高水位为8.31m，最低潮位为-0.37m，平均水位在5~6m，施工水位取6.5m，河床面高程为1.0~4.5m，按照测时水位，墩位范围水深最深处在5m左右。受潮水影响，经监测，每天潮水影响水位0.5m。梅子洲右汊夹江水道为长江干流支汊航道，河身狭窄、弯曲，水流较缓，河床无冲刷。

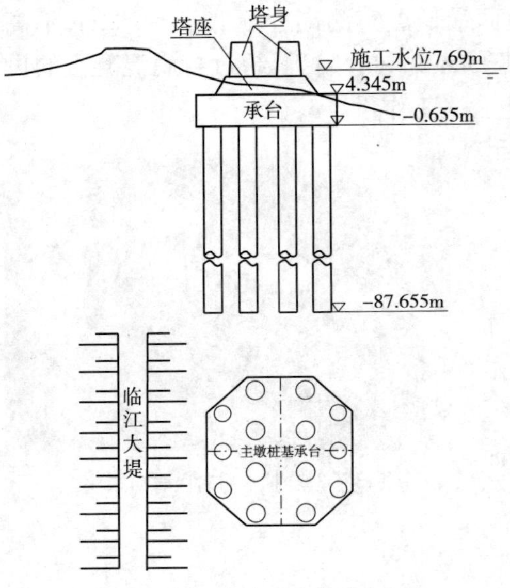

图13-4-33 10号主塔承台布置

1. 施工方案

目前水中承台施工可以采用筑岛围堰、有底套箱、无底套箱与双壁钢围堰及钢板桩围堰等施工方案，根据本工程桥位所处地层及地理位置、场地及水文条件、施工工期要求，选择圆形钢板桩围堰施工，其优点如下：施工周期短，施工所需设备、材料较少，操作简单，可大大提高施工效率，见图13-4-33。

（1）相对于双壁钢围堰具有如下优点：节约大量人力、物力，经济适用、操作简单、缩短工期。

（2）相对于方形钢板桩围堰具有如下优点：结构受力稳定、安全可靠、经济适用。

圆形钢板桩采用拉森Ⅳ型钢板桩施工，材质Q345，按照长江枯水期施工水位+6.50m，钢板桩顶高程+7.0m，流速0.5m/s。采用1m厚C20混凝土进行封底。

2. 施工方法

（1）钢板桩围堰设计

考虑到钢板桩围堰施工围檩的宽度和浇注承台工人的施工空间等各因素，钢板桩围堰为圆形，平面尺寸直径为25.1m。钢板桩采用德国LarssenⅣ型，长度18.00m，钢板桩顶面高程7m，底面高程-11m，下端在封底混凝土底面以下8.345m。

支撑钢管采用 ϕ426×10mm螺旋焊钢管，定位桩长度根据现场地形情况确定。

围堰从上到下设三道支撑，第一道内支撑围檩为工400×20/550×20/400×20焊接工字钢，支撑中心线高程+6.50m，支撑钢管采用 ϕ426×10mm螺旋焊钢管。第二道内支撑中心线高程为+3.70m，围檩为2工400×20/550×20/400×20拼成组合箱形截面，支撑钢管采用 ϕ529×10mm螺旋焊钢管。第三道内支撑围檩为工400×20/550×20/400×20焊接工字钢，支撑中心线高程+2.20m，如图13-4-34所示。

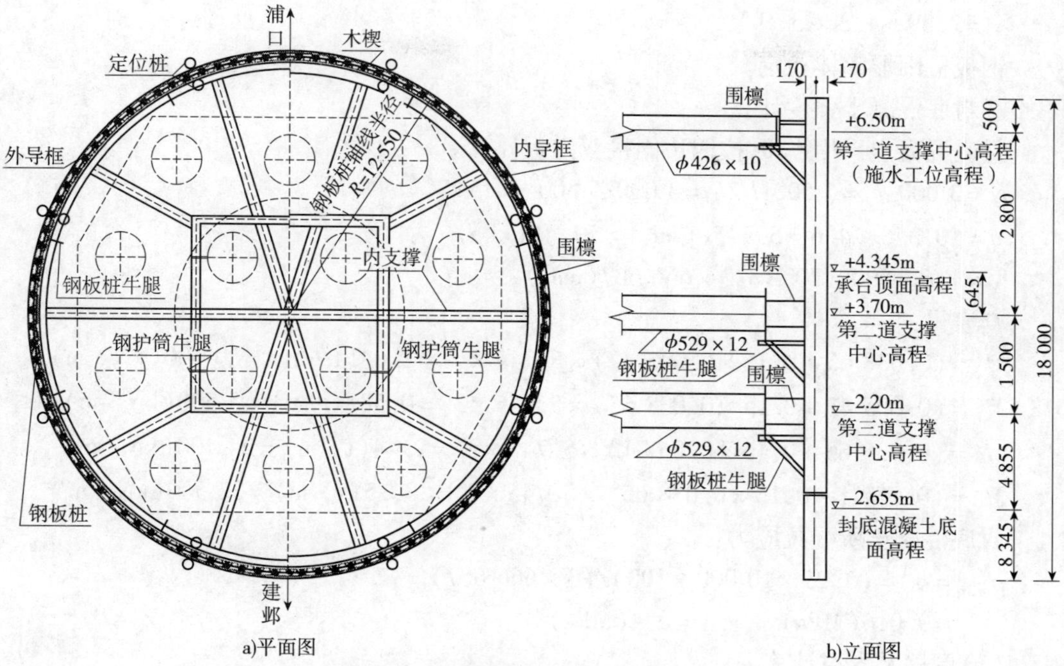

图 13-4-34　钢板桩围堰布置（尺寸单位：mm）

（2）钢板桩围堰结构体系强度计算

①钢板桩围堰整体稳定性检算

钢板桩所受主动土压力为：

$E_1 = 1/2 \times 0.80 \times 15.5^2 \times K_a{}^{-2} \times 0.89 \times 15.5 \times K_a{}^{-0.5}$

$= 72.6 - 24 = 48.6(\mathrm{t/m^2}) = 486(\mathrm{kPa})$

$E_2 = 1/2 \times (0.80 \times 8.345 + 4.6) \times K_a \times 8.345^{-2} \times 0.89 \times 8.345 \times K_a{}^{-0.5}$

$= 35.6 - 12.9 = 22.7\ (\mathrm{t/m^2}) = 227(\mathrm{kPa})$

主动土压力侧水压力为：

$E_{W1} = 1/2 \times 17.52 = 5.76(\mathrm{t/m^2}) = 87.6(\mathrm{kPa})$

$E_{W2} = 1/2 \times 8.345\ 2 = 4.17(\mathrm{t/m^2}) = 41.7(\mathrm{kPa})$

钢板桩围堰所受被动土压力为：

$E_3 = 1/2 \times (0.8 \times 8.345 + 4.6) \times K_p \times 8.345 + 2 \times 0.89 \times 8.345 \times K_p{}^{-0.5}$

$= 62.3 + 17.1 = 79.4(\mathrm{t}) = 794(\mathrm{kPa})$

$E_4 = 1/2 \times 0.8 \times 142 \times K_p + 2 \times 0.89 \times 14 \times K_p{}^{-0.5}$

$= 103.8 + 28.7 = 132.5(\mathrm{t}) = 1\ 325(\mathrm{kPa})$

被动土压力侧水压力为：

$E_{W3} = 1/2 \times 8.345\ 2 = 4.17(\mathrm{t/m^2}) = 41.7(\mathrm{kPa})$

$E_{W4} = 1/2 \times 17.52 = 8.76(\mathrm{t/m^2}) = 87.6(\mathrm{kPa})$

所有力对桩底取矩，有：

$k = (E_3 \times 8.345/3 + E_4 \times 12/3 + E_{W3} \times 8.345\ 3 + E_{W4} \times 17.5/3)/E_1 \times 15.5/3 + E_2 \times 8.345/3 + E_{W1} \times 17.5/3 + E_{W2} \times 8.345/3)$

$= (79.4 \times 2.782 + 132.5 \times 4.667 + 41.7 \times 2.782 + 87.6 \times 5.833)/(486 \times 5.17 + 227 \times 2.782 + 87.6 \times 5.833 + 41.7 \times 2.782)$

$=2.39>1.3$

钢板桩围堰整体稳定。

②封底混凝土强度计算

封底混凝土采用 C20,按四边固接双向板计算。

$l_x=3\ 000, l_y=5\ 500, l_x/l_y=3\ 000/5\ 500=0.545$

$q=10.345-4.6=5.745(\text{t/m}^2)=57.45(\text{kPa})$

$W=1/6\times300\times200^2=3\times666\ 667(\text{cm}^3)$

查表得:

$M_x=(0.038\ 65+0.15\times0.005\ 42)\times5.745\times3^2=2.04(\text{t}\cdot\text{m})=20\ 400(\text{kN}\cdot\text{m})$

$M_y=(0.005\ 42+0.15\times0.038\ 65)\times5.745\times3^2=0.58(\text{t}\cdot\text{m})=5\ 500(\text{kN}\cdot\text{m})$

$M_x^0=(0.038\ 65+0.15\times0.057\ 1)\times5.745\times3^2=2.44(\text{t}\cdot\text{m})=24\ 400(\text{kN}\cdot\text{m})$

$M_y^0=(0.057\ 1+0.15\times0.038\ 65)\times5.745\times3^2=3.25(\text{t}\cdot\text{m})=32\ 500(\text{kN}\cdot\text{m})$

封底混凝土所受拉应力:

$\sigma_{\max}=\sigma_y^0=(3.25\times10\ 000\times100)/(3\times666\ 667)$

$=0.016(\text{MPa})<[\sigma]=0.4(\text{MPa})$

(3)围檩及支撑计算

根据钢板桩的设计,围檩是圆形结构,在围檩内设置内支撑。为施工方便,将内支撑和钢护筒避开,以免施工内支撑时切割钢护筒。围檩为工字钢结构,支撑为钢管,内框架为工字钢结构,截面同围檩。

根据钢板桩围堰的受力计算可知,围檩的受力如下。

第一道围檩支撑:岸侧受力是 48 000kN/m,河侧受力是 67 000kN/m。

第二道围檩支撑:岸侧受力是 256 000kN/m,河侧受力是 129 000kN/m。

第三道围檩支撑:岸侧受力是 211 000kN/m,河侧受力是 183 000kN/m。

从受力情况可以看出,钢板桩围堰内的围檩支撑承受河岸与河侧的不均匀压力,这是围檩受力的最不利工况。实际施工中,由于不均匀受力,钢板桩变形会达到内支撑的基本均匀受力。中心点作为无位移的边界条件。

下面分别对三道围檩支撑进行受力检算。

①第一道围檩支撑受力检算

岸侧受力 48 000kN/m,河侧受力 67 000kN/m。根据受力及结构模型计算可得:围檩最大应力是 101MPa;钢管支撑最大应力是 34MPa。

②第二道围檩支撑受力检算

岸侧受力 256 000kN/m,河侧受力 129 000kN/m。第二道支撑实际为两道围檩,单道支撑,只不过是紧挨在一起,根据受力及结构模型计算可得:围檩最大应力为 186MPa,则单道围檩受力为 93MPa;钢管支撑最大应力为 70MPa。

③第三道围檩支撑受力检算

岸侧受力 211 000kN/m,河侧受力 183 000kN/m。

根据受力及结构模型计算可得:围檩最大应力为 137MPa;钢管支撑最大应力为 39MPa。

④内支撑钢管的受压稳定计算

施工中将围檩上下节点间焊接起来,形成整体框架,那么支撑钢管的受压长度可按节点间长度计算，最长为7m。内支撑钢管直径为529 mm，壁厚为12mm，根据计算，其回转半径为 $i=18.28$cm，压杆按照两端铰接，则：

$$\lambda = 700\text{cm} / 18.28\ \text{cm} = 38.3$$

根据《钢结构设计规范》(GB 50017—2003)，螺旋焊接钢管为b类压杆，折减系数查表得 $\phi=0.905$。

从上面的计算可知，钢管撑杆的应力均在70MPa以下，进行折减后能够满足受力要求，若按25m自由长度计算，则 $\lambda=2\,500\text{cm}/18.28\text{cm}=138$，查表得 $\phi=0.353$，稳定折减应力为198MPa，小于200MPa。

(4)内支撑内框架牛腿计算

每层内支撑内框架牛腿均焊接在钢护筒上，每层共4个牛腿。计算时忽略钢板桩牛腿的支撑作用。第二道内支撑的围檩是两层工字钢组合结构，其总质量是40t，钢管总质量是16t，因此第二道内支撑的总质量为56t，则每个牛腿的荷载为14t。

牛腿采用两块钢板焊接，钢板厚度为16mm，采用双面角焊缝，焊缝高度为8mm，焊缝长度为25cm，则受力焊缝的总长度为100cm，即1 000 mm。焊缝抗剪受力，抗剪面积为 $1\,000\text{mm}\times 8\text{mm}\times 0.7=5\,600\text{mm}^2$。

牛腿焊缝的剪切应力为：$140\,000\text{N}/5\,600\text{mm}^2=25\text{MPa}<[\sigma]=100\text{MPa}$。

牛腿的设计能够满足支撑要求。

当封底混凝土浇注完成后，用 $\phi300\times10$mm 的钢管代替牛腿，将三道内支撑直接支撑在封底混凝土顶面。

三道内支撑的总质量为132t，那么每根钢管的支撑力是33t。

支撑钢管的应力是：$330\,000\text{N}/9\,111\ \text{mm}^2=36\text{MPa}$。

支撑钢管高度按5m计算，该钢管的回转半径是10.26cm，其柔度 $\lambda=500\text{cm}/10.26\text{cm}=49$，查表得 $\phi=0.861$。稳定折减应力 $36\text{MPa}/0.861=42\text{MPa}$，小于140MPa。

综上所述，计算结果都满足要求。

3. 钢板桩围堰施工

钢板桩施工程序见图13-4-35。

(1)插打钢板桩

钢板桩经料场到施工现场过程中，易出现撞损、扭曲和锁口变形，因此在施工现场要先进行钢板桩的检查、分类、编号和修复。

按照设计图纸，首先插打定位钢管桩，焊接安装钢板桩插打内外导向框架，使钢板桩沿导向框架垂直打入。

第一根定位钢板桩插打时，将钢板桩位置固定垂直后再进行插打，在插打过程中应及时认真地检查其垂直度。第一根定位钢板桩插打合格后，再在另一侧插打钢板桩，在施工中要求钢板桩插打垂直，分散偏差，有偏即纠，调整合拢。

钢板桩插打前在锁口内涂黄油、填塞锯末等混合物用来止水，组拼钢板桩时，用油灰和棉花捻缝，以防漏水。插打时在桩头处加焊钢板，以保护钢板桩头。

钢板桩围堰为圆形，钢板桩插打顺序为从第一根定位钢板桩开始，沿周长方向左右两侧同时进行。为保证合拢处围堰不漏水，将合拢段设在岸侧，使合拢段处于无水状态下，同时在合拢处钢板桩外侧增打4~5块钢板桩，将该处加强，避免合拢处受力减弱和从缝隙里渗水和流沙。

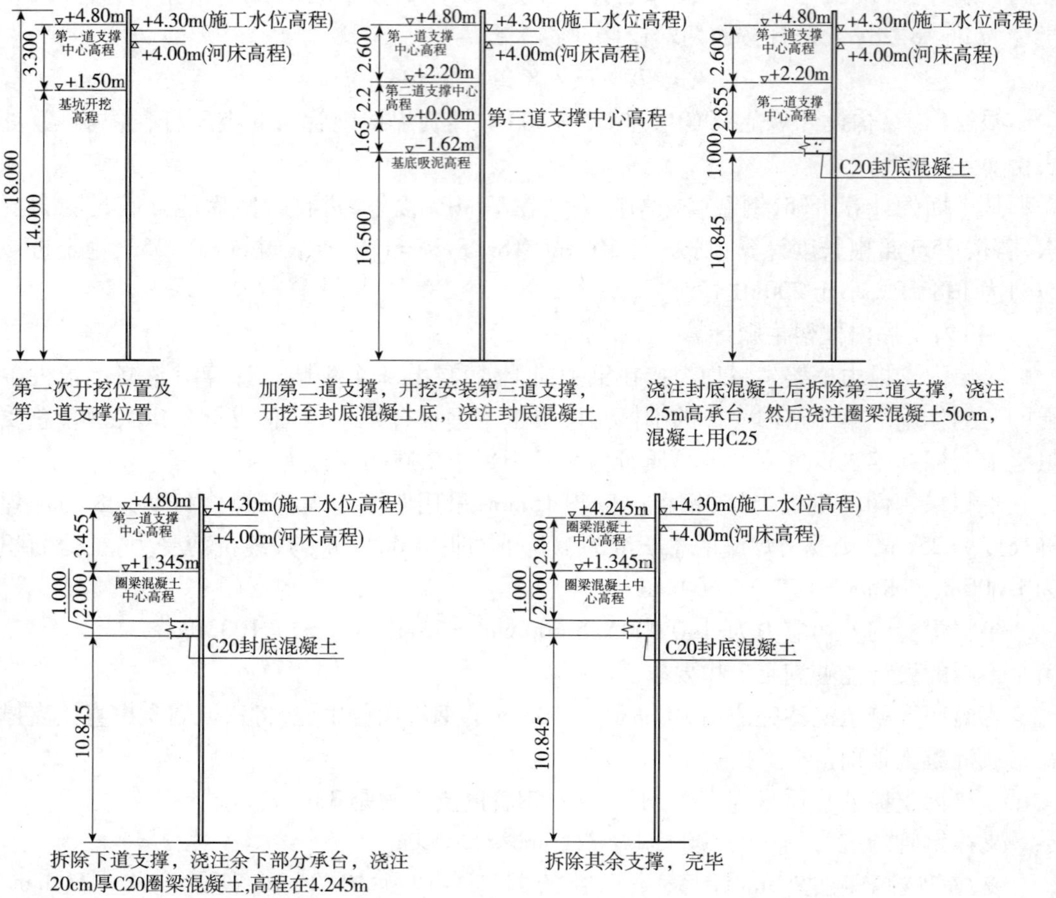

图 13-4-35　钢板桩施工程序(尺寸单位:m)

(2)围堰内抽水

钢板桩插打完后,钢板桩围堰内抽水,设置好第一道内支撑,抽水开挖到高程 +3.20m;设置第二道内支撑,中心线高程 +3.70m;抽水开挖到高程 +1.70m, 设置好第三道支撑, 支撑中心线高程 +2.20m。围堰漏水时,主要集中在锁口接缝处,此时采用棉絮或锯末进行封堵。

(3)围堰内清基

在钢板桩围堰内整平清基工作采用长臂挖机和砂石泵进行,在靠近钢板桩附近的泥砂较难挖出,可由水工以高压水将泥砂冲积至吸泥机附近吸出,清基至封底混凝土底面高程(-1.655m)位置,围堰内经过整平后灌注封底混凝土。因承台场地出主要为粉细沙,且为不透水层,清基时以无水干挖为主,采用长臂挖机进行开挖,承台中间处及临水处机械开挖不到的位置,用高压水将粉细沙冲至挖机开挖的深坑内,用砂石泵将其排出。

(4)灌注封底混凝土

封底混凝土采用 C20 混凝土,原设计为 2 m 厚封底混凝土,根据现场实际情况,基地全部为粉细沙,密实、不透水,承载力较大,故将封底厚度改为 1m,缩短了围堰施工时间。混凝土由拌和站拌制,混凝土输送车运输,汽车泵泵送。当封底混凝土的强度达到 90% 以上时,进行桩头破除和承台钢筋绑扎施工。

(5)承台施工

因承台5m高,按照大体积混凝土进行施工,将承台分2层灌注,每层布置冷却管和测温元件(温度应变计)。承台施工完第一层后,拆除模板,立即将承台与钢板桩围堰间的间隙用粉细沙回填,为保证围堰稳定,在第一层承台顶部以下浇注厚0.5m厚圈混凝土,中心线高程+1.595m,拆除第二道支撑,继续承台上半部分的承台混凝土灌注施工。承台施工完毕后,将承台和钢板桩围堰的间隙用粉细沙填实,且用水进行密实,拆除顶部第一道内支撑,进行塔座的施工。塔座施工完毕后,拆除钢板桩围堰。承台混凝土选择低水化热水泥,掺入粉煤灰和高效减水剂,减少水化热,同时降低混凝土入模温度。根据测温元件温度控制,对冷却管及时进行通水降温,降低混凝土内外温差,防止裂纹。

本章参考文献

[1] 交通部第一公路工程总公司.公路施工手册 桥涵(上册)[M].北京:人民交通出版社,2000.

[2] 中华人民共和国行业标准.JTG D63—2007 公路桥涵地基与基础设计规范[S].北京:人民交通出版社,2007.

[3] 中华人民共和国行业标准.JTG/T F50—2011 公路桥涵施工技术规范[S].北京:人民交通出版社,2011.

[4] 欧阳效勇,任回兴,徐伟.桥梁深水桩基础施工关键技术[M].北京:人民交通出版社,2006.

[5] 龚晓楠.地基处理手册[M].3版.北京:中国建筑工业出版社,2008.

[6] 龚晓楠.复合地基设计和施工指南[M].北京:人民交通出版社,2003.

[7] 江正荣,朱国梁.简明施工计算手册[M].2版.北京:中国建筑工业出版社,1989.

[8] 江正荣,朱国梁.简明施工手册[M].2版.北京:中国建筑工业出版社,1986.

[9] 顾小鲁,等.地基与基础[M].3版.北京:中国建筑工业出版社,2003.

[10] 日本工业标准调查会.JIS A5530—2010 钢管板桩[S].日本工业规格,2010.

[11] 朱伯芳.大体积混凝土温度应力与温度控制[M].北京:中国电力出版社,1998.

[12] 中华人民共和国行业标准.JTG F60—2009 公路隧道施工技术规范[S].北京:人民交通出版社,2009.

[13] 乐早发.水中圆形钢板桩围堰施工技术[J].铁道建筑技术,2009(10).

第十四章 桥墩与桥台

第一节 概 述

墩台是桥梁的重要结构,主要作用是承受上部结构传来的荷载,并通过基础又将此荷载及本身自重传递到地基上。墩台除承受上部结构的荷重外,它还要承受流水压力,水面以上的风力及可能出现的冰荷载、船只等漂浮物的撞击力。桥台设置在桥梁的两端,起着支撑上部结构和衔接道路的作用,同时还要承受台背填土及填土上车辆荷载所产生的附加侧压力。

墩台的施工质量不仅关系到桥梁上部结构的施工与安装质量,而且其强度与稳定性直接影响桥梁的使用功能。因此,在施工中必须选择适当的施工方法,严密组织施工工序,严格执行施工规范规定,确保施工质量。

桥梁墩台施工方法通常分为两大类:一类是现场就地浇注与砌筑;一类是拼装预制的混凝土砌块、钢筋混凝土或预应力混凝土构件。前者工序简便,机具较少,技术操作难度较小;但是施工期限较长,需消耗较多的劳力和物力。后者的特点是可确保施工质量、减轻工人劳动的强度,又可加快工程进度,提高经济效益,对施工场地狭窄,尤其是缺少砂石地区或干旱缺水地区建造桥墩有着更重要的意义。

桥梁墩台按施工方式的不同分为砌筑墩台、装配式墩台、现场浇注墩台等几种类型。

第二节 施工准备

一、测量

(一)墩台定位

墩、台定位所根据的资料为桥轴线控制桩的里程和墩、台中心的设计里程,若为曲线桥梁,其墩、台中心有的位于路线中线上,有的位于路线中线外侧,因此,还需考虑设计资料、曲线要素及主点里程等。

直线桥梁的墩、台中心均位于桥轴线方向上,如图14-2-1所示,已知桥轴线控制桩A、B及各墩、台中心的里程,由相邻两点的里程相减,即可求得其间距。墩、台定位的方法,视河宽、水深及墩、台位置的情况而异。根据条件一般可采用直接丈量法、电磁波测距法或交会法。

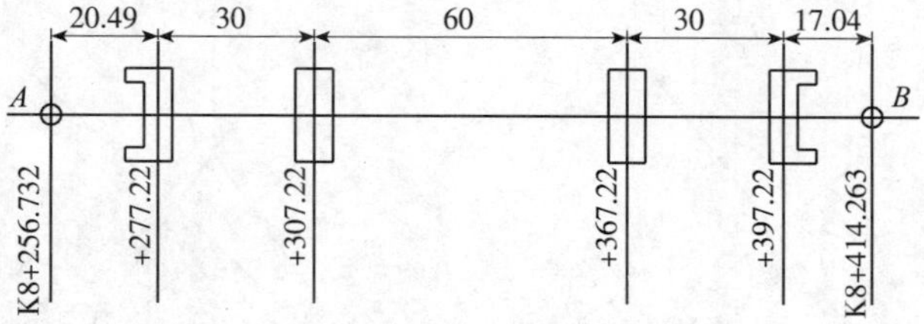

图 14-2-1　角度交会测设墩位法(尺寸单位:m)

1. 直接丈量法

当桥梁墩、台位于无水河滩上,或水面较窄,用钢尺可以跨越丈量时,可用直接丈量法。使用的钢尺需经检定,丈量的方法与测定桥轴线的方法相同。由于是测设已知的长度,所以应根据地形条件将其换算为应设置的斜距,并应进行尺长和温度改正。

为保证测设精度,施加的拉力应与检定钢尺时的拉力相同。在测设出的点位上要用大木桩进行标志,在桩上应钉一小钉,以准确地标出点位。测设时应注意丈量的方向不能偏离桥轴线方向。测设的顺序最好从一端到另一端,并在终端与桥轴线上的控制桩进行校核,也可以从中间向两端测设。按照这种顺序,容易保证每一跨都满足精度要求。只有在不得已时,才从桥轴线两端的控制桩向中间测设,这样容易将误差积累在中间衔接的一跨上,因而一定要对衔接的一跨进行校核。

直接丈量的精度要求如下:

(1)桥梁中线位置桩间距离在 200m 以内为 1/5 000。

(2)桥梁中线位置桩间的距离在 200m 以上 500 以内为 1/10 000。

(3)桥梁中线位置桩间的距离在 500m 以上为 1/20 000。

2. 电磁波测距法

这种方法最为迅速、方便,只要墩、台中心处可以安置反光镜,而且测距仪与反光镜能够通视,不管中间是否有水流障碍均可采用。若采用的测距仪为全站仪,先算出放样墩、台的中心坐标点,测站点可以选在施工控制网的任意控制点上,用直角坐标法或极坐标法进行定位。

测设时应根据当时测出的气象参数和测设的距离求出气象改正值。对全站仪可将气象参数输入仪器。为保证测设点位准确,常采用换站法校核,即将仪器搬到另一测站重新测设,两次测设的点位之差应满足要求。

3. 交会法

如果桥墩所在的位置河水较深,无法直接丈量,也不便于采用电磁波测距仪时,则可用角度交会法测设墩位。

用角度交会测设墩位的方法如图 14-2-2 所示。它是利用已有的平面控制点及墩位的已知坐标,计算出在控制点上应测设的角度 α、β,将三台经纬仪分别安置在控制点 A、B、D 上,从三个方向(其中,DE 为桥轴线方向)交会得出。交会的误差三角形在桥轴线上的距离 C_2C_3,对与墩底定位不宜超过 25mm,对于墩顶定位不宜超过 15mm。再由 C_1 向桥轴线作垂线 C_1C,C 点即为桥墩中心。

在桥墩的施工过程中,随着工程的进展,需要多次的交会出桥墩中心位置。为了简化工作,可把交会方向延伸到对岸,用觇牌加以固定。这样在以后交会墩位时,只要照准对岸的觇牌即可。为避免混淆,应在相应的觇牌上标示出桥墩的编号。

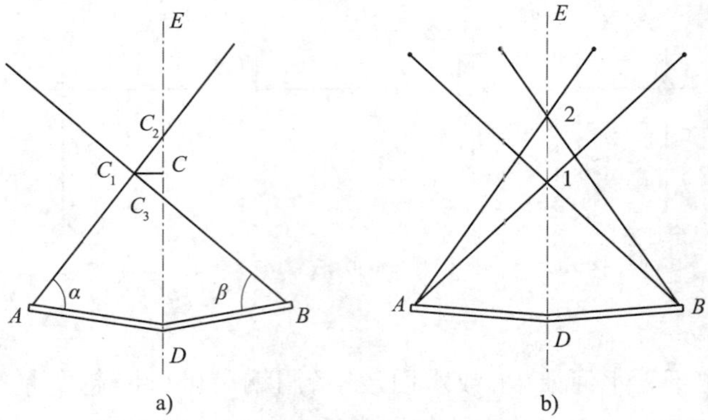

图 14-2-2　角度交会测设墩位法

4. GPS 测量定位

跨海大桥或桥位地形复杂的大桥,如果采用普通的测量方法,在控制网布设、测量精度方面受到了很大的限制,并且容易受到地形及天气的影响,可能无法完成测量作业。对于这一类型的桥梁,采用全球定位系统(GPS)技术完成测量工作。

(1)GPS 的原理

GPS 定位的基本原理是根据几何与物理的一些基本原理,利用空间分布的卫星及其与地面点间距离来交会出地面点位置,从测量的角度来说,它与测距后方交会法相似。在工程施工中应用较多的定位方法主要是经典静态相对定位法(载波相位静态相对定位)和实时动态相对定位法(RTK)两种。

①经典静态相对定位法

两台或两台以上的接收机分别安置在一条基线或数条基线的端点,同步观测 45min 以上,测量精度和可靠性很高(可达 5mm + 1ppm),但其定位结果需通过测后处理来获得,不能实时地给出,而且无法实时校核观测数据的质量、定位的精度,故难免会采集到一些不合格的数据而造成返工重测。这种模式主要应用于建立高精度的长大线路、桥隧工程施工控制网。

②实时动态相对定位法

RTK 测量技术是以载波相位观测量为根据的实时差分 GPS 测量技术,采用这种方法,进行水中墩定位时只需在基准站上安置一台 GPS 接收机,对所有可观测到的 GPS 卫星进行连续观测,并将观测数据通过无线电传输设备,实时的发送给在定位船上移动观测(1 ~3s)的 GPS 接收机,即可实时得出该点的三维坐标,精度可达 2 ~5cm。如果距离近,基准点与检测点有 5 颗以上共视 GPS 卫星,精度可达 1 ~2cm。

(2)GPS 的特点

GPS 测量具有测站之间无需通视,定位精度高,观测时间短,能提供三维坐标,操作简便,全天候作业等特点。

(3)GPS 使用时的注意要点

①仪器的选型。选择定位精度高、性能稳定、初始化时间短和抗干扰能力强的 GPS 接收机,选择性能优良的免棱镜激光测距仪和其他检测设备。

②合理选布基准站控制点,设置基准站。控制点间距应小于有效作业半径的 2/3,最好为 1/3 左右。控制点处应避免无线电干扰和多路径效应,基准站天线安置高度应满足数据通讯的要求。

③检查测设结果。施工过程中,应对 GPS 定位结果进行必要的对比检核,避免因卫星状况不佳或外界环境不利等原因造成定位差错。

④严格限制对讲机等无线电设备的使用,减少环境因素对 GPS 定位的干扰。

⑤应在"系统"测定的偏差值趋于稳定后再进行沉桩施工,以排除"假锁定"现象,确保定位精度满足施工要求。

⑥测量人员应与施工人员密切配合,达到定位测量与施工的协调一致,最大限度地减小外界环境对定位结果的不良影响。

位于直线上的桥梁墩、台定位可用上述几种方法。而曲线上的桥梁墩、台定位,应根据设计图纸提供的资料参照公路曲线测设方法和上述几种方法灵活处理。

(二)墩、台纵横轴线测设

墩、台定位以后,还应测设墩、台的纵横轴线,作为墩、台细部放样的依据。在直线桥上,墩、台的纵轴线是指过墩、台中心平行于线路方向的轴线;在曲线桥上,墩、台的纵轴线则为墩、台中心处曲线切线方向的轴线。墩、台的横轴线是指过墩、台中心与其纵轴垂直(斜交桥则为与其纵轴垂直方向成斜交角度)的轴线。

在直线桥上,各墩、台的纵轴线在同一个方向上,而且与桥轴线重合,无需另行测设。墩、台的横轴线是过墩、台中心且与纵轴线垂直或与纵轴垂直方向成斜交角度的,测设时应在墩、台中心架设经纬仪,自桥轴线方向测设 90°角或 90°减去斜交角度,即为横轴线方向。由于在施工过程中需要经常恢复纵横轴线的位置,所以需要将这些方向用护桩标在地面上。

由于各个墩、台的纵轴线是同一个方向,且与桥轴线重合,所以用桥轴线的控制桩作为护桩。墩、台横轴线的护桩在每侧应不小于两个,以便在墩、台修出地面一定高度以后,在一侧仍能用以恢复轴线。施工中常常在每侧设置三个护桩,以防止护桩被破坏。护桩位置应设在施工场地外一定距离处。如果施工期限较长,则应用固桩方法将护桩加以保护。

位于水中的桥墩,如采用筑岛或围堰施工时,则可把纵横轴线测设于岛上或围堰上。

在曲线桥上,若墩、台中心位于路线中线上,则墩、台的纵轴线为墩、台中心处曲线的切线方向,而横轴与纵轴垂直。如图 14-2-3 所示,假定相邻墩、台中心间曲线长度为 l,曲线半径为 R,则:$\frac{\alpha}{2} = \frac{180}{\pi} \cdot \frac{l}{2R}$。

测设时,在墩、台中心安置经纬仪,自相邻的墩、台中心方向测设 $\frac{\alpha}{2}$ 角,即得纵轴线方向,自纵轴方向再测设 90°角,即得横轴线方向。若墩、台中心位于路线中线外侧时,应根据设计资料提供的数据采用上述方法测设墩、台的纵横轴线。在纵横轴线方向上,也是每侧至少要钉设两个护桩。

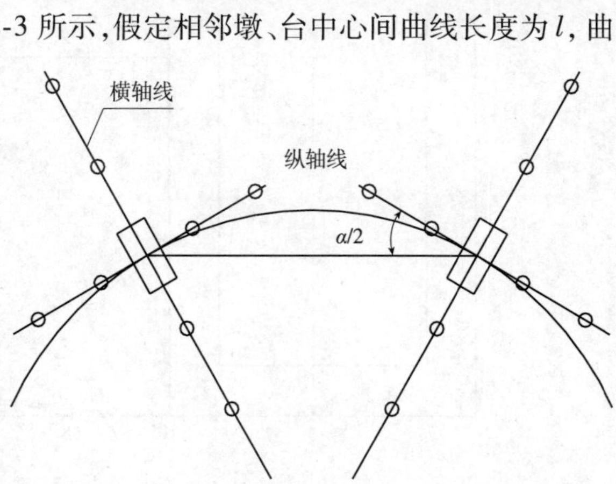

图 14-2-3　曲线桥墩、台的纵横轴线

(三)桥(涵)台锥坡放样

桥台锥坡一般在立面呈锥体,平面上呈 1/4 椭圆,锥坡坡底轨迹线放样前,应根据锥坡的填土高度和纵横坡度分别计算出锥坡底面椭圆长半轴和短半轴的长度。当长半轴和短半轴确定后,即可进行锥坡放样,一般先在图纸上确定椭圆的轨迹线,然后再放设到地面上。下面介绍几种常用的坡底轨迹线放样方法。

1. 支距法

此法适用于锥坡不高、干地、坡底脚地势平坦的正交桥。

如图 14-2-4 所示:将短半轴 b 分成 8 等份或 10 等份,在各等分点处作长半轴的平行线,与椭圆交点依次为 1、2、3、4、5、6、7,得 a_1、a_2、a_3、a_4、a_5、a_6、a_7,即可绘出椭圆的轨迹线。现场放样先放出 a、b 纵横轴线,然后按 L、a_i 放出椭圆曲线各点。

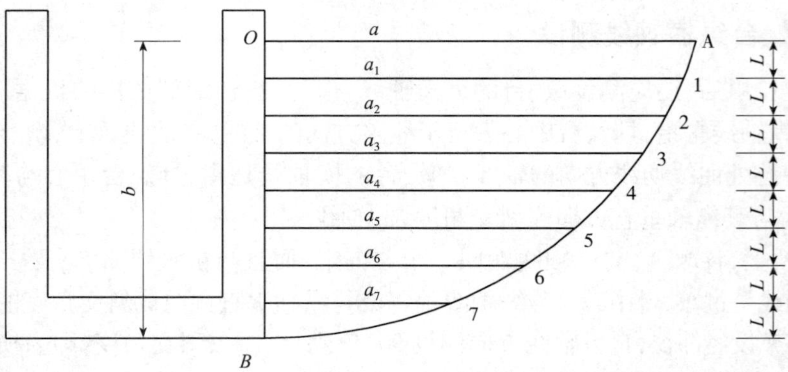

图 14-2-4 支距法

2. 纵横等分图解法

此法适用于干地、坡底脚地势平坦的正交、斜交桥。

如图 14-2-5 所示,先放出 a、b 纵横轴线,引 OA、OB 的平行线 BC、AC,将 BC、AC 分成 10 等份,并将各等分点按顺序依次连线,即 01′、12′、23′、34′、45′、56′、67′、78′、89′、910′,则得椭圆轨迹线。

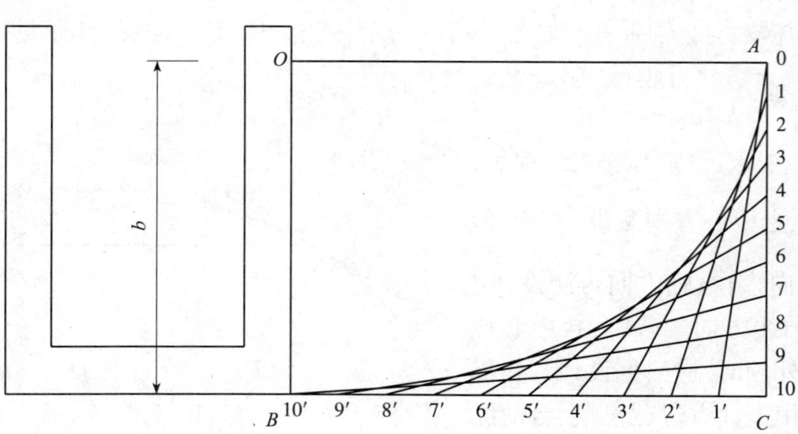

图 14-2-5 纵横等分图解法

3. 坐标值量距法

此法适用于锥坡不高、干地、坡底角地势平坦的正交桥。

(1)椭圆曲线内侧量距法

适用于 Ox 轴无障碍物时。如图 14-2-6 所示，将 OA 轴 10 等份，则椭圆曲线上各等点处的坐标分别为：(x_1,y_1)、(x_2,y_2)……(x_n,y_n)，设 n_i 为等分值，令 $x_i = n_i a$，($n_i = 0.1$、0.2……1.0)，则 y_i 可根据椭圆曲线方程求得，即：

$$\frac{x^2}{a^2} + \frac{y^2}{b^2} = 1 \rightarrow y^2 = b^2(1 - \frac{x^2}{a^2}) \rightarrow y_i = b\sqrt{1 - \frac{x_i^2}{a^2}} = b\sqrt{1 - \frac{(n_i a)^2}{a^2}} = b\sqrt{1 - n_i^2}$$

现场先放出 OA、OB，用钢尺在 OA 上分别量出 $0.1a$、$0.2a$、$0.3a$……然后再分别量出各相应点的 y 值，定出椭圆曲线上各点。

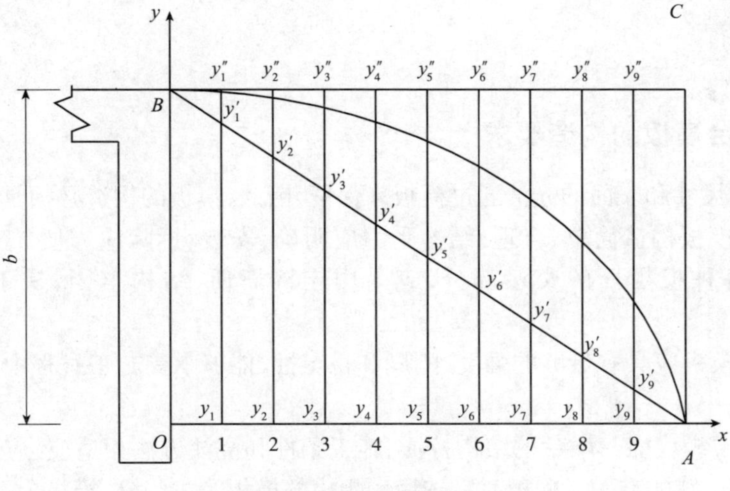

图 14-2-6 坐标值量距法

(2)对角线上量距法

当 OX 轴有障碍物时，以 AB 连线为基线，设为 c，$c^2 = a^2 + b^2$，将 c 分成 10 等份，则各等分点距 B 点的距离为 $n_i c$（$n_i = 0.1$、0.2……1.0），则各点以 AB 为基线的坐标为：$y'_i = b\sqrt{1 - n^2} - b(1 - n_i)$。

现场放样时，用铜尺在 AB 上分别鉴定出 $0.1c$、$0.2c$、$0.3c$……$0.9c$ 各点，用方向架在各点分别量出平行于 OB 轴的 y'_i 值，确定椭圆曲线上各点。

(3)椭圆曲线外侧量距法

当 OX 轴和 AB 连线上均有障碍物时，过 B 点引 OA 轴的平行线 BC，BC 长为 a，以 BC 作为基线，将 BC 分成 10 等份，各等分点的横坐标为 $0.1a$、$0.2a$、$0.3a$……$0.9a$，椭圆曲线上各点以 BC 为基线的纵坐标为：$y''_i = b(1 - \sqrt{1 - n_i^2})$。

现场放样时，过 B 点引 OA 轴的平行线 BC，用钢尺在 BC 上分别定出 $0.1a$、$0.2a$、$0.3a$……$0.9a$、$1.0a$ 各点，用方向架在各点分别量出平行于 OB 轴的 y''_i 值，确定椭圆曲线上各点。

(四)桥墩台测量要求

(1)点位放样时，用测量仪器按坐标法放样，放样前，要对仪器进行校核并记录，同时要测量当时的温度和大气压,进行温度和大气压改正。放样点精度要小于5mm。

(2)测量放样过程中要尽量换手复测。测量放样结束后,做好自检资料,通知监理工程师现场复核,监理验收合格后,才可以进行下步施工。

(3)引用控制点坐标及桥墩台坐标,应仔细核对,避免抄错数据。

(4)现场测量时,要做好测量记录,记录要详细、明了,具有可追溯性,字迹要工整,要注明测量放样时使用的基准点,已放样平面位置的里程和编号以及测量方法、测量数据,同时还要注明测量日期、使用仪器型号、测量人员名单等,并定期对控制点高程进行复测。

(5)完善技术交底制度,现场已放样的平面位置及高程形成书面文字,附简图,交予现场技术负责人或施工负责人,双方签字认可,交底资料妥善保管。

二、模板

(一)墩台模板的构造要求

墩台轮廓尺寸和表面的光洁通过模板来保证,因此,模板的构造必须具备以下条件:

(1)墩台模板构造简单、合理,结构受力应明确,安装、拆除应方便。对于转角处使用的模板及各种模板面的交接部分,应采用连接简便,结构牢固、易于拆除的专用模板。

(2)墩台模板应具有足够的强度、刚度和稳定性,能够承受施工过程中所产生的各种荷载。

(3)墩台模板应能与墩台的结构特征、施工条件和浇注方法相适应,应保证各部位形状尺寸和相互位置的准确。配板时宜选用大规模的模板为主,其他模板为补充。

(4)模板的板面应平整,接缝处应严密且不漏浆;模板与混凝土的接触面应涂刷隔离剂,但不得采用废机油等油料,且不得污染钢筋及混凝土的施工缝。

(5)当设置对拉螺杆或其他拉筋,需要在模板上钻孔时,应使钻孔的模板能多次周转使用,并应采取措施减少或避免在模板上钻孔。

(二)墩台模板的类型

1. 钢模板

钢质模板常用于制作拼装模板、组合定型式模板等,这类模板是由各种尺寸的标准模板与连接构件拼装组成。钢模板的钢材选用应符合现行《建筑施工模板安全技术规范》(JGJ 162)。

钢模板在厂内加工制造,因此板面平整、尺寸准确,拆装容易,运输方便。钢模板一次投入较大,但节省大量木材,可重复使用。用其做成的拼装模板、组合定型模板具有拆装方便,通用性好,可多次周转使用等特点,常常用于高大桥墩或同类墩台较多的施工中。在使用过程中,应注意模板的保管和维护、防止生锈以延长钢质模板的使用寿命。

在桥墩施工,常用钢制定型模板的规格尺寸和组合形式见表14-2-1和表14-2-2。

常用钢制定型模板规格尺寸和组合形式

表 14-2-1

序号	宽度(mm)×长度(mm)×厚度(mm)	质量(kg/m)	序号	宽度(mm)×长度(mm)×厚度(mm)	质量(kg/m)	序号	宽度(mm)×长度(mm)×厚度(mm)	质量(kg/m)
1	300×1 500×55	14.9	5	200×900×55	6.03	9	150×600×55	3.4
2	300×900×55	9.21	6	200×600×55	4.17	10	100×1 500×55	6.36
3	300×600×55	6.36	7	150×1 500×55	8.01	11	100×900×55	3.9
4	200×1 500×55	9.76	8	150×900×55	4.93	12	100×600×55	2.67

常用钢模板长度宽度组合表(单位:mm)

表 14-2-2

组合宽度		100	150	200	250	300	350
规格		100	150	200	100+150		150+200
组合长度		1 000	1 050	1 100	1 150	1 200	1 250
规格	长	900	900	900	900	900	900
	宽	100	150	200	150+100	300	150+200
组合宽度		400	450	500	550	600	
规格		100+300	150+300	20+300	150+2×200	2×300	
组合长度		1 300	1 350	1 400	1 450	1 500	
规格	长	900	900	900	900	1 500	
	宽	2×200	150+300	200+300	150+2×200	—	

2. 木模板

制作木质模板的树种应根据各地区实际情况选择质量好的材料,不得使用有腐朽、霉变、虫蛀、折裂、枯节的木材。一般多用松木和杉木。在桥墩施工中常用的木质模板为固定式模板等,这类模板整体性好,模板接缝少,适应性强,能根据墩、台形状进行制作和组装,运输安装方便,但木质模板的木材消耗量大、重复使用效率低,一般适用于中小规模的个别墩台。

3. 钢木(竹)模板

钢木(竹)模板是以角钢为边框,以木质模板、胶合板做面板的定型模板。它具有板面平整、尺寸准确、体积小,质量轻,运输安装方便的特点,但其木材用量较多,周转次数相对较少,只宜用于墩台较少的中、小桥梁。

(三)模板设计

1. 墩台模板的设计要求

根据《公路桥涵施工技术规范》(JTG/T F50—2011)中规定,验算模板刚度时,其变形值不得超过下列数值:

(1)结构表面外露的模板,挠度为模板构件跨度的1/400。

(2)结构表面隐蔽的模板,挠度为模板构件跨度的1/250。

(3)钢模板的面板变形为1.5mm;钢模板的钢棱和柱箍变形为$L/500$和$B/500$(其中,L为计算跨径,B为柱宽)。

2. 墩台模板的设计荷载

模板荷载是模板设计的重要依据。墩台模板的强度验算主要考虑新浇混凝土对侧面

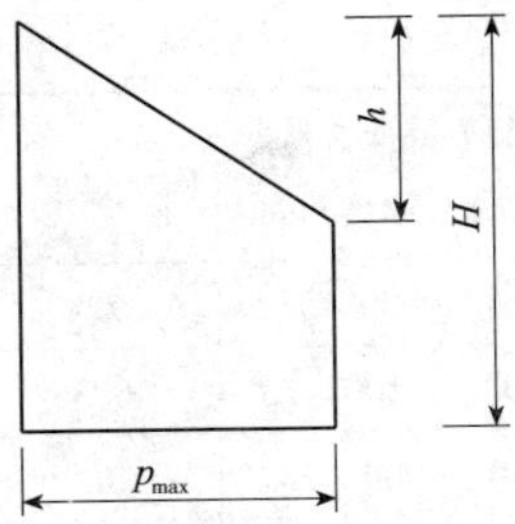

图 14-2-7　侧压力分布图
H-混凝土浇注层（在水泥初凝时间内）的厚度

模板的压力和倾倒混凝土时产生的水平荷载；刚度验算仅考虑新浇混凝土对侧面模板的压力荷载。

(1)新浇注的混凝土对侧面模板的压力。

①采用内部振捣器，当混凝土的浇注速度在 6m/h 以下时，新浇注的普通混凝土作用于模板的最大侧压力可按式(14-2-1)和式(14-2-2)计算，侧压力分布图如图 14-2-7 所示。

$$p_{max} = 0.22\gamma t_0 K_1 K_2 v^{1/2} \tag{14-2-1}$$

$$p_{max} = \gamma h \tag{14-2-2}$$

式中：p_{max}——新浇注混凝土对模板的最大侧压力，kPa；

h——有效压头高度，m；

v——混凝土的浇注速度，m/h；

t_0——新浇混凝土的初凝时间，h，可按实测确定；

γ——混凝土的重度，kN/m^3；

K_1——外加剂影响修正系数，不掺外加剂时取 1.0，掺缓凝作用的外加剂时取 1.2；

K_2——混凝土坍落度影响修正系数，当坍落度小于 30mm 时，取 0.85；当坍落度为 50～90mm 时，取 1.0；当坍落度为 110～150mm 时，取 1.15。

②采用泵送混凝土灌注施工，混凝土入模温度在 10℃以上时，模板的侧压力推荐采用式(14-2-3)计算：

$$p_{max} = 4.6v^{1/4} \tag{14-2-3}$$

③采用外部振捣时，模板侧压力采用式(14-2-4)和式(14-2-5)计算：

$$p_{max} = \gamma H \quad (v < 4.5\text{m/h}, H \leqslant 2R \text{时}) \tag{14-2-4}$$

$$p_{max} = \gamma(0.27v + 0.78)K_3K_4 \quad (v \geqslant 4.5\text{m/h}, H \leqslant 2R \text{时}) \tag{14-2-5}$$

式中：H——对模板产生压力的混凝土灌注层厚度，m；

R——外部振捣器作用半径，m，($R = 1$m)；

K_3——混凝土拌和物的黏稠度影响系数，坍落度为 0～2cm 时，取 0.8；坍落度为 4～6cm时，取 1.0；坍落度为 5～7cm 时，取 1.2；

K_4——混凝土拌和物温度系数，温度为 5～7℃时，取 1.15；温度为 12～17℃时，取 1.0，温度为 28～32℃时，取 0.85；

其余符号意义同前。

(2)倾倒大方量混凝土时产生水平方向的冲击荷载。倾倒混凝土时对垂直面模板产生的水平荷载按表 14-2-3 采用。

倾倒混凝土时产生的水平荷载　　表 14-2-3

向模板中供料方法	水平荷载(kPa)
用溜槽、串筒或导管输出	2.0
用容量不大于 $0.2m^3$ 的运输器具倾倒	2.0
用容量大于 $0.2 \sim 0.8m^3$ 的运输器具倾倒	4.0
用容量大于 $0.8m^3$ 的运输器具倾倒	6.0

三、机械设备

(一)钢筋加工设备

1. 钢筋调直机

钢筋调直机亦称为甩直机械,用于将成盘的细钢筋和经冷拔的低碳钢丝调直。目前,常用的定型调直机有 GT4/8 型和 GT4/14 型及数控钢筋调直机。

2. 钢筋切断机

钢筋切断机是把钢筋原材料和已矫直的钢筋切断成所需要的长度的专用机械。预应力筋切断,大部分采用圆盘砂轮切割机。电动圆盘砂轮切割机是当前常用的一种切割机具,能适用于切割各种预应力筋:钢绞线、钢丝、小直圆钢、螺纹钢,还可用于切割管材及其他黑色、有色型材和塑料型材。具有速快、操作方便、效率高及切割面整齐等特点:圆盘砂轮切割机分为台式和手式。

此外,切断机还有机械式和液压传动两种,多以电动机驱动。目前普遍使的机械式型号有 GQ40 型钢筋切断机,主要用于切断 6 ~ 40mm 普通钢筋(Q235 钢),每分钟可切断 32 次。

3. 钢筋焊接机

(1)对焊机:对焊是将两根钢筋的端部加热到近于熔化的高温状态. 利用其高塑性实行顶锻而达到连接的一种工艺操作。对焊不仅可以提高工效、节约钢材,而且能确保焊接质量,大量利用短料钢筋。常用对焊机是 UNl 型系列。

(2)电弧焊机:电弧焊适用于各种形状钢材的焊接,是金属焊接中使用较广的工艺。电弧焊的主要设备是弧焊机,它分交流弧焊机和直流弧焊机。工地上常用的交流弧焊机型号有 BX3 - 120 - 1、BX3 - 300 - 2、BX3 - 500 - 2 和 BX2 - 1000 型等几种。

4. 钢筋套丝机

套丝机由机体、电动机、减速箱、管子卡盘、板牙头、割刀架、进刀装置、冷却系统组成。套丝机一般分为重型和轻型两种。套丝机工作时,先把要加工螺纹的管子放进管子卡盘,撞击卡紧,按下启动开关,管子就随卡盘转动起来,调节好板牙头上的板牙开口大小,设定好丝口长短;然后顺时针扳动进刀手轮,使板牙头上的板牙刀以恒力贴紧转动的管子的端部,板牙刀就自动切削套丝,同时冷却系统自动为板牙刀喷油冷却,等丝口加工到预先设定的长度时,板牙刀就会自动张开,丝口加工结束。

5. 数控钢筋弯头机

一种数控钢筋弯箍机弯头机构,其特征由弯曲旋转盘、弯曲心轴、弯曲心轴固定盘、弯曲轴、弯曲轴固定板及固定螺栓连接构成;其结构简单,简化加工工艺,运行操作换件方便;工作性能可靠,不易出现故障;因此,有效提高了工作效率,降低了生产成本。钢筋弯曲机工作原理见图 14-2-8。

6. 数控钢筋弯箍机

全自动数控钢筋弯箍机属于一种对钢筋弯曲机结构的改进,且可利用电气自动控制变换,智能化控制。数控弯箍机采用先进计算机数字控制,集矫直、长度、弯曲、剪切于一体,生产效率高。数控钢筋弯箍机见图 14-2-9。

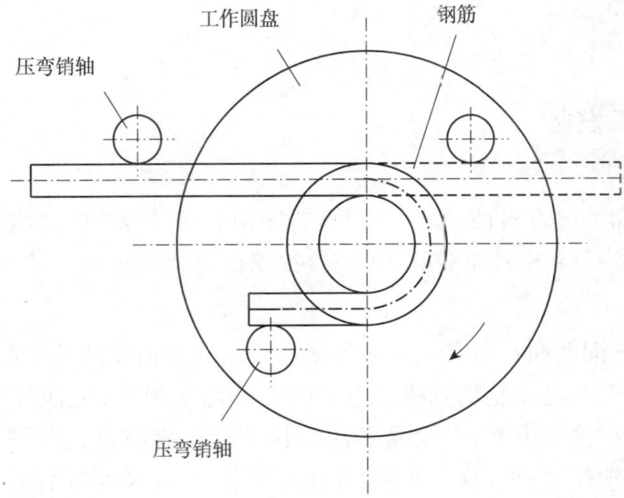

图 14-2-8　钢筋弯曲机工作原理图

图 14-2-9　数控钢筋弯箍机

(二)混凝土生产设备

1. 搅拌站(楼)

拌和站的特点是制备混凝土的全过程机械化或自动化,生产量大,搅拌效率高、质量稳定、成本低,劳动强度减轻。搅拌站与搅拌楼的区别是:搅拌站的生产能力较小,结构容易拆卸,能组成集装箱转移地点,适用于施工现场;搅拌楼体积小,生产效率高,只能作为固定式的搅拌装置,适用于产量大的预拌(商品)混凝土供应。

搅拌站(楼)主要由物料供给系统、称量系统、搅拌主机和控制系统等四大部分组成。用于桥墩施工中常见的搅拌站有 HZS60 型、HZS75 型、HZS120 型等,HZS60 型和 HZS120 型参数见表 14-2-4。

常见拌和站参数表 表 14-2-4

<table>
<tr><td colspan="3">HZS60 型混凝土搅拌站主要技术参数</td></tr>
<tr><td colspan="2">生产率(m^3/h)</td><td>60</td></tr>
<tr><td rowspan="4">搅拌主机</td><td>型号</td><td>JS1000</td></tr>
<tr><td>搅拌功率(kW)</td><td>2×18.5</td></tr>
<tr><td>出料容量(m^3)</td><td>1</td></tr>
<tr><td>集料粒径(mm)</td><td>碎石 60mm,卵石 80mm</td></tr>
<tr><td rowspan="2">配料仓</td><td>仓容积(m^3)</td><td>15</td></tr>
<tr><td>仓格数</td><td>3</td></tr>
<tr><td colspan="2">皮带机输送能力(t/h)</td><td>429</td></tr>
<tr><td rowspan="4">称量范围及精度</td><td>集料(kg)</td><td>400~1 400, ±2%</td></tr>
<tr><td>水泥(kg)</td><td>200~500,1%</td></tr>
<tr><td>水(kg)</td><td>50~400,1%</td></tr>
<tr><td>外加剂(kg)</td><td>3~20,1%</td></tr>
<tr><td colspan="2">总功率(kW)</td><td>112</td></tr>
<tr><td colspan="2">卸料高度(m)</td><td>3.9</td></tr>
<tr><td colspan="3">HZS120 型混凝土搅拌站主要技术参数</td></tr>
<tr><td colspan="2">生产率(m^3/h)</td><td>120</td></tr>
<tr><td rowspan="4">搅拌主机</td><td>型号</td><td>JS2000</td></tr>
<tr><td>搅拌功率(kW)</td><td>2×37</td></tr>
<tr><td>出料容量(m^3)</td><td>2</td></tr>
<tr><td>集料粒径(mm)</td><td>≤120</td></tr>
<tr><td rowspan="2">配料仓</td><td>仓容积(m^3)</td><td>20</td></tr>
<tr><td>仓格数</td><td>4</td></tr>
<tr><td colspan="2">皮带机输送能力(t/h)</td><td>550</td></tr>
<tr><td rowspan="5">称量范围及精度</td><td>砂子、石子(kg)</td><td>0~3 000, ±2%</td></tr>
<tr><td>水泥(kg)</td><td>0~1 000, ±1%</td></tr>
<tr><td>粉煤灰(kg)</td><td>0~500, ±1%</td></tr>
<tr><td>水(kg)</td><td>0~500, ±1%</td></tr>
<tr><td>外加剂(kg)</td><td>0~30, ±1%</td></tr>
<tr><td colspan="2">总功率(kW)</td><td>140</td></tr>
<tr><td colspan="2">卸料高度(m)</td><td>3.9</td></tr>
</table>

2. 混凝土搅拌机

搅拌机指搅拌叶片和拌筒之间无相对运动,自落式按形状和出料方式,又可分为鼓筒式、锥形反转出料式、一锥形倾翻出料式。搅拌机多用于搅拌塑性混凝土和低流动性混凝土,具有机件磨损小,易于清理,移动方便等优点;但动力消耗大,效率低,适用于施工现场。

图 14-2-10 为 JZC200 型反转出料混凝土搅拌机。该机进料容量 320L,额定出料量为 200L。生产率为 6~8m^3/h。它是一种小容量移动式混凝土搅拌机,适用于搅拌塑性较好的普通混凝土和半干硬性混凝土。

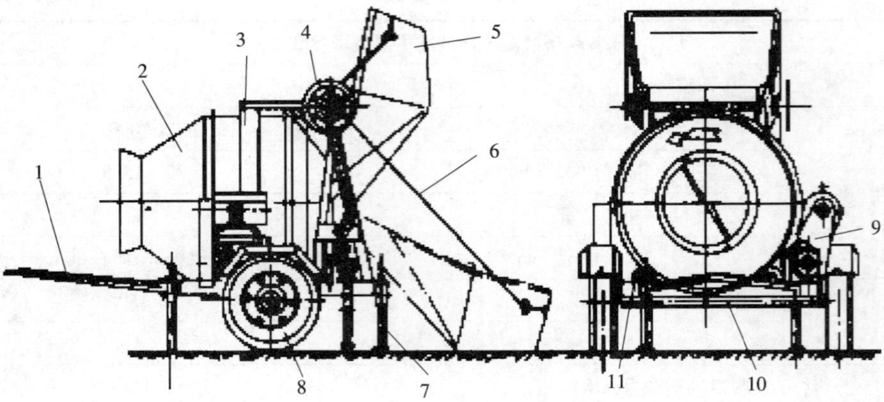

图 14-2-10　JZC200 型混凝土搅拌机

1-牵引杆；2-搅拌桶；3-大齿圈；4-吊轮；5-料斗；6-钢丝绳；7-支腿；
8-行走轮；9-动力与传动机构；10-地盘；11-拖轮

(三)混凝土运输设备

1. 混凝土搅拌输送车

混凝土搅拌输送车是一种用于长距离输送混凝土的高效能机械，它是将运送混凝土的搅拌筒安装在汽车底盘上，而以混凝土搅拌站生产的混凝土拌和物灌装入搅拌筒内，直接运至施工现场，供浇注作业需要。目前常用的混凝土搅拌车有 6m^3、8m^3、10m^3。TATRA 和 MR45-T 型混凝土搅拌输送车分别如图 14-2-11 和图 14-2-12 所示。

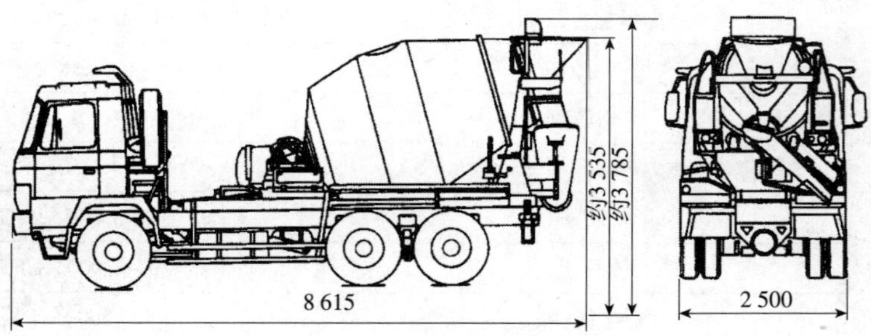

图 14-2-11　TATRA 混凝土搅拌输送车(尺寸单位：mm)

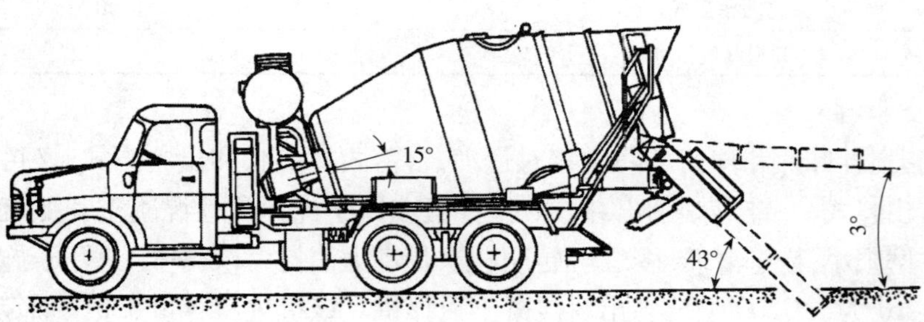

图 14-2-12　MR45-T 型混凝土搅拌输送车

使用混凝土搅拌输送车必须注意的事项：

(1)混凝土必须在最短的时间内均匀无离析地排出，出料干净、方便，能满足施工的要求，如与混凝土泵联合输送时，其排料速度应能相匹配。

(2)从搅拌输送车运卸的混凝土中，分别取1/4和3/4处试样进行坍落度试验，两个试样的坍落度值之差不得超过3cm。

(3)混凝土搅拌输送车在运送混凝土时，通常的搅动转速为2～4r/min，整个输送过程中拌筒的总转数应控制在300转以内。

(4)若混凝土搅拌输送车采用干料自行搅拌混凝土时，搅拌速度一般应为6～18r/min；搅拌应从混合料和水加入搅筒起，直至搅拌结束，转数应控制为70～100转。

2. 机动翻斗车

翻斗车一般用柴油机装配而成，最大行驶速度达35km/h，它具有轻便灵活、结构简单、转弯半径小、速度快、能自动卸料、操作维护简便等特点，适用于短距离水平运输混凝土以及砂、石等散装材料，目前较少使用。

(四)混凝土泵送设备

1. 混凝土汽车泵或移动泵车

混凝土汽车泵或移动泵车将液压活塞式混凝土泵固定安装在汽车底盘上，使用时开至需要施工的地点，进行混凝土泵送作业。一般情况下，此种泵车都附带装有全回转三段折叠臂架式的布料杆。整个泵车主要由混凝土推送机构、分配闸阀机构、料斗搅拌装置、悬臂布料装置、操作系统、清洗系统、传动系统、汽车底盘等部分组成，见图14-2-13。这种泵车使用方便，适用范围广，它既可以利用在工地配置装接的管道输送到较远、较高的混凝土浇注部位，也可以发挥随车附带的布料杆的作用，把混凝土直接输送到需要浇注的地点。

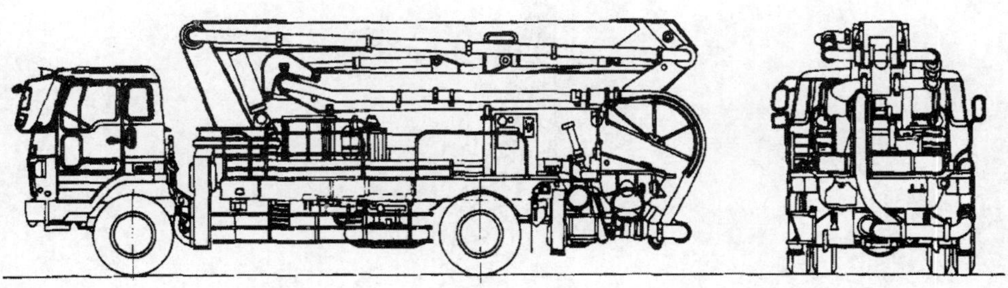

图14-2-13 混凝土汽车泵

施工时，现场规划要合理布置混凝土泵车的安放位置。一般混凝土泵应尽量靠近浇注地点，并要满足两台混凝土搅拌输送车能同时就位，使混凝土泵能不间断地得到混凝土供应，进行连续压送，以充分发挥混凝土泵的有效能力。

2. 固定式混凝土泵

使用固定式混凝土泵时，需用汽车将它拖带至施工地点，然后进行混凝土输送。这种形式的混凝土泵主要由混凝土推送机构、分配闸机构、料斗搅拌装置、操作系统、清洗系统等组成。它具有输送能力大、输送高度高等特点，常用固定式汽车泵有HBT60C(图14-2-14)、HBT80C、HBT90C。

图 14-2-14　固定式混凝土泵

(五)混凝土振捣设备

混凝土振动设备——混凝土振动器是一种借助动力通过一定装置作为振源产生频繁的振动,并使这种振动传给混凝土,以振动捣固混凝土的设备。目前,经常使用的振动设备按振动传递方式分类,有插入式振动器、附着式振动器、平板式振动器和振动台等。

(六)吊装设备

1. 履带吊

履带起重机是一种利用履带行走的动臂旋转起重机,它起质量大,可以吊重行走,履带着地面积宽,稳定性较好,适合于在崎岖不平和松散泥土地区行驶与工作,但履带吊拆装较麻烦。常用的履带吊有 35t、50t、80t、100t、150t、250t。图 14-2-15 为 SCC550C 履带式起重机。

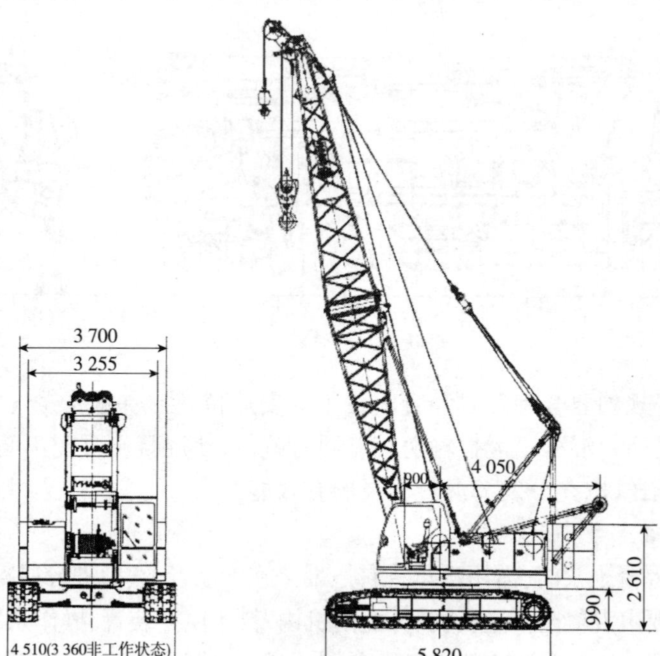

图 14-2-15　SCC550C 履带式起重机(尺寸单位:mm)

2. 汽车吊

汽车起重机方便灵活，工作效率高，便于远距离工作点之间的调动，但其易受地形限制。常用汽车吊为16t、20t、35t、40t、50t等。图14-2-16为QY35K全液压汽车起重机。

图14-2-16　QY35K全液压汽车起重机

3. 塔式起重机

在桥墩施工中，常用塔吊吊装模板、钢筋等材料。塔式起重机类型较多，墩身施工中常用JL4210A、JL5613、JL5520、TC5013、TC6013等型号的塔吊。

4. 小型缆索吊机

当受地形、地物条件限制，以上几种垂直运输机具难以满足要求时，或者既有垂直运输，又有水平运输时，可以考虑采用小型缆索吊机。运送砌块和混凝土，可选取吊斗式缆索吊机。缆索吊机由以下几部分组成。

(1)塔架和风缆：塔架为可拆装式结构，有木塔架和钢塔架两种。钢塔架多用万能杆件组拼而成，也有用型钢组成桅杆式钢塔架的。木塔架高度一般在16m以内。钢塔架高度目前已超过50m。两塔高差形成的倾角不宜大于30°。塔架顶部设有索鞍，塔顶四角用风缆拉紧。

(2)缆索系统：由承重索、起重索、牵引索、结索和分索装置等几部分组成。

(3)运输小车：是缆索吊机完成垂直和水平运输的装载设备。它由车架、走行轮、起重滑轮组的定滑轮等组成。运输小车的构造必须与分索装置相适应。

(4)锚碇装置：用以锚固承载索、风缆索，以保证吊机的稳定。根据地形、地质条件可选用立式地垄、卧式地垄、抛石笼地垄和混凝土地垄等。

(5)驱动装置：一般多采用双筒电动卷扬机，即一个卷筒操纵起重索，另一个卷筒操纵牵引索。亦可采用两台单筒卷扬机，分别操纵起重索和牵引索。

四、施工脚手架

施工脚手架应环绕墩、台搭设，用以堆放石料、砌块和砂浆，并支撑工人砌筑、镶面及勾缝。常用的脚手架有以下几种。

(一)扣件式钢管脚手架

扣件式钢管脚手架具有承载力大，装拆方便和较为经济的优点。一般情况下，脚手架单管立柱的承载能力可达15～35kN。单排扣件式钢管脚手架仅适用于高度小于24m的墩、台。对高于50m的墩、台施工时，脚手架下部应采用双管立柱，上部采用单管立柱，单管立柱部分高度应在35m以下。

1. 扣件式钢管脚手架组成

扣件式钢管脚手架一般由钢管杆件、扣件、底座、脚手板、安全网等组成。钢管杆件一般有两种，一种外径 48mm，壁厚 3.5mm；另一种外径 51mm，壁厚 3mm；根据其所在位置和作用不同，可分为立杆、水平杆、扫地杆等。扣件是钢管与钢管之间的连接件，其形式有三种，即直角扣件、旋转扣件和对接扣件。脚手板是提供施工操作条件并承受、传递施工荷载给纵、横向水平杆的板件，当设于非操作层时起安全防护作用。

2. 扣件式钢管脚手架材料要求

(1)宜采用价格较便宜的焊接钢管。

(2)钢管宜用力学性能适中的 Q235(A3)钢，其力学性能应符合国家现行标准《碳素结构钢》(GB/T 700)中 Q235A 钢的规定。

(3)参考《建筑施工扣件式钢管脚手架安全技术规范》(JGJ 130—2011)，钢管截面尺寸如表 14-2-5 所示。

扣件式脚手架钢管几何尺寸　　表 14-2-5

钢管类别	截面尺寸(mm)		长度(mm)	
	外径	壁厚	最大长度	横向水平杆
低压流体输送用焊接钢管	48	3.5	6 500	2 000 ~ 2 200
电焊钢管	51	3.0	6 500	2 000 ~ 2 200

(4)扣件有可锻铸造扣件和钢板压制扣件两种。可锻铸造扣件(图 14-2-17)采用机械性能不低于 KTH330-08 的可锻铸铁制作，已有国家产品标准和专业检测单位，质量易于保证，应采用此类扣件，对后者则应慎重采用。

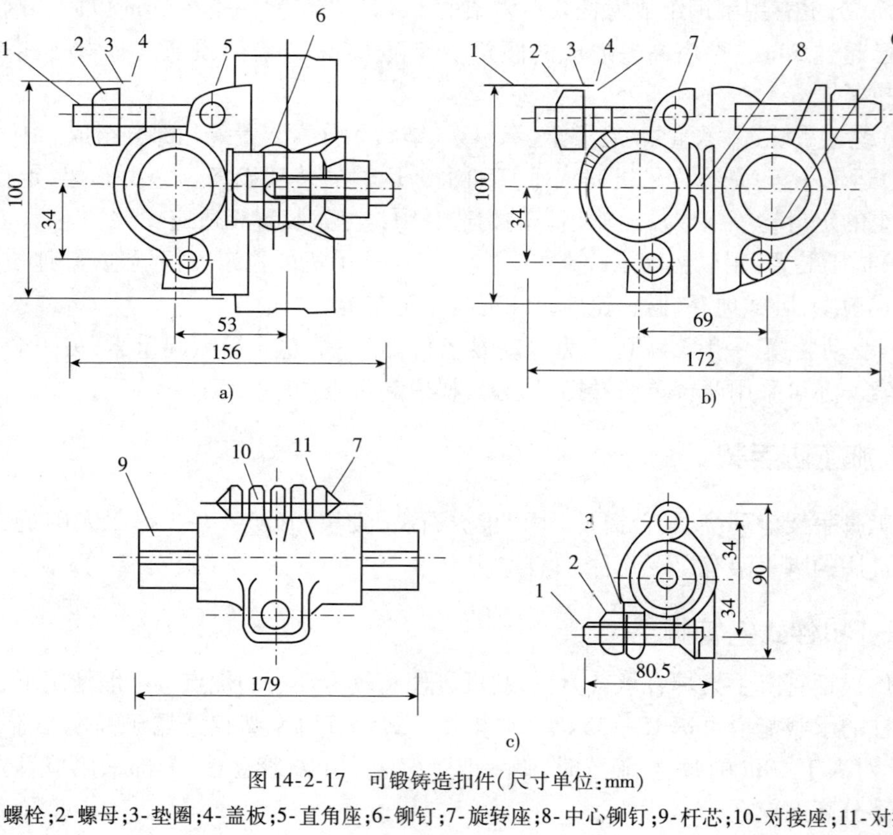

图 14-2-17　可锻铸造扣件(尺寸单位：mm)

1-螺栓；2-螺母；3-垫圈；4-盖板；5-直角座；6-铆钉；7-旋转座；8-中心铆钉；9-杆芯；10-对接座；11-对接

(5)垫板宜采用长度不少于2跨、厚度不小于50mm的木垫板，也可采用槽钢。

3. 脚手架组成应满足以下基本要求

(1)脚手架是由立柱、纵向水平杆与横向水平杆共同组成的“空间框架结构”，在脚手架的中心节点处(图14-2-18)，必须同时设置立柱、纵向水平杆与横向水平杆。

(2)扣件螺栓拧紧扭力矩值在40～60N·m，以保证“空间框架结构”的节点具有足够的刚性和传递荷载的能力。

(3)在脚手架和建筑物之间，必须设置足够数量、分布均匀的连墙杆，以便在脚手架的倒向(垂直建筑物墙面方向)提供约束，防止脚手架横向失稳或倾覆，并可靠地传递风荷载。

(4)脚手架立柱的地基与基础必须坚实，应具有足够的承载能力，并防止不均匀的或过大的沉降。

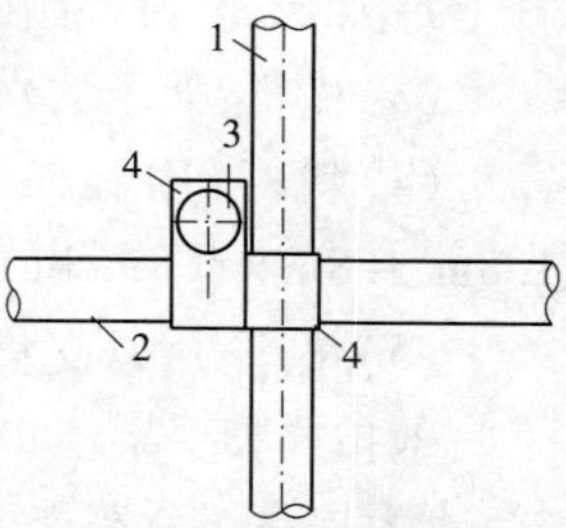

图14-2-18 扣件式脚手架的中心节点

1-立柱；2-纵向水平杆；3-横向水平杆；4-直角扣件

(5)应设置纵向支撑(剪刀撑)和横向支撑，以使脚手架具有足够的纵向和横向整体刚度。

(二)碗扣式钢管脚手架

碗扣式钢管脚手架由钢管立杆、横杆、碗扣接头等组成。其基本构造和搭设要求与扣件式钢管脚手架类似，不同之处主要在于碗扣接头。碗扣接头是由上碗扣、下碗扣、横杆接头和上碗扣的限位销等组成。上碗扣焊接在立管上，下碗扣套在立管上。水平杆两端焊有“插头”，该插头下插入下碗，上插入上碗。上碗扣利用上端的螺旋形与立柱上焊的“锁销”别住楔紧而连接。

碗扣式钢管脚手架主要构件的规格尺寸如表14-2-6所示。

碗扣式钢管脚手架主要构件的规格尺寸　　表14-2-6

序号	名称	品种	长度(mm)	质量(kg)
1	立杆	LG-300	3 000	17.31
		LG-180	1 800	10.67
2	顶杆	DG-150	1 500	8.7
		DG-90	900	5.5
3	横杆	HG-240	2 400	9.8
		HG-180	1 800	7.5
		HG-120	1 200	5.2
		HG-90	900	4.0
		HG-30	300	1.7
4	斜杆	XG-300	3 000	8.6
		XG-255	2 550	7.5
		XG-216	2 160	6.6
		XG-169	1 690	5.4
5	立杆垫座	DZ-1	底座宽150	1.7
6	立杆可调座	TZ-Z	可调0～600	10.1
7	立杆粗细调座	TZ-3	可调0～600	6.1

(1)立杆:有两种规格,以便于错开接头的部位。

(2)顶杆:支撑架的顶部立杆,其上可装设承座或托座,也有两种规格。在立杆和顶杆上每隔60cm设一副碗扣接头。立杆与顶杆配合可以构成任意高度的支撑架。

(3)横杆:架子的水平承力杆。

(4)斜杆:用做架子的斜向拉压杆,有四种规格,分别用于1.2m×1.2m、1.2m×1.8m、1.8m×1.8m和1.8m×2.4m的网格。

(5)垫座:用以支垫立杆底座或作为支撑架顶撑的支垫,有垫座和可调座两种形式。

碗扣式脚手架与扣件式脚手架相比,在受力性能方面:碗扣式脚手架采用了中心线连接,大大提高了承载能力;在安全性方面:承受横杆垂直力的下碗扣与立柱采用焊接,改善了"节点"的受力性能,提高了安全度。在安装操作方面:只需用小锤楔紧上碗扣即可,操作方便,同时在保管上减少了扣件的丢失。但碗扣式脚手架的横杆与立柱间距固定,灵活性差,成本相对高。

(三)门式钢管脚手架

门式钢管脚手架因其轻巧、灵活、使用简单方便,在桥梁建设中曾广泛应用。门式钢管脚手架主要构件为:

(1)门架:门式钢管脚手架的主要构件。

(2)立杆:门架上、下层之间荷载传递的主要杆件。

(3)横杆:放置水平架和脚手板的横向杆件。

(4)锁销:连接锁臂和交叉支撑的门架上的配件。

(5)搭钩:作为水平架、脚手板、钢梯与横杆连接的零件。

(6)挡板:与搭钩组成具有防止脱落机构的零件。

(7)面板:脚手板上供施工人员行走或运料通行的钢板。

门式钢管脚手架品种规格多(规格见表14-2-7和表14-2-8),适宜支撑各种形状的混凝土构造物,优点在于构件轻巧,连接采用插接和销接,操作简便。但门式钢管脚手架连接间隙较大,刚度较小,容易晃动,特别是多层门架叠合使用时更明显。因此,在搭设门式钢管支架时一定要加设纵横大交叉杆将门架纵横交叉连接,常用$\phi 48\times 3$mm的钢管。

门架的类型　　表14-2-7

<table>
<tr><th>分类</th><th>名称</th><th>代号</th><th colspan="2">外形尺寸(mm)</th></tr>
<tr><td rowspan="8">门架</td><td rowspan="3">门型架</td><td rowspan="3">MF</td><td rowspan="5">1 200</td><td>1 900</td></tr>
<tr><td>1 700</td></tr>
<tr><td>1 500</td></tr>
<tr><td rowspan="2">梯型架</td><td rowspan="2">LF</td><td>1 200</td></tr>
<tr><td>900</td></tr>
<tr><td>窄型架</td><td>NF</td><td>600</td><td rowspan="3">1 700</td></tr>
<tr><td rowspan="2">承托架</td><td rowspan="2">BF</td><td>1 200</td></tr>
<tr><td>600</td></tr>
</table>

配件的型号　　表 14-2-8

名称		代号	外形尺寸(mm)		
			长 l	宽 b	高 h
水平架		H	1 800	1 100	
				500	
交叉支撑		G	2 163	1 800	1 200
			2 012		900
			1 897		600
脚手板		P	1 800	500	
钢梯		S	2 167 (2 635)	500	1 900 (1 925)
			2 476 (2 359)		1 700 (1 725)
			2 343 (2 359)		1 500 (1 525)
锁臂		L	700 (725)	40	
			500 (525)		
			300 (325)		
连接棒		J	220	25(套环)	
连墙杆		W	450 ~ 1 300		
底座	固定底座	FS	110		
	可调底座	AS	400 ~ 800		
托座	固定托座	FU	110		
	可调托座	AU	400 ~ 800		

第三节　钢筋混凝土墩台施工

一、模板

(一)模板的制作与安装要点

1. 墩台模板制作要点

(1)钢模板的制作

钢模板宜采用标准化、系列化和通用化的组合模板。组合钢模板的设计与施工应符合国家标准《组合钢模板技术规范》(GB 50214)。经加工制成的钢模板及其配件应在检验合格后方可使用。大块钢模板加工中，组装前应对零部件的几何尺寸进行全面检查，合格后方可进行组装，零部件的各种连接形式的焊缝应符合外观质量标准。

(2)木模的制作

木模板可在工厂或施工现场制作，木模板与混凝土接触的表面要求平整、光滑，多次使用的木模板应在内侧(接触混凝土表面一侧)加钉薄铁皮，以利重复使用。木模接缝可为平缝、搭接缝或企口缝。当采用平缝时，应注意防止漏浆，常于接缝处加绒布或薄铁皮嵌条；木模的转角处，为便于拼装可做成斜角。

2. 墩台模板安装要点

(1)圆形或矩形截面墩柱宜采用定型钢模板，薄壁墩台、肋板桥台及重力式桥台视情况可使用木模、钢模和钢木混合模板。

(2)圆形或矩形截面墩柱模板安装前应进行试拼装，合格后安装。安装宜现场整体拼装后用汽车吊就位。每次吊装长度视模板刚度而定，一般为4～8m。

(3)胶合板的拼装与就位。

①胶合板视情况可选用单面或双面覆膜模板，覆膜一侧面向混凝土一侧，次龙骨应选用方木，水平设置，主龙骨可选用方木及型钢，竖向设置，间距均应通过计算确定。内外模板的间距用拉杆控制。

②胶合板拼装应在现场进行，场地应平整。拼装前将次龙骨贴模板一侧用电刨刨平，然后用铁钉将次龙骨固定于主龙骨上，使主次龙骨形成稳固框架，然后铺设模板，模板拼缝夹弹性止浆材料。要求设拉杆时，需用电钻在模板相应位置打眼。每块拼装大小应根据模板安装就位所采用设备而定。

(4)模板与钢筋安装工作应配合进行，妨碍绑扎的模板应待钢筋安装完毕后安设。模板不应与脚手架连接(模板与脚手架整体设计时除外)，避免引起模板变形。模板安装时应防倾覆。

(5)固定于模板上的预埋件和预留孔洞尺寸、位置必须准确安装牢靠，防止浇注混凝土过程中的走动位移。

(6)墩台模板应有足够的强度、刚度和稳定性。模板拼缝应严密不漏浆，表面平整不错台。模板的变形应符合模板计算规定及验收标准对平整度控制要求。

(7)薄壁墩台、肋板墩台及重力式墩台宜设拉杆。拉杆及垫板应具有足够的强度及刚度。拉杆两端应设置软木锥形垫块，以便拆模后，去除拉杆。

(8)墩台模板，宜在全桥使用同一种材质、同一种类型的模板，钢模板应涂刷色泽均匀的脱模剂，确保混凝土外观色泽均匀一致。

(9)模板安装完毕后，应对其平面位置、顶部高程、节点联系及纵横向稳定性进行检查，签认后方可浇注混凝土。浇注时，发现模板有超过允许偏差变形值的可能时，应及时纠正。

(10)为使模板易于脱模，防止构件与模板间的黏结，并使混凝土表面光洁，棱角整齐，常在模板(与混凝土接触)的表面上涂布脱模剂。

(11)高桥墩施工常用的方法为翻模施工、爬模施工、滑模施工等方法，具体施工工艺在本章第四节介绍。

3. 墩台模板制作允许偏差

模板制作应根据设计要求确定模板的形式及精度要求，在设计无规定时，可按表14-3-1 执行。

模板制作时的允许偏差 表14-3-1

<table>
<tr><th colspan="3">项　目</th><th>允许偏差(mm)</th></tr>
<tr><td rowspan="7">木模板制作</td><td colspan="2">模板的长度和宽度</td><td>±5</td></tr>
<tr><td colspan="2">不刨光模板相邻两板表面高低差</td><td>3</td></tr>
<tr><td colspan="2">刨光模板相邻两板表面高低差</td><td>1</td></tr>
<tr><td rowspan="2">平面模板表面最大的局部不平</td><td>刨光模板</td><td>3</td></tr>
<tr><td>不刨光模板</td><td>5</td></tr>
<tr><td colspan="2">拼合板中木板间的缝隙宽度</td><td>2</td></tr>
<tr><td colspan="2">榫槽嵌接紧密度</td><td>2</td></tr>
<tr><td rowspan="8">钢模板制作</td><td rowspan="2">外形尺寸</td><td>长和高</td><td>0,-1</td></tr>
<tr><td>肋高</td><td>±5</td></tr>
<tr><td colspan="2">面板端偏斜</td><td>0.5</td></tr>
<tr><td rowspan="3">连接配件(螺栓、卡子等)的孔眼位置</td><td>孔中心与板面的间距</td><td>±0.3</td></tr>
<tr><td>板端中心与板端的间距</td><td>0,-0.5</td></tr>
<tr><td>沿板长、宽方向的孔</td><td>±0.6</td></tr>
<tr><td colspan="2">板面局部不平</td><td>1</td></tr>
<tr><td colspan="2">板面和板侧挠度</td><td>±1</td></tr>
</table>

注:①木模板中第5项已考虑木板干燥后在拼合板中发生缝隙的可能。2mm以下的缝隙,可在浇注前浇湿模板,使其密合。

②板面局部不平用2m靠尺、塞尺检测。

4. 墩台模板安装允许偏差

墩台模板安装的允许偏差,在设计无要求时,应符合表14-3-2要求。

墩台模板安装允许偏差 表14-3-2

项　目	允许偏差(mm)
模板高程	±10
模板内部尺寸	±20
轴线偏位	10
模板相邻两板表面高低差	2
模板表面平整	5
预埋件中心线位置	3
预留孔洞中心线位置	10
预留孔洞截面内部尺寸	+10,0

(二)模板的拆除

墩、台模板宜在其上部结构施工前拆除。设计上无规定时,侧模板应在混凝土强度能保证其表面及棱角不致因拆模而受损坏时方可拆除,一般应在混凝土抗压强度达到2.5MPa时即可拆除。模板拆除顺序应按设计要求的顺序进行,当设计无规定时,应遵循先支后拆,后支先拆的顺序。拆除模板时,不允许用猛烈地敲打和强扭等方法进行,并严禁将模板从高处向下抛扔。模板拆除后,应将表面灰浆、污垢清除干净,并进行维修整理,分类妥善存放,防止变形开裂。

二、钢筋的加工和安装

(一)钢筋的质量要求

桥梁墩台施工中,对于所使用钢筋的性能、验收、存放、代换等方面均有一定的要求。

1. 钢筋性能要求

钢筋混凝土用的钢筋和预应力混凝土中的非预应力钢筋的力学性能必须符合钢筋相关规范的规定。钢筋应有出厂质量保证书或试验报告单,并做机械性能试验。对大桥所用钢筋必须抽取试样做力学性能试验。

2. 钢筋的验收和存放

钢筋必须按不同钢种、等级、牌号、规格及生产厂家分批验收,分别堆存,不得混杂,且应设立识别标志。钢筋在运输过程中,应避免锈蚀和污染。钢筋宜堆置在仓库(棚)内,露天堆置时,应垫高并加遮盖。

3. 钢筋的使用

钢筋外表有严重锈蚀、麻坑、裂纹夹砂和夹层等缺陷时,应予以剔除不得使用。

4. 钢筋的代换

钢筋的类别和直径应按设计规定采用。以另一种强度、牌号或直径的钢筋代替设计中所规定的钢筋时,应了解设计意图和代用材料性能,并须符合现行《公路桥涵施工技术规范》(JTG/T F50)的有关规定。重要结构中的主钢筋在代用时,应由原设计单位做变更设计。

(二)钢筋的加工要求

(1)钢筋的表面应洁净、无损伤,使用前应将表面的油渍、漆皮等清除干净,带有颗粒状的老锈钢筋不得使用,除锈后钢筋表面有严重的麻坑、斑点,已伤蚀截面时,应降级使用或剔除不用。

(2)钢筋应平直、无局部弯折,成盘的钢筋和弯曲的钢筋均应调直。采用冷拉方法调直钢筋时,HPB235 钢筋的冷拉率不宜大于 2%;HRB335 级、HRB400 级钢筋的冷拉率不宜大于 1%。

(3)钢筋的弯制和末端的弯钩应符合设计要求,如设计无规定时,可参考《公路钢筋混凝土及预应力混凝土桥涵设计规范》(JTG D62—2004)。加工后的钢筋,其表面不应有削弱钢筋截面的伤痕。

(4)弯钩的弯曲直径应大于被箍受力主钢筋的直径,且 HPB235 级钢筋不小于箍筋直径的 2.5 倍。HRB335 级钢筋不应小于箍筋直径的 4 倍。弯钩平直部分的长度,一般结构不宜小于箍筋直径的 5 倍;有抗震要求的结构,不应小于箍筋直径的 10 倍。弯钩的形式,如设计无要求时,可按图 14-3-1a)、b)加工;有抗震要求的结构,应按图 14-3-1c)加工。

a)　　　　b)　　　　c)

图 14-3-1　箍筋弯钩形式图

a)90°/180°;b)90°/90°;c)135°/135°

(三)墩身钢筋的制作及安装

1. 墩身钢筋的整体制作

墩台钢筋宜采用后场整体制作,现场对接的施工方法进行施工。根据现场混凝土浇注高度将主筋拆分为相应的长度,在预制胎架上绑扎完成钢筋骨架,分节段焊接吊装定位钢筋,然后用汽车吊等吊装设备和运输设备送到现场进行安装。下面以广东某项目中墩身钢筋的施工为例说明钢筋胎架整体制作的方法。

(1)预制定位胎架

先对场地进行平整和硬化,保证场地基本水平,然后利用 $\phi48\times3.5$mm 钢管搭设预制定位胎架。胎架搭设完成后,沿墩身长度方向设置定位框,定位框间距为 3m。定位框采用 $\delta=16$mm 钢板制作,框上根据主筋的设计间距设置槽口。为便于箍筋施工,将同一层的箍筋焊接成钢筋网片,然后在胎架上设置定位箍筋型钢,型钢上按箍筋间距设置限位槽口。为保证墩身钢筋轴线在同一直线上,安装定位槽口时,用水准仪进行精确放样,以保证所有限位装置在同一水平面上。预制定位胎架构造见图 14-3-2。

(2)墩身钢筋整体制作

墩身钢筋后场绑扎时,先按箍筋定位槽口的位置放置好箍筋,然后逐根穿入主筋,将主筋落入主筋定位槽口进行精确定位,然后将箍筋网片和主筋绑扎固定。若墩身为曲线墩身时,曲线段墩身钢筋绑扎时,先将箍筋按设计进行加工,焊接成钢筋网片后,按间距放置在曲线段箍筋限位槽口上,然后穿入主筋,先绑扎固定 3 个平面上的墩身钢筋,然后绑扎曲面的墩身钢筋,曲线段墩身钢筋采用钢筋网片进行定位。墩身骨架主筋限位槽口、箍筋限位槽口见图 14-3-3。

2. 墩身钢筋的安装要求

(1)钢筋骨架片和钢筋网片的制作。

预制成的钢筋骨架,必须具有足够的刚度和稳定性,以利运输、吊装和浇注混凝土过程中不致松散、移位、变形。必要时可在钢筋骨架的某些连接点处加以焊接或增设加强钢筋。

(2)钢筋的焊接拼装要求。

①拼装时应按设计图纸放大样,同时还应考虑焊接变形并预留拱度。

②钢筋拼装前,对有焊接接头的钢筋,应检查每根接头的焊缝有无开焊变形,如有开焊应及时补焊。

③为防止电焊时局部变形,拼接时在需要焊接的位置先用锲形卡卡住,待所有焊接点

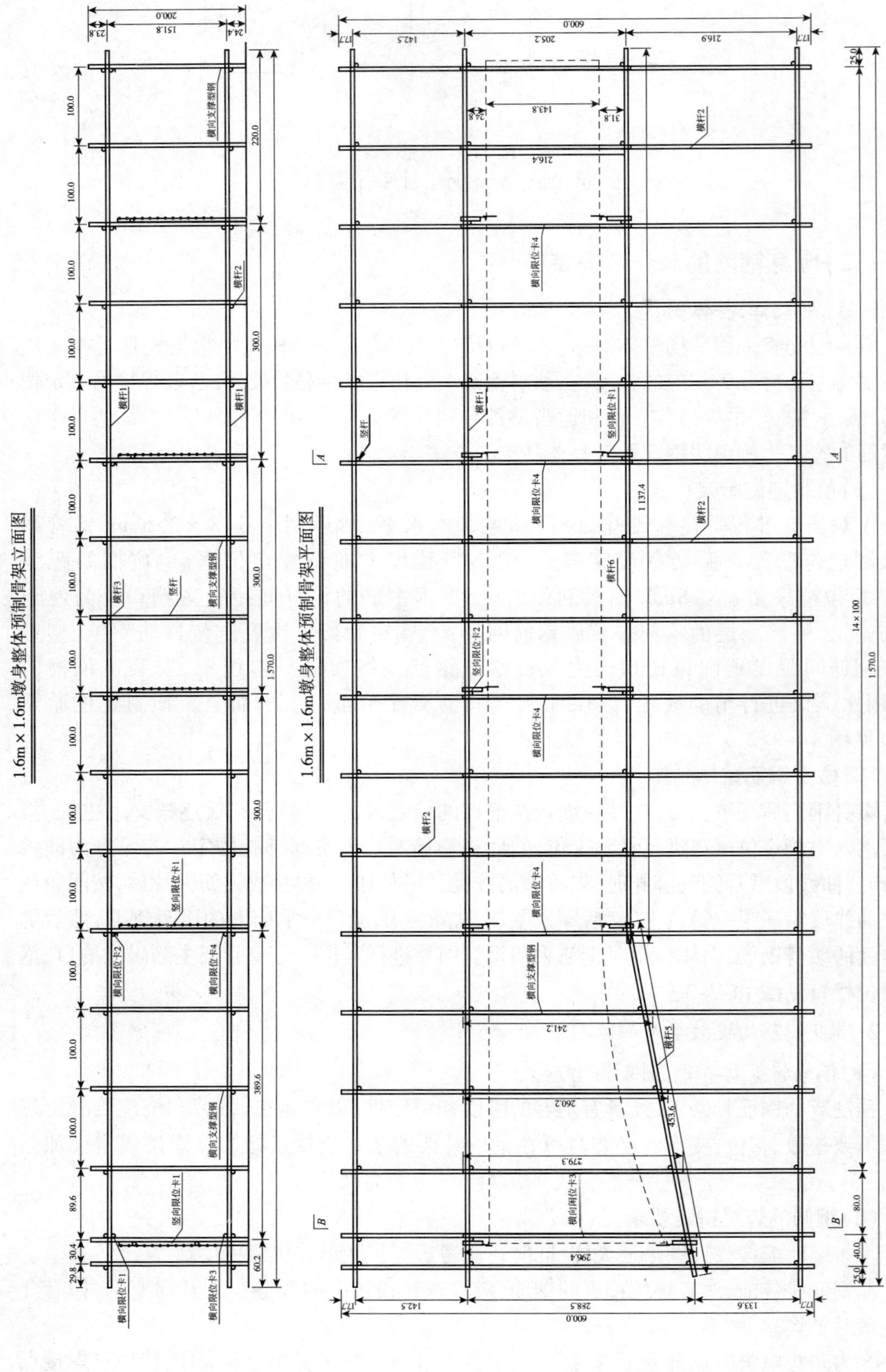
1.6m×1.6m墩身整体预制骨架立面图
1.6m×1.6m墩身整体预制骨架平面图
横杆1
横杆2
横杆3
横杆5
横杆6
竖杆
横向支撑型钢
竖向限位卡1
竖向限位卡2
横向限位卡1
横向限位卡2
横向限位卡3
横向限位卡4
1 570.0
600.0
14×100

图 14-3-2

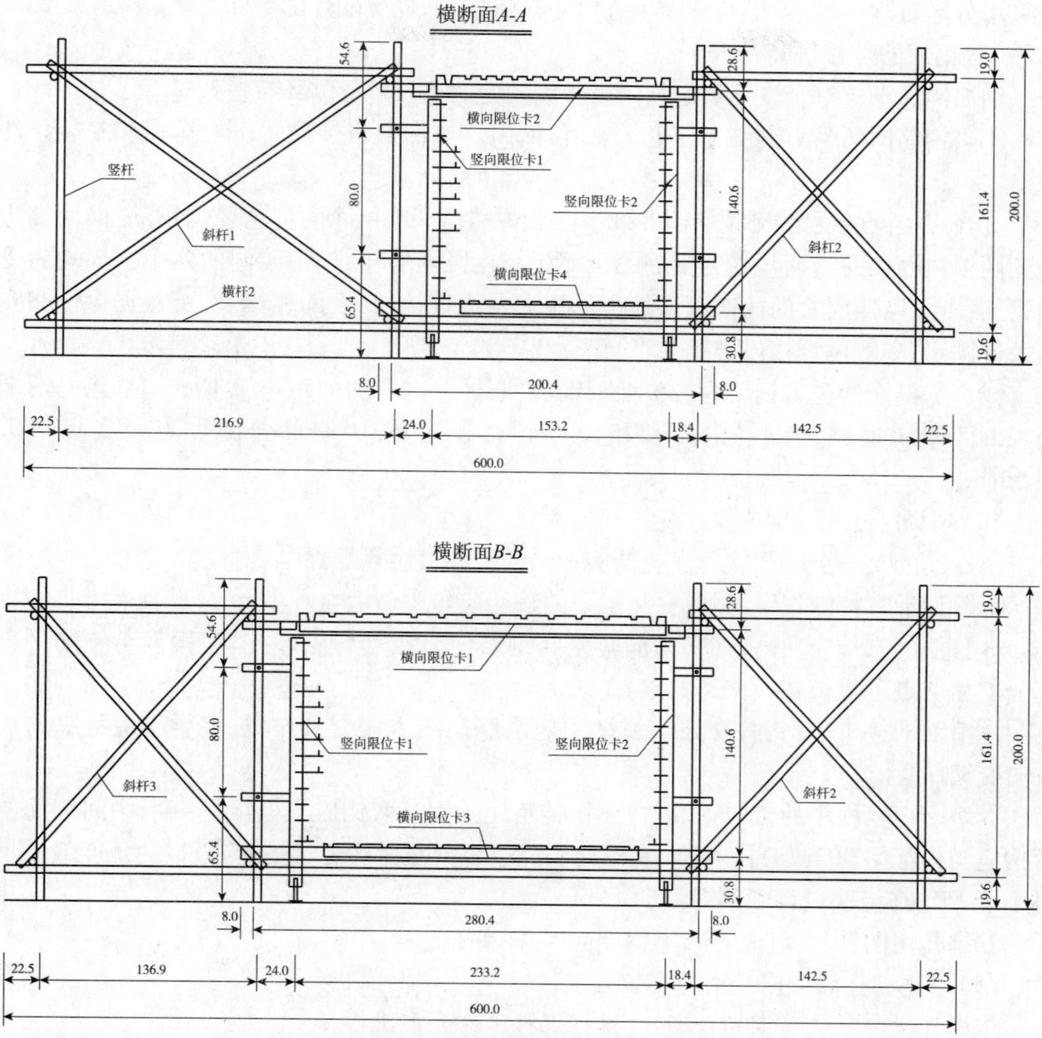

图 14-3-2 预制定位胎架构造及截面图(尺寸单位:cm)

图 14-3-3 墩身骨架主筋限位槽口、箍筋限位槽口

卡好后,焊缝两端以点焊定位、然后进行焊缝施焊。

④骨架焊接时,不同直径钢筋的中心线应在同一平面上。因此,在焊接较小直径钢筋时,下面宜垫以厚度适当的钢板。

⑤施焊顺序宜由中到边对称地向两端进行,先焊骨架下部,后焊骨架上部;相邻的焊

缝采用分区对称跳焊，不得顺着一个方向一次焊成，药皮应随焊随敲除。

(3)钢筋的焊接拼装要求。

钢筋网焊点应符合设计规定。当设计无规定时，可按下述要求进行。

①当钢筋网的受力钢筋为变形钢筋时，网内焊点的数目和位置可按运输和安装条件决定。

②当焊接网的受力钢筋为 HPB235 时，如焊接网只有一个方向为受力钢筋，网两端边缘的两根锚固横向钢筋与受力钢筋的全部相交点必须焊接；如焊接网的两个方向均为受力钢筋，则沿网四周边的两根钢筋的全部相交点均焊接，其余的相交点，可根据运输和安装条件决定，一般可焊接或绑扎一半交叉点。

③当焊接网的受力钢筋为冷拔低碳钢丝，而另一方向的间距小于 10cm 时，除网两端边缘的两根锚固横向钢筋的全部相交点必须焊接外，中间部分的焊点距离可增大至 25cm。

(4)现场绑扎钢筋时有关规定。

①钢筋的交叉点应用铁丝绑扎结实，必要时，亦可用点焊焊牢。

②除设计有特殊规定者外，柱和梁中的箍筋应与主筋垂直。

③箍筋的末端应向内弯曲，箍筋转角与钢筋的交接点均应绑扎牢(钢筋与箍筋平直部分的相交点可呈梅花式交叉扎牢)。

④箍筋的接头(弯钩叠合处)，在柱中应沿竖向线方向交叉布置；在梁中应沿纵向线方向交叉布置。

⑤墩、台身、柱中的竖向钢筋搭接时，转角处的钢筋弯钩应与模板呈 45°，中间钢筋的弯钩应与模板呈 90°，如采用插入式振动器浇注小型截面柱时，弯钩与模板的角度最小不得小于 15°，在浇注过程中不得松动。

⑥绑扎用的铁丝要向里弯，不得伸向保护层内。

(5)对先绑扎后入模骨架的安装要求。

①绑扎梁、柱、桩等钢筋骨架，直接在绑扎工作台上进行。

②运送、搬移钢筋骨架要轻起轻落，不得猛掉或翻滚。

③抬运钢筋骨架时，应注意不使骨架有变形情况；必要时可加斜筋加以撑固或增设吊点。

④钢筋在入模前，在底部应加好垫块，在侧面绑好垫块，以保证应有的保护层厚度。

⑤钢筋入模前，对模板上的浮油要加以消除，以免油污钢筋影响质量。

⑥已经绑扎好的钢筋骨架或钢筋网不得践踏或在其上放置重物。

(四)钢筋施工质量要求

钢筋施工容许偏差见表 14-3-3。

钢筋施工容许偏差　　表 14-3-3

项目	序号	主要内容	容许偏差(mm)
加工钢筋的容许偏差	1	受力钢筋沿长度方向加工后的全长	±10
	2	弯起钢筋各部分尺寸	±20
	3	箍筋、螺旋筋各部分尺寸	±5

续上表

项目	序号	主要内容		容许偏差(mm)
焊接钢筋网和钢筋骨架容许偏差	1	网的长度、宽度		±10
	2	网眼的尺寸		±10
	3	网眼的对角线差		±15
	4	骨架的宽度、高度		±5
	5	骨架的长度		±10
	6	箍筋、横向水平钢筋、螺旋钢筋间距		±10
钢筋安装质量标准	1	受力钢筋两排以上排距		±5
	2	墩台同排受力钢筋的钢筋间距		±20
	3	钢筋弯起点位置		±20
	4	绑扎钢筋网尺寸	长、宽	±10
			网眼尺寸	±20
	5	混凝土保护层	墩台	±10

三、混凝土工程

(一)混凝土的生产

1. 配制混凝土的材料

配制混凝土用的材料主要有水泥、细集料(包括河沙、海沙、山砂和粉煤灰)、粗集料(包括碎石、卵石)、拌和用水、外加剂和混合材料。这些材料都应符合现行《公路桥涵施工技术规范》(JTG/T F50)的质量和技术要求。

2. 混凝土的配合比

混凝土的配合比应以质量比表示,并应通过计算和试配选定。试配时应使用施工实际采用的材料,配制的混凝土拌和物应满足和易性、凝结时间等施工技术条件;制成的混凝土应满足强度、耐久性(抗冻、抗渗、抗侵蚀)等质量要求。

混凝土入模时的坍落度可参考表 14-3-4 选用。

混凝土入模时的坍落度 表 14-3-4

结构类别	坍落度(mm)(振动器振动)
小型预制块及便于浇注振动的结构	0~20
桥涵基础、墩台等无筋或少筋的结构	10~30
普通配筋率的钢筋混凝土结构	30~50
配筋较密、断面较小的钢筋混凝土结构	50~70
配筋极密、断面高而窄的钢筋混凝土结构	70~90

注:①本表建议的坍落度是未考虑掺用外加剂而产生的作用。

②水下混凝土、泵送混凝土的坍落度,另见《公路桥涵施工技术规范》(JTG/T F50—2011)规范有关章节的规定。

③用人工捣实时,坍落度宜增加 20~30mm。

④浇注较高结构物混凝土时,坍落度宜随混凝土浇注高度上升而分段变动。

混凝土的最大水胶比和最小水泥用量，应符合表 14-3-5 的规定。

混凝土最大水胶比和最小水泥用量 表 14-3-5

环境类别	环境条件	最大水胶比	最小水泥用量(kg/m^3)	最低混凝土强度等级	最大氯离子含量(%)	最大碱含量(kg/m^3)
Ⅰ	温暖或寒冷地区的大气环境、与无侵蚀的水或土接触的环境	0.55	275	C25	0.30	3.0
Ⅱ	严寒地区的大气环境、使用除冰盐环境、滨海环境	0.50	300	C30	0.15	3.0
Ⅲ	海水环境	0.45	300	C35	0.10	3.0
Ⅳ	受侵蚀性物质影响的环境	0.40	325	C35	0.10	3.0

注：①水胶比、氯离子含量系指其与水泥用量的百分比。

②最小水泥用量，包括掺和料。当掺用外加剂且能有效地改善混凝土的和易性时，水泥用量可减少 $25kg/m^3$。

③预应力混凝土构件中的最大氯离子含量为 0.06%，最小水泥用量为 $350kg/m^3$。

④封底、垫层及其他临时工程的混凝土，可不受本表的限制。

混凝土的最大水泥用量（包括代替部分水泥的混合材料）一般不超过 $500kg/m^3$，大体积混凝土的不宜超过 $300kg/m^3$。

为了节约水泥和改善混凝土的技术性能，在混凝土中掺入外加剂时，其掺入量应参照产品说明书和试配情况确定，并应符合下列的规定。

①在钢筋混凝土和预应力混凝土中不得掺用氯化钙、氯化钠等氯盐。

②当从各种组成材料引入的氯离子含量（折合氯盐含量）大于表 14-3-5 规定的限值时，宜在混凝土中采取掺加阻锈剂、增加保护层厚度、提高密实度等防腐蚀措施。

③掺入引气剂混凝土的含气量宜为 3.5% ~5.5%。

3. 混凝土的拌和方法

混凝土拌和应以机械拌和为主，人工拌和为辅。拌和常用的机械有自落式和强制式混凝土搅拌机。前者用于拌和塑性混凝土，后者用于拌和硬性混凝土。

配料数量的容许偏差如表 14-3-6 所示。

配料数量容许偏差 表 14-3-6

材料类别	允许偏差(%)	
	现场拌制	预制场或集中搅拌站拌制
水泥、掺和料	±2	±1
粗、细集料	±3	±2
水、外加剂	±2	±1

喂料顺序（以强制式为例）：先将砂装入料斗，再加水泥，最后加入石料。上料后提起料斗，把全部原料倒入搅拌筒内拌和，同时打开水阀，使水均匀地洒在拌和物上。

混凝土最短搅拌时间如表 14-3-7 所示。

混凝土最短搅拌时间　　表14-3-7

搅拌机类别	搅拌机容量(L)	混凝土坍落度(mm)		
		<30	30~70	>70
		混凝土最短搅拌时间(min)		
自落式	≤400	2.0	1.5	1.0
	≤800	2.5	2.0	1.5
	≤1 200	—	2.5	1.5
强制式	≤400	1.5	1.0	1.0
	≤1 500	2.5	1.5	1.5

注:①搅拌时间为全部材料装入搅拌筒开始搅拌至开始出料的间隔时间。

②搅拌细砂混凝土或掺有外加剂的混凝土时,搅拌时间应适当延长1~2min。

③搅拌机装料数量(装入粗集料、细集料、水泥等松体积的总数)不应大于搅拌机标定容量的110%。

④当采用其他的搅拌工艺时,搅拌时间应按工艺要求执行。

⑤当采用其他形式的搅拌设备时,搅拌的最短时间应按设备说明书的规定或经试验确定。

(二)混凝土运输

1.输送时间

混凝土应以最少的转载次数和最短的时间,从搅拌地点运至浇注地点。混凝土从搅拌机中卸出后到浇注完毕的延续时间应符合表14-3-8的要求。

混凝土从搅拌机中卸出到浇注完毕的延续时间　　表14-3-8

气温	延续时间(min)	
	≤C30	>C30
≤25℃	210	180
>25℃	180	150

注:掺有外加剂或采用快硬水泥时延续时间应通过试验确定。

2.季节施工

在风雨或暴热天气输送混凝土,容器上应加遮盖,以防进水或水分蒸发。冬期施工应加以保温。夏季最高气温超过40℃时,应有隔热措施。

3.质量要求

(1)混凝土从搅拌站运到模板中,可能要进行水平运输、垂直运输和混凝土分配三部分工作。混凝土运输过程中,不应出现漏浆、失水、离析等现象,否则需在浇注前进行二次搅拌。

(2)混凝土运至浇注地点时,应检测其稠度,所测稠度值应符合设计和施工要求。其允许偏差值应符合有关标准的规定。

(3)混凝土拌和物运至浇注地点时的温度,最高不宜超过35℃,最低不宜低于5℃。

(三)混凝土浇注

1.墩台基础处理

对墩台基底的处理,除可按有关要求和规定外,还应符合下列要求:

(1)基底为非黏土或干土时,应将其润湿。

(2)基面为岩石时,应加以润湿,铺一层厚 20 ~ 30mm 的水泥砂浆,然后于水泥砂浆凝结前浇注第一层混凝土。

2. 浇注混凝土前的检查

浇注混凝土前应对支架、模板、钢筋和预埋件进行检查,并做好记录,符合设计要求后方可浇注。模板内的杂物、积水和钢筋上的污垢应清理干净。模板如有缝隙,应填塞严密,模板内面应涂刷脱模剂。浇注混凝土前,应检查混凝土的均匀性和坍落度。

3. 高处向下倾斜混凝土时的浇注要求

自高处直接倾斜混凝土时,应保证不使混凝土发生离析现象。混凝土的自由倾落高度,一般不应超过 2m;当倾落高度超过 2m 时,应通过串筒、溜管或振动溜管等设施下落,并要求串筒出料口下面的混凝土堆积高度不宜超过 1m;当倾落高度超过 10m 时,应设置减速装置。若采用上述措施后仍有离析现象,应重新拌和均匀后再灌注。在浇注钢筋较密或不便灌筑捣实的结构混凝土时,尤需尽量缩小自由倾落高度,必要时可在模板侧面预留灌筑窗口。

4. 混凝土的配制、输送及浇注速度

混凝土的配制、输送及浇注速度应符合:

$$v \geqslant \frac{Ah}{t}$$

式中:v ——混凝土配制、输送及浇注的容许最小速度,m^3/h;

A ——浇注的面积,m^2;

h ——浇注层的厚度,m;

t ——所用水泥的初凝时间,h。

如混凝土的配制、输送及浇注需要时间较长,则应符合:

$$v \geqslant \frac{Ah}{t - t_0}$$

式中:t_0 ——混凝土配制、输送及浇注所消耗的时间,h。

5. 混凝土浇注方向、顺序和分层厚度

混凝土的浇注一般采用分层法进行。为保证结构的整体性,上层混凝土的浇注应在下层混凝土初凝或能重塑前浇注。当上下层同时浇注时,上层与下层前后浇注距离应保持在 1.5m 以上。在倾斜面上浇注混凝土时,应从低处开始逐层扩展升高,保持水平分层。混凝土分层浇注厚度可参照表 14-3-9 的规定。

混凝土分层浇注厚度 表 14-3-9

捣实方法		浇注层厚度(mm)
用插入式振动器		300
用附着式振动器		300
用表面振动器	无筋或配筋稀疏时	250
	配筋较密时	150
人工捣实	无筋或配筋稀疏时	200
	配筋较密时	150

墩台混凝土浇注,应在整个截面内进行,仅当结构截面面积大于 $100m^2$,并在前层混凝土开始初凝以前不能浇注捣实时,才允许将墩台截面分块进行浇注。墩台分块浇注应

符合下列要求：

(1)分块宜合理布置，各分块平均面积不宜小于 $50m^2$。

(2)每块高度不宜超过 2m。

(3)块与块间的竖向接缝面应与基础平截面短边平行，与平截面长边垂直。

(4)上下邻层混凝土间的竖向接缝，应错开位置做成企口，并按施工缝处理。

6. 大体积混凝土水化热的控制

对于大体混凝土的浇注，应考虑水化热温度的控制，可参照下述方法进行：

(1)应选用低水化热和凝结时间长的水泥品种。如大坝水泥、低热矿渣硅酸盐水泥、中热硅酸盐水泥等，当采用硅酸盐水泥或普通硅酸盐水泥时，应采取适当措施延缓水化热的释放。

(2)用改善集料级配、降低水灰比、掺混合料、掺外加剂、掺入片石等方法减少水泥用量。

(3)减小浇注层的分层厚度，加快混凝土散热速度。

(4)混凝土用料应避免日光暴晒，以降低初始温度。

(5)在混凝土内埋设冷却管通水冷却。

7. 振捣混凝土

混凝土浇注入模后，内部还存在着很多空隙。为使硬化后的混凝土具有所要求的外形和足够的强度与耐久性，必须使新入模的混凝土填满模板的每一角落，并使混凝土内部空隙降到一定程度以下，具有足够的密实性。这就需要对混凝土进行振捣。

混凝土的振捣方法有人工振捣和机械振捣两种。人工振捣适用于缺少机械和工程量较少的情况，大规模的混凝土浇注时必须采用机械振捣。采用振动器振捣时，应符合下列要求：

(1)使用插入式振动器时，移动间距不应超过振动器作用半径的 1.5 倍；与侧模应保持 50～100mm；每一处振动完毕后边振动边徐徐提出振动棒；应避免振动棒碰撞模板、钢筋及其他预埋件。

(2)表面振动器的位移间距，应以使振动器平板能覆盖已振实部分 100mm 左右为宜。

(3)附着式振动器的布置距离，应根据构造物形状及振动器性能等情况并通过试验确定。

(4)对每一振动部位，必须振动到该部位混凝土密实为止。密实的标志是混凝土停止下沉，不再冒出气泡，表面呈现平坦、泛浆。

8. 接缝处理

由于各种原因如混凝土工厂生产率不能保证灌筑的连续性，或因模板安装及偶然事故等而要中断混凝土的灌筑，其间歇时间应小于前层混凝土的初凝时间或能重塑的时间。混凝土拌和、运输、浇注及间歇的全部允许时间见表 14-3-10。

混凝土拌和、运输、浇注及间歇的全部允许时间(单位：min)　　表 14-3-10

混凝土强度等级	气温不高于 25℃	气温高于 25℃
≤C30	210	180
＞C30	180	150

当超过允许时间时，应按浇注中断处理，同时预留施工缝。施工中的施工缝位置应在混凝土浇注前确定，宜留位置在结构受剪力和弯矩较小且便于施工的部位，并应按下列要

求进行处理：

(1)施工缝处理后，须待前一层混凝土达到一定强度后才能继续浇注混凝土，一般最低为1.2MPa，当结构物为钢筋混凝土时，不得低于2.5MPa。

(2)先将表面层水泥浆膜、松软层凿除并用水冲洗，但不得存有积水。采用不同的凿毛方式对混凝土强度有不同的要求：用水冲洗凿毛时，需达到0.5MPa；用人工凿除时，需达到2.5MPa；用风动机凿毛时，需达到10MPa。

(3)对前一层混凝土凿毛完成后，在浇注次层混凝土前，对垂直施工缝宜刷一层水泥净浆，对水平缝宜铺一层厚为10~20mm的1:2的水泥砂浆，或铺一层厚约300mm的混凝土，其粗集料宜比新浇注混凝土减少10%。对于重要部位及有防震要求的混凝土结构或钢筋稀疏的钢筋混凝土结构，应在施工缝处补插直径不小于16mm的锚固钢筋，钢筋间距不大于直径的20倍。

(4)有抗渗要求的施工缝宜做成凹形、凸形或设置止水带。施工缝若为斜面时应浇注成或凿成台阶状。

9.其他注意事项

在浇注过程中或浇注完成时，如混凝土表面泌水较多，须在不扰动已浇注混凝土的条件下，采取措施将水排除。应查明原因，并采取措施减少泌水后，才能继续浇注混凝土。浇注混凝土期间，应设专人检查支架、模板、钢筋和预埋件等稳固情况，当发现有松动、变形、移位时，应及时处理。

结构混凝土浇注完成后，应及时对混凝土裸露面进行修整、抹平，待定浆后再抹第二遍并压光或拉毛。当裸露面面积较大或气候不良时，应加盖防护，但在开始养生前，覆盖物不得接触混凝土面。

浇注混凝土时，应填写混凝土施工记录。

(四)混凝土养护

养护是混凝土浇注成型后，使其表面维持适当温度和湿度，保证内部充分水化，促进强度不断增长的重要环节，对于混凝土质量有很大影响，因此必须按照规定要求进行养护。常用的养护方法为自然养护法和蒸汽养护法，此外，还有干热养护法和养护剂养护法。

1.自然养护

在施工现场，对混凝土进行养护时，根据所采取的保湿措施的不同，可分为覆盖浇水养护和塑料薄膜保护养护两类。

(1)覆盖浇水养护

覆盖浇水养护是在混凝土表面覆盖吸湿材料，采取人工浇水或蓄水措施，使混凝土表面保持潮湿状态的一种养护方法。所用的覆盖材料，应具有较强的吸水保湿能力，常用的有麻袋、帆布、草帘、芒席、锯末等。

一般在混凝土浇注完成3~12h内(根据外界气候条件的具体情况而定)即应进行。浇水养护日期的长短，主要决定于水泥的品种和用量。在正常水泥用量情况下，采用硅酸盐水泥、普通硅酸盐水泥拌制的混凝土，不得少于7d；真空吸水等法施工的混凝土，其养护时间可酌情缩短。大掺量矿物掺和料或气温较低时，一般不宜低于28d强度的70%。每次浇水次数视具体情况而定，以能保持混凝土经常处于足够的湿润状态为度。但当日平均气温低于5℃时，不得浇水。

(2)塑料薄膜保湿养护

塑料薄膜保湿养护是用防蒸发材料将混凝土表面予以密封，阻止混凝土中的水分蒸发，使混凝土保持或接近饱水状态，保证水泥水化反应正常进行的一种养护方法。它与湿养护法相比，可改善施工条件，节省人工，节约用水，保证混凝土的养护质量。采用塑料薄膜养护层时，其敞露的全部表面应覆盖严密，并应保持塑料薄膜内有凝结水。

2. 蒸汽养护

在冬季施工或需要混凝土强度快速增长时，常采用蒸汽养护。蒸汽养护一般分为四阶段：预护、升温、恒温和降温。预护是指混凝土浇注完毕后在常温下凝固一段时间(3～4h)。升温速度与结构表面系数有关，一般不得超过10～15℃/h。恒温时间视养护温度和要达到的强度而定，一般为8～12h。降温速度与升温速度相同。养护最高温度与水泥种类有关，当采用快硬硅酸盐水泥和普通硅酸盐水泥时，养护温度不得高于60℃。

3. 干热养护

干热养护是用太阳能、远红外线、电热等方法，利用混凝土本身所含的水分及外加热源，达到养护目的。

4. 养护剂养护

养护剂养护法适用于高桥墩等难以浇水和覆盖的情况，是指将养护剂喷涂混凝土表面，待溶剂挥发后便形成一层薄膜，附于混凝土表面，使水分封闭在混凝土内，靠自身的水分进行水化作用，从而达到养护的目的。常用的养护剂有树脂型养护剂、油乳型养护剂、煤焦油养护剂和沥青养护剂。

混凝土养护时还应该注意以下几点：

(1)当结构物混凝土与流动性的地表水或地下水接触时，应采取防水措施，保证混凝土浇注后7d以内不受水的冲刷侵袭；当环境水具有侵蚀作用时，应保证混凝土在10d以内，且强度达到设计强度的70%以前，不受水的侵袭。当与氯盐、海水等具有严重侵蚀作用的环境水接触的混凝土，养护龄期一般不宜少于4周。在有冻融循环作用的环境时，宜在结冰期到来4周前完工。

(2)为预防非受力裂缝的出现，混凝土养护期间应注意采取保温措施，防止表面温度因环境因素影响(如曝晒、气温骤降等)而发生剧烈变化。特别是对大体积混凝土的养护，应根据气候条件采取控温措施，并按需要测定浇注后的混凝土表面和内部温度，将温差控制在设计要求的范围内，当设计无要求时，温差不宜超过25℃。

(3)混凝土强度达到1.2MPa前，不得在其上踩踏；强度达到2.5MPa前，不得使其承受行人、运输工具、模板、支架及脚手架等荷载。

(五)混凝土涂装

对于腐蚀性较为严重的地方施工的桥墩，应对其进行涂装施工。涂装施工时，先对混凝土表面进行打磨或冲洗处理，然后按照产品说明书拌制涂料，采用喷涂、滚涂或涂刷的涂装方法分层涂装各层涂料，并按照要求进行养生。涂装完成的涂层采用测厚仪与拉脱式涂层黏结力测试仪分别涂膜的厚度与黏结力。

四、钢筋混凝土墩台施工要点

(1)钢筋混凝土墩台施工流程图见图14-3-4。

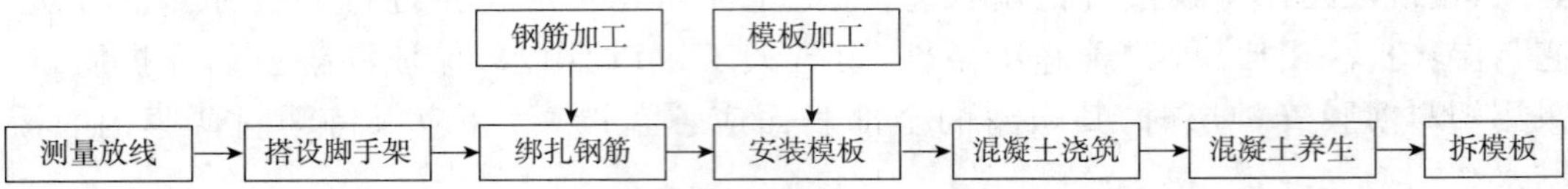

图14-3-4　钢筋混凝土墩台施工流程图

(2)墩柱和台身施工前应按图纸测量定线,检查基础平面位置、高程及墩台预埋钢筋位置。放线时依据基准控制桩放出墩台中心点或纵横轴线及高程控制点,并用墨线弹出墩柱、台身结构线、平面位置控制线。测放的各种桩都应标注编号,涂上各色油漆,醒目、牢固,经复核无误后进行下道工序施工。

(3)搭设脚手架。

脚手架安装前应对地基进行处理,地基应平整坚实,排水顺畅;脚手架应搭设在墩台四周环形闭合,以增加稳定性;脚手架除应满足使用功能外,还应具有足够的强度、刚度及稳定性。

(4)现浇混凝土墩、台钢筋的绑扎应和混凝土的浇注配合进行。在配置垂直方向的钢筋时应有不同的长度,以便同一断面上的钢筋接头能符合《公路桥涵施工技术规范》(JTG/T F50)的有关规定。水平钢筋的接头也应内外、上下互相错开。钢筋保护层的净厚度,应符合设计规范要求。

(5)对浇注混凝土的质量,应从准备工作、拌和材料、操作技术和浇注后养生这四方面加以控制。浇注应选用低流动度或半干硬性的混凝土拌和料,分层分段对称浇注,并应同时浇完一层。各段的浇注直到距模板上缘10~15cm处为止。采用插入式振捣器时,应插入下层混凝土5~10cm。要防止千斤顶和油管在混凝土和钢筋上漏油。浇注混凝土要连续操作,如因故中途停止,应按施工缝处理,脱模后若表面不平整或有其他缺陷,要予以修补。

在明挖基础上灌筑墩、台第一层混凝土时,要防止水分被基础吸收或基顶水分渗入混凝土而降低强度。

(6)在混凝土浇注过程中,应随时观察所设置的预埋螺栓、预留孔、预埋支座的位置是否移位,若发现移位应及时校正。浇注过程中还应注意模板、支架情况,如有变形或沉陷应立即校正和加固。

(7)高大的桥台,若自身后仰,本身自重力偏心较大,为平衡台身偏心,施工时应随同填筑四周路堤土方同步砌筑或浇注台身,防止桥台后倾或向前滑移。未经填土的台身施工高一般不宜超过4m,以免偏心引起基底不均匀沉陷。

(8)V形、Y形和X形桥墩的施工方法与桥梁结构体系有密切关系。通常对这类桥梁分为V形墩结构、锚跨结构和挂孔部分三个施工阶段。其中V形墩是全桥施工重点,它由两斜腿和其顶部主梁组成倒三角形结构。根据该类型桥梁的结构特点,可将V墩座和斜腿合为一部分,斜腿间的主梁为另一部分,先后分别施工。

①将斜腿内的高强钢丝束、锚具与高频焊管连成一体并和第一节劲性骨架一起安装在墩座及斜腿位置处,灌注墩座混凝土[图14-3-5a)]。

②安装平衡架、角钢拉杆及第二节劲性骨架[图14-3-5b)]。

③分两段对称浇注斜腿混凝土[图14-3-5c)]。

④张拉临时斜腿预应力拉杆，并拆除角钢拉杆及部分平衡架构件[图14-3-5d)]。

⑤安装V形腿间墩旁膺架，浇注主梁0号节段混凝土，张拉外腿及主梁钢丝束或粗钢筋。

⑥最后拆除临时预应力拉杆及墩旁膺架，使其形成V形结构[图14-3-5e)]。

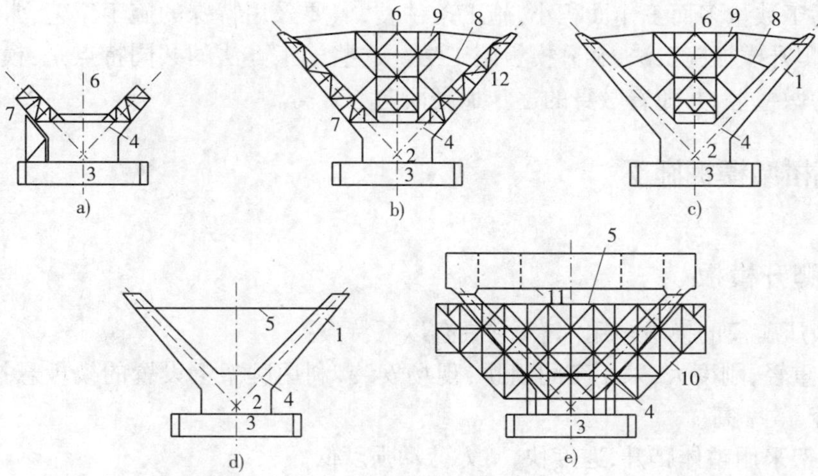

图14-3-5　V形墩施工步骤

1-斜腿；2-墩座；3-承台；4-高频焊管、钢丝束；5-预应力拉杆；6-墩中心线；

7-劲性骨架（第一节）；8-角钢拉杆；9-平衡架；10-膺架；11-梁体；12-劲性骨架（第二节）

斜腿内采用劲性骨架和在斜腿顶部采用临时预应力拉杆的作用：一是吊挂斜腿模板及其他施工荷载；二是在结构中替代部分主筋及箍筋；三是可减小施工时的斜腿截面内力。为保证施工中结构自身的稳定性和刚度，将两侧劲性骨架用钢拉杆连接在平衡架上。两斜腿间主梁的施工，是在膺架上分三段浇注，其大部分自重力由骨架承受并传至基础上。只有在V形墩顶主梁合龙时，合龙段有1/3自重力由斜腿承受。

五、墩台施工容许偏差

墩台身施工质量标准见表14-3-11。

墩台身施工质量标准　　表14-3-11

项次	规定值或允许偏差		项次	规定值或允许偏差
混凝土强度（MPa）	在合格标准内		断面尺寸（mm）	±20
竖直度（mm）	H≤30m	H/1 500，且不大于20	顶面高程（mm）	±20
	H>30m	H/3 000，且不大于30		
节段间错台（mm）	5		轴线偏位（mm）	10
预埋件位置（mm）	10		大面积平整度（mm）	5

注：表中的H为墩身、墩台高度。

第四节　高桥墩施工

公路或铁路桥梁通过深沟宽谷或大型水库时采用高桥墩，能使桥梁更为经济合理，不仅可以缩短路线，节省造价，而且可以提高运营效率，减少日常维护工作。高桥墩的特点为：墩高，圬工数量多而工作面积小，施工条件差，需要采用特殊的施工工艺，常用的有滑模施工法、爬升模板施工法、翻升模板施工法。这些施工方法的共同特点是：模板依附于浇注完成的墩壁上，并随着墩身的逐步加高而向上升高。

一、高桥墩模板施工

（一）爬升模板

自动液压爬模的模板多用木模，它具有以下特点：

(1)自重轻，刚度大，采用车间组拼，现场安装，利用爬架上设置的模板悬挂及纵、横向调节系统，效率高。

(2)爬架采用整体爬升，速度快，工人劳动强度低。

(3)采用高强度螺栓作为爬架附墙螺栓，安全性高。

1. 工艺原理

自爬模的爬升通过液压油缸对导轨和爬架交替顶升来实现。导轨和爬模架两者之间可进行相对运动。当爬模架处于工作状态时，导轨和爬模架都支撑在埋件支座上，两者之间无相对运动。退模后在退模留下的爬锥上安装连接螺杆，挂座体及埋件支座，调整上下轭棘爪方向来顶升导轨，待导轨顶升到位就位于该埋件支座上后，操作人员转到下平台拆除导轨提升后露出的位于下平台处的预埋件支座、锥形接头等。在解除爬模架上所有拉结之后就可以开始进入爬模架升降状态，顶升爬模架。这时候导轨保持不动，调整上下棘爪方向后启动油缸，爬模架就相对于导轨向上运动。通过导轨和爬模架这种交替附墙，互为提升对方，爬模架向上爬升。

2. 液压自爬模构造

液压自爬模板体系的爬升系统主要由预埋件部分、导轨部分、液压系统和操作平台系统组成，液压爬模整体剖面及爬模构造图见图 14-4-1。

(1)埋件组成

液压自爬体系的埋件系统组成有：伞形头、内连杆、锥形接头、高强螺栓等。

(2)导轨部分

导轨是整个爬模系统的爬升轨道，它包括埋件支座和导轨两部分。

埋件支座承接导轨和主梁传递的荷载，它主要承受活荷载、重力荷载、风荷载及弯矩作用等，故其具有很强抗拉，抗剪和抗弯力。同时，它还起到为导轨导向的作用。

导轨由两根槽钢及一系列梯档组焊而成，梯档间距 300mm，供上下轭的棘爪将荷载传递到导轨，进而传递到预埋件系统上。

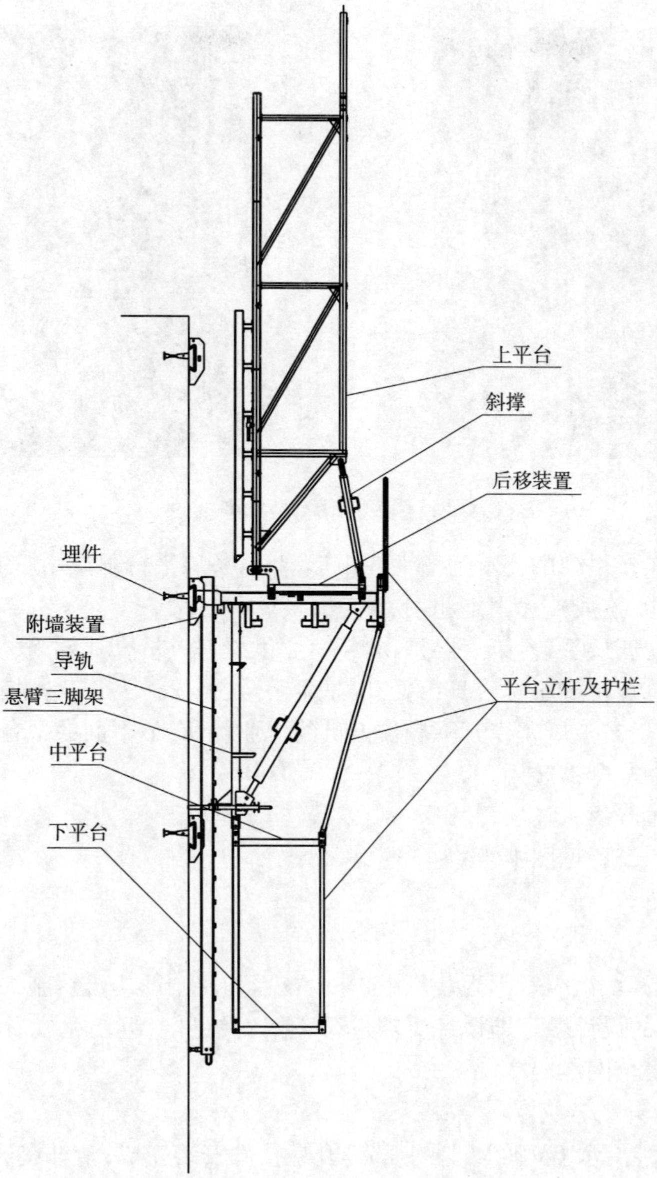

图 14-4-1　液压爬模整体剖面及爬模构造图

(3)液压爬升系统构成

如图 14-4-2 所示,液压爬升系统包括:液压泵、油缸、上轭和下轭四部分。

①液压泵和油缸

液压泵和油缸提供整个爬模系统升降动力。

②上、下轭

上、下轭是爬架与导轨之间进行力传递的重要部件,改变轭棘爪方向,实现提升爬架或导轨的转换。

(4)爬模操作平台

①墩身内外侧液压自爬模所设各操作平台,操作面的宽度均大于 700mm。外侧操作平台仅作为施工人员绑扎钢筋及操作时用,堆放的施工器材不超过设计荷载。

图 14-4-2　液压爬升系统

②墩身外侧操作平台的支承为槽钢或矩形钢管,各层平台都是用厚的木板满铺,木板与槽钢绑扎牢固,并连成整片固定起来。

③模板内设置四层平台:第一层是物料平台,供操作人员绑扎钢筋、浇灌混凝土、堆放施工器材及放置电焊机等小型机具;第二层是主平台,供操作人员移动模板、清理模板、涂刷脱模剂等;第三层是液压爬模升降操作人员的作业场所;最下面的平台则供施工作业人员拆除下层的牛腿与爬锥之用。

3. 液压爬模流程图

液压爬模施工流程见图 14-4-3。

4. 液压爬模施工

(1)架体组装

架体运至现场后,组织专门组装班组,并由技术和安全部门进行施工技术、安全交底。施工时,按照图纸的设计顺序即设计要求进行爬架的组拼。组装完成后,铺置底笼,外周边兜底封闭布设安全网。

(2)导轨的爬升

①混凝土强度达到 10MPa 以上;上部爬升悬挂件安装完成;清洁爬升导轨,导轨表面涂上润滑油;液压油缸上、下顶升装置方向一致向上。

②经确认爬升条件具备后,打开液压油缸的进油阀门,启动液压控制柜,拆除导轨顶部插销,开始导轨的爬升。

③当导轨顶升到位后,按从右到左插上爬升导轨顶部插销,以确保锁定装置到位。下降导轨顶部插销与悬挂件完全接触。

④导轨爬升完成后,关闭油缸进油阀门,关闭控制柜,切断电源。

(3)爬架架体及模板爬升

①清理爬架上的荷载;改变液压油缸上下顶升弹簧装置状态,使其一致向下;解除塔柱与爬架的连接件;完成前节段同螺栓孔的修补。

②经确认爬架爬升条件具备后,打开液压油缸的进由阀门,启动液压控制柜,拔去安全插销,开始爬架爬升。

③当爬架爬升两个行程后,拔除悬挂插销。

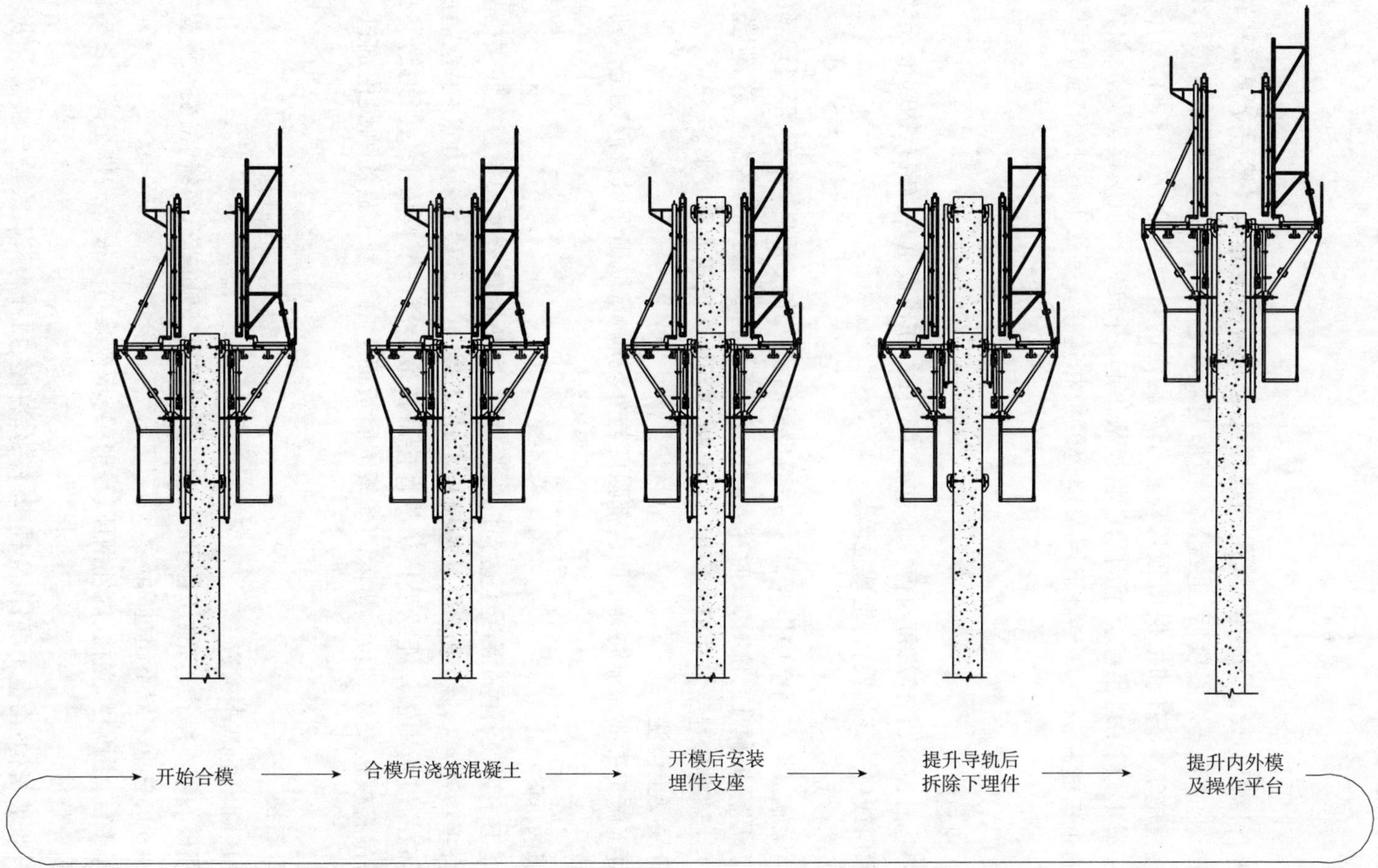

图14-4-3 液压爬模施工流程

④当爬架顶升到位后,应及时插上悬挂插销及安全插销。关闭油缸进油阀门控制柜,切断电源。

(二)翻升模板

1.塔吊翻模

(1)施工工序

首先进行模板的设计与制作、塔吊的选择及施工测量等工作。然后立模浇注首节墩身,待混凝土达到要求强度后,进行第二节墩身施工。首先绑扎安装钢筋,然后组织塔吊进行翻模施工。翻模时,保留顶层模板作为翻模的持力部分,然后拆除最下层模板开始逐一滑出,利用塔吊配合手动葫芦将模板吊起,并放置于顶层模板相应位置上,通过模板的企口缝和法兰盘与上下层及周边模板相连接。重复以上操作至墩身浇注完成。

(2)施工要点

①模板的起吊

模板翻升前,需认真计算每块模板的重心,翻升时,在模板重心位置挂钩起吊,避免起吊时翻转倾斜或碰撞其他模板,造成危险。

②模板的校立

由于高墩施工均在高空中作业,立模后对模板的校立比较困难。为此,经过现场的实践总结,在每层模板翻升就位时,及时穿入对拉杆进行加固,并处理好模板拼缝,调整其垂直度,做到层层控制,避免多种偏差积累,同时,要注意模板的扭曲和变形。

③墩身混凝土浇注

在混凝土施工中要保证混凝土的内部强度与外观质量,以确保墩身混凝土达到内实外美的目的。

④模板的拆除

翻模施工中,待浇注的混凝土达到拆模强度后,可拆除底节两层模板。底层模板采用人工配合手拉葫芦拆除,最上层一节模板不动,作为下一墩段的持力点,手拉葫芦挂在上面,拆除的模板用钢丝绳或手拉葫芦直接吊在最上层一节模板上。当钢筋绑扎完毕后,用塔吊将模板安放到位。拆除的模板清除板面上的混凝土后涂刷脱模剂进入下道工序。

2.液压翻模

(1)液压翻模的基本构造

液压翻模的基本结构包括:工作平台、提升收坡机构、液压提升系统、吊架和模板等部分(图14-4-4),总重一般不超过25t。

①工作平台:由围栏、立柱、内外钢环、辐射梁、步板梁与步板等构件组成。各构件用螺栓连接成一整体。

②提升收坡机构:由上下联杆、立柱、丝杆、丝杆座、顶杆、套管、滚轮与轴等零件组成。

③模板:模板分内、外模板。外模板分固定模板和抽动模板两种尺寸;内模板分固定模板、抽动模板两种尺寸。

④内外吊架:由竖杆、横杆、步板架与步板组成,工厂焊接,现场安装。

⑤提升设备:由千斤顶、操纵台、高压钢丝油管、分油器等组成。

⑥附属设备:包括配电盘、养生水管、起重指挥、通信联络信号设备以及其他专用工具、安全防护措施。

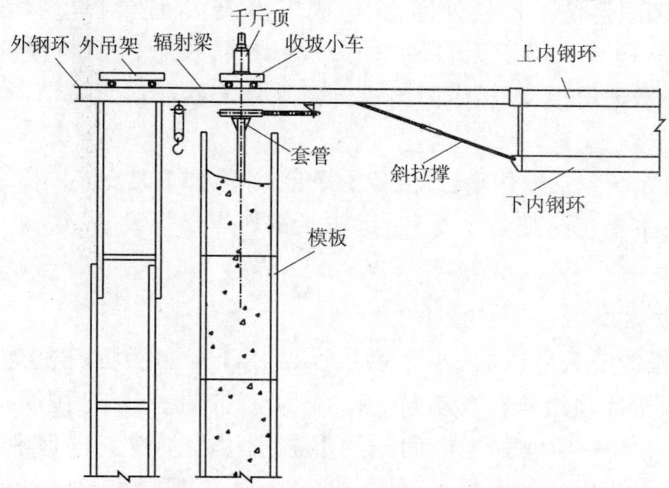

图 14-4-4　翻模结构示意图

(2)液压翻模的工作原理

利用液压提升系统提供的工作动力,带动操作平台系统沿支杆往上爬。通过控制液压操作台的滑升与回油,反复进行,使液压千斤顶带动操作平台不断上升。模板翻升利用 2t 的倒链滑车吊运。

(3)施工流程

工艺流程如下:翻模组装→绑扎钢筋→灌注混凝土→提升平台→模板翻升。

实施作业时,模板的翻升和灌注混凝土可同时进行,平台就位后再进行立模,立模应先内后外,内模调整到位后再立外模,外模通过撑木和对拉螺栓定位。施工期间穿插进行顶杆接长和混凝土养护等作业。

(三)滑模施工

1. 滑模系统的构造

滑模系统通常由提升设备、模板系统和操作平台系统及配套设备组成。三者连接成一个整体,同步滑升。

(1)提升设备包括提升架、顶杆、千斤顶及附属设施。

提升架为框架结构,其作用是将模板全部荷载传递给千斤顶,并将操作平台与模板系统连成整体。

顶杆是千斤顶向上爬升的轨道,亦称爬杆或支撑杆,位于墩壁中间,采用丝扣连接逐渐接长,在滑模施工过程中,承受全部荷载并传给基础。顶杆分为不可回收与可回收两种,前者将浇注在墩壁内,成为桥墩结构的一部分;而后者需在千斤顶横梁底部设置一套管,长度达模板底面,套管随模板同时提升,在墩壁内形成管孔,模板完成终升后拔出顶杆,完成回收,可重复使用。

千斤顶是施工过程中的起重设备,有螺旋千斤顶和液压千斤顶。实际施工中,后者应用较多。

附属设施指顶杆套管、油泵、高压油管及控制系统等。

(2)模板系统包括模板及模板围圈。模板一般采用薄钢板制作。为便于拼接,相邻模板之间多用螺栓连接。为了加强模板的刚度,通常在模板外侧设置纵向加劲肋和横向围圈。模板围圈是位于模板外围,用于固定模板、保证模板形状并将模板与提升架立柱连接起来的构件。用于无斜坡空心墩的滑模,模板围圈与提升架立柱直接连接;用于斜坡空心墩的滑模,模板围圈与提升架立柱之间需设置调节丝杆,以便沿径向移动模板。

(3)操作平台系统包括操作平台、混凝土平台、外吊脚手架及液压操纵平台。

(4)配套设备主要包括混凝土拌和、运输及钢筋焊接等设备,这与一般桥墩的设备相同。

2. 滑模的提升原理

液压滑升模板的滑升是以"液压"为动力,液压千斤顶为提升机具,在液压控制装置的控制下,液压千斤顶沿爬杆自动向上爬升,从而带动提升架、围圈、模板、操作平台等一起上升。爬杆的一端埋置于已固结的混凝土中。在施工过程中,随着模板的滑升,自模板上口往模板内浇注混凝土,使之成型,待入模板混凝土强度达到能承担自身质量而保持自身形状不变时,提升模板。如此交替浇注与提升,直到达到结构物设计高程。

3. 滑模的现场组装

滑模现场组装质量的优劣,直接影响到滑升施工的工程质量、进度及施工安全。在组装时,需要随时对滑模各构件进行检查,对质量和施工安全有影响的构(配)件,必须剔除或经过处理,合格后才能使用。组装前,需清理好现场,理直墩壁上的预留钢筋,清除残渣,放好墩壁中心线,检查墩壁基底上的截面尺寸和平直度,不平之处凿除找平,再进行滑模组装。

组装顺序:施工放样、绑扎钢筋后,拼装外模板→安装外提升架腿→安装外模板→安装外挑架、连接钢管→铺外平台→安装千斤顶及油路、调试液压系统→插支承杆→调平后设限位卡→组装完成后按设计要求及组装质量标准全面检查后,开始浇注变截面混凝土→滑升到变截面混凝土完毕后停滑→安装提升架内腿及内模→铺设内平台→继续滑升。

4. 滑模混凝土施工工艺

(1)初滑

初滑在滑模拼装验收合格后首次灌注水泥混凝土时进行,按普通水泥混凝土要求依次浇注至与模板平齐,这期间根据灌注时间、速度和水泥混凝土强度等情况,考虑是否提升 1 ~ 2 次,每次提升 1 ~ 2 个行程(每行程 3cm),以免造成出模强度偏大,滑升困难。

(2)正常滑升

完成初滑后,即可进入正常滑升阶段。每浇注一层混凝土,即每滑升一次,力争使滑升高度与混凝土浇注厚度基本一致。在正常滑升阶段,浇注混凝土、绑扎钢筋和滑升模板交替进行。一般混凝土浇注和模板滑升速度控制在 20cm/h 左右。正常滑升阶段应分多次慢慢滑升,每次连续滑升高度不宜超过 30cm,要经常停下来检查构件与设备是否正常工作。各项作业之间要紧密配合。

(3)停滑

按照墩身依次滑升浇注混凝土,混凝土浇至要求高程后,即停止滑升。停滑后,要防止混凝土粘模,故每隔 1h 需提动 1 次模板,一般经 8h 左右可不再提动模板。

(4)空滑

在依次滑升浇注混凝土时,当滑模滑升至横隔板处需将滑模向上空滑 1m,以便安置下节外侧模板,绑扎横隔板钢筋,浇横隔板混凝土。由于空滑时千斤顶支承杆自由长度大,为避免造成失稳,因此需进行加固。

在整个滑升过程中,对于墩壁有斜坡的情况,在提升模板的过程中应转动调节丝杆,使桥墩侧面斜坡满足设计要求。

5. 滑模的偏扭控制与调整

(1)墩台垂直度的控制

在施工过程中,要勤观测、及时防偏纠偏。产生中线偏移、水平偏移及扭转的原因主要有荷载布置不均、千斤顶爬升不同步或部分千斤顶不工作、混凝土灌注不均匀等。结构一旦产生偏扭,即要采取纠偏措施。实际操作中,每滑升 1m,就进行一次中心校正。滑升中如有偏斜,应查明原因,有的放矢。一般情况下可将较低一侧的千斤顶抬高 2 ~ 4cm 后逐渐纠正,一次纠正量不宜过大,以免产生明显的弯曲现象。

(2)操作平台水平度的控制

操作平台一旦发生倾斜,将导致顶杆弯曲、墩台结构发生偏转并使滑升困难。所以,平台上堆料要均匀放置,并注意均匀对称分层浇注混凝土。还要经常做到精心观测和调整。可用水平仪观测千斤顶高差,并在顶杆上画线标记千斤顶应滑升的高度,在同一水平面上的千斤顶高差不能大于 2cm,相邻千斤顶的高差不能大于 1cm。

6. 停工处理

滑模施工一般应连续进行,特殊情况下需要停工时作停工处理。停工后每隔 1 ~ 1.5h 提升模板一个行程,直至模板与混凝土不发生黏结时为止,此段时间一般需 6h 以上,再次灌筑混凝土应在停工 24h 以后。灌筑前先将混凝土表面凿毛,用高压水冲洗干净,再灌筑 1 ~ 2cm 厚石子减半的混凝土,然后按原配合比继续灌筑。

7. 常见问题的处理方法

滑模施工中常见的问题、原因分析及处理方案如表 14-4-1 所示。

滑模施工中常见的问题、原因分析及处理方案 表 14-4-1

常见问题	原因分析	处理方案
局部坍塌	分段不当,提升过快	采用同强度等级细石混凝土,合理掌握提升速度
掉角	千斤顶高差偏大、脚部震动不好	调整千斤顶升差,角部采用 $\phi30$ 振捣棒振捣,清理角模
贯穿裂缝	千斤顶倾斜,提升间隔时间太长、模板变形	加强纠偏,加强混凝土灌注速度凿出裂缝后重新灌注
混凝土渗油	千斤顶或油管漏油	加强油路检查,更换漏油件
千斤顶卡死	千斤顶钢珠四周被混凝土浆污染	加强千斤顶的保护,更换掉被卡死的千斤顶

续上表

常见问题	原因分析	处理方案
千斤顶回落	支撑杆上压痕太多太深	更换支撑杆
扭转及偏移	千斤顶爬升不同步,操作平台荷载不均匀,混凝土灌注程序不合理,风力及外冲击	多检查、及时纠正、荷载堆放均匀,分层交替灌注混凝土,设串筒和混凝土浇注平台减缓冲击力
龟裂和铁锈	养护不及时,扎丝外漏	及时养护,扎丝朝上、朝内

二、透水模板布

在桥墩施工中,采用透水模板布施工工艺,能改善混凝土外观质量、减少气泡,提高混凝土表面致密性,但模板布的成本较高,经济性较差,常用于外观要求较高的桥墩施工中。

(一)透水模板布工作原理

透水模板布又称可控混凝土模板衬垫,是一种安装在混凝土模板内侧,以排出混凝土表层多余水分和空气,并截留混凝土表层颗粒的纤维结合体。透水模板布一般由过滤层和透水层复合而成。

透水模板布工作机理为:浇注混凝土后,在混凝土内部压力、混凝土透水模板布的毛细作用及振捣棒等共同作用下,混凝土中多余的水分、气泡穿过模板布的过滤层进入垫料层,气泡在垫料层中逸出,水分中的一部分积聚在垫料层中,多余的水分沿模板布外沿渗出。多余的水分排出后,混凝土表层水与水泥的比值水胶比降低,并确保混凝土在养护期间保持高湿度。

(二)透水模板布特点

1. 透水模板自身特点

(1)透水模板布以改性高分子聚丙烯纤维为主要原料,经过特殊工艺加工而成,是亲水性的复合纤维组织,具有复合的两层功能。

(2)表层(过滤层)光洁、致密,具有微细小孔,平均孔径为 20 ~ 35μm,与混凝土直接接触能透过水和空气而阻止水泥颗粒通过。

(3)毛面层(垫料层),厚度 1 ~ 2.5mm,具有保水透气的性能,保水能力大于 0.25L/m^2,排水能力大于 0.4L/m^2。作用:保留适当的水分,多余的水分渗出,气体透出,使混凝土表层始终处于潮湿的环境当中。

2. 使用透水模板布的优点

(1)可以有效减少构件表面混凝土的气泡,使混凝土更加致密。

(2)可以使混凝土中的部分水分排出而水泥颗粒留在混凝土里,导致数毫米深的混凝土表面水胶比显著降低。

(3)使构件表面形成一层富含水化硅酸钙的致密硬化层。大大提高混凝土表面硬度,耐磨性、抗裂强度、抗冻性,使混凝土的渗透性、碳化深度和氯化物扩散系数也显著降低。

(4)减少了混凝土内部与外界交换物质的可能,从而提高了构件的耐久性。

(5)混凝土透水模板布具有均匀分布的孔隙,水能通过渗透和毛细作用经透水模板均匀排出,不形成聚集,这样有效减少砂斑、砂线等混凝土表面缺陷的产生。

(6)混凝土透水模板布的保水作用,为混凝土养护提供了一个良好的条件,减少了细微裂缝的产生。

(三)透水模板布工艺流程及操作要点

1. 透水模板布工艺流程

透水模板布工艺流程如图14-4-5所示。

模板表面清理 → 模板布裁剪 → 喷胶 → 粘贴模板布 → 保养

图14-4-5　透水模板布工艺流程图

2. 透水模板布施工操作要点

(1)在施工前应确保模板表面清洁、干燥,如模板表面生锈,应先对模板表面进行除锈处理,然后用水冲洗干净;冲洗之后的模板,上胶之前一定要晒干或晾干。

(2)在清理干净的模板均匀喷涂一层专用胶(固尔奇899万能气雾胶黏剂),接缝或者需要穿孔的地方适当多涂;约10min后,待胶中溶剂适当挥发后,再铺板布。

(3)模板布应保持干燥。在喷胶前,根据模板表面大小剪裁好模板布。粘贴模板布时,接头部位应重叠2cm左右,然后用刀片切去多余的部分。特别要注意曲面位置模板布的粘贴,模板布应平顺,无折皱存在,以免影响混凝土外观质量。由于模板布使用时,混凝土表面的自由水需经过模板布垫层排出模板,因此模板布粘贴时应外露模板外2~5cm,保证自由水的顺利排出。

(4)模板粘贴好后,不要放在太阳下暴晒,用雨布覆盖。防止因暴晒模板变形,模板布脱胶鼓起或者起皱;严谨在贴好的模板布表面踩踏。

(5)模板安装前应仔细对模板布的粘贴情况进行检查,发现起皱、脱胶等问题应及时处理。为防止模板布在安装时被钢筋等硬物挂破、挂皱,模板安装不宜采用整体式安装,应采用现场拼装。

(6)模板布粘贴好后应在24h内进行相应的构件浇注。浇注混凝土宜在每天最低温度时进行,当气温较高时应用冷水喷洒模板降温。然后再进行混凝土施工。施工振捣混凝土时,要求振动棒应避免碰到钢筋和模板,距模板10~15cm,防止损坏模板布。

(7)模板布在排除自由水时,大量水泥小颗粒因模板布的过滤作用,几乎全部镶嵌在模板布表面的滤眼上,大大增加了模板布和混凝土的黏结力,因此采用模板布时,拆模时间不宜大于12h,以免增加拆模的难度和造成模板布的损坏。

(8)由于混凝土具有收缩性,模板布具有一定的弹性,构件浇注成型后,模板和混凝土之间会出现一定的空隙,因此在混凝土构件完成后,若混凝土表面泌水较多时,应及时清理,防止对混凝土面造成污染。

(9)随着模板布的粘贴次数的增加,模板表面会形成一层黄色的胶水层,从而影响模板的平整度,因此在进行下次模板布的粘贴时,应将模板表面胶水层清理干净。

(10)模板布的使用次数不宜超过两次。

(四)透水模板布质量控制

透水模板布应符合现行《混凝土工程用透水模板布》(JT/T 736)的要求。生产控制指标应符合表14-4-2的规定,外观要求应符合表14-4-3。

生产控制指标　　表14-4-2

序号	序号项目	技术要求
1	名义单位面积质量偏差(%)	≥ -10
2	厚度(mm)	≥0.6
3	厚度偏差(%)	±15
4	幅度偏差(%)	±0.5
5	厚度压缩比 H(%)	35≤H≤70
6	过滤层平均孔径(μm)	≤40
7	透气性[$m^3/(m^2 \cdot s)$]	≤4
8	排水能力(L/m^2)	≥0.4
9	保水能力(L/m^2)	≥0.25
10	梯形撕破强力(N)	纵向≥250,横向≥200

外观要求　　表14-4-3

序号	疵点名称	轻缺陷	重缺陷	说明
1	永久性折痕(mm)	长度≤100	长度>100	
2	杂物(mm)	软质,粗≤5	硬质;软质,粗>5	
3	边不良(mm)	≤3 000时,每500计一处	>3 000	
4	破损(mm)	≤5	>5,破洞	以疵点最大长度计

三、施工设备的布置

(1)高墩施工需配备的主要设备有:塔吊、电梯(有条件)、混凝土搅拌车、混凝土泵等,具体性能和参数见本章第二节。

(2)塔吊的布设除了满足墩身施工外,同时还应兼顾上部施工需要。

(3)上下安全通道的选型及布置应满足安装方便、运行安全可靠、运输效率高、抗风稳定性好、施工安全可靠等要求。上下安全通道优先选择电梯,一般墩身可采用爬梯,较高墩身则宜采用电梯。

(4)混凝土泵管布置应满足墩身混凝土的浇注要求。为方便混凝土泵管的安装、拆卸及维修,宜将泵管布置在塔吊立柱上,也可以布置在墩侧电梯附墙的位置。

四、钢筋安装

(1)对于大于30m的桥墩,在钢筋安装时宜设置劲性骨架,骨架底端锚固在混凝土内部,骨架立柱截面应经过计算选取;钢筋接高前严格测量劲性骨架水平定位型钢的平面位置，通过精确控制水平定位型钢的位置，确保竖向主筋接高后的垂直度和平面位置。

（2）竖向主筋安装到位后，应迅速安装箍筋，并及时设置抗风缆。

（3）在较高位置，风力超过6级时不宜安装钢筋，钢筋施工时分节高度不宜大于9m，以确保施工安全。

（4）下一节段钢筋绑扎时，上一节段混凝土强度应达到2.5MPa以上。

五、高墩防裂措施

（1）精心设计混凝土配合比。混凝土配合比设计时，在保证混凝土具有良好工作性的情况下，应尽可能地降低混凝土的单位用水量，采用"三低（低砂率、低坍落度、低水胶比）、二掺（掺高效减水剂和高性能引气剂）、一高（高粉煤灰掺量）"的设计准则，生产出"高强、高韧性、中弹、低热和高极拉值"的抗裂混凝土。

（2）选择在一天当中温度较低的时候浇注混凝土。混凝土配料前，对粗集料进行浇水降温，浇注前对主墩模板在外面进行浇水降温处理，以降低混凝土入模温度，防止其与混凝土凝固时产生的水化热叠加。

（3）混凝土浇注过程中，应采取措施防止离析。混凝土浇注采用分层连续浇注，分层浇注时间不得超过混凝土初凝时间，防止出现冷缝。振捣混凝土时，振捣棒快插慢拔，防止漏振及过振，确保混凝土振捣到位、密实。

（4）加强混凝土的早期养护，并适当延长混凝土的养护时间。冬季施工时要适当延长混凝土保温覆盖时间，并涂刷养护剂养护。

（5）做好墩底、墩顶实心段大体积混凝土温度控制，必要时，设置冷却水管。

（6）模板的拆除、爬升等环节必须在混凝土养生至规定强度后方可作业，避免早期受力裂缝的产生。

六、高墩作业平台设置要求

高墩施工中，高处作业必须搭设作业平台。

（1）操作平台一般由三角角钢支架和钢筋组成，在每节模板中间设置，为了运输与施工便捷，支架与模板采用栓接，螺栓拧紧后，在支架上铺设竹胶板。

（2）使用前应经检查、验收，确认合格并形成文件，使用中应随时检查，确认安全。

（3）搭设与拆除脚手架应符合脚手架相关安全技术要求；作业平台的脚手板必须铺满、铺稳。

（4）作业平台临边必须设防护栏杆，并应符合下列要求：

①在混凝土结构上固定栏杆柱时，采用钢质材料时可用预埋件与钢管或钢筋焊牢。

②栏杆的整体构造和栏杆柱的固定，应使防护栏杆在任何处能承受任何方向的1kN外力。防护栏杆的底部必须设置牢固的、高度不低于18cm的挡脚板；挡脚板下的空隙不得大于1cm；挡脚板上有孔眼时，孔径不得大于2.5cm。

③防护栏杆应由上、下两道栏杆和栏杆柱组成，上杆离地高度应为1.2m，下杆离地高度应为50～60cm。栏杆柱间距应经计算确定，且不得大于2m。

（5）高处临街的防护栏杆应加挂安全网，或采取其他全封闭措施。

第五节　石料及混凝土砌块墩台的施工

一、施工所需材料要求

石砌墩台具有就地取材经久耐用等优点，常修建在石料丰富地区。石砌墩台是用片石、块石、混凝土预制及粗石料块砌筑而成的，所用材料的有关规定和要求见表 14-5-1。

砌体用料有关规定和要求　　表 14-5-1

<table>
<tr><th colspan="2">类　别</th><th colspan="6">砌体用料有关规定和要求</th></tr>
<tr><td rowspan="12">石料</td><td rowspan="4">石料强度及换算系数</td><td colspan="6">石材强度等级，可用边长为 70mm 的立方体试件在浸水饱和状态下的抗压极限强度表示，抗压强度取三个试件破坏强度的平均值</td></tr>
<tr><td colspan="6">石料强度换算系数</td></tr>
<tr><td>立方体边长(mm)</td><td>200</td><td>150</td><td>100</td><td>70</td><td>50</td></tr>
<tr><td>换算系数</td><td>1.4</td><td>1.28</td><td>1.14</td><td>1</td><td>0.86</td></tr>
<tr><td rowspan="5">砌体材料抗冻性指标</td><td colspan="6">累年最冷平均气温低于 -10℃ 的地区，所用的石材抗冻性指标应符合以下规定</td></tr>
<tr><td colspan="6">砖、石及混凝土材料抗冻性指标</td></tr>
<tr><td colspan="2">结构物类别</td><td colspan="2">大、中桥</td><td colspan="2">小桥及涵洞</td></tr>
<tr><td colspan="2">镶面或表层</td><td colspan="2">50</td><td colspan="2">25</td></tr>
<tr><td colspan="6">注：抗冻性指标系指材料在含水饱和状态下经 -15℃ 的冻结与融化的循环次数。试验后的材料应无明显损伤(裂缝、脱层)，其强度不低于试验前的 0.75 倍</td></tr>
<tr><td>片石</td><td colspan="6">片石，一般系指由爆破或楔劈法开采的石块，厚度不应小于 15cm(卵形和薄片者不得使用)。用于镶面的片石，应选择表面平整、尺寸较大者，并应稍加修整</td></tr>
<tr><td>镶面
块石</td><td colspan="6">块石形状应大致方正，上下面大致平整。厚度 t 为 20 ~ 30cm，宽度 b 为厚度 t 的 1.0 ~ 1.5 倍，长度 L 为厚度 1.5 ~ 3.0 倍(如有锋棱锐角，应予敲除)。块石用作镶面时，应由外露面四周向内稍加修凿，后部可不修凿，但应略小于修凿部分</td></tr>
<tr><td>镶面粗料石</td><td colspan="6">粗料石的外形应方正，呈六面体，厚度应为 20 ~ 30cm，宽度应为厚度的 1.0 ~ 1.5 倍，长度为厚度的 2.5 ~ 4.0 倍，表面凹陷深度应不大于 2cm。加工镶面粗料石时，丁石长度应比相邻顺石宽度大 15cm；修凿面每 10cm 长应有錾路 4 ~ 5 条，侧面修凿面应与外露面垂直，正面凹陷深度不应超过 15mm，外露面带细凿边缘时，细凿边缘的宽度应为 3 ~ 5cm</td></tr>
<tr><td rowspan="4">石料
强度</td><td rowspan="4">技术标准</td><td colspan="6">《公路圬工桥涵设计规范》(JTG D61—2005)</td></tr>
<tr><td colspan="2">序号</td><td colspan="2">结构物种类</td><td colspan="2">材料最低强度(MPa)</td></tr>
<tr><td colspan="2">1</td><td colspan="2">大、中桥墩台及基础，梁式轻型桥台</td><td colspan="2">MU40 石材
C25 混凝土(现浇)
C30 混凝土(预制块)</td></tr>
<tr><td colspan="2">2</td><td colspan="2">小桥涵墩台及基础、挡土墙</td><td colspan="2">MU30 石材
C20 混凝土(现浇)
C25 混凝土(预制块)</td></tr>
<tr><td colspan="2">混凝土预制块</td><td colspan="6">混凝土预制块的规格应与粗料石相同，表面应平整，强度应符合设计要求</td></tr>
</table>

续上表

<table>
<tr><th colspan="2">类　别</th><th colspan="4">砌体用料有关规定和要求</th></tr>
<tr><td rowspan="11">砌筑砂浆与抹面砂浆</td><td>砌筑砂浆试块验收强度合格标准</td><td colspan="4">同一验收批砂浆试块抗压强度平均值必须大于或等于设计强度等级所对应的立方体抗压强度;同一验收批砂浆试块抗压强度的最小一组平均值必须大于或等于设计强度等级所对应的立方体抗压强度的0.75倍。
(1)砌筑砂浆的验收批,同一类型、强度等级的砂浆试块应不少于3组。当同一验收批只有一组试块时,该组试块抗压强度的平均值必须大于或等于设计强度等级所对应的立方体抗压强度。
(2)砂浆强度应以标准养护、龄期为28d的试块抗压试验结果为准</td></tr>
<tr><td>砂的粒径含泥量</td><td colspan="4">砂浆用水泥、砂、水质量标准与混凝土工程材料宜取相应标准,用砂宜用中粗砂为好。砂的最大粒径:用于砌筑片石时,不宜超过5mm;用于砌筑块石、粗料石时,不宜超过2.5mm。如砂的含泥量达不到混凝土用砂的标准,当砂浆强度等级不小于M5时,可不超过5%,当强度等级小于M5时,可不超过7%</td></tr>
<tr><td rowspan="9">砂浆稠度选择</td><td colspan="4">砌筑砂浆与抹面砂浆</td></tr>
<tr><td rowspan="4">砌筑砂浆</td><td rowspan="2">砂浆用途</td><td colspan="2">适宜的圆锥体沉入度(cm)</td></tr>
<tr><td>炎热干燥环境</td><td>寒冷潮湿环境</td></tr>
<tr><td>砖砌体</td><td>7~10</td><td>6~8</td></tr>
<tr><td>石砌体</td><td>5~7</td><td>4~5</td></tr>
<tr><td rowspan="4">抹面砂浆</td><td>抹面名称</td><td>圆锥沉入度(cm)</td><td>砂的最大粒径(mm)</td></tr>
<tr><td>底层</td><td>10~12</td><td>2.5</td></tr>
<tr><td>垫层</td><td>7~9</td><td>2.5</td></tr>
<tr><td>面层</td><td>6~8</td><td>1.2</td></tr>
<tr><td rowspan="2">改善砂浆和易性的塑化剂掺量</td><td>掺塑化剂的砂浆</td><td colspan="4">为改善水泥砂浆的和易性,可掺入无机塑化剂或以皂化松香为主要成分的微沫剂等有机塑化剂,其掺量可参照生产厂家的规定并通过实验确定,一般为水泥用量0.5/10 000~1.0/10 000(微沫剂按100%纯度计)。采用微沫剂时,宜用不低于70℃的水稀释至5%~10%的浓度,稀释后存放不宜超过7d。各类砂浆均应用机械拌和,拌和时间宜为3min</td></tr>
<tr><td>拌和与使用</td><td colspan="4">砂浆配制应采用质量比,并应随拌随用,保持适宜的稠度,一般宜在3~4h内使用完毕,气温超过30℃时,宜在2~3h内使用完毕。在运输过程中或储存中发生离析、泌水的砂浆,砌筑前应重新拌和;已凝结的砂浆,不得使用</td></tr>
<tr><td rowspan="2">小石子混凝土</td><td>配比与粗集料</td><td colspan="4">小石子混凝土的粗集料可采用细卵石或碎石、其最大粒径一般不宜大于2cm</td></tr>
<tr><td>拌和物坍落度</td><td colspan="4">小石子混凝土拌和物,应具有良好的和易性。其坍落度要求:对于片石砌体宜为5~7cm,块石砌体可为7~10cm。为改善小石子混凝土拌和物的和易性并节约水泥,可通过实验,在拌和物中掺入一定数量的减水剂等外加剂或粉煤灰等混合材料</td></tr>
</table>

二、墩台的砌筑

(一)墩台砌筑方法

在砌筑前应按设计图放出实样,挂线砌筑。墩台砌筑分为基础砌筑和墩台身砌筑两部分。

1. 基础砌筑

当基础开挖完毕并处理后，即可砌筑基础。砌筑时，应自最外边缘开始（定位行列），砌好外圈后填砌腹部。

基础一般采用片石砌筑。当基底为土质时，基础地层石块可不铺座灰，直接干铺于土基上；当基底为岩石或混凝土基底时，则应将基底表面清洗、润湿，再坐浆砌筑。第一层砌筑的石块应尽可能挑选大块的，平放铺砌，且交替丁放和顺放，并用小石块将空隙填塞，灌以砂浆，然后开始一层一层平砌。每砌 2 ~ 3 层就要大致找平后再砌。

2. 墩台身砌筑

当基础砌筑完毕，并检查平面位置和高程均符合设计要求后，即可砌筑台身。砌筑前应将基础顶洗涮干净。砌筑时，桥墩先砌上下游圆头石或分水尖；桥台先砌四角转角石，然后在已砌石料上挂线，砌筑边部外露部分，最后填砌腹部。

墩台身可采用浆砌片石、块石或粗料石砌筑（内部均用片石填腹）。不同材料、不同结构形式，相应的砌筑方法也不同。

为了美观和更好的防水，墩台表面砌缝，靠外露面需另外勾缝，靠隐蔽面随砌随刮平。

（二）墩台砌筑技术要点

（1）在砌筑前应按设计图放出实样，挂线砌筑。形状比较复杂的工程，应先作出配料设计图，注明块石尺寸；形状比较简单的，也要根据砌体高度、尺寸、错缝等，先行放样配好料石再砌。

（2）砌块在使用前，必须浇水润湿，表面如有泥土、水锈，应清洗干净。

（3）砌体应分层砌筑，砌体较长时可分段分层砌筑，但两相邻工作段的砌筑差一般不宜超过 1.2m；分段位置宜应尽量设在沉降缝或伸缩缝处，各段水平砌缝应一致。

（4）各砌层应先砌外圈定位行列，再砌筑里层，其外圈砌块应与里层砌块交错连接成一体。砌体外露面石料的镶面种类应符合设计规定，对有流水或有漂浮物河中的墩台，其镶面宜选用较坚硬的石料或较高强度等级混凝土预制块进行镶砌。砌体里面应砌筑整齐，分层应与外圈一致，应先铺一层适当厚度的砂浆再安放砌块和填塞砌缝。砌体的外露面应进行勾缝，并应在砌筑时靠外露面预留深约 20mm 的空缝作勾缝之用。砌体隐蔽面的砌缝可随砌随刮平，不另勾缝。

（5）各砌层的砌块应安放稳固，砌块间的砂浆应饱满，黏结牢固，不得直接贴靠或脱空。砌筑时，底浆应铺满，竖缝砂浆应先在已砌石块侧面铺放一部分，然后在石块放好后用砂浆填满捣实。用小石子混凝土填竖缝时，应捣固密实。

（6）砌筑上层块时，应避免振动下层砌块。砌筑工作中断后恢复砌筑时，已砌筑的砌层表面应加以清扫和湿润。

（7）采用浆砌块石砌筑墩台时，块石应平砌，每层石料高度应大致相同。对外圈定位行和镶面石块，应丁顺相间或两顺一丁排列，砌缝宽度应不大于 30mm，上下竖缝的错开距离应不小于 80mm。砌体里层平缝的宽度不应大于 30mm，竖缝宽度不应大于 40mm，用小石子混凝土砌筑时，应不大于 50mm。

（8）在浆砌粗料石及混凝土预制块墩台的砌筑施工前，应先计算层数并选好料，砌筑时应严格控制平面位置和高度。镶面石应一丁一顺排列，砌缝应横平竖直。砌缝的宽度，对粗料石不应大于20mm，对混凝土预制砌块不应大于10mm；上下层竖缝错开的距离应不小于100mm，同时在丁石的上层或下层不宜有竖缝。砌体里层为浆砌块石时，应符合块石浆砌的规定。

(9)桥墩破冰体镶面的砌筑应符合下列要求：

①破冰凌与垂线的夹角大于20°时，镶面的横缝应垂直于破冰凌；当夹角小于或等于20°时，镶面横缝可成水平。

②破冰体镶面的砌筑层次应与墩身一致。砌缝的宽度应为10~12mm。

③不得在破冰凌中线上及破冰凌与墩身相交线上设置砌缝。

(10)在砌筑中应经常检查平面外形尺寸及侧面坡度是否符合设计要求。浆砌砌体应在砂浆初凝后覆盖养生7~14d，养护期间应避免碰撞、振动或承重。

三、施工质量检验标准

1. 砂浆质量要求

砂浆抗压强度合格条件如下：

(1)同等级试件的平均强度不低于设计强度等级。

(2)任意一组试件最低值不低于设计强度等级的75%。

2. 砌体质量要求

砌体质量应符合下列规定：

(1)砌体所用各项材料类别、规格及质量应符合设计要求及现行《公路桥涵施工技术规范》(JTG/T F50)要求。

(2)砌缝砂浆或小石子混凝土铺填饱满、强度符合要求。

(3)砌缝宽度和错缝距离符合设计或现行《公路桥涵施工技术规范》(JTG/T F50)要求，勾缝坚固、整齐，深度和形式符合要求。

(4)砌筑方法正确，砌筑位置、尺寸不超过允许偏差。

墩、台砌体施工质量标准见表14-5-2。

墩、台砌体施工质量标准 表14-5-2

项　目		规定值或允许偏差
砂浆强度(MPa)		在合格标准内
轴线偏位(mm)		20
墩台宽度及长度(mm)	片石	+40，-10
	块石	+30，-10
	粗料石	+20，-10
大面积平整度(mm)	片石	30
	块石	20
	粗料石	10
竖直度或坡度	片石	0.5
	块石、粗石料	0.3
墩台顶面高程		±10

第六节　装配式墩台施工

一、装配式墩台类型及施工简介

在跨越山谷、险沟、海洋的大桥建设中，由于施工场地狭窄，机械设备难以达到施工现场，或是运输成本过高等原因，大桥的墩台常采用装配式墩台。装配式墩台的优点为结构形式轻便，安装速度快，不需要大型水上拌和船等大型设备，节省施工造价并能保证预制构件的质量。

(一)砌块式墩台施工

砌块式墩台的施工大体上与石砌墩台相同，只是预制砌块的形式因墩台形状不同而有很多变化。砌块式墩台不仅节约木材、混凝土量和大量铁件，而且砌缝整齐，外貌美观，施工速度快。

(二)装配式柱式墩施工

装配式柱式墩是将桥墩分解成若干轻型部件，在工厂或工地集中预制，再运送到现场装配成桥梁。装配式柱式墩形式有双柱式、排架式、板凳式和钢架式。施工工序为预制构件、安装连接与混凝土填缝养护等，既要牢固、安全，又要结构简单、便于施工。图 14-6-1 为钢架式拼装墩。

钢架式拼装墩见图 14-6-1。

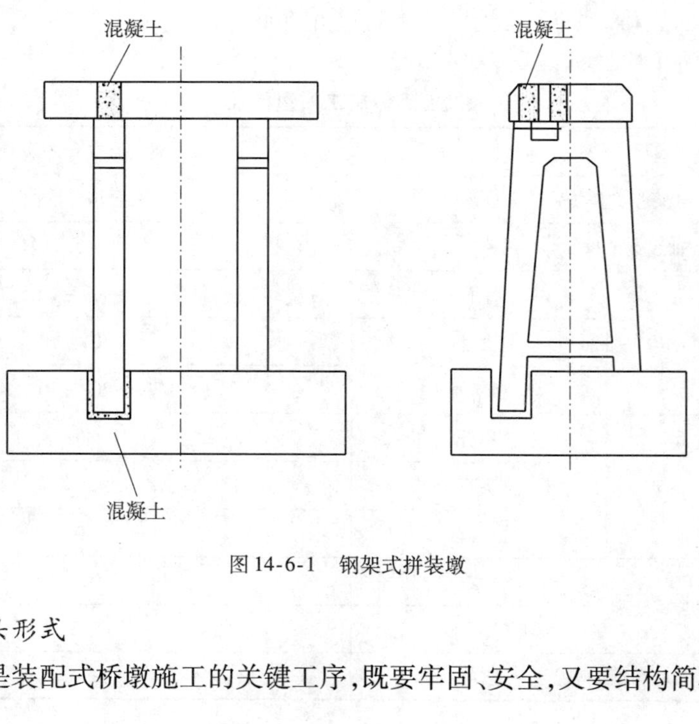

图 14-6-1　钢架式拼装墩

1. 拼装接头形式

拼装接头是装配式桥墩施工的关键工序，既要牢固、安全，又要结构简单便于施工，常用的拼装接头有：

(1)承插式接头：将预制构件插入相应的预留孔内，插入长度一般为1.2～1.5倍的构件宽度，底部铺设2cm砂浆，四周以半干硬性混凝土填充，常用于立柱与基础的接头连接。

(2)钢筋锚固接头：构件上预留钢筋或型钢，插入另一构件的预留槽内，或将钢筋互相焊接，再灌注半干硬性混凝土，多用于立柱与顶帽处的连接。

(3)焊接接头：将预埋在构件中的铁件与另一构件的预埋铁件用电焊连接，外部再用混凝土封闭。这种接头易于调整误差，多用于水平连接杆与主柱的连接。

(4)扣环式接头：相互连接的构件按预定位置预埋环式钢筋，安装时柱脚先坐落在承台的柱芯上，上下环式钢筋互相错接，扣环间插入U形短钢筋焊牢，四周再绑扎钢筋一圈，立模浇注外围接头混凝土。要求上下扣环预埋位置正确，施工较为复杂。

(5)法兰盘接头：在相连接构件两端安装法兰盘，连接时用法兰盘连接，要求法兰盘预埋位置必须与构件垂直。接头处可不用混凝土封闭。

2. 装配式柱式墩台施工要点

(1)墩台柱构件与基础顶面预留杯形基座应编号，并检查各个墩、台高度和基座高程是否符合设计要求。

(2)墩台柱吊入基杯内就位时，应在纵横方向测量，使柱身竖直度或倾斜度以及平面位置均符合设计要求；对重大、细长的墩柱，需用风缆或撑木固定，方可摘除吊钩。

(3)在墩台柱顶安装盖梁前，应先检查盖梁口预留槽眼位置是否符合设计要求，否则应先修凿。

(4)柱身与盖梁(顶帽)安装完毕并检查符合要求后，可在基柱空隙与盖梁槽眼处灌筑稀砂浆，待其硬化后，撤除楔子、支撑或风缆，再在楔子孔中灌填砂浆。

(三)后张法预应力混凝土装配式墩施工

装配式预应力钢筋混凝土分为基础、实体墩身和装配墩身三大部分。装配式墩身由基本构件、隔板、顶板及顶帽四种不同形式的构件组成，用高强钢丝穿入预留的上下贯通的孔道内，张拉锚固而成。实体墩身是装配墩身与基础的连接段。

装配式预应力钢筋混凝土墩施工工序为施工准备、构件预制及墩身装配，其工艺流程见图14-6-2。

施工时应注意以下几点：

(1)实体段墩台身灌注时要按拼装构件孔道的相对位置，预留张拉孔道及工作孔。

(2)构件的水平拼装缝采用的水泥砂浆，不宜过干或过稀。砂浆厚度为15mm左右，便于调整构件水平高程，不使误差积累。

(3)构建起吊时，要先冲洗底部泥土杂物。同时在构件四角孔道内可插入一根钢管，下端露出约30cm作为导向。

(4)注意测量纵横向中心线位置，检查中心线无误后方可松开吊钩。

(5)注意进行孔道检查，如孔道被砂浆堵塞无法通开时，只能在墩身内壁的相当位置凿开一小洞，清除砂浆积块，用环氧树脂砂浆修补。

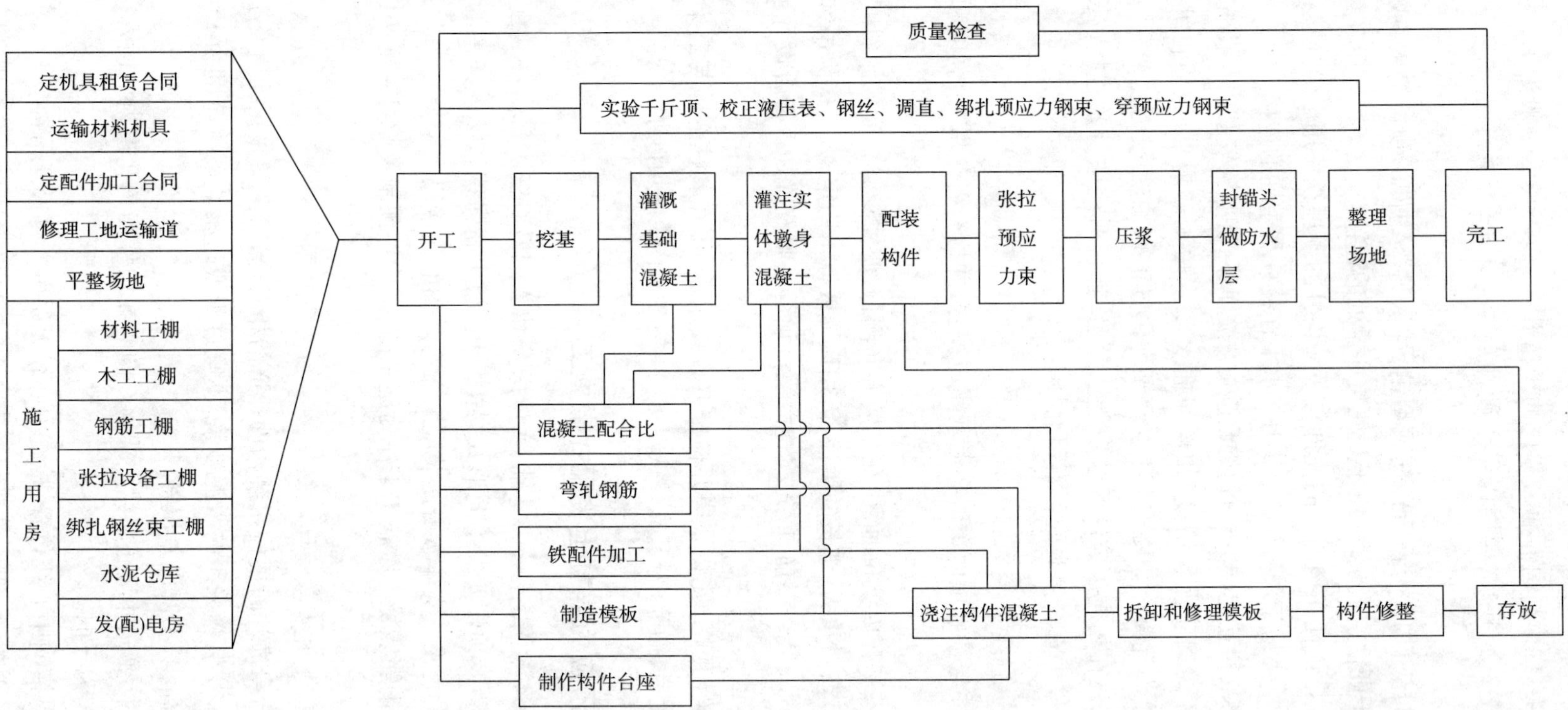

图14-6-2 装配式预应力混凝土施工工艺流程

二、装配式桥墩施工关键工序的施工要点

(一)桥墩预制施工

1. 施工流程

桥墩预制施工工艺如图14-6-3所示。

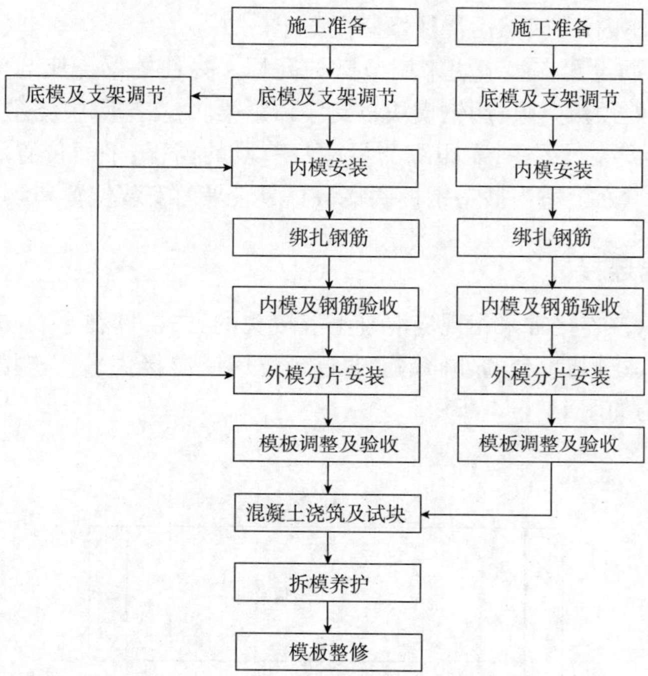

图14-6-3　桥墩预制施工工艺流程

2. 桥墩预制要点

(1)墩身模板一般选取无拉杆模板,可使墩身美观,混凝土表面密实度高。模板设计为三大部分:底模支架、内模和外模。模板设计要求保证有一定的强度,又要便于拆装。

(2)混凝土施工质量是确保结构耐久性的重要因素,重点要控制好混凝土拌和、浇注、养生等重要环节,以确保墩柱混凝土外光内实。

(3)墩柱混凝土施工应按要求连续进行,并对易腐蚀区涂刷防腐涂料。

(二)运输与安装

1. 预制墩运输

预制场至施工场地的纵向移动采用平台车。运输中应采取固定措施,防止墩身在平移的过程中失稳,同时在起终点两端动力设备上安装限速装置。构件运至施工场地后,使用起重设备将构件吊放到指定地点。

2. 墩身安装要点

(1)承台内墩柱预埋件控制。承台内墩柱预埋件主要有:墩柱、墩座预埋钢筋;预制

墩柱混凝土短柱下的预埋钢板。在施工中应仔细复核测量位置，确保预埋件在承台内，特别是承台顶面的位置、高程、角度的准确。

(2)预制墩柱的吊装定位。墩身精确定位是施工的关键，由于受到一些自然条件的影响，如海上施工，浮吊很难精确地将墩柱安放在设计指定位置，为此，需在承台上预先设置定位导向装置，以确保安装精度。

(3)墩柱与承台的连接。墩柱与承台的连接方式有多种，常采用湿接头形式。为减少作业时间，墩柱主筋与承台内预埋筋可采用搭接连接，并用水平钢筋加强。预制墩柱临时固定后，绑扎墩座内钢筋，然后浇注墩座混凝土。

(4)在墩柱顶面设置支座垫块来调节墩柱高程。为使主梁支座与梁体密贴，无脱空现象，在支座垫块处预留空隙，用钢楔块将支座顶紧梁底，在空隙中浇注水泥砂浆。

(5)墩身节段安装过程中，需跟踪测量墩身节段的高程、平面位置和倾斜度，发现偏差时，可在短柱支承面上适当抄垫钢板调整墩身节段平面安装位置和倾斜度。

(三)湿接缝连接

预制墩身与承台连接常采用现浇混凝土湿接头的方式，即在承台与墩身之间设现浇混凝土墩座，预制墩身与承台的外伸钢筋通过现浇墩座湿接头进行连接，锚固于墩座内。其墩座湿接头结构如图14-6-4所示。

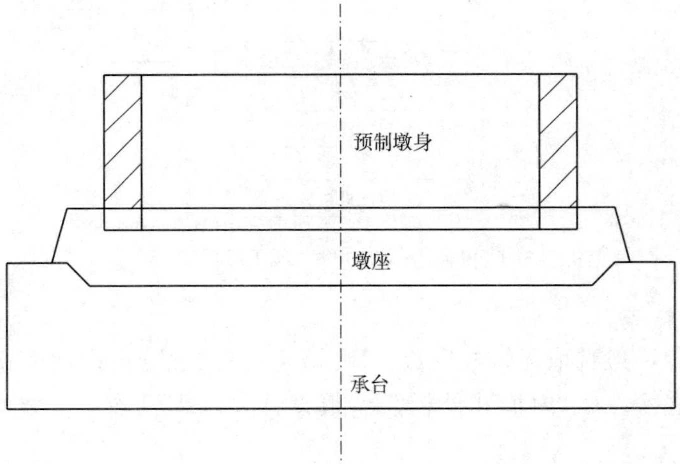

图14-6-4 墩座湿接头示意图

1.墩座湿接头的施工特点

(1)现浇墩座钢筋采用环氧涂层钢筋，施工中容易磕碰破损；现浇承台预埋的墩座环氧钢筋极易锈蚀，需要重新打磨并涂抹环氧涂料。

(2)在承台与预制安装的墩身之间，设置支撑短柱，使得现浇的湿接头混凝土受到约束，再加之由于混凝土水化热的作用，引起墩座的体积膨胀，极易在墩座混凝土上出现裂缝。

2.施工工艺

墩座湿接头施工在预制墩身安装之后进行，主要工序包括钢筋绑扎、模板安装、混凝土浇注及养护等几道工序。在承台混凝土浇注前，根据设计要求在承台顶面预埋钢板，并在预制墩身内预埋导向架钢板,以形成预制墩身的支承和精确定位。湿接头施工工艺流程如图 14-6-5 所示。

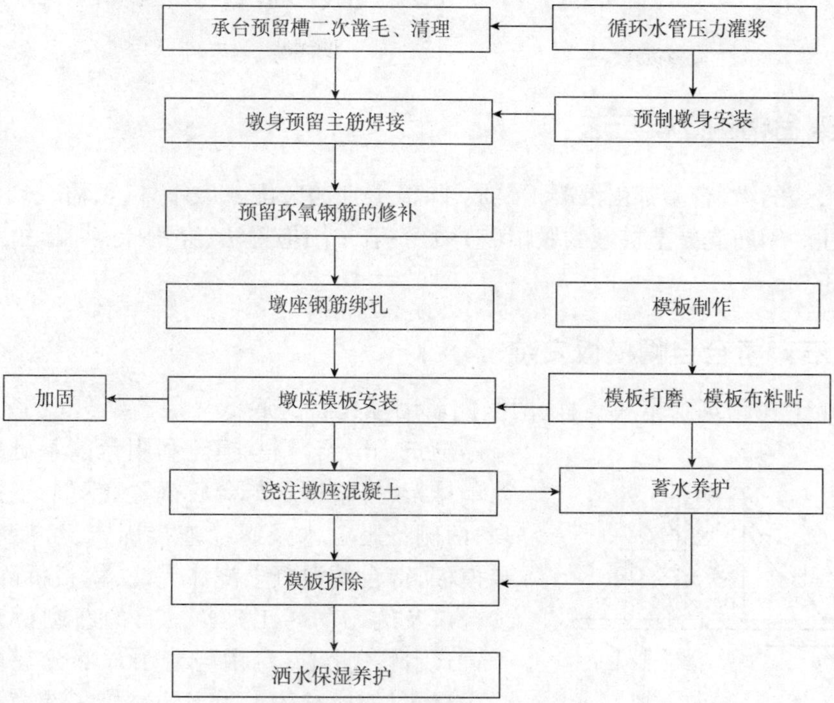

图 14-6-5　湿接头施工工艺流程

3. 墩座湿接头混凝土防裂措施

(1)支墩周围设钢筋架

墩身安装所使用的支撑墩附近的混凝土是最容易出现裂缝的地方,为避免支墩对墩座混凝土的约束应力,在每个支墩的四周设置了三层井字钢筋架。

(2)环氧钢筋外侧埋设不锈钢网片

环氧钢筋外侧布设了一圈不锈钢网片,以减少表面收缩裂缝。网片采用环氧铅丝和钢筋骨架绑扎固定牢靠,避免混凝土浇注时发生向外偏移的现象。

(3)配合比优化及温控

为了降低水化热,选用适当的混凝土配合比,并在一天中气温较低时浇注混凝土。浇注时,应对墩座混凝土进行温度控制,使其内外温差控制在 25℃以内。

三、装配式墩台允许偏差

墩台构件安装前必须检查其外形和构件的预埋件尺寸和位置,其允许偏差不得超过设计规定;构件安装就位完毕后,经过检查校正符合要求,才允许焊接或浇注混凝土以固定构件;分段安装的构件继续安装时,必须在先安装的构件固定和受力较大的接头混凝土达到设计要求的强度后方可进行(一般应达到设计强度等级的 70%);装配式墩台完成时的允许偏差为:

(1)墩台柱埋入基座的深度和砌块墩台埋置深度,必须符合设计规定。

(2)墩台倾斜为 0.3% H(H 为墩台高),最大不得超过 20mm。

(3)墩台顶面高程 ±10mm;墩台中线平面位置 ±10mm;相邻墩台柱间距 ±15mm。

第七节　墩、台帽施工

一、墩、台帽的立模方法

各种形式的墩、台帽都由混凝土筑成，除极个别的装配式墩帽外，都需在现场设立模板进行浇注。钢筋混凝土桩墩的墩帽（盖梁）一般常用抱箍法、穿钢棒、牛腿法、满堂支架法立模施工。

（一）石砌桥台台帽模板安装

台身圬工在砌筑到帽底高程，两侧侧墙砌至比台身底低一层石料处（约30cm），即暂停砌筑，开始台帽立模。利用台前基础襟边设立简单排架，排架帽木与台后搁置在侧墙上的方木同高，两侧备用方木及螺栓连接固定，然后在其上安装模板，待台帽混凝土浇注完成，模板拆除后，再继续台口及侧墙的圬工砌筑。有的石砌桥台采用椅子背式台帽，此时，台帽与椅子背部分混凝土就应一次浇注，使成整体。为了防止椅子背模板凸肚走样，侵占了台口空间，应注意加强拉杆和支撑的设置。图14-7-1设临时支撑7，是帮助模板定位的过渡措施，应随着混凝土浇注的进展依次卸除。

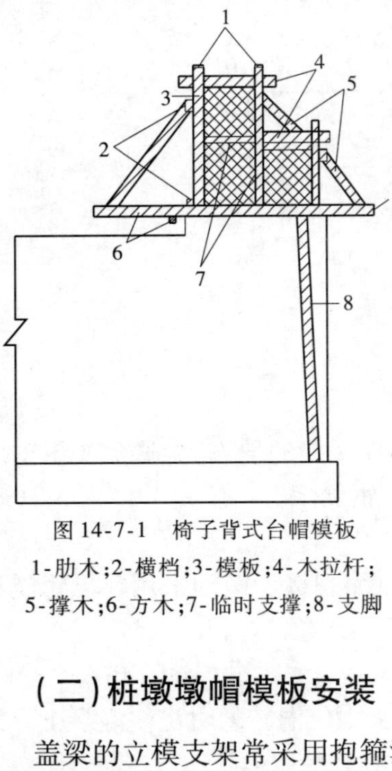

图14-7-1　椅子背式台帽模板
1-肋木；2-横档；3-模板；4-木拉杆；5-撑木；6-方木；7-临时支撑；8-支脚

为了保证石砌墩台与混凝土台帽有很好的连接，台身圬工砌至最后一层时，只砌筑四周露面石，留出腹石不砌，待浇注台帽混凝土时一起浇注完成。

（二）桩墩墩帽模板安装

盖梁的立模支架常采用抱箍法、穿心棒法、预埋牛腿法、满堂支架法四种形式。这四种方法各有优缺点（表14-7-1），应根据不同的施工要求和现场情况来选择合适的施工方法。

各种盖梁立模施工方法的优缺点　　表14-7-1

类　型	施工方法	优　点	缺　点
抱箍法	墩柱顶下方某处安装圆形钢板抱箍，盖梁施工荷载通过承重梁传至抱箍位置，抱箍通过与墩柱摩擦支撑盖梁及施工荷载	操作简单可节省支架及需要劳力少而且具有明显优势，外观美观	施工中也存在着很多的很多的不利因素，施工检算时要充分考虑各项影响因素
穿心棒法	墩柱顶下方某处预留孔道，盖梁施工荷载通过支架传至穿过预留孔道的钢棒，待混凝土达到强度后拆除模板，最后拆除支架	施工不受场地限制	墩柱预留孔道影响墩柱外观

续上表

类　型	施工方法	优　点	缺　点
预埋牛腿法	墩柱顶下方预埋钢板，将其与盖梁施工的支撑部分的槽钢、工字钢焊接形成的牛腿系统，在牛腿支撑放置主梁，主梁上设横梁、模板及施工平台，浇注盖梁混凝土	施工不受场地限制，不需要大型吊装设备	墩柱预埋件影响墩柱外观
满堂支架法	一种长期被采用的方法，施工时需要大量的模板支架	不需要大型吊装设备	施工用的支架模板消耗量大、工期长，对山区桥梁及高墩有很大的局限性

1. 抱箍法

(1)抱箍的形式

“抱箍”结构形式采用两个半圆形的钢板，通过连接板上的螺栓连接在一起，使钢板与墩身密贴。钢板的高度由连接板上的螺栓个数决定。盖梁施工时，在抱箍上用型钢搭设模板支架，进行模板的安装。具体结构形式如图 14-7-2 所示。

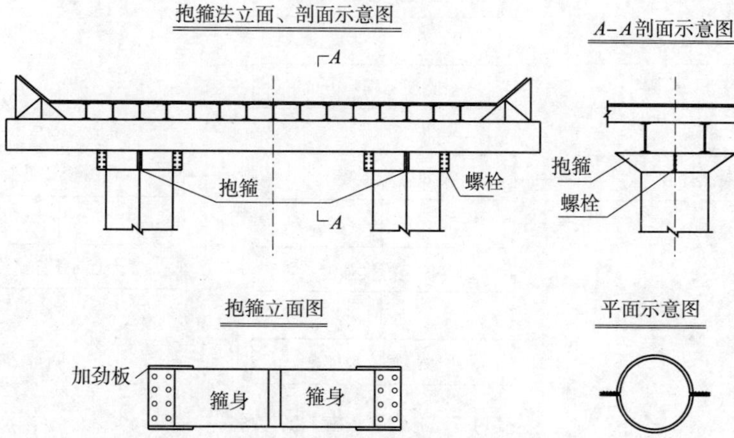

图 14-7-2　盖梁抱箍法示意图

(2)抱箍法步骤

抱箍法施工工艺如图 14-7-3 所示。

(3)抱箍法施工要点

①抱箍加工

抱箍内径宜比圆柱直径大 1 ~2cm。抱箍与混凝土接触面要平整，使其安装在墩柱上时与墩柱密贴。箍身应有适当强度和刚度，以传递拉力、摩擦力并支承上部结构质量，所有的焊接部位必须焊接密实，焊缝饱满。抱箍与混凝土接触面处垫有橡胶板，以增大抱箍与混凝土柱之间的摩擦力及接触密实程度。抱箍连接板上螺栓孔的大小由选择的螺栓直径大小决定。

②抱箍试拼

抱箍试拼可在墩柱底进行。抱箍拼装好后，连接处的螺栓必须分两次进行拧紧。第一次在抱箍拼装好后进行，第二次是在给抱箍加压后进行，压力的大小必须与抱箍理论承受的荷载相一致。抱箍螺栓使用前，必须检查其是否有缺陷，有缺陷则不能使用。

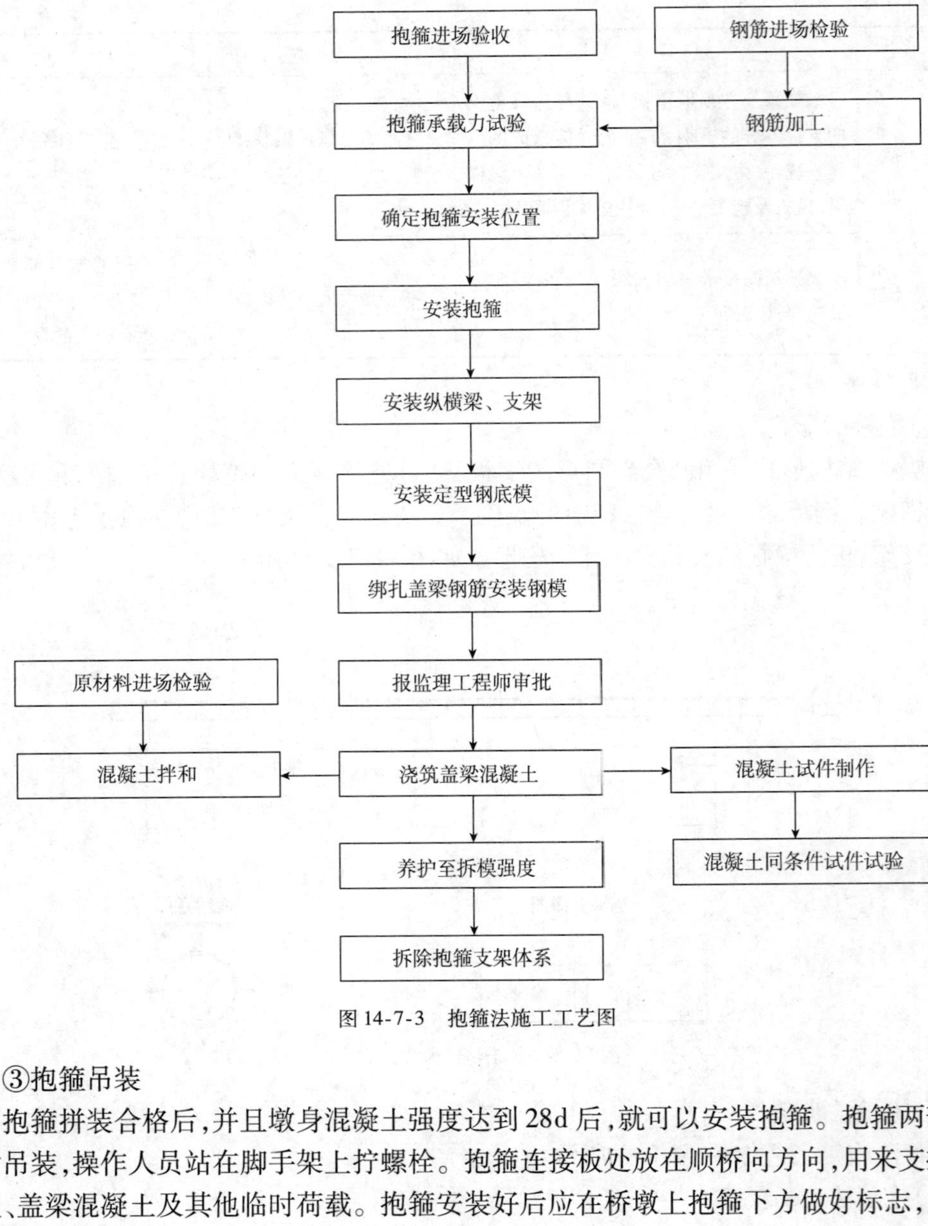

图 14-7-3 抱箍法施工工艺图

③抱箍吊装

抱箍拼装合格后，并且墩身混凝土强度达到28d后，就可以安装抱箍。抱箍两部分宜同时吊装，操作人员站在脚手架上拧螺栓。抱箍连接板处放在顺桥向方向，用来支撑墩帽模板、盖梁混凝土及其他临时荷载。抱箍安装好后应在桥墩上抱箍下方做好标志，以便观测抱箍是否下沉。

④抱箍的承重

浇注盖梁混凝土时，由于抱箍受力后会产生变形，螺栓的拉力值将发生变化。因此，在浇注盖梁的全过程中应反复对螺栓进行复拧，即每浇注一层混凝土均应对螺栓复拧一次。

⑤拆放抱箍

待混凝土达到强度可以拆模时，盖梁的侧模用吊车进行吊装，底模用手拉葫芦进行悬吊，拆抱箍前，抱箍用吊车挂住（也可以手拉葫芦悬吊），然后拆抱箍连接螺栓，下放抱箍。

⑥螺栓的使用

考虑施工上的误差，每排螺栓个数必须比理论计算个数多一个。抱箍连接螺栓，在重复使用过程中,必须检查螺栓是否有滑丝、开裂现象,如有坚决不能使用,必须换用新的。

2. 预埋牛腿法

预埋牛腿法是在墩柱顶下方预埋钢板,将其与盖梁施工的支撑部分的槽钢、工字钢等焊接形成的牛腿系统,在牛腿支撑放置主梁,主梁上设横梁、模板及施工平台,浇注盖梁混凝土。预埋牛腿法常用于桥下地基承载力不能满足支架承载力要求的情况下。

施工前应对盖梁施工平台型钢、牛腿及预埋螺栓受力进行复核验算。施工时,根据盖梁底设计高程、盖梁底模厚度、槽钢高度、型钢支撑顶高程得出预埋螺栓位置,待墩柱模板拆除后,在墩柱的合适位置预埋型钢牛腿,以此为支撑点,在上面安装工字钢托梁,其上摆放方木形成底模平台。预埋牛腿法施工盖梁见图 14-7-4。

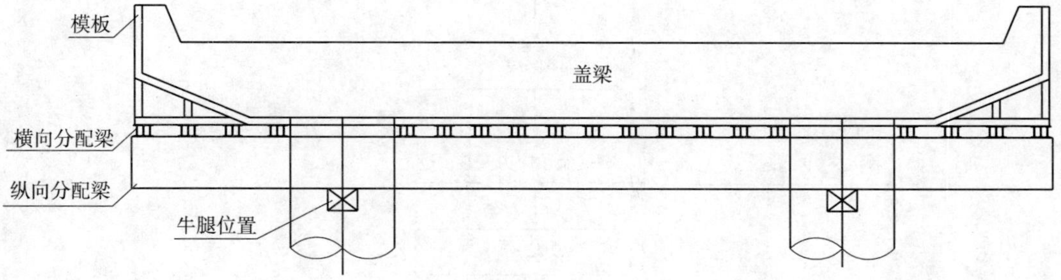

图 14-7-4　牛腿法施工盖梁

3. 穿心棒法

预留孔道法施工盖梁时,盖梁平台的上部结构与牛腿法类似,支撑体采用在墩身处穿钢棒的形式。钢棒位置根据盖梁平台上部结构和盖梁底高程定出,钢棒材料和型号应根据受力计算得出。墩身浇注时,在预留钢棒位置预埋穿心 PVC 管。墩身拆模,混凝土达到强度后,穿入钢棒,在钢棒上安装砂筒、贝雷桁架、型钢及面板,形成整个支撑体系。预留孔道法施工盖梁见图 14-7-5。

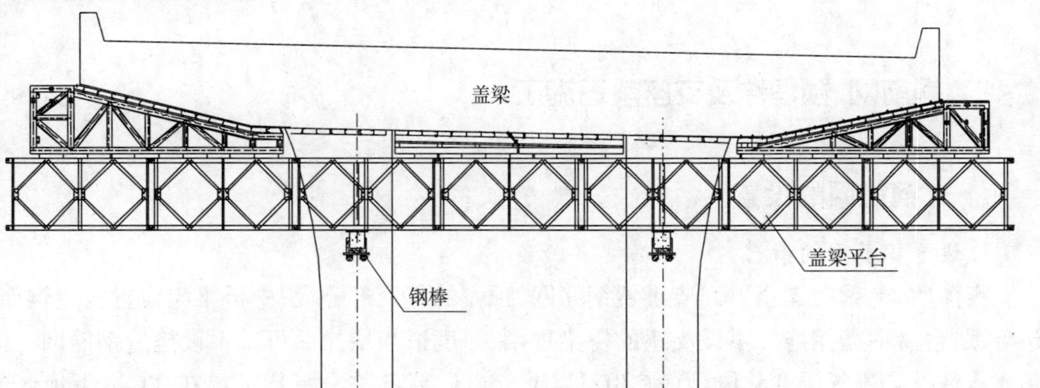

图 14-7-5　预留孔道法施工盖梁

4. 满堂支架法

满堂支架法是利用小钢管搭设模板支架,从而实现盖梁的浇注,这种施工方法的关键在于支架基础的处理和搭设完成后,支架的预压。满堂支架法施工工艺见图 14-7-6。

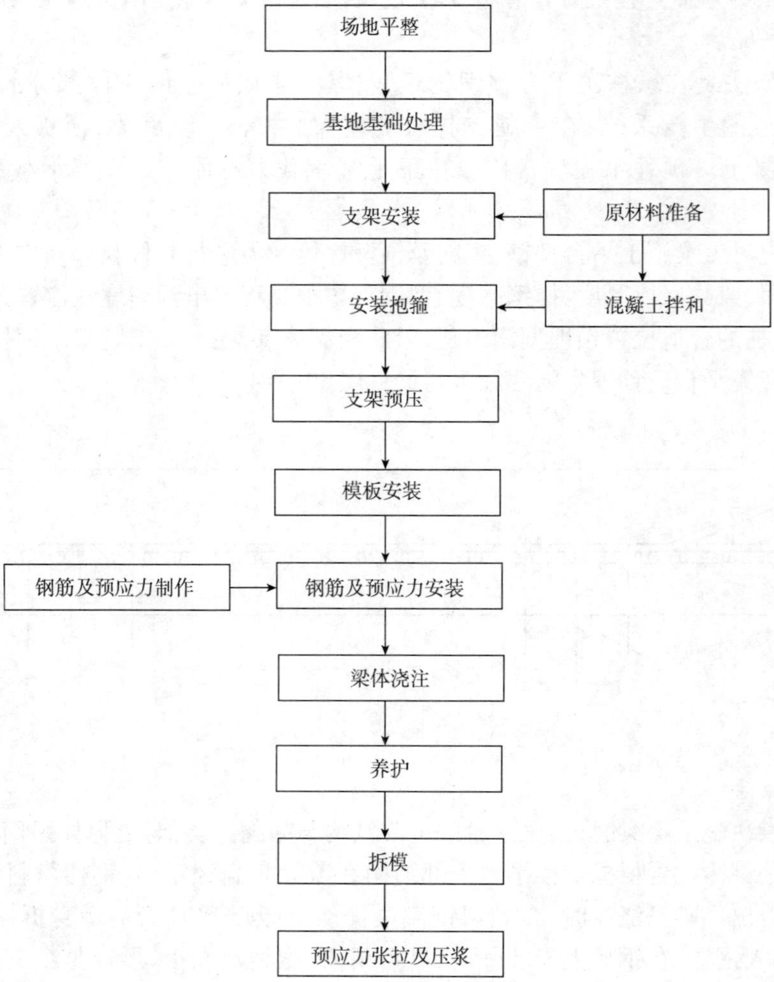

图 14-7-6　满堂支架法施工工艺图

二、钢筋网、预埋件及支座垫石施工

(一)钢筋网的设置

1. 设置钢筋网的墩台

实体墩、台帽在支座下面应设置钢筋网，顶帽的其余部分大、中桥梁应设置构造钢筋，并与墩、台身钢筋相连。不设支座的桥梁顶帽，厚度适当增加后可以不设构造钢筋网。但在地震区及昼夜气温变化剧烈(在 30℃以上)地区，或冬季月平均气温在 0℃以下地区的小跨径桥梁墩、台帽也应设置钢筋网。悬臂式墩、台及桩、柱、排架式墩、台帽(盖梁)可参照有关规定。钢筋绑扎应遵照现行《公路桥涵施工技术规范》(JTG/T F50)的有关规定。

2. 钢筋网的安装

梁桥墩台帽支座处一般布设 1 ~ 3 层钢筋网。当墩台帽为素混凝土或为配筋混凝土但未对钢筋网设置架立钢筋时，施工时应根据各层钢筋网的高程安排墩台帽混凝土的浇注程序。为了保证各层钢筋网位置正确，应在两侧模板上画线，并加设固定钢筋网的架立钢筋和定位钢筋，以免振捣混凝土时钢筋网发生位移。

（二）预埋件安装施工

1. 预埋支座垫板

在绑扎墩台帽的支座垫石的钢筋时，将焊有锚固钢筋的钢垫板安设在支座的准确位置上，其固定方法是将锚固钢筋和墩、台帽骨架钢筋焊接牢固，同时可将钢垫板作一木架，固定在墩、台帽模板上。为使垫板下面混凝土密实，在设计许可时，可在钢板上打孔，以排出空气和多余的水分。此法在施工时垫板位置不易准确，在浇注混凝土时极易变位，因此在施工过程中应经常检查和校正中心线和高程是否符合规定。

2. 预留锚栓孔

在安装墩台帽模板时，安装好预留孔模板，在绑扎钢筋时注意将锚栓孔位置留出。此法安装支座施工方便，支座垫板位置准确。

预留锚栓孔应该下大上小，其模板可采用拼装式。锚栓孔安装时，顶面可比支座垫石顶面约低5mm，以便垫石顶面抹平。带弯钩的锚栓的模板安装时，应考虑弯钩的方向。为便于安装锚栓后灌实锚栓孔，可在每一锚栓孔模板的外侧上部用三角木块预留进浆槽。

锚栓孔模板可在支座垫石模板上防线定位。支座垫石混凝土强度达2.5MPa，即可撤出锚栓孔模板。

（三）支座垫石的施工

采用橡胶支座时，在墩台顶必须设置支座垫石，以方便支座的安装、调整与更换。

（1）支座垫石的平面尺寸大小应能承受上部构造荷载为宜，一般长度和宽度应比橡胶支座大10cm左右，施工允许偏差为±5mm，垫石高度应大于6cm，以保证从梁底到墩台顶面有足够的空间高度，用来安放千斤顶（或扁千斤顶），供支座调换时使用。

（2）支座垫石内应布钢筋网，竖向钢筋与墩台内钢筋相连接，如图14-7-7所示。浇注垫石用的混凝土强度应不低于C40，尽可能同墩台帽同时一次性浇注成型，顶面要求平整。

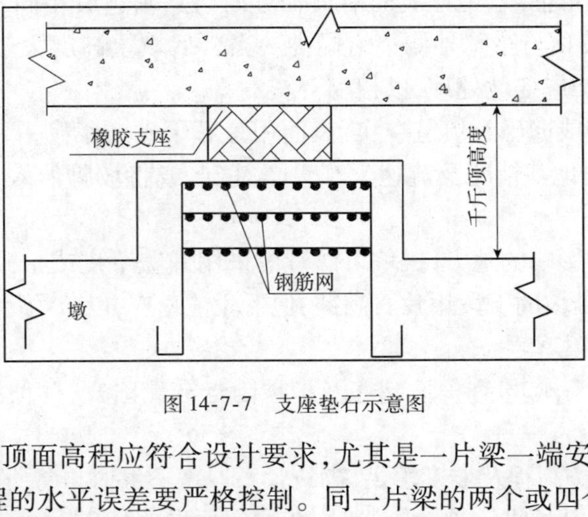

图14-7-7　支座垫石示意图

（3）支座垫石的顶面高程应符合设计要求，尤其是一片梁一端安置两个支座时，此两个支承垫石顶面高程的水平误差要严格控制。同一片梁的两个或四个支座的支承垫石顶面应处于同一平面内，以免发生偏压，初始剪切与不均匀受力现象。

三、墩台帽施工

(1)墩台帽在施工前,必须测出墩台纵横中心轴线及水平高程,然后竖立模板,绑扎钢筋和支座垫板。在灌筑混凝土前,应再次复核,以确保墩台帽尺寸位置及水平高程的准确,不出差错。

(2)墩台帽与墩台身的结合应紧密,对于钢筋混凝土墩台,应有钢筋伸入帽内。

(3)建于墩台帽上的支座垫板,锚栓应与帽内钢筋焊连或进行可靠的绑扎,保证在混凝土浇注过程中不走动,板面保持水平。

(4)支座安装就位后,下摆钢板与垫板应贴合严密,发现有空隙或不平时,应先用厚度相当的钢片垫塞密实后才可进行电焊处理。

(5)支座的安装应注意气温的影响,安装时的温度最好选在当地一年的平均温度或略高于平均温度时进行较适宜。

(6)墩台帽和盖梁施工质量标准如表 14-7-2 所示。

墩台帽和盖梁施工质量标准 表 14-7-2

项　目	规定值或允许值偏差	项　目	规定值或允许值偏差
混凝土强度(MPa)	在合格范围内	断面尺寸(mm)	±20
轴线偏位(mm)	10	顶面高程(mm)	±10
预埋件位置(mm)	10	大面积平整度(mm)	5

第八节　桥台附属结构的施工

一、锥坡施工

桥台锥坡是为了保护桥台与引道路基的稳定,防止冲刷而在桥头两侧设置的锥体护坡。锥坡一般为椭圆形曲线,锥体坡面沿长轴方向与路基边坡相同,一般为 1∶1.5,沿短轴方向为 1∶1,锥体坡顶与路基外侧边沿同高。当台后填土高度大于 6m,路堤边坡采用变坡时,锥坡也应做相应变坡处理,以相配合。

锥坡内部用砂土或卵砾石填筑夯实,表面用片石干砌或浆砌,一般砌筑厚度为 20 ~ 35cm。坡脚以下根据地基情况及流速大小设置基础,或将坡脚伸入地面以下一段,并适当加厚趾部。

在不受水流冲刷影响的地方,锥坡可以考虑采用铺盖草皮或干砌片网格代替满铺的片石铺砌,也可以将锥坡的下段用片石满铺,但上段铺草皮,以节约圬工数量。

1. 桥台锥体护坡施工要点

(1)在大孔土地区,应检查护坡基底及护坡附近有无陷穴,并彻底进行处理,保证护坡稳定。

(2)锥体填土应按高程及坡度填足,砌筑片石厚度不够时再将土挖去,不允许填土不足,临时边边砌石,边补填土。护坡拉线时,坡顶应预先放高 2 ~ 4cm,使护坡随锥体填土沉陷后,坡度仍符合规定。

(3)护坡基础与坡脚的连接面与护坡坡度垂直，以防坡脚滑走。

(4)砌石时拉线要张紧，表面要平顺，护坡片石背后应按规定做碎石倒滤层，防止锥体土方被水侵蚀变形。

(5)护坡与路肩或地面的连接必须平顺，以利排水，并避免砌体背后冲刷或渗透坍塌。

2. 台后填土要求

(1)桥涵台背、锥坡、护坡及拱上各种填料，宜采用天然砂砾、二灰土、水泥稳定土或粉煤灰等轻质材料，不得采用含有泥草、腐植物或冻土块的土。

(2)台背填土顺路线方向长度，应自台身起，其填土的长度在顶面应不小于桥台高度加2m，在底面应不小于2m，拱桥台背填土长度应不小于台高的3~4倍。锥坡填土应与台背填土同时进行，并应按设计宽度一次填足。

(3)台背回填应严格控制分层厚度和密实度，应设专人负责监督检查，检查频率$50m^2$检验1点，不足$50m^2$时，至少检验1点，每点都应合格，宜采用小型机械压实。桥涵台背填土的压实度不应小于96%。

(4)台背填土的顺序应符合设计规定。设计未规定时，拱桥台背填土宜在主拱圈安装或砌筑以前完成；梁式桥的轻型桥台台背填土，宜在梁体安装完成以后，在两端桥台平衡地进行，埋置式桥台台背填土，宜在柱侧对称、平衡地进行。

(5)对位于软土地基处的桥台，可采取先填筑再进行基础和台身施工的方式。

3. 台后泄水盲沟施工

(1)泄水盲沟以片石、碎石或卵石等透水材料砌筑，并按坡度设置，沟底用黏土夯实。盲沟应建在下游方向，出口处应高出一般水位0.2m，平时无水的干河应高出地面0.2m。

(2)桥台在挖方内横向无法排水时，泄水盲沟在平面上可在下游方向的锥体填土内折向桥台前端排出，在平面上成L形。

4. 防震挡块施工

防震挡块是设置于盖梁和桥台上且置于梁端两侧的防震构造，其目的是防止上部结构在纵横桥向产生过大的位移，甚至落梁。防震挡块为桥梁结构的重要构件，当大地震发生时，防震挡块是第一道防护，保护上部构造和墩台安全，因此，挡块的施工质量应严格控制。施工时，在盖梁上按设计图纸预埋挡块钢筋，并设置钢筋网，然后浇注混凝土。

5. 导流建筑物施工

根据河流性质的特点，地形、地质，河滩水洗情况，桥头引道，水利设施等因素综合考虑后在桥的上、下游修建一些调治构造物，用以保证桥位附近水流畅通，以使河槽、河岸不发生严重变形。

(1)导流建筑应和路基、桥涵工程综合考虑，以避免在导流建筑物范围内取土、弃土破坏排水系统。

(2)调治构造物大多用砖、石等圬工材料修筑。砌筑用石料的抗压强度不得低于20MPa；砌筑用砂浆强度等级，在温和及寒冷地区不低于M5，在严寒地区不低于M7.5。

(3)导流建筑物的填土应达到最佳密度90%以上。坡面砌石按照锥体护坡要求办理。若使用漂石时，应采用栽砌法铺砌；若采用混凝土板护面，板间砌缝为10~20mm，并用沥青麻筋填塞。

(4)抛石防护宜在枯水季节施工。石块应按大小不同规格掺杂抛投,但底部及迎水面宜用较大石块。水下边坡不宜陡于1∶1.5。顶面可预留10%~20%的沉落量。

(5)石笼防护基底应铺设垫层,使其大致平整。石笼外层应用较大石块填充,内层则用较小石块砌密实,装满石块后,用铁丝封口。石笼间应用铁丝连成整体。在水中安置石笼,可用脚手架或船只顺序投放,铺放整齐,笼与笼间的空隙应用石块填满。石笼的构造。形状及尺寸应根据水流及河床的实际情况确定。

二、锥坡护体体积计算

1. 锥体坡度自顶至底为同一坡比

已知护坡高度为 H,纵向坡度 $1:n$,横向坡比 $1:m$,见图 14-8-1。求算锥体填土体积 V_1,铺砌片石体积 V_2。

1/4 锥坡体积为:

$$V' = \frac{1}{4} \times \frac{\pi}{3} abH \tag{14-8-1}$$

其中:$a = mH, b = nH$。

锥坡填土的体积为:

$$V_1 = \frac{1}{4} \times \frac{\pi}{3}(a - e)(b - f)\left(H - \frac{c + d}{2}\right) \tag{14-8-2}$$

其中:$c = t\frac{\sqrt{1 + m^2}}{m}, e = t\sqrt{1 + m^2}, d = t\frac{\sqrt{1 + n^2}}{n}, f = t\sqrt{1 + n^2}$。

则铺砌片石体积为:

$$V_2 = V' - V_1 \tag{14-8-3}$$

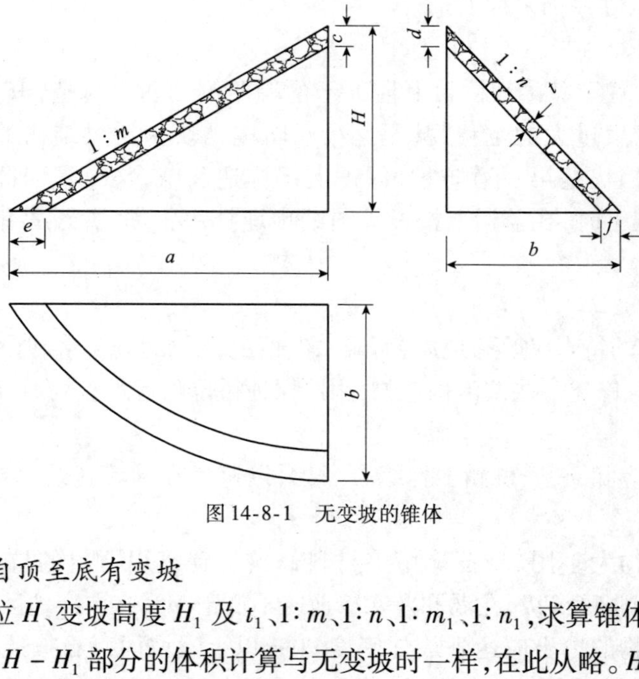

图 14-8-1　无变坡的锥体

2. 锥体坡度自顶至底有变坡

已知护坡高位 H、变坡高度 H_1 及 t_1、$1:m$、$1:n$、$1:m_1$、$1:n_1$,求算锥体体积。

图14-8-2 中 $H - H_1$ 部分的体积计算与无变坡时一样,在此从略。H_1 部分的锥体体积

包括铺砌片石 V_3 为 1/4 锥坡体积：

$$V_3 = \frac{\pi}{8} H_1 (a_1 b_1 + ab) \tag{14-8-4}$$

1/4 锥坡填土体积：

$$V_4 = \frac{\pi}{4} H_1 [(a_1 - e_1)(b_1 - f_1) + (a - e)(b - f)] \tag{14-8-5}$$

其中：$a_1 = a + m_1 H_1$，$b_1 = b + n_1 H_1$，$e_1 = t_1 \sqrt{1 + m_1^{\ 2}}$，$f_1 = t_1 \sqrt{1 + n_1^{\ 2}}$，$a$、$b$ 为锥坡纵横向宽度，e、f 为锥坡铺砌厚度。

则高度为 H_1，1/4 锥体铺砌片石体积为：

$$V_5 = V_3 - V_4 \tag{14-8-6}$$

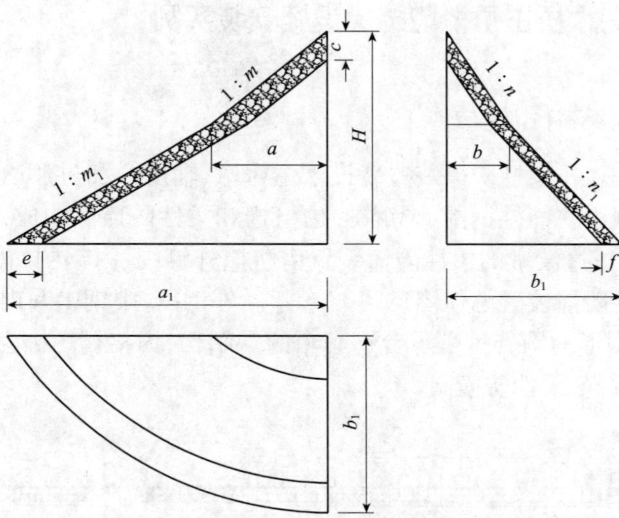

图 14-8-2　有变坡的锥体

第九节　桥墩缓冲与防撞设施

一、桥墩的防撞设施

桥梁防撞装置的目的是防止桥梁因船舶撞击力超过桥墩的设计承受能力，保护桥梁结构安全。通过采用不同形式的防撞设施，可以阻止船舶撞击力传到桥墩，或者通过缓冲消能防撞设施，延长船舶的撞击时间，减小船舶撞击力，从而最终保护桥梁安全。防撞设施一般应满足以下要求：

（1）对碰撞的船舶能量进行效能缓冲，使船舶不能直接撞击桥墩，或使船舶碰撞力控制在安全范围内。

（2）防撞设施不能影响航道的通航，占用航道范围尽量少，同时，不能因设置防撞装置而增加新的问题，如回流沉积、妨碍捕捞养殖等。

（3）该装置安装、施工方便，成本低，便于桥梁在建桥时同时建设；撞后维修经济方便，经久耐用。

目前世界上常采用的桥墩防撞设施有：附着式、重力摆式、薄壳筑沙围堰、胶囊沙袋、人工岛式、桩式和网式等七种防撞保护系统。国内跨海大桥桥墩防撞多采用附着式套箱，例如宁波象山港大桥桥墩、杭州湾桥墩、青岛海湾大桥等。

二、桥墩的缓冲设施

船舶与桥墩突然接触时，桥墩的缓冲设置将对墩身提供一定程度的保护作用。缓冲装置常常安装在墩身或承台侧面，或是安装在防撞保护系统的表面，从而形成总的防护系统。常见的缓冲设施有漂浮箱、桩式、收缩式、橡胶垫层等四种形式。

三、宁波象山港大桥主桥桥墩防撞设施安装实例

（一）防撞设施结构和构成

象山港公路大桥主桥柔性防撞装置装设于主桥墩、辅助墩和过渡墩上。主桥墩和辅助墩的柔性防撞装置由防撞外钢围、中钢围、内格栅和柔性防撞圈构成，主墩柔性防撞装置总体图见图 14-9-1；过渡墩的柔性防撞装置由防撞外钢围、内钢围（内浮箱）和柔性防撞圈构成过渡墩柔性防撞装置总体图见图 14-9-2。外钢围、中钢围和内格栅以及内钢围（内浮箱）都是一个圈形的围着桥墩承台钢套箱的钢结构，内格栅（内浮箱）靠里，外钢围靠外，其间安装有数百个柔性防撞圈。

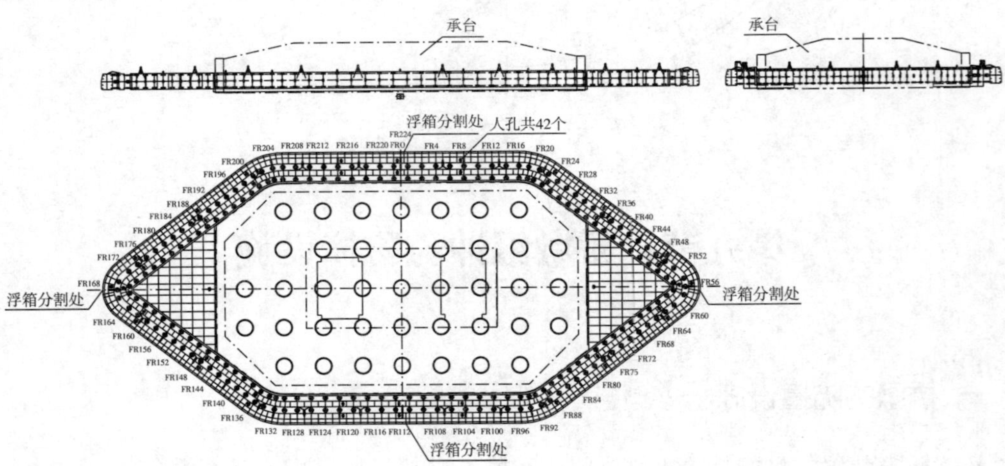

图 14-9-1　主墩柔性防撞装置总体图

1. 中钢围（主桥墩和辅助墩）

中钢围为等截面圈形钢箱（水密）结构，中钢围是一个全焊成几个水密分段，分段用螺栓连接成整体，其内外两侧与防撞圈相连。

中钢围有数十块压板，压板压着摩擦因数非常小的减摩板，当外钢围受波浪冲击时，减摩板能使外钢围保持适合使用的位置。

2. 内钢围（内浮箱）（过渡墩）

内钢围为等截面圈形钢箱（水密）结构，内钢围是一个全焊整体（和两水密箱间可用

螺栓连接)。其一边(外侧)与防撞圈相连,另一边(内侧)套着承台外侧可随潮位上下自由滑动。

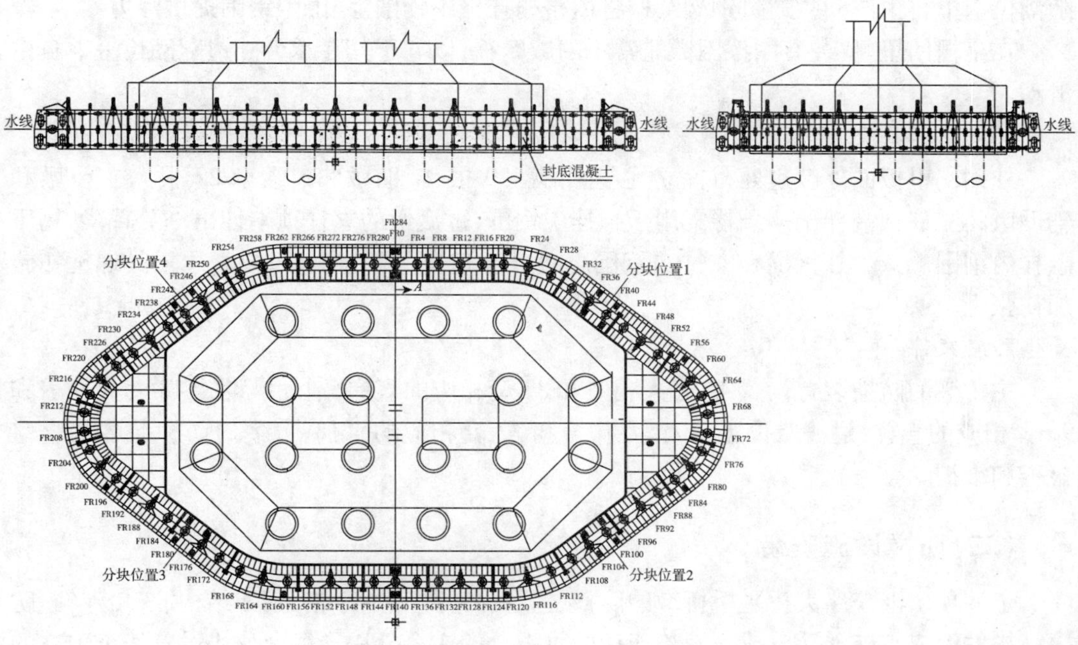

图 14-9-2　过渡墩柔性防撞装置总体图

在内钢围的里侧,装有摩擦因数非常小的减摩板,以利于其在承台外边随潮位上下自由滑动。内钢围的甲板上有数十块压板与外钢围相联系,压板压着摩擦因数非常小的减摩板,当外钢围受波浪冲击时,减摩板能使外钢围保持适合使用的位置。

3. 外钢围(主桥墩、辅助墩和过渡墩)

外钢围为等截面圈形钢箱多仓水密结构,外钢围是两个全焊整体(两水密箱间可用螺栓连接)。外钢围是防撞装置与来撞船舶接触的部分,位于防撞装置的外部前后有 75°尖角,尖角端为圆弧,整个外表光顺。这部分结构较强,确保与船头相遇后能使船头滑开。

外钢围上部的斜度采用船头外倾斜度的中值,以更适应多数来撞的船舶。外钢围受到船舶撞击时能有效地传递和散播船舶的撞击力,并带动防撞装置中的防撞圈变形吸能,同时外钢围往后退,船头滑动并被外钢围产生的反力所拨动,延长撞击时间降低撞击力,达到防撞目的。

4. 柔性防撞圈结构

柔性防撞圈内心为紧密缠绕的钢丝绳,外面由橡胶压力下硫化成型,其专利号为200420020848. 2 的专利产品。其主要尺寸为:外径 800mm,内径 380mm。受到撞击力时可压缩的最大公称尺寸为 380mm。防撞圈沿径向水平或垂直布置。在主桥墩和辅助墩的防撞装置中,径向设计有两排防撞圈,垂向三排防撞圈,环向防撞圈的间距为 2m。在过渡墩的防撞装置中,径向设计为单排防撞圈,垂向三排防撞圈,环向防撞圈的间距为 2m。

柔性耗能防撞圈的变形耗能有黏弹性特征。由于外钢围的刚度很大,受到船撞后变形很小,实现了众多防撞圈的同期联合作用,达到设计要求。

柔性防撞圈的连接:防撞圈位于外钢围内和承台之间,其上、下、左、右用“钢板码”和螺栓牢固地连接在钢骨架上。

5. 内格栅结构

主要由 H 型钢通过全焊构成圈形整体，其一边与防撞圈相连，内边套着承台外边，可随潮位上下自由滑动。通过钢架结构将内格栅挂在中钢围上，由中钢围提供浮力。

在格栅的里侧，装有摩擦因数非常小的减摩板，以利于其在承台外边随潮位上下自由滑动。

6. 立柱和拉索

外钢围甲板面外舷边处布置立柱（主桥墩 30 根；辅助墩和过渡墩 22 根），主桥墩和辅助墩的立柱顶端伸出一悬臂梁用于悬挂中钢围，过渡墩的立柱顶端伸出一悬臂梁，用于悬挂内钢围。减少外钢围和中（内）钢围之间由于海浪所引起漂移，拉索用索具螺旋扣施加初张力。

7. 舾装件

主桥墩的防撞装置设置 42 套人孔盖和 84 套相应的直梯，辅助墩设置 48 套人孔盖和 96 套相应的直梯，过渡墩设置 36 套人孔盖和 72 套相应的直梯，方便对防撞装置的仓室检查和维护。

（二）防撞设施安装

宁波象山港公路大桥主桥桥墩的防撞装置由外浮箱、中浮箱、钢架结构、三角浮箱、防撞结构件组成。外浮箱分成由螺栓连接的可拆分的 4 个分块。每个分块设置 4 个独立的水密仓。中浮箱分成由螺栓连接的可拆分的 4 个分块。每个分块设置 4 个独立的水密仓。防撞圈垂直与水平分层布置。三角地带共两个，每个自成水密仓，与钢架结构焊接在一起。防撞装置拟采用工厂分块制造、现场螺栓连接成内外浮体的工艺方法。

本章参考文献

[1] 范立础．桥梁工程[M]．北京：人民交通出版社，2001.

[2] 房贞政．桥梁工程[M]．北京：中国建筑工业出版社，2004.

[3] 郑益民．桥梁墩台施工技术要点[M]．北京：人民交通出版社，2004.

[4] 向中富，邹毅松，杨寿忠．新编桥梁施工工程师手册[M]．北京：人民交通出版社，2011.

[5] 交通部第一公路工程总公司．公路施工手册　桥涵（上册）[M]．北京：人民交通出版社，2010.

[6] 中华人民共和国行业标准．JGJ 162—2008　建筑施工模板安全技术规范，北京：中国建筑工业出版社，2008.

[7] 中华人民共和国行业标准．JTG/T F50—2011　公路桥涵施工技术规范[S]．北京：人民交通出版社，2011.

[8] 许克宾．桥梁施工[M]．北京：中国建筑工业出版社，2005.

[9] 中华人民共和国行业标准．JG 13—1999　门式钢管脚手架[S]．北京：中国建筑工业出版社，1999.

[10] 中华人民共和国行业标准．JGJ 130—2011　建筑施工扣件式钢管脚手架安全技术规范[S]．北京：中国建筑工业出版社，2011.

[11] 洪淮斌. GPS 技术在工程施工中的应用[J]. 建筑,2012(2).
[12] 刘绍堂,肖海红,赵站杨. GPS 打桩定位系统在杭州湾跨海大桥施工中的应用[J]. 西南科技大学学报,2005,4(20):42-45.
[13] 陶文彬. 钢筋混凝土墩台技术分析[J]. 建筑科技与管理,2009,5.
[14] 王洪峰,王力杰. 对桥梁墩台滑模施工中一些问题的分析[J]. 公路,2002(1):35-36.
[15] 邓立明. 牺牲性桥梁防震挡块[J]. 山西建筑,2008,24(34):305-306.
[16] 王国华,庄正毅,诸浩杰. 海上 60m 非通航段墩柱整体预制施工工艺[J]. 中国市政工程,2007,3:35-37.
[17] 沈阳云. 东海大桥 70m 箱梁的整体预制施工[J]. 中外公路,2005,2(25):62-65.
[18] 沈阳云. 东海大桥墩身阶段预制安装的关键技术[J]. 公路,2005,8:8-12.
[19] 万邵平. 预制桥墩湿接头的施工技术要点[J]. 城市道路与防洪,2009,11:72-75.
[20] 中华人民共和国行业标准. JTG F80/1—2004　公路工程质量检验评定标准　第一册　土建工程[S]. 北京:人民交通出版社,2005.
[21] 杨自刚. 盖梁抱箍法施工技术总结[J]. 西部探矿工程,2009,4:211-215.
[22] 梁勇. 桥梁盖梁“抱箍”法施工技术[J]. 科技情报开发与经济,2005,15(15).
[23] 赵方彪. 桥梁盖梁抱箍法施工技术[J]. 中国科技财富,2010(20).
[24] 杨自刚. 盖梁抱箍法施工技术总结[J]. 西部探矿工程,2009,4.

第十五章

展

望

第一节 挤扩支盘桩

挤扩支盘桩为异形、变截面灌注桩，根据地址条件在桩身的有关部位挤扩，从而达到提高承载力、减少沉降的目的。其基本原理为在已钻好的直孔内放入专用的挤、扩、钻孔等设备，在预定的高程上挤扩或钻扩成对称分布的扩大支腔或近乎圆锥盘状的扩大腔体，然后放入钢筋笼浇注混凝土，形成由桩身、分支、分承力盘和桩端共同承载的灌注桩。

一、挤扩支盘桩的发展与应用

挤扩支盘桩（图15-1-1）是在原有钻孔灌注桩的基础上发展起来的，它采用一种专用的挤扩成型设备，放入普通钻机已完成的孔内，按设计位置在桩孔内的合适土层进行加压挤扩，形成“支”或“盘”，同时亦把周围的土体挤密压实，部分改善了地基土的物理特征、力学指标，有效地挖掘了地基潜力，增加了桩的端承面积，将原来只有一个端承点受力改变为多个端承点受力，从而改变了桩的受力机理，使基桩承载力大幅度提高，单桩承载力一般可提高30%～40%。挤扩支盘桩技术不仅工艺设计科学、合理，同时也形成了独具特色的一种新型桩基础。

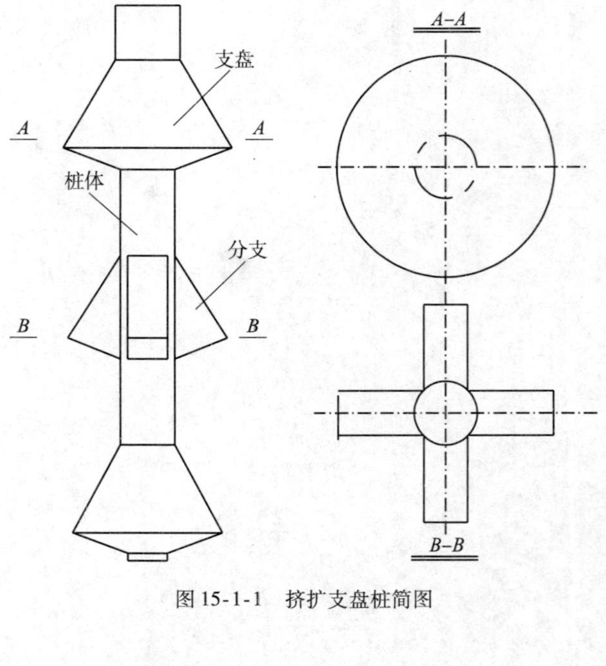

图15-1-1 挤扩支盘桩简图

随着我国基础设施建设的日趋发展，桩基技术也在不断地发展，工程建设的需要又促进桩基技术的发展。对于挤扩支盘灌注桩，其先后在北京、山东、江苏、湖北、广东等十多个省市的多项工程中采用，并且形成了多个行业标准这些应用和研究工作，大力促进了支盘桩在我国的推广应用，可以说，我国自主开发的这项专利技术在世界上处于领先水平。

二、挤扩支盘桩的特点

挤扩支盘桩由主桩、底盘、中盘、顶盘及数个分支所组成。按照土质情况，在硬土层中设置分支或承力盘。分支和承力盘是在已成孔中用专用设备通过液压机扩面形成的。在支、盘挤成空腔的同时，也把周围的土挤密，经过挤密的土体与腔内灌注混凝土桩身、支盘结合为一体，充分发挥了桩土共同承力的作用，提高了桩的侧摩阻力和支承阻力，从而使桩承载力大幅度增加。

挤扩支盘桩的特点如下：

(1)可以利用沿桩身不同部位的硬土层来设置支和盘，将摩擦桩改为变截面的多支盘摩擦端承桩，从而改变了桩的受力机理；桩身的比表面积(侧表面积与体积之比)有所增大，桩侧摩擦阻力所提供的承载力有所提高。

(2)由于桩端和各支盘处的受载支承面积比普通桩增大较多，因而其桩端支承力可大大提高；桩的整体端支承能力增加，对于单桩可以降低桩体长度，对于群桩可以减少桩的数量，因此可大大节省材料和桩孔开掘工作量，提高了经济效益。

(3)对不同土质的适应性强。在内陆冲积和洪积平原及沿海、河口部位的海陆交替层及三角洲平原下的硬塑黏性土、密实粉土、粉细砂层或中粗砂层等均适合作支盘桩的持力层。而且不受地下水位高低的限制。

(4)成孔工艺适用范围广。可用于泥浆护壁成孔工艺、干作业成孔工艺、重锤挤扩成孔工艺等，且利用支盘成形机挤扩支盘桩孔工艺相对简单、时间短、灌注成桩质量好、效率高。

(5)环保效益好。施工噪声低、无振动；与普通泥浆护壁直孔桩完成等值承载力相比，泥浆排放量显著减少。

(6)支盘灌注桩存在的缺陷。

①不能适应具有深厚软土或淤泥土地层。

②设置支盘的土层要求有一定的强度和厚度。

③与普通灌注桩相比，施工速度慢、施工程序复杂。

④桩底沉渣较难控制。

⑤两分支型的液压成型机不易对中，支盘直径受挤扩设备的限制，对专利设备存在着钻扩一体化等改进要求。

三、挤扩支盘桩的适用范围

根据行业标准《挤扩支盘灌注桩技术规程》(CECS 192—2005)，在下列土层中可设置分支和承力盘：可塑至硬塑的黏性土、中密至密实的粉土、砂土或卵砾石层、全风化岩、强风化软质岩石。通过对各地大量挤扩支盘桩工程的实例分析，得出了以下适用范围：

(1)在地下水位以下成孔时(即水下施工支盘桩)，由于存在一定泥浆相对密度的水头压力，承力盘在中密至密实的粉土、砂土、卵石等土层中易于成型，且这些土层的物理力学性能好、可压缩性低，在此处成型的挤扩支盘单桩承载力明显提高。

(2)适宜设盘土层的压缩模量不应小于6MPa。

(3)在流塑、软塑、可塑等黏性土以及松散的粉土、砂土层中承力盘不易成型，且由于土层承载力低，对提高单桩承载力不明显，故不宜设置。地下水位以上成孔(即干法施工的支盘桩)，由于挤盘时易塌孔，因此在松散粉土、砂性土中不宜设置承力盘。

(4)水下作业适宜设盘的中密至密实砂性土，其标准贯入击数一般为15～50击。标准贯入击数小于15击时，为松散或稍密的砂层，不宜设盘；标准贯入击数大于50～70击时，现有的挤扩支盘机挤不动。当砂土或卵石层的标准贯入击数超过50～70击时，应将承力盘设置在该土层上部，即保证承力盘高度进入该土层。

(5)当采用干法施工在砂性土中和采用水下施工在黏性土中设置承力盘，应通过试验检验成盘的可行性。

(6)水下施工时，在塑性指数较高的黏性土中承力盘不易成型；干法施工时，由于没有泥浆护壁作用，在砂土中挤扩易塌孔，因此要求经现场试验确定成盘的可行性。

(7)承力盘与分支的设置原则：

承力盘应设置在可塑—硬塑状态的黏性土中，或稍密—密实状态($N<40$)的粉土和砂土中；承力盘也可设置在密实状态($N\geqslant40$)的粉土和砂土或中密—密实状态卵砾石层的上层面上，底端承力盘也可设置在强风化岩或残积土层的上层面上。设置承力盘的硬土层厚度宜大于$3d$(d为主桩身直径)，各承力盘下$2d$深度范围内不应有软弱下卧层。

(8)下列地质情况不宜设置挤扩支盘桩：

在很厚的软土层中，中间没有持力层的夹层；孤石和障碍物多的地层；石灰岩地层等。总之，采用挤扩支盘桩前对工程地质作深入细致分析，然后做出决策，不要片面追求采用挤扩支盘桩，反而对工程造成不良影响。

四、挤扩支盘桩施工工艺要点

(1)挤扩支盘桩的施工程序：

桩定位放线；埋设钢护桶；钻机就位；钻孔至设计深度；钻机移位至下一桩位钻孔；将分支器吊入已钻孔内；按设计位置压分支、承力盘；清孔；下钢筋笼；下导管；水下灌注混凝土；清理桩头。

挤扩支盘桩施工工艺见图15-1-2。

(2)当成孔达到设计深度后，将钻机移至下一桩位继续钻进。清孔后用吊车将支盘成型器吊起，对准桩孔中心徐徐放入孔内，由上而下，按多支盘桩设计要求深度在分支或支盘位置，通过高压油泵加压使支盘成型器下端挤扩臂向外舒张成伞状，对局部孔壁的土体实施挤压形成分支。挤扩完毕后，收回挤扩臂，再转动一个角度重复前面的动作，在同一个分支高程处挤扩两次(转动90°)即形成十字分支，挤扩三次(每次转动60°)即形成岔分支，挤扩8次(每次转动22.5°)即形成一个类似竹节状的承力支盘，每完成一组对称分支，或一个承力盘，即可将支盘成型器自上而下地下落至下一组分支或成盘部位继续压分支或承力盘。

(3)压分支盘时要控制油压，对一般黏性土应控制在6～7MPa，对密实粉土、砂土，为15～17MPa，对坚硬密实砂土，为20～25MPa。

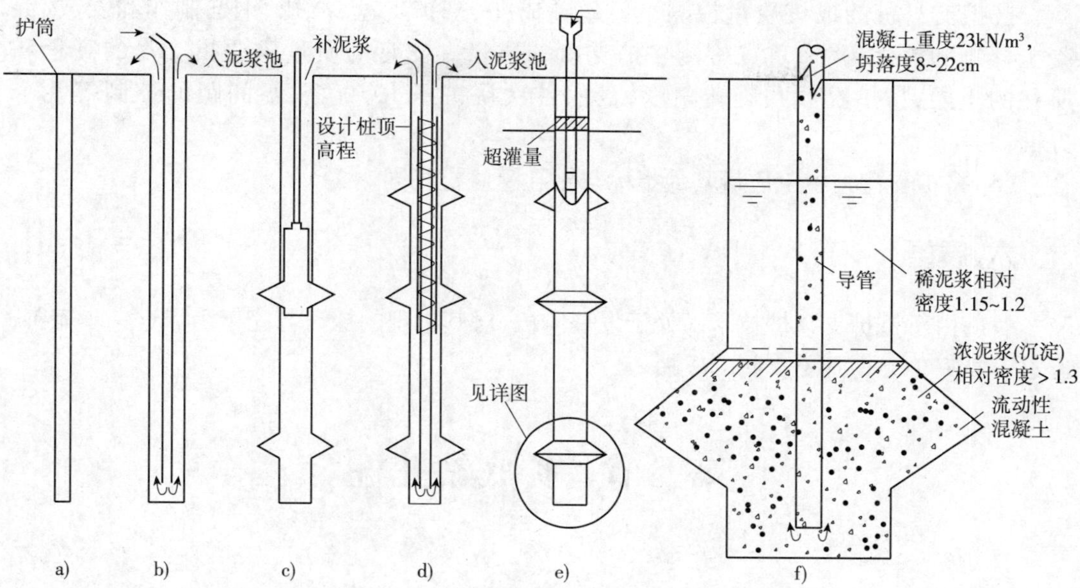

图 15-1-2　挤扩支盘桩施工工艺示意图

a)泥浆护壁成孔;b)成孔及第一次清孔;c)分支扩盘;d)放钢筋笼;e)灌注混凝土成桩;f)详图

(4)每一承力盘挤扩完后,在不收回挤扩臂情况下,应将成型器转动两周扫平渣土,以使扩盘均匀、对称。挤压完成后应对各处盘径进行测量。

(5)分支、成盘完成后,将支盘成型器吊出,即可将稀泥浆注入孔内置换浓泥浆至密度为 $1.1 \sim 1.15t/m^3$ 为止。浇注混凝土前孔底500mm以内的泥浆密度应小于 $1.25t/m^3$,含砂率不大于8%,黏度28s;沉渣厚度小于100mm。

(6)清孔后应尽快进行下道工序,吊入钢筋笼,用短钢管吊挂在孔口上、下导管,用起重机吊混凝土料斗进行水下混凝土浇注,采用坍落度为16~18cm的混凝土,利用卷扬机吊导管不断上下窜动使达到密实,特别是在浇注至扩盘部位时,应集中多次冲捣上下翻动,使扩盘处混凝土密实,灌注方法与普通混凝土灌注桩导管法水下灌注混凝土相同。

挤扩支盘成型机见图15-1-3。

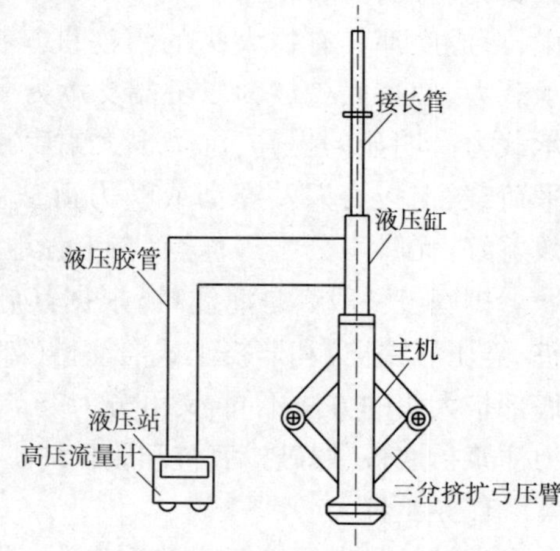

图 15-1-3　挤扩支盘成型机示意图

五、挤扩支盘桩的质量控制

(1)当采用泥浆护壁成孔时,应严格控制泥浆相对密度,防止塌孔。

(2)挤扩作业过程中应注意掌控泥浆液面的升降、压力表读数的变化及挤扩设备旋转角度的控制。

(3)严格控制钢筋笼下放过程中及下放后孔壁的稳定和孔底沉渣的二次清除,沉渣厚度不得大于100mm。

(4)挤扩支盘桩工程验收:

挤扩支盘桩的成桩质量检测主要包括成孔、挤扩支盘、清孔、钢筋制作和安放、混凝土拌制和灌注等,应重点检测挤扩支盘的质量。支盘的质量主要指支盘的高程和所在的土层,挤扩次数和旋转角度,盘的首次挤扩压力、直径,盘间距的控制等几个方面。

(5)挤扩支盘桩施工质量其他指标与钻孔灌注桩相同。

六、展望

目前由于挤扩支盘桩技术尚处于发展阶段,对其机理的探讨与完善尚需进一步完善,经过不断完善会得到更广阔的发展。

第二节　扩底钻孔桩

一、扩底钻孔桩的发展与应用

扩底钻孔灌注桩是对钻孔灌注桩的一种改进和创新。施工时先用普通钻孔桩钻头(直桩)施工到设计持力层后,改用特制的扩底钻头,缓慢将扩孔钻头落于孔底后,一边开始旋转,一边开始使用钻机的钻杆加压装置对扩孔钻头加压,使一对开闭式叶片(扩大翼)逐渐打开,把桩底扩大成设计的圆锥状,当扩底直径达到设计要求后浇灌混凝土,形成底部具有扩大头的灌注桩。扩大头增加了桩端有效承载面积,从而提高桩端承载力,使扩底桩成为以桩端支承为主、桩周侧摩阻力为辅的桩型。同等直径桩相比,承载力有明显的提高,沉降也大幅度减小,它不仅能承受垂直荷载,而且还能够承受水平荷载,上拔力以及震动或动力荷载。因大直径扩底灌注桩具有单桩承载力高、经济效益好、无噪声公害等优点,在工程地质条件合适时常成为基础工程方案的优选方案。

扩底桩一般都是灌注桩,根据其施工方法不同,可分为挤土式灌注桩(如沉管灌注桩、静压灌注桩)和非挤土式灌注桩(如钻孔灌注桩、人工挖孔灌注桩)。根据扩底桩形成底部扩大头的方法不同,又可分为夯扩桩、静压扩底桩、机械扩底桩、人工挖孔扩底桩、压力注浆扩底桩、爆破扩底桩和胀扩体扩底桩。下面简要介绍这几种扩底桩。

1. 夯扩桩

夯扩桩是在沉管灌注桩的基础上发展而成的。夯扩桩在成桩过程中,被动土体受强烈夯击、振动和挤压,使桩土体系得到较大改善,桩端和桩侧被动土体压密,提高了桩端和桩侧阻力,对于易液化土体,在振动挤压作用下能增加密实度,提高强度,不同程度地提高了易液化土体的抗液化能力,同时因为夯扩作用,桩端扩大,其承载面积相对增加,提高了桩基的承载力。在成桩时,通过高频激振,对所灌注的桩身混凝土产生较强的振捣作用,提高了混凝土的密实度;同时通过内夯管对所灌注的桩身混凝土提供灌注压力,消除了普通沉管灌注桩易发生的断桩、缩颈、夹渣等问题。夯扩桩具有承载力高、扩底效果可靠、成桩质量较好、可调节单桩承载力、施工周期短、工艺简单等优点,但也同时具有施工产生噪声影响周围环境、承载力有限等缺点,因而在闹市区不宜使用,在地下管线、市政设施复杂的情况下也不宜使用,有时还受到地质条件的制约。

2. 静压扩底桩

因夯扩桩在施工时噪声较大，在某些情况下不能施工，于是又开发出了静压扩底桩技术，其形成扩大头的原理和夯扩桩一样，不同之处在于外钢模管和压扩芯管都是采用静压贯入的。静压扩底桩既有夯扩桩的优点，又有静压桩的特点。静压桩施工是通过静力压桩机的自重和机架上的配重提供反力而将管桩压入土中的沉桩工艺，该施工方法具有无噪声、无振动、无冲击力等优点。静压扩底桩沉桩施工时，桩尖"刺入"土体中时原状土的初应力状态受到破坏，造成桩尖下土体的压缩变形，土体对桩尖产生相应阻力，随着桩贯入压力的增大，土体发生急剧变形而达到极限破坏，土体产生塑性流动（黏性土）或挤密侧移和下沉（砂土），在地表处，黏性土体会向上隆起，砂性土则会被拖带下沉。在地面下由于上覆土层的压力，土体主要向桩周水平方向挤开，使贴近桩周处的土体结构完全破坏，此时桩身必然会受到土体的强大法向抗力所引起的桩周摩阻力和桩尖阻力的抵抗，当桩顶的静压力大于沉桩时的这些抵抗阻力时，桩将继续"刺入"下沉；反之，则停止下沉，因此这就要求静压施工时有足够的静压力，而当设计荷载较大时，该技术就受到限制。静压桩一般都是预制桩，静压扩底桩是灌注桩，静压过程结束后，还需拔管灌注混凝土，并进行扩大头的压扩施工。静压扩底桩是采用预制桩的施工方法而达到沉管灌注桩效果。

3. 机械扩底桩

上面所采用的扩底技术是采用外力将管内混凝土压出形成扩大头，而在钻孔灌注桩中则可以利用机械成孔形成底部扩大头，再灌注混凝土形成扩底桩。目前，国内外有很多机械钻孔设备可以在各种土层施工。采用液压旋挖扩底灌注桩就是机械扩底桩的一种，它既具有一般钻孔机械的特点，又有其特别的较为先进的方面。该设备采用全液压扩底铲斗进行全液压切削挖掘，扩底时使桩底端保持水平扩大，切削挖掘施工时采用电脑管理检测映像装置进行自动控制。首先用钻机将直孔桩钻到设计深度后，把扩底机（全液压扩底铲斗）下降到桩端，打开扩大翼进行扩大切削挖掘作业，此时操作人员只需按照设计要求预先输入电脑的扩底数据和形状进行操作即可（桩底端的深度及扩底部位的形状、尺寸等的数据和图像通过检测装置显示在操作室里的监控器上）。该施工方法具有不受施工场地限制，地质适应性强，适合于大部分各种复杂地质条件的优点，同时还具有施工速度快，质量高，无噪声，无振动，不出泥浆，原始土外运，环境污染低等优点，机械扩底桩有较高的承载力和质量易保证的特点，但也有成本相对较高等缺点。钻孔挤扩底桩是机械扩底桩的又一种桩型，又可称为部分挤土桩。它同一般机械扩底桩的不同之处在于扩大端的施工。钻孔挤扩底桩采用的施工设备是传统的泥浆护壁钻孔桩的回旋钻机，在桩孔按设计要求达到设计高程后，不是进行切削扩大作业，而是利用专门液压挤扩设备，在桩底四周进行挤扩形成扩大头，具有施工简单，对土体不扰动，挤扩时不产生振动和噪声，对周围环境影响小，桩端四周土受到挤压后，密实度提高，有利于单桩承载力的提高等优点，但适用范围较小，一般只适用于黏土层，扩底施工时需更换钻头，耗时较多，工期较长。

4. 人工挖孔扩底桩

人工挖孔扩底桩是在地下用人工或机械开挖的大直径孔中浇灌混凝土而形成的桩。该桩型施工简单，不受设备限制，采用人工和简单的机具即可开挖，同时多桩可同时开挖，不受工作面的限制，有利于提高工作效率，桩的直径大，桩尖持力层的土质情况可以直观检查，桩底虚土易清除，桩身质量易保证，无振动、无噪声，对环境无污染等优点。因桩的直径大，承载力高，一般可采用一柱一桩，传力直接，减少承台和基础系梁的用料，降低工程造价，近年来逐渐得到推广应用。当地基的基岩埋深较浅时，可以采用大直径人工挖孔扩底灌注桩。该桩型施工时必须考虑作业人员的安全，因此其使用受地质条件影响较大，在基岩较深，地下水丰富，地质状况复杂的地方不宜使用。

5. 压力注浆扩底桩

钻孔灌注桩一个极难解决的问题就是孔底虚土或沉渣问题；孔底虚土或沉渣的存在使得桩基的沉降量增加，桩的承载能力将降低，进而影响到建筑物的使用及安全。而采用钻孔灌注桩孔底压力注浆的方法，不仅可以将孔底虚土压实，而且可以在桩底部形成扩大头，提高承载力，减少沉降。

6. 爆炸扩底桩

爆炸扩底桩是利用炸药在桩孔底部爆炸成扩大头的就地灌注混凝土桩，爆炸扩底桩的使用范受限制，应用较少。它在黏土中效果较好，但在软土中不易成型，在碎石或砂土中也难于成型，在持力层复杂、漂石较多的地区也不宜采用。此外爆炸扩底桩的孔底余土不易清理，孔壁、持力层易受影响，成桩质量较难保证。

7. 胀扩体扩底桩

胀扩体扩底桩是由瑞典人最早提出的一种新型扩底桩技术，在施工时可减少振动和噪声干扰，并避免其他一些敏感的环境问题。胀扩体主要由薄壁的可折叠钢管组成，它被注入水泥浆后就会在土中发生鼓胀。桩被压入或放入一个预先钻好的钻孔中后，胀扩体开始鼓胀并形成包含一个单位体积的浆液固结体，桩的容许承载力会得到很大提高。根据记录所需要的浆体压力，可及时掌握受影响土体的情况，并依据实测压力与体积的关系，能够通过成桩结果检验承载力，可估算桩的极限承载力。采用灌浆净压力检验承载力时，必须有可记录与绘制灌浆压力的仪器。该桩型在瑞典应用较多，在其他国家还应用较少，我国目前对该类桩的研究及应用也很少。

扩底桩在我国应用较晚，在 20 世纪 80 年代初才开始应用，主要用于旧建筑物的托换和锚固工程。当时扩底桩主要以人工挖孔为主，因人工挖孔扩底桩施工受到地层、地下水、深度等条件的约束，使其应用受到很大限制；在用机械钻孔代替人工挖孔后扩底桩的应用才越来越广泛。现在扩底桩不仅用于建造新的工业民用建筑物基础，也用于市政工程、桥梁、码头、输电塔等设施的基础。

二、扩底钻孔桩的特点

钻孔扩底灌注桩，在扩底前的施工与不扩底的钻孔桩相同，其关键在于扩底时的施工。钻孔扩底灌注桩施工工艺操作简便，但对扩底施工操作和清孔泥浆比重有其特殊要求，清孔完毕，应立即进行水下混凝土灌注，防止孔壁塌孔利用旋挖钻机成孔速度快、效率高，在一般地质中 4h 成孔 20m；混凝土灌注技术简单，可以严格控制其材料用量。由于旋挖钻机在成孔过程无振动，可以在周围环境振动要求很严格的条件下使用。扩底钻孔灌注桩有以下特点：

（1）可降低成本

该桩型技术特点是在桩端（持力层）直径加倍扩底。如面桩径 1 000mm，可在桩端底部直径扩大至 2 000mm，这样桩端的底面面积可以相当于桩身截面积的 4 倍，大大提高桩的端承力，充分发挥桩身混凝土强度的承载作用，缩小桩径或减短桩长，从而达到大量减少工程量的目的。

(2)技术可靠

该桩型施工工艺采用的扩底机在国内其他地区已使用十多年。根据中华人民共和国行业标准《建筑桩基技术规范》(JGJ 94—2008)对钻孔扩底桩的规定,允许扩底不超过桩身直径的2.5倍。现行使用机具限制在2.5倍左右,加上桩的持力层(即扩底层)一般选在黏土层、全风化层、强风化层或中风化层岩层,所以钻孔扩底灌注桩一般都不易塌孔。

(3)适应能力强、应用范围广

本桩型最小直径有600mm,最大直径有2 500mm,扩底直径最大可达4 000mm,桩的深度可达50～60m。另外,由于扩底机具的不断更新,不但能在一般土层或强风化层扩底,而且能在中风化或微风化层扩底。除了较深位置有块石、块物或有大量孤石的地质条件不宜采用外,一般地质条件均可采用。特别是居民密集区、旧城改造、狭小场地或有砂层、淤泥层、含水率大,会出现流沙现象时,该桩型更具优势。

三、扩底钻孔桩的适用范围

大口径钻孔扩底灌注桩采用一种特殊的扩底机械,在桩底部位扩底,即采用直桩钻头钻到持力层后,换上扩底钻头,撑开钻头的扩孔刀刃,使之旋转切削地层扩大孔底。达到设计要求的扩底直径后,浇灌混凝土成桩,形成混凝土扩大头,提高桩端承载力。目前常用扩底钻头有3种:MRS系列扩底钻头、YKD系列油压扩底钻头和MRR系列基岩扩底钻头。

1. MRS系列扩底钻头

该系列扩底钻头主要用于在各种土层、砂层、砂砾层、残积层和强风化层中扩底,其基本结构为三翼或四翼下开式,刀齿为硬质合金。主要部件由底翼、加压翼、底盘、连杆等组成。该系列钻头结构简单、使用方便、操作灵活、扩底准确可靠,同国内其他扩底钻头相比,其技术水平达到国内先进水平。

2. YKD系列油压扩底钻头

该系列钻头主要由钻头体、回转接头、泵站、检测控制台等几部分组成。该系列钻头具有以下特点:

(1)用油控制其张开和收缩,操作简单可靠。

(2)钻孔和扩底用一个钻头完成,扩底时不用更换钻头。

(3)可在地面直接控制扩底直径和控制扩底过程。

(4)钻头装有副翼可调节桩身直径。

(5)可采用正反循环施工。

(6)采用活刀板连接,刀头磨损后可随时更换。

(7)可施工多层扩底桩。

该系列钻头为三翼下开式结构,刀头采用硬质合金,可钻进各种土层、砂层、砂砾层以及粒径小于50mm的卵石层。

3. MRR系列基岩扩底钻头

该种钻头主要用在各种岩石如砂岩、石灰岩、花岗岩等中扩底。

在岩石中采用该种桩,同其他扩底桩相比具有以下特点:

(1)稳定性好,可靠性高,桩的受力更加高。

(2)经济效果更加明显。

(3)由于基岩强度大,硬度高,施工难度相当大。

四、扩底钻孔桩施工工艺要点

钻孔扩底桩施工的工艺流程:直孔段钻进成孔→第一次清孔→换扩底钻头扩底钻进→第二次清孔→检验扩底尺寸及形状→安放钢筋笼→下导管及第三次清孔→混凝土灌注成桩,见图 15-2-1。

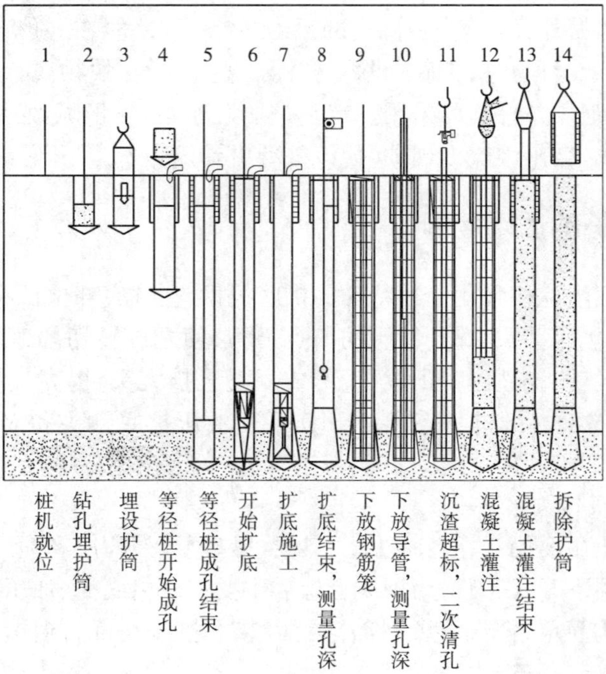

图 15-2-1 施工工艺流程图

其中的关键工序是扩底端的施工,扩底端直径、扩底坡角和扩底锥度是扩底端的三个重要质量参数,此外扩底端孔壁稳定及超大初灌量混凝土的灌注也是主要的技术难点。施工时应注意如下事项:

(1)每种规格的扩底钻头在使用前都必须做张、收试验并准确测量有关数据,作为控制扩底直径的依据。数据包含:全收和全张时的钻头长度,确定钻头扩底时的最大行程;全张时的最大扩底直径是否满足设计要求;同一钻头不同扩底直径的扩底行程;每一定距离的扩底行程所对应的扩底直径。

(2)扩底钻头下入孔内前必须在地面上进行整体检验。其主要内容为滚刀及滚刀架是否运行自如和坚固耐用、扩底钻头收缩与张开是否灵活、各部件及其焊接是否牢固、销轴连接是否安全可靠。

(3)根据工程所需的最大扩底直径,确定好行程。将钻头提起使其处于小于直径的收缩状态,然后缓慢下钻头逐渐张开,当张开至所需的扩底直径时,测量内外方管相对移动位置的距离,即为扩底钻头的扩底行程,并在钻头上固定好相应的行程限位器。

(4)当扩底钻头下放至孔底,在主动钻杆上作扩底的起点和终点标记时,应考虑扩孔系数,因为扩底钻头下至孔底,并不是完全收缩而是略有张开,所以确定扩底行程终点时,可比地面实测行程酌情减小。

(5)当扩底钻头下入孔底后,要使冲洗液充分循环后才能空钻,空钻正常后方能加压钻进。钻进时应缓慢给压,逐渐张开扩翼,切削岩层扩底,反循环排渣。

(6)当扩底到位后应轻轻提动钻具,使之产生一定的向上收缩力,收拔钻头,慢慢提出孔外。如出现提钻受阻现象,不可强提、猛拉,应上下窜动钻具,在钻头脱离孔底的情况下,轻轻旋转钻头便可收拔。

(7)施工过程中应进行3次清孔。第一次清孔在直孔钻进完成后,主要目的是准确测量孔深,为扩底钻进提供可靠数据;扩底钻进完成后,扩底钻头空转,抽吸沉渣进行第二次清孔,本次清孔换浆是确保扩大端孔底沉渣厚度达到设计要求的关键工序,泥浆比重应小于1.2、含砂率不大于6%、黏度不大于21s,一般清孔时间为2~2.5h;混凝土灌注前,一般利用灌注导管和砂石泵组进行第三次清孔。

(8)扩底桩由于孔底扩大,其孔壁特别是扩底端的孔壁不如直孔孔壁稳定,容易塌孔。为较好地保持扩底桩的孔壁稳定可采取如下措施:扩孔边锥角θ选用恰当值;施工过程中,始终保持孔内静水压力在1.5~2.0m之间;采用优质泥浆钻进和换浆;精心操作,防止孔内水头压力下降以及人为扰动孔壁。

(9)要保证扩底桩的混凝土灌注质量,不仅要求初灌量能保证初灌混凝土埋管高度,而且要求至少埋没整个扩大端高度的2/3以上。这就要求很大的初灌量。可采用定制的混凝土初灌注大斗,置于孔口直接灌注。当要求的灌注量更大时,通常再设计一个容量2~4m^3的灌注斗,两斗接力连续灌注。

五、扩底钻孔桩的质量控制

扩底钻孔灌注桩是在普通钻孔灌注桩的基础上,在直孔成孔完毕后换用相应的扩底钻头,将直孔的底部按设计要求扩大形成一个扩大头,增大桩底端断面面积,达到提高桩承载力目的的一种桩型。

(1)成孔(直孔)是利用钻头钻进至设计高程的过程。整个过程与普通钻孔灌注桩一样,主要控制成孔垂直度、护壁完整性、持力层岩面高程等,成孔是扩孔的基础。

(2)扩底在扩孔前,首先在地面确定扩孔钻头的参数,一般采用的是机械重力式双翼合金扩底钻头,其原理类似"伞架",当钻头在孔内,在钻具的重力作用下,双翼沿钻头的主轴滑道下滑,实现双翼扩刀的扩张,下滑行程越大,实现扩大直径越大。根据这一原理,主轴滑道下滑的行程是扩底的一个极其重要的参数。按设计扩大直径的要求确定下滑行程参数,在主滑道上安装限位装置。为方便施工控制,可将主轴滑道下滑行程转变为钻机主动钻杆的钻进行程。在扩底过程中,主要控制转速、行程、钻具的牢固性。由于扩孔钻头的刀具切削面随钻头的扩展加大,其作用荷载也增大,故要求匀速缓慢钻进。行程控制是控制钻头主轴滑道行程,在扩孔过程中,必须记录行程数值,确保扩孔达到设计要求。钻具的控制确保钻头的稳定性、牢固性。在扩孔前,首先应对钻具进行检验,上下翼刀具的刚度铰接牢固,主轴滑道收放灵活自如,才能使用。

(3)清孔由于桩径扩孔后,其桩底面积大大增加,形成下部空腔,在清孔时,空腔内容易出现沉渣的大量沉积。因此,清孔是否彻底,直接影响成桩的效果。在清孔过程中，应用反循环进行清孔，将桩底的沉渣吸出孔外，以达到清孔的目的。扩底钻孔灌注桩一般有三次清孔，即成孔（直孔）后第一次清孔，扩底完后二次清孔，混凝土灌注前三次清孔。

（4）水下混凝土灌注方法与普通灌注桩一样，由于扩底造成桩底体积加大，因此在灌注时，首盘初灌注混凝土料要相应增加。

第三节　根式基础

一、概述

根式基础是一种新型基础形式，采用沉井预留顶推孔，待沉井下沉到设计高程后，在土层中顶推预制好的根键，在保证根键与沉井固结后形成一种仿生基础，由于顶推根键的挤密和应力扩散作用充分调动了基础周边土体的承载潜力，使得抗压时基础底部得以"卸载"，承载力得以提高，同时因根键与周围土体的紧密嵌固作用，也使得基础的抗拔承载力和水平承载力得以提高。

目前该基础形式尚未大面积应用，但鉴于其能很好地适用于厚覆盖层，节省材料、施工方便，可应用到各种桥梁基础等优点，具有良好的推广应用价值。目前，本项技术在国内马鞍山长江公路大桥引桥基础工程中已有实施。

1. 根式基础构造

根式基础包括井壁、根键、管壁后浇混凝土三部分。根式基础结构如图 15-3-1 ~ 图 15-3-3所示。

2. 根式基础施工方法

根式基础一般施工工艺流程如图 15-3-4 所示。

二、根式基础制作

1. 施工准备

施工准备工作包括水文、地质、气象资料收集，通路、通水、通电、通信和场地平整，临时设施修建等。

2. 地基处理

在岸上或筑岛浇注根式基础，首先将地基处理平整并夯实，以免在根式基础浇注过程中或垫木（垫块）抽除过程中发生倾斜。若地基承载力小于计算要求，则应进行换填，换填材料以中粗砂为宜，其上铺设垫木，用砂浆找平。

3. 钢筋施工

钢筋宜在后场加工成型后运至现场绑扎。

4. 模板施工

根式基础内外模板由施工单位自行选定，一般宜采用大块钢模。

5. 混凝土浇注

根式基础混凝土应采用强制式拌和机拌制混凝土，由搅拌运输车运至现场后采用汽

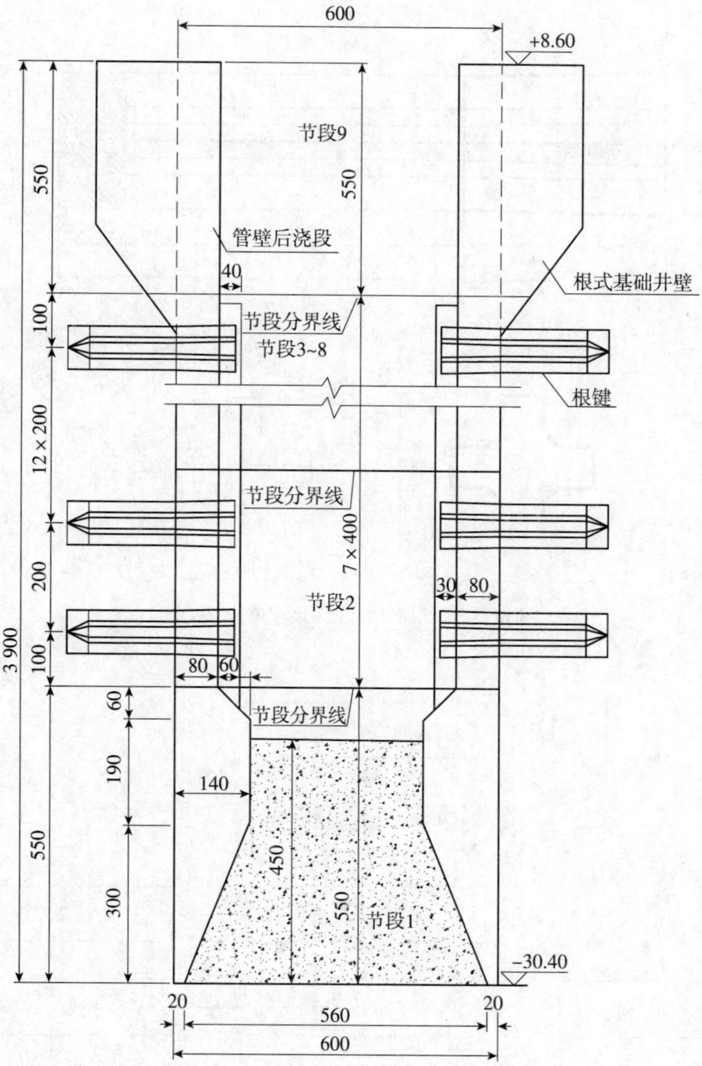

图 15-3-1　根式基础立面图(尺寸单位:cm)

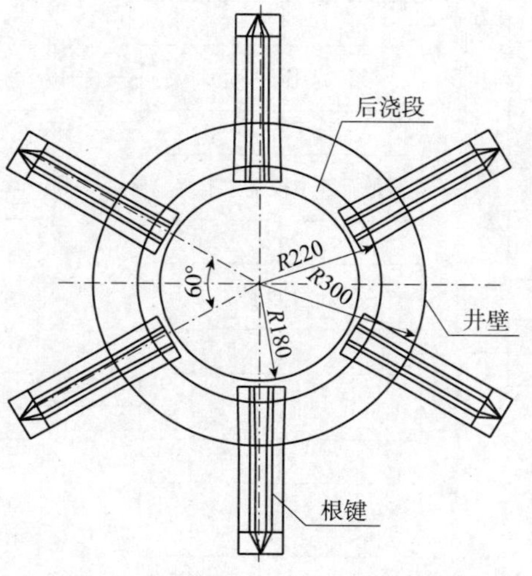

图 15-3-2　根式基础平面图(尺寸单位:cm)

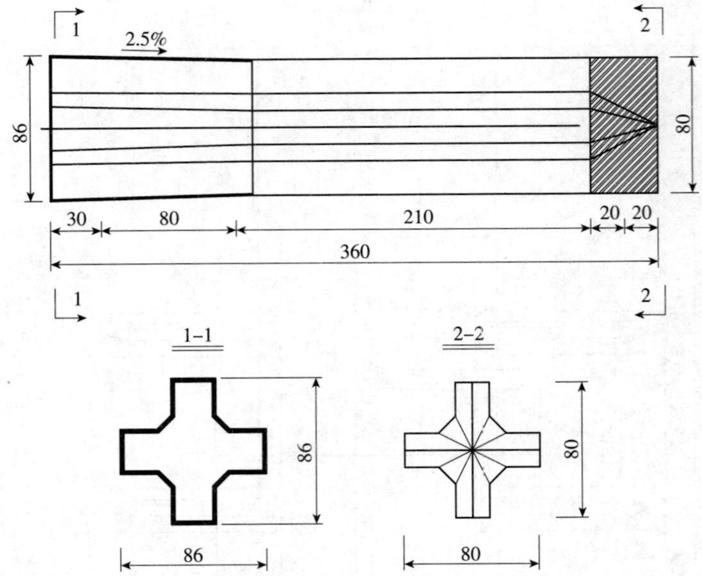

图 15-3-3　根键构造图(尺寸单位:cm)

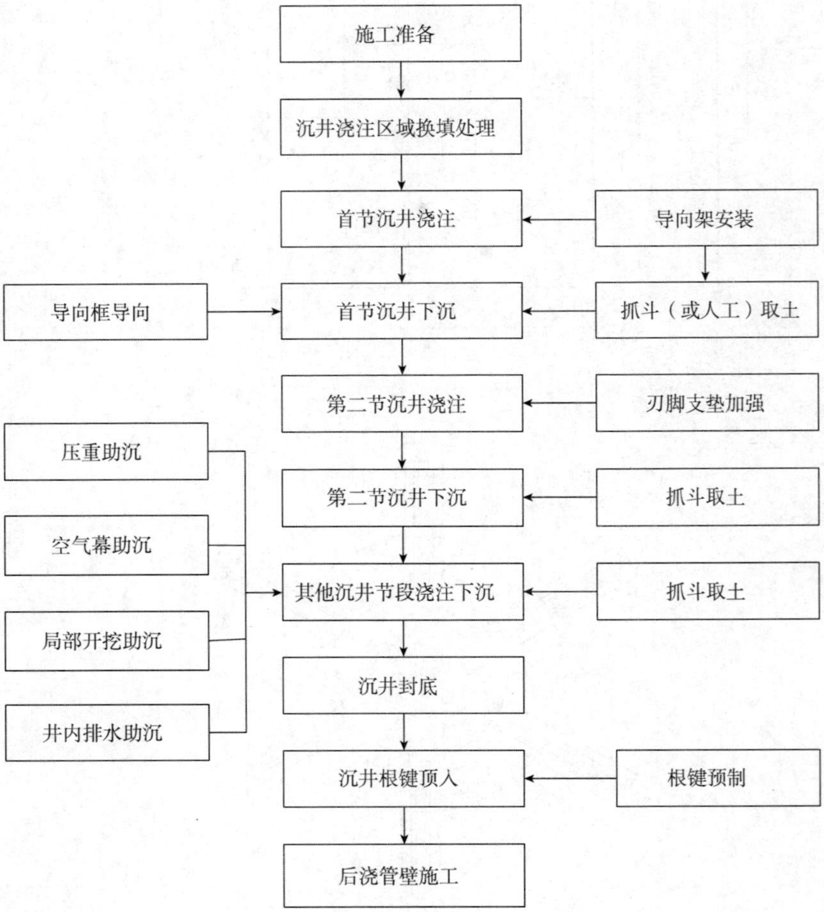

图 15-3-4　根式基础施工流程图

车泵或卧泵浇注，采用振捣器振实。

混凝土浇注完成后，应在收浆后尽快覆盖和保湿养护，冬季施工时应进行保暖、保湿养护。

拆模顺序和要求按相关规范执行。

6. 根式基础接高

根式基础平面尺寸小、高度大，宜按设计要求分节制作、分次下沉，循环进行，直至根式基础下沉到设计高程，其接高下沉次数应根据设计要求和施工计算确定。

三、根式基础下沉

1. 概述

根式基础下沉主要通过井内取土进行，减小或消除内壁摩阻力和刃脚正面阻力，依靠根式基础自重下沉。

井内除土方式可分为排水开挖和不排水开挖。地下水位以上及排水开挖下沉可采用机械抓斗为主、辅以人工除土，不排水开挖采用机械抓斗或空气吸泥机水下除土。下沉辅助措施有空气幕、压重、井外开挖、降低井内水位减少浮力以增加根式基础自重、高压射水、炮震（必要时）、泥浆润滑套等。

2. 根式基础下沉系数计算

沉井下沉系数按降排水下沉工艺计算，下沉系数 K 计算如下：

$$K = \frac{G + F_3 - F_4}{F_1 + F_2} \tag{15-3-1}$$

式中：G——沉井自重，kN；

F_1——刃脚下地基土的正面反力，kN；

F_2——侧壁摩阻力，kN，在深度 0～5m 范围内，单位面积摩阻力按直线规律自零值起逐渐增加；在深度为 5m 以下，单位面积摩阻力为一常数；作用于沉井外壁上的摩阻力沿深度的分布规律按式（15-3-3）计算；

F_3——施工荷载，kN；

F_4——水浮力，kN。

$$F_1 = \sigma_i A_j \tag{15-3-2}$$

式中：σ_i——第 i 层土的极限承载力，kPa，根据经验地下土取 2 倍的土体允许承载力；

A_j——全刃脚、半刃脚支撑面积，m^2。

$$F_2 = U \cdot (h - 2.5) f \tag{15-3-3}$$

式中：U——沉井外壁周长，m；

h——沉井入土深度，m，第一节沉井制造时取 0，下沉到位时，取 2.5m；

f——第 i 层土与井壁单位面积的摩阻力，kPa，当下沉深度内有数个土层时，按加权平均计算，即 $f = (f_1h_1 + f_2h_2 + \cdots + f_nh_n)/(h_1 + h_2 + \cdots + h_n)$。

3. 下沉施工

根式基础下沉施工与普通沉井下沉施工工艺基本相同，仅在下沉初期应设置刚性限位导向架，以确保下沉精度。

4. 封底施工

当根式基础下沉至设计高程的要求范围内，经沉降观测，其沉降率（待 8h 内根式基础自沉累计不大于10mm)在允许范围内,即可进行封底施工,封底分为干封底和水下封底两种。

四、根键预制

1. 根键钢套及模板制作

根键内、外钢套必须匹配制作,以使根键能顶进到位。外钢套在根式基础制作过程中预埋,必须有足够的刚度。

外钢套的井壁外侧端部需安装高密度聚乙烯挡水板,可用 $\phi 12$ 螺栓固定在外钢套上。

根键预制宜采用钢模板,模板表面平整光滑,还应具有足够的强度、刚度、缝隙严密不漏浆、整体稳定性好。

2. 根键预制厂

在施工区域内选择合适位置作为根键预制厂场地。预制好的根键见图 15-3-5。

图 15-3-5 预制好的根键

3. 根键钢筋笼

根键钢筋笼宜流水线制作。

制作流程:钢筋弯制→分类编号、挂标志牌→堆放至指定区域→绑扎、焊连成钢筋笼→堆放至指定区域。

4. 根键模板、钢筋笼安装

根键模板、钢筋笼安装流程:底模安装→内钢套及钢刃刀安装→钢筋笼安装→外模安装。

5. 根键混凝土浇注

根键混凝土宜采用连续级配的细石子混凝土,浇注前应进行试拌。

6. 根键存放

根键吊装宜采用专用夹具吊装,防止根键损伤。

根键保湿养生达到吊装强度后(按设计要求或不低于设计强度的75%),按内外钢套匹配的编号进行统一编号,按"先顶进在上、后顶进在下"的原则堆放并设置标志牌,便于根键顶进时的吊装。

五、根键顶进

(一)顶进平台

1. 顶进平台

顶进平台是根键顶进施工过程中最为重要的操作平台,其受力状况、各吊点的灵活可调性、顶进平台在轨道梁上的转动灵活性都直接影响根键顶进的安全和功效。

2. 提吊系统

在根式基础顶面利用型钢搭设根键顶进操作施工平台,该施工平台用于固定提吊系统、人员上下、小型机具摆放等。

顶进平台的提吊系统应满足根键的调节精度和吊重要求。

(二)顶进设备

根键顶进效率很大程度上取决于顶进设备的功效,因此在进行顶进作业时应选用顶推力大、行程长、级数多、顶进速度快的千斤顶。

(三)顶进施工

1. 根键顶进前施工准备

正式顶进前,将预留孔清理干净、安装好橡胶止水带、调试好千斤顶及其他相关工作。

2. 根键吊装

应采用根键专用吊装夹具,由吊车将根键吊装至预留孔就位。

3. 根键顶进前调整

根键顶进前,必须将根键、千斤顶、钢支垫调节至一条轴线上。

4. 顶进根键

开启千斤顶油泵,循环往复将根键顶进到位,顶进过程中注意各项操作必须规范,确保安全。

六、根键止水

1. 井壁挡水板防水

根式基础挡水板是根键止水的第一道关口,其应该能承受最底层根键预埋位置的水压力,并且在根键顶推过程中还必须破碎,避免根键“带伞”顶推增大顶推力。

2. 橡胶止水带挡水

在根键顶推过程中,通过根键对已安装在外钢套内橡胶止水带的挤压作用,形成具有一定抗水压能力的封闭体,从而起到挡水作用。

3. 挤密式构造止水

根键内、外钢套匹配制作由前向后设置 2.5% 的坡度,随着根键的顶推,根键、外钢套、止水橡胶之间越来越紧密,利用这种挤密式构造达到止水效果。

4. 快速顶推

使用防回缩大行程多级千斤顶进行根键顶推,加快根键顶推速度,使根键的扩大头部分尽快进入外钢套内，以减小根键与外钢套之间的空隙，利于根键止水。

5. 末端快凝止水

根键顶推到位后，焊接内外钢套防止根键回缩，并在末端预留凹槽涂快凝防水材料彻底止水。

6. 内衬永久止水

根键顶进到位后，在根键末端钢板上焊接钢筋网片，分节段浇注混凝土内衬，以固结根键并永久止水。

本章参考文献

[1] 徐维钧. 桩基施工手册[M]. 北京：人民交通出版社，2007.

[2] 霰建平，欧阳祖亮，等. 原创型根式基础关键施工工艺[J]. 世界桥梁，2009.

[3]《桩基工程手册》编写委员会. 桩基工程手册[M]. 北京：中国建筑工业出版社，1995.

[4] 中华人民共和国行业标准. JGJ 94—2008 建筑桩基技术规范[S]. 北京：中国建筑工业出版社，2008.

[5] 中华人民共和国行业标准. JTG F80/1—2004 公路工程质量检验评定标准 第一册 土建工程[S]. 北京：人民交通出版社，2004.

[6] 中华人民共和国行业标准. JTG/T F50—2011 公路桥涵施工技术规范[S]. 北京：人民交通出版社，2011.

第十六章 基础、墩台施工安全环保方案

第一节 编制目的与依据

一、目的

为贯彻“安全第一、预防为主、综合治理”的方针，落实国家安全生产、环境保护的法律法规，保障项目安全、优质、高效运行，保障施工机械、设备不受意外损坏，保障人身健康与财产安全，进一步加强项目施工的安全、环保工作，减少和避免事故发生，对施工活动过程中重要有害环境影响因素采取有效控制措施，规范和强化项目部突发事件的应急处置工作，建立突发安全与环境事件应急处置体系，提高项目应对涉及公共安全的突发事件的能力，保障公众生命健康和财产安全，保护环境，消除施工中的不规范行为，达到安全环保的目的，指导、规范基础及墩台施工，根据基础、墩台施工特点，编制本方案。

二、依据

(1)依据《中华人民共和国安全生产法》、《中华人民共和国环境保护法》、《建设工程安全生产管理条例》、《企业安全生产标准化基本规范》、《危险性较大的分部分项工程安全管理办法》、《施工现场临时用电安全技术规范》、《国家突发环境事件应急预案》等及相关的法律、法规编制。

(2)业内类似工程的经验。

第二节 安全环保、职业健康管理方针和目标

一、管理方针

严格遵守环境、职业健康、安全方面的法律法规；合理使用自然资源和能源，保护环境，投入充足的资源，坚持预防为主的方针，防止环境污染，消除、减少、预防安全事故和职业疾病；建立有效的员工协商、信息沟通与交流机制，

促进全员参与环境、职业健康、安全管理;加强员工的职业道德教育,不断增强员工遵纪守法意识,提高保护环境、保障员工健康安全的能力和水平。

二、管理目标

1. 职业健康安全管理目标

根据国家安全生产监督管理总局现行有关法律、法规、文件,确定项目职业健康安全管理目标,危害鉴别、风险评估及风险控制的规划,经常组织职业健康管理活动,并对施工现场的管理活动进行日常的指导、监督、检查,并做好记录。实施动态管理,预防为主,持续改进,杜绝重大安全责任事故和重大职业病事故。

2. 环保目标

(1)重大环境污染责任事故0案次,顾客满意率95%以上。

(2)施工噪声排放达标,社区居民无投诉。

(3)控制施工扬尘、废物排放,确保排污符合规定标准。

(4)保护植被,防止水土流失。

(5)保护野生动物。

(6)保护文物。

第三节　安全环保管理体系和制度

为贯彻“安全第一、预防为主、综合治理”的安全生产方针,保护环境,落实国家安全生产、环境保护的法律法规,进一步加强项目施工的安全、环保工作,减少和避免事故发生,对施工活动过程中重要有害环境影响因素采取有效控制措施,保障劳动者的身体健康与生命安全、保护环境,建立相应的体系和制度。

一、安全环保管理体系

建立并完善“谁主管、谁负责”的逐级安全负责制和目标管理体系,完善安全、环保培训教育体系,制订项目安全、环保方案;建立健全从项目部到工区、班组、特殊工种岗位的各项规章制度,签订安全、环保目标责任书,通过分解安全、环保指标,明确安全、环保责任。

二、安全、环保组织机构

成立安全、环保组织机构,加强对安全、环保工作的领导,设置工地安全部门、环保部门,配备专职安全员、环保员,负责日常安全环保工作。明确各级管理人员的职责与权限,认真贯彻国家、交通运输部、铁道部,地方政府有关安全生产、环境保护方面的法律、法规和文件。

三、安全、环保管理制度

依据国家及地方政府的有关法律法规,结合项目施工特点,制订相应的安全、环保管理制度,安全环保管理制度参见表16-3-1。

安全环保管理制度　表16-3-1

序号	安全、环保管理制度及内容	责任人
1	安全生产教育培训、考核制度	
2	安全环保技术交底制度	
3	危险源识别、评价及重大危险源管理制度	
4	事故隐患报告和奖励制度	
5	环境标准制度	
6	环境保护目标责任制度	
7	劳动保护及职业病防治管理制度	
8	环境监测和报告制度	
9	排污申报登记制度	
10	环境影响评价制度	
11	应急救援预案管理制度	
12	应急救援设备管理制度	
13	应急救援物质储备与使用管理制度	
14	应急救援经费管理制度	
15	应急队伍管理制度	
16	安全事故调查报告、追究制度	
17	特种作业人员安全管理制度	
18	施工现场安全用电管理制度	
19	特种机械设备、压力容器安全管理制度	
20	安全生产检查制度	
21	安全防护用具管理制度	
22	安全生产奖罚制度	
23	安全生产会议制度	
24	安全标准工地建设制度	
25	安全预算费用审批制度	
26	交通安全管理制度	
27	安全文化活动和建设制度	
28	施工现场治安消防管理制度	
29	易燃易爆物品管理制度	
30	文物保护制度	

四、实施和运行

1. 宣传、培训、技术交底

实行分级安全环保教育、安全环保交底制度，定期对特殊工种如专业电工和用电作业操作人员、机驾人员、施工人员进行教育。特种作业人员必须经过专门的安全知识与安全操作技能培训，并经当地劳动部门考核合格后取得特种作业资格，领取操作证后方可上岗作业。

做好班前交底，详细讲解施工方案和注意事项，使施工人员明确自己的作业内容及安全环保区域，按操作规程办事，严禁非施工人员进入作业区。

2. 配齐设施

上岗员工正确佩戴安全防护用品；施工区域按操作规程正确配置安全防护设施、消防器材、救援机具及物资；环保设施齐全。

3. 配合与管理

积极与当地政府或科研机构就环境保护合作，支持地方环境保护工作，服从地方安全、环境保护部门的管理。

在项目开工前3个月内办理排污申报手续。在城市市区范围内，在工程开工15日前办理排污申报手续。按照“谁污染、谁治理、谁付费”的原则，在项目建设期间，应当依法履行排污申报。

4. 检查监督

督促、检查本项目的安全环保工作，保证本项目安全环保方案的有效实施，消除安全隐患，防止环境污染事故的发生。

第四节　事故类型及污染类型分析

基础、墩台施工，因地形、地质和水文条件的特殊性，属高风险和易发生安全事故的施工作业，施工前就基础墩台施工危险源和污染源进行分析和辨别。

一、事故类型

1. 高处坠落

一方面是高空作业，如何防止坠落；另一方面水上作业期间，人员或者物质设备落水。两者都是此项安全生产活动中预防的重点。

2. 触电事故

一是未按规定正确架设、未按规范要求安装或使用临时用电设施及施工临时用电线路损坏而造成的触电；二是在既有高压电网下施工，没有保持规定的安全距离，造成电击；三是由于雷雨季节未能在雷雨来临前撤离而导致雷击。

3. 物体打击

高处作业过程中，材料、工具及其他物件跌落而击伤处在下方的人员。

4. 机械伤害

机械作业过程中，对机驾人员及他人造成的伤害。常见的是由于人的不安全行为引起的操作失误和误入危险区带来的伤害，以及机械处于不安全状态所造成的伤害事故。

5. 坍塌掩埋

基础施工中遇突水、流沙、涌泥或地下水位过高，作业人员被掩埋；基础作业期间，基坑支护不当造成基坑坍塌、墩台施工中支架搭设不牢固引起支架垮塌造成伤害。

6. 火灾和爆炸事故

(1)施工机械本身故障如机件摩擦起火、机械漏油等引发的火灾、爆炸事故。

(2)电气线路老化、漏电短路、线路超负荷等造成的火灾、爆炸事故。

(3)施工过程中因焊接、切割作业,工作人员吸烟引起的火灾、爆炸。

(4)爆破作业期间,炸药的存放、运输、使用不按操作规程办事,造成意外的爆炸伤害。

7. 水毁淹溺

(1)施工期间过多地压缩河床过水断面,减少了泄洪面积;施工期间造成河道堵塞,未及时疏通河道,引起水毁。

(2)未与气象部门、水利部门建立联系,没跟踪天气及江河水库水文变化情况,施工物质、设备及其他设施储存位置不当,未及时撤离洪区,造成水毁。

(3)失足落水、在无防护措施或无救生设施条件下从事水上作业落水淹溺。

(4)海上作业期间对潮汐规律掌握不明或违规作业,造成水毁淹溺。

二、污染类型

1. 噪声污染

工作喇叭、车辆喇叭、爆破、施工机械运行中产生的噪声,影响沿线附近居民和住户的生活、学习、工作环境,惊扰野生动物。

2. 大气污染

施工车辆行驶中的扬尘及尾气中 CO、NO_2 等污染空气。

3. 废物排放

生活垃圾、施工期间产生的废水、废渣及其他废弃物。

4. 水污染

生活用水造成的水污染;施工中产生的废(污)水对周边地表水环境产生污染;油料、燃料、材料存放不当、有害物质处理不当等造成的污染。

5. 水土流失

施工临时占地、施工开挖破坏了当地的植被与水系,造成水土流失。

第五节　安全控制要点

加强安全教育,每道工序施工前,进行安全技术交底;加强安全巡视、安全检查;正确佩戴安全防护用品,完善安全防护设施;遵守安全操作规程,对危险源采取重点预防控制。

一、机电设施安全控制要点

施工现场的一切电源、电路安装和拆除必须由持证电工操作;所用电器设备,必须装设漏电保护装置。各桩基用电必须分闸,严禁一闸多用。开工前,机电工程师应对使用的设备在安装、调试、检测全过程跟踪,经检查合格后,再进入试运行阶段,试运行成功,才能正常使用。在使用过程中如发生故障及问题,应及时排除、修理、更换、整改。

二、水上施工安全控制要点

位于通航江河上的施工,施工前应与当地海事监督部门联系,制订有关通航、作业安全环保注意事项,水上工作平台设置应得到河道、海事部门的同意,并完善水上施工许可证等必要手续;按规定设置临时标志、施工区域标志;水上停泊的施工船舶,应标示抛锚警示标。警示标的位置,用明显的号灯标明可航行水域及封航水域;严格执行内河避碰规则和施工航行通告的有关规定;作业人员必须做到"二戴一穿"(戴安全帽、戴安全带、穿救生衣),并备有救生船,严禁一人单独作业,作业前或作业期间不得饮酒;施工前,应制订切实可行的安全措施,并做好安全技术交底。雨季施工时要认真做好河道防洪工作;不得污染水源,不得向水域投放建筑垃圾。

三、明挖基础安全控制要点

(1)基坑开挖的方法、顺序以及支撑结构的布设,应按施工组织设计规定进行。开挖较大较深和地质水文复杂的基坑必须制订详细的施工方案和安全环保方案。

(2)开挖基坑时,要对邻近建(构)筑物或临时设施进行监控监测,并留有检查记录。随时检查坑壁边坡有无裂缝和坍塌现象(特别是雨后和解冻时期),如果发现边坡有裂缝、疏松或支撑有折断、位移等危险先兆,应立即采取措施。在雨季、地下水及流沙地区挖土时,必须视具体情况增加坡度或加固支撑,并做好检查记录。对不安全因素应采取可靠的安全防护措施后,才能开挖。

(3)基坑深度超过1.5m时,为方便操作工人行走,应设置宽度超过1.0m的专用坡道或铺设跳板;如不加支撑时,应按要求进行放坡。

(4)基坑边缘安全线内不得停放机械、堆土、堆料。机械作业要遵从机械作业的相关规定。机械在坑顶附近作业时,机身距坑边的安全距离应视基坑深度、坡度、土质情况而定,一般应不小于1.0m。

(5)开挖基坑时,要根据土壤、水文等情况,按规定的边坡坡度分层下挖,严禁局部深挖或掏洞开挖。如施工场地狭小或受其他条件限制,不能按标准放坡时,应采取固壁支撑措施。基坑边缘应开挖排水沟截流;在有大量地下水流情况下从事基坑开挖,应配足抽水机具,施工人员应穿防滑胶鞋,并设置出入基坑的安全通道。当基坑较深时,四周应悬挂扶梯。施工人员不得在坑壁下休息,以免发生意外;遇到有流沙、涌水、涌沙及基坑边坡不稳定等现象发生时,应立即停止挖掘,撤出作业人员。在切实采取安全加固措施后,方可继续开挖。

(6)上跨道路施工时,如不能保证车辆通行,应事先修好便道或便桥(涵),并按交通工程的要求设置相关的禁行、改道、减速、限速、解除限速等安全标志。

(7)采取挖土机械开挖基坑,坑内不得有人作业。

(8)采用冻结法开挖基坑时,应根据地质、水文、气温等情况,分层冻结,逐层开挖。

(9)采用井点法降低基坑地下水,要根据土层渗透系数、降水深度等,先计算其渗水量,由行井点布设及抽水试验等。施工中应保持基坑不被水浸泡,并经常进行监控、检查,防止过排使周边构造物下沉。

四、爆破作业安全控制要点

(1)需要爆破时,应按国家现行的爆破安全规程办理相关手续。

(2)爆破必须统一指挥,并由经专业培训且持有爆破操作合格证的专业人员作业。

爆破作业和爆破器材管理人员应穿防静电服装；作业面每天放炮次数应有明确规定，装药与放炮时间不得过久。

(3)临时存放炸药的库房设置、运输应符合国家现行《爆破安全规程》(GB 6722)的有关规定。

(4)装炮时，应使用木质炮棍装药，严禁火种，禁止用明火照明。

(5)爆破员实行“一爆三检”制度，爆破时，所有人员应撤离现场，并保证有足够的安全距离。放炮员最后离场，班组长清点人数，发出警告5s后方可引爆。

(6)爆破后15min，检查人员方可进入工作面，当发现有“盲炮”时，必须由原爆破人员按规定处理，确保安全。

(7)采用电雷管爆破时，应加强电源的管理，防止漏电引爆；采用导火索爆破时，导火索的长度应保证点完导火索后，人员能撤至安全地点；一个爆破工一次点燃的导火索根数不宜超过5根。

(8)炸药和雷管必须放置在带盖的容器内分别运送。人力运送时，炸药和雷管不得由一人同时运送，还应由专人护送到工地，中途不得停留；一人一次运送的炸药数量不得超过20kg或原包装1箱；汽车运送时，炸药和雷管必须分别装在两辆车内运送，两车的间距应大于50m，汽车的排气口应加装防火罩，运行中应显示红灯，爆破器材高度不得超过车厢边缘，硝化甘油类炸药的装载不得超过两层；严禁用翻斗车、自卸车、拖车、拖拉机、机动三轮车、人力三轮车、自行车、摩托车和皮带运输机运送爆破器材；在上下班或人员集中的时间内，禁止运输爆破器材。

五、筑岛围堰施工安全控制要点

1. 人工筑岛施工安全控制要点

(1)人工筑岛，应修建双向运输便道或便桥；当基坑较深时，四周应悬挂上下扶梯；遇有洪水或水流，应立即撤出堰内作业人员。

(2)采用吸泥船吹砂筑岛时，要对船体吃水深度、停泊位置、管路射程及连接方法等，进行严格检查和试验。作业人员应穿救生衣，并备有救生船。作业区内严禁船舶和非施工人员进入，承载吸泥管道的浮筒上不得行人；挖土、吊运、浇注混凝土时，严禁碰撞支撑，不得在支撑上放置重物。

(3)基坑抽水过程中，应专人经常检查土层变化、支撑结构受力等情况，发现变形时及时采取处理措施；支撑拆除时，应在技术人员指导下进行，配合回填土进程由低处向上拆除，严禁站在正在拆除的支撑上操作；存在引起坑壁坍塌危险时，必须采取安全措施。

2. 钢板桩及钢筋混凝土板桩围堰施工安全控制要点

(1)采用钢筋混凝土板桩或挡土板围堰时，应视土质、围堰深度、涌水情况，逐节支撑，施工时经常检查打桩机、挡板、板桩等挡土设施的稳定牢固状况；遇有流沙、涌沙或支撑变形等异常情况，应停止挖掘，并立即撤出作业人员。

(2)插打钢板桩(包括钢筋混凝土板桩)围堰前，应对打桩机、卷扬机及其配套机具设备、设施全面检查，经试验、鉴定符合安全要求的前提下才能施工。

(3)使用钢板桩围堰时，要根据施工条件和安全要求及水深、地质等情况适当选择桩长，确定围堰尺寸、钢板桩数量、打入位置、入土深度和桩顶高程，使之既不影响水上施工，又不会伤及水下桩基等构造物。

(4)钢板桩起吊应有专人指挥，桩顶作业，应挂吊篮、爬梯，作业人员必须系好安全带、戴安全帽、穿防滑鞋。

(5)插打钢板桩，应从上游依次对称向下游插打。如因吊机高度不足，可改变吊点位置，在转换吊点时，必须先挂后换，新的吊点受力并确定牢固，才能拆除原吊点。

(6)钢板桩插进锁口后，因锁口阻力不能插放到位而需用桩锤压插时，应控制桩锤下落行程，防止桩锤随钢板桩突然下滑。

(7)钢筋混凝土板桩采用锤击下沉时，桩头和桩尖部位，应采取加固措施；钢板桩在锤击下下沉时，初始阶段应该轻打，桩帽(垫)变形时应及时更换。

(8)应在现场技术负责人的指导下从事基坑支撑拆除。拆除支撑由低处向上拆除并可配合回填土进行，严禁站在正在拆除的支撑上操作。

3. 套箱围堰施工安全控制要点

(1)套箱的结构及形式应按设计制造，并经检查验收合格后方可交付使用；钢套箱的组装，应按施工组织设计进行，制订安全技术措施，进行安全技术交底。

(2)拖船牵引浮运钢套箱时，应征得港航监管部门同意，在充分了解航道水深、流速等情况后，制订拖船牵引方案。多只拖船牵引浮运大型物件时，应配备通信器材，统一指挥。

(3)套箱采取船只辅助定位时，应先将定位船、导向船(或其他导向设施)就位。抛锚地点应设置浮标，在抛锚定位后，应经常检查锚绳、锚链及锚碇设施情况，防止来往船只及流水、漂流物等的碰撞以及洪水冲击等；两船之间的通道及连接梁上，应铺设人行道板和栏杆。

(4)沉浮式双壁钢套箱应具备拼拆、注水下沉、排水上浮等性能。注水下沉或排水上浮时，应对称均衡施工，防止产生过大倾斜；施工要经过周密设计计算，必要时，应先试验成功后，方可实施。

(5)钢套箱拆除，应按施工组织设计规定的程序进行。拆除时，应有安全防护设施。拆下的铁件、螺栓、杆件等，应吊放在指定地点，不得从高处向下抛掷。

六、沉井施工安全控制要点

(1)沉井施工，应尽量避开汛期，特别是初沉阶段不得在汛期内。如需跨汛期、凌期施工，务必采取可靠的安全防护措施。

(2)在船上或支架平台上制作浮式沉井，应对船舶或支架平台承载力进行验算。

(3)沉井下沉之前，应对影响区域内的高压线杆、地下管道、固定式机具设备和永久性建筑进行调查，对机具设备、脚手架、作业平台进行检查，平台四周设置栏杆，按要求设置安全网，在确保安全的前提下才能施工。

(4)沉井抽水期间，应对周围建筑物进行位移及沉降观测，有异常现象，应及时组织撤离；沉井抽水下沉时，井上人员应离开沉井。

(5)沉井下沉，采用人工挖掘时，井内人不宜过多。在刃脚处挖掘应对称均匀进行，保持沉井均衡下沉。作业人员应佩戴安全防护用品。

(6)采用空气幕下沉井时，空压机、储气罐的布设应符合安全规定的要求，严禁日光暴晒或高温烘烤，并由专人操作。

(7)沉井水下混凝土封底时，工作平台应搭设牢固，平台的荷载应根据施工人员、机具、漏斗、导管和装满混凝土时的悬吊质量经计算确定。

七、桩基础施工安全控制要点

(1)机械设备就位后,应对其配套设施全面检查,验收合格后,方可施工。做到专人操作,责任到人;钻孔中严禁作业人员下到孔内处理故障。

(2)钻机拆装时,应专人指挥,拆装作业以外的人员不得进入桩架长度半径内,禁止任何人在机架底下穿行或停留。

(3)施工期间,安全、劳动保护、抗震、防雨、防台风、防火、爆破作业、文物和环境保护等方面应按有关规定执行。

(4)应经常对桩机及配套起重设备进行检修。检修时应将桩锤放落在地面或平台上,并用销子或卡子固定在桩架上。不得于桩锤悬挂状态下从事维修工作。

(5)遇有大风及恶劣天气,应停止打桩作业。雷雨时,作业人员不得在桩架附近停留。在水上用浮式沉桩机锤击或振动沉桩时,当波峰高于 0.25m 或流速超过 1.5m/s 时,均不得从事沉桩作业。

(6)卷扬机套筒上的钢丝绳应排列整齐,当卷扬机钢丝绳发生断丝时,应立即更换;严禁作业人员跨越工作中的卷扬机。

(7)使用潜水钻机钻孔时,钻进速度应根据地质变化,加以调整;在完成一根钻孔桩时,要对电机的封闭情况检查一次。

(8)预制钢筋混凝土桩起吊时,应在设计吊点处安装吊具。

(9)高压射水辅助沉桩,高压水泵的开启和压力表的控制均应设专人负责看管。应根据不同地质情况,严格掌握射水方向,调整沉桩的压力,防止因下沉过快造成桩架失稳;安全带严禁系在被沉的桩上或龙门口上。

(10)振动打桩机的导向架及脚手架等,应经常进行检查。振动下沉过程中,严禁进行机械维修保养。停止作业后,应立即切断电源。沉箱上的电缆接头应勤检查,做好绝缘防护。通过交通路口的电缆线应深埋土中。

(11)旋转钻机提钻时,钻头应处于静止状态;要减速落钻,钻头不得一次性落地;旋转钻机停止工作期间,不得使钻头悬在钻孔中间,应提起放到原来位置,挂制动挡,切断电源。

(12)基础、墩台施工期间,应对成品或半成品采取保护措施;基桩完成后,外露的桩头钢筋,应做好安全保护。

(13)挖孔桩施工安全控制要点:人工挖孔时应经常检查孔壁的稳定性及吊具设备的安全性能,有足够保证安全的支护设施及安全梯道;孔口设置高出地面不低于 0.3m 的围挡并有专人监护;孔内挖土人员的上部应设置护盖,夜间作业应悬挂示警红灯,孔内应设置应急软梯,一旦发现异常情况,应立即协助孔内人员撤离;吊斗、绞车、绞绳、卷扬机等机具应经常检查维修,起吊设备应有限位器及脱钩装置;所用电器设备,必须装设漏电保护装置,孔内电缆、电线必须有防磨损、防潮、防断等保护措施,孔内照明应使用安全矿灯或 12V 以下的照明灯;取土吊斗升降时,挖土人员应在护盖下面工作。挖孔桩爆破时,应采取浅眼爆破法,严格控制炸药用量,并按爆破安全规程组织好爆破作业;孔口不得堆渣、存放工具,挖出的土方应随出随运,暂时不能运走的,应堆放在孔口边 1.0m 以外,且堆土高度不得超过 1m;挖孔作业暂停时,孔口应设置罩盖及标志;护壁施工应符合设计要求。当使用混凝土护壁时，应随挖随护，每一循环进尺不得超过1m，护壁经验收合格，且混凝土强度达到2.5MPa，方可继续下挖；相邻两孔作业时，若一孔在从事浇注混凝土作业，另一孔应停止作业，撤出井孔；挖孔作业前及过程中应经常检查孔内的气体情况，应先用鼓风机将孔内空气排出更换；二氧化碳气体含量超过0.3%时，应采取通风措施；二氧化碳气体含量虽不超过规定，但作业员有呼吸不适感时，亦应采取通风措施；人工挖孔最深不得超过15m，超过10m时，应采用机械通风。凡孔内有人作业时，3m以内不得有机动车辆行驶或停放。

八、拔桩作业控制要点

(1)采用锚固桩或千斤顶施力拔桩，应先经过设计验算，被拔桩及锚固桩的各连接处完好无损。系索人员应佩戴安全帽和安全带。千斤顶的设置点应避免偏心并用方木承托。

(2)采用人字桅杆、卷扬机拔桩，应根据拔桩力的大小配备适当功率的卷扬机、链条葫芦和滑车组。拔桩时，人字桅杆滑车组要尽量靠近被拔桩中心。施工中注意观察缆风绳受力及地锚松动情况，及时采取安全措施。

(3)采用龙门吊、吊车或拔桩船等拔桩时，应按设计经检验合格后进行。吊车应附有超载限制器，防止超负荷上拔。

(4)利用柴油或蒸汽打桩机拔桩筒，应垂直吊拔，不得斜拉。

(5)拔桩时，应从下游向上游依次进行，遇有拔不动的桩，应立即停拔检查，可采取射水、振动等松动措施，不得硬拔。

九、墩台身施工安全控制要点

1.就地浇注墩台施工安全控制要点

施工前，先搭设好脚手架和工作平台，墩身高度在2~10m时，平台外侧应设栏杆及上下扶梯；墩身高度大于10m，应加设安全网；模板就位后，应立即采取固定措施，以防倾倒砸人；吊斗及模板应用撬棍等工具拔移，不得徒手操作。起吊时，应拴好绳扣，连接牢固，吊点正确，听从指挥；采用吊斗出渣，应拴好挂钩，关好斗门，吊车桅杆转动半径内不得站人；拆除模板，应划定警戒线，严禁行人通过；拆除水面上模板，应配有工作船、救护船；堰内浇注墩台混凝土，应安设梯子或安全跳板；凿除混凝土浮浆及桩头，作业人员应按规定佩戴防护用品，人工凿除，应经常检查锤头是否牢固，使用风镐凿除桩头，应先经检查其安全性。高墩施工中，作业人员必须佩戴好防护用品。穿模板拉杆时，应内外呼应；浇注混凝土的吊斗提降应有专人指挥，严禁吊斗碰撞模板及脚手架。支座安装应按设计及施工组织设计的要求施工。

2.砌筑墩台施工安全控制要点

人工抬运大块石料，应捆绑牢靠，动作协调，缓慢平放，防止碰撞伤人；砌筑高度超过地面1.5m，应搭设脚手架、作业平台、护栏、扶梯、防护网等安全防护设施；吊运重物的下边均不得站人；吊机、桅杆吊运砌筑材料时，应听从指挥。砌筑材料吊运到砌筑面时，作业人员应避让，待停稳后方可上前解除材料的捆绑约束。砌筑时，不要将手伸入砌体缝隙之间，以防夹伤。

3. 模板工程控制安全要点

(1)模板及提升结构应按设计制作和安装;作业前,应对模板进行验算和试验,并应有足够的安全系数;顶杆和提升设备,应符合墩身的形状和要求;使用前做好安全技术交底。

(2)模板内设置升降设施及安全梯;操作平台不得超载,荷载应均匀布置。平台周围应安设防护栏杆、防落网,并备有消防及通信设备;用吊机吊模板合缝,模板底端应用撬棍等工具拔移,不得徒手操作。每节模板支撑牢固后,方可继续作业;模板提升前,应检查、量测偏斜数值,以备调整;应同步提升,提升速度控制在 10 ~ 30cm/h;模板提升超过 2.0m,应安装好内外吊架、脚手架,铺好脚手板;拆除模板,应做好安全防护措施,可视吊装设备能力,分组拆除或吊至地面上解体。

(3)主要机具、电器、运输设备等,应专人负责,严格执行交接班制度。

(4)夜间施工应有足够的照明设施,在上下出入口、转弯处及运输过道上应设置 36V 以下的安全电压照明设施。

4. 支架施工安全控制要点

(1)支架所使用的钢材质量应符合现行国家标准规定,并应有合格证。支架搭设前应进行验算,地基进行处理应达到设计要求。

(2)扣件应有法定单位的检测报告和产品质量合格证;旧扣件使用前应进行检查,不得使用已变形、有裂缝的扣件;有滑丝现象的螺栓不得使用;扣件应进行防锈处理。

(3)按要求挂设密目式安全网,安全网必须有劳保用品生产许可证。

(4)支架跨越航道、道路时,应主动申报安全环保方案,在获得有关部门批准后才能组织施工。

十、机械作业安全控制要点

(1)对参建人员进行专门的培训,考试合格方可持证上岗。机械设备应经安全技术监督部门检验合格方可使用;自加工的设施要经验算合格才能使用。

(2)施工前应检查施工道路是否满足运输设备的安全行驶要求,经检查确认安全可靠后,方可使用。

(3)按机械安全操作规程进行作业。

(4)深水上的墩台从事吊装作业,应备救护船;遇有大风及雷雨等恶劣天气,应停止作业。

十一、季节性工程施工安全控制要点

根据季节性施工的特点,制订相应的安全施工方案,组织安全技术交底。

夏季施工应适当调整作息时间,做好防风、防雨、防火、防暑降温等准备工作;雷雨季前应对高墩及高架施工机具的避雷装置进行全面检查;机电设备及配电系统应按有关规定进行绝缘检查和接地电阻测定。露天作业集中的地方,应搭设休息凉棚。

雨季施工应制订防电、防雷、防沉陷、防坍塌、防大风措施。

台风和汛期到来之前,应及早准备防汛器材,施工现场及生活区的临建设施及高架机械均应提前检查、修缮和加固;暴雨、台风、汛期后,应对临建设施、脚手架、机电设备、电源线路等进行检查并及时修理或加固,及时排除安全隐患。

冬季施工应制订防寒、防冻、防滑、防水、防中毒措施；对消防器具、取暖设施应全面检查。加强用火管理，及时清除火源周围的易燃物，做好防火、防大风、防冰冻工作；现场道路及脚手架、跳板和过道，应及时清除积水、霜雪并采取防滑措施。

施工机械及交通车辆应按操作规程进行检查，水箱应予保温。停用后，无防冻液的水箱应将存水放尽。油箱或容器内的油料冻结时，应采用热水或蒸汽化冻，严禁用火烤化。汽车及轮胎式机械在冰雪路面上行驶时，应装防滑链。

第六节　安全、环保措施

一、职工培训教育

1. 日常培训与教育

结合施工工艺、四新技术，通过知识讲座、问答、考试、黑板报、播放安全环保教育录像等形式，组织职工参加有关安全生产、环保的有关法律法规、企业安全管理制度、安全操作规程及本行业安全事故案例讲座培训，注重针对项目施工的关键工序、特殊岗位的培训教育。每次培训结束必须进行考试，以检验培训效果。

新进员工、职工调整工作岗位或离岗一年以上重新上岗或到一个新工地，必须重新进行安全环保教育；使用新材料、新工艺、新技术或新设备时，必须对有关人员进行安全环保教育；定期召开安全环保生产会议，总结前期安全生产、环保经验，纠正不良行为，增强职工安全环保意识，养成遵章守纪的好习惯。

针对当班要完成的工作中涉及的安全环保问题进行培训，这是安全环保教育的一个重要补充方式，有利于班组成员了解当天施工的危险源、污染源及应对措施，当班作业结束后，由专职安全环保员对当班的安全环保效果进行评价。

2. 应急培训及演练

应急指挥中心统一部署，有针对性地开展预防安全质量及环保等突发事件的应急处理知识宣传，普及环境污染事件预防常识，增强公众的防范意识和相关心理准备，提高全员的防范意识。加强安全、环境事件专业技术人员培训和重要目标工作人员的培训和管理，培养一批训练有素的安全、环境应急处置、检验、监测等专门人才。

为检验项目部安全生产重大事故应急救援预案的科学性、可操作性，确保基础与墩台施工期间发生安全事故时救援工作及时、有效，将事故造成的损失降到最低限度，项目部应配备足够的抢险设备、物资，按照安全、环境应急预案及相关单项预案，有计划、有针对性地开展基础墩台施工中可能出现的高处坠落、触电事故、物体打击、机械伤害、坍塌事故、火灾及爆炸等事故的应急实战演练，提高防范和处置突发环境事件的技能，增强实战能力，以检验、改善和强化员工的应急响应能力。

演练由应急指挥中心负责主持、组织小组成员按事故“应急响应”要求模拟演练。各组员按其职责分工，协调配合完成演练。演练结束后由组长组织对“应急响应”的有效性进行评价，必要时对“应急响应”的要求进行调整或更新。演练、评价和更新的记录应妥善保管。

二、安全环保监管

坚持“安全第一、预防为主”的方针，认真落实安全检查制度和各级安全环保办公会议精神，专职安全员、环保员跟班作业，加强安全环保巡视；项目部定期进行安全环保检查，对安全生产全过程监管，严肃查处“三违”现象，将重大安全环保隐患及时消灭在萌芽状态，加大对事故责任者的经济处罚力度和责任追究力度。

三、安全环保投入

加大安全环保的投入，加强安全环保费用的提取与管理，保证安全、环保工作所需经费投入，做到专款专用。淘汰旧工艺、旧装备，引进新技术、新工艺、新装备，确保生产过程中的安全产出，加大在事故隐患整改、安全防护、劳动用品防护等的投入，保障项目施工符合安全环保要求。

四、安全措施

1. 防高处坠落

(1)施工高度超过 1.5m 就必须使用安全带或采取其他可靠的安全措施。

(2)高处作业场所必须有足够的照明设施，安全防护设施、安全标志、工具、仪表、电气设施和各种设备，必须在施工前检查并确认其完好，方能投入使用；高空作业外侧应设置立网，实行全封闭施工，顶层设置防坠落网；遇有 6 级(含 6 级)以上大风等恶劣天气时，应停止墩台露天作业、缆索吊装及大型构件起重吊装等作业；高处作业应配置对讲机或规定旗语、哨音作为上下联系信号，并有专人负责。禁止多人指挥，以免引发事故。

(3)预留洞口、楼梯转弯处要及时用木板盖严、支牢；人行楼梯进口要有人看守，楼梯在焊栏杆前，可用普通钢管设置防护栏杆、挂安全网封闭；地面的电梯口应设置安全通道，施工层应设防护平台并用板铺严封牢。

(4)脚手架拆除应设警戒区和醒目标志，专人警戒；支架上的材料、杂物等应消除干净；架体若有松动或危险部位，应先予以加固，再进行拆除。应遵循“自上而下，后装的构件先拆，先装的后拆，一步一清”的原则，依次拆除。

2. 防物体打击

(1)进入施工现场的人员应按操作规程规定佩戴防护用品，非工作人员不得进入施工现场。

(2)上跨道路或临近道路及人行道口，应搭设牢固的安全通道；上下交叉作业应设置防护隔板、防落安全网。脚踏板空隙用木板封严，防止落物伤人。

(3)高空作业期间，上下物件的传递需用绳捆绑或用专用运输设备运送，严禁从高处向下抛掷物件，建筑垃圾、生活垃圾要用专用袋装运。

3. 防触电事故

(1)电力设施、线路由专人负责维修养护，非专业人员严禁擅自动电；配电室专人值班，停送电由专人负责；配电室应保持清洁，无杂物，门向外开，并配锁。配电柜的放置、接线应符合规范要求。

(2)配电室应设在靠近电源、无尘、无蒸汽、无腐蚀介质及无震动的地方，并有防止雨雪或动物侵入的措施；室内配置砂箱和绝缘灭火器；配电屏（盘）和控制台两端应与重复接地及保护接零的电器连接，并装设短路及过负荷保护装置、漏电保护器。

（3）应采用三相五线制供电系统，并采用三级配电二级保护方式。变压器的安装、接线、避雷系统、接地系统应符合规范要求；固定式配电箱及开关箱的底面与地面垂直距离不得小于1.3m，移动式配电箱及开关箱的底面与地面垂直距离应大于0.6m；配电箱应配锁；合理配置用电系统的短路、过载、漏电保护器。用电设备应实行一机一闸一漏一箱，不得用一个开关直接控制两台及以上的用电设备。

（4）不得在外电架空线路正下方非安全距离内施工、搭设作业棚、建生活设施或堆放构件、器具、材料及其他杂物。

（5）自备发电机组应采用三相四线制中性点直接接地系统，接地电阻值不得大于4Ω；发电机组应设置短路保护和过负荷保护装置；多台发电机组并列运行时，必须在机组同起后再向负荷供电。

（6）动力线路与照明线路的架设要严格执行规范要求，做到安全、经济、方便。

（7）生活照明用电，不得擅自拉线、装插座。不得私自使用电炉和功率较大的电器。

4. 防机械伤害

（1）机械操作严格按操作规程办事，机架人员不得留长发。

（2）施工机械的转动及传动部位要有符合规定的安全防护罩。

（3）电锯要用双层钢丝网保险，防护挡板，电锯不用时应盖好防护罩。

（4）电刨子、砂轮切割机等设备的防护罩不得小于刀片宽度。

（5）卷扬机卷筒要有防钢丝绳滑脱装置，钢丝绳不得拖地，钢丝绳穿越道路时要有专门的保护设施。

（6）起重机吊装时，应有专人指挥，特殊地形吊装时，起重机应有防倾覆措施。

5. 防坍塌掩埋

（1）基坑支护结构应根据开挖深度、土质条件、地下水位、邻近建（构）筑物、施工环境和方法等情况进行选择和设计。在地下水丰富的地区，宜优先选用钢板桩围堰、地下连续墙等较好的支护结构。

（2）开挖期间，对邻近建筑物进行监控监测，经常观测边坡的稳定情况；基坑开挖应分层、分阶段开挖并与支护相配套；开挖完成后必须有安全环保部工程师参加验收或分段验收合格方能进入下一道工序。

6. 防火灾和爆炸事故

（1）消防器材配备与管理

按要求配备消防器材，专人保管，定期检查、维修、测试固定消防设施，失效和损坏要及时更换；库房、工区要有专人值班。

（2）正确防护

按规定在适当位置设置爆破标志牌。爆破作业期间，现场设防护人员，禁止其他人员及车辆进入爆破区；控制爆破参数，按爆破要求设置柔性或刚性保护装置，防止爆破物飞溅伤人。

（3）按操作规程办事

杜绝违章用电，正确使用电器；基坑爆破作业期间，炸药的保管、运输与使用，严格按操作规程办事。

7. 防水毁淹溺

(1)当有必要占用河道施工时,应疏通河道,确保河道满足通航或泄洪要求,务必做好防汛防洪工作。

(2)施工期间与气象部门、水利部门建立联系,关注天气、江河水库及海水潮汐等水文变化情况,及时将施工物质、设备及其他设施撤离洪区。

(3)禁止闲杂人员进入工区;在有救生设施条件下进行水上作业时,按规定佩戴好安全防护用品;水上作业期间,发现安全措施存在缺陷或隐患时,应及时整改;危及人身安全时,必须停止作业;雨雪天气在水上平台上作业时,应有可靠的防滑、防寒、防冻措施,平台上的水、冰、雪应及时清除。

8. 防人的不安全行为

人的不安全行为(即"三违"——违章指挥、违章作业、违反劳动纪律)是构成墩台基础施工的主要危险源,按行为的主体来分类,不安全行为可以划分为组织的不安全行为和个体的不安全行为。

为了防止出现人的不安全行为,应对人员结构和素质情况进行分析,在对人进行职业适应性检查的基础上,合理选拔和选配人员;经常进行安全知识教育、安全技能训练;制定作业标准和异常情况处理标准;开好班前会议,认真落实安全生产责任制;专职安全员巡回检查施工现场,纠正违章;项目部不定期地通报安全检查情况,竞赛评比,奖励惩罚,从而最大限度地减少和消除人的不安全行为。

五、环境保护措施

编制实施性施工组织设计时应有环境保护的专项方案,施工过程中可能造成环境污染的工序,应有针对性的保护措施。应结合当地政府土地利用规划及其他相关规划,按照"合理布局、文明施工、保护生态"的原则,从优化环保资源配置,完善环境保护管理等方面出发,科学合理地确定本工程的场地布局、规模和技术标准,并按规定上报有关环境保护部门审批。

施工期间,应当认真落实各项生态环境保护措施,制订工程环境保护实施方案,按照"早发现、早报告、早处置"的原则,尽量减少对环境的污染。

1. 减少占地

工程建设期间应尽量少占耕地、林地和草地,临时占地采取"谁破坏、谁复垦"的原则,工后应及时进行生态恢复或补偿。经批准占用基本农田的,在施工组织设计文件中,应当有基本农田环境保护方案。

2. 保护水源

施工期间应重视对饮用水水源地的保护,施工便道应尽量绕避饮用水水源保护区。水上施工期间,为防范油类、泥浆、化工产品等使用带来的环境污染,对跨越饮用水水源二级保护区、准保护区和二类以上水体施工的桥梁,在确保安全和技术可行的前提下,应设置污水、泥浆等污染物收集系统,对发生污染事故后的水域及时进行处理,确保饮用水安全。

3. 控制排放

严格遵守国家、地方政府有关控制环境污染的法规。在生活区、施工区、设备停放及维修等区域设置垃圾箱、污水沉淀池、废油收集容器,做好垃圾、废油、废水的收集。施工废水、废渣、废方、泥浆不得排入农田、水源,集料冲洗用水应过滤、沉淀处理后按当地环保部门指定的地点排放；凡是向已有地方污染物排放标准的区域排放污染物，应执行地方污染物排放标准。

4. 减少扬尘

施工现场的主要道路必须进行硬化处理，生产、生活用地方道路和施工便道在气候干燥时，要定时洒水以减少扬尘，松散材料运输需对车辆覆盖，防止抛撒渗漏，对已造成的污染设专人进行清理。混凝土搅拌站应有封闭、降尘措施。

5. 噪声控制

施工现场、机械设备应尽量减少噪声；要遵守当地有关部门夜间施工的规定，合理安排工作时间。位于居民区必须连续在夜间施工时应采取措施，应尽量使机械设备的噪声减小到最低声级水平。为有效地控制交通噪声污染，防止交通噪声引发的扰民纠纷，施工附近的学校、医院（疗养院、敬老院）等特殊敏感建筑，其室外昼间不得大于60dB、夜间不得大于50dB。

6. 植被保护

施工期间始终保持工地的良好排水状态，修建能满足排水要求的临时排水渠，并与永久性设施相连，避免淤积冲刷，保护原有植被。

7. 文物保护

施工区域发现古迹，应立即停止作业、妥善保护，不得自行移动或收藏。应保护好现场、防止文物流失，并立即报告监理工程师和文物管理部门听候处理。

8. 保护野生动植物

施工期间，尽量减少对周围环境的破坏及对野生动物惊扰，因施工需要砍伐树木或经济作物时，应办理相关手续，禁止乱砍滥伐，可能对国家或地方重点保护野生动物和野生植物的生存环境产生不利影响的项目，应与地方环境保护部门一道，采取生物或工程技术措施，尽量保护野生动物和野生植物的生存条件。可能阻断野生动物迁徙通道的，应当根据动物迁徙规律、生态习性设置通道或通行桥，或调整作业时间，避免造成野生动物生存环境的岛屿化。禁止猎捕、杀害国家重点保护野生动物，可能影响野生植物和古树名木的，应优先采取工程避让措施，必要时进行异地保护。

第七节 安全、环保应急预案

本节中所称突发环境事件，是指突然发生，造成或者可能造成重大人员伤亡、重大财产损失和有重大社会影响的涉及公共安全的环境事件。

一、应急组织机构

成立应急领导小组，项目经理为组长，主管安全生产的项目副经理、技术负责人为副组长，各部门及工区负责人、安全负责人、施工员等为成员。项目应急救援人员应配置无线、有线通信等相应的技术装备，统一接受信息，传达命令，保证指挥的权威性。

二、应急救援领导小组职责

（1）承担施工区突发事件统一信息系统、应急指挥系统的日常管理工作。

(2)组织拟订和实施应对突发事件的工作规划、负责应急预案制订、修订和执行。

(3)监督检查、协调指导工区对突发公共事件预防、应急准备、应急处置和事后恢复与重建工作，及时协调应急工作中出现的问题。

(4)组织拟订安全常识、应急知识的宣传培训计划和应急救援队伍的业务培训、演练计划，并督促落实；明确相关指挥人员和相关部门在处置突发公共事件中的职责。

(5)发生安全环保事故时，负责指挥抢救工作，向各抢救小组下达救援指令，协调各组之间的抢救工作，随时掌握各组动态并做出最新决策，第一时间组织自救并向120、110、119、当地政府安监部门、环保监测部门、公安部门求援或报告灾情。施工期间应急领导小组成员轮流值班，值班者必须住在工地现场，值班室配座机，手机24h开通，发生紧急事故时，项目部应急组长抵达工地前，值班者即为临时救援组长。

项目应急管理办公室是施工项目突发公共事件的信息处理中心。负责对应急信息进行收集、处理、核实、分析、评估、上报工作。

三、事故报告及调查

(一)事故报告程序

发生安全事故后，当事人或发现人应立即向项目部应急指挥中心报告，并保护事故现场；应急指挥中心接到报告后，立即召集应急小组成员，分析现场事故情况，明确抢救步骤、所需设备、设施及人员，按照应急预案实施抢救，采取有效措施防止事故扩大，同时迅速向企业主要领导及安全生产主管部门报告、1h内应向当地县级以上政府部门安全监督管理部门和负有安全生产监督职责的有关部门报告；特大事故在24h内写出书面报告，报告上级主管部门和所在地人民政府。

发生紧急情况时，事故现场有关人员可以直接向当地县级以上政府部门安全监督管理部门和负有安全生产监督职责的有关部门报告。必要时向相邻可依托力量(如120、110、119机构)求助，需要救援车辆时，应安排专人接车，引领救援车辆迅速施救；配合上级安全环保机构开展调查，事故单位应尽可能地为事故调查组提供方便和相应的资料，准确统计受伤人员、受灾情况，做好善后工作，及时报告有关部门，事故报告及救援程序见图16-7-1。

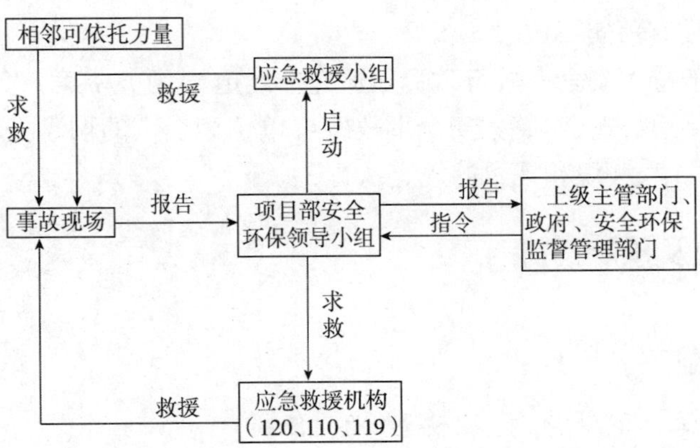

图16-7-1 事故报告及救援程序图

施工单位可根据施工实际情况，参考中华人民共和国国务院令第493号《生产安全事故报告和调查处理条例》、国家安全生产监督管理总局令第21号《生产安全事故信息报告和处置办法》实施事故报告及调查。

(二)事故报告内容

(1)单位概况。

(2)事故发生的时间、地点及事故现场情况。

(3)事故发生的原因及简要经过。

(4)事故已造成的或可能造成的伤亡人数(包括下落不明的人数)及初步估计的直接经济损失。

(5)已采取的措施。

(6)报告人姓名、联系方式及其他情况的报告。

在事故发生之日起30日内，事故造成的伤亡人数发生变化的，应及时补报；交通事故火灾事故自发生之日起7日内，事故造成的伤亡人数变化的，应及时补报。

(三)事故调查组的职责

(1)查明事故发生原因、过程、人员伤亡、经济损失情况。

(2)确定事故责任者。

(3)提出事故处理意见和防范措施建议。

(4)写出事故调查报告。

(四)事故调查处理原则

1. 实事求是，尊重科学的原则

事故调查必须坚持实事求是，重证据、重事实、重调查研究，采取严肃认真负责的态度，客观公正地查清事故发生的真相。

2. 坚持"四不放过"原则

(1)事故原因没有查清不放过。

(2)事故责任者没有严肃处理不放过。

(3)广大职工没有受到教育不放过。

(4)防范措施没有落实不放过。

按《国务院关于特大安全事故行政责任追究的规定》(国务院第302号令)，实行特大事故行政责任追究制度，规定"特大安全事故肇事单位和个人的刑事处罚、行政处罚和民事责任，依照有关法律、法规和规章的规定执行"。

四、事故整改及预防措施

(一)预防措施

1. 健全安全环保规章制度，落实安全生产责任制

项目部制定安全管理细则，按国家法律、法规对员工进行教育管理，规范员工的行为，发现问题及时解决，做到问题未查清不放过，事件未处理不放过。通过建立健全项目安全

环保管理制度,控制人的不安全行为,从而使安全生产有章可循,安全环保管理程序化、制度化。

2. 加强安全环保宣传教育、规范安全环保检查流程

从预防入手,对员工进行安全环保教育与培训,加强特殊工种的培训工作,特殊工种经考试合格后,持证上岗;加强安全环保事故知识及突发事件演练培训等工作;对管理人员定期或不定期进行安全培训,提高员工处理安全隐患的能力,消除侥幸心理和麻痹思想。

3. 安全防护措施

按照有关安全技术要求,认真落实安全防护措施,经常从事日常检查,减少不必要的伤害事故。

4. 深入进行安全安环保检查,切实消除隐患

经常性检查和专项检查相结合,其主要组织形式有工班自查、专职安全员、环保员检查、项目部检查、消防监督机关检查、联合检查。检查内容主要包括:安全环保制度的执行情况;机械正常维修、保养与使用情况;员工安全环保意识和实际掌握消防知识技能情况;施工现场布局、水源、道路是否符合安全环保要求;用火用电和易燃易爆物品及其他重要物质生产、储存过程中的安全隐患情况;消防设施、器材配备情况;各工序施工中安全环保措施执行情况;查出的隐患要及时整改。

5. 激励措施

通过签订《安全责任承包合同》、《环保责任承包合同》,将安全及环保指标分解到班组,实行安全环保目标管理,在项目形成一个安全环保工作层层落实,人人有责的良好局面,将安全环保管理工作与经济奖罚结合起来,激发员工安全生产、保护环境的热情,有效地预防事故发生。

(二)整改措施

(1)对事故的起因、性质、影响、责任、经验教训和恢复重建等问题进行调查研究,做到定措施、定责任人、定资金落实、定整改完成时间。

(2)对较严重威胁安全环保的隐患,应由项目安全环保管理部门下达《整改通知书》,限期整改,工区在接到《整改通知书》后,要及时整改,整改结束后,应将“整改回执”上报项目安全环保管理部门,由安全环保管理部门组织验收。

(3)项目无法处理的重大安全事故,除采取有效的防范措施外,应书面向上级主管部门及政府安全环保监督管理部门报告。

(4)事故整改情况报告上一级主管部门,接受上一级安全主管部门检查,由安全环保部门存档。

五、应急处理措施

(一)脚手架及高处坠落事故应急措施

1. 脚手架出现变形事故征兆时的应急措施

因地基沉降引起脚手架局部变形,在双排架横向截面上架设八字撑或剪刀撑,隔一排立杆架设一组,直到变形区外排。脚手架悬挑钢梁挠度变形超过规定值时,应对悬挑钢梁

后锚固点进行加固。脚手架卸荷、拉接体系局部产生破坏，应立即将其恢复，并对已发生变形的部位及杆件进行纠正。

2. 脚手架失稳引起倒塌及造成人员伤亡时的应急措施

迅速确定事故发生的准确位置、可能波及的范围，尽快划出事故特定区域，由安全防护人员进行看护，非救援人员未经允许不得进入特定区域。立即核实脚手架损坏的程度、人员伤亡情况等，根据不同情况进行处置。

如有人员被坍塌的脚手架压在下面，要立即在被压四周采取可靠的加固措施，再拆除或切割压住伤者的杆件，将伤员撤出。如脚手架太重，可指挥吊车配合将架体缓缓抬起，以便救人。如无人员伤亡，立即实施脚手架加固或拆除等处理措施。

3. 发生高处坠落事故的抢救措施

救援人员应根据伤者受伤部位立即组织抢救，促使伤者快速脱离危险环境，送往医院救治，并保护现场，察看事故现场周围有无其他危险源存在；在抢救伤员的同时，迅速向上级报告事故现场情况。

（二）触电事故应急措施

1. 低压触电事故的处理

（1）如果触电地点附近有电源开关或电源插销，可立即断开电源。

（2）若触电地点附近无电源开关或电源插销，可用有绝缘柄的电工钳或干燥木柄的斧头切断电线，断开电源，或用干木板等绝缘物插到触电者身下，隔断电流。

（3）当电线搭落在触电者身上或被压在身下时，可用干燥的衣服、手套、绳索、木板、木棒等绝缘物作为工具，拉开触电者或拉开电线，使触电者脱离电源。

（4）救护人时必须保证自身的安全，不得接触触电者的皮肤。不要用潮湿的工具或金属物质把伤者拨开，也不要使用潮湿的物件拖动伤者。

2. 高压触电事故的处理

（1）立即通知有关部门断电。

（2）带上绝缘手套，穿上绝缘靴，用相应电压等级的绝缘工具按顺序拉开开关。

（3）抛掷裸金属线使线路短路接地，迫使保护装置断开电源。抛掷金属线前，将金属线一端可靠接地，再抛掷另一端，但抛掷的一端不可触及触电者和其他人。

（三）电焊伤害事故应急措施

发现有人受到电焊伤害，应关闭电焊机，立即将伤者扶到室内休息，协助伤者戴上护目镜，用消毒的湿冷毛巾敷双眼，每20min更换一次；用焊工滴眼液或消炎的眼药水滴眼以防感染，必要时可适当服止痛药。提醒伤者应尽量减少光的刺激，减少眼球的转动及摩擦，严重时应将受伤者送医院救治。如受伤者配有隐形眼镜，应立即摘除，以减少角膜刺激和感染的机会。

（四）机械伤害事故应急措施

1. 特种机械出现事故征兆时的应急措施

（1）塔吊基础下沉、倾斜

应立即停止作业，并将回转机构锁住，限制其转动；根据情况设置地锚，控制塔吊的倾斜。

(2)塔吊平衡臂、起重臂折臂

机械不要做任何动作;按照抢险方案,根据情况采用焊接等手段,将塔吊结构加固,或按标准增设附墙,防止塔吊倾覆或在拆除过程中发生意外;用2~3台适量吨位起重机,一台锁起重臂,一台锁平衡臂。其中一台起平衡力矩作用,防止因力的突然变化而造成倾翻;按抢险方案规定的顺序,将起重臂或平衡臂连接件中变形的连接件取下,用气焊割开,用起重机将臂杆取下;按正常的拆塔规程将塔吊拆除。

(3)塔吊倾覆

采取焊接、连接方法,在不破坏失稳受力情况下增加平衡力矩,控制险情发展;或用适量吨位起重机按照抢险方案将塔吊拆除,变形部件用气焊割开或调整。

(4)锚固系统险情

将塔式平衡臂对应到建筑物,转臂过程要平稳,转到位后应锁定;将塔吊锚固系统加固;如需更换锚固系统部件,先将塔机降至规定高度后,再行更换部件。

(5)塔身结构变形、断裂、开焊

将塔式平衡臂对应到变形部位,转臂过程要平稳并锁住,根据情况采用焊接等手段,将塔吊结构变形或断裂、开焊部位加固,然后落塔更换损坏结构。

2. 各种机械设备事故应急措施

发生机械伤害时,应先切断电源和动力源,划出事故特定区域,非抢救人员、未经允许不得进入特定区域。迅速核实机驾人员数量,如有人员被压在倒塌的设备下面,要立即采取可靠措施加固四周,然后拆除或切割压住伤者的杆件,将伤员移出。再根据伤害部位和伤害性质进行处理,根据现场人员被伤害程度,一边通知急救医院,一边对轻伤人员进行现场救护,对重伤者不明伤害部位和伤害程度的,不要盲目抢救,以免引起更严重的伤害。

(五)火灾、爆炸事故应急措施

(1)发生火灾、爆炸时,立即报警拨打相关电话(120、110、119),同时报告安全领导小组,组织有关人员携带消防器具赶赴现场进行扑救,派出人员到主要路口引导消防车、救护车,并组织救助人员、扑灭火灾。

(2)火灾、爆炸事故发生后,应立即切断事故区域电源。原则是"先救人,后救物",迅速按预定的线路、方法及时疏散人员,消防车、救护车到后,要配合消防专业人员扑救或做好辅助工作,并对事故现场进行保护。

(3)及时地正确地使用消防器材。

(六)坍塌掩埋应急措施

(1)通过沉降观测发现基坑有涌水、流沙、涌泥发生或基坑发生侧移、沉降时,迅速将坑内施工人员、主要设施撤出;在远离基坑外围设警戒线,专人看护,禁止非救援人员入内,指挥来往行人或车辆远离危险区域。

(2)事故发生后,尽快与120、110取得联系,请求支援。及时将施工人员转移到安全区,组织救援人员挖掘被埋伤员,由现场医务人员对受伤人员救治然后送往医院治疗。

(七)水毁淹溺应急措施

1. 人员落水应急措施

(1)溺水情形发生时,最好救援的方式是启动救援设施,如丢绑绳索的救生圈、救生绳、救生钩或长竿类救生工具,动用救生船等施救。

(2)选派熟识水性的救生人员下水施救,施救者下水后游至落水者背后,用手将其托住,使其仰面鼻孔朝上露出水面,迅速将落水人员从水中救出。

(3)利用通信设备,通知值班船前来施救,同时通知120救护中心在陆地对落水者急救。

(4)一般情况下,落水者上岸后,在对落水人员进行简单的急救后送到医院抢救;低温时则要做好防冻保暖工作,对受伤人员进行应急包扎,备好毛毯、热水,或就近转移到取暖处,进行紧急抢救后送到医院抢救。

2. 发生基坑突水时的应急措施

发生基坑突水时,迅速抢救受伤人员,将坑内施工人员、主要设施撤出;在远离基坑外围设警戒线,专人看护,禁止非救援人员入内,指挥来往行人或车辆远离危险区域并采取相应的技术处理措施。

3. 洪水袭来时的应急措施

迅速撤出施工人员,采取措施防止人员物资被洪水冲走,组织力量进行机械物资的抢救。

4. 海上作业应急措施

潮汛期来袭时,迅速撤出施工人员;当发现有人落水时,迅速通知应急中心组织力量抢救落水人员;采取措施防止人员或物质被洋流冲走。

六、应急保障

1. 应急队伍保障

根据承建项目的特点,成立应急预案领导小组(指挥中心),建立一支基本稳定有快速反应能力的应急救援队伍,通过培训、应急演练,不断完善应急预案体系,完善演习内容,使应急队伍成员熟知各种危险品及机械设备的性质、熟练掌握各种应急器材的使用方法,提高其应对突发事件的素质和能力。

当突发事件发生后,救援队伍能根据事前拟订的应急预案,利用一切力量迅速控制事故的发展并尽可能排除事故,救援和保护好现场人员和场外人员的生命安全,迅速完成抢救、排险、消毒、监测等现场处置工作,将事故对人员、财产和环境造成的损失减小到最低限度。

2. 技术咨询

建立环境安全预警系统,由本单位领导和技术专家组成专家组,对项目安全生产和环境保护进行咨询与指导;与当地医院建立救援联络、与当地消防公安部门建立救援联系,聘请专家和专业技术人员进行技术讲座及其他安全生产方面问题的技术指导。确保在启动预警前、事件发生后相关安全、环境专家能迅速到位,提供技术支援。

3. 通信信息保障

项目部及工区、作业队等应确保应急期间相关信息及时、准确、可靠传递和有效指挥，依靠现有的通信技术构成应急通信保障系统。配备必要的有线、无线通信器材，确保本预案启动时应急指挥部和有关部门及现场各专业应急分队间的联络畅通。

4. 应急装备保障

(1)工程设施抢险设备

根据项目施工应急救援业务要求，配备工程设施抢险设备，并建立相应的维护、保养和调用等制度，保证现场急救的基本需要，不断提高应急监测、动态监控的能力，确保各种抢险设备处于良好的备战状态。

(2)物资储备和调动方案

根据项目施工应急救援要求，配备质量合格，数量充足的工程抢险物资，加强储备物资管理，防止储备物资被盗用、挪用、流失和失效，及时给予补充和更新；应急救援物资的调动由应急指挥中心负责统一组织协调，各工区积极配合。

5. 经费保障

项目经理部划拨专门的安全生产措施经费，除保障项目施工中的安全防护外，还应保障在装备配置，预案培训，演练、实施救援等方面的费用。

七、应急管理

(1)项目部应急指挥中心全面负责应急管理工作，落实应急预案管理制度、经费管理制度、应急物资储备管理制度，应急队伍管理制度，负责接受上级主管部门的应急指令，组织各有关单位进行应急事件的处理，并与有关单位进行协调及信息沟通。

(2)及时更新与施工预案有关的通信联络附件，相关单位或部门人员有人事变动或通信联络方式有变化时，应及时通知应急指挥中心。

(3)责任与奖励。

施工单位应根据现场应急救援情况，对在安全事故救援中有突出贡献的单位和个人，按照国家的法律、法规，上报当地的县级人民政府或上级主管单位给予表彰和奖励。

对不按预案要求处理施工安全突发事件，对事故隐瞒不报、谎报或拖延不报，不服从指挥、调度、临阵脱逃的单位或个人，依法追究单位主要负责人或有关责任人的责任。

本章参考文献

[1] 中华人民共和国国务院令第369号，排污费征收使用管理条例 . 2003-7.
[2] 中华人民共和国水土保持法 . 2011-3.
[3] 中华人民共和国环境保护法 . 1989-12.
[4] 中华人民共和国环境噪声污染防治法 . 1997-3.
[5] 中华人民共和国水污染防治法 . 1996-5.
[6] 中华人民共和国水法 . 2002-10.
[7] 中华人民共和国野生动物保护法 . 1989-3.
[8] 中华人民共和国大气污染防治法 . 2000-9.
[9] 中华人民共和国水上水下活动通航安全管理规定 . 2011-3.

[10] 中华人民共和国行业标准 . JTG/T F50—2011　公路桥涵施工技术规范[S]. 北京：人民交通出版社,2011.
[11] 向中富,等 . 新编桥梁施工工程师手册[M]. 北京:人民交通出版社,2011.
[12] 中华人民共和国国务院令第 393 号,建设工程安全生产管理条例. 2003-11.
[13] 中华人民共和国国务院令第 493 号,生产安全事故报告和调查处理条例. 2007-6.
[14] 国家安全生产监督管理总局令第 21 号,生产安全事故信息报告和处置办法. 2009-6.